復旦哲學·中國哲學文獻叢書

柒

東亞《家禮》文獻彙編

日本篇 ④

主編
吴震 〔日〕吾妻重二 〔韓〕張東宇

上海古籍出版社

家禮通考

〔日本〕中村習齋　撰
宋道貴　整理

《家禮通考》解題

[日]吾妻重二　撰　董伊莎　譯

《家禮通考》，寫本，六卷五册，收録於名古屋市蓬左文庫的《道學資講》卷六十四到六十九。《道學資講》是幕末將近時，尾張藩儒中村得齋（一七八八—一八六八）收集道學相關寫本輯成的四百卷叢書，成書於嘉永四年（一八五一），是日本朱子學，尤其是崎門派著述的一大叢書。

《家禮通考》作者爲中村習齋（一七一九—一七九九），尾張（今愛知縣）人。名蕃政，通稱猪與八郎。習齋是其號。先與兄厚齋同學於淺見絅齋門人小出侗齋門下，後師從蟹養齋。養齋是三宅尚齋的門人，尾張藩儒。習齋除經學外，廣泛通曉天文、地理、兵法、醫術、律曆等，也成爲尾張藩儒。他繼承山崎闇齋學統，是篤實的朱子學者，著述據稱有兩百餘種，大多以寫本傳世。其中關於《家禮》的著述衆多，記録蟹養齋所設巾下學問所情況的《寬延記草》也廣爲人知。前述《道學資講》四百卷的編撰者中村得齋正是習齋之兄厚齋的孫子。

此《家禮通考》并非《家禮》的注釋，而是選取《禮記》中有關家庭儀禮的記述而成。引用

《禮記》本文及注，又在各處引用之後標明出處，如《曲禮上》《禮運》《曾子問》《喪服小記》諸篇名。卷首所揭《陳序》为元陳澔《禮記集説》的序文。因此《家禮通考》的底本爲陳澔的《禮記集説》，細查其内容，可知本文、注解均大部分來自《禮記集説》。

具體引用的方式爲首先舉出《禮記》本文，然後空一字，引《禮記集説》中的注解，之後每行均下降一字。内容分爲通禮、冠禮、昏禮、喪禮，雖不知爲何無祭禮，但本書作爲《禮記》的家庭禮儀相關資料集是值得注意的著述。習齋撰著本書，應是嘗試從中國古禮的脈絡中重新認識家禮吧。

《家禮通考》卷六十六，冠禮卷末有「天明五年乙巳十月五日」，可知此書是天明五年（一七八五）前後之作。其目録如下：

昏禮
拾遺
附録
卷六十七
喪禮　初終至訃告
卷六十八
喪禮　沐浴至成服上
卷六十九
喪禮　成服下至治葬

此書編撰所據之《禮記集説》的作者陳澔（一二六一—一三四一）是元代朱子學者，其父陳大猷亦是朱子學者，其學統爲朱熹—黄榦—饒魯—陳大猷—陳澔。不曾出仕，在故鄉都昌（今屬江西省）專注講學和著述。《禮記集説》成書於至治二年（一三二二），徵引諸家之説又加入自身觀點，内容踏實、易讀，因朱熹未撰寫《禮記》注釋，此書便成爲了宋儒新注《禮記》注的代表。又因與南宋衛湜的《禮記集説》同名，爲區别兩書，此書也被稱作《雲莊禮記集説》（雲莊是陳澔的號）。衆所周知，陳澔《禮記集説》是以《五經大全》中的《禮記集説大全》爲底本，對後世影響深遠。江户時代日本流傳最廣的《禮記》版本實爲此陳澔的《禮記集説》，以此爲底本的《禮記》和刻本刊行數量衆多。現在，當我們説起《禮記》注時，多會想到鄭玄的注，但在江户時代，鄭玄注的《禮記》流傳範圍有限，相反陳澔的《禮記集説》普及度却極高，這是需要特别注意的地方。習齋正是在這種時代背景下翻閲并引用了此書。

習齋除《家禮通考》外，尚有多種關於《家禮》的著作：

《家禮講義》九册（寫本，《道學資講》卷五十五—六十三，和文）

《家禮新圖》一卷（寫本，《道學資講》卷七十）

《家禮圖評》一卷（寫本，《道學資講》卷七十一，和文）

《居家大事記詳説》一卷（寫本，《道學資講》卷七十三）

《喪祭雜録》一卷（寫本，同右）

《喪禮俗儀》四册（寫本，《道學資講》卷八十—八十三卷，和文）

《神主題名類説》一卷（寫本，《道學資講》卷八十五）

《神主制諸説》一卷（寫本，同右）

《家禮自讀記》一卷（寫本，蓬左文庫藏）

以上著述，部分以和文書寫，部分尚處於草稿階段，因此《家禮通考》除《家禮新圖》外，皆未收録，但這些著述無疑都顯示了習齋解讀《家禮》的研究心得。其中，關於《喪禮俗儀》可參考松川雅信的《儒教儀禮と近世日本社会——闇斎学派の〈家禮〉実践》（《儒家儀禮與近世日本社會——闇齋學派的〈家禮〉實踐》，勉誠出版，二〇二〇年）第五章的論述。

目録

家禮通考一

通禮

前聖繼天立極之道，莫大於禮；後聖垂世立教之書，亦莫先於禮。禮儀三百，威儀三千，孰非精神心術之所寓，故能與天地同其節。四代損益，世遠經殘，其詳不可得聞矣。陳《序》

○**禮從宜**。鄭氏曰：「事不可常也。」○吕氏曰：「敬者，禮之常。禮，時爲大。時者，禮之變。體常盡變，則達之天下，周旋無窮。」○應氏曰：「大而百王百世質文損益之時，小而一事一物泛應酬酢之節。」《曲禮上》

○**禮者，所以定親疏，決嫌疑，别同異，明是非也**。别，彼列反。《疏》曰：「五服之内，大功以上服麤者爲親，小功以下服精者爲疏。若妾爲女君期，女君爲妾，若服之則太重，降之則有舅姑爲婦之嫌，故全不服，是決嫌也。孔子之喪，門人疑所服，子貢請若喪父而無服，是決疑也。本同今異，姑姊妹是也；本異今同，世母叔母及子婦是也。得禮爲是，失禮爲非，若主人未小斂，子游裼裘而吊，得禮是也；曾子襲裘而吊，失禮非也。」同上。

○**禮，不妄説人，不辭費**。説音悦。求以悦人，已失處心之正，况妄乎？不妄悦人，則知禮矣。躁人之辭多，君子之辭達意則止。言者煩，聽者必厭。《曲禮上》

○**禮不踰節，不侵侮，不好狎**。好，去聲。踰節則招辱，侵侮則忘讓，好狎則忘敬，三者皆叛禮之事。不如是，則有以持其莊敬純實之誠，而遠於耻辱矣。同上。

○**脩身踐言，謂之善行**。**行脩言道，禮之質也**。行，去聲。人之所以爲人，言行而已。忠信之人可以學禮，故曰「禮之質也」。○鄭氏曰：「言道，言合於道也。」同上。

○**道德仁義，非禮不成**。道猶路也。事物當然之理，人所共由，故謂之道。行道有得於身，故謂之德。仁者，心之德，愛之理。義者，心之制，事之宜。四者皆由禮而入，以禮而成。蓋禮以敬爲本。敬者，德之聚也。同上。

教訓正俗，非禮不備。立教於上，示訓於下，皆所以正民俗。然非齊之以禮，則或有教訓所不及者，故非禮不備。同上。

分争辨訟，非禮不决。朱子曰：「争見於事而有曲直，分争則曲直不相交；訟形於言而有是非，辨訟則是非不相敵。禮所以正曲直，明是非，故此二者非禮則不能决。」同上。

君臣、上下、父子、兄弟，非禮不定。一主於義，一主於恩，恩義非禮不能定。同上。

宦學事師，非禮不親。宦，仕也。仕與學皆有師，事師所以明道也，而非禮則不相親愛。

同上。

禱祠祭祀，供給鬼神，非禮不誠不莊。 禱以求爲意，祠以文爲主，祭以養爲事，祀以安爲道，四者皆以供給鬼神。誠出於心，莊形於貌，四者非禮，則不誠不莊。○今按：「供給」者，謂奉薦牲幣器皿之類也。同上。

是以君子恭敬、撙節、退讓以明禮。 是以，承上文而言。撙，裁抑也。禮主其減。同上。

鸚鵡能言，不離飛鳥；猩猩能言，不離禽獸。今人而無禮，雖能言，不亦禽獸之心乎？ 離，去聲。猩，音生。 鸚鵡，鳥之慧者，隴、蜀、嶺南皆有之。猩猩，人面豕身，出交趾、封谿等處。禽者，鳥獸之總名。鳥不可曰獸，獸亦可曰禽。故鸚鵡不曰獸，而猩猩則通曰禽也。同上。

是故聖人作，爲禮以教人，使人以有禮，知自别於禽獸。 朱子曰：「『聖人作』絶句。」同上。

人有禮則安，無禮則危。故曰：「禮者，不可不學也。」 禮者，安危之所係。自天子至於庶人，未有無禮而安者也。同上。

富貴而知好禮，則不驕不淫；貧賤而知好禮，則志不懾。 好，去聲，下同。懾，之涉反。 馬氏曰：「富貴之所以驕淫，貧賤之所以懾怯，以内無素定之分，而與物爲輕重也。好禮則有得於内，而在外者莫能奪矣。」同上。

孔子曰：「夫禮，先王以承天之道，以治人之情，故失之者死，得之者生。《詩》曰：『相鼠有體，人而無禮。人而無禮，胡不遄死？』是故夫禮必本於天，殽於地，列於鬼神，達於喪、祭、射、御、冠、昏、朝、聘。故聖人以禮示之，故天下國家可得而正也。」復，扶又反。相，去聲。殽音效。冠，去聲。　禮本於天，天理之節文也。殽，效也。效於地者，效山澤高卑之勢爲上下之等也。列於鬼神，禮有五經，莫重於祭也。喪祭以下八事，人事之儀則也。《禮運》

夫禮之初，始諸飲食，其燔黍捭豚，汙尊而抔飲，蕢桴而土鼓，猶若可以致其敬於鬼神。燔音煩。捭音百。汙，烏花反。抔音掊。桴音浮。　燔黍，以黍禾加於燒石之上，燔之使熟也。捭豚，擘析豚肉，加於燒石之上而熟之也。汙尊，掘地爲汙坎以盛水也。抔飲，以手掬而飲之也。蕢桴，摶土塊爲擊鼓之椎也。土鼓，築土爲鼓也。上古人心無僞，雖簡陋如此，亦自可以致敬於鬼神也。同上。

禮者，所以別嫌明微，儐鬼神，考制度，別仁義也。儐音擯。　接賓以禮曰儐，接鬼神亦然，故曰儐。制度，如禮樂、衣服、度量、權衡之類，考而正之，不使有異。仁主於愛，義主於斷，制而用之，必當其宜。同上。

禮行於郊而百神受職焉，禮行於社而百貨可極焉，禮行於祖廟，而孝慈服焉，禮於五祀，而正法則焉。故自郊、社、祖廟、山川、五祀，義之脩而禮之藏也。藏，去聲。　百神受職，謂風雨節、寒暑時，而無咎徵也。百貨可極，謂地不愛寶，物無遺利也。孝慈服，謂天下皆知服行孝慈之道也。正法則，謂貴賤之禮各有制度，無敢僭踰也。聖王精禋感格，其效如此。由此觀之，則郊、社、祖廟、山川、五祀，皆義之脩飾而禮之府藏也。同上。

夫禮，必本於大一，分而爲天地，轉而爲陰陽，變而爲四時，列爲鬼神。其降曰命，其官於天也。大音泰。極大曰大，未分曰一，大極函三爲一之理也。分爲天地，則有高卑貴賤之等。轉爲陰陽，則有吉凶刑賞之事。變爲四時，則有歲月久近之差。列爲鬼神，則有報本反始之情。聖人制禮，皆本於此，以降下其命令者，是皆主於法天也。官者，主之義。同上。

禮必本於天，動而之地，列而之事，變而從時，協於分藝。其居人也曰養，其行之以貨、力、辭讓、飲食、冠、昏、喪、祭、射、御、朝、聘。分，去聲。養音義。冠，去聲。動而之地，即殽地也。列而之事，即五祀所以本事也。變而從時，即四時以爲柄也。協，合也。分，謂月以爲量也。藝，即功有藝也。上言義之脩、禮之藏，故此亦始言禮，終言義。居人，猶言在人也。禮雖聖人制作，而皆本於人事當然之義，故云「居人曰義」也。冠、昏而下，八者皆禮也。然行禮者必有貨財之資、筋力之强、辭讓之節、飲食之品，亦皆當然之義也。同上。

禮義也者，人之大端也。所以講信脩睦，而固人肌、膚之會，筋、骸之束也；所以養生送死，事鬼神之大端也；所以達天道，順人情之大竇也。故唯聖人爲知禮之不可以已也。故壞國、喪

家、亡人，必先去其禮。壞音怪。喪，去聲。去，上聲。肌膚之總會，筋骨之聯束，非不固也。然無禮以維飭之，則惰慢傾側之容見矣，故必禮以固之也。竇，孔穴之可出入者。由於禮義則通達，不由禮義則窒。

有利也，故天不生，地不養，君子不以爲禮，鬼神弗饗也。居山以魚鼈爲禮，居澤以鹿豕爲禮，君子謂之不知禮。合於天時，天時有生也，謂四時各有所生之物，取之當合其時。設於地財，地理有宜也，謂設施行禮之物，皆地之所産財利也。然土地各有所宜之産，不可强其地之所無。如此，自然順鬼神，合人心，而萬物各得其理也。人官有能，謂助祭執事之官各因其能而任之，蓋人各有能，有不能也。物曲有利者，謂物之委曲各有所利，如麴蘖利於爲酒醴，桐竹利於爲琴笙之類也。天不生，謂非時之物。地不養，如山之魚鼈、澤之鹿豕之類。《禮器》

君子欲觀仁義之道，禮其本也。仁與義之爲道，皆可於行禮之際觀之，故曰「禮其本也」。同上。

君子曰：「甘受和，白受采。忠信之人，可以學禮，苟無忠信之人，則禮不虚道。」和，去聲。甘於五味屬土，土無專氣，而四時皆王，故惟甘味能受諸味之和。諸采皆以白爲質，所謂「繪事後素」也。以此二者况忠信乃可學禮。道猶行也。道路，人所共行者，人無忠信，則每事虚僞，禮不可以虚僞行也。《大傳》曰：「苟非其人，道不虚行。」同上。

孔子曰：「毋輕議禮。」 禮其可輕議乎？同上。

樂者爲同，禮者爲異。同則相親，異則相敬。樂勝則流，禮勝則離。合情飾貌者，禮樂之事也。禮義立，則貴賤等矣。樂文同，則上下和矣。 和以統同，序以辨異。樂勝則流，過於同也。禮勝則離，過於異也。合情者，樂之和於内，所以救其離之失。飾貌者，禮之檢於外，所以救其流之失。此禮之義、樂之文所以相資爲用者也。《樂記》

樂由中出，禮自外作。樂由中出，故静；禮自外作，故文。大樂必易，大禮必簡。樂至則無怨，禮至則不争。揖讓而治天下者，禮樂之謂也。暴民不作，諸侯賓服，兵革不試，五刑不用，百姓無患，天子不怒，如此則樂達矣。合父子之親，明長幼之序，以敬四海之内，天子如此，則禮行矣。 劉氏曰：「欣喜歡愛之和出於中，進退周旋之序著於外。和則情意安舒，故静；序則威儀交錯，故文。大樂與天地同和，如乾以易知而不勞。大禮與天地同節，如坤以簡能而不煩。樂至則人皆得其所而無怨，禮至則人各安其分而不争。如帝世揖讓而天下治者，禮樂之至也。達者，徹於彼之謂。行者，出於此之謂。行者達之本，達者行之效。天子自能合其父子之親，明其長幼之序，則家齊族睦矣。又能親吾親以及人之親，長吾長以及人之長，是謂以敬四海之内，則禮之本立而用行矣。禮之用行而後樂之效達，故於樂但言天子無可怒者，而於禮則言天子如此是樂之達，乃天子行禮之效也。周子曰『萬物各得其理而後和，故禮先而樂後』是也。」〇應氏謂「四海之内」四字恐在「合」字上，如此，則文理爲順。同上。

大樂與天地同和，大禮與天地同節。和，故百物不失；節，故祀天祭地。明則有禮樂，幽則有鬼神。如此，則四海之内合敬同愛矣。禮者，殊事合敬者也。樂者，異文合愛者也。禮樂之情同。蔡氏曰：「禮樂本非判然二物也。人徒見樂由陽來，禮由陰作，即以爲禮屬陰，樂屬陽，判然爲二。殊不知陰陽一氣也，陰氣流行即爲陽，陽氣凝聚即爲陰，非真有二物也。禮樂亦只是一理，禮之和即是樂，樂之節即是禮，亦非二物也。善觀者既知陰陽禮樂之所以爲二，又知陰陽禮樂之所以爲一，則達禮樂之體用矣。」○百物不失，言各遂其性也。○朱子曰：「在聖人制作處，便是禮樂；在造化功用處，便是鬼神。禮有經禮、曲禮之事殊而敬一，樂有五聲六律之文異而愛一，所以能使四海之内合敬同愛者，皆大樂大禮之所(惑)〔感〕化也。」《樂記》

鐘、鼓、管、磬、羽、籥、干、戚，樂之器也。屈伸俯仰，綴、兆、舒、疾，樂之文也。簠、簋、俎、豆，制度、文章，禮之器也。升降上下，周還、裼、襲，禮之文也。故知禮樂之情者能作，識禮樂之文者能述。綴音拙。還音旋。綴，舞者行位相連綴也。兆，位外之營兆也。掩而不開謂之襲。若開而見出其裼衣，則謂之裼也。情，謂理趣之深奥者。知之悉，故能作。文，謂節奏之宣著者。識之詳，故能述。同上。

樂者，天地之和也；禮者，天地之序也。和，故百物皆化；序，故群物皆別。樂由天作，禮

以地制，過制則亂，過作則暴。明於天地，然後能興禮樂也。劉氏曰前言大樂與天地……

論倫無患，樂之情也；欣喜歡愛，樂之官也。中正無邪，禮之質也；莊敬恭順，禮之制也。若夫禮樂之施於金石，越於聲音，用於宗廟社稷，事乎山川鬼神，則此所與民同也。劉氏曰：「論者，雅頌之辭。倫者，律呂之音。惟其辭足論而音有倫，故極其和而無患害，此樂之本情也。而在人者，則以欣喜歡愛爲作樂之主焉。中者，行之無過不及。正者，立之不偏不倚。惟其立之正而行之中，故得其序而無邪僻，此禮之本質也。而在人者，則以莊敬恭順爲行禮之制焉。此聖賢君子之所獨知也。若夫施之器而播之聲以享乎鬼神者，則衆人之所共知者也。」○方氏曰：「金石聲音，特樂而已，亦統以禮爲言者，凡行禮然後用樂，用樂以成禮，未有用樂而不爲行禮者也。情官質制者，禮樂之義也。金石聲音者，禮樂之數也。其數可陳，則民之所同；其義難知，則君之所獨。故於金石聲音，曰『此所與民同也』。」《樂記》

王者功成作樂，治定制禮，其功大者其樂備，其治辨者其禮具。干戚之舞，非備樂也；孰亨而祀，非達禮也。五帝殊時，不相沿樂；三王異世，不相襲禮。樂極則憂，禮粗則偏矣。及夫敦樂而無憂，禮備而不偏者，其唯大聖乎！辨音遍。亨音烹。干戚之舞，武舞也，不如韶樂之盡善盡美，故云「非備樂也」。孰亨牲體而薦，不如古者血腥之祭爲得禮意，故云「非達禮也」。若奏樂而欲極其聲音之娛樂，則樂極悲來，故云「樂極則憂」。行禮粗略而不能詳審，則節文之儀必有偏失而不舉者，故云「禮粗則偏矣」。惟大聖人則道全德備，雖敦厚於樂，而無樂極悲來之憂，其禮義備具，而無偏粗之失也。同上。

天高地下，萬物散殊，而禮制行矣。流而不息，合同而化，而樂興焉。春作夏長，仁也；秋斂冬藏，義也。仁近於樂，義近於禮。樂者敦和，率神而從天；禮者别宜，居鬼而從地。故聖人作樂以應天，制禮以配地。禮樂明備，天地官矣。敦，如字。此明禮者天地之序，樂者天地之和。物各賦物，而不可以强同，此造化示人以自然之禮制也。高下散殊者，質之具天地自然之序也。而聖人法之，則禮制行矣。絪緼化醇，而不容以獨異，此造化示人以自然之樂情也。周流同化者，氣之行，天地自然之和也。而聖人法之，則樂興焉。合同者，春夏之仁，故曰「仁近於樂」。劉氏曰：「春作夏長，天地生物之仁也。氣行而同和，故近於樂。」散殊者，秋冬之義，故曰「義近於禮」。劉氏曰：「秋斂冬藏，天地成物之義也。質具而異序，故近於禮。」此言效法之所本也。敦化，厚其氣之同者。别宜，辨其物之異者。劉氏曰：「别宜者，辨其質之異。」率神，所以循其氣之伸。劉氏曰：「神者，陽之靈。」居鬼，所以斂其氣之屈。劉氏曰：「鬼者，陰之靈。」伸陽而從天，屈陰而從地也。率神以從天者，達其氣之伸而行於天。居鬼而從地者，斂其氣之屈而具於地。蓋樂可以敦厚天地之和，而發達乎陽之所生；禮可以辨别天地之宜，而安定乎陰之所成。故聖人作樂以應助天之生物，制禮以配合地之成物。由是言之，則聖人禮樂之精微寓於制作者既明且備，可得而知矣。劉氏曰：「禮樂之制作既明且備，則足以裁成其道，輔相其宜，而天之生、地之成各得其職矣。」官，猶主也，言天之生物、地之成物各得其職也。劉氏曰：「此言成功之所合也。」○同上。

天尊地卑，君臣定矣。卑高以陳，貴賤位矣。動靜有常，小大殊矣。方以類聚，物以群分，則性命不同矣。在天成象，在地成形，如此，則禮者，天地之別也。此言聖人制禮，其本於天地自然之理，如此，即所謂「天高地下，萬物散殊，而禮制行矣」。定君臣之禮者，取於天地尊卑之勢也。列貴賤之位者，取於山澤卑高之勢也。天地萬物各有動靜之常，大者有大動靜，小者有小動靜，小者不可爲大，大者不可爲小，故小大之殊，取於陰陽動靜之常，而久近之期殊矣。小大，謂小事大事也。方，猶道也。聚，猶處也。君臣、父子、夫婦、長幼、朋友各有其道，則各以其類而處之。劉氏曰：「方以類聚，言中國、蠻、夷、戎、狄之民各以類而聚。」物，事也。行禮之事，即謂天理之節文，人事之儀則。行之不止一端，分之各從其事。劉氏曰：「物以群分，言飛潛動植之物各以群而分，則以其各正性命之不同也。」所以然者，以天所賦之命，人所受之性，自然有此三綱五常之倫，其間尊卑厚薄之等不容混而一之也。在天成象，如衣與旗常之章著爲日月星辰之象也。劉氏曰：「日月星辰之曆數各有其序。」在地成形，如宮室器具各有高卑大小之制，是取法於地也。劉氏曰：「山川人物之等倫各有其儀。」由此言之，禮之有別，非天地自然之理乎？《樂記》

地氣上齊，天氣下降，陰陽相摩，天地相蕩，鼓之以雷霆，奮之以風雨，動之以四時，煖之以

日月，而百化興焉。如此，則樂者，天地之和也。上，上聲。齊音躋。煖音暄。齊讀爲躋。天地相蕩，亦言其氣之播蕩也。百化興焉，所謂天地絪緼，而萬物化醇也。《樂記》

禮樂之極乎天而蟠乎地，行乎陰陽而通乎鬼神，窮高極遠而測深厚。樂著太始，而禮居成物。著不息者天也，著不動者地也，一動一靜者，天地之間也。故聖人曰「禮樂」云。著，直略反，下如字。言樂出於自然之和，禮出於自然之序。二者之用，充塞流行，無顯不至，無幽不格，無高不屆，無深不入，則樂著乾知太始之初，禮居乎坤作成物之位。朱子曰：「『乾知太始，坤作成物。』知者，管也。乾管却太始，太始即物生之始。乾始物而坤成之也。」而昭著不息者，天之所以爲天。昭著不動者，地之所以爲地。著不動者，藏諸用也。著不息者，顯諸仁也。天地之間，不過一動一靜而已。故聖人昭揭以示人，而名之曰「禮樂」也。或曰：「動靜不可相離，則禮樂不容或分，故聖人言禮樂，必合而言之。」同上。

樂者，所以象德也。禮者，所以綴淫也。是故先王有大事，必有禮以哀之；有大福，必有禮以樂之。哀樂之分，皆以禮終。綴音拙。分，去聲。綴，止也。大事，死喪之事也。大福，吉慶之事也。以大福對大事而言，則大事爲禍矣。哀樂皆以禮終，則不至於過哀過樂矣。此章言禮處多，而末亦云樂者，明禮樂非二用也。《樂記》

君子曰：禮樂不可斯須去身。致樂以治心，則易、直、子、諒之心油然生矣。易、直、子、諒

之心生則樂，樂則安，安則久，久則天，天則神。天則不言而信，神則不怒而威，致樂以治心者也。子音慈。諒音良。致，謂研窮其理也。樂由中出，故以治心言之。子諒，從朱子説，讀爲慈良。樂之感化人心，至於天而且神，可以識窮本知變之妙矣。同上。

致禮以治躬，則莊敬，莊敬則嚴威。心中斯須不和不樂，而鄙詐之心入之矣。外貌斯須不莊不敬，而易慢之心入之矣。禮自外作，故以治躬言之。此言著誠去僞之心不可少有間斷。同上。

故樂也者，動於内者也。禮也者，動於外者也。樂極和，禮極順，内和而外順，則民瞻其顏色而弗與争也，望其容貌民不生易慢焉。故德煇動於内，而民莫不承聽；理發諸外，而民莫不承順。故曰：「致禮樂之道，舉而錯之天下無難矣。」動於内則能治心矣，動於外則能治躬矣，極和極順則無斯須之不和不順矣。所以感人動物其效如此。德以煇言，乃英華發外之驗。理發諸外，是動容周旋之中禮。君子極致禮樂之道，其於治天下乎何有！同上。

樂也者，動於内者也。禮也者，動於外者也。故禮主其減，樂主其盈。禮減而進，以進爲文；樂盈而反，以反爲文。禮減而不進則銷，樂盈而不反則放，故禮有報而樂有反。禮得其報則樂，樂得其反則安。禮之報，樂之反，其義一也。報，如字。馬氏曰：「以體言之，禮減樂盈；以用言之，禮進樂反。樂動於内，故其體主盈。蓋樂由中出，而爲人心之所喜。禮動於外，故其體主減。蓋禮自外作，而疑先王有以强世也。禮主減，故勉而作之，而以進爲文。樂主盈，故反而抑之，而以反爲文。故七介以相見，不然則已慤；三辭三讓而至，不然則已蹙。一獻之禮，而賓主百拜，日莫人倦，而齊莊正齊。此皆勉而進之者也。進旅退旅，以示其和；弦匏笙簧，會守拊鼓，以示其統。治亂則以相，訊疾則以雅，作之以柷，止之以敔。此皆反而抑之者也。減而不進，則幾於息矣，故銷；盈而不及，則至於流矣，故放。先王知其易偏，故禮則有報，樂則有反。禮有報者，資於樂也；樂有反者，資於禮也。」○劉氏曰：「禮之儀動於外，必謙卑退讓以自牧，故主於減殺。樂之德動乎中，必和順充積而後形，故主於盈盛。蓋樂由陽來，故盈；禮自陰作，故減也。然禮之體雖主於退讓，而其用則貴乎行之以和，故以進爲文也。樂之體雖主於充盛，而其用則貴乎抑之以節，故以反爲文也。禮若過於退讓而不進，則威儀銷沮，必有禮勝則離之失。樂過於盛滿而不反，則意氣放肆，必有樂勝則流之蔽。故禮必有和以爲減之報。報者，相濟之意也。樂必有節以爲盈之反。反者，知止之謂也。禮減而得其和以相濟，則從容欣愛而樂矣。此樂以和禮也。樂盈而得其節以知止，則優柔平中而安矣。此禮以節樂也。禮樂相須並用，而一歸於無過無不及之中，而合其事理之宜，故曰：『禮之報，樂之反，其義一也。』」同上。

孔子曰：「恭儉、莊敬，《禮》教也。故《禮》之失煩。其爲人也，恭儉、莊敬而不煩，則深於

《禮》者也。」 方氏曰：「《六經》之教善矣，然務恭儉、莊敬而亡其體，則失於過當矣。故『《禮》之失煩』。夫《六經》之教，先王所以載道也。其教豈有失哉？由其所得有淺深之異耳。」○應氏曰：「得之深則養之固，有以見天地之純全、古人之大體，而安有所謂失哉！」○石梁王氏曰：「此決非孔子之言。」《經解》

先王之立禮也，有本有文。忠信，禮之本也；義理，禮之文也。無本不立，無文不行。 先王制禮，廣大精微，惟忠信者能學之。然而纖悉委曲之間，皆有義焉，皆有理焉。無忠信，則禮不可立；昧於義理，則禮不可行。必内外兼備而本末具舉，則文因於本而飾之也不爲過，本因於文而用之也中其節矣。《禮器》

命之於民也，親而不尊；鬼尊而不親。 應氏曰：「命者，造化所以示人者也。顯而易見，故人玩之。鬼幽而難測，故人畏之。」或曰：「命謂君之教令，故下文言夏道尊命。」《表記》

子曰：「夏道尊命，事鬼敬神而遠之。殷人尊神，率民以事神，先鬼而後禮。周人尊禮尚施，事鬼敬神而遠之。」 施，去聲。 殷人以事神之道率民，先其鬼之不可知者，後其禮之可知者。周人尊禮，以矯後禮之失，尚施惠以爲恩。○應氏曰：「三代之治，其始各有所尊，其終各有所敝。夏之道遠神，其忠質之過而徇於近也。商尊神焉，率民事神，先鬼後禮。」○石梁王氏曰：「此未敢信以爲孔子之言。」同上。

社，丘乘供粢盛，所以報本反始也。乘，去聲。盛，平聲。　祭社必有粢盛，稷曰明粢，在器曰盛，此粢盛則使丘乘供之。井田之制，九夫爲井，四井爲邑，四邑爲丘，四丘爲乘也。報者，酬之以禮。反者，追之以心。《郊特牲》

別子爲祖，繼別爲宗。繼禰者爲小宗。有五世而遷之宗，其繼高祖者也。是故祖遷於上，宗易於下。尊祖故敬宗，敬宗所以尊祖、禰也。　別子有三：一是諸侯適子之弟，別於正適；二是異姓公子來自他國，別於本國不來者；三是庶姓之起於是邦，爲卿大夫而別於不仕者：皆稱別子也。爲祖者，別與後世爲始祖也。繼別爲宗者，別子之後，世世以適長子繼別子，與族人爲百世不遷之大宗也。繼禰者爲小宗，謂別子之庶子，以其長子繼己爲小宗，而其同父之兄弟宗之也。五世者，高祖至玄孫之子。此子於父之高祖無服，不可統其父同高祖之兄弟，故遷易而各從其近者爲宗矣，故曰有五世而遷之宗。其繼高祖者也，四世之時，尚事高祖，五世則於高祖之父無服，是祖遷於上也。四世之時，猶宗三從族人，至五世則不復宗四從族人矣，是宗易於下也。宗是先祖正體，惟其尊祖，是以敬宗也。○《疏》曰：「族人一身事四宗：事親兄弟之適，是繼禰小宗也；事同堂兄弟之適，是繼祖小宗也；事再從兄弟之適，是繼曾祖小宗也；事三從兄弟之適，是繼高祖小宗也。小宗凡四，獨云繼禰者，初皆繼禰爲始，據初而言之也。」《喪服小記》

○先王設制度，患禮之不達於下也。祖廟，所以本仁也。故宗祝在廟，以守至正。禮行於祖廟而孝慈服焉。故祖廟，義之脩而禮之藏也。是故禮，列而爲鬼神。其降曰命，其官於天也。藏，去聲。 先王設爲制度其詳。仁之實，事親是也。人君以子禮事尸，所以達仁義之教於下也。廟有宗、祝，明禮教以淑天下，此不過守君道之至正而已。又人君以禮自防，示教於天下也。孝慈服，謂天下皆知服行孝慈之道也。由此觀之，則義之脩飾而禮之府藏也。列爲鬼神，則有報本及始之情。聖人制禮，本於此。以降下其命令者，皆主於法天也。官者，主之義。○石梁王氏曰：「『其官於天也』一句，結上文『官天地』，當如《莊子》義。」《禮運》

○天子七廟，諸侯五，大夫三，士一。此以多爲貴也。 一廟，下士也，適士則二廟。《禮器》

○天下有王，設廟、祧、壇、墠而祭之，乃爲親疎多少之數。 方氏曰：「設廟、祧、壇、墠而祭之，所以親親也。親親不可以無殺，故爲親疏之數焉。尊賢不可以無等，故爲多少之數焉。有昭，有穆，有祖，有考，親疎之數也。以七，以五，以三，以二，多少之數也。」

是故王立七廟、一壇、一墠：曰考廟，曰王考廟，曰皇考廟，曰顯考廟，曰祖考廟，皆月祭之。遠廟爲祧，有二祧，享嘗乃止。去祧爲壇，去壇爲墠。壇、墠，有禱焉祭之，無禱乃止。去墠曰鬼。 七廟，三昭三穆，與大祖爲七也。一壇一墠者，七廟之外，又立壇、墠各一，起土爲壇，除地曰墠也。考廟，父廟也。王考，祖也。皇考，曾祖也。顯考，高祖也。祖考，始祖也。始祖百世不遷，而高、曾、祖、禰以親，故此五廟皆每月一祭也。遠廟爲祧，言三昭三穆之當遞遷者，其主藏於二祧也。古者祧主藏於大祖廟之東西夾室，至周則昭之遷主皆藏文王之廟，穆之遷主皆藏武王之廟也。此不在月祭之例，但得四時祭之耳，故云「享嘗乃止」。去祧爲壇者，言世教遠，不得於祧處受祭，故云「去祧」也。祭之，則爲壇。其又遠者亦不得於壇受祭，故云「去壇」也。祭之，則爲墠。然此壇、墠者，必須有祈禱之事，則行此祭；無祈禱，則止，終不祭之也。去墠，則又遠矣，雖有祈禱，亦不及之，故泛然名之曰鬼而已。○今按：此章曰王立七廟，而以文、武不遷之廟爲二祧，以足其數，則其實五廟而已。若商有三宗，則爲四廟乎？壇、墠之主藏於祧而祭於壇、墠，猶之可也。直謂有禱則祭，無禱則止，則「大祫外毀廟」之文何用乎？又宗廟之制，先儒講之甚詳，未有舉壇、墠爲言者。周公三壇同墠，非此義也。又諸儒以周之七廟，始於共王之時。夫以周公制作如此其盛，而宗廟之制顧乃下同列國，吾知其必不然矣。然則朱子然劉歆之説，豈無見乎？鄭注此章，謂祫乃祭之，蓋亦覺《記》者之失矣。

諸侯立五廟、一壇、一墠：曰考廟，曰王考廟，曰皇考廟，皆月祭之。顯考廟、祖考廟，享嘗乃止。去祖爲壇，去壇爲墠。壇、墠，有禱焉祭之，無禱乃止。去墠爲鬼。諸侯太祖之廟，始封之君也。月祭三廟，下於天子也。顯考、祖考，四時之祭而已。去祖爲壇者，高祖之父，雖遷主寄大祖之廟，而不得於此受祭。若有所禱，則去太祖之廟而受祭於壇也。去壇而受祭於墠，則高祖之祖也。

大夫立三廟、二壇：曰考廟，曰王考廟，曰皇考廟，享嘗乃止。顯考、祖考無廟，有禱焉，爲壇祭之。去壇爲鬼。 大夫三廟，有廟而無主。其當遷者，亦無可遷之廟。故有禱則祭於壇而已，然墠輕於壇。今二壇而無墠者，以太祖雖無廟，猶重之也。去壇爲鬼，謂高祖若在遷去之數，則亦不得受祭於壇，祈禱亦不得及也。

適士二廟、一壇：曰考廟，曰王考廟，享嘗乃止。皇考無廟，有禱焉，爲壇祭之。去壇爲鬼。 適音的。 適士，上士也。天子上中下之士，及諸侯之上士，皆得立二廟。

官師一廟：曰考廟。王考無廟而祭之。去王考爲鬼。 官師者，諸侯之中士、下士，爲一官之長者，得立一廟，祖禰共之。曾祖以上，若有所禱，則就廟薦之而已，以其無壇也。

庶士、庶人無廟，死曰鬼。 庶士，府史之屬。死曰鬼者，謂雖無廟，亦得薦之於寢也。《王制》云：「庶人祭於寢。」以上並《祭法》。

聖人築爲宫室，設爲宗、祧，以别親疏遠邇，教民反古復始，不忘其所由生也。 別，必列反。言聖人制宗廟祭祀之禮以教民。《祭義》

建國之神位：右社稷而左宗廟。 方氏曰：「神無方也，無方則無位。所謂神位者，亦人位之耳，故以建言之，建之斯有矣。」王氏謂：「右，陰也，地道所尊，故右社稷。左，陽也，人道之所鄉，故左宗廟。位宗廟於人道所鄉，亦不死其親之意。」同上。

君子將營宮室，宗廟爲先，廄庫爲次，居室爲後。君子，有位者也。宗廟所以奉先，故先營之。廄以養馬，庫以藏物，欲其不乏用也，故次之。居室則安身而已，故又次之。《曲禮下》

成廟則釁之，其禮：祝、宗人、宰夫、雍人皆爵弁、純衣。雍人拭羊，宗人祝之，宰夫北面于碑南，東上。雍人舉羊，升屋自中，中屋南面刲羊，血流于前，乃降。門、夾室皆用雞，先門而後夾室。其衈皆於屋下。割雞：門當門，夾室中室。有司皆鄉室而立，門則有司當門，北面。既事，宗人告事畢，乃皆退。反命于君曰：「釁某廟事畢。」反命于寢，君南鄉于門內，朝服。既反命，乃退。純音緇。衈音二。鄉，去聲。宗廟初成，以牲血塗釁之，尊神明之居也。爵弁，士服也。純衣，玄衣纁裳也。拭羊，拭之使净潔也。宗人祝之，其辭未聞。碑，麗牲之碑也，在廟之中庭。升屋自中，謂由屋東西之中而上也。門，廟門也。夾室，東西廟也。門與夾室各一雞，凡三雞也，亦升屋而割之。衈者，未刲羊割雞之時，先滅耳旁毛以薦神。耳主聽，欲神聽之也。廟則在廟之屋下，門與夾室則亦在門與夾室之屋下也。門則當門屋之中，夾室則當夾室屋之中，故云「門當門，夾室中室」也。有司，宰夫、祝、宗人也。宗人告事畢，告于宰夫也。宰夫爲攝主，反命于寢，其時君在路寢也。《雜記下》

支子不祭，祭必告于宗子。《疏》曰：「支子，庶子也。祖禰廟在適子之家，庶子賤，不敢

牡豚也。《雜記下》

祭器敝則埋之。 吕氏曰：「鬼神所用，則埋之。埋之，陰也。」《曲禮上》

君子雖貧，不粥祭器。 粥音育。○《曲禮下》

而戴遷廟之主于齊車，示有所尊奉也。既作僞主，又藏於廟，是二主矣。以上《曾子問》。

祭用數之仂。仂音勒。　鄭《注》以仂爲十一，《疏》以爲分散之名。大槩是總計一歲經用之數，而用其十分之一，以行常祭之禮也。《王制》

圭田無征。　圭田者，禄外之田，所以供祭祀。不税，所以厚賢也。曰圭者，絜白之義也。《周官·制度》云，圭田，自卿至士皆五十畝。此專主祭祀，故無征。然《王制》言：「大夫、士宗廟之祭，有田則祭，無田則薦。」孟子亦曰：「惟士無田，則亦不祭。」既云皆有田，何故又云無田則薦？以此知賜圭田，亦似有功德則賜圭瓚耳。同上。

凡家造，祭器爲先，犧賦爲次，養器爲後。養，去聲。　家造，謂大夫始造家事也。諸侯大夫，少牢，此言犧，牛也。大子大夫祭祀，賦歛邑民，供出牲牛，故曰犧賦。犧賦亦以造言者，如《周官》牛人供牛牲之互與盆簝之類。鄭《注》：「互，若今屠家懸肉格。」「盆以盛血。簝，受肉籠也。」《曲禮下》

大夫祭器不假；祭器未成，不造燕器。　大夫有田禄，則不假借祭器於人；無田禄者不設祭器，則假之可也。凡家造，祭器爲先，養器爲後。《王制》

無田禄者不設祭器。　吕氏曰：「祭器可假。」《曲禮下》

凡宗廟之器，其名者成，則釁之以豭豚。豭音加。　名者，有名之器，若尊、彝之屬也。豭豚，子也。若己是祖之庶孫，不得立祖廟，故無後之兄弟，己亦不得祭之也。祖廟在宗子之家，此殤與此無後者，當祭祖之時，亦與祭於祖廟也，故曰「從祖祔食」。同上。

王下祭殤五：適子、適孫、適曾孫、適玄孫、適來孫。諸侯下祭三，大夫下祭二，適士及庶人祭子而止。方氏曰：「玄孫之子爲來者，以其世數雖遠，方來而未已也。以尊祭卑，故曰『下祭』。」○石梁王氏曰：「庶殤全不祭，恐非。」《祭法》

慈母與妾母，不世祭也。不世祭者，謂子祭之，而孫不祭也。上章言妾祔於妾祖姑者，《疏》云妾無廟，今乃云祔及高祖，當是爲壇以祔之耳。《喪服小記》

禮也者，義之實也。協諸義而協，則禮雖先王未之有，可以義起也。實者，定制也。禮者，義之定制。義者，禮之制度。禮一定不易，義隨時制宜，故協合於義。而合當爲者，則雖先王未有此禮，可酌之於義而創爲之禮焉，此所以三代損益不相襲也。《禮運》

曾子問曰：「廟有二主，禮與？」孔子曰：「天無二日，土無二王。嘗、禘、郊、社，尊無二上，未知其爲禮也。」與，平聲。二主，當時有之，曾子疑其非禮，故問。夫子言，天猶不得有二日，土猶不得有二王，嘗、禘、郊、社，祭之重者，各有所尊，不可混并而祭之，廟可得有二主乎？非禮明矣。

昔者齊桓公亟舉兵，作僞主以行，及反，藏諸祖廟。廟有二主，自桓公始也。亟音器。師行輒祭。若宗子有疾，不堪當祭，則庶子代攝可也，猶必告于宗子然後祭。」○呂氏曰：「別子爲祖，繼別爲宗，百世不遷者，大宗也。繼禰、繼祖、繼曾祖、繼高祖，五世則遷者，小宗也。宗子上繼祖禰，族人兄弟皆宗之，冠娶妻必告，死必赴，況於祭乎？所宗乎子者，皆支子也。支子不敢祭也，如諸侯不敢祖天子，大夫不敢祖諸侯，尊者之祭，非卑者之所敢尸也。故宗子爲士，庶子爲大夫，以上牲祭於宗子之家，祝曰：『孝子某爲介子某，薦其常事。』則支子雖貴，可以用其禄，而不敢專其事也。宗子去在他國，則支子攝主以祭，其禮有殺。」《曲禮下》

庶子不祭祖者，明其宗也。 此據適士立二廟，祭禰及祖。今兄弟二人，一適一庶，而俱爲適士，其適子之爲適士者，固祭祖及禰矣，其庶子雖適士，止得立禰廟，不得立祖廟而祭祖者，明其宗有所在也。《喪服小記》

庶子不祭禰者，明其宗也。 庶子不得立禰廟，故不得祭禰。所以然者，明主祭在宗子，廟必在宗子之家也。庶子雖貴，止得供具牲物，而宗子主其禮也。上文言「庶子不祭祖」，是猶得立禰廟，以其爲適士也。此言「不祭禰」，以此庶子非適士，或未仕，故不得立廟以祭禰也。同上。

庶子不祭殤與無後者，殤與無後者從祖祔食。 長中下殤，見前篇。《檀弓注》云：「十六至十九爲長殤，十二至十五爲中殤，八歲至十一爲下殤。」蓋未成人而死者也。無後者，謂成人未昏，或已娶而無子，而死者也。庶子所以不得祭此二者，以己是父之庶子，故不得立父廟，故不得自祭其殤

家禮通考二

通禮

宗廟之器不粥於市。 方氏曰：「此所以禁民之不敬也。」《王制》

鬼神之祭單席。 單音丹。 鬼神異於人，不假多重以爲温暖也。《禮器》

大夫士去國，祭器不踰竟，大夫寓祭器於大夫，士寓祭器於士。 竟音境。 吕氏曰：「臣之所以有宗廟、祭器以事其先者，君之禄也。今去位矣，乃挈器以行，是竊君之禄以辱其先，此祭器所以不踰竟也。寓寄於爵等之同者，使之可用也。」○馬氏曰：「微子抱祭器而之周，何也？君子爲己不重，爲人不輕，抱君之祭器可也，抱己之祭器不可也。」《曲禮下》

有田禄者先爲祭服。君子雖寒，不衣祭服。 衣去聲。 吕氏曰：「服不可假也。」《曲禮下》

燕衣不踰祭服。 此言薄於奉己，厚於事神也。《王制》

祭服敝則焚之。 吕氏曰：「人所用，則焚之。焚之，陽也。」《曲禮上》

曾子問曰：「古者師行，必以遷廟主行乎？」孔子曰：「天子巡守，以遷廟主行，載于齊車，

言必有尊也。今也取七廟之主以行，則失之矣。守，去聲。齊，側皆反。　遷廟主，謂新祧廟之主也。齊車，金路也，又名曰公禰。

當七廟五廟無虛主。虛主者，惟天子崩，諸侯薨，與去其國，與祫祭於祖，爲無主耳。吾聞諸老聃曰：『天子崩，國君薨，則祝取群廟之主而藏諸祖廟，禮也。卒哭成事，而后主各反其廟。聃音貪。　馮氏曰：「鄭《注》：『老聃，古壽考者之稱。』」石梁先生曰：「此老聃非作《五千言》者。」○崩薨而群主皆聚祖廟，以喪三年不祭，且象生者爲凶事而聚集也。

君去其國，太宰取群廟之主以從，禮也。從，去聲。　去國而群廟之主皆行，不敢棄其先祖也。

祫祭於祖，則祝迎四廟之主，主出廟入廟，必蹕。』老聃云。」　諸侯五廟，祫祭則迎高、曾、祖、禰入大祖之廟。主出入而蹕，止行人，不欲其瀆也。以上《曾子問》。

曾子問曰：「古者師行無遷主，則何主？」孔子曰：「主命。」問曰：「何謂也？」孔子曰：「天子諸侯將出，必以幣、帛、皮、圭告于祖禰，遂奉以出，載于齊車以行。每舍，奠焉而後就舍。反必告，設奠，卒，斂幣、玉，藏諸兩階之間，乃出。蓋貴命也。」舍，去聲。　既以幣玉告于祖廟，則奉此幣玉，猶奉祖宗之命也，故曰「主命」。每舍必奠，神之也。反則設奠以告而埋藏之，不敢褻也。以上《曾子問》。

大白冠、緇布之冠，皆不蕤。委武玄、縞而后蕤。 大白冠，大古之白布冠也。緇布冠，黑布冠也。此二冠無飾，故皆不蕤。然《玉藻》云：「緇布冠，繢緌，是諸侯之冠。」則此不緌者，謂大夫士也。委武，皆冠之下卷，秦人呼卷爲委，齊人呼卷爲武。玄，玄冠也。縞，縞冠也。玄縞二冠既别，有冠卷則必有蕤，故云「委武玄、縞而后蕤」也。《雜記上》

大夫冕而祭於公，弁而祭於己。士弁而祭於公，冠而祭於己。士弁而親迎，然則士弁而祭於己可也。 迎，去聲。冕，絺冕也。祭於公，助君之祭也。弁，爵弁也。祭於己，自祭其廟也。冠，玄冠也。助祭爲尊，自祭爲卑，故冠服有異也。《儀禮·少牢》上大夫自祭用玄冠，此云「弁而祭於己」者，此大夫指孤而言也。《記》者以士之親迎用弁，以爲可以弁而祭於己。然親迎之弁，暫焉攝用耳。祭有常禮，不可紊也。同上。

笏，天子以球玉，諸侯以象，大夫以魚須文竹，士竹本象可也。 須，如字。球，美玉也。文，飾也。陸氏音「須」爲「班」，而《疏》引庾氏説，以鮫魚須飾竹以成文，與應氏説相近，宜讀如字。○應氏曰：「《爾雅》：『魚曰須。』蓋魚之所以鼓息者在須。大夫以近尊而屈，故飾竹以魚須。士以遠尊而伸，故飾以象。」《玉藻》

入大廟説笏，非禮也。既搢必盥。 説音脱。方氏曰：「大廟之内，惟君常事則説笏，所以逸尊者也。後世臣或説之，則失之簡矣。凡在廟，搢笏必盥手者，爲將執事也。」同上。

笏度二尺有六寸，其中博三寸，其殺六分而去一。殺，色介反。去，上聲。　中廣三寸，天子、諸侯、大夫、士之笏皆然。天子、諸侯則從中以上，稍稍漸殺，至上首止。廣二寸半，是六分三寸而去其一也。其大夫、士又從中殺至下，亦廣二寸半，故惟中間廣三寸也。《玉人》言「大圭長三尺」，是兼終葵首言之。同上。

爲人子者，父母存，冠衣不純素。純音準。　《疏》曰：「冠純，冠飾也。衣純，深衣領緣也。」《曲禮上》

孤子當室，冠衣不純采。冠，平聲。　呂氏曰：「當室，謂爲父後者。《問喪》曰『童子不緦，唯當室緦』，亦指爲父後者。所謂不純采者，雖除喪，猶純素也。唯當室者行之，非當室者不然也。」同上。

宗廟有不順者爲不孝，不孝者君絀以爵。絀音黜。　宗廟不順，如紊昭穆之次，失祭祀之時，皆不孝也。爵者，祖宗所傳，故絀爵焉。《王制》

祭稱「孝孫」「孝子」，以其義稱也。稱「曾孫某」，謂國、家也。　祭主於孝。士之祭稱「孝孫」「孝子」，是以祭之義爲稱也。諸侯有國，卿大夫有家，不但祭祖與禰而已，其自曾祖以上，惟稱曾孫，故云「稱『曾孫某』，謂國、家也」。蓋大夫三廟，得事曾祖也。上士二廟，事祖禰。中下士一廟，祖禰共之。《郊特牲》

臨祭祀，内事曰「孝王某」，外事曰「嗣王某」。宗廟之事爲内，郊社之事爲外。祝辭稱「孝王某」者，事親之辭；「嗣王某」者，事神之辭也。《曲禮下》

古者深衣，蓋有制度，以應規、矩、繩、權、衡。短毋見膚，長毋被土。見音現。朝服、祭服、喪服皆衣，與裳殊。惟深衣不殊，則其被於體也深邃，故名深衣。制同而名異者有四焉：純之以采曰深衣，純之以素曰長衣，純之以布曰麻衣，著在朝服、祭服之内曰中衣。但大夫以上，助祭用冕服，自祭用爵弁服，則以素爲中衣。士祭用朝服，則以布爲中衣也。皆謂天子之大夫與士也。喪服亦有中衣，《檀弓》云「練衣黄裏縓緣」是也，但不得繼揜尺耳。《深衣》

制十有二幅，以應十有二月。《深衣》

要縫半下。要，平聲。要縫七尺二寸，是比下齊之一丈四尺四寸，爲半之也。《玉藻》云「縫齊倍要」是也。同上。

深衣三袪，縫齊倍要。袪音嶇。縫，平聲。齊音咨。要，平聲。袪，袖口也，尺二寸，圍之爲二尺四寸，要之廣三其二尺四寸，則七尺二寸也，故云「三袪」。齊者，裳之下畔。縫齊倍要者，謂縫下畔之廣一丈四尺四寸，是倍要之七尺二寸也。《玉藻》

下齊如權、衡以應平。齊音咨。下齊，裳末緝處也。欲其齊，如衡之平。《深衣》

負繩及踝以應。踝，足跟也。衣之背縫，及裳之中縫，上下相接如繩之直，故云「負繩」

也。《深衣》

袼之高下，可以運肘。袂之長短，反詘之及肘。袼音各。詘音屈。劉氏曰：「袼，袖與衣接當腋下縫合處也。運，回轉也。《玉藻》云『袂可以回肘』是也。肘，臂中曲節。袂，袖也。袼之高下與衣身齊二尺二寸。古者布幅亦二尺二寸，而深衣裁身用布八尺八寸，中屈而四疊之，正方。袖本齊之，而漸圓殺以至袪，則廣一尺二寸，故下文云『袂圓應規』也。衣四幅，而要縫七尺二寸，又除負繩之縫與領旁之屈積各寸，則兩腋之餘前後各三寸許，續以二尺二寸幅之袖，則二尺有五寸也。然周尺二尺五寸，不滿今舊尺二尺，僅足齊手，無餘可反屈也。曰反及肘，則接袖初不以一幅爲拘矣。凡《經》言『短毋見膚，長毋被土』，及袼可運肘、袂反及肘，皆以人身爲度，而不言尺寸者，良以尺度布幅有古今之異，而人身亦有大小長短之殊故也。朱子云『度用指尺，中指中節爲寸』，則各自與身相稱矣。」《深衣》

深衣，袂可以回肘。袂，袖之連衣者也。上下之廣二尺二寸，肘長尺二寸，故可以回肘也。《玉藻》

袂圜以應規。《深衣》

曲袷如矩以應方。袷音刼。袷，交領也。衣領既交，自有如矩之象。《深衣》

故負繩、抱方者，以直其政，方其義也。《易》曰：「坤六二之動，直以方也。」規者，行舉手以

爲容。下齊如權、衡者，以安志平志也。《疏》曰：「抱方，領之方也。以直其政解『負繩』，以方其義解『抱方』也。所以袂圜中規者，欲使行者舉手揖讓以爲容儀。」○方氏曰：「十二幅應十二月者，仰觀於天也。直其政、方其義者，俯察於地也。袼之高下可以運肘者，近取諸身也。應規、矩、繩、權、衡者，遠取諸物也。」《深衣》

五法已施，故聖人服之。故規、矩取其無私，繩取其直，權、衡取其平。故先王貴之。故可以爲文，可以爲武，可以擯、相，可以治軍旅。完且弗費，善衣之次也。呂氏曰：「深衣之用，上下不嫌同名，吉凶不嫌同制，男女不嫌同服。諸侯朝朝服，夕深衣；大夫士朝玄端，夕深衣；庶人吉服深衣而已。此上下同也。有虞氏深衣而養老；將軍文子除喪受吊，練冠、深衣；親迎，女在途，而婿之父母死，深衣、縞、總以趨喪。此吉凶、男女之同也。蓋簡便之服，非朝祭皆可服之也。」○方氏曰：「制度固已深矣，然端冕則有敬色，所以爲文；介冑則有不可辱之色，所以爲武。端冕不可以爲武，介冑不可以爲文，兼之者惟深衣而已。《玉藻》曰：『夕深衣。』深衣，燕居之服也。端冕雖所以脩禮容，亦有時而燕處，則深衣可以爲文矣。介冑雖所以臨戎事，亦有時而燕處，則深衣可以爲武矣。雖可爲文，非若端冕可以視朝臨祭，特可贊禮而爲擯相而已。雖可爲武，非若介冑可以臨衝，特可運籌以治軍旅而已。制有五法，故曰『完』。其質則布，其色則白，故曰『弗費』。吉服以朝祭爲上，燕衣則居其次焉，故曰『善衣

之次也』。」《深衣》

續衽鉤邊。　楊氏曰：「深衣制度，惟續衽鉤邊一節難考。鄭注『續衽』二字，文義甚明，特疏家亂之耳。鄭《注》：『續猶屬也。衽，在裳旁者也，屬連之，不殊裳前後也。』鄭意蓋言，凡裳前三幅，後四幅。既分前後，則其旁兩幅分開而不相屬。惟深衣裳十二幅交裂裁之，皆名爲衽。所謂續衽者，指在裳旁兩幅言之，謂屬連裳旁兩幅，不殊裳之前後也。」又《衣圖》云：「既合縫了，又再覆縫，方便於著。以合縫者爲續衽，覆縫爲鉤邊。」《深衣》

衽當旁。　衽，裳交接之處也，在身之兩旁，故云「衽當旁」。《玉藻》

具父母、大父母，衣純以繢。具父母，衣純以青。如孤子，衣純以素。純、袂緣、純邊，各寸半。大音泰。純音準。繢音會。緣，去聲。廣，去聲。　繢，畫文也。純，衣之緣也。袂緣，緣袖口也。純邊，緣襟旁及下也。各廣一寸半，袷則廣二寸也。○呂氏曰：「三十以下，無父者可以稱孤；若三十之上，有爲人父之道，不言孤也。純、袂緣、純邊，三事也，謂袂口、裳下、衣裳邊皆純也。亦見《既夕禮》。」《深衣》

帶，下毋厭髀，上毋厭脅，當無骨者。厭，於甲反。髀音俾。　《玉藻》朝祭服之帶，三分帶下，紳居二焉。而紳長制，士三尺，則帶下四尺五寸矣。深衣之帶，下不可厭髀骨，上不可當脅骨，惟當其間無骨之處，則少近下也，然不言帶之制。《玉藻》云「士練帶，率下辟」等，皆言朝祭服之

帶也。朱子「深衣帶」，蓋亦彷彿《玉藻》之文，但禪複異耳。《深衣》

武。陳氏曰：「文者上之道，武者下之道，故足在體之下曰武，卷在冠之下亦曰武。」《曲禮上》

子婦無私貨，無私畜，無私器，不敢私假，不敢私與。畜，許六反。鄭氏曰：「家事統於尊也。」《内則》

婦或賜之飲食、衣服、布帛、佩帨、茝蘭，則受而獻諸舅姑。舅姑受之則喜，如新受賜。若反賜之，辭；不得命，如更受賜，藏以待乏。茝，昌改反。或賜之，謂私親兄弟也。茝蘭，皆香草也。受之則如新受賜，不受則如更受賜，孝愛之至也。不得命者，不見許也。待乏，待尊者之乏也。同上。

婦若有私親兄弟，將與之，則必復請其故，賜而后與之。復，扶又反。「其故」，句。故，即前者所獻之物，而舅姑不受者。雖藏於私室，今必請於尊者，既許，然後取以與之也。同上。

子事父母，雞初鳴，咸盥、漱、櫛、縰、笄、總、拂髦、冠、緌、纓、端、韠、紳，搢笏。漱，先奏反。櫛，側瑟反。縰，所買反。緌，儒追反。韠音畢。搢音薦。盥，洗手也。漱，滌口也。櫛，梳也。縰，黑繒韜髮者。以縰韜髮作髻訖，即横插笄以固髻。總亦繒爲之，以束髮之本，而垂餘於髻後，以爲飾也。拂髦，振去髦上之塵也。髦用髮爲之，象幼時翦髮爲鬌之形。此所陳皆以先後之次。櫛訖，加縰，次加笄，加總，然後加髦，著冠，冠之纓結於頷下以爲固，結之餘者下垂，謂之緌。端，玄端服也。衣用緇布，而裳不同。上士玄裳，中士黄裳，下士雜裳也。服玄端，著韠，又加紳，大帶也。搢，插也，插笏於帶中。韠以韋爲之。古者席地而坐，以臨俎豆，故設蔽膝以備濡漬。韠之言蔽也，在冕服謂之韍，他服則謂之韠。○項氏曰：「髦者，以髮作僞髻，垂兩肩之上，如今小兒用一帶連雙髻，横繫額上是也。」《内則》

左右佩用：左佩紛、帨、刀、礪、小觿、金燧。紛，敷文反。帨音税。觿，户圭反。　所佩之物，皆是備尊者使令之用。紛以拭器，帨以拭手，皆巾也。刀、礪，小刀與礪石也。觿，狀如錐，象骨爲之。小觿，所以解小結者。金燧，用以取火於日中者。《内則》

右佩玦、捍、管、遰、大觿、木燧。玦音决。捍音汗。遰音逝。　玦，射者著於右手大指，所以鈎弦而開弓體也。捍，拾也，韜左臂而收拾衣袖以利弦也。管，舊《注》云「筆彄」，其形制未聞。遰，刀室也。大觿，所以觿大結。木燧，鑽火之器。晴則用金燧以取火，陰則用木燧以鑽火也。同上。

偪。偪音逼。　即《詩》所謂「邪幅」也。偪束其脛，自足至膝，故謂之偪也。同上。

屨著綦。著音斫。綦音忌。　綦，屨頭之飾，即絇也。説見《曲禮》。著，犹施也。○朱子曰：「綦，鞋口帶也。古人皆旋繫，今人只從簡易，綴之於上，如假帶然。」同上。

婦事舅姑，如事父母：雞初鳴，盛盥、漱，櫛、縰、笄、總，衣紳。衣，平聲。○笄，今之簪也。衣紳，玄端綃衣之上加紳帶，士妻之服也。同上。

左佩紛、帨、刀、礪、小觿、金燧，右佩箴、管、線、纊，施縏帙，大觿、木燧、衿纓、綦屨，以適父母舅姑之所。纊音曠。縏音盤。帙，陳乙反。衿，其煬反。箴管，箴在管中也。縏帙，皆囊屬。施縏帙者，爲貯箴、線、纊也。衿，結也。纓，香囊也。同上。

及所，下氣怡聲，問衣襖寒，疾痛苛癢，而敬抑搔之。燠音奧。癢，以想反。苛，疥也。抑，按。搔，摩也。同上。

由命士以上，父子皆異宫，昧爽而朝。上，上聲。鄭氏曰：「異宫，崇敬也。」同上。

凡爲人子之禮，昏定而晨省。定其衽席，省其安否。《曲禮上》

文王之爲世子，朝於王季日三。鷄初鳴而衣服，至於寢門外，問内豎之御者曰：「今日安否何如？」内豎曰：「安。」文王乃喜。及日中又至，亦如之；及莫又至，亦如之。衣，去聲。豎音樹。莫音暮。内豎，内庭之小臣。御是直日者。世子朝父母，惟朝夕二禮。今文王日三，聖人過人之行也。《文王世子》

其有不安節，則内豎以告文王。文王色憂，行不能正履，王季復膳，然後亦復初。食上，必在視寒煖之節；食下，問所膳。命膳宰曰：「末有原！」應曰：「諾。」然後退。上，上聲。不安節，謂有疾，不能循其起居飲食之常時也。食上，進膳於親也。在，察也。食下，食畢而徹也。問所膳，問所食之多寡也。末，猶勿也。原，再也，謂所食之餘，不可再進也。同上。

武王帥而行之，不敢有加焉。不敢有加，不可踰越父之所行也。同上。

《世子之記》曰：朝夕至于大寢之門外，問於内豎曰：「今日安否何如？」内豎曰：「今日安。」世子乃有喜色。其有不安節，則内豎以告世子，世子色憂，不滿容。内豎言「復初」，然後亦復初。《世子之記》，古者教世子之禮篇也。不滿容，不能充其儀觀之美也。此節約言之，以見文王、武王爲世子之異於常人也。文王朝王季日三，此朝夕而已。文王行不能正履，此色憂而已。○石梁王氏曰：「古世子之禮亡，此餘其《記》之一節，《小戴》以附篇末。」同上。

朝夕之食上，世子必在視寒煖之節；食下，問所膳羞。必知所進，以命膳宰，然後退。若内豎言疾，則世子親齊玄而養。上，上聲。齊，側皆反。養，去聲。羞，品味也。必知所進，必知親所食也。命膳宰，即篇首所命之言也。養疾者衣齊玄之服，即齊時所著玄冠緇布衣裳，則貴賤異制，謂之玄端服也。同上。

膳宰之饌，必敬視之；疾之藥，必親嘗之。嘗饌善，則世子亦能食，嘗饌寡，世子亦不能飽，以至于復初，然後亦復初。善，猶多也。不能飽，以視武王之亦一亦再，又異矣。同上。

問所欲而敬進之，柔色以温之。温，於奮反。温，承藉之義，謂以柔順之色承藉尊者之意，

若藻藉之承玉然。《内則》

日入而夕，慈以旨甘。慈，愛也。謂敬愛其親，故以旨甘之味致其愛。晚朝爲夕。《内則》

寒不敢襲，癢不敢搔，不有敬事，不敢袒裼，不涉不撅，褻衣衾不見裏。撅音蹶。見音現。襲，重衣也。袒與裼，皆禮之敬，故非敬事，不袒裼也。不因涉水，則不揭裳。不見裏，爲其可穢。《内則》

父母唾、洟不見。冠帶垢，和灰請漱；衣裳垢，和灰請澣；衣裳綻裂，紉箴請補綴。見音現。漱平聲。澣，胡管反。綻，直莧反。紉，女陳反。綴音拙。唾洟不見，謂即刷除之，不使見示於人也。漱、澣，皆洗濯之事。和灰，如今人用灰湯也。以線貫箴爲紉。同上。

凡婦不命適私室不敢退。婦將有事，大小必請於舅姑。同上。

出入則或先或後，而敬扶持之。進盥，少者奉水，請沃盥，盥卒，授巾。奉，上聲。同上。

父母舅姑將坐，奉席請何鄉；將衽，長者奉席請何趾。少者執牀與坐，御者舉几，斂席與簟，縣衾篋枕，斂簟而襡之。奉，上聲。鄉，去聲。衽音稔。縣音玄。篋，結叶反。襡音獨。將坐，旦起時也。奉坐席而鋪者，必問何向。衽，卧席也。將衽，謂更卧處也。長者奉此卧席而鋪，必問足向何所。牀，《説文》云「安身之几坐」，非今之卧牀也。將坐之時，少者執此牀以與之坐，御侍者舉几進之，使之憑以爲安。卧必簟在席上，旦起則斂之。而簟又以襡韜之者，以親身恐穢汙也。

衾則束而懸之，枕則貯於篋也。同上。

父母舅姑之衣、衾、簟、席、枕、几不傳，杖、屨祗敬之，勿敢近。敦、牟、巵、匜，非餕莫敢用，與恒食飲，非餕莫之敢飲食。敦音對。巵音支。匜音移。餕音俊。傳，移也。謂此數者，每日置之有常處，子與婦不得輒移置他所也。近，謂挨偪之也。敦與牟皆盛黍稷之器。「牟」讀爲「堥」，土釜也。此器則木爲之，象土釜之形耳。巵，酒器。匜，盛水漿之器。此四器皆尊者所用，子與婦非餕其餘，無敢用此器也。與，及也，及尊者所常食飲之物。子與婦非餕餘，不敢擅飲食之也。同上。

父母在，朝夕恒食，子孫佐餕，既食恒餕。父没母存，冢子御食，群子婦佐餕如初。旨甘柔滑，孺子餕。佐餕者，勸勉之，使食而後餕其餘也。既食恒餕者，盡食其常食之餘也。御食，侍母食也。如初，如父在時也。同上。

在父母舅姑之所，有命之，應、唯敬對。進退、周旋慎齊，升降、出入、揖遊不敢噦、噫、嚏、咳、欠、伸、跛、倚，睇視，不敢唾、洟。唯，上聲。噦，於月反。噫，於界反。嚏音帝。咳，苦愛反。跛，彼義反。睇音第。唾，吐卧反。洟音替。應之辭，唯爲恭。噦，嘔逆之聲也。《莊子》「大塊噫氣」，《詩》「願言則嚏」。咳，嗽聲也。氣乏則欠，體疲則伸。偏任爲跛，依物爲倚。睇視，傾視也。洟，自鼻出者。同上。

子婦孝者敬者，父母舅姑之命勿逆勿怠。子而孝，父母必愛之；婦而敬，舅姑必愛之。然猶恐其恃愛而於命或有所違也，故以勿逆勿怠爲戒。《内則》

若飲食之，雖不耆，必嘗而待；加之衣服，雖不欲，必服而待。飲，去聲。食音嗣。耆音嗜。嘗而待，服而待，皆謂俟尊者察其不耆不欲而改命之，則或置之，或藏去，乃敢如己意也。同上。

加之事，人代之，己雖弗欲，姑與之，而姑使之，而后復之。尊者任之以事，而己既爲之矣，或念其勞，又使他人代爲。己意雖不以爲勞，而不欲其代，然必順尊者之意而姑與之。若慮其爲之不如己意，姑教使之。及其果不能，而後己復爲之也。同上。

子婦有勤勞之事，雖甚愛之，姑縱之而寧數休之。數音朔。謂雖甚愛此子婦，而不忍其勞，然必且縱使爲之，而寧數數休息之，必使終竟其事而後已，不可以姑息爲愛，而使之不事事也。同上。

適子、庶子衹事宗子、宗婦，雖貴富，不敢以貴富入宗子之家；雖衆車徒，舍於外，以寡約入。舍，上聲。《疏》曰：「適子，謂父及祖之適子，是小宗也。庶子，謂適子之弟。宗子，謂大宗子。宗婦，謂大宗子之婦。」《内則》

子弟猶歸器，衣服、裘衾、車馬則必獻其上，而后敢服用其次也。若非所獻，則不敢以入於宗子之門，不敢以貴富加於父兄宗族。猶，若也。謂子弟中若有以功德顯榮而蒙尊上歸遺之以器用衣服等物，則必獻其上等者於宗子，而自服用其次者。若非宗子之爵所當服用，而不可獻者，則己亦不敢服用之以入宗子之門也。加，高也。同上。

若富，則具二牲，獻其賢者於宗子，夫婦皆齊而宗敬焉，終事而后敢私祭。賢，猶善也。齊而宗敬，謂齊戒而往助祭事，以致宗廟之敬也。私祭祖禰，則用二牲之下者。《内則》

父母有婢子若庶子庶孫，甚愛之，雖父母没，没身敬之不衰。婢子，賤者之所生也。若，及也，或也。没身，終身也。父母之所愛亦愛之，至於犬馬盡然，而况於人乎！同上。

曾子曰：「孝子之養老也，樂其心，不違其志，樂其耳目，安其寢處，以其飲食忠養之。孝子之身終，終身也者，非終父母之身，終其身也。是故父母之所愛亦愛之，父母之所敬亦敬之，至於犬馬盡然，而况於人乎！」樂音洛。養，去聲。樂其心，喻父母於道也。不違其志，能養志也。飲食忠養以上，是終父母之身。愛所愛、敬所敬，則終孝子之身也。同上。

子婦有勤勞之事，雖甚愛之，姑縱之而寧數休之。數音朔。謂雖甚愛此子婦，而不忍其勞，然必且縱使爲之，而寧數數休息之，必使終竟其事而後已，不可以姑息爲愛，而使之不事事也。同上。

子婦未孝未敬，勿庸疾怨，姑教之。若不可教，而后怒之；不可怒，子放婦出而不表禮焉。庸，用也。怒之，譴責之也。不可怒，謂雖譴責之而不改也。雖放逐其子，出棄其婦，而不表明其失禮之罪，示不終絶之也。同上。

子有二妾，父母愛一人焉，子愛一人焉，由衣服飲食，由執事，毋敢視父母所愛，雖父母没不衰。由，自也。不敢以私愛違父母之情故也。同上。

子甚宜其妻，父母不説，出。子不宜其妻，父母曰「是善事我」，子行夫婦之禮焉，没身不衰。宜，猶善也。《大戴禮》：「婦有七出：不順父母一，無子二，淫三，妒四，惡疾五，多言六，竊盜七。三不去：有所受，無所歸，不去；曾經三年喪，不去；前貧賤，後富貴，不去。」同上。

禮始於謹夫婦，爲宫室，辨外内，男子居外，女子居内。深宫固門，閽、寺守之，男不入，女不出。夫婦爲人倫之始，不謹則亂其倫類，故禮始於謹夫婦也。○鄭氏曰：「閽，掌守中門之禁。寺，掌内人之禁令。」同上。

男女不同椸枷，不敢縣於夫之楎、椸，不敢藏於夫之篋、笥，不敢共（漏）〔湢〕浴。夫不在，歛枕篋，簟、席襡器而藏之。少事長，賤事貴，咸如之。椸音移。枷音架。縣音玄。楎音輝。笥音四。襡音獨。椸枷，見《曲禮》。植者曰楎，横者曰椸。楎、椸同類之物，椸以竿爲之，故鄭云：「竿謂之椸。」餘見前。《内則》

夫婦之禮，唯及七十，同藏無間。同上。

男女不雜坐，不同椸、枷，不同巾、櫛，不親授。椸音移。枷音架。《内則》注云：「植者曰

楎」，「橫者曰椸」。枷與架同，置衣服之具也。巾以涗潔，櫛以理髮。此四者，皆所以遠私褻之嫌。《曲禮上》

嫂叔不通問。 不通問，無問遺之往來也。同上。

外言不入於梱，內言不出於梱。 梱，門限也。內外有限，故男不言內，女不言外。同上。

由命士以上，父子皆異宮。 上，上聲。 鄭氏曰：「異宮，崇敬也。」《內則》

凡家造，祭器爲先，犧賦爲次，養器爲後。 養，去聲。 《疏》曰：「家造，謂大夫始造家事也。諸侯大夫少牢，此言犧牛也。天子之大夫祭祀，賦歛邑民，供出牲牛，故曰『犧賦』。」○犧賦，亦以造言者，如《周官·牛人》供牛牲之互與盆簝之類。鄭《注》：「互，若今屠家縣肉格。盆以盛血。簝，受肉籠也。」《曲禮下》

庶羞不踰牲，燕衣不踰祭服，寢不踰廟。 羞不踰牲者，如牲是羊，則不以牛肉爲庶羞也。此三者，皆言薄於奉己，厚於事神也。《王制》

妻將生子，及月辰，居側室。夫使人日再問之，作而自問之。妻不敢見，使姆衣服而對。至于子生，夫復使人日再問之。 見，形甸反。姆音茂。復，扶又反。 正寢在前，燕寢在後。側室者，燕寢之旁室也。作，動作之時也。姆，女師也。《內則》

子生，男子設弧於門左，女子設帨於門右。三日，始負子，男射女否。 弧，弓也。帨，佩巾也。以此二物爲男女之表。負，抱也。同上。

國君世子生，告于君，接以大牢，宰掌具。三日，卜士負之，吉者宿齊，朝服寢門外，詩負之。射人以桑弧、蓬矢六，射天地四方，保受，乃負之。宰醴負子，賜之束帛。卜士之妻、大夫之妾，使食子。接，如字。射音石。食音嗣。 接以大牢者，以大牢之禮接見其子也。宰，宰夫也。宰具，掌其設禮之具也。卜士負之者，卜其吉者而使之抱子也。詩，承也。《儀禮》言「尸酢，主人詩懷之」，亦承義。射天地四方者，期其有事於遠大也。保，保母也。受乃負之，受子於士而抱之也。蓋士之負子，特爲斯須之禮而已。宰既掌具，故以醴禮負子之士，仍賜束帛以酬之。食子，謂乳養之也。今按：此言世子生，接以大牢，特言其常禮如此耳。下文又言接子擇日，則亦或在始生三日之後也。鄭氏「謂食其母，使補虛强氣」，讀「接」爲「捷」，而訓爲「勝」，其義迂。方氏讀如本字，今從之。《内則》

大夫之子有食母，士之妻自養其子。食音嗣。 食母，乳母也。士卑，故自養。《内則》

凡接子擇日，冢子則大牢，庶人特豚，士特豕，大夫少牢，國君世子大牢。其非冢子，則皆降一等。 冢子大牢，謂天子之元子也。同上。

異爲孺子室於宫中，擇於諸母與可者，必求其寬裕、慈惠、温良、恭敬、慎而寡言者，使爲子師，其次爲慈母，其次爲保母，皆居子室。他人無事不往。 諸母，衆妾也。可者，謂雖非衆妾之列或侍御之屬，可爲子師者也。此人君養子之禮。師教以善道者，慈母審其欲惡者，保母安其寢處者。他人無事不往，恐兒驚動也。同上。

三月之末，擇日翦髮爲鬌，男角女羈；否則男左女右。是日也，妻以子見於父，貴人則爲衣服，由命士以下皆漱、澣。男女夙興，沐浴衣服，具視朔食。夫入門，升自阼階，立于阼西鄉。妻抱子出自房，當楣立，東面。鬌音朵。鄉，去聲。鬌，所存留不翦者也。夾囟兩旁常角之處留髮不翦者謂之角，留頂上縱横各一相交通達者謂之羈。嚴氏云：「夾囟曰角，兩髻也。午達曰羈，三髻也。」貴人，大夫以上也。由，自也。具視朔食者，所具之禮如朔食也。朔食，天子大牢，諸侯少牢，大夫特豕，士特豚也。入門，入側室之門也。側室亦南向，故有阼階西階。出自房，自東房而出也。同上。

姆先相曰：「母某敢用時日祗見孺子。」夫對曰：「欽有帥。」父執子之右手，咳而名之。妻對曰：「記有成。」遂左還授師子，師辯告諸婦、諸母名，妻遂適寢。相，去聲。見，形甸反。帥音率。咳，户才反。還音旋。辯音遍。某，妻姓某氏也。時日，是日也。孺，稚也。欽，敬。帥，循也。言當敬教之，使循善道也。咳而名之者，《説文》「咳，小兒笑聲」，謂父作咳聲笑容以示慈愛而名之也。記有成，謂當記識夫言教之成德也。授師以子，授子師也。諸婦，同族卑者之妻也。諸母，同族尊者之妻也。後告諸母，欲名成於尊也。妻遂適寢，復夫之燕寢也。同上。

夫告宰名，宰辯告諸男名，書曰「某年某月某日，某生」而藏之。宰告閭史，閭史書爲二：其一藏諸閭府，其一獻諸州史。州史獻諸州伯，州伯命藏諸州府。夫入食，如養禮。養，去聲。宰，屬吏也。諸男，同宗子姓也。藏之者，以簡策書子名而藏于家之書府也。二十五家爲閭，二千五百家爲州。州伯則州長也，閭史、州史皆其屬史也，閭府、州府皆其府藏也。夫入食如養禮，謂與其妻禮食，如婦始饋舅姑之禮也。○《疏》曰：「此《經》所陳，謂卿大夫以下，故以名遍告同宗諸男。諸男卑者尚告，則告諸父可知。若諸侯絶宗，則不告也。」同上。

世子生，則君沐浴朝服，夫人亦如之，皆立于阼階，西鄉。世婦抱子升自西階，君名之，乃降。諸侯朝服，玄端素裳。夫人亦如之者，亦朝服也，當是展衣。《注》云褖衣者，以見子畢，即侍御於君，故服進御之展衣也。人君見世子於路寢，此升自西階，是自外而入也。凡生子，無問妻妾，皆在側室。同上。

適子庶子見於外寢，撫其首，咳而名之。禮帥初，無辭。此適子蓋世子之弟，庶子則妾子也。外寢，君燕寢也。燕寢在内，以側室在旁處内，故謂此爲外也。○《疏》曰：「庶子見於側室，此以撫首、咳名、無辭之事同，故與適子連文，云『見於外寢』耳。」同上。

由命士以上及大夫之子，旬而見。上，上聲。旬音均。《注》讀「旬」爲「均」，謂適子、妾子有同時生者，雖是先生者先見，後生者後見，然皆在夫未與婦禮食之前，故曰「均而見」也。○應氏曰：「子固以禮見於父，父則欲時時見之，又不可瀆，故每旬而一見之。若庶人，則簡略易通，不必以旬而見。今詳二説，俱可疑，闕之可也。」同上。

冢子未食而見，必執其右手；適子、庶子已食而見，必循其首。食，如字。《疏》曰：「此天子、諸侯之禮。未與后、夫人禮食，而先見冢子，急於正也。禮食之後乃見適子、庶子，緩於庶耳。」同上。

妾將生子，及月辰，夫使人日一問之。子生三月之末，漱、澣，夙齊，見於内寢，禮之如始入室。君已食，徹焉，使之特餕，遂入御。此言大夫士之妾生子之禮。宫室之制，前有路寢，次則君之燕寢，次夫人正寢。卿大夫以下，前有適室，次則燕寢，次則適妻之寢。此言内寢，正謂適妻寢耳。如始入室者，如初來嫁時也。特餕，使此生子者獨餕，不如常時衆妾同餕也。同上。

名子者，不以國，不以日月，不以隱疾，不以山川。常語易反，則避諱爲難，故名子者不之用。《曲禮上》

凡名子，不以日月，不以國，不以隱疾。大夫士之子，不敢與世子同名。説見《曲禮》。《内則》

公庶子生，就側室。三月之末，其母沐浴，朝服見於君，擯者以其子見。君所有賜，君名之，衆子則使有司名之。擯者，傅姆之屬也。君所有賜者，此妾君所偏愛而特加恩賜者，故其子君自名之。若衆妾之子恩寵輕略者，則使有司名之也。〇《疏》曰：「前文已云適子、庶子見異於世子，今更重出者，以前庶適連文，故特言庶子之禮。」《内則》

庶人無側室者，及月辰，夫出居群室。其問之也，與子見父之禮無以異也。問之之禮，與執手咳名之事，欽帥記成之辭，皆與有爵者同，故云「無以異也」。同上。

凡父在，孫見於祖，祖亦名之，禮如子見父，無辭。應氏曰：「辭者，夫婦所以相授受也。祖尊，故有其禮而無其辭。」同上。

人生十年曰幼，學。二十曰弱，冠。三十曰壯，有室。四十曰强，而仕。五十曰艾，服官政。六十曰耆，指使。七十曰老，而傳。八十九十曰耄，七年曰悼。悼與耄，雖有罪，不加刑焉。百年曰期，頤。冠，去聲。朱子曰：「『十年曰幼』爲句絶，『學』字自爲一句，下至百曰期皆然。」〇五十曰艾，髮之蒼白者，如艾之色也。古者四十始命之仕，五十始命之服官政。仕者，爲士以事人，治官府之小事也。服官政者，爲大夫以長人，與聞邦國之大事者也。才可用則使之仕，德成乃命爲大夫也。耆者，稽久之稱。不自用力，惟以指意使令人，故曰指使。傳，謂傳家事於子也。耄，惽忘也。悼，憐愛也。耄者，老而知已衰，悼者，幼而知未及，雖或有罪，情不出於故，故不加刑。人壽以百年爲期，故曰期。飲食、居處、動作無不待於養，故曰頤。《曲禮上》

大夫七十而致事。致，還其職事於君也。同上。

也。唯、俞，皆應辭。鞶，小囊盛帨巾者。男用韋，女用繒帛。

孺子蚤寢晏起，唯所欲，食無時。《内則》

子能食食，教以右手。能言，男「唯」女「俞」。男鞶革，女鞶絲。食音嗣。唯，上聲。食，飯也。唯、俞，皆應辭。鞶，小囊盛帨巾者。男用韋，女用繒帛。

六年，教之數與方名。七年，男女不同席，不共食。八年，出入門户及即席飲食，必後長者，始教之讓。數，謂一十百千萬。方名，東西南北也。同上。

九年，教之數日。十年，出就外傅，居宿於外，學書計。數，上聲。數日，知朔、望與六甲也。外傅，教學之師也。書謂六書，計謂九數。同上。

衣不帛襦袴。禮帥初，朝夕學幼儀，請肄簡諒。襦音儒。《曲禮》曰：「童子不衣裘裳。」不以帛爲襦袴，亦爲太温也。禮帥初，謂行禮動作皆循習初教之方也。肄，習也。簡，書篇數也。諒，言語信實也。皆請於長者而習學之也。一説簡者簡要，謂使之習事務從其要，不爲迂曲煩擾也。同上。

十有三年，學樂，誦詩，舞《勺》。成童，舞《象》，學射御。勺音酌。樂，八音之器也。詩，樂歌之篇章也。成童，十五以上。《象》是文王之舞，《周頌·維清》乃《象》舞之樂歌。射，謂五射。御，謂五御。○朱子曰：「酌，即勺也。舞《勺》，即以此詩爲節而舞也。」同上。

二十而冠，始學禮，可以衣裘帛，舞《大夏》，惇行孝弟，博學不教，内而不出。衣，去聲。始學禮以成人之道，當兼習吉、凶、軍、賓、嘉之五禮也。《大夏》，禹樂，樂之文武兼備者也。孝弟，百行之本，故先務惇行於孝弟而後博學也。不教，恐所學未精，故不可爲師以教人也。內而不出，言蘊畜其德，美於中而不自表見其能也。一説謂不出言以爲人謀畫。同上。

三十而有室，始理男事，博學無方，孫友視志。孫，去聲。室，猶妻也。男事，受田給政役也。方，猶常也。學無常在，志所慕則學之。孫友，順交朋友也。視志，視其志意所尚也。同上。

四十始仕，方物出謀發慮，道合則服從，不可則去。五十命爲大夫，服官政，七十致事。凡男拜，尚左手。朱子曰：「物猶事也。方物出謀，則謀不過物；方物發慮，則慮不過物。」問：「何謂不過物？」曰：「方猶對也。比方以窮理。」同上。

女子十年不出，姆教婉、娩、聽從；執麻枲，治絲繭，織紝、組、紃，學女事，以共衣服；觀於祭祀，納酒漿、籩豆、菹醢，禮相助奠。姆音茂。娩音晚。紝，女金反。組音祖。紃音巡。十年不出，謂十歲則恒處於內也。姆，女師也。（嫁）〔婉〕，謂言語。娩，謂容貌，司馬公云「柔順貌」。紝，繒帛之屬。組亦織也，《詩》「執轡如組」。紃之制似絛，古人以置諸冠服縫中者。同上。

十有五年而笄，二十而嫁，有故，二十三年而嫁。聘則爲妻，奔則爲妾。凡女拜，尚右手。十五許嫁則笄，未許嫁者，二十而笄。故，謂父母喪。妻，齊也。妾之言接，言得接見於君子，不得伉儷也。尚左尚右，陰陽之別。同上。

男女未冠笄者，雞初鳴，咸盥、漱，櫛、縰，拂髦，總角，衿纓，皆佩容臭。昧爽而朝，問何食飲矣。若已食，則退。若未食，則佐長者視具。冠，去聲。總角，總聚其髮而結束之爲角，童子之飾也。容臭，香物也，助爲形容之飾，故言容臭。以纓佩之，後世香囊即其遺制。昧，晦也。爽，明也。昧爽，欲明未明之時。《内則》

男不言内，女不言外。非祭非喪，不相授器。其相授，則女受以篚；其無篚，則皆坐，奠之而后取之。男正位乎外，不當於外而言内庭之事。女正位乎内，不當於内而言梱外之事。惟喪祭二事乃得以器相授受者，以祭爲嚴肅之地，喪當急遽之時，乃無他嫌也。非此二者，則女必執篚，使授者置之篚中也。皆坐，男女皆跪也。授者跪而置諸地，則受者亦跪而就地以取之也。同上。

外内不共井，不共湢浴，不通寢席，不通乞假。男女不通衣裳。内言不出，外言不入。男子入内，不嘯不指，夜行以燭，無燭則止。女子出門，必擁蔽其面，夜行以燭，無燭則止。道路，男子由右，女子由左。湢音逼。嘯，如字。湢，浴室也。不嘯不指，謂聲容有異，駭人視聽也。舊讀嘯爲叱，或有當發者，如見非禮舉動，安得不叱以儆之乎？讀如本字爲是。擁猶障也。由右由左，凡男子、婦人同出一塗者，則男子常由婦人之右，婦人常由男之左，爲遠别也。《内則》并《王制》注。

道路，男子由右，婦人由左，車從中央。 凡男子、婦人同出一塗者，則男子常由婦人之右，婦人常由男子之左，爲遠别也。《王制》

夫婦之禮，唯及七十，同藏無間。故妾雖老，年未滿五十，必與五日之御。將御者，齊，漱、澣，慎衣服，櫛、縰，笄、總角，拂髦，綦屨。雖婢妾，衣服飲食必後長者。妻不在，妾御莫敢當夕。 與，去聲。齊，側皆反。漱，平聲。澣音浣。 櫛縰以下，見篇首。今上方五十四板載。「角」字衍。天子御，妻八十一人當九夕，世婦二十七人當三夕，九嬪九人當一夕，三夫人當一夕，后當一夕，凡十五日而遍。五日之御，諸侯制也。諸侯一娶九女，夫人及二媵各有姪娣，此六人當三夕，次二媵當一夕，次夫人專一夕，凡五日而遍也。當夕，當妻之夕也。《内則》

凡内外，鷄初鳴，咸盥，漱，衣服，斂枕、簟，洒掃室堂及庭，布席，各從其事。 簟，徒點反。洒，所買反。掃，去聲。 古人枕席之具，夜則設之，曉則斂之，不以私褻之用示人也。《内則》

父母唾、洟不見。冠帶垢，和灰請漱；衣裳垢，和灰請澣；衣裳綻裂，紉箴請補綴。 見音現。漱，平聲。澣，胡管反。綻，直莧反。紉，女陳反。綴音拙。 唾洟不見，謂即刷除之，不使見示於人也。漱、澣，皆洗濯之事。和灰，如今人用灰湯也。以線貫箴爲紉。同上。

五日則燂湯請浴，三日具沐。其間面垢，燂潘請靧；足垢，燂湯請洗。少事長，賤事貴，共帥時。 燂，詳廉反。潘音翻。靧音悔。 燂，温也。潘，淅米汁也。靧，洗面也。共帥時，皆循是禮也。同上。

出入則或先或後，而敬扶持之。進盥，少者奉槃，長者奉水，請沃盥，盥卒，授巾。問所欲而敬進之，柔色以温之。奉，上聲。温，於奮反。温，承籍之義，謂以柔順之色承籍尊者之意，若藻藉之承玉然。同上。

家禮通考三

冠禮

凡人之所以爲人者，禮義也。禮義之始，在於正容體，齊顔色，順辭令。容體正，顔色齊，辭令順，而後禮義備。以正君臣，親父子，和長幼。君臣正，父子親，長幼和，而后禮義立。故冠而后服備，服備而容體正，顔色齊，辭令順，故曰：「冠者，禮之始也。」是故古來聖王重冠。方氏曰：「容體欲其可度，故曰正；顔色欲其可觀，故曰齊；辭令欲其可從，故曰順。」《冠義》

夫禮始於冠，本於昏，重於喪、祭，尊於朝、聘，和於射、鄉。此禮之大體也。父子親而後君臣正者，資於事父以事君，而敬同也。《昏義》

先王之制禮，人爲之節。冠笄所以别男女也。禮四達而不悖，則王道備矣。劉氏曰：「先王之制禮，因人情而爲之節文。因其有男女之欲而不知其别，故爲冠笄之禮以别之。禮通行於天下，而民無悖逆之者，則王者之治道備矣。」《樂記》

無大夫冠禮。古者五十而後爵，何大夫冠禮之有？諸侯之有冠禮，夏之末造也。諸侯大

夫之冠，一如士禮行之，無生而貴者也。夏之末造，言夏之末世所爲耳。《郊特牲》

成人之者，將責成人禮焉也。責成人禮焉者，將責爲人子、爲人弟、爲人臣、爲人少者之禮行焉。將責四者之行於人，其禮可不重與！故孝、弟、忠、順之行立，而后可以爲人，可以爲人而后可以治人也。故聖王重禮。故曰：「冠者，禮之始也，嘉事之重者也。」是故古者重冠。重冠故行之於廟，行之於廟者，所以尊重事。尊重事而不敢擅重事，不敢擅重事，所以自卑而尊先祖也。 呂氏曰：「所謂成人者，非謂四體膚革異於童稚也，必知人倫之備焉。親親、貴貴、長長，不失其序之謂備，此所以爲人子、爲人弟、爲人臣、爲人少者之禮行，孝、弟、忠、順之行立也。有諸己，然後可以責諸人，故成人然後可以治人也。古者重事必行之廟中，昏禮，納采至親迎，皆主人筵几於廟；聘禮，君親拜迎於大門之外而廟受；爵有德，祿有功，君親策命于廟；喪禮，既啓則朝廟，皆所以示有所尊而不敢專也。冠禮者，人道之始，所不可後也。孝子之事親也，有大事必告而後行，没則行諸廟，猶是義也。故大孝終身慕父母者，非終父母之身，終其身之謂也。」《冠義》

大功之末，可以冠子。父小功之末，可以冠子。己雖小功，既卒哭，可以冠子。下殤之小功則不可。 末，服之將除也。舊説以末爲卒哭後，然大功卒哭後尚有六月，恐不可言末。小功既言末，又言卒哭，則末非卒哭明矣。下言「父小功之末」，則上文「大功之末」是據己身而言。舊説父及己身俱在大功之末或小功之末，恐亦未然。下賜之小功，自期服而降，以本服重，故不

可冠也。《雜記》

「**如將冠子而未及期日，而有齊衰、大功、小功之喪，則因喪服而冠。**」「**除喪不改冠乎？**」**孔子曰：**「**天子賜諸侯、大夫冕弁服於大廟，歸設奠，服賜服。於斯乎有冠醮，無冠（禮）〔醴〕。**」未及期日，在期日之前也。因喪服而冠者，因着喪之成服而加喪冠也。此是孔子之言。曾子又問，他日除喪之後，不更改易而行吉冠之禮乎？孔子答云，諸侯及大夫有幼弱未冠，總角從事，至當冠之年，因朝天子，天子於大廟中賜冕服、弁服，其受賜者榮君之命，歸即設奠告廟，服所賜之服矣。於此之時，惟有冠之醮，無冠之醴。醮是以酒爲燕飲，醴則獨禮受服之人也。其禮如此，安有除喪改冠之禮乎？《曾子問》

古者冠禮筮日，所以敬冠事。敬冠事，所以重禮。重禮，所以爲國本也。方氏曰：「筮日所以求夫天之吉。」呂氏曰：「禮重則人道立，此國之所以爲國也，故曰『爲國本』。」○方氏曰：「筮而不卜，何哉？蓋古者大事用卜，小事用筮。天下之事，始爲小，終爲大。冠爲禮之始，聖王之所重者，重其始而已，非大事也，故止用筮焉。至於喪祭之慎終，則所謂大事也，故於是乎用卜。」《冠義》

外事以剛日，内事以柔日。甲、丙、戊、庚、壬爲剛，乙、丁、己、辛、癸爲柔。先儒以外事爲治兵，然巡狩、朝聘、盟會之類皆外事也。内事，如宗廟之祭、冠昏之禮皆是。《曲禮上》

凡卜筮日，旬之外曰「遠某日」，旬之内曰「近某日」。喪事先遠日，吉事先近日。《疏》曰：「今月下旬筮來月上旬，是旬之外日也。主人告筮者云，欲用遠某日。此大夫禮。士賤職褻，時至事暇，可以祭，則於旬初即筮旬内之日。主人告筮者云，用近某日。天子、諸侯有雜祭，或用旬内，或用旬外，其辭皆與此同。喪事，謂葬與二祥，是奪哀之義。非孝子所欲，但不獲已，故從遠日而起，示不宜急，微伸孝心也。吉事，謂祭祀、冠昏之屬。《少牢》云『若不吉，則及遠日』，是『先遠日』也。」同上。

曰：「爲日，假爾泰龜有常，假爾泰筮有常。」卜筮不過三，卜筮不相襲。曰，命辭也。「爲」字去聲，讀爲卜吉日，故曰「爲日」。卜則命龜曰「爲日，假爾泰龜有常」，筮則命蓍曰「爲日，假爾泰筮有常」。假，因也，託也。泰者，尊上之辭。有常，言其吉凶常可憑信也。此命蓍龜之辭。不過三者，一不吉至再，至三終不吉，則止而不行。襲，因也。卜不吉則止，不可因而更筮。筮不吉則止，不可因而更卜也。同上。

龜爲卜，筴爲筮。卜筮者，先聖王之所以使民信時日、敬鬼神、畏法令也，所以使民決嫌疑、定猶與也。故曰：「疑而筮之，則弗非也；日而行事，則必踐之。」筴，蓍也。呂氏曰：「信時日者，卜筮而用之，不敢改也。敬鬼神者，人謀非不足，而猶求於鬼神，知有所尊而不敢必也。畏法令者，人君法令有疑者，決之卜筮，則君且不敢專，况下民乎！嫌疑者，物有二而相似也。

如建都邑，某地可都，某地亦可都，此嫌疑也。猶與者，事有二而不決也。《疏》曰：「《説文》：『猶，獸名。』與，亦獸名。二物皆進退多疑，人之多疑惑者似之，故曰『猶與』。」呂氏曰：「如戰，或曰可戰，或曰不可戰，此猶與也。」○舊説讀踐爲善，文義甚迂。《疏》引王氏，謂「踐，履也，必履而行之」，當讀如字。呂氏曰：「卜筮以決之定之，此先聖王以神道設教也。有疑而筮，既筮而不信，諏日而卜，既卜而弗踐，是爲不誠。不誠之人，不能行之於人，况可得於鬼神乎？」同上。

呂氏曰：「凡常事，卜不吉則不筮，筮不吉則不卜。獻公卜納驪姬，不吉。公曰：『筮之。』此相襲也。若大事，則先筮而後卜。《洪範》有龜從、筮從，或龜從、筮逆，龜筮並用也。晉卜納襄王，得黄帝戰阪泉之兆，又筮之，遭《大有》之《睽》，亦龜筮並用也。故知不相襲者，非大事也。」《曲禮上》

古者冠禮，筮賓，所以敬冠事。敬冠事所以重禮，重禮所以爲國本也。 方氏曰：「筮賓，所以擇夫人之賢。」呂氏曰：「禮重則人道立，此國之所以爲國也。」方氏曰：「筮而不卜，何哉？」云云。〔《冠義》〕

始冠緇布冠，自諸侯下達。冠而敝之可也。 冠禮初加緇布冠，諸侯以下通用，存古故用之，非時王之制也，故既用即敝，棄之可也。《玉藻》

三王共皮弁、素積。 皮弁以白鹿皮爲之，其服則十五升之布也。白與冠以素爲裳，而辟積其要中，故云「皮弁素積」也。三代以此爲再加之冠服。《郊特牲》

委貌，周道也。章甫，殷道也。毋追，夏后氏之道也。委貌、章甫、毋追，皆緇布冠，但三代之易名不同，而其形制亦應異耳。是皆先王制禮之道，故皆以道言之。委貌即玄冠。舊説，委，安也，言所以安正容貌。章，明也，所以表明大夫。毋，發聲之辭。追，猶椎也，以其形名之。此一條是論三加始加之意。同上。

周弁，殷冔，夏收。周之弁，殷之冔，夏之收，各是時王所制，以爲三加之冠。舊説弁名出於槃，槃，大也。冔名出於幠，幠，覆也。收，所以收斂其美也。形制未聞。同上。

玄冠朱組纓，天子之冠也。緇布冠繢緌，諸侯之冠也。玄冠丹組纓，諸侯之齊冠也。玄冠綦組，士之齊冠也。天子始冠之冠則玄冠，而以朱組爲纓。諸侯雖緇布冠，却用雜采之繢爲纓。緌爲尊者飾耳，非古制也。齊冠，齊戒時所服者。諸侯與士皆玄冠，但其纓則有丹組、綦組之異。朱，色紅而明。丹，赤色也。綦，帛之蒼白艾色者，一《説文》也。《玉藻》

曾子問曰：「將冠子，冠者至，揖讓而入，聞齊衰、大功之喪，如之何？」孔子曰：「内喪則廢。外喪則冠而不（醮）〔醴〕，徹饌而埽，即位而哭。如冠者未至，則廢。」冠者，賓與贊禮之人也。此人已及門，而與主人揖讓以入矣，主人忽聞齊衰、大功之喪，何以處之？夫子言，若是大門内之喪，則廢而不行。以冠禮行之大廟，廟在大門之内，吉凶不可同處也。若是大門外之喪，喪在他處，可以加冠，但冠禮三加之後，設醴以禮新冠之人。今值凶事，止三加而止，不醴之

也。初欲迎賓之時，醴及饋奠皆陳設，今悉徹去，又埽除冠之舊位，使浄潔更新，乃即位而哭。如賓與贊者未至，即廢也。《曾子問》

冠於阼，以著代也。 呂氏曰：「主人升立于序端，西面。贊者筵于東序少北，西面。將冠者即筵而拜，是位與主人同在阼也。父老則傳之子，所以著其傳付之意也。冠於阼者，適子也。若庶子，則冠於房外，南面。」《冠義》

適子冠於阼，以著代也。 著代，顯其爲主人之次也。此適子之禮也。若庶子，則冠於房户外，南面。《郊特牲》

冠義：始冠之，緇布之冠也。太古冠布，齊則緇之。其緌也，孔子曰：「吾未之聞也，冠而敝之可也。」 冠義，言冠禮之義也。冠禮三加，先加緇布冠，是太古齊時之冠也，緇布爲之，不用笄，用頍以圍髪際，而結於項中，因綴之以固冠耳，不聞有垂下之緌也。此冠後世不復用，而初冠暫用之，不忘古也。冠禮既畢，則敝棄之可矣。《玉藻》云：「緇布冠繢緌。」是諸侯位尊，盡飾故也，然亦後世之爲耳。同上。

醮於客位，加有成也。三加彌尊，喻其志也。 酌而無酬酢曰醮。客位，在户牖之間。加有成，加禮於有成之人也。三加，始冠緇布冠，次加皮冠，又次加爵弁也。喻其志者，使其知廣充志意以稱尊服也。此適子之禮。若庶子，則醮於房户外也。夏殷之禮，醮用酒，每一加而一醮。周則用醮，三加畢，乃總一醴也。同上。

醮於客位，三加彌尊，加有成也。　酌而無酬酢曰醮。醮于户西，南面，賓位也。以禮賓之禮禮其子，所以爲成人敬也。始加緇布冠，再加皮弁，次加爵弁，三加而服彌尊，亦所以爲成人敬也。醮於客位者，適子也。若庶子，則冠於房外，南面，遂醮焉。所以異者，不著代也。《冠義》

冠而字之，敬其名也。《郊特牲》

已冠而字之，成人之道也。　古者童子雖貴，名之而已。冠而後賓字之以成人之道，故敬其名也。《冠義》

男子二十，冠而字。　冠而字之，敬其名也。《曲禮上》

幼名，冠字，五十以伯仲，周道也。　《疏》曰：「凡此之事，皆周道也。」朱子曰：「《儀禮》賈公彦疏云，少時便稱『伯某甫』，至五十乃去『某甫』而專稱伯、仲。此説爲是。如今人於尊者不敢字之，而曰『幾丈』之類。」《檀弓上》

父没而冠，則已冠埽地而祭於禰，已祭而見伯父叔父。　父没而冠，謂除喪之後以吉禮禮冠者。蓋齊衰以下，可因喪服而冠，斬衰不可。《曾子問》

饗冠者。《曾子問》

見於母，母拜之，見於兄弟，兄弟拜之，成人而與爲禮也。玄冠、玄端，奠摯於君，遂以摯見

於鄉大夫、鄉先生，以成人見之。 母之拜子，先儒疑焉。《疏》以爲脯自廟中來，故拜受，非拜子也。呂氏以爲母有從子之義，故屈其庸敬，以伸斯須之敬。方氏從《疏》義，皆非也。此因「成人而與爲禮」一句，似凡冠者皆然，故啓讀者之疑。石梁王氏云：「記者不知此禮爲適長子代父承祖者，與祖爲正體，故禮之異於衆子也。」斯言盡之矣。玄冠，齊冠也。玄端服，天子燕居之服，諸侯及卿大夫士之齊服也。摯用雉。鄉先生，鄉之年德俱高者，或致仕之人也。《冠義》

五廟之孫，祖廟未毀，雖爲庶人，冠必告。 諸侯五廟，始封之君爲太祖，百世不遷，此下親盡則遞遷。此言五廟之孫，是始封之君，即五世祖，故云「祖廟未毀」。未毀，未遞遷也。此孫雖無禄仕，然冠必告於君者，以其親未盡也。《文王世子》

五廟之孫，祖廟未毀，雖爲庶人，冠必告，不忘親也。親未絶而列於庶人，賤無能也。 人君任官，本無親疎之間，顧賢否何如耳。親盡而賢，亦必仕之。今親未盡而已在庶人之列，是以其無能，故賤之也。同上。

去國三世，爵禄有列於朝，出入有詔於國。若兄弟宗族猶存，則反告於宗後。去國三世，爵禄無列於朝，出入無詔於國。唯興之日，從新國之法。 去本國雖已三世，而舊君猶仕其族人於朝，以承祖祀。此人往來出入他國，仍詔告於本國之君。其宗族兄弟猶存，則必有宗子，凡冠必告，不忘親也。若去國三世，朝無仕宦之列，出入與舊君不相聞，其時已久，其義已絶，可以改

其國之故矣。然猶必待興起而爲卿大夫，乃從新國之法，厚之至也。《曲禮下》

女子許嫁，笄而字。 許嫁則十五而笄，未許嫁則二十而笄，亦成人之道也，故字之。《曲禮上》

女雖未許嫁，年二十而笄，禮之婦人執其禮。燕則鬈首。《疏》曰：「十五許嫁而笄，若未許嫁，至二十而笄，以成人禮言之。婦人執其禮者，十五許嫁而笄，則主婦及女賓爲笄禮，主婦爲之著笄，女賓以醴禮之。未許嫁而笄者，則婦人禮之，無主婦、女賓，不備儀也。燕則鬈首者，謂既笄之後，尋常在家燕居，則去其笄而分髮爲鬌、紒也。此爲未許嫁，故雖已笄，猶爲少者處之。」《雜記下》

以喪冠者，雖三年之喪可也。既冠於次，入哭踊三者三，乃出。 當冠而遭五服之喪，則因成喪服而遂加冠。此禮無分服之輕重，故曰「雖三年之喪可也」。既冠於居喪之次，乃入哭踊。凡踊，三踊爲一節，三者三，言如此者三次也。乃出，出就次所也。詳見《曾子問》。《雜記下》

天明五年乙巳十月五日。

昏禮

天地合，而后萬物興焉。夫昏禮，萬世之始也。取於異姓，所以附遠厚别也。壹與之齊，終

身不改，故夫死不嫁。附遠，附猶託也，託於遠嫌之義也。厚別，重其有別之禮也。鄭氏曰：「齊，謂共牢而食，同尊卑也。」《郊特牲》

既内自盡，又各求助，昏禮是也。故國君取夫人之辭曰：「請君之玉女與寡人共有敝邑，事宗廟、社稷。」此求助之本也。《祭統》

昏姻之禮，所以明男女之别也。婿於婦家曰昏，婦於婿家曰姻。同上。

夫禮，禁亂之所由生，猶坊止水之所自來也。故以舊坊爲無所用而壞之者，必有水敗；以舊禮爲無所用而去之者，亂患。方氏曰：「君臣之亂生於無義，諸侯之亂生於不和，臣子之亂生於無恩。以至鄉飲之施於長幼，昏姻之施於男女，其義亦若是而已。」

故昏姻之禮廢，則夫婦之道苦，而淫辟之罪多矣。禮之教化也微，其止邪也於未形，使人日徙善遠罪而不自知也，是以先王隆之也。《易》曰：「君子慎始。差若毫厘，繆以千里。」此之謂也。此又覆説以明上文之義。鄭氏曰：「苦，謂不至、不答之屬。」所引《易》曰，《緯書》之言也。若，如也。《經解》

昏禮者，將合二姓之好，上以事宗廟，而下以繼後世也，故君子重之。《昏義》

繫之以姓而弗别，綴之以食而弗殊，雖百世而昏姻不通者，周道然也。周禮，大宗百世不遷，庶姓雖别，而有本姓世繫以聯繫之不可分别也，又連綴族人以飲食之禮不殊異也，雖百世之

遠，無通昏之事。此周道所以爲至，而人始異於禽獸者也。《大傳》

大功之末，可以嫁子。父小功之末，可以嫁子，可以取婦。己雖小功，既卒哭，可以取妻，下殤之小功則不可。末，服之將除也。舊説以末爲卒哭後，然大功卒哭後尚有六月，恐不可言末。小功既言末，又言卒哭，則末非卒哭明矣。下言「父小功之末」，則上文「大功之末」是據己身而言。舊説父及己身俱在大功之末或小功之末，恐亦未然。下殤之小功，自期服而降，以本服重，故不可娶也。《雜記下》

男女非有行媒，不相知名；非受幣，不交不親。行媒，謂媒氏之往來也。名，謂男女之名也。受幣，然後親交之禮分定。《曲禮上》

故日月以告君，齊戒以告鬼神，爲酒食以召鄉黨僚友，以厚其别也。日月，娶婦之期也，媒氏書之以告于君。厚其别者，重慎男女之倫也。《曲禮上》

取妻不取同姓。鄭氏曰：「爲其近禽獸。」同上。

子云：「夫禮，坊民所淫，章民之别，使民無嫌，以爲民紀者也。故男女無媒不交，無幣不相見，恐男女之無别也。《詩》云：『伐柯如之何？匪斧不克。娶妻如之何？匪媒不得。』『藝麻如之何？横從其畝。取妻如之何？必告父母。』以此坊民，民猶有自獻其身。」章，明也。無嫌，無可嫌之行也。《詩》，《齊風·南山》之篇。今《詩》作「析薪如之何」，而《豳風·伐柯》篇言

「伐柯如何？匪斧不克。」克，能也。橫從其畝，言從橫耕治其田畝也。自獻其身，謂女自進其身於男子也。「以此坊民」以下十一字，舊本在「《詩》云」之上，今以類推之，當在所引《詩》下。《坊記》

子云：「取妻不取同姓，以厚別也。故買妾不知其姓則卜之。以此坊民，魯《春秋》猶去夫人之姓，曰『吴』，其死，曰『孟子卒』。」 厚別，厚其有別之禮也。卜之，卜其吉凶也。吴，大伯之後，魯同姓也。昭公取吴女，又見《論語》。《坊記》

去國三世，爵祿有列於朝，出入有詔於國。若兄弟宗族猶存，則反告於宗後。去國三世，爵祿無列於朝，出入無詔於國。 去本國雖已三世，而舊君猶仕其族人於朝，以承祖祀。此人往來出入他國，仍詔告於本國之君。其宗族兄弟猶存，則必有宗子，凡冠、娶妻必告，死必赴，不忘親也。若去國三世，朝無仕宦之列，出入與舊君不相聞，其時已久，其義已絶，可以改其國之故矣。《曲禮下》

五廟之孫，祖廟未毁，雖爲庶人，冠、取妻必告。 諸侯五廟，始封之君爲太祖，百世不遷，此下親盡則遞遷。此言五廟之孫，是始封之君，即五世祖，故云「祖廟未毁」，未遞遷也。此孫雖無祿仕，然冠昏必告于君，以其親未盡也。《文王世子》

五廟之孫，祖廟未毁，雖及庶人，取妻必告，不忘親也。親未絶而列於庶人，賤無能也。古

者庶子之官治而邦國有倫，邦國有倫而衆鄉方矣。人君任官，本無親疎之間，顧賢否何如耳。親盡而賢，亦必仕之。今親未盡而已在庶人之列，是以其無能，故賤之也。鄉方，所向之方，謂皆知趨禮教也。同上。

外事以剛日，內事以柔日。甲、丙、戊、庚、壬爲剛，乙、丁、己、辛、癸爲柔。先儒以外事爲治兵，然巡狩、朝聘、盟會之類，皆外事也。內事，如宗廟之祭、冠昏之禮皆是。《曲禮上》

昏禮納采，主人筵几於廟，而拜迎於門外，入揖讓而升，聽命於廟，所以敬慎、重正昏禮也。方氏曰：「納采者，納雁以爲采擇之禮也。」《昏義》

納幣一束，束五兩，兩五尋。此謂昏禮納徵也。一束，十卷也。八尺爲尋，每五尋爲匹。從兩端卷至中，則五匹爲五個兩卷矣，故曰「束五兩」。○鄭氏曰：「四十尺謂之匹，猶匹偶之匹，言古人每匹作兩個卷子。」《雜記下》

昏禮納徵，主人筵几於廟，而拜迎於門外，入揖讓而升，聽命於廟，所以敬慎、重正昏禮也。方氏曰：「納徵者，納幣以爲昏姻之證也。」《昏義》

幣必誠，辭無不腆，告之以直信。信事人也，信婦德也。幣誠辭腆，是欲告戒爲婦者以正直誠信之行，信其能盡事人之道，信其能有爲婦之德也。《郊特牲》

曾子問曰：「昏禮既納幣，有吉日，女之父母死，則如之何？」孔子曰：「婿使人吊。如婿之

父母死，則女之家亦使人吊。父喪稱父，母喪稱母。父母不在，則稱伯父世母。婿已葬，婿之伯父致命女氏曰：『某之子有父母之喪，不得嗣爲兄弟，使某致命。』女氏許諾而弗敢嫁，禮也。婿免喪，女之父母使人請，婿弗取而后嫁之，禮也。」 有吉日者，期日已定也。彼是父喪，則此稱父之名吊之；彼是母喪，則此稱母之名吊之；父母或在他所，則稱伯父伯母名；如無伯父母，則用叔父母名可知。婿雖已葬其親，而喪期尚遠，不欲使彼女失嘉禮之時，故使人致命，使之别嫁他人。某之子，此「某」字是伯父之名。不得嗣爲兄弟者，言繼此不得爲夫婦也。夫婦同等，有兄弟之義，亦親之之辭。不曰夫婦者，未成昏，嫌也。使某致命，此「某」字是使者之名。致，如致仕之致，謂致還其許昏之命也。女氏雖許諾，而不敢以女嫁於他人，禮也。及婿祥禫之後，女之父母使人請婿成昏，婿終守前説而不取，而后此女嫁於他族，禮也。《曾子問》

女之父母死，婿亦如之。 女之父母死，女之伯父母致命於男氏曰：「某之子有父母之喪，不得嗣爲兄弟，使某致命。」男氏許諾而不敢娶。女免喪，婿之父母使人請，女家不許，婿然後别娶也。同上。

曾子問曰：「取女有吉日而女死，如之何？」孔子曰：「婿齊衰而吊，既葬而除之。夫死亦如之。」 若夫死，女以斬衰往吊，既葬而除也。同上。

孔子曰：「古之爲政，愛人爲大。所以治愛人，禮爲大。所以治禮，敬爲大。敬之至矣，大

昏爲大。大昏至矣。大昏既至，冕而親迎，親之也。親之也者，親之也。是故君子興敬爲親，舍敬是遺親也。弗愛不親，弗敬不正。愛與敬，其政之本與！」方氏曰：「夫婦有内外之位，故曰别。父子有慈孝之恩，故曰親。君臣有上下之分，故曰義。《易》曰：『有夫婦，然後有父子。有父子，然後有君臣。』故先後之序如此。三者之正一以夫婦爲之本，故後言大昏爲大也。政在養人，故古之爲政，愛人爲大。然而愛之無節，則墨氏之兼愛矣，安能無亂乎？故曰『所以治愛人，禮爲大』。禮止於敬而已，故曰『所以治禮，敬爲大』。禮以敬爲主，而大昏又爲至焉，故曰『敬之至矣，大昏爲大』。大昏既爲敬之至，故雖天子、諸侯之尊，亦必冕而親迎也。己親其人，乃所以使人之親己而已，故曰『親之也者，親之也』。冕而親迎，可謂敬矣，故曰『興敬爲親』。舍敬是遺親也。弗愛則無以相合，而其情疎，故曰『弗愛不親』。弗敬則無以相别，而其情褻，故曰『弗敬不正』。愛敬之道，其始本於閨門之内，及擴而充之，其愛至於不敢惡於人，其敬至於不敢慢於人，而德教加于百姓，刑于四海，故曰『愛與敬，其政之本與！』」《哀公問》

公曰：「寡人願有言。然冕而親迎，不已重乎？」孔子愀然作色而對曰：「合二姓之好，以繼先聖之後，以爲天地、宗廟、社稷之主，君何謂已重乎？」已重，太重也。石梁王氏曰：「併言天地，非止諸侯之禮也。」同上。

孔子曰：「天地不合，萬物不生。大昏，萬世之嗣也。昔三代明主之政，必敬其妻子也有

道。妻也者，親之主也，敢不敬與？子也者，親之後也，敢不敬與？君子無不敬也，敬身爲大。身也者，親之枝也，敢不敬與？不能敬其身，是傷其親。傷其親，是傷其本。傷其本，枝從而亡。三者，百姓之象也。身以及身，子以及子，妃以及妃。君行此三者，則愾乎天下矣，大王之道也。如此，則國家順矣。」敬吾身以及百姓之身，敬吾子以及百姓之子，敬吾妻以及百姓之妻。愾，猶至也，暨也，如朔南暨聲教之意。大王，愛民之君也，嘗言不以養人者害人，故曰大王之道。方氏曰：「冕而親迎，所以敬其妻也。冠於阼階，所以敬其子也。爲主於内者，妻也，故曰親之主。傳後於下者，子也，故曰親之後。内非有主，則外不足以治其國家矣；下非有後，則上不足以承其祖考矣。此所以不敢不敬也。君子雖無所不敬，又以敬身爲大焉，非苟敬身也，以其爲親之枝故也。身之於親，猶木之有枝；親之於身，猶木之有本，相須而共體，又非特爲主爲後而已，此尤不敢不敬也。」同上。

父親醮子而命之迎，男先於女也。子承命以迎，主人筵几於廟，而拜迎於門外。婿執雁入，揖讓升堂，再拜奠雁，蓋親受之於父母也。降，出。御婦車，而婿授綏，御輪三周，先俟于門外。婦至，婿揖婦以入，共牢而食，合巹而酳，所以合體、同尊卑，以親之也。《疏》曰：「共牢而食者，同食一牲，不異牲也。合巹而酳者，以一瓠分爲兩瓢謂之巹，婿與婦各執一片以酳。酳，演也，謂食畢飲酒，演安其氣也。」○程子曰：「奠雁，取其不再偶。」○朱子曰：「取其順陰陽往來之義也。」○方氏曰：「筵几於廟者，交神以筵之，奉神以安之也。以輪三周爲節者，取陰陽奇偶之數成也。既三周，則御者代之矣。共牢則不異牲，合巹則不異爵。合巹有合體之義，共牢有同尊卑之義，體合則尊卑同，同尊卑則相親而不相離矣。」《昏義》

婦人不立乘。婦人乘安車，故不立乘。《曲禮上》

男子親迎，男先於女，剛柔之義也。天先乎地，君先乎臣，其義一也。執摯以相見，敬章別也。男女有別，然後父子親。父子親，然後義生。義生，然後禮作。禮作，然後萬物安。無別無義，禽獸之道也。先，謂倡道之也。執摯，奠雁也。行敬以明其有別，故云「敬章別也」。有別，則一本而父子親；親親之殺，則義生禮作而萬物各得其所矣。禽獸知有母而不知有父，無別故也。《郊特牲》

壻親御授綏，親之也。親之也者，親之也。敬而親之，先王之所以得天下也。出乎大門而先，男帥女，女從男，夫婦之義由此始也。親御婦車而授之綏，是親愛之義也。親之乃可使之親己，故曰「親之也者，親之也」。太王爰及姜女，文王親迎於渭，皆是敬而親之之道，以至於有天下，故曰「先王之所以得天下也」。大門，女家之門也。先，婿車在前也。女從男，婦車隨之也。同上。

玄冕齊戒，鬼神陰陽也。將以爲社稷主，爲先祖後，而可以不致敬乎？服玄冕而致齊戒，是事鬼神之道。鬼者陰之靈，故曰「鬼神陰陽也」。今昏禮者，蓋將以主社稷之祭祀，承先祖之宗廟也，可不以敬社稷與先祖之禮敬之而玄冕齊戒乎？同上。

共牢而食，同尊卑也。故婦人無爵，從夫之爵，坐以夫之齒。器用陶、匏，尚禮然也。三王作牢，用陶、匏。牢，俎也。尚禮然，謂古來所尚之禮如此。共牢之禮雖三王所作，而俎之外，器用皆如古昔之用陶、匏，重夫婦之始也。

曾子問曰：「親迎，女在塗，而婿之父母死，如之何？」孔子曰：「女改服，布深衣，縞總，以趨喪。女在塗，而女之父母死，則女反。」嫁服，士妻褖衣，大夫妻展衣，卿妻鞠衣。改服，更其嫁服也。衣與裳相連，而前後深邃，故曰深衣。縞，生白絹也。總，束髮也。長五寸布爲深衣，縞爲總，婦人始喪未成服之服也，故服此以奔舅姑之喪。女子在室，爲父三年，父卒亦爲母三年；已嫁則期。今既在塗，非在室矣，則止用奔喪之禮而服期，改服亦布深衣縞總也。《曾子問》

「如婿親迎，女未至，而有齊衰、大功之喪，則如之何？」孔子曰：「男不入，改服於外次，女入，改服於內次，然後即位而哭。」曾子問曰：「除喪則不復昏禮乎？」孔子曰：「祭過時不祭，禮也，又何反於初？」此齊衰、大功之喪，謂婿家也。改服，改其親迎之服，而服深衣於門外之次也。女謂婦也。入門內之次，而以深衣更其嫁服也。此特問齊衰、大功之喪者，以小功及緦輕不廢昏禮，禮畢乃哭耳。若女家有齊衰、大功之喪，女亦不反歸也。曾子又問，除喪之後，豈不復更爲昏禮乎？孔子言，祭重而昏輕，重者過時尚廢，輕者豈可復行乎？然此亦止謂四時常祭耳。禘祫大祭，過時猶進也。同上。

夙興，婦沐浴以俟見。質明，贊見婦於舅姑。婦執笲、棗、栗、段脩以見。 質明，昏禮之次日，正明之時也。贊，相禮之人也。笲之爲器似筥，以竹或葦爲之，衣以青繒，以盛此棗、栗、段脩之贄。脩，脯也，加薑桂治之，曰段脩。《昏義》

婦人之摯，椇、榛、脯、脩、棗、栗。 椇形似珊瑚，味甜美，一名石李。榛似栗而小。脯即今之脯也。脩用肉煅治，加薑桂乾之。脯形方正，脩形稍長。笲、棗、栗六物，婦初見舅姑，以此爲摯也。《左傳》：「女摯不過榛、栗、棗、脩，以告虔也。」《曲禮下》

婦見舅姑，兄弟、姑姊妹皆立于堂下，西面，北上。 立于堂下，則婦之入也，已過其前，此即是見之矣，不復各特見之也。《雜記下》

贊醴婦，婦祭脯、醢，祭醴，成婦禮也。 贊醴婦者，婦席於户牖間，贊者酌醴置席前，婦於席西東面拜受，贊者西階上北面拜送，又拜薦脯醢。婦升席，左執觶，右祭脯醢。訖，以柶祭醴三。是「祭脯、醢，祭醴」者，所以成爲婦之禮也。《昏義》

婦見舅姑已，見諸父各就其寢。 諸父旁尊，故明日各詣其寢而見之。《雜記下》

厥明，婦盥饋。舅姑卒食，婦餕餘，私之也。 厥明，昏禮之明日也。盥饋，盥潔而饋食也。

《郊特牲》

舅姑入室，婦以特豚饋，明婦順也。 舅姑入于室，婦盥，饋特豚，合升而分載之，左胖載之舅俎，右胖載之姑俎，無魚腊，無稷，舅姑並席于奥，東面，南上。饌亦如之。此明其爲婦之孝順也。《昏義》

厥明，舅姑共饗婦以一獻之禮，奠酬。 厥明，昏禮之明日也。《昏禮注》云：「舅姑共饗婦者，舅獻爵，姑薦脯醢。」又注：「舅洗于南洗，洗爵以獻婦也。姑洗于北洗，洗爵以酬婦也。」賈《疏》云：「舅獻姑酬，共成一獻，仍無妨姑薦脯醢。」此説是也。但「婦酢舅，更爵，自薦」，又云「奠酬酬酢」，皆不言處所。以例推之，舅姑之位，當如婦見舅席于阼，姑席于房外，而婦行更爵自薦及奠獻之禮歟？○《疏》曰：「舅酌酒于阼階獻婦，婦西階上拜受，即席，祭薦祭酒畢，於西階上北面卒爵。婦酢舅，舅於阼階上受酢，飲畢，乃酬婦。更爵先自飲畢，更酌酒以酬姑。姑受爵奠於薦左，不舉爵，正禮畢也。」同上。

舅姑降自西階，婦降自阼階，授之室也。《郊特牲》

舅姑先降自西階，婦降自阼階，以著代也。 降階，各還寢也。○方氏曰：「阼者，主人之階，子之代父，將以爲主於外。婦之代姑，將以爲主於内。故此與冠禮並言著代也。」○石梁王氏曰：「『舅姑共饗婦』以下，皆爲冢婦也。」今按：此一節難曉，《儀禮》同，亦不詳明，闕之以俟

知者。《昏義》

成婦禮，明婦順，又申之以著代，所以重責婦順焉也。婦順者，順於舅姑，和於室人，而後當於夫，以成絲麻、布帛之事，以審守委積蓋藏。是故婦順備而後内和理，内和理而後家可長久也。故聖王重之。方氏曰：「於舅姑言順，於室人言和者，蓋上下相從謂之順，順則不逆，可否相濟謂之和，和則不同。舅姑之禮至隆也，故雖和而不必同，玆其別歟？」《昏義》

曾子問曰：「女未廟見而死，則如之何？」孔子曰：「不遷於祖，不祔於皇姑，婿不杖、不菲、不次，歸葬于女氏之黨，示未成婦也。」不遷於祖，不遷柩而朝於婿之祖廟也。不祔於皇姑，以未廟見，故主不得祔姑之廟也。婿齊衰期，但不杖，不草屨，不別處哀次耳。女之父母自降服大功。《曾子問》

取婦之家，三日不舉樂，思嗣親也。思嗣親，則不無感傷，故不舉樂。此昏禮所以不賀也。《曾子問》

三月而廟見，稱「來婦」也。擇日而祭於禰，成婦之義也。成昏而舅姑存者，明日婦見舅姑。若舅姑已歿，則成昏三月乃見於廟，祝辭告神曰「某氏來婦」。來婦，言來爲婦也。蓋選擇吉日而行此禮。廟見祭禰即是一事，非見廟之後更擇日而祭也。成婦之義者，成盥饋之禮之義也。《曾子問》

拾遺

子云：「昏禮，婿親迎，見於舅姑，舅姑承子以授婿，恐事之違也。」 舅姑，女之父母也。承，進也。子，女也。《論語注》云：「送與之也。」《儀禮》父戒女曰「夙夜無違命」，母戒女曰「無違宮事」，皆恐事之違也。○成氏曰：「婦人謂夫之父母曰舅姑，男子亦謂妻之父母曰舅姑，但加外字耳。夫婦齊體父母，互相敬也。」《坊記》

納女於天子，曰「備百姓」；於國君，曰「備酒漿」；於大夫，曰「備埽灑」。 呂氏曰：「不敢以伉儷自期，願備妾媵之數而已，皆自卑之辭也。」《曲禮下》

古者婦人先嫁三月，祖廟未毀，教于公宮；祖廟既毀，教于宗室。教以婦德、婦言、婦容、婦功。教成，祭之，牲用魚，芼之以蘋藻，所以成婦順也。 祖廟未毀者，言此女猶於此祖有服也。於君爲親，故使女師教之于公宮。公宮，祖廟也。既毀，謂無服也，則於君爲疏，故教之于宗子之家。德，貞順也。言，辭令也。容則婉娩，功則絲麻。祭之者，祭所出之祖也。魚與蘋藻皆水物，陰類也。芼之，爲羹也。《昏義》

孔子曰：「嫁女之家，三夜不息燭，思相離也。」 思相離則不能寢寐，故不滅燭。《曾子問》

孔子曰：「宗子雖七十，無無主婦。非宗子，雖無主婦可也。」宗子領宗男於外，宗婦領宗女於内，禮不可缺，故雖七十之年，猶必再娶。然此謂大宗之無子，或子幼者。若有子有婦可傳繼者，則七十可不娶矣。《曾子問》

敬慎重正，而后親之，禮之大體，而所以成男女之别，而主夫婦之義也。男女有别，而後夫婦有義。夫婦有義，而後父子有親。父子有親，而後君臣有正。故曰：「昏禮者，禮之本也。」

附録

諸侯出夫人，夫人比至于其國，以夫人之禮行。至，以夫人入。使者將命，曰：「寡君不敏，不能從而事社稷宗廟，使使臣某敢告於執事。」主人對曰：「寡君固前辭不教矣。寡君敢不敬順以俟命！」有司官陳器皿，主人有司亦官受之。出夫人，有罪而出之，還本國也。在道至入，猶以夫人禮者，致命其國，然後義絶也。將命者謙言寡君不敏，不能從夫人以事宗廟、社稷，而不斥言夫人之罪。答言前辭不教，謂納采時固嘗以此爲辭矣。○《疏》曰：「有司官陳器皿者，使者使從己來有司之官陳夫人嫁時所齎器皿之屬，以還主國也。主人有司亦官受之者，主國亦使有司官領受之也。並云官者，明付受悉如法也。」《雜記》

妻出，夫使人致之曰：「某不敏，不能從而共粢盛，使某也敢告於侍者。」主人對曰：「某之子不肖，不敢辟誅，敢不敬順以俟命！」使者退，主人拜送之。如舅在則稱舅，舅没則稱兄，無兄則稱夫。主人之辭曰：「某之子不肖。」如姑姊妹亦皆稱之。遣妻必命由尊者，故稱舅稱兄。兄謂夫之兄也。此但言夫致之之辭，未聞舅與兄致之之辭也。上文已有主人對辭，下文因姑姊妹，故重言對言「某之姑不肖」，或「某之姊不肖」，或「某之妹不肖」，故云「亦皆稱之」也。同上。

家禮通考四

喪禮　初終至訃告

陳《序》云：「慎終，其關於人倫世道非細故，而可略哉！」

喪之用，義也。既於義不待不然，必須隨事合宜。《禮器》

孝子之事親也，有三道焉：生則養，没則喪，喪畢則祭。養則觀其順也，喪則觀其哀也，祭則觀其敬而時也。盡此三道者，孝子之行也。生，事之以禮；死，葬之以禮，祭之以禮。養以順爲主，喪以哀爲主，祭以敬爲主。時者，以時思之。禮，時爲大也。《祭統》

喪〔祭〕之禮，所以明臣子之恩也。夫禮，禁亂之所由生，猶防止水之所自來也。故以舊防爲無所用而壞之者，必有水敗；以舊禮爲無所用而去之者，必有亂患。臣子之亂，生於無恩，故以喪祭之禮禁之。《經解》

喪〔祭〕之禮廢，則臣子之恩薄，而倍死忘生者衆矣。故禮之教化也微，其止邪也於未形，使人日徙善遠罪而不自知也，是以先王隆之也。《易》曰：「君子慎始，差若毫釐，繆以千里。」此之謂也。此覆説以明上文之義。所引《易》曰，《緯書》之言也。若，如也。同上。

凡生天地之間者，有血氣之屬必有知，有知之屬莫不知愛其類。今是大鳥獸則失喪其群匹，越月踰時焉，則必反巡過其故鄉，翔回焉，鳴號焉，躑躅焉，踟躕焉，然後乃能去之。小者至於燕雀，猶有啁噍之頃焉，然後乃能去之。故有血氣之屬者，莫知於人，故於其親也，至死不窮。鳥獸知愛其類，而不知人之能充其類，此所以天地之性人爲貴也。《三年問》

將由患邪淫之人與？則彼朝死而夕忘之，然而從之，則是曾鳥獸之不若也。夫焉能相與群居而不亂乎？患猶害也。邪淫之害性，如疾痛之害身，故云「患邪淫」也。不如鳥獸，爲無禮也。無禮，則亂矣。同上。

夫禮，吉凶異道，不得相干，取之陰陽也。喪有四制，變而從宜，取之四時也。有恩有理，有節有權，取之人情也。恩者仁也，理者義也，節者禮也，權者知也。仁、義、禮、知，人道具矣。喪有四制，謂以恩制，以義制，以節制，以權制也。《喪服四制》

疾病，外内皆埽。君、大夫徹縣，士去琴瑟。寢東首於北牖下，廢牀，徹褻衣，加新衣，體一人。男女改服。屬纊以俟絶氣。男女不死於婦人之手，婦人不死於男子之手。病，疾之甚也。以賓客將來候問，故埽潔所居之内外。若君與大夫之病，則徹去樂縣，士則去琴瑟。東首於北牖下者，東首向生氣也。按：《儀禮宫廟圖》無北牖，而西北隅謂之屋漏，以天光漏入而得名。或者北牖指此乎？古人病將死，則廢牀而置病者於地，以始生在地，庶其生氣復反而得活。及死，則復舉尸而置之牀上。手足爲四體，各一人持之，爲其不能自屈伸也。男女皆改服，亦疑賓客之來也，貴者朝服，庶人深衣。纊，新綿也。屬之口鼻，觀其動否，以驗氣之有無也。男子不死於婦人之手，婦人不死於男子之手，要其褻也。《喪大記》

卿大夫疾，君問之無算；士，壹問之。《喪大記》云「三問」，此云「無算」，或恩義如師保之類乎？或三問者君親往，而無算者遣使乎？士有疾，君問之惟一次，卑賤也。《雜記下》

君於大夫疾，三問之；士疾，三問之。《喪大記》

君、夫人卒於路寢。大夫、世婦卒於適寢。内子未命，則死於下室，遷尸于寢。士之妻皆死于寢。諸侯與夫人皆有三寢，君正者曰路寢，餘二曰小寢。夫人一正寢，二小寢，卒當於正寢也。大夫妻曰命婦，而云世婦者，世婦乃國君之次婦，其尊卑與命婦等，故兼言之。内子，卿妻也。下室，燕處之所。又燕寢亦曰下室也。士之妻皆死于寢，謂士與其妻，故云「皆」也。《士喪禮》云「死于適室」，此云「寢」，寢，室通名也。《喪大記》

曾子寢疾，病。樂正子春坐於牀下，曾元、曾申坐於足，童子隅坐而執燭。病者，疾之甚也。子春，曾子弟子。元與申，曾子子也。《檀弓上》

童子曰：「華而睆，大夫之簀與？」子春曰：「止！」曾子聞之，瞿然曰：「呼！」曰：「華而

睆，大夫之簀與？」曾子曰：「然。斯季孫之賜也，我未之能易也。元起易簀。」曾元曰：「夫子之病革矣，不可以變，幸而至於旦，請敬易之。」曾子曰：「爾之愛我也不如彼。君子之愛人也以德，細人之愛人也以姑息。吾何求哉？吾得正而斃焉，斯已矣。」舉扶而易之，反席未安而没。 華者，畫飾之美好。睆者，節目之平瑩。簀，簟也。止，使童子勿言也。瞿然，如有所驚也。呼者，嘆而嘘氣之聲。曰，童子再言也。革，急也。變，動也。彼，謂童子也。童子知禮，以爲曾子未嘗爲大夫，豈可卧大夫之簀！曾子識其意，故然之，且言此魯大夫季孫之賜耳，於是必欲易之。易之而没，可謂斃於正矣。○朱子曰：「易簀結纓，未須論優劣，但看古人謹於禮法，不以死生之變易其所守如此，便使人有行一不義、殺一不辜而得天下不爲之心，此是緊要處。」又曰：「季孫之賜，曾子之受，皆爲非禮。或者因仍習俗，嘗有是事而未能正耳。但及其疾病不可以變之時，一聞人言，而必舉扶以易之，則非大賢不能矣。此事切要處，正在此毫厘頃刻之間。」同上。

始卒，主人啼，兄弟哭，婦人哭踊。 啼者，哀痛之甚，嗚咽不能哭，如嬰兒失母也。兄弟情稍輕，故哭有聲。婦人之踊似雀之跳，足不離地。《問喪》篇云「爵踊」是也。《喪大記》同上。

凡哭尸于室者，主人二手承衾而哭。 承衾而哭，猶若致其親近扶持之情也，謂初死也。

曾申問於曾子曰：「哭父母有常聲乎？」曰：「中路嬰兒失其母焉，何常聲之有？」哀痛之極，無復音節，所謂「哭不偯」也。《雜記下》

童子哭不偯，不踊。　偯，委曲之聲也。同上。

子蒲卒，哭者呼「滅」。子皋曰：「若是野哉！」哭者改之。　滅，子蒲之名也。復則呼名，哭豈可呼名也？野哉，言其鄙野而不達於禮也。子皋，孔子弟子高柴。《檀弓上》

復，盡愛之道也，有禱祠之心焉。望反諸幽，求諸鬼神之道也。北面，求諸幽之義也。　行禱五祀而不能回其生，又爲之復，是盡其愛親之道，而禱祠之心猶未忘於復之時也。望反諸幽，望其自幽而反也。鬼神處幽暗，北乃幽陰之方，故求諸鬼神之幽者，必向北也。《檀弓下》

及其死也，升屋而號，告曰：「皋某復。」天望也，知氣在上。皆從其初。　所以升屋者，以魂氣之在上也。皋者，引聲之言。某，死者之名也。欲招此魂，令其復合體魄，如是而不生，乃行死事。天望，謂始死望天而招魂，知氣則升而上也，非後世創爲之，皆是從古初所有之禮也。《禮運》

復而後行死事。《喪大記》

凡復，男子稱名，婦人稱字。同上。

復，自天子達於士，其辭一也。　復，招魂以復魂也。　周禮，天子之復曰「皋天子復」，諸

侯則「皋某甫復」。此言「天子達於士，其辭一」者，殷以上質不諱名，故臣可以名君歟？《喪服小記》

君天下曰天子。復，曰「天子復矣」。 天子者，君臨天下之稱。復者，人死則形神離，古人持死者之衣，升屋北面招呼死者之魂，令還復體魄，冀其再生也，故謂之復。天子復者，升屋招呼之辭，臣子不可名君，故呼曰「天子復」也。《疏》云：「以例言之，則王后死亦呼『王后復』也。」《曲禮下》

諸侯復，曰「某甫復矣」。 復稱字，臣不名君也。同上。

君復於小寢、大寢，小祖、大祖，庫門，四郊。 天子之郭門曰皇門。《明堂位》言魯之庫門，即天子皋門，是庫門者，郭門也。○《疏》曰：「君，王侯也。前曰廟，後曰寢。室有東西廂曰廟，無東西廂有室曰寢。小寢者，高祖以下寢也，王侯同。大寢，天子始祖之寢，諸侯大祖之寢也。小祖者，高祖以下廟也，王侯同。大祖者，天子始祖之廟，諸侯大祖之廟也。」○馬氏曰：「寢，所居處之地。祖，有所事之地。門，所出入之地。郊，所嘗至之地。君復必於此者，蓋魂氣之往亦來，離生時熟習之地也。觀此，則死生之説可知矣。」○今按：馬氏以小寢、大寢爲燕寢、正寢，與舊説異。《檀弓上》

復，有林麓則虞人設階，無林麓則狄人設階。 復，始死升屋招魂也。虞人，掌林麓之官。

階，梯也。狄人，樂吏之賤者。死者封疆内若有林麓，則使虞人設梯以升屋。其官職卑下不合有林麓者，則使狄人設之，以其掌設簨簴或便於此。《喪大記》

小臣復，復者朝服。升自東榮，中屋履危，北面三號。卷衣投于前，司服受之，降自西北榮。小臣，君之近臣也。榮，屋翼也。天子諸侯屋皆四注，大夫以下但前檐後檐而已。翼在屋之兩頭，似翼，故名屋翼也。中屋，當屋之中也。履危，立于高峻之處，蓋屋之脊也。三號者，一號於上，冀魂自天而來；一號於下，冀魂自地而來；一號於中，冀魂自天地四方之間而來。其辭則「皋某復也」。皋，長聲也。三號畢，乃卷斂此衣，自前投而下，司服者以篋受之。復之小臣，即自西北榮而下也。《喪大記》

復，諸侯以褒衣、冕服、爵弁服。復解見前。褒衣者，始命爲諸侯之衣，及朝覲時天子所加賜之衣也。冕服者，上公自衮冕而下，備五冕之服；侯伯自鷩冕而下，其服四；子男自毳冕而下，其服三。諸侯之復也，兼用褒衣及冕服、爵弁之服也。《雜記上》

君以卷。君以卷，謂上公用衮服也。循其等用之，則侯伯用鷩冕之服，子男用毳冕之服。此言君以衮，舉上以見下也。《喪大記》

夫人稅衣揄狄，狄稅素沙。此言夫人始死，所用以復之衣也。稅，衣色黑而緣以纁。揄與揺同。揄狄，色青。江淮而南，青質而五色皆備成章曰揺狄。「狄」當爲「翟」，雉名也。此服蓋畫摇翟之形以爲文章，因名也。狄稅素沙，言自摇翟至稅衣，皆用素沙爲裏，即今之白絹也。○按：《内司服》六服者，禕衣、揄狄、闕狄、鞠衣、展衣、褖衣也。○《儀禮注》云：王之服九而祭服六，后之服六而祭服三。王之服衣裳之色異，后之服連衣裳而其色同，以婦人之德本末純一故也。王之服襌而無裏，后之服裏而不襌，以陽成於外，陰成於内故也。《雜記上》

夫人以屈狄。 上公夫人用禕衣，侯伯夫人用揄狄，子男夫人用屈狄。此言夫人以屈狄，舉下以知上也。《喪大記》

内子以鞠衣、褒衣，素沙。 内子，卿之適妻也。其服用鞠衣，此衣蓋始命爲内子時所褒賜者，故云「鞠衣褒衣」也，亦以素沙爲裏。《雜記上》

大夫以玄頳。 頳，赤色。玄頳，玄衣纁裳也。《喪大記》

下大夫以襢衣，其餘如士。 下大夫，謂下大夫之妻也。襢，《周禮》作「展」。其餘如士者，謂士妻之復用褖衣，内子與下大夫之妻復亦兼用褖衣也。《雜記上》

世婦以襢衣。 世婦，大夫妻。言世婦者，大夫妻與世婦同用襢衣也。《喪大記》

士以爵弁。 爵弁，指爵弁服而言，非用弁也。同上。

士妻以稅衣。 同上。

復西上。 復之人數多寡各如其命數，若上公九命，則復者九人，以下三命則用三人。北

面則西在左，左爲陽，冀其復生，故尚左也。尊者立於左。《雜記上》

婦人復，不以袡。 以絳緣衣之下曰袡，蓋嫁時盛服，非事鬼神之衣，故不用以復也。《喪大記》

諸侯行而死於館，則其復如於其國。如於道，則升其乘車之左轂，以其綏復。 館，謂主國有司所授館舍也。復，招魂復魄也。如於其國，其禮如在本國也。道，路也。乘車，其所自乘之車也。在家則升屋之東榮。車向南，則左在東也。綏，讀爲緌，旌旗之旄也，去其旒而用之耳。凡五等諸侯之復，人數視命數。今轂上狹，止容一人。《雜記上》

大夫士死於道，則升其乘車之左轂，以其綏復。如於館死，則其復如於家。 同上。

曾子問曰：「爲君使而卒於舍，《禮》曰：『公館復，私館不復。』凡所使之國，有司所授舍，則公館已，何謂私館不復也？」孔子曰：「善乎，問之也。自卿大夫士之家曰私館，公館與公所爲曰公館。公館復，此之謂也。」 復，死而招魂復魄也。公館，公家所造之館也。與，及也。公所爲，謂公所命停客之處，即是卿大夫之館，但有公命，故謂之公館也。一説公所爲，謂君所作離宮別館也。《曾子問》

爲君使而死，公館復，私館不復。公館者，公宮與公所爲也。私館者，自卿大夫以下之家也。 説見《曾子問》。《雜記上》

邾婁復之以矢，蓋自戰於升陘始也。魯僖公廿二年，與邾人戰于升陘，魯地也。邾師雖勝，而死傷者多，軍中無衣，復者用矢。釋云：「邾人呼邾聲曰婁，故曰邾婁。」夫以盡愛之道，禱祠之心，孝子不能自已，冀其復生也。疾而死，行之可也。兵刃之下，肝腦塗地，豈有再生之理？復之用矢，不亦誣乎？《檀弓上》

凡喪，父在，父爲主；父没，兄弟同居，各主其喪；親同，長者主之；不同，親者主之。此言父在而子有妻子之喪，則父主之，統於尊也。父没之後，兄弟雖同居，各主妻子之喪矣。同宫猶然，則異宫從可知也。親同，長者主之，謂父母之喪，長子爲主。其同父母之兄弟死，亦推長者爲主。不同，親者主之，謂從父兄弟之喪，則彼親者爲之主也。《奔喪》

士之子爲大夫，則其父母弗能主也，使其子主之。無子，則爲之置後。石梁王氏曰：「此最無義理。充其説，則是子爵高，父母遂不能子之。舜可臣瞽瞍，皆齊東野人語也。」《雜記上》

大夫不主士之喪。謂士死無主後，其親屬有爲大夫者，不得主其喪，尊故也。《喪服小記》

君所主：夫人妻、大子、適婦。夫人者，君之適妻，故云「夫人妻」。大子，適子也，其妻爲適婦。三者皆正，故君主其喪。《服問》

姑姊妹，其夫死，而夫黨無兄弟，使夫之族人主喪。妻之黨雖親，弗主。夫若無族矣，則前後家、東西家，無有，則里尹主之。或曰：主之而附於夫之黨。此明姑姊妹死而無夫無子者，喪必有主。婦人於本親降服，以其成於外族也，故本族不可主其喪。里尹，蓋閭胥里宰之屬也。或以爲妻黨主之，而祔祭於其祖姑，此非也，故《記》并著之。《雜記下》

男主必使同姓，婦主必使異姓。 喪必有男主以接男賓，必有女主以接女賓。若父母之喪，則適子爲男主，適婦爲女主。今無男主而使人攝主，則必使喪家同姓之男；無女主而使人攝主，則必使喪家異姓之女，謂同宗之婦也。《喪服小記》

其無女主，則男主拜女賓于寢門内；其無男主，則女主拜男賓于阼階下。《喪大記》

子幼，則以衰抱之，人爲之拜。 同上。

爲後者不在，則有爵者辭，無爵者，人爲之拜。 爲後者不在，謂以事故在外也。此時若有喪事而吊賓及門，其爲後者是有爵之人，則辭，以攝主無爵，不敢拜賓。若此爲後者是無爵之人，則攝主代之拜賓可也。同上。

婦人爲喪主，則不手拜。 手拜，則手至地而頭在手上，如今男子拜也。婦人以肅拜爲正，肅拜如今婦人拜也。爲喪主則稽顙，故不手拜。若有喪而不爲主，則手拜矣。或曰爲喪主不手拜，則亦肅拜也。《少儀》

曾子問曰：「喪有二孤，禮與？」孔子曰：「天無二日，土無二王，嘗、禘、郊、社，尊無二上，未知其爲禮也。」 二孤，當時有之，曾子疑其非禮，故問。夫子言天猶不得有二日，土猶不得有二王，嘗、禘、郊、社，祭之重者，各有所尊，不可混并而祭之，喪可得有二孤乎？非禮明矣。

「昔者衛靈公適魯，遭季桓子之喪，衛君請吊。哀公辭，不得命。公爲主，客入吊。康子立於門右，北面。公揖讓，升自東階，西鄉。客升自西階吊，公拜興哭，康子拜稽顙於位。有司弗辨也。今之二孤，自季康子之過也。」 國君吊鄰國之臣，尊卑不等。衛君吊而哀公爲主，禮也。禮，大夫既殯而君來吊，主人門右，北面，哭拜稽顙。今既哀公爲主，主則拜賓，康子但當哭踊而已，乃拜而稽顙於位，是二孤矣。當時有司不能論而正之，遂至循襲爲常。變禮之失，由於康子。以上《曾子問》。

公儀仲子之喪，檀弓免焉。仲子舍其孫，立其子。檀弓曰：「何居？我未之前聞也。」趨而就子服伯子於門右，曰：「仲子舍其孫而立其子，何也？」伯子曰：「仲子亦猶行古之道也。昔者文王舍伯邑考而立武王，微子舍其孫腯立衍也。夫仲子亦猶行古之道也。」子游問諸孔子，孔子曰：「否！立孫。」 公儀，氏；仲子，字。魯之同姓也。檀弓，魯人之知禮者。袒免本五世之服，而朋友之死於他邦而無主者，亦爲之免。適子死，立適孫爲後，禮也。弓以仲子舍孫而立庶子，故爲過禮之免以吊而譏之。何居，怪之之辭，猶言何故也。此時未小斂，主人未居阼階下，猶在西階下受其吊，故弓吊畢而就子服伯子於門右而問之也。曰，弓之問也。猶，尚也，亦猶擬議未定之辭。伯邑考，文王長子。微子舍孫立衍，或是殷禮。文王之立武王，先儒以爲權，或亦以爲遵殷制，皆未可知。否則以德不以長，亦如大王傳位季歷之意歟？○應氏曰：「檀弓默而不復言，子游疑而復求正，非夫子明辨以示之，孰知舍孫立子之爲非乎？」《檀弓上》

大夫之喪，大宗人相。 大宗人，即大宗伯，相佐助禮儀也。○列氏曰：「大宗人，或是都宗人，掌都家之禮者。」《雜記上》

杜橋之母之喪，宮中無相以爲沽也。 《疏》曰：「沽，麤略也。孝子喪親，悲迷不復自知禮節事儀，皆須人相導。而杜橋家母死，宮中不立相侍，故時人謂其於禮爲麤略也。」《檀弓上》

喪用三年之仂。 喪三年而除，中間禮事繁難，故總計三歲經用之數，而用其十之一也。《王制》

子柳之母死，子碩請具。子柳曰：「何以哉？」子碩曰：「請粥庶弟之母。」子柳曰：「如之何其粥人之母以葬其母也？不可。」 子柳，魯叔仲皮之子，子碩之兄也。具，謂喪事合用之器物也。何以哉，言何以爲用乎，謂無其財也。鄭云：「粥，謂嫁之也。妾賤，取之曰買。」夫以粥庶母以治葬，則乏於財可知矣。而古人之安貧守禮蓋如此。《檀弓上》

夫子曰：「始死，羔裘玄冠者，易之而已。」羔裘玄冠，夫子不以吊。 《疏》曰：「養疾者朝服，羔裘玄冠即朝服也。始死則去朝服，著深衣。時有不易者。」《檀弓上》

親始死，雞斯，徒跣，扱上衽，交手哭。夫悲哀在中，故形變於外也。 雞斯，讀爲笄纚。

笄，骨笄也。纚，韜髮之繒也。親始死，孝子先去冠，惟留笄纚也。徒，空也。徒跣，無屨而空跣也。上衽，深衣前襟也。以號踊履踐爲妨，故扱之於帶也。交手哭，謂兩手交以拊心而哭也。《問喪》

凡帶必有佩玉，唯喪否。《玉藻》

親始死，惻怛之心，痛疾之意，傷腎、乾肝、焦肺，水漿不入口三日，不舉火，故鄰里爲之糜粥以飲食之。夫痛疾在心，故口不甘味，身不安美也。糜厚而粥薄，薄者以飲之，厚者以食之也。《問喪》

斬衰，三日不食。齊衰，二日不食。大功，三不食。小功、緦麻，再不食。此哀之發於飲食者也。《間傳》

期之喪，三不食。食疏食水飲，不食菜果。五月、三月之喪，壹不食，再不食，可也。《疏》曰：「期喪三不食，謂大夫、士旁期之喪。正服則二日不食，見《間傳》。」〇一不食，三月之喪也。再不食，五月之喪也。《喪大記》

歠主人、主婦、室老，爲其病也，君命食之也。《疏》曰：「親喪，歠粥之時。主人，亡者之子。主婦，亡者之妻，無則主人之妻也。室老，家之長相。此三人竝是大夫之家貴者，爲其歠粥病困之，故君必命之食疏飯也。若士喪，君不命也。《喪大記》言主婦食疏食，謂既殯之後。此

主婦歠者，謂未殯前。」《檀弓下》

不能食粥，羹之以菜可也。有疾，食肉飲酒可也。《喪大記》

君之喪，子、大夫、公子、衆士皆三日不食。同上。

曾子謂子思曰：「伋，吾執親之喪也，水漿不入於口者七日。」子思曰：「先王之制禮也，過之者俯而就之，不主焉者跂而及之。故君子之執親之喪也，水漿不入於口者三日，杖而后能起。」　三日，中制也。七日，則幾於滅性矣。有扶而起者，有杖而起者，有面垢而已者。《檀弓上》

有虞氏瓦棺，夏后氏堲周，殷人棺槨，周人牆置翣。　瓦棺，始不衣薪也。堲周，或謂之土周。堲者，火之餘燼。蓋治土爲甎，而四周於棺之坎也。殷世始爲棺槨，周人又爲棺槨之具，蓋彌久矣。牆，柳衣也。柳者，聚也，謂飾之所聚也。以此障柩，猶垣牆之障家，故謂之牆。翣，如扇之狀，有畫爲黼者，有畫爲黻者，有畫雲氣者，多寡之數，隨貴賤之等。《檀弓上》

天子之棺四重：水、兕革棺被之，其厚三寸；杝棺一；梓棺二。四者皆周。　水牛、兕牛之革就濕，故以爲親身之棺。二革合被爲一重。杝木亦耐濕，故次於革。即前章所謂椑也。梓木棺二，一爲屬，一爲大棺。杝棺之外有屬棺，屬棺之外又有大棺。四者皆周，言四重之棺，上下四方悉周帀也。惟槨不周，下有茵，上有枕席故也。《檀弓上》

棺束縮二衡三，衽每束一。古者棺不用釘，惟以皮條直束之二道，横束之三道。衽，形如今之銀則子，兩端大而中小，漢時呼爲小要，不言何物爲之，其亦木乎？衣之縫合處曰衽，以小要連合棺與蓋之際，故亦名衽。先鑿木置衽，然後束以皮，每束處必用一衽，故云「衽每束一」也。同上。

有以大爲貴者。棺椁之厚，此以大爲貴也。《禮器》

君大棺八寸，屬六寸，椑四寸。上大夫大棺八寸，屬六寸。下大夫大棺六寸，屬四寸。士棺六寸。 君，國君也。大棺最在外，屬在大棺之内，椑又在屬之内，是國君之棺三重也。寸數以厚薄而言。《喪大記》

君裏棺用朱緑，用雜金鐕。大夫裏棺用玄緑，用牛骨鐕。士不緑。《疏》曰：「裏棺，謂以繒貼棺裏也。朱繒貼四方，緑繒貼四角。鐕，釘也，用金釘以琢朱緑著棺也。大夫四面玄，四角緑。士不緑者，悉用玄也，亦用大夫牛骨鐕。」○石梁王氏曰：「用牛骨爲釘，不可從。」

君蓋用漆，三衽三束。大夫蓋用漆，二衽二束。士蓋不用漆，二衽二束。 蓋，棺之蓋板也。用漆，謂以漆塗其合縫用衽處也。衽、束並説見《檀弓上》。以上《喪大記》。

后木曰：「喪，吾聞諸縣子曰：『夫喪，不可不深長思也。買棺外内易。』我死則亦然。」 后木，魯孝公子惠伯鞏之後。○馮氏曰：「此條重在『不可不深長思』一句。買棺之時，外内皆要

精好，此是孝子當爲之事，非是父母豫所屬託。而曰『我死則亦然』，記禮者譏失言也。」《檀弓上》

周人以殷人之棺椁葬長殤，以夏后氏之堲周葬中殤、下殤，以有虞氏之瓦棺葬無服之殤。 十六至十九爲長殤，十二至十五爲中殤，八歲至十一爲下殤，七歲以下爲無服之殤，生未三月不爲殤。同上。

君即位而爲椑，歲一漆之，藏焉。 《疏》曰：「君，諸侯也。人君勿論少長，體尊物備，即位造爲親尸之棺，蓋杝棺也。漆之堅强甓甓然，故名椑。每年一漆，示如未成也。藏也者，其中不欲空虛，如急有待，故藏物於中。一説不欲令人見，故藏之。」《檀弓上》

六十歲制。 言漸老則漸近死期，當豫爲送終之備也。歲制，謂棺也。不易可成，故歲制。《王制》

天子柏椁，以端長六尺。 天子以柏木爲椁。端，猶頭也。用柏木之頭爲之，其長六尺。

曾子曰：「聞之矣，死欲速朽。」有子曰：「是非君子之言也。」曾子曰：「參也聞諸夫子也。」有子又曰：「是非君子之言也。」曾子曰：「參也與子游聞之。」有子曰：「然。然則夫子有爲言之也。」曾子以斯言告於子游。子游曰：「甚哉，有子之言似夫子也！昔者夫子居於宋，見桓司馬自爲石椁，三年而不成。夫子曰：『若是其靡也，死不如速朽之愈也。』『死之欲速朽』，爲桓司馬言之也。」 桓司馬，即桓魋也。靡，侈也。

曾子以子游之言告有子。有子曰：「然。吾固曰非夫子之言也。」曾子曰：「子何以知之？」有子曰：「夫子制於中都，四寸之棺，五寸之椁，以斯知不欲速朽也。」定公九年，孔子爲中都宰，制棺椁之法制也。四寸、五寸，厚薄之度。

父兄命赴者。《疏》曰：「生時與他人有恩識者，今死，則其家宜使人往相赴告。《士喪禮》：孝子自命赴者，若大夫以上，則父兄命之也。」以上《檀弓上》。

凡訃於君，曰「君之臣某死」。父、母、妻、長子，曰「君之臣某之某死」。君訃於他國之君，曰「寡君不禄，敢告於執事」。夫人，曰「寡小君不禄」。大子之喪，曰「寡君之適子某死」。君與夫人訃，不曰薨，而曰不禄告他國，謙辭也。敢告於執事者，凶事不敢直指君身也。

大夫訃於同國適者，曰「某不禄」。訃於士，亦曰「某不禄」。訃於他國之君，曰「君之外臣寡大夫某死」。訃於適者，曰「吾子之外私寡大夫某不禄，使某實」。訃於士，亦曰「吾子之外私寡大夫某不禄，使某實」。適者，謂同國大夫位命相敵者。外私，在他國而私有恩好者也。「實」讀爲「至」，言爲訃而至此也。

士訃於同國大夫，曰「某死」。訃於士，亦曰「某死」。訃於他國之君，曰「君之外臣某死」。訃於大夫，曰「吾子之外私某死」。訃於士，亦曰「吾子之外私某死」。士卑，故其辭降於大夫。以上《雜記上》。

天子告喪，曰「天王登假」。 假音遐。○告喪，赴告侯國也。呂氏讀「假」爲「格」音，引「王假有廟」與「束假來享」，言其精神升至于天。愚謂遐乃遠遐之義，登遐言其所升高遠，猶《漢書》稱「大行」。行乃循行之行，去聲。以其往而不反，故曰「大行」也。《曲禮下》

去國三世，爵禄有列於朝，出入有詔於國。若兄弟宗族猶存，則反告於宗後。去國三世，爵禄無列於朝，出入無詔於國。 去本國雖已三世，而舊君猶仕其族人於朝，以承祖祀，此人往來出入他國，仍詔告於本國之君。其宗族兄弟猶存，則必有宗子，凡死必赴，不忘親也。若去國三世，朝無仕宦之列，出入與舊君不相聞，其時已久，其義已絶，可以改其國之故矣。《曲禮下》

家禮通考五

喪禮　沐浴至成服上

曾子曰：「尸未設飾，故帷堂，小斂而徹帷。」仲梁子曰：「夫婦方亂，故帷堂，小斂而徹帷。」　始死，去死衣，用斂衾覆之以俟浴。既復之後，楔齒、綴足畢，具脯醢之奠。事雖小定，然尸猶未襲斂也，故曰「未設飾」。於是設帷於堂者，不欲人褻之也。故小斂畢，乃徹帷。仲梁子謂夫婦方亂者，以哭位未定也。二子各言禮意。鄭云：「斂者，動摇尸，帷堂，爲人褻之。」言『方亂』，非也。仲梁子，魯人。」《檀弓上》

復，楔齒、綴足、飯、設飾、帷堂並作。　始死招魂之後，用角四柱尸之齒令開，得飯含時不閉。又用燕几拘綴尸之兩足令直，使著屨時不辟戾也。飯者，實米與貝于尸口中也。設飾，尸襲斂也。帷堂，堂上設帷也。作，起爲也。復至帷堂六事，一時並起，故云「並作」也。同上。

在牀曰尸。　尸，陳也。古人病困氣未絶之時，下置在地，氣絶之後，更還牀上。所以如此者，凡人初生在地，病將死，故下，復其初生，冀得脱死重生也。若其不生，復反本床。既未殯

斂，陳列在床，故曰尸也。《曲禮下》

在牀曰尸。《問喪》

曾子之喪，浴於爨室。《士喪禮》「浴於適室」，無浴爨室之文。舊説曾子以曾元辭易簀，矯之以謙儉。然反席未安而没，未必有言及此。使果曾子之命，爲人子者，亦豈忍從非禮而賤其親乎？此難以臆説斷之，當闕之以俟知者。《檀弓上》

管人汲，不説繘，屈之。盡階，不升堂，授御者。御者入浴，小臣四人抗衾，御者二人浴。浴水用盆，沃水用枓，浴用絺巾，挋用浴衣，如他日。小臣爪足，浴餘水棄于坎。其母之喪，則内御者抗衾而浴。管人，主館舍者。汲，汲水以共浴事也。繘，汲水缾上索也。急速不暇解脱此索，但縈屈而執於手。水從西階升，盡等而不上堂，授與御者。抗衾，舉衾以蔽尸也。此浴水用盆盛之，乃用枓酌盆水以沃尸，以絺爲巾，蘸水以去尸之垢。挋，拭也。浴衣，生時所以浴者。用之以拭尸，令乾也。如他日者，如生時也。爪足，浴竟而翦尸足之爪甲也。浴之餘水，棄之坎中。此坎是甸人取土爲竈所掘之坎。内御者，婦人也。《喪大記》

管人汲，授御者。御者差沐于堂上。君沐粱，大夫沐稷，士沐粱。甸人爲垼于西牆下，陶人出重鬲。管人受沐，乃煮之。甸人取所徹廟之西北厞薪，用爨之。管人授御者沐，乃沐。沐用瓦盤，拭用巾，如他日。小臣爪手翦須，濡濯棄于坎。此言尸之沐。差，猶摩也，謂淅粱或稷之潘汁以沐髮也。君與士同用粱者，士卑，不嫌於僭上也。垼，塊竈也。將沐時，甸人之官取西牆下之土爲塊竈。陶人，作瓦器之官也。重鬲，縣重之罌瓦缾也，受三升。管人受沐汁於堂上之御者，而下往西牆，於垼竈鬲中煮之令温。甸人爲竈畢，即往取復者所徹正寢西北厞，以爨竈煮沐汁，謂正寢爲廟神之也。舊説厞是屋檐，謂抽取屋西北之檐。一説西北隅厞，隱處之薪也。用瓦盤以貯此汁也。挋用巾，以巾拭髮及面也。爪手，翦手之爪甲也。濡，煩撋其髮也。濯，不净之汁也。同上。

扶君，卜人師扶右，射人師扶左。君薨，以是舉。君疾時，僕人之長扶其右體，射人之長扶其左體。此二人，皆平日贊正服位之人。君既薨，遇遷尸，則仍用此人也。方氏釋師爲衆，應氏以卜人爲卜筮之人。《檀弓上》

掘中霤而浴，毁竈以綴足。《疏》曰：「中霤，室中也，死而掘室中之地作坎。以牀架坎上，尸於牀上浴，令浴汁入坎也。死人冷强，足辟戾不可著屨，故用毁竈之甓連綴死人足，令直可著屨也。」同上。

子羔之襲也，繭衣裳與稅衣、纁袡爲一，素端一，皮弁一，爵弁一，玄冕一。曾子曰：「不襲婦服。」子羔，孔子弟子高柴也。襲，以衣斂尸也。繭衣裳，謂衣裳相連而綿爲之著也。稅衣，黑色。纁，絳色帛。袡，裳下緣也。繭衣褻，故用褖衣爲表，合爲一稱，故云「繭衣裳與稅衣、纁衻爲一」。素端一，第二稱也。賀氏云：「衣裳並用素爲之。」皮弁一，第三稱也。皮弁之服，布衣而素裳。爵弁一，第四稱也。其服玄衣而纁裳。玄冕一，第五稱也。其服亦玄衣纁裳。衣無文而裳制黼，大夫之上服也。婦服指纁衻而言。曾子非之，以其不合於禮也。《雜記上》

公襲：卷衣一，玄端一，朝服一，素積一，纁裳一，爵弁二，玄冕一，褒衣一，朱緑帶，申加大帶於上。　卑者以卑服親身，如子羔之襲是也。公貴者，故上服親身。褒衣最外，尊顯之也。褒衣，上公之服也。玄端，玄衣朱裳，齊服也。天子以爲燕服，士以爲祭服，大夫士以爲私朝之服。朝服，緇衣素裳，公日視朝之服也。素積，皮弁之服，諸侯視朝之服也。纁裳，冕服之裳也。爵弁二者，玄衣纁裳二通也。以其爲始命所受之服，故特用二通，示重本也。玄冕，見上章。褒衣者，君所加賜之衣，最在上，榮君賜也。諸侯襲，尸用小帶以爲結束，此帶則素爲之，而飾以朱緑之采也。申，重也。已用革帶，又重加大帶，象生時所服大帶也。此帶所云率帶，諸侯、大夫皆五采，士二采者是也。同上。

率帶，諸侯、大夫皆五采，士二采。　率與繂同。死者著衣畢，而加此帶。謂之繂者，但繑帛邊而熨殺之，不用箴線也，以五采飾之。《士喪禮》緇帶。此二采，天子之士也。同上。

君錦冒黼殺，綴旁七。大夫玄冒黼殺，綴旁五。士緇冒頳殺，綴旁三。凡冒，質長與手齊，殺三尺。　冒者，韜尸之二囊，上曰質，下曰殺。先以殺韜足而上，後以質韜首而下。君質用錦，殺畫黼文，故曰「錦冒黼殺」也。其制縫合一頭，又縫連一邊，餘一邊不縫。兩囊皆然。綴旁七者，不縫之邊，上下安七帶綴以結之也。上之質從頭而下，其長與之齊，殺則自下而上，其長三尺也。小斂有此冒，故不用衾。《喪大記》

飯腥。　飯腥者，用上古未有火化之法，以生稻米爲含也。《禮運》

飯用米貝，弗忍虚也。不以食道，用美焉爾。　實米與貝于死者口中，不忍其口之虚也。此不是用飲食之道，但用此美潔之物以實之焉爾。《檀弓下》

天子飯九貝，諸侯七，大夫五，士三。　飯，含也。貝，水物，古者以爲貨。《士喪禮》：「貝三實于笲。」《周禮》天子飯含用玉，此蓋異代之制乎？《雜記下》

復衣不以衣尸。　《士喪禮》：復衣初用以覆尸，浴則去之。此言不以衣尸，謂不用以襲也。

諸侯伐秦，曹桓公卒于會。諸侯請含，使之襲。　曹伯之卒，魯成公十三年也。襲，賤者之事，諸侯從之，不知禮也。《檀弓下》

襄公朝于荆，康王卒，荆人曰：「必請襲。」魯人曰：「非禮也。」荆人强之。巫先拂柩，荆人悔之。　荆，《禹貢》州名，楚立國之本號，魯僖公元年始稱楚。魯襄公以二十八年朝楚，適遭楚子昭之喪。魯人知襲之非禮而不能違，於是以君臨臣喪之禮先之。及其覺之，而悔已無及矣。

此其適權變之宜，足以雪耻。同上。

君夫人卒於路寢。大夫世婦卒於適寢。内子未命則死於下室，適尸于寢。士之妻皆死于寢。諸侯與夫人皆有三寢，君正者曰路寢，餘二曰小寢。夫人一正寢，二小寢，卒當於正寢也。大夫妻曰命婦，而云世婦者，世婦乃國君之次婦，其尊卑與命婦等，故兼言之。内子，卿妻也。下室，燕處之所，又燕寢亦曰下室也。士之妻皆死于寢，謂士與其妻，故云「皆」也。《士喪禮》云「死于適室」，此云寢。寢，室通名也。《喪大記》

曾子曰：「始死之奠，其餘閣也與。」始死，以脯醢醴酒就尸牀，而奠于尸東，當死者之肩，使神有所依也。閣，所以庋置飲食。蓋以生時庋閣上所餘脯醢爲奠也。《檀弓上》

始死，脯醢之奠，自上世以來，未之有舍也，爲使人勿倍也。始死即爲脯醢之奠，自上世制禮以來，未聞有舍而不爲者。爲此，則報本反始之恩自不能已矣，豈復有倍之之意乎？《檀公下》

奠以素器，以生者有哀素之心也。鄭氏曰：「哀素，言哀痛無飾也。凡物無飾曰素。」哀則以素，禮由人心而已。○方氏曰：「《士喪禮》有『素俎』，《士虞禮》有『素几』，皆其哀而不文故也。喪葬凶禮，故若是。」同上。

喪不剥奠也與？剥者，不巾覆也。脯醢之奠，不惡塵埃，故可無巾覆也。《檀弓上》

既正尸，子坐于東方；卿大夫、父兄、子姓立于東方；有司、庶士哭于堂下，北面；夫人坐于西方；內命婦、姑姊妹、子姓立于西方；外命婦率外宗哭于堂上，北面。此言國君之喪。正尸，遷尸於牖下南首也。姓，猶生也。子姓，子所生，謂衆子孫也。內命婦，子婦世婦之屬。姑姊妹，君之姑姊妹也。子姓，君子孫也。外命婦，卿大夫之妻也。外宗，謂姑姊妹之女。《喪大記》

大夫之喪，主人坐于東方，主婦坐于西方。其有命夫、命婦則坐，無則皆立。《疏》曰：「君與大夫位尊，故坐者殊其貴賤。」同上。

士之喪，主人、父兄、子姓皆坐于東方，主婦、姑姊妹、子姓皆坐于西方。士位下，故坐者等其尊卑。同上。

大夫之庶子爲大夫，則爲其父母，其位與未爲大夫者齒。大夫庶子若爲大夫，其行位之處，則與適子之未爲大夫者相齒列。○《疏》曰：「此庶子雖爲大夫，其年雖長於適子，猶在適子下，使適子爲主也。」《雜記上》

天子之喪，有別姓而哭。諸侯朝覲天子，爵同則其位同。今喪禮則分別同姓、異姓、庶姓，使各相從而爲位以哭也。《檀弓上》

曾子曰：「小功不爲位也者，是委巷之禮也。」委，曲也。曲巷，猶言陋巷。細民居於陋

巷，不見禮儀，而鄙朴無節文，故譏小功不爲位是曲巷中之禮也。《檀弓上》

無服而爲位者，唯嫂叔及婦人降而無服者（麻）。《檀弓》云：「子思之哭嫂也爲位。」婦人降而無服，謂姑姊妹在者緦麻，嫁則降在無服也，哭之亦爲位。○鄭氏曰：「正言嫂叔，尊嫂也。兄公於弟之妻則不能也。」《奔喪》

子思之哭嫂也爲位，婦人倡踊。申祥之哭言思也亦然。言思，子游之子，申祥妻之昆弟也。○馬氏曰：「凡哭必爲位者，所以叙親疎恩紀之差。嫂叔疑於無服而不爲位，故曰『無服而爲位者，惟嫂叔』。蓋無服者，所以遠男女近似之嫌。而爲位者，所以篤兄弟内喪之親。子思哭嫂爲位，婦人倡踊，以婦人有相爲娣姒之義，而不敢以己之無服先之也。至於申祥之哭言思，亦如子思，蓋非禮矣。妻之昆弟，外喪也，而既無服，則不得爲哭位之主。《記》曰：『妻之昆弟爲父後者死，哭之適室，子爲主，袒免哭踊。夫入門右。』由是言之，哭妻之昆弟，以子爲主，異於嫂叔之喪也。則婦人不當倡踊矣。」《檀弓上》

曾子與客立於門側，其徒趨而出。曾子曰：「爾將何之？」曰：「吾父死，將出哭於巷。」曰：「反哭於爾次。」曾子北面而吊焉。其徒，門弟子也。〔次〕，其人所寓之館舍也。《士喪禮》：主人西面，賓在門東北面。曾子所以北面而吊之也。同上。

孔子惡野哭者。「所知，吾哭諸野」，夫子嘗言之矣。蓋哭其所知，必設位，而帷之以成禮。此所惡者，或郊野之際，道路之間，哭非其地，又且倉卒行之，使人疑駭，故惡之也。方氏説：「哭者呼『滅』，子皋曰：『野哉！』」孔子惡者以此，恐不然。同上。

子思之母死於衛，赴於子思，子思哭於廟。門人至，曰：「庶氏之母死，何爲哭於孔氏之廟乎？」子思曰：「吾過矣！吾過矣！」遂哭於他室。伯魚卒，其妻嫁於衛之庶氏。嫁母與廟絶族，故不得哭之於廟。《檀弓下》

君子行禮，不求變俗。哭泣之位，皆如其國之故，謹修其法而審行之。言卿大夫士有徙居他國者，行禮之事不可變其故國之俗，皆當謹修其典法，而審慎以行之。若去國三世，與舊君不相聞，其時已久，其義已絶，可以改其國之故矣。然猶必待興起而爲卿大夫，乃從新國之法，厚之至也。《曲禮下》

凡哭尸于堂者，主人二手承衾而哭。承衾而哭，猶若致其親近扶持之情也，謂初死時。《喪大記》

斬衰之哭，若往而不反。齊衰之哭，若往而反。大功之喪，三曲而偯。小功、緦麻，哀容可也。此哀之發於聲音者也。若，如也。往而不反，一舉而至氣絶，似不回聲也。三曲，一舉聲而三折也。偯，餘聲之委曲也。小功、緦麻情輕，雖哀聲之從容亦可也。《間傳》

辟踊，哀之至也。有算，爲之節文也。《疏》曰：「撫心爲辟，跳躍爲踊，是哀痛之至極。

若不裁限，恐傷其性，故有算以爲之準節。每一踊三跳，三踊九跳，爲一節。士三日有三次踊，大夫四日五踊，諸侯六日七踊，天子八日九踊，故云『爲之節文也』。」《檀弓下》

有子與子游立，見孺子慕者。有子謂子游曰：「予壹不知夫喪之踊也，予欲去之久矣。情在於斯，其是也夫？」 有子言喪禮之有踊，我常不知其何爲而然。壹者，專一之義，猶常也。我久欲除去之矣，今見孺子之號慕若此，則哀情之在於此踊，亦如此孺子之慕也夫？《檀弓下》

公大事，則以其喪服之精麤爲序。雖於公族之喪亦如之，以次主人。 此謂君喪而庶子治其禮事。大事，喪事也。臣爲君皆斬衰，然衰制雖同，而升數之多寡則各依本親。庶子序列位次，則辨其本服之精麤，使衰麤者在前，衰精者在後。非但公喪如此，公族之內有相爲服者亦然，蓋亦是庶子序其精麤先後之次也。以次主人者，謂雖有庶長父兄尊於主人，亦必次於主人之下，使主人在上爲喪主也。《文王世子》

喪紀以服之輕重爲序，不奪人親也。 服之輕重，本於屬之親疏，親疏之倫不可易奪也。同上。

凡婦人，從其夫之爵位。 治婦人喪事，皆以夫爵位尊卑爲等降，無異禮也。《雜記上》

孔子哭子路於中庭。 子路死，孔子哭之中庭，師友之禮也。《檀弓上》

伯高死於衛，赴於孔子。孔子曰：「吾惡乎哭諸？兄弟，吾哭諸廟；父之友，吾哭諸廟門之

外；師，吾哭諸寢；朋友，吾哭諸寢門之外；所知，吾哭諸野。於野，則已疏；於寢，則已重。夫由賜也見我，吾哭諸賜氏。」遂命子貢爲之主。 告死曰赴，與訃同。已，太也。○馬氏曰：「兄弟出於祖而內所親者，故哭之廟。父友聯於父而外所親者，故哭之廟門外。師以成己之德，而其親視父，故哭之寢。友以輔己之仁，而其親視兄弟，故哭諸寢門之外。至於所知，又非朋友之比，有相趨者，有相揖者，有相問者，有相見者，皆泛交之者也。孔子哭伯高，以野爲太疏，而以子貢爲主。君子行禮，其審詳於哭泣之位如此者，是所以表微者歟！」○方氏曰：「伯高之於孔子，非特所知而已，由子貢而見，故哭於子貢之家，且使之爲主，以明恩之有所由也。」《檀弓上》

哭朋友者，於門外之右，南面。 《檀弓》曰：「朋友，吾哭諸寢門之外。」南向者，爲主以待吊賓也。《喪服小記》

子游曰：「飯於牖下。」 飯於牖下者，尸沐浴之後，以米及貝實尸之口中也，時尸在西室牖下南首也。《檀弓上》

飯。 飯者，實米與貝于尸口中也。同上。

鑿巾以飯，公羊賈爲之也。 飯，含也。大夫以上貴，使賓爲其親含，恐尸爲賓所憎穢，故以巾覆尸面，而當口處鑿穿之，令含玉得以入口。士賤，不得使賓，子自含，無憎穢之心，故不以巾覆面。公羊賈，士也，而鑿以飯，是憎穢其親矣。此記士失禮之所由也。《雜記下》

邾婁考公之喪，徐君使容居來吊、含，曰：「寡君使容居坐含，進侯玉，其使容居以含。」考公之喪，徐國君使其臣容居者來吊，且致珠玉之含，言寡君使我親坐而行含，以進侯玉於邾君。侯玉者，徐自擬天子，以邾君爲己之諸侯，言進侯氏以玉也。其使容居以含者，容居求即行含禮也。○《疏》曰：「凡行含禮，未歛之前，士則主人親含，大夫以上即使人含。若歛後至殯葬有來含者，親自致璧於柩及殯上者，謂之親含。若但致命，以璧授主人，主人受之，謂之不親含。」○石梁王氏曰：「『坐』當作『跪』。」

有司曰：「諸侯之來辱敝邑者，易則易，于則于，易、于雜者，未之有也。」邾之有司拒之，言諸侯之辱來邾國者，人臣來而其事簡易，則行人臣簡易之禮，人君來而其事廣大，則行人君廣大之禮。于猶迂也，有廣遠之意。今人臣來而欲行人君之禮，是易于相雜矣，我國未有此也。

容居對曰：「容居聞之：『事君不敢忘其君，亦不敢遺其祖。』昔我先君駒王，西討濟於河，無所不用斯言也。容居，魯人也，不敢忘其祖。」容居又答言，事君者不敢忘其君，我奉命如此，今不能行，是忘吾君也。爲人子孫，當守先世之訓，故亦不敢遺吾祖也。居蓋徐之公族耳，且言昔者我之先君駒王，濟河而西討，無一處不用此稱王之言。自言其疆土廣大，久已行王者之禮也。又自言我非譎詐者，乃魯鈍之人，是以不敢忘吾祖，欲邾人之信其言也。此著徐國君臣之僭，且明邾有司不能終正當時之僭也。以上《檀弓下》。

冒者何也？所以掩形也。自襲以至小斂，不設冒則形，是以襲而后設冒也。冒説見《王制》。襲，沐浴後以衣衣尸也。則形者，言尸雖已著衣，若不設冒，則尸象形見，爲人所惡，是以襲而設冒也。「后」字衍。《雜記下》

重，主道也。殷主綴重焉，周主重徹焉。《禮注》云：「士重木長三尺。」始死，作重以依神，雖非主而有主之道，故曰「主道也」。殷禮，始殯時，置重于殯廟之庭，暨成虞，主則綴此重而懸於新死者所殯之廟。周人虞而作主，則徹重而埋之也。《檀弓下》

銘，明旌也。以死者爲不可別已，故以其旌識之。愛之，斯録之矣；敬之，斯盡其道焉耳。《士喪禮》：「銘曰『某氏某之柩』。」初置于檐下西階上，及爲重畢，則置於重，殯而率塗，始樹於肂坎之東。《疏》云：「士長三尺，大夫五尺，諸侯七尺，天子九尺。若不命之士，則以緇長半幅，䞓末長終幅，廣三寸。半幅，一尺也，終幅，二尺也，是總長三尺。夫愛之而録其名，敬之而盡其道，曰愛曰敬，非虛文也。」同上。

書銘，自天子達於士，其辭一也。男子稱名，婦人書姓與伯仲，如不知姓，則書氏。書銘，書死者名字於明旌也。《檀弓疏》云：「《士喪禮》：『爲銘，各以其物。』士長三尺，大夫五尺，諸侯七尺，天子九尺。若不命之士，以緇長半幅，䞓末長終幅，長二尺，總三尺。」男子稱名，謂銘名之也。婦人銘，則書姓及伯仲，此或亦是殷以上之制，如周，則必稱夫人也。姓，如魯

是姬姓，後三家各自稱氏，所謂氏也。殷以前，六世之外則相與爲昏，故婦人有不知姓者。周不然矣。《喪服小記》

夏后氏尚黑，大事斂用昏。殷人尚白，大事斂用日中。周人尚赤，大事斂用日出。禹以治水之功得天下，故尚水之色。湯以征伐得天下，故尚金之色。周之尚赤，取火之勝金也。大事，喪事也。《檀弓上》

復衣不以斂。《喪大記》

延陵季子適齊，於其反也，其長子死，其斂以時服。孔子曰：「延陵季子之於禮也，其合矣乎？」時服，隨死時之寒暑所衣也，儉制也。蓋季子隨時處中之道，稱其有無而不盡拘乎禮者也。故夫子不直曰季子之於禮也合矣，而必加「其」「乎」二字，使人由辭以得意也，讀者詳之。《檀弓下》

人死，斯惡之矣。無能也，斯倍之矣。是故制絞衾，爲人勿惡也。以其死而惡之，以其無能而倍之，恐太古無禮之時，人多如此。於是推原聖人所以制禮之初意，止爲使人勿惡勿倍而已，絞衾以飾其體，則不見死者之可惡矣。同上。

小斂，布絞，縮者一，横者三。君錦衾，大夫縞衾，士緇衾，皆一。衾十有九稱，絞、紟不在列。此明小斂之衣衾。絞，既斂所用以束尸使堅實者。從者在横者之上，從者一幅，横者三幅，每幅之末析爲三片，以便結束。皆一者，君、大夫、士皆一衾。衾在絞之上。天數終於九，地數終於十，故十有九稱也。袍，夾衣。衣裳，單衣。故《注》云「單複具曰稱」。紟，單被也。不在列，不在十九稱之數也。《喪大記》

袍必有表，不襌，衣必有裳，謂之一稱。 袍，衣之有著者，乃褻衣也，必須有禮服以表其外，不可襌露，衣與裳亦不可偏有，如此乃成稱也。《喪大記》

君陳衣于序東，大夫士陳衣于房中，皆西領，北上。 同上。

凡陳衣者實之篋。升降者自西階。凡陳衣不詘，非列采不入，絺、綌、紵不入。 陳衣者實之篋，自篋中取而陳之也。不詘，舒而不卷也。非列采，爲間色雜色也。斂尸者亦用袍，故絺綌與紵布皆不入也。同上。

君之喪未小斂，爲寄公、國賓出。大夫之喪未小斂，爲君命出。士之喪，不當斂則出。 寄公，諸侯失國而寄託鄰國者也。國賓，他國來聘之卿大夫也。出，出迎也。爲君命出，謂君有命及門則出也。《檀弓》云：「大夫吊，當事而至，則辭焉。」辭，告也。故不當斂時，則亦出迎。《雜記》云「大夫至，絶踊而拜之」者，亦謂斂後也。同上。

凡主人之出也，徒跣，扱衽，拊心，降自西階。君拜寄公、國賓于位。大夫於君命，迎于寢門外，使者升堂致命，主人拜于下。士於大夫親吊，則與之哭，不逆於門外。 徒跣者，未著喪屨，吉屨又不可著也。扱衽者，扱深衣前襟於帶也。拊心，擊心也。《曲禮》云：「升降不由阼階。」拜寄公、國賓于位者，寄公位在門西，國賓位在門東，主人於庭各向其位而拜之也。《士喪禮》云：「賓有大夫則特拜之。即位于西階下，東面，不踊。」《喪大記》

夫人爲寄公夫人出，命婦爲夫人之命出，士妻不當斂則爲命婦出。　婦人不下堂，此謂自房出拜於堂上也。同上。

君於大夫、世婦，爲之賜，則小斂焉。　君於大夫及内命婦之喪，而視其大斂常禮也。若爲之加恩賜，則視其小斂也。同上。

夫人於世婦，爲之賜，小斂焉。　言夫人視之有常禮，而爲之賜則加禮也。同上。

斬衰，括髮以麻。爲母，括髮以麻，免而以布。　斬衰，主人爲父之服也。親始死，子服布深衣，去吉冠，而猶有笄縱，徒跣，扱深衣前襟於帶。將小斂，乃去笄縱，著素冠。斂訖，去素冠，而以麻自項而前交於額上，却而繞於紒，如著幓頭然。幓頭，今人名掠髮，此謂括髮以麻也。母死亦然，故云「爲母括髮以麻」，言此禮與喪父同也。免而以布，專言爲母也。蓋父喪小斂後，拜賓竟，子即堂下之位，猶括髮而踊。母喪則此時不復括髮，而著布免以踊，故云「免而以布」也。《喪服小記》

齊衰，惡笄以終喪。　婦人居齊衰之喪，以榛木爲笄以卷髮，謂之惡笄。以終喪者，謂中間更無變易，至服竟則一并除之也。同上。

男子冠而婦人笄，男子免而婦人髽。其義，爲男子則免，爲婦人則髽。吉時男子首有吉冠，婦人首有吉笄。若親始死，男去冠，女則去笄。父喪，成服也，男以六升布爲冠，女則箭篠爲笄。若喪母，男則七升布爲冠，女則榛木爲笄。故云「男子冠而婦人笄」也。男子免而婦人髽者，言今遭齊衰之喪，當男子著免之時，婦人則髽其首也。髽有二：斬衰則麻髽，齊衰則布髽，皆名露紒。「其義，爲男子則免，爲婦人則髽」者，言其義不過以此免與髽分別男女而已。同上。

或問曰：「免者以何爲也？」曰：「不冠者之所服也。《禮》曰：『童子不緦，唯當室緦。』緦者其免也，當室則免而杖矣。」劉氏曰：「已冠者爲喪，變而去冠，則必著免。蓋雖去冠，猶嫌於不冠，故加免也。童子初未冠，則雖爲喪，亦不免，以其未冠，故不嫌於不冠也。若爲孤子而當室，則雖童子亦免，以其爲喪主，而當成人之禮也。如童子不杖，以其不能病也，而當室則杖。童子不緦，幼不能知疎遠之哀也，而當室則緦。緦者，以其當室而爲成人之免且杖，則亦可爲成人之緦矣，故曰緦者以其免也。」《問喪》

南宮縚之妻之姑之喪，夫子誨之髽，曰：「爾毋從從爾，爾毋扈扈爾。」縚妻，夫子兄女也。姑死，夫子教之爲髽。從從，高也。扈扈，廣也。言爾髽不可大高，不可大廣。《檀弓上》

小斂，環絰，公、大夫、士一也。《疏》曰：「環絰，一股而纏也。親始死，孝子去冠，至小

斂，不可無飾。士素委貌，大夫以上素弁，而貴賤悉得加於環絰，故云公、大夫、士也。」《雜記上》

子游曰：「小斂於户内。」《士喪禮》：「小斂，衣十九稱。」斂者，包裹斂藏之也。小斂在户之内。《檀弓上》

小斂於户内。君以簟席，大夫以蒲席，士以葦席。簟席，竹席也。《喪大記》

小斂之衣，祭服不倒。小斂十九稱，不悉著於身，但取其方，故有領在下者。惟祭服尊，故必領在上也。同上。

凡斂者袒。執小斂之事者，其事煩，故必袒以取便。《喪大記》

君之喪，大胥是斂，衆胥佐之。大夫之喪，大胥侍之，衆胥是斂。士之喪，胥爲侍，士是斂。「胥」讀爲「祝」者，以胥是樂官，不掌喪事也。《周禮》：大祝之職，大喪贊斂。喪祝，卿大夫之喪掌斂。《士喪禮》：「商祝主斂。」故知當爲祝。侍猶臨也。同上。

小斂，祭服不倒，左衽，結絞不紐。《疏》曰：「衽，衣襟也。生向右，左手解抽帶便也。死則襟向左，示不復解也。結絞不紐者，生時帶並爲屈紐，使易抽解，死時無復解義，故絞束畢結之，不爲紐也。」同上。

士與其執事則斂。凡斂者六人。與其執事，謂相助凡役也。舊説謂與此死者平生共執事，則不至褻惡死者，故以之斂，未知是否。同上。

自小斂已往用夷衾，夷衾質殺之裁猶冒也。 小斂以後則用夷衾覆之。夷，尸也。裁猶製也。夷衾與質殺之制，皆爲覆冒尸形而作也。舊説夷衾亦上齊手，下三尺繒色及長短制度，如冒之質、殺。《喪大記》

卒斂，主人馮之踊，主婦亦如之。 馮之踊者，馮尸而踊也。同上。

君、大夫馮父、母、妻、長子，不馮庶子。士馮父、母、妻、長子、庶子。庶子有子，則父母不馮其尸。 《疏》曰：「君大夫之庶子雖無子，並不得馮。」同上。

父母於子執之，子於父母馮之，婦於舅姑奉之，舅姑於婦撫之，妻於夫拘之，夫於妻於昆弟執之。 執之者，執持其衣。馮之者，身俯而馮之。奉之者，捧持其衣。撫之者，當尸之心胸處撫按之也。拘之者，微牽引其衣，皆於心胸之處。同上。

君撫大夫，撫內命婦。大夫撫室老，撫姪娣。 撫，以手接之也。內命婦，君之世婦也。大夫內命婦皆貴，故君自撫之，以下則不撫也。室老貴臣，姪娣貴妾，故大夫撫之也。古者諸侯一娶九女，二國各以女媵之，爲娣姪以從。大夫內子亦有姪娣。姪者，兄之子。娣，女弟也。娣尊，姪卑。《士昏禮》：「雖無娣，媵先。」言姪若無娣，猶先媵。士有娣媵，則大夫有可知矣。《喪大記》

君於臣撫之。 撫之者，當尸之心胸處撫按之也。同上。

君不撫僕妾。 死而不撫其尸者，略於賤也。《雜記上》

嫂不撫叔，叔不撫嫂。 撫，死而撫其尸也。嫂叔宜遠嫌，故皆不撫。《雜記下》

斂者既斂，必哭。《喪大記》

卒斂，主人袒，説髦，括髮以麻。婦人髽，帶麻于房中。 髦，幼時翦髮爲之，年雖成人，猶垂于兩邊。若父死，脱左髦，母死，脱右髦。親没不髦，謂此也。髽亦用麻，如男子括髮以麻也。帶麻，麻帶也，謂婦人要絰。同上。

婦人不宜袒，故發胸、擊心、爵踊，殷殷田田，如壞牆然，悲哀痛疾之至也。 發，開也。爵踊，似爵之跳，足不離地也。殷殷田田，擊之聲也。《問喪》

袒、括髮，變也。愠，哀之變也。去飾，去美也。袒、括髮，去飾之甚也。有所袒，有所襲，哀之節也。 《疏》曰：「袒衣、括髮，形貌之變也。悲哀愠恚，哀情之變也。去其尋常吉時之服飾，是去其華美也。去飾雖多端，惟袒而括髮，又去飾之中最甚者也。理應常袒，何以有袒時，有襲時？蓋哀甚則袒，哀輕則襲，哀之限節也。」《檀弓下》

叔孫武叔之母死，既小斂，舉者出，尸出户，袒，且投其冠，括髮。子游曰：「知禮。」 禮，始死將斬衰者笄纚，將齊衰者素冠。小斂畢而徹帷，主人括髮，袒于房，婦人髽于室。舉者出，舉尸以出也。括髮當在小斂之後，尸出堂之前。主人爲將奉尸，故袒而括髮耳。今武叔待尸出户然後袒而去冠括髮，失禮節矣，故《注》以子游「知禮」之言爲嗤之也。○馮氏曰：「《經》文作『户出户』，上『户』字乃『尸』字之訛也。鄭《注》云：『尸出户，乃變服。』義甚明。然《注》文『尸』亦訛爲『户』，遂解不通。」《檀弓上》

或問曰：「冠者不肉袒，何也？」曰：「冠至尊也，不居肉袒之體也，故爲之免以代之也。然則秃者不免，傴者不袒，跛者不踊，非不悲也，身有錮疾，不可以備禮也。」《問喪》

公儀仲子之喪，檀弓免焉。 公儀，氏；仲子，字。魯之同姓也。檀弓，魯人之知禮者。袒免本五世之服，而朋友之死於他邦而無主者，亦爲之免。其制以布廣一寸，從項中而前交於額，又却向後而繞於髻也。《檀弓上》

士與斂焉，則壹不食。《間傳》

士與其執事則斂，斂焉則爲之壹不食。 與其執事，謂相助凡役也。舊説謂與此死者平生共執事，則不至褻惡死者，故以之斂，未知是否。《喪大記》

徹帷。 小斂畢，即徹去先所設帷堂之帷。諸侯大夫之禮，賓出乃徹帷。此言士禮耳。同上。

男女奉尸夷于堂。 夷，陳也。小斂竟，相者舉尸出户往陳于堂，而孝子男女親屬並杖捧之也。《喪大記》

降拜。　適子下堂而拜賓也。同上。

君拜寄公、國賓。　**大夫、士拜卿大夫於位，於士旁三拜**。　**夫人亦拜寄公夫人於堂上**。　**大夫內子、士妻，特拜命婦，氾拜衆賓於堂上**。　君，謂遭喪之嗣君也。寄公與國賓入吊，固拜之矣。其於大夫士也，卿大夫則拜之於位，士則旁三拜而已。旁謂不正向之也。士有上中下三等，故共三拜。大夫、士皆先君之臣，俱當服斬，今以小斂畢而出庭列位，故嗣君出拜之。夫人亦拜寄公夫人於堂上矣，其於卿大夫之內子、士之妻，則亦拜之。但內子與命婦則人人各拜之，衆賓則士妻也，氾拜之而已，亦旁拜之比也。同上。

主人即位，襲帶絰踊。　**母之喪，即位而免**。　主人拜賓後，即阼階下之位，先拜賓時袒，今拜畢乃掩襲其衣，而加要帶首絰乃踊。《士喪禮》先踊乃襲絰，此諸侯禮，故先襲絰乃踊也。母喪降於父，拜賓竟而即位，以免代括髮之麻，免而襲絰，至大斂乃成踊也。同上。

婦人迎客、送客不下堂，下堂不哭。　**男子出寢門外，見人不哭**。　堂以內至房，婦人之事，堂以外至門，男子之事，非其所而哭，非禮也。此言小斂後男主女主迎送吊賓之禮。婦人於敵者固不下堂，若夫人來吊，則主婦下堂至庭，稽顙而不哭也。男子於敵者之吊，亦不出門，若有君命而出迎，亦不哭也。《喪大記》

小斂，辨拜。　禮，當小斂之時，君來吊，則輟事而出拜之。若他賓客至，則不輟事，待事畢

乃即堂下之位而遍拜之，故特舉此言之。若士於大夫當事，而大夫至，則亦出拜之也。《雜記上》

小斂而徹帷。《檀弓上》

賓出，徹帷。小斂畢即徹帷，士禮也。此君與大夫之禮，小斂畢，下階拜賓，賓出乃徹帷也。《喪大記》

小斂之奠，子游曰：「於東方。」曾子曰：「於西方，斂斯席矣。」小斂之奠在西方，魯禮之末失也。《疏》曰：「《儀禮》，小斂之奠設於東方，奠又無席，魯之衰末，奠於西方，而又有席。曾子見時如此，將以爲禮，故云小斂於西方。斯，此也。其斂之時，於此席上而設奠矣，故記者正之，云小斂之奠所以在西方，是魯人行禮，末世失其義也。」○今按：《儀禮》：「布席于户內。」《注》云：「有司布斂席也。」在小斂之前，及陳大斂衣奠，則云：「奠席在〔饌〕北，斂席在其東。」《注》云：「大斂奠而有席，彌神之也。」據此，則小斂奠無席。《檀弓上》

寡婦不夜哭。《坊記》

穆伯之喪，敬姜晝哭。文伯之喪，晝夜哭。孔子曰：「知禮矣。」哭夫以禮，哭子以情，中節矣，故孔子美之。《檀弓下》

文伯之喪，敬姜據其牀而不哭，曰：「昔者吾有斯子也，吾以將爲賢人也。吾未嘗以就公室。今及其死也，朋友諸臣未有出涕者，而內人皆行哭失聲。斯子也，必曠於禮矣夫。」以爲賢人必知禮矣，故凡我平日出入公室，未嘗與俱，而觀其所行，蓋信其賢而知禮也，至死而覺其曠禮，故歎恨之。同上。

季康子之母死，陳褻衣。敬姜曰：「婦人不飾，不敢見舅姑。將有四方之賓來，褻衣何爲陳於斯？」命徹之。　敬姜，康子之從祖母也。○應氏曰：「敬姜森然法度之語。」同上。

三日而斂，在牀曰尸，在棺曰柩。《問喪》

或問曰：「死三日而后斂者，何也？」曰：「孝子親死，悲哀志懣，故匍匐而哭之，若將復生然，安可得奪而斂之也？故曰三日而后斂者，以俟其生也。三日而不生，亦不生矣。孝子之心，亦益衰矣。家室之計，衣服之具，亦可以成矣。親戚之遠者，亦可以至矣。是故聖人爲之斷決，以三日爲之禮制也。」　此記者設問以明三日而斂之意。《問喪》

大斂：布絞，縮者三，横者五。布紟，二衾。君、大夫、士一也。君陳衣于庭，百稱，北領，西上。大夫陳衣于序東，五十稱，西領，南上。士陳衣于序東，三十稱，西領，南上。絞、紟如朝服。絞一幅爲三，不辟。紟五幅，無紞。　此明大斂之事。縮者三，謂一幅直用裂其兩頭爲三片也。横者五，謂以布二幅分裂作六片，而用五片横於直者之下也。紟，一説在絞下，用以舉尸，一説在絞上，未知孰是。二衾者，小斂一衾，大斂又加一衾也。如朝服，其布如朝服十五升也。「絞一幅爲三，不辟」者，一幅兩頭分爲三段，而中不擘裂也。紟五幅，用以舉尸者。無紞，謂被頭不

用組紃之類爲識別也。又按：士陳衣與《士喪禮》不同，舊説此爲天子之士。《喪大記》

大斂，君、大夫、士祭服無算。君褶衣褶衾，大夫、士猶小斂也。祭服無算，隨所有皆用無限數也。褶衣褶衾，衣衾之裌者。君衣尚多，故大斂用裌衣衾。大夫、士猶用小斂之複衣。複，衾也。《喪大記》

孔子曰："夏后氏殯於東階之上，則猶在阼也。殷人殯於兩楹之間，則與賓主夾之也。周人殯於西階之上，則猶賓之也。"猶在阼，猶賓之者。孝子不忍死其親，殯之於此，示猶在阼階以爲主，猶在西階以爲賓客也。在兩楹間則是主與賓夾之，故言"與"而不言"猶"也。《檀弓上》

大斂於阼。《士喪禮》："大斂，三十稱。"斂者，包裹斂藏之也。大斂出在東階，未忍離其爲主之位也。主人奉尸斂于棺，則在西階矣。同上。

大斂於阼。説見《檀弓》。《坊記》

大斂於阼，君以簟席，大夫以蒲席，士以葦席。簟，竹席也。《喪大記》

君將大斂，子弁絰，即位于序端。卿大夫即位于堂廉楹西，北面，東上。父兄堂下，北面。夫人、命婦尸西，東面。外宗房中，南面。弁絰，素弁上加環絰，未成服故也。序，謂東序。端，序之南頭也。堂廉，堂基南畔廉稜之上也。楹，南近堂廉者。"父兄堂下，北面"，謂諸父諸兄之不仕者，以賤故在堂下。外宗者，謂君之姑姊妹之女及舅之女及從母皆是也。同上。

小臣鋪席，商祝鋪絞紟衣。 小臣鋪席，絞紟衾鋪于席上。同上。

大斂，祭服不倒。 同上。

凡斂者袒，遷尸者襲。 執大斂之事者，其事煩，故必袒以取便。遷尸入柩，則其事易矣，故不袒。同上。

士盥于盤上，士舉遷尸于斂上。 士，商祝之屬也。斂上，即斂處也。同上。

君、大夫鬊爪實于綠中，士埋之。 鬊，亂髮也。爪，手足之爪甲也。生時積而不棄，今死爲小囊盛之，而實于棺内之四隅。故讀綠爲角，中四角之處也。士則以物盛而埋之耳。同上。

卒斂，宰告。子馮之踊。夫人東面，亦如之。 「卒斂，宰告」，大宰告孝子以斂畢也。馮之踊者，馮尸而起踊也。同上。

布幕，衛也。縿幕，魯也。 幕，所以覆於殯棺之上。衛以布爲幕，諸侯之禮也。魯以綃爲幕，蓋僭天子之禮矣。《檀弓上》

君於士有賜帟。 帟幕之小者，置之殯上，以承塵也。大夫以上，則有司供之。士卑，又不得自爲，故君於士之殯，以帟賜之也。同上。

君於大夫、世婦，大斂焉。於外命婦，既加蓋而君至。於士，既殯而往，爲之賜，大斂焉。

君於大夫及内命婦之喪，而視其大斂。外命婦乃臣之妻，其恩輕，故君待其大斂入棺加蓋之後

而後至也。士雖卑，亦宜有恩賜，故亦視其大斂。《喪大記》

夫人於世婦，大斂焉。於諸妻，爲之賜，大斂焉。於大夫、外命婦，既殯而往。《疏》曰：「諸妻，姪娣及同姓女也。同士禮。」同上。

爲後者不在，在竟内則俟之，在竟外則殯可也。爲後者出而在國境之内，則俟其還乃殯，若在境外，則當殯即殯。《喪大記》

公視大斂，公升，商祝鋪席，乃斂。君臨臣喪而視其大斂。商祝，習殷禮者，專主斂事。主人雖先已鋪席布絞紟等物，聞君將至，悉徹去之，待君至升堂，商祝乃始鋪席爲斂事，蓋榮君之至而舉其禮也。《雜記上》

子思曰：「喪三日而殯，凡附於身者，必誠必信，勿之有悔焉耳矣。」附於身者，襲斂衣衾之具。○方氏曰：「必誠，謂於死者無所欺。必信，謂於生者無所疑。」《檀弓上》

殯於客位。主人奉尸斂于棺，則在西階矣。掘肂於西階之上。肂，陳也，謂陳尸於坎也。置棺于肂中而塗之，謂之殯。同上。

天子七日而殯，諸侯五日而殯，大夫、士、庶人三日而殯。《王制》

天子之殯也，菆塗龍輴以椁，加斧于椁上，畢塗屋，天子之禮也。《疏》曰：「菆，叢也。菆塗，謂用木叢棺而四面塗之也。龍輴，殯時用輴車載柩而畫轅爲龍也。以椁者，此叢木象椁之形也。繡覆棺之衣爲斧文。先菆四面爲椁，使上與棺齊，而上猶開，以此棺衣從椁上入覆於棺，故云『加斧于椁上』也。畢，盡也。斧覆既竟，又四注爲屋以覆於上，而下四面盡塗之也。」〇今按：菆塗龍輴是輴車亦在殯中，非脱去輴車而殯棺也。《檀弓上》

君殯用輴，欑至于上，畢塗屋。大夫殯以幬，欑至于西序，塗不暨于棺。士殯見衽，塗上。帷之。君，諸侯也。輴，盛柩之車也。殯時以柩置輴上。欑，猶叢也。叢木于輴之四面，至于棺上。畢，盡也。以泥盡塗之，此欑木似屋形，故曰「畢塗屋」也。大夫之殯不用輴，其棺一面貼西序之壁，而欑其三面，上不爲屋形，但以棺衣覆之。幬，覆也。故言「大夫殯以幬，欑至于西序」也。塗不暨于棺者，天子諸侯之欑木廣而去棺遠，大夫欑狹而去棺近，所塗者僅僅不及于棺而已。士殯，掘肂以容棺。肂，即坎也。棺在肂中不没，其蓋縫用衽處，猶在外而可見，其衽以上，亦用木覆而塗之。帷，幃也。貴賤皆有帷，故惟朝夕之哭乃褰舉其帷耳。所以帷者，鬼神尚幽闇故也。此章以《檀弓》參之，制度不同。《喪大記》

大夫與殯，弁絰。弁絰者，如爵弁而素，加以環絰也。若與其殯事，是未成服之時也。首弁絰，身則皮弁服也。《雜記上》

士與斂焉，則壹不食。《間傳》

無事不辟廟門。辟，開也。廟門，殯宫之門也。鬼神尚幽闇，故有事則辟，無事不辟也。

《喪服小記》

熬，君四種八筐，大夫三種六筐，士二種四筐，加魚、腊焉。 熬，以火熇穀令熟也。熟則香，置之棺旁，使蚍蜉聞香而來食，免侵尸也。四種，黍、稷、稻、粱也。每種二筐。三種，黍、稷、粱。二種，黍、稷也。加魚與腊，筐同異未聞。○石梁王氏曰：「棺旁用熬穀加魚腊，不可從。」《喪大記》

哭皆於其次。 次，倚廬也。朝夕之哭與受吊之哭，皆即門内之位。若或晝或夜無時之哭，則皆於倚廬也。《喪服小記》

在棺曰柩。 吕氏曰：「柩，久也。比化者無使土親膚，故在棺欲其久也。」《曲禮下》

在棺曰柩。《問喪》

公七踊，大夫五踊，婦人居間；士三踊，婦人皆居間。 國君五日而殯，自死至大斂，凡七次踊者，始死一也，明日襲二也，襲之明日之朝三也，又明日之朝四也，其日既小斂五也，小斂明日之朝六也，明日大斂時七也。大夫三日而殯，凡五次踊者，始死一也，明日襲之朝二也，明日之朝及小斂四也，小斂之明日大斂五也。士二日而殯，凡三次踊者，始死一也，小斂時二也，大斂時三也。凡踊，男子先踊，踊畢而婦人乃踊，婦人踊畢賓乃踊，是婦人居主人與賓之中間，故云居間也。然記者固云「動尸舉柩，哭踊無數」，而此乃有三、五、七之限者，此以《禮經》之常節

言，彼以哀心之泛感言也。又所謂無數者，不以每踊三跳九跳爲三踊之限也。《雜記上》

大斂，辨拜。 禮，當大斂之時，君來吊，則輟事而出拜之。若他賓客至，則不輟事，待事畢乃即堂下之位而遍拜之，故特舉此言之。若士於大夫，當事而大夫至，則亦拜之也。同上。

曾子問曰：「大功之喪，可以與於饋奠之事乎？」孔子曰：「豈大功耳，自斬衰以下皆可，禮也。」曾子曰：「不以輕服而重相爲乎？」孔子曰：「非此之謂也。天子諸侯之喪，斬衰者奠，大夫齊衰者奠，士則朋友奠；不足則取於大功以下者，不足則反之。」 饋奠，奠於殯也。大夫朔望皆有殷奠，士惟月朔，其禮盛，故執事者衆。曾子問，已有大功之喪，可與他人饋奠之事乎？孔子將謂曾子問己有大功之喪，得爲大功者饋奠否，故答云：「豈但大功，自斬衰以下皆可，禮也。」言身有斬衰，所爲者斬衰，身有齊衰，所爲者齊衰，皆可與其饋奠。孔子是據所服者言之。曾子又不悟此旨，將謂言他人乃曰不太輕己之服而重於相爲乎？孔子乃答云，非此爲他人之謂也，謂於所爲服者也。凡喪奠，主人以悲哀，不暇執事，故不親奠。天子諸侯之喪，諸臣皆斬衰，故云「斬衰者奠」。大夫則兄弟之服齊衰者奠，士不以齊衰者奠，避大夫也。故朋友奠，人不充數則取大功以下，又不足則反取大功以上也。○《疏》曰：「反之者，反取前人執事者充之。」《曾子問》

曾子問曰：「廢喪服，可以與於饋奠之事乎？」孔子曰：「説衰與奠，非禮也，以擯相可

也。」 廢猶除也。饋奠，在殯之奠也。不問吉祭，而問喪奠，曾子之意謂方除喪服，決不可與吉禮，疑可與饋奠也。夫子言，方説衰即與奠，是忘哀太速，故言非禮也。擯相事輕，亦或可耳。同上。

三年之喪，廬、堊室之中，不與人坐焉。在堊室之中，非時見乎母也不入門。 廬在中門外東壁，倚木爲之，故云「倚廬」。堊室，在中門外屋下壘墼爲之，不塗墍。時見乎母，謂有事行禮之時而入見母也，非此則不入中門。《雜記下》

疏衰皆居堊室，不廬。廬，嚴者也。 疏衰，齊衰也。齊衰有三年者，有期者，有三月者。凡喪次，斬衰居倚廬，齊衰居堊室，大功有帷帳，小功緦麻有牀第。「廬嚴者」，謂倚廬乃哀敬嚴肅之所服，輕者不得居。同上。

父母之喪，居倚廬，不塗，寢苫枕凷。君爲廬，宮之，大夫士襢之。 《疏》曰：「倚廬者，於中門外東牆下倚木爲廬也。不塗者，但以草夾障，不以泥塗飾之也。寢苫，卧於苫也。枕凷，枕土塊也。爲廬宮之者，廬外以帷障之，如宮牆也。襢，袒也。其廬袒露，不以帷障之也。」《喪大記》

凡非適子者，自未葬，以於隱者爲廬。 《疏》曰：「既非喪主，故於東南角隱映處爲廬。《經》雖云未葬，其實葬竟亦然也。」同上。

婦人不居廬，不寢苫。同上。

父母之喪，居倚廬，寢苫枕塊，不説絰帶。齊衰之喪，居堊室，苄翦不納。大功之喪，寢有席。小功、緦麻，牀可也。此哀之發於居處者也。倚廬、堊室見《喪大記》。苄，蒲之可爲席者，但翦之使齊，不編納其頭而藏於内也。《間傳》

斬衰，居倚廬，寢苫枕塊，所以爲至痛飾也。《三年問》

父不爲衆子次於外。適長子死，父爲之居喪，次於中門外，庶子否。《喪服小記》

曾子問曰：「女未廟見而死，則如之何？」孔子曰：「婿不次。」婿齊衰，不別處哀次。《曾子問》

大夫次於公館以終喪，士練而歸，士次於公館。大夫居廬，士居堊室。此言君喪則大夫居喪之次在公館之中，終喪乃得還家。若邑宰之士，至小祥得還其所治之邑。其朝廷之士，亦留次公館以待終喪。廬在中門外東壁，倚木爲之，故云「倚廬」。堊室在中門外屋下，壘墼爲之，不塗塈。○劉氏曰：「鄭云：『居堊室，亦謂邑宰也，朝士亦居廬。』蓋斬衰之喪居廬，既練居堊室，朝士大夫皆斬衰，未練時皆當居廬也。」《雜記上》

子夏問諸夫子曰：「居君之母與妻之喪，居處衎爾。」君母、君妻雖皆小君，皆服齊衰不杖期。然恩義則淺矣，故居其喪則自處如此。衎爾，和適之貌。此章以文勢推之，「喪」下當有「如

之何夫子曰」字。舊説謂記者之略，亦或闕文歟？又否則「問」當作「聞」。《檀弓上》

父不次於子，兄不次於弟。《疏》曰：「喪卑，故尊者不居其殯宮之次也。」《喪大記》

君之喪，子、大夫、公子食粥，納財，朝一溢米，莫一溢米，食之無算。士疏食水飲，食之無算。夫人、世婦、諸妻皆疏食水飲，食之無算。納財，謂有司供納此米也。鄭《注》：「財，穀也。」謂米由穀出，故言財。一溢，二十四分升之一也。食之無算者，謂居喪不能頓食隨意，欲食則食，但朝暮不過此二溢之米也。疏食，粗飯也。《喪大記》

大夫之喪，主人、室老、子姓皆食粥，衆士疏食水飲，妻妾疏食水飲。士亦如之。室老，家臣之長。子姓，孫也。衆士，室老之下也。士亦如之，謂士之喪，亦子食粥，妻妾疏食水飲也。同上。

生與來日，死與往日。與，猶數也。成服杖，生者之事也。數死之明日爲三日，斂殯，死者之事也。從死日數之爲三日，是三日成服者，乃死之第四日也。《曲禮上》

縣子曰：「綌衰繐裳，非古也。」方氏曰：「葛之麤而郤者謂之綌，布之細而疎者謂之繐。五服一以麻，各有升數。若以綌爲衰，以繐爲裳，則取其輕凉而已，非古制也。」《檀弓上》

再期之喪，三年也。《喪服小記》

三年之喪，何也？曰：稱情而立文，因以飾群，別親疏貴賤之節，而弗可損益也，故曰「無易

之道也」。**創鉅者其日久，痛甚者其愈遲。三年者，稱情而立文，所以爲至痛極也。** 人不能無群，群不可無別，立文以飾之，則親疏貴賤之等明矣。弗可損益者，中制不可不及，亦不可過，是所謂無易之道也。治親疏貴賤之節者，惟喪服足以盡其詳。《三年問》

三年之喪，二十五月而畢，若駟之過隙，然而遂之，則是無窮也。故先王焉爲之立中制節，壹使足以成文理，則釋之矣。 先王制禮，蓋欲使過之者俯而就之，則送死有已，復生有節，不至者跂而及之，則不至於鳥獸之不若矣。壹使足以成文理，謂無分君子小人，皆使之遵行禮節以成其飾君之文理，則先王憂世立教之心遂矣，故曰「釋之」也。同上。

至親以期斷，然則何以三年也？曰：加隆焉爾也。焉使倍之，故再期也。 問：既是以期斷矣，何以三年也？答謂孝子加隆厚於親，故如此也。焉，語辭，猶云所以也。同上。

斬衰三升，此哀之發於衣服者也。 每一升凡八十縷，斬衰正服三升，義服三升半，生縷以織矣。《問傳》

端衰無等。 端，正也。端衰，喪服上衣也。吉時玄端服，身與袂同，以二尺二寸爲正。喪衣亦如之，而綴六寸之衰於胸前，故曰「端衰」也。此無貴賤之差等。《雜記上》

喪冠不緌。 冠必有笄以貫之，以紘繫笄，順頤而下結之曰纓，垂其餘於前者謂之緌。喪冠不緌，蓋去飾也。《檀弓上》

古者冠縮縫，今也衡縫，故喪冠之反吉，非古也。《疏》曰：「縮，直也。殷尚質，吉凶冠皆直縫。直縫者，辟積襵少，故一一前後直縫之。衡，横也。周尚文，冠多辟積，不一一直縫，但多作襵而并横縫之。若喪冠質，猶疎辟而直縫，是與吉冠相反。時人因言古喪冠與吉冠反，故記者釋之云『非古也』。止是周世如此耳，古則吉凶冠同直縫也。」同上。

喪冠，條屬，以别吉凶。喪冠以一條繩屈而屬於冠，以爲冠之武，而垂下爲纓，故云「喪冠條屬」。屬猶著也，言著於冠也。是纓與武共此一條，若吉冠則纓與武各一物。《玉藻》云「縞冠玄武」之類是也。吉凶之制不同，故云「别吉凶」也。吉冠則襵縫向左，左爲陽，吉也。凶冠則襵縫向右，右爲陰，凶也。《雜記上》

絰也者，實也。麻在首在要皆曰絰，分言之則首曰絰，要曰帶。絰之言實，明孝子有忠實之心也。首絰象緇布冠之缺項，要絰象大帶，又有絞帶象革帶。○朱子曰：「首絰大一搤，是拇指與第二指一圍。要絰較小，絞帶又小於要絰。要絰象大帶，兩頭長垂下。絞帶象革帶，一頭有彄子，以一頭串於中而束之。」《檀弓上》

絰殺五分而去一。《喪服傳》曰：「苴絰大搹，左本在下，去五分一以爲帶。」絰大搹者，謂首絰也。五分減一分，則要絰之大也。麻在首在要皆曰絰，分言之則首曰絰，要曰帶。所以五分者，象五服之數也。搹者，搤也。○朱子曰：「首絰大一搤，只是拇指與第二指一圍。」《喪服

小記》

斬衰何以服苴？苴，惡貌也，所以首其内而見諸外也。斬衰貌若苴，此哀之發於容體者也。斬衰服苴。苴，絰也，麻之有子者以爲苴。「絰，惡貌」者，《疏》云：「苴是黎黑色。」又《小記疏》云：「至痛内結，必形色外章，所以衰、裳、絰俱備苴色也。」首者，標表之義，蓋顯示其内心之哀痛於外也。《間傳》

或問曰：「杖者何也？」曰：「竹、桐一也。故爲父苴杖，苴杖，竹也。」或問曰：「杖者以何爲也？」曰：「孝子喪親，哭泣無數，服勤三年，身病體羸，以杖扶病也。則父在不敢杖矣，尊者在故也。堂上不杖，辟尊者之處也。此孝子之志也，人情之實也，禮義之經也。非從天降也，非從地出也，人情而已。」苴杖圓而象天。《問喪》

斬衰何以服苴？苴，惡貌也，所以首其内而見諸外也。斬衰服苴。苴，杖也。竹杖亦曰苴杖。惡貌者，《疏》曰：「苴是黎黑色。」又《小記疏》云：「至痛内結，必形色外章，所以衰、裳、絰、杖俱備苴色也。」首者，標表之義，蓋顯示其内心之哀痛於外也。《間傳》

杖者何也？爵也。三日授子杖，五日授大夫杖，七日授士杖。或曰擔主，或曰輔病。婦人童子不杖，不能病也。《疏》曰：「杖之所設，本爲扶病，而以爵者有德，其恩必深，其病必重，故杖爲爵者而設，故云『爵也』。遂歷叙有爵之人，故云『三日授子杖，五日授大夫杖，七日授士杖』。《喪服傳》云：『無爵而杖者何？擔主也。』擔，假也，尊其爲主，假之以杖。或曰輔病者，《喪服傳》云：『非主而杖者何？輔病也。』謂庶子以下皆杖，爲扶病故也。婦人，未成人之婦人。童子，幼少之男子。庶人卑，無人可使，身自執事，不可許病，故有杖不用。《喪大記》大夫與士之喪皆云『三日授子杖』，謂爲親也。此云五日、七日，爲君也。」《喪服四制》

童子當室，則杖矣。 童子以其當室而爲成人之杖。《問喪》

古者貴賤皆杖。叔孫武叔朝，見輪人以其杖關轂而輠輪者，於是有爵而後杖也。 輪人，作車輪之人也。關，穿也。輠，迴也。謂以其衰服之杖穿於車轂中而迴轉其輪，鄙褻甚矣。自後無爵者不得杖，此記庶人廢禮之由也。《雜記》

事親，致喪三年。 致喪，極其哀毁之節也。《檀弓上》

大夫之庶子爲大夫，則爲其父母服大夫服。 大夫庶子若爲大夫，可以大夫之喪服喪其親。《雜記上》

箭笄終喪三年。 此言女子在室爲父也。箭，篠也。《喪服小記》

女子子在室爲父母，其主喪者不杖，則子一人杖。 此明女當杖之禮。女子在室而爲父母杖者，以〔無〕男昆弟而使同姓爲攝主也。《喪服小記》

庶子不爲長子斬，不繼祖與禰故也。 庶子不得爲長子服斬衰三年者，以己非繼祖之宗，

又非繼禰之宗，則長子非正統故也。《喪服小記》

庶子不得爲長子三年，不繼祖也。 説見《喪服小記》。《大傳》

婦人不爲主而杖者，姑在爲夫杖。 此明婦當杖之禮。《喪服小記》

叔仲皮學子柳。叔仲皮死，其妻魯人也，衣衰而繆絰。叔仲衍以告，請繐衰而環絰，曰：「昔者吾喪姑姊妹亦如斯，未吾禁也。」退，使其妻繐衰而環絰。 衣音咨。○繆，絞也。謂兩股相交，五服之絰皆然，惟吊服之環絰一股。○《疏》曰：「言叔仲皮教訓其子子柳，而子柳猶不知禮。叔仲皮死，子柳妻雖是魯鈍婦人，猶知爲舅著齊衰而首服繆絰。衍是皮之弟子，柳之叔，見當時婦人好尚輕細，告子柳云：汝妻何以著非禮之服？子柳見時皆如此，亦以爲然，乃請於衍，令其妻身著繐衰，首服環絰。衍又答云：昔者吾喪姑姊妹亦如此，繐衰環絰，無人相禁止也。子柳得衍此言，退使其妻著繐衰而環絰。」《檀弓下》

君爲天子三年。世子不爲天子服。 諸侯爲天子服斬衰三年。世子有繼世之道，不爲天子服者，遠嫌也。《服問》

事君，方喪三年。 方喪，比方於親喪，而以義並恩也。《檀弓上》

喪父三年，喪君三年，示民不疑也。 《疏》曰：「君無骨肉之親，若不爲重服，民則疑君不尊。今與喪父同，示民不疑於君之尊也。」《坊記》

門内之治，恩揜義；門外之治，義斷恩。資於事父以事君，而敬同，貴貴尊尊，義之大者也。故爲君亦斬衰三年，以義制者也。 門内主恩，故常揜蔽公義。門外主義，故常斷絶私恩。父母之喪，三年不從政，恩揜義也。有君喪於身，不敢私服，義斷恩也。資，猶取也，用也。用事父之道以事君，故其敬同也。人臣爲君重服，乃貴貴尊尊之大義，故曰「以義制」。此舉重者言之耳。《喪服四制》

絰殺五分而去一。 齊衰之絰，大如斬衰之帶，去五分一以爲齊衰之帶。《喪服小記》

削杖，桐也。 竹杖圓以象天，削杖方以象地，父母之别也。○《疏》曰：「削者，殺也。桐隨時凋落，謂母喪外雖削殺，服從時除，而終身之心當與父同也。」同上。

或問曰：「杖者何也？」曰：「竹、桐一也。故爲父苴杖，苴杖，竹也。爲母削杖，削杖，桐也。」 削杖方以象地，又以桐爲同之義，言哀戚同於喪也。《問喪》

絰也者，實也。 要絰象大帶，又有絞帶。齊衰以下用布。○朱子曰：「絞帶小於要絰，象革帶，一頭有彄子，以一頭串於中而束之。」《檀弓下》

齊衰，惡笄以終喪。 婦人居齊衰之喪，以榛木爲笄以卷髮，謂惡笄。以終喪者，謂中間更無變易，至服竟則一并除之也。《喪服小記》

資於事父以事母，而愛同。天無二日，土無二王，國無二君，家無二尊，以一治之也。故父

在爲母齊衰期者，見無二尊也。　齊衰之服，期而除之，以心喪終三年。《喪服四制》

爲母疏衰四升。（《服問》）（《間傳》）

女子子在母，其主喪者不杖，則子一人杖。　此明女當杖之禮。女子在室而爲母杖者，以無男昆弟而使同姓爲攝主也。《喪服小記》

大夫爲其母未爲大夫者之喪，服如士服。　石梁王氏曰：「父母喪自天子達。周人重爵，施於尊親，乃異其服，非也。周公制禮時，恐其弊未至此。」《雜記上》

大夫之庶子爲大夫，則爲其母服大夫服。　大夫庶子若爲大夫，可以大夫之喪服喪其親。同上。

祖父卒，而后爲祖母後者三年。　適孫無父，既爲祖三年矣，今祖母又死，亦終三年之制。蓋祖在而喪祖母，則如父在而爲母期也。子死則孫爲後，故以爲後者言之。《喪服小記》

婦人不爲主而杖者，母爲長子削杖。　此明婦當杖之禮。同上。

妾爲君之長子，與女君同。　女君爲長子三年，妾亦同服三年。以正統，故重也。《喪服小記》

《傳》**曰「有從輕而重」，公子之妻爲其皇姑。**　有屬從，有徒從，故皆以從言。○《疏》曰：「公子，諸侯之妾子也。皇姑，即公子之母也。諸侯在，尊厭妾子，使爲母練冠。諸侯没，妾子得爲母大功。而妾子之妻則不論諸侯存没，爲夫之母期也。其夫練冠是輕也，而妻爲之期是重，故云『有從輕而重』也。皇，后也。此妾既賤，若惟云『姑』，則有適女君之嫌。今加『皇』字，明非女君，而此婦尊之與女君同，故云『皇姑』也。」《服問》

南宫縚之妻之姑之喪，夫子誨之曰：「榛以爲笄，長尺而總八寸。」 夫子教以笄總之法。笄，即簪也。吉笄尺二寸，喪笄一尺。斬衰之笄用箭竹，竹之小者也。婦爲舅姑皆齊衰不杖期，當用榛木爲笄也。束髮謂之總，以布爲之。既束其本末而總之，餘者垂於髻後，其長八寸也。《檀弓上》

子游問曰：「喪慈母如母，禮與？」孔子曰：「非禮也。古者男子外有傅，内有慈母，君命所使教子也，何服之有！」 妾之無子者，養妾子之無母者謂之慈母。然天子、諸侯不爲庶母服，大夫妾子，父在爲其母大功，士之妾子，父在爲其母期，是與己母同也。何服之有，謂天子、諸侯，故下文舉國君之事證之。《曾子問》

昔者魯昭公少喪其母，有慈母良，及其死也，公不忍也，欲喪之。有司以聞曰：「古之禮，慈母無服。今也君爲之服，是逆古之禮而辭國法也。若終行之，則有司將書之以遺後世，無乃不可乎？」公曰：「古者天子練冠以燕居。」公弗忍也，遂練冠以喪慈母。喪慈母自魯昭公始也。 良，善也。古者，周以前也。天子、諸侯之庶子爲天子、諸侯者，爲其母緦。春秋有以小君之禮服之者，以子貴而伸也，然必適小君没。若適小君在，則其母厭屈，故練冠也。此言練冠以燕居，謂庶子之爲王者爲其母耳。《曾子問》

至親以期斷，是何也？曰：天地則已易矣，四時已變矣，其在天地之中者，莫不更始焉，以是象之。《疏》曰：「父母三年，何以至期？是問其一期應除之義，故答云『至親以期斷』。是明一期可除之節，故期而練，男子除絰，婦人除帶，下文云加隆故至三年。」《三年問》

期之喪，二年也。《喪服小記》

妻視叔父母。　哀戚輕重之等，各有所比。《雜記下》

爲妻，父母在，不杖，不稽顙。　此謂適子妻死而父母俱存，故其禮如此。然大夫主適婦之喪，故其夫不杖。若父没母存，母不主喪，則子可以杖，但不稽顙耳。此并言之，讀者不以辭害意可也。《雜記上》

曾子問曰：「女未廟見而死，則如之何？」孔子曰：「婿不杖不菲。」　婿齊衰期，但不杖不草屨。《曾子問》

曾子問曰：「取女有吉日而女死，如之何？」孔子曰：「婿齊衰而弔，既葬而除之。」《曾子問》

世子爲妻也，與大夫之適子同。　世子，天子、諸侯之適子，傳世者也。大夫適子死，服齊衰，不杖。世子爲妻服，與大夫服適子之服同也。《喪服小記》

爲父後者，爲出母無服。出母，母爲父所遺者也，適子爲父後者不服之。蓋尊祖敬宗，家無二主之義也。非爲後者服期。《喪服小記》

爲父後者，爲出母無服。無服也者，喪者不祭故也。出母，父所棄絶，爲他姓之母以死，則有他姓之子服之，蓋居喪者不祭。若喪他姓之母，而廢己宗廟之祭，豈禮也哉？故爲父後者，不喪出母，重宗祀也。然雖不服，猶以心喪自居，爲恩也。非爲後者，期而不禫。○朱子曰：「出母，爲父後者無服，此尊祖敬宗，家無二主之意。先王制作精微，不苟蓋如此。」同上。

子上之母死而不喪。門人問諸子思曰：「昔者子之先君子喪出母乎？」曰：「然。」「子之不使白也喪之，何也？」子思曰：「昔者吾先君子無所失道，道隆則從而隆，道汙則從而汙。伋則安能？爲伋也妻者，是爲白也母；不爲伋也妻者，是不爲白也母。」故孔氏之不喪出母，自子思始也。

子上之母，子思出妻也。禮爲出母齊衰杖期，而爲父後者無服，心喪而已。伯魚、子上皆爲父後，禮當不服者，而伯魚乃期而猶哭，夫子聞之，曰「甚」，而後除之，此賢者過之之事也。子思不使白喪出母，正欲用禮耳。而門人以先君子之事爲問，則子思難乎言伯魚之過禮也，故以聖人無所失道爲對。謂聖人之聽伯魚喪出母者，以道揆禮而爲之隆殺也。惟聖人能於道之所當加隆者，則從而隆之，於道之所當降殺者，則從而殺之。汙，猶殺也，是於先王之禮有所斟酌，而隨時降殺以從於中道也。我則安能如是哉？但爲我妻，則白當爲母服；今既不爲我

妻，則白爲父後而不當服矣。子思是欲守常禮，而不欲如伯魚之加隆也。《檀弓上》

夫人爲天子，如外宗之爲君也。《雜記疏》曰：「外宗者，謂君之姑姊妹之女，及舅之女，及從母皆是也。」諸侯外宗之婦爲君期，夫人爲天子亦期，故云「夫人如外宗之爲君也」。《服問》

生不及祖父母、諸父、昆弟，而〔父〕稅喪，己則否。 稅者，日月已過，始聞其死，追而爲之服也。此言生於他國，而祖父母、諸父、昆弟皆在本國，己皆不及識之。今聞其死而日月已過，父則追而服之，己則不服也。《喪服小記》

與諸侯爲兄弟者服斬。 卿大夫於君自應服斬，若不爲卿大夫而有五屬之親者，亦皆服斬衰。此記者恐疑服本親兄弟之服，故特明之。蓋謂國君之兄弟先爲本國卿大夫，今居他國未仕，而本國君卒，以有兄弟之親，又是舊君　，必當反而服斬也。不言與君爲兄弟，而言與諸侯爲兄弟，明在異國也。《喪服小記》

大夫爲其兄弟之未爲大夫者之喪，服如士服。士爲其兄弟之爲大夫者之喪，服如士服。大夫之適子，服大夫之服。 大夫適子雖未爲士，亦得服大夫之服，則爲士而服大夫服可知矣。今此所言士是大夫之庶子爲士者也，庶子卑，故不敢服尊者之服，所以止如士服也。孟子言「齊疏之服自天子達」，而此《經》之文若此。蓋大夫喪禮亡，不得聞其說之詳矣。《雜記上》

大夫降其庶子。 大夫爲庶子服大功。《喪服小記》

喪服，兄弟之子猶子也，蓋引而進之也。　方氏曰：「兄弟之子雖異出也，然在恩爲可親，故引而進之，與子同服。」《檀弓上》

姑姊妹視兄弟。　哀戚輕重之等各有所比。《雜記下》

姑姊妹之大功，踊絶於地。如知此者，由文矣哉！由文矣哉！　姑姊妹之大功服輕，而踊必離地者，其情重也。孔子美之，言知此絶地之情者，能用禮文矣哉。○鄭氏曰：「姑姊妹，骨肉也。」同上。

孔子曰：「伯母、叔母疏衰，踊不絶地。如知此者，由文矣哉！由文矣哉！」　伯叔母之齊衰服重，而踊不離地者，其情輕也。孔子美之，言知此不絶地之情者，能用禮文矣哉。○鄭氏曰：「伯母叔母，義也。」同上。

適婦不爲舅姑後者，則姑爲之小功。　禮，舅姑爲適婦大功，爲庶婦小功。今此言不爲後者，以其夫有廢疾或他故，不可傳重，或死而無子，不受重者，故舅姑以庶婦之服服之也。《喪服小記》

齊衰三月，與大功同者，繩屨。　齊衰爲尊，大功爲卑。然三月者恩之輕，九月者恩稍重，故可以同用繩屨，此制禮者淺深之宜也。繩屨，麻繩爲屨也。《喪服小記》

繼父不同居也者，必嘗同居，皆無主後，同財而祭其祖禰爲同居，有主後者爲異居。　母再嫁而子不隨往，則此子與母之繼夫猶路人也，故自無服矣。今此子無大功之親，隨母以往，其人亦無大功之親，故云「同居，皆無主後」也。於是以其貨財爲此子同築宮廟，使之祭祀其先如此，則是繼父同居，其服期也。異居有三：一是昔同今異，二是今雖同居，却不同財，三是繼父自有子，即爲異居。異居者服齊衰，三月而已。此云「有主後者爲異居」，則此子有子，亦爲異居也。同上。

經殺五分而去一。　大功之經，大如齊衰之帶，去五分一以爲大功之帶。麻在首在要皆曰經。分言之，則首曰經，要曰帶。所以五分者，象五服之教也。同上。

九月之喪，三時也。同上。

九月何也？曰：焉使弗及也。三年以爲隆，緦、小功以爲殺，期、九月以爲間。上取象於天，下取法於地，中取則於人，人之所以群居和壹之理盡矣。　弗及，恩之殺也。九月不及期也，期與大功在隆殺之間，故云「期、九月以爲間」也。取象於天地者，三年象閏，期象一歲，九月象物之三時而成，五月象五行，三月象一時也。取則於人者，始生三月而剪髮，三年而免父母之懷也。和以情言，謂情無不睦也。壹以禮言，謂禮無不至也。人之所以相與群居而情和禮壹者，其理於喪服盡之矣。《三年問》

大功七升、八升、九升。　每一升凡八十縷，大功降服七升，正服八升，義服九升，生縷以織

矣。《間傳》

絰也者，實也。 麻在首在要皆曰絰，分言之，則首曰絰，要曰帶。絰之言實，明孝子有忠實之心也。首絰象緇布冠之缺項，要絰象大帶，又有絞帶象革帶，齊衰以下用布。《檀弓上》

夫爲人後者，其妻爲舅姑大功。 此舅姑謂夫之所生父母。《喪服小記》

齊穀王姬之喪，魯莊公爲之大功。或曰：「由魯嫁，故爲之服姊妹之服。」或曰：「外祖母也，故爲之服。」 「穀」讀爲「告」。齊襄公夫人王姬，卒在魯莊之二年，赴告於魯。其初由魯而嫁，故魯君爲之服出嫁姊妹大功之服，禮也。或人既不知此王姬乃莊公舅之妻，而以爲外祖母，又不知外祖母服小功，而以大功爲外祖母之服，其亦妄矣。○鄭氏曰：「《春秋》周女由魯嫁，卒，則服之如内女服姊妹，是也。天子爲之無服，嫁於王者之後乃服之。」《檀弓下》

七月之喪，三時也。 《儀禮》「大禮」章有「中殤七月」之文，即此七月之喪也。《喪服小記》

五月之喪，二時也。 同上。

由小功以下，何也？曰：焉使弗及也。故三年以爲隆，緦、小功以爲殺，期、九月以爲間。 弗及，恩之殺也。五月不及九月。《三年問》

小功十升、十一升、十二升。 每一升凡八十縷，小功降服十升，正服十一升，義服十二升，皆生縷以織矣。《間傳》

喪冠，條屬，以別吉凶。小功左縫。喪冠以一條繩屈而屬於冠以爲冠之武，而垂下爲纓，故云「喪冠條屬」。屬，猶著也，言著於冠也。是纓與武共此一繩，若吉冠則纓與武各一物。《玉藻》云「縞冠玄武」之類是也。吉凶之制不同，故云「別吉凶」也。吉冠則襵縫向左，左爲陽，吉也。凶冠則襵縫向右，右爲陰，凶也。小功之服輕，故襵縫向左而同於吉。《雜記上》

生不及諸父，而父稅喪，己則否。稅者，日月已過，始聞其死，追而爲之服也。此言生於他國，而諸父在本國，己不及識之。今聞其死，而日月已過，父則追而服之，己則不服也。《喪服小記》

公叔木有同母異父之昆弟死，問於子游，曰：「其大功乎？」狄儀有同母異父之昆弟死，問於子夏，子夏曰：「我未之前聞也。魯人則爲之齊衰。」狄儀行齊衰。今之齊衰，狄儀之問也。木，式樹反。○公叔木，衛公叔文子之子。同父母之兄弟期，則此同母而異父者當降而爲大功也。《禮經》無文，故子游以疑辭答之。魯人齊衰三月之服行之久矣，故子夏舉以答狄儀，而記者云因狄儀此問而今皆行之也，此記二子言禮之不同。○鄭氏曰：「大功是。」《檀弓上》

《傳》曰：「母出，則爲繼母之黨服。母死，則爲其母之黨服。」爲其母之黨服，則不爲繼母之黨服。母死，謂繼母死也。其母，謂出母也。○鄭氏曰：「雖外親，亦無二統。」《服問》

嫂叔之無服也，蓋推而遠之也。嫂叔之分，雖同居也，然在義爲可嫌，故推而遠之，不相

爲服。《檀弓上》

三月之喪，一時也。《喪服小記》

四世而緦，服之窮也。 四世，高祖也。同高祖者服緦麻，服盡於此矣，故云「服之窮也」。《大傳》

由九月以下，何也？曰：焉使弗及也。故三年以爲隆，緦、小功以爲殺，期、九月以爲間。 弗及，恩之殺也。三月不及五月，三月象一時也。《三年問》

朝服十五升，去其半而緦，加灰，錫也。 朝服精細，全用十五升布爲之。去其半，則七升半布也，用爲緦服。緦云者，以其縷之細如絲也。若以此布而加灰以澡治之，則謂之錫，所謂吊服之錫衰也。錫者，滑易之貌。緦服不加灰治也。朝服一千二百縷終幅，緦之縷細與朝服同，但其布終幅，止六百縷而疎，故《儀禮》云：「有事其縷，無事其布，曰緦。」《雜記上》

緦麻十五升，去其半，有事其縷，無事其布，曰緦。 每一升凡八十縷，緦麻降、正、義同用十五升布，去其七升半之縷。蓋十五升者，朝服之布，其幅之經一千二百縷也。今緦布用其半，六百縷爲經，是去其半也。有事其縷者，事謂煮治其紗縷而後織也。無事其布者，及織成，則不洗治其布，而即以製緦服也，然則緦服是熟縷生布矣。《間傳》

喪冠，條屬，以别吉凶。右縫，小功以下，左。 喪冠以一條繩屈而屬於冠以爲冠之武，而垂下爲纓，故云「喪〔冠〕條屬」。屬，猶著也，言著於冠也。是纓與武共此一繩，若吉冠則纓與武各一物。吉凶之制不同，故云「别吉凶」也。吉冠則襵縫向左，左爲陽，吉也。凶冠則襵縫向右，右爲陰，凶也。緦麻之服輕，故襵縫向左而同於吉。《雜記上》

緦冠，繰纓。　緦服之縷，其麤細與朝服十五升之布同，而縷數則半之。治其縷不治其布，冠與衰同，是此布也。但爲纓之布，則加以灰澡治之耳，故曰「緦冠繰纓」。「繰」讀爲「澡」。《雜記上》

世子不降妻之父母。　世子，天子、諸侯之適子，傳世者也。不降殺其妻父母之服者，以妻故親之也。《喪服小記》

有從重而輕，爲妻之父母。　妻爲其父母齊衰，是重也。夫從妻而服之乃緦麻，是從重而輕也。《服問》

有從有服而無服，公子爲其妻之父母。　鄭氏曰：「凡公子厭於君，降其私親，女君之子不降。」〇《疏》曰：「雖爲公子之妻，猶爲父母期，是有服也。公子被厭，不從妻而服之，是從有服而無服也。」同上。

有從無服而有服，公子之妻爲公子之外兄弟。　《疏》曰：「公子被厭，不服己母之外家，是無服也。妻猶從公子而服公子外祖父母、從母緦麻，是從無服而有服也。《經》惟云公子外兄弟，而知其非公子姑之子者，以《喪服記》云：『夫之所爲兄弟服，妻皆降一等。』夫爲姑之子緦麻，妻則無服。今公子之妻爲之有服，故知其爲公子外祖父母、從母也。此等皆小功之服。凡小功者，謂爲兄弟，若同宗，直稱兄弟，以外族，故稱外兄弟也。」《服問》

從母之夫，舅之妻，二夫人相爲服，君子未之言也。或曰：「同爨緦。」 從母，母之姊妹。舅，母之兄弟。從母夫於舅妻無服，所以《禮經》不載，故曰「君子未之言」。時偶有甥至外家，見此二人相依同居者有喪，而無文可據，於是或人爲「同爨緦」之説以處之，此亦原其情之不可已，而極禮之變焉耳。○或問：「從母之夫、舅之妻，皆無服，何也？」朱子曰：「先王制禮，父族四，故由父而上，爲從曾祖服緦麻；姑之子、姊妹之子、女子子之子，皆父而推之也。母族三：母之父，母之母，母之兄弟。恩止於舅，故從母之夫、舅之妻，皆不爲服，推不去故也。妻族二：妻之父，妻之母。乍看似乎雜亂無紀，子細看則皆有義存焉。」《檀弓上》

士妾有子而爲之緦，無子則已。 《喪服》云：「大夫爲貴妾緦。」士卑，故妾之有子者爲之緦，無子則不服也。《喪服小記》

童子無緦服，聽事不麻，無事則立主人之北。 無緦服，謂父在時己雖有緦親之喪，不爲之著緦服，但往聽主人使令之事。不麻，謂免而深衣不加絲也。《問喪》云：「童子不緦，唯當室緦。」當室，爲父後者也。童子未能習禮，且緦輕，故父在不緦，父没則本服不可違矣。《玉藻》

《禮》曰：「童子不緦，唯當室緦。」《問喪》

長中殤視成人。　殤服皆降，而哀之如成人，以本親重故也。《雜記下》

下殤小功，帶澡麻不絕本，詘而反以報之。　本是期服之親，以死在下殤，降爲小功，故云「下殤小功」也。其帶以澡麻爲之，謂戛治其麻，使之潔白也。不絕本，不斷去其根也。報，猶合也。垂麻向下，又屈之而反向上，以合而糾之，故云「詘而反以報之」也。凡殤服之麻皆散垂，此則不散，首絰麻無根，而要帶猶有根，皆示其重也。《喪服小記》

丈夫冠而不爲殤，婦人笄而不爲殤。　舊説爲殤者父之子，而依兄弟之服服此殤，非也。其女子已笄而死，則亦依在室之服服之，不降而從殤服也。《喪服小記》

戰于郎，重汪踦往死矣。魯人欲勿殤重汪踦，問於仲尼。仲尼曰：「能執干戈以衛社稷，雖欲勿殤也，不亦可乎？」　重音童。○戰于郎，魯哀公十一年齊伐魯也，童子汪踦往鬭而死於敵。魯人以踦有成人之行，欲以成人之喪禮葬之，而孔子善其權禮之當也。《檀弓下》

五世祖免，殺同姓也。　五世祖免，謂共承高祖之父者，相爲祖免而已，是減殺同姓也。《大傳》

六世，親屬竭矣。　六世則共承高祖之祖者，并祖免亦無矣，故曰「親屬竭」也。同上。

絕族無移服，親者屬也。　三從兄弟同高祖，故服緦麻，至四從則族屬絕，無延及之服矣。

「移」讀爲「施」，在旁而及之曰施。服之相爲以有親，而各以其屬爲之服耳，故云「親者屬也」。同上。

從服者，所從亡則已。屬從者，所從雖没也服。《疏》曰：「服術有六，其一是徒從。徒，空也。與彼非親屬，空從此而服彼。有四者：一是妾爲女君之黨，二是子從母服於母之君母，三是妾子爲君母之黨，四是臣從君而服君之黨。此四徒之中，惟女君雖没，妾猶服女君之黨，餘三徒所從既亡，則止而不服。已，止也。屬者，骨血連續以爲親也。亦有三：一是子從母服母之黨，二是妻從夫服夫之黨，三是夫從妻服妻之黨。此三從雖没，猶從之服其親也。」《喪服小記》

家禮通考六

喪禮　成服下至治葬

天子崩，三日，祝先服。五日，官長服。七日，國中男女服。三月，天下服。《疏》曰：「祝，大祝商祝也。服，服杖也。是喪服之數，故呼杖爲服。祝佐含歛先病，故先杖也，故子亦三日而杖。官長，大夫士也。病在祝後，故五日。國中男女，謂畿内民及庶人在官者，服齊衰三月而除。必待七日者，天子七日而殯，殯後嗣王成服，故民得成服也。三月天下服者，謂諸侯之大夫爲王繐衰，既葬而除。近者亦不待三月，今據遠者爲言耳。何以知其或杖服，或衰服？按《喪大記》及《喪服四制》云云。然《四制》云『七日授士杖』，此云五日士服者，崔氏云：『此據朝廷之士，《四制》言邑宰之士也。』」《檀弓下》

君爲天子三年，夫人如外宗之爲君也。世子不爲天子服。諸侯爲天子服斬衰三年。外宗者，謂君之姑姊妹之女及舅之女及從母皆是也。諸侯外宗之婦爲君期，夫人爲天子亦期，故云「夫人如外宗之爲君也」。世子有繼世之道，不爲天子服者，遠嫌也。《服問》

天子之與后，猶父之與母也。故爲天王服斬衰，服父之義也；爲后服齊衰，服母之義也。葉氏曰：「天子其道猶父也，故其卒也，天下爲之服斬衰。后其道猶母也，故其亡也，天下爲之服齊衰，執其義也。」《昏義》

事君，方喪三年。劉氏曰：「方喪，比方於親喪，而以義並恩也。」《檀弓上》

君之喪五日，既殯，授大夫、世婦杖。大夫寢門之外杖，寢門之内輯之。世婦在其次則杖，即位則使人執之。大夫於君所則輯杖，於大夫所則杖。寢門，殯宮門也。輯，斂也，謂舉之不以拄地也。大夫廬在寢門外，得拄杖而行至寢門。世婦居次在房内。於大夫所則杖者，諸大夫同在門外之位，同是爲君，故並得以杖拄地而行也。《喪大記》

大夫之適子爲君如士服。鄭氏曰：「士爲國君斬。」○《疏》曰：「大夫無繼世之道，其子無嫌，故得爲君著服如士服。」《服問》

與諸侯爲兄弟者服斬。卿大夫於君自應服斬，若不爲卿大夫而有五屬之親者，亦皆服斬衰。此記者恐疑服本親兄弟之服，故特明之。蓋謂國君之兄弟先爲本國卿大夫，今居他國未仕，而本國君卒，以有兄弟之親，又是舊君，必當反而服斬也。不言與君爲兄弟，而言與諸侯爲兄弟，明在他國也。《喪服小記》

穆公問於子思曰：「爲舊君反服，古與？」子思曰：「古之君子，進人以禮，退人以禮，故有

舊君反服之禮也。今之君子，進人若將加諸膝，退人若將隊諸淵，毋爲戎首，不亦善乎！又何反服之禮之有？」　穆公，魯君，哀公之曾孫。爲舊君服，見《儀禮》「齊衰」章。隊諸淵，言置之死地也。戎首，爲寇亂之首也。《檀弓下》

仕而未有禄者，違而君薨，弗爲服也。　此初試爲士，未賦廩禄者，違離之後而君薨，則不爲舊君服。此與群臣異，所以然者，以未嘗食君之禄也。○方氏曰：「湯之於伊尹，學焉而後臣之。方其學也，賓之而弗臣，此所謂仕而未有禄者，若孟子之在齊是也。以其有賓主之道，而無君臣之禮，故違而君薨，弗爲服也。其曰違，則居其國之時固服也。」同上。

大夫之適子爲大子如士服。　鄭氏曰：「大子君服斬，臣從服期。」○《疏》曰：「大夫無繼世之道，其子無嫌，故得爲君之大子著服如士服也。」《服問》

爲君之長子，君已除喪，而后聞喪，則不税。　卿大夫爲君之長子有服，今以出使他國，或以事久留，君除喪之後，已始聞喪，不追服也。《喪服小記》

妾爲君之長子，與君同。　女君爲長子三年，妾亦同服三年。以正統，故重也。同上。

君之妻，比之兄弟。發諸顔色者，亦不飲食也。　君妻，小君也。服輕，哀之比兄弟之喪，然於酒肴之珍醇可以發見顔色者，亦不飲之食之也。《雜記下》

爲君之妻，君已除喪，而后聞喪，則不税。　卿大夫爲君之妻有服，今以出使他國，或以事

久留，君除喪之後，已始聞喪，不追服也。《喪服小記》

大夫之適子爲夫人如士服。 鄭氏曰：「士爲小君期。」○《疏》曰：「大夫無繼世之道，其子無嫌，故得爲夫人著服如士服也。」《服問》

視君之母，比之兄弟。發諸顏色者，亦不飲食也。 君母，小君也。服輕，哀之比兄弟之喪，然於酒肴之珍醇可以發見顏色者，亦不飲之食之也。《雜記下》

君之母非夫人，則群臣無服，唯近臣及僕、驂乘從服，唯君所服服也。 《疏》曰：「君母是適夫人，則群臣服期。非夫人，則君服緦，故群臣無服也。近臣，閽寺之屬。僕，御車者。驂乘，車右也。唯君所服服者，君緦則此等人亦緦也。」《服問》

爲君之父母，君已除喪，而后聞喪，則不稅。 卿大夫爲君之父母有服，今以出使他國，或以事久留，君除喪之後，已始聞喪，不追服也。《喪服小記》

近臣，君服斯服矣，其餘從而服，不從而稅。 近臣，卑賤之臣也。此言小臣有從君往他國既返，君之親喪已過服之日月，君稅之，此臣亦從君而服。其餘，謂卿大夫之從君出爲介爲行人、宰、史者，返而君服限未滿，亦從君而服。若在限外而君稅，則不從君而稅也。同上。

君雖未知喪，臣服已。 此言君在他國，而本國有喪，君雖未知，而諸臣之留國者，自依禮成服，不待君返也。同上。

女君死，則妾爲女君之黨服。攝女君，則不爲先女君之黨服。　女君死而妾猶服其黨，是徒從之禮也。妾攝女君則不服，以攝位稍尊也。《雜記上》

公爲卿大夫錫衰以居，出亦如之，當事則弁絰。爲其妻，往則服之，出則否。《疏》曰：「君爲卿大夫之喪，成服之後，著錫衰以居也。出，謂以他事而出，非至喪所，亦著錫衰，首則皮弁也。當事，若大斂及殯，并將葬啓殯等事，則首著弁絰，身衣錫衰。若於士，則首服皮弁也。若君於卿大夫之妻，往臨其喪，亦服錫衰，但不常著之以居，或以他事出，則不服也。」○錫衰之布，以緦布而加灰治。弁絰制如爵弁，素爲之，如環絰其上。《服問》

士妾有子而爲之緦，無子則已。《喪服》云：「大夫爲貴妾緦。」士卑，故妾之有子者爲之緦，無子則不服也。《喪服小記》

悼公之母死，哀公爲之齊衰。有若曰：「爲妾齊衰，禮與？」公曰：「吾得已乎哉？魯人以妻我。」　以妻我，以爲我妻也。此哀公溺情之舉，文過之辭。○《疏》曰：「天子、諸侯絶旁期，於妻無服，惟大夫爲貴妾緦。」《檀弓下》

孔子之喪，門人疑所服。子貢曰：「昔者夫子之喪顔淵，若喪子而無服，喪子路亦然。請喪夫子若喪父而無服。」　以後章二三子絰而出言之，此所謂無服，蓋謂吊服加麻也。《疏》云「士吊服」疑衰麻謂環絰也。五服絰皆兩股，惟環絰一股。後章「從母之夫」，《疏》云：「凡吊服，不

得稱服。」○方氏曰：「若喪父而無服，所謂心喪也。」《檀弓上》

孔子之喪，二三子皆絰而出。 弔服加麻者，出則變之。今出外而不免絰，所以隆師也。同上。

事師，心喪三年。 心喪，身無衰麻之服，而心有哀戚之情，所謂若喪父而無服也。同上。

群居則絰，出則否。 群者，諸弟子相爲朋友之服也。《儀禮注》云：「朋友雖無親，有同道之恩，相爲服緦之絰帶。」亦弔服也，故出則免之。《檀弓上》

大夫相爲錫衰以居，出亦如之，當事則弁絰。爲其妻，往則服之，出則否。 成服之後，著錫衰以居也。出，謂以他事而出，非至喪所，亦著錫衰，首則皮弁也。當事，若大斂及殯，并將葬啓殯等事，則首著弁絰，身衣錫衰。若於士，則首服皮弁也。卿大夫相爲其妻而往臨其喪，亦服錫衰，但不常著之以居，或以他事出，則不服也。○錫衰之布，以緦布而加灰治。弁絰制如爵弁，素爲之，如環絰其上。《服問》

公儀仲子之喪，檀弓免焉。 公儀，氏；仲子，字。魯之同姓也。檀弓，魯人之知禮者。祖免本五世之服，而朋友之死於他邦而無主者，亦爲之免。其制以布廣一寸，從項中而前交於額，又却向後而繞於髻也。《檀弓上》

爲君母後者，君母卒，則不爲君母之黨服。 此言無適子而庶子爲後者，即「從服者，所從

亡則已」之義也。《喪服小記》

爲母之君母，母卒則不服。　母之君母者，母之適母也，非母所生之母，故母存而爲之服，則己亦從而服，是徒從也。徒從者，所從亡則已，故母卒則不服。同上。

爲慈母之父母，無服。　恩所不及故也。同上。

童子哭不偯，不踊不杖，不菲不廬。　偯，委曲之聲也。菲，草屨也。廬，倚廬也。童子爲父後者則杖。《雜記下》

公族有死罪，則公素服不舉，爲之變，如其倫之喪，無服，親哭之。　殺牲盛饌曰舉。素服不舉，爲之變其常禮，示憫惻也。如其親疏之倫而不爲吊服者，以不親往故也。但居外不聽樂，及賻贈之類，仍依親疏之等耳。親哭之者，爲位于異姓之廟，而素服以哭之也。天子、諸侯絶旁親，故知此言無服是不爲吊服。《文王世子》

弗吊，弗爲服，哭于異姓之廟，爲忝祖，遠之也。素服居外，不聽樂，私喪之也。　刑已當罪，而猶私喪之者，以骨肉之親，雖陷刑戮，無斷絶之理也。同上。

生不及祖父母、諸父、昆弟，而父稅喪，己則否。　稅者，日月已過，始聞其死，而爲之服也。此言生於他國，而祖父母、諸父、昆弟在本國，己皆不及識之，今聞其死而日月已過，父則追而服之，己則不服也。

降而在緦、小功者，則稅之。降者，降其正服，皆不杖期。死在下殤，則皆降服小功。如庶孫之中殤，以大功降而爲緦也。從祖、昆弟之長殤，以小功降而爲緦也。如此者皆追服之。《檀弓》曾子所言「小功不稅」，是正服小功，非謂降也。是降服重於正服，詳見《儀禮》。以上《喪服小記》。

八十齊喪之事弗及也。及，則旁有所加之謂，以其老甚，事固不當及於我矣。《王制》

父有服，宮中子不與於樂。母有服，聲聞焉，不舉樂。妻有服，不舉樂於其側。大功將至，辟琴瑟。小功至，不絕樂。宮中子，與父同宮之子也，命士以上乃異宮。不與於樂，謂在外見樂不觀不聽也。若異宮，則否。此亦謂服之輕者。如重服，則子亦有服，可與樂乎？聲之所聞又加近矣，其側則尤近者也，輕重之節如此。大功將至，謂有大功喪服者將來也。爲之屏退琴瑟，亦助之哀戚之意。小功者輕，故不爲之止樂。《雜記下》

麻者不紳，執玉不麻，麻不加於采。麻，謂喪服之絰也。紳，大帶也。吉凶異道，居喪以絰代大帶也。執玉不麻，謂著衰絰者，不得執玉行禮也。采，玄纁之衣也。○《疏》曰：「按《聘禮》己國君薨，至於主國，衰而出，注云『可以凶服將事』。蓋受主君小禮，得以凶服；若聘享大事，則必吉服也。」《雜記下》

外宗爲君、夫人，猶内宗也。《疏》曰：「外宗者，謂君之姑姊妹之女及舅之女及從母皆是也。內宗者，君五屬內之女。內宗爲君服斬衰，爲夫人齊衰。此云『猶內宗也』，則齊斬皆同。君夫人者，是國人所稱號。此外宗，謂嫁在國中者，若國外當云諸侯也。古者大夫不外娶，故君之姑姊妹嫁於國內大夫爲妻，是其正也。諸侯不內娶，故舅女及從母不得在國中。凡內宗皆據有爵者，其無服而嫁於諸臣，從爲夫之君者，內宗外宗皆然。若嫁於庶人，則亦從其夫爲國君服齊衰三月者，亦內外宗皆然。」〇又按《儀禮·喪服疏》云：「外宗有三：《周禮》外宗之女有爵，通卿大夫之妻，一也；《雜記注》謂君之姑姊妹之女、舅之女、從母皆是，二也；若姑之子婦、從母之子婦，其夫是君之外親，爲君服斬，其婦亦名外宗，爲君服期，三也。內宗有二：《周禮》內女之有爵，謂同姓之女悉是，一也；《雜記注》君之五屬之內女，二也。」《雜記下》

《傳》曰：「喪多而服五。上附，下附。」　大功以上附於親，小功以下附於疏，此五服之上附下附也。《服問》

服術有六：一曰親親，二曰尊尊，三曰名，四曰出入，五曰長幼，六曰從服。《疏》曰：「親親者，父母爲首，次妻子伯叔。尊尊者，君爲首，次公卿大夫。名者，若伯叔母及子婦、弟婦、兄嫂之類。出入者，女在室爲入，適人爲出，及爲人後者。長幼者，長謂成人，幼謂諸殤。從服者，下文六等是也。」

從服有六：有屬從，有徒從，有從有服而無服，有從無服而有服，有從重而輕，有從輕而

重。屬，親屬也。子從母而服母黨，妻從夫而服夫黨，夫從妻而服妻黨，是屬從也。徒，空也。非親屬而空從之服其黨，如臣從君而服君之黨，妻從夫而服夫之君，妾服女君之黨，庶子服君母之父母，子服母之君母，是徒從也。如公子之妻爲父母期，而公子爲君所厭，不可服外舅外姑，是妻有服而公子無服。如兄有服而嫂無服，是從有服而無服也。公子爲君所厭，不得爲外兄弟服，而公子之妻則服之，妻爲夫之昆弟無服而服娣姒，是從無服而有服也。妻爲其父母期重也，夫從妻而服之三月則爲輕，母爲其兄弟之子大功重也，子從母而服之三月則爲輕，此從重而輕也。公子爲君所厭，自爲其母練冠，輕矣，而公子之妻爲之服期，此從輕而重也。

自仁率親，等而上之至于祖，名曰輕。自義率祖，順而下之至于禰，名曰重。一輕一重，其義然也。《疏》曰：「自，用也。仁，恩也。率，循也。親，父母也。等，差也。子孫若用恩愛依循於親，節級而上，至於祖，遠者，恩愛漸輕，故名曰輕也。義主斷制[一]，用義循祖，順而下之至於禰，其義漸輕，祖則義重，故名曰重也。義則祖重而父母輕，仁則父母重而祖輕，一輕一重，宜合如是，故云『其義然也』。按《喪服條例》衰服表恩，若高祖之服，本應緦麻小功而進以齊衰，豈非爲尊重而然耶？至親以期斷，而父母三年，寧不爲恩深乎？」《大傳》

[一]「制」，陳注作「割」。

從服者，所從亡則已。屬從者，所從雖没也服。《疏》曰：「服術有六，其一徒從。徒，空也。與彼非親屬，空從此而服彼。有四者：一是妾爲女君之黨，二是子從母服於母之君母，三是妾子爲君母之黨，四是臣從君而服君之黨。此四徒之中，惟女君雖没，妾猶服女君之黨。餘三徒所從既亡，則止而不服。已，止也。屬者，骨血連統以爲親也。亦有三：一是子從母服母之黨，二是妻從夫服夫之黨，三是夫從妻服妻之黨。此三從雖没，猶從之服其親也。」《喪服小記》

婦當喪而出，則除之。 婦當舅姑之喪，而爲夫所出，則即除其服，恩義絶故也。《喪服小記》

爲父母喪，未練而出，則三年；既練而出，則已。 若當父母之喪，未期而爲夫所出，則終父母三年之制，爲已與夫族絶，故其情復隆於父母。若在父母小祥後被出，則是已之期服已除，不可更同兄弟爲三年服矣，故已也。已者，止也。同上。

未練而反則期，既練而反則遂之。 若被出後遇父母之喪，未及期而夫命之反，則但終期服。反在期後，則遂終三年。蓋緣已隨兄弟小祥，服三年之喪，不可中廢也。同上。

妾從女君而出，則不爲女君之子服。 妾謂女君之姪娣也。其來也與女君同入，故服女君之子，與女君同。若女君犯七出而出，則此姪娣亦從之出。子死則母自服其子，姪娣不服，義絶故也。同上。

君子行禮，居喪之服，哭泣之位，皆如其國之故，謹脩其法而審行之。 言卿大夫士有徙居

他國者，行禮之事，不可變其故國之俗，皆當謹修其典法而審慎以行之。《曲禮下》

苞屨、扱衽、厭冠，不入公門。 苞，白表反，讀爲藨，以藨蒯之草爲齊衰喪屨也。扱衽，以深衣前衽扱之於帶也。蓋親初死時，孝子以號踊履踐爲妨，故扱之也。厭冠，喪冠也。吉冠有纚有梁，喪冠無之，故厭帖然也。此皆凶服，故不可以入公門。同上。

非從柩與反哭，無免於堩。 堩，道路也。道路不可無飾，故從柩送葬與葬畢反哭，皆著免而行於道路，非此二者則否也。然此亦謂葬之近者。《小記》云：「遠葬者比反哭皆冠，及郊而後免也。」《雜記下》

父母之喪，既殯食粥，朝一溢米，莫一溢米。齊衰之喪，疏食水飲，不食菜果。大功之喪，不食醯醬。小功、緦麻，不飲醴酒。 一溢，二十四分升之一也。疏食，粗飯也。《間傳》

子夏問諸夫子曰：「居君之母與妻之喪，飲食衎爾。」 君母君妻雖皆小君，皆服齊衰不杖期，然恩義則淺矣，故居其喪則自處如此。衎爾，和適之貌。此章以文勢推之，喪下當有「如之何夫子曰」字。舊説謂記者之略，亦或闕文歟？又否則「問」當作「聞」。《檀弓上》

視君之母與君之妻，比之兄弟，發諸顏色者，亦不飲食也。 君母君妻，小君也，服輕，哀之比兄弟之喪。然於酒肴之珍醇可以發見顏色者，亦不飲之食之也。《雜記下》

曾子問曰：「大夫士有私喪，可以除之矣。而有君服焉，其除之也如之何？」孔子曰：「有

君喪服於身，不敢私服，又何除焉？於是乎有過時而弗除也。君之喪服除，而后殷祭，禮也。」君重親輕，以義斷恩也。若君服在身，忽遭親喪，則不敢爲親制服。初死尚不得成服，終可行除服之禮乎？此所以雖過時而不除也。殷祭，盛祭也。君服除乃得爲親行二祥之祭，以伸孝心。以其禮大，故曰殷也。假如此月除君服，次月行小祥之祭，又次月行大祥之祭。若親喪小祥後方遭君喪，則他時君服除後，惟行大祥祭也。然此皆謂適子主祭而居官者。若庶子居官而行君服，適子在家自依時行親喪之禮，他日庶子雖除君服，無追祭矣。《曾子問》

曾子問曰：「父母之喪，弗除可乎？」孔子曰：「先王制禮，過時弗舉，禮也。非弗能勿除也，患其過於制也。故君子過時不祭，禮也。」曾子之意，以爲適子仕者除君服後，猶得追祭二祥，庶子仕者雖除君服，不復追祭，是終身不除父母之喪矣，可乎？孔子言，先王制禮，各有時節，過時不復追舉，禮也。今不追除服者，不是不能除也，患其踰越聖人之禮制也。且如四時之祭，當春祭時，或以事故阻廢，至夏則惟行夏時之祭，不復追補春祭矣。故過時不祭，禮之常也，惟禘祫大事則不然。同上。

曾子問曰：「君薨既殯，而臣有父母之喪，則如之何？」孔子曰：「歸居于家，有殷事則之君所，朝夕否。」殷盛之事，謂朔望及薦新之奠也。君有此事則往適君所，朝夕則不往哭。同上。**曰：「君啓，而臣有父母之喪，則如之何？」孔子曰：「歸哭而反送君。」**啓，啓殯也。歸哭，哭親喪也。反送君，復往送君之葬也。此二節皆對言君親之喪。若臣有父母之喪，臣殯而後有君喪，則歸君所。父母喪，有殷事則來歸家，朝夕亦恒在君所也。若父母之喪既啓而有君之喪，則亦往哭於君所，而反送父母之葬也。下文「君未殯，而臣有父母之喪」，亦與父母之喪未殯而有君喪互推之。同上。

曰：「君未殯，而臣有父母之喪，則如之何？」孔子曰：「歸殯，反于君所。有殷事則歸，朝夕否。大夫室老行事，士則子孫行事。大夫內子，有殷事，亦之君所，朝夕否。」 室老，家相之長也。室老、子孫行事者，以大夫、士在君所。殷事之時，或朝夕恒在君所，則親喪朝夕之奠有缺，然奠不可廢也。大夫尊，故使室老攝行其事，士卑，則子孫攝也。內子，卿大夫之適妻也。爲夫之君，如爲舅姑服齊衰，故殷事亦之君所。同上。

曾子問曰：「君之喪既引，聞父母之喪，如之何？」孔子曰：「遂既封而歸，不俟子。」 遂，遂送君柩也。既窆而歸，下棺即歸也。不俟子，不待孝子返而已先返也。同上。

曾子問曰：「父母之喪既引及塗，聞君薨，如之何？」孔子曰：「遂既封，改服而往。」 遂，遂送親柩也。既窆之後，改服而往者，《雜記》曰：「非從柩與反哭，無免於堩。」此時孝子首著免，乃去免而括髮徒跣，布深衣而往，不敢以私喪之服喪君也。同上。

有三年之練冠，則以大功之麻易之，唯杖、屨不易。 大功之服爲殤者凡九條，其長殤皆九月，中殤皆七月，皆降服也。又有降服者六條，正服者五條，正服不降者三條，義服者二條，皆九月，詳見《儀禮》。此章言居三年之喪，至練時首絰已除，故云「有三年之練冠」也。當此時忽遭大功之喪，若是降服，則其衰七升，與降服齊衰葬後之服同，故以大功之麻絰易去練服之葛絰也。惟杖屨不易者，言大功無杖，無可改易，而三年之練與大功初喪同是繩屨耳。《雜記上》

大夫有私喪之葛，則於其兄弟之輕喪則弁絰。私喪，妻子之喪也。卒哭，以葛代麻。於此時而遭兄弟之喪，雖緦麻之輕，亦用吊服弁絰而往，不以私喪之末臨兄弟也。大夫降旁親於緦麻，兄弟無服。○《疏》曰：「若已成服，則錫衰，未成服，則身素裳而首弁絰也。」同上。

三年之喪既練矣，有期之喪既葬，則帶其故葛帶，絰期之絰，服其功衰。《疏》曰：「謂三年之喪，練祭之後，又當期喪既葬之節也。故葛帶，謂三年喪之練葛帶也。今期喪既葬，男子則應著葛帶，此葛帶與三年之葛帶麤細正同，而以父葛爲重，故帶其故葛帶也。絰期之絰者，謂三年之喪練後，首絰既除，故絰期之葛絰。若婦人練後，麻帶除矣，則絰其故葛絰，帶期之麻帶，以婦人不葛帶故也。功衰者，父喪練後之衰也。」《雜記疏》云：「三年喪練後之衰，升數與大功同，故云『功衰』也。」《服問》

有大功之喪，亦如之。小功無變也。《疏》曰：「三年喪練後有大功喪，亦既葬，亦帶其故葛帶，而絰期之葛絰也，故云『亦如之』。小功無變者，言先有大功以上喪服，今遭小功之喪，無變於前服，不以輕服減累於重也。」同上。

麻之有本者，變三年之葛。《疏》曰：「大功以上爲帶者，麻之根本并留之，合糾爲帶。如此者，得變三年之練葛。小功以下，其絰澡麻斷本，不得變三年之葛也。言變三年之葛，舉其重者，其實期之葛有本者亦得變之。」同上。

既練，遇麻斷本者，於免絰之。既免去絰，每可以絰必絰，既絰則去之。《疏》曰：「斬衰既練之後，遭小功之喪，雖不變服，得爲之加絰也。於免絰之者，以練無首絰，於此小功喪有事於免之時，則爲之加小功之絰也。既免之後，則脱去其絰，每可以絰之時，必爲之加絰，既絰則去之，首練服也。」同上。

小功不易喪之練冠，如免，則絰其緦、小功之絰，因其初葛帶。緦之麻不變小功之葛，小功之麻不變大功之葛，以有本爲税。《疏》曰：「言小功以下之喪，不合變易三年喪之練冠，其期之練冠，亦不得易也。如當緦、小功著免之節則首絰，其緦與小功之絰，所以爲後喪緦、絰者，以前喪練冠首絰已除故也。要中所著，仍因其初喪練之葛帶。輕喪之麻，本服既輕，雖初喪之麻，不變前重喪之葛也。税，吐外反。謂變易也。緦與小功麻絰既無本，不合税變前喪，惟大功以上麻絰有本者，得税變前喪也。」同上。

殤長、中，變三年之葛，終殤之月算，而反三年之葛。是非重麻，爲其無卒哭之税。下殤則

否。 殤長中者，謂本服大功，今乃降其長、中殤，男子爲之小功，婦人爲長殤小功，中殤則緦麻。如此者，得變三年之葛。著此殤服之麻，終竟此殤月數，如小功則五月，緦則三月，還反服其三年之葛也。既服麻不改，又變三年之葛，不是重此麻也。以殤服質略，自初死服麻以後，無卒哭時稅麻服葛之禮也。下殤則否者，以大功以下之殤，男子、婦人俱爲之緦麻，其情輕，不得變三年之葛也。按上文「麻有本者」得變三年之葛，則齊衰下殤雖是小功，亦是麻之有本者，故《喪服小記》云：「下殤小功帶澡麻，不絕本。」然齊衰下殤，乃變三年之葛。今大功長殤麻既無本，得變三年之葛者，以無虞、卒哭之稅，故特得變之。若成人小功、緦麻，麻既無本，故不得變也。同上。

齊衰之喪，既虞卒哭，遭大功之喪，麻葛兼服之。 此據男子言之。以大功麻帶易齊衰之葛帶，而首猶服齊衰之葛絰，首有葛，要有麻，是麻葛兼服之也。《間傳》

易服者何爲易輕者也？斬衰之喪，既虞、卒哭，遭齊衰之喪。輕者包，重者特。 鄭氏曰：「卑可以兩施，而尊者不可貳。」○《疏》曰：「斬衰受服之時，而遭齊衰初喪，男子所輕要者，得著齊衰要帶，而兼包斬衰之帶。婦人輕首，得著齊衰首絰，而包斬衰之絰，故云『輕者包』也。男子重首，特留斬衰之絰，婦人重要，特留斬衰要帶，是『重者特』也。」愚謂特者，單獨而無所兼之義，非謂特留也。同上。

既練，遭大功之喪，麻葛重。《疏》曰：「斬衰既練，男子惟有要帶，婦人惟有首絰，是單也。今遭大功之喪，男子首空，著大功麻絰，又以大功麻帶易練之葛帶；婦人要空，著大功麻帶，又以大功麻絰易練之葛絰：是重麻也。至大功既虞、卒哭，男子帶以練之故葛帶，首著期之葛絰；婦人絰其練之故葛絰，著期之葛帶：是重葛也。」○《疏》言期之葛絰、期之葛帶，謂麤細與期同，其實是大功葛絰葛帶也。○又按：《檀弓》云「婦人不葛帶」者，謂斬衰齊衰服也。《喪服》「大功」章男女並陳，有「即葛九月」之文，是大功婦人亦受葛也。又《士虞禮》「餞尸」章注云：「婦人大功小功者葛帶。」同上。

斬衰之葛與齊衰之麻同，齊衰之葛與大功之麻同，大功之葛與小功之麻同，小功之葛與緦之麻同。麻同則兼服之。兼服之服重者，則易輕者也。同者，前喪既葬之葛與後喪初死之麻，麤細無異也。兼服者，服後麻兼服前葛也。服重者，即上章「重者特」之説也。易輕者，即「輕者包」是也。《服問》篇云：「緦之麻，不變小功之葛；小功之麻，不變大功之葛。」言成人之喪也。此言大功以下，同則兼服者，是據大功之長殤、中殤也。○兼服之，但施於男子，不包婦人。今言易輕者，則是男子易於要，婦人易於首也。同上。

斬衰之葛，與齊衰之麻同。齊衰之葛，與大功之麻同。麻同，皆兼服之。絰殺皆是五分去一。此言斬衰卒哭後所受葛絰，與齊衰初死之麻絰大小同，齊衰變服之葛絰，與大功初死之麻絰大小同。「麻同，皆兼服之」者，謂居重喪而遭輕喪，服麻又服葛也。上章言男子易要絰，不易首絰，故首仍重喪之葛，要乃輕喪之麻也。婦人卒哭後無變，上下皆麻。此言麻葛兼服者，止謂男子耳。《喪服小記》

親親以三爲五，以五爲九。上殺，下殺，旁殺，而親畢矣。由己身言之，上有父，下有子，宜言以一爲三，而不言者，父子一體，無可分之義，故惟言以三爲五。謂因此三者，而由父以親祖，由子以親孫，是以三爲五也。又不言以五爲七者，蓋由祖以親曾高二祖，由孫而親曾孫玄孫，其恩皆已疎略，故惟言以五爲九也。由父而上殺之至高祖，由子而下殺之至玄孫，是上殺下殺也。同父則期，同祖則大功，同曾祖則小功，同高祖則緦麻，是旁殺也。高祖外無服，故曰畢矣。《喪服小記》

曾子問曰：「女未廟見而死，則如之何？」孔子曰：「不遷於祖，不祔於皇姑，壻不杖，不菲，不次，歸葬于女氏之黨，示未成婦也。」不遷於祖，不遷柩而朝於壻之祖廟也。不祔於皇姑，以未廟見，故主不得祔於姑之廟也。壻齊衰期，但不杖不草屨，不別處哀次耳，女之父母自降服大功。《曾子問》

曾子問曰：「取女有吉日而女死，如之何？」孔子曰：「壻齊衰而弔，既葬而除之。夫死亦如之。」若夫死，女以斬衰往弔，既葬而除也。同上。

有父之喪，如未没喪而母死，其除父之喪也，服其除服。卒事，反喪服。 没，猶終也，除也。父喪在小祥後、大祥前，是未没父喪也。又遭母喪，則當除父喪之時，自服除喪之服，以行大祥之禮。此禮事畢，即服喪母之服。若母喪未葬，而值父之二祥，則不得服祥服者，以祥祭爲吉，未葬爲凶，不忍於凶時行吉禮也。《雜記下》

雖諸父、昆弟之喪，如當父母之喪，其除諸父、昆弟之喪也，皆服其除喪之服。卒事，反喪服。 諸父、昆弟之喪，自始死至除服，皆在父母服内，輕重雖殊，而除喪之服不廢者，篤親愛之義也。若遭君喪，則不得自除私服。《曾子問》言之矣。同上。

親喪外除，兄弟之喪内除。 鄭氏曰：「外除，日月已竟，除而哀未忘。内除，日月未竟，而哀已殺。」同上。

除殤之喪者，其祭也玄。除成喪者，其祭也朝服縞冠。 玄，謂玄冠、玄端也。殤無虞、卒哭，及練之變服，其除服之祭，用玄冠、玄端、黄裳也。此於成人爲釋禫之服，所以異於成人之喪也。若除成人之喪，則祥祭用朝服縞冠。朝服，玄冠、緇衣、素裳，今不用玄冠而用縞冠，是未純吉之祭服也。又按：玄端黄裳者，若素裳則與朝服純吉同，若素裳又與上士吉服玄端同，故知此爲黄裳也。《喪服小記》

子路有姊之喪，可以除之矣，而弗除也。孔子曰：「何弗除也？」子路曰：「吾寡兄弟而弗

忍也。」孔子曰：「先王制禮，行道之人皆弗忍也。」子路聞之，遂除之。 行道之人皆有不忍於親之心，然而遂除之者，以先王之制不敢違也。《檀弓上》

縣子瑣曰：「吾聞之：古者不降，上下各以其親。滕伯文爲孟虎齊衰，其叔父也；爲孟皮齊衰，其叔父也。」 滕子，名瑣。○《疏》曰：「古者，殷時也。周禮以貴降賤，以適降庶，惟不降正耳。而殷世以上，雖貴不降賤也。上下各以其親，不降之事也。上，謂旁親族，曾祖、從祖及伯叔之班。下，謂從子、從孫之流。彼雖賤，不以己尊降之，猶各隨本屬之親輕重而服之，故云『上下各以其親』。滕國之伯名文，爲孟虎著齊衰之服者，虎是文之叔父也。又爲孟皮著齊衰之服者，文是皮之叔父也。言滕伯上爲叔父，下爲兄弟之子，皆著齊衰也。」《檀弓上》

久而不葬者，唯主喪者不除。其餘以麻終月數者，除喪則已。 主喪者不除，謂子於父，妻於夫，孤孫於祖父母，臣於君，未葬不得除衰絰也。麻終月數者，期以下至緦之類，以主人未葬，不得變易，故服麻以至月數足而除，不待主人葬後之除也，然其服猶必收藏以俟送葬也。《喪服小記》

朝奠日出，夕奠逮日。 逮日，及日之未落也。○方氏曰：「朝奠以象朝時之食，夕奠以象夕時之食，孝子事死如事生也。」《檀弓上》

帷殯非古，自敬姜之哭穆伯始也。 禮，朝夕哭殯之時，必褰開其帷。敬姜哭其夫穆伯之

殯，乃以避嫌而不復褰帷。自此以後，人皆倣之，故記者云「非古」也。穆伯，魯大夫季悼子之子公甫靖也。《檀弓下》

國禁哭則止，朝夕之奠，即位，自因也。 國有大祭祀，則喪者不敢哭。然朝奠夕奠之時，自即其阼階下之位，而因仍禮節之故事以行也。《雜記下》

曾子問曰：「並有喪，如之何？何先何後？」孔子曰：「其奠也，先重而後輕，禮也。」 曾子問，同時有父母或祖父母之喪，先後之次如何？孔子言，奠則先父而後母。《曾子問》

庶子不以杖即位。 此言適庶俱有父母之喪者，適子得執杖進阼階哭位，庶子至中門外則去之矣。《喪服小記》

父不主庶子之喪，則孫以杖即位可也。 父主適子喪而有杖，故適子之子不得以杖即位，避祖之尊故，然非厭之也。今父既不主庶子之喪，故庶子之子得以杖即位，祖不厭孫，孫得伸也。父皆厭子，故舅主適婦喪，而適子不杖。大夫不服賤妾，故妾子亦以厭而降服以服其母。祖雖尊貴，不厭其孫，故大夫降庶子，而孫不降其父也。同上。

父在，庶子爲妻以杖即位可也。 舅主適婦，故適子不得杖。舅不主庶婦，故庶子爲妻可以杖即位。此以即位言者，蓋庶子厭於父母，雖有杖，不得特以即位，故明言之也。同上。

士備入而后朝夕踊。 國君之喪，諸臣有朝夕哭踊之禮，雖依次居位，哭踊必相視爲節，不

容有先後也。士卑，其入恒後。士皆入，則無不在者矣，故舉士入爲畢而後踊矣。《檀弓上》

朝夕哭不帷，無柩者不帷。 朝夕之間，孝子欲見殯，故哭則褰舉其帷，哭畢仍垂下之。無柩，謂葬後也。神主祔廟之後，還在室，無事於堂，故不復施帷。《雜記上》

父母之喪，哭無時。 未殯，哭不絶聲。殯後雖有朝夕哭之時，然廬中思億則哭，小祥後哀至則哭，此皆無時也。《檀弓上》

有薦新，如朔奠。 朔奠者，月朔之奠也。未葬之時，大夫以上朔望有奠，士則朔而已。如得時新之味，或五穀新熟而薦之，則其禮亦如朔奠之儀也。同上。

知生者吊，知死者傷。知生而不知死，吊而不傷；知死而不知生，傷而不吊。 方氏曰：「不知生而吊之，則其吊也近於諂；不知死而傷之，則其傷也近於傷。」○應氏曰：「吊者，禮之恤于外。傷者，情之痛於中。」《曲禮上》

所識，其兄弟不同居者皆吊。 馮氏曰：「『所識』當爲句，若所知之謂也。死者既吾之所知識，則其兄弟雖與死者不同居，皆當吊之，所以成往來之情義也。」《檀弓上》

族之相爲也，宜吊不吊，有司罰之。 六世以往，吊而已。當吊而不吊，爲廢禮，故有司者罰之，所以盡禮教也。庶子官治之，有司即庶子也。《文王世子》

所識者吊，先哭于家而後之墓，皆爲之成踊，從主人北面而踊。 己所知識之人死，而往吊之時已在葬後矣，必先哭于其家者，情雖由於死者，而禮則施於生者故也。主人墓左西向，賓北面向墓而踊，固賓主拾之，然必主人先而賓從之，故曰「從主人」也。言皆者，必于家于墓皆踊也。《奔喪》

孔子曰：「凡民有喪，則匍匐救之，無服之喪也。」手行爲匍，伏地爲匐。《邶風・谷風》之篇，言凡人有死喪之禍，必汲汲然往救助之，此非爲有服屬之親，特周救其急耳，故以爲無服之喪也。《孔子閒居》

子夏曰：「言盡於此而已乎？」孔子曰：「何爲其然也？君子之服之也，猶有五起焉。」《疏》曰：「服，習也。言君子行此，猶有五種起發其義。」同上。

子夏曰：「何如？」孔子曰：「無服之喪，内恕孔悲，施及四國，以畜萬邦，純德孔明，施于孫子。」方氏曰：「無服之喪，始之以内恕孔悲者，言其以仁存心也。仁者愛人，故繼之以施及四國。以仁及人，則所養者衆，故繼之以以畜萬邦。所養者衆，則其德發揚于外，故繼之以純德孔明。德既發揚于外，則澤足以被于後世，故繼之以施于孫子。其序如此，謂之五起，不包乎？」○應氏曰：「大抵援詩句以發揚咏歎之，蓋贊美之不已也。」同上。

死而不吊者三：畏、厭、溺。方氏曰：「戰陳無勇，非孝也，其有畏而死者乎？君子不立巖牆之下，其有厭而死者乎？孝子舟而不游，其有溺而死者乎？三者非正命，故先王制禮，在所不吊。」○應氏曰：「情之厚者，豈容不吊！但辭未易致耳。若爲國而死於兵，亦無不吊之理。若齊莊公於杞梁之妻，未嘗不吊也。」○愚聞先儒言明理可以治懼，見理之不明者，畏懼而不知所出，多自經於溝瀆，此真爲死於畏矣，似難專指戰陳無勇也。或謂鬪狠亡命曰畏。《檀弓上》

婦人不越疆而吊人。 婦人無外事，故不越疆而吊。《檀弓下》

其國有君喪，不敢受吊。 言卿大夫以下，有君喪而又有親喪，則不敢受他國賓客之吊，尊君故也。《雜記上》

衛司徒敬子死，子夏吊焉，主人未小斂，絰而往。子游吊焉，主人既小斂，子游出絰，反哭。子夏曰：「聞之也與？」曰：「聞諸夫子，主人未改服，則不絰。」 司徒，以官爲氏也。主人未小斂，則未改服，故吊者不絰。子夏絰而往吊，非也。其時子游亦吊，俟其小斂後改服，乃出而加絰，反哭之，則中於禮矣。《檀弓下》

大夫之哭，大夫弁絰。 大夫之喪，既成服，而大夫往吊，則身著錫衰，首加弁絰。弁絰者，如爵弁而素，加以環絰也。《雜記上》

凡弁絰，其衰侈袂。 弁絰之服，吊服也。首著素弁而加以一段環絰，其服有三等，錫衰、緦衰、疑衰也。侈，大也。袂之小者二尺二寸，此三尺三寸。《雜記下》

夫子曰：「羔裘玄冠不以吊。」 《疏》曰：「羔裘玄冠，即朝服也。」《檀弓上》

魯婦人之髽而吊也，自敗於臺駘也。 吉時以纚韜髮，凶則去纚而露其髻，故謂之髽。孤駘之戰在魯哀公四年，爲邾人所敗也。髽不以吊，時家家有喪，故髽而相吊也。○方氏曰：「髽所以施於喪，非所以施於吊，因之弗改則非矣。」《檀弓（上）》

裘之裼也，見美也。吊則襲，不盡飾也。君在則裼，盡飾也。 此言裼襲之異宜。見美，謂裼衣上雖加他服，猶必開露以見示裼衣之美。吊喪襲裘，惟小斂後則然。盡飾者，盡其文飾之道以爲敬。吊主於哀，故敬不在美，君在則當以盡飾爲敬也。《玉藻》

子張死，曾子有母之喪，齊衰而往哭之。或曰：「齊衰不以吊。」曾子曰：「我吊也與哉？」 以喪母之服而哭朋友之喪，踰禮已甚，故或人止之。而曾子之意則曰，我於子張之死，豈常禮之吊而已哉？今詳此意，但以友義隆厚，不容不往哭之，又不可釋服而往，但往哭而不行吊禮耳，故曰「我吊也與哉」。○劉氏曰：「曾子嘗問：『三年之喪，吊乎？』夫子曰：『三年之喪，練，不群立，不旅行。君子禮以飾情，三年之喪而吊哭，不亦虛乎？』既聞此矣，而又以母喪吊友，必不然也。見《經》中此曾子失禮之事，不可盡信，此亦可見。」《檀弓下》

吊喪弗能賻，不問其所費。 以貨財助喪事曰賻。此事不能，則皆不問者，以徒問爲可愧也。《曲禮上》

族之相爲也，賵、賻、承、含，皆有正焉。 承音贈。○賵以車馬，賻以貨財，含以珠玉，襚以

衣服，四者總謂之贈。隨其親疎，各有正禮，庶子官治之。《文王世子》

臣致襚於君，則曰「致廢衣於賈人」。敵者，曰「襚」。親者兄弟，不以襚進。以衣送死者謂之襚。稱廢衣者，不敢必用之以斂，將廢棄之也。賈人，識物價貴賤而主君之衣物者也。敵者，直以襚言矣。凡致襚者，非親者則須擯者傳辭，將進以爲禮。若親者兄弟之類，但直將進而陳之，不須執以將命，故云「不以襚進」也。《士喪禮》大功以上，同財之親，襚不將命，即陳於房中，小功以下及同姓等皆將命。《少儀》

臣爲君喪，納貨貝於君，則曰「納甸於有司」。賵馬入廟門。賻馬與其幣，大白兵車，不入廟門。納，入也。甸，田也，臣受君之田邑。此納者田野所出，故云「納甸」也。賵馬以送死者，故可入廟門。賻馬與幣所以助主人喪事之用，故不入廟門。大白之鎮與兵車雖並爲送喪之用，以其本戰伐之具，故亦不可入於廟門。此謂國君之喪，鄰國有以此爲贈者，亦或本國自爲之也。同上。

賻者既致命，坐委之，擯者舉之，主人無親受也。來賻者既致其主之命，即跪而委置其物於地，擯者乃舉而取之，主人不親受，異於吉事也。同上。

上介賵，執圭將命，曰：「寡君使某賵。」相者入告，反命曰：「孤須矣。」陳乘黃、大路於中庭，北輈。執圭將命。客使自下由路西。子拜稽顙。坐委于殯東南隅。宰舉以東。賵者出，反

位于門外。 此言列國致賵之禮。車馬曰賵。乘黄，四黄馬也。大路，車也。北輈，車之輈轅北向也。客使，上介所役使之人也，爲客所使，故曰客使。自，率也。下，謂馬也。由，在也。路即大路也。陣車北轅畢，賵者執圭升堂致命，而客之從者率馬設在車之西也，車亦此從者設之。子拜之後，賵客即跪而置其圭於殯東南隅之席上，而宰舉之以東而藏於内也。又按：《覲禮》車在西，統於賓也。《既夕禮》車以西爲上者，爲死者而設於鬼神之位也。此瑁禮車馬爲助主人送葬而設，統於主人，故車在東也。《雜記上》

諸侯相襚以後路與冕服，先路與褒衣不以襚。 後路，貳車也。貳車在後，故曰後路。冕服，上冕之後次冕也。上公以鷩冕爲次，侯伯以毳冕爲次，子男以絺冕爲次。先路，正路也。褒衣者，始命爲諸侯之衣，及朝覲時天子所加賜之衣也。相襚不可用己之正車服者，以彼不用之以爲正也。同上。

襚者曰：「寡君使某襚。」相者入告，出曰：「孤某須矣。」襚者執冕服，左執領，右執要，入，升堂致命，曰：「寡君使某襚。」子拜稽顙。委衣于殯東。襚者降，受爵弁服於門内霤，將命，子拜稽顙如初。受皮弁服於中庭，自西階受朝服，自堂受玄端，將命，子拜稽顙皆如初。襚者降，出，反位。宰夫五人舉以東，降自西階。其舉亦西面。 此言列國致襚之禮。衣服曰襚。委于殯東，即委璧之席上也。左執領，則領向南。此襚者既致冕服訖，復降而出，取爵弁服以進至門之內霤，而將命。子拜如初者，如受冕服之禮也。受訖，襚者又出，取皮弁服及朝服及玄端服，每服進受之禮皆如初，但受之之所不同耳。致五服皆畢，襚者乃降，出，反位，而宰夫五人各舉一服以東，而其舉之也，亦如襚者之西面焉。《雜記上》

含者執璧將命，曰：「寡君使某含。」相者入告，出曰：「孤某須矣。」含者入，升堂致命。子拜稽顙。含者坐委于殯東南，有葦席。既葬，蒲席。降出，反位。宰夫朝服，即喪屨，升自西階，西面坐取璧，降自西階，以東。 此言列國致含之禮。含，玉之形制如璧。舊注云：「分寸大小未聞。」坐委，跪而致之也。未葬之前，設葦席以承之；既葬，則設蒲席承之。鄰國有遠近，故有葬後來致含者。降出反位，謂含者委璧訖，降階而復門外之位也。吊者爲正使，此含者乃其介耳。凡初遭喪，則主人不親受，使大夫受於殯宮。此遭喪已久，故嗣子親受之，然後宰夫取而藏之也。朝服，吉服也。執玉不麻，故著朝服，以在喪不可純變吉，故仍其喪屨。坐取璧，亦跪而取之也，以東藏於內也。《疏》云：「宰謂上卿。『夫』字衍。」《雜記上》

凡取衣者以篋，升降者自西階。 取衣，收取襚者所委之衣也。《喪大記》

凡將命，鄉殯將命。子拜稽顙。西面而坐委之。宰舉璧與圭，宰夫舉襚，升自西階，西面坐取之，降自西階。 凡將命者，總言吊、含、襚、賵將命之禮也。鄉殯者，立于殯之西南，而面東北以向殯也。將命之時，子拜稽顙畢，客即西向跪而委其所執之物，其含璧與圭則宰舉之，襚衣則

宰夫舉之。而其舉也，皆自西階升，而西面以跪而取之，乃自西階以降也。《雜記上》

入臨不翔。臨，哭也。不翔，不爲容也。《曲禮上》

吊者即位于門西，東面。其介在其東南，北面西上，西於門。主孤西面。相者受命，曰：「孤某使某請事。」客曰：「寡君使某，如何不淑。」相者入告，出曰：「孤某須矣。」吊者入。主人升堂，西面。吊者升自西階，東面，致命曰：「寡君聞君之喪，寡君使某，如何不淑。」子拜稽顙。吊者降，反位。此言列國遣使吊喪之禮。吊者，君所遣來之使也。介，副也。門西，主國大門之西也。西上者，介非一人，其長者在西，近正使也。西於門，不敢當門之中也。主孤西而立於阼階之下也。相者，受命相禮者，受主人之命也。如何不淑，慰問之辭，言何爲而罹此凶禍也。須，待也。凶禮不出迎，故云「須也」矣。主人升堂，由阼階而升也。降反位，降階而出，復門外之位也。《曲禮》云「升降不由阼階」，謂平常無吊賓時耳。《雜記上》

季康子之母死，陳褻衣。敬姜曰：「婦人不飾，不敢見舅姑。將有四方之賓來，褻衣何爲陳於斯？」命徹之。敬姜，康子之從祖母也。○應氏曰：「敬姜森然法度之語。」《檀弓下》

喪，公吊之，必有拜者，雖朋友、州里、舍人可也。吊曰：「寡君承事。」主人曰：「臨。」此謂國君吊其諸臣之喪，吊後，主人當親往拜謝。喪家若無主後，必使以次疏親往拜。若又無疏親，則死者之朋友，及同州同里，及喪家典舍之人往拜亦可也。寡君承事，言來承助喪事。此君

語，擯者傳命以入之辭。主人曰臨者，謝厚臨之重也。《檀弓下》

有若之喪，悼公吊焉，子游擯由左。 悼公，魯君哀公之子。擯，贊相禮事也。立者尊右，子游由公之左，則公在右爲尊矣。時相喪禮者亦多由右，故子游正之也。同上。

小斂、大斂、啓，皆辯拜。 辯音遍。○禮當大斂、小斂及啓欑之時，君來吊，則輟事而出拜之。若他賓客至，則不輟事，待事畢乃即堂下之位而遍拜之。故特舉此三節言之。若士於大夫當事而大夫至，則亦出拜之。《雜記上》

主人即位，襲帶絰、踊。母之喪，即位而免。乃奠。吊者襲裘，加武帶絰，與主人拾踊。 主人拜賓後，即阼階下之位。先拜賓時袒，今拜畢，乃掩襲其衣，而加要帶首絰，乃踊。《士喪禮》先踊乃襲絰。此諸侯禮，故先襲絰乃踊也。母喪降於父，拜賓竟而即位，以免代括髮之麻。免而襲絰，至大斂乃成踊也。乃奠者，謂小斂奠。吊者小斂後來，則掩襲裘上之裼衣，加素弁於吉冠之武。武，冠下卷也。帶絰者，要帶首絰。有朋友之恩，則加帶與絰；無朋友之恩，則無帶，惟絰而已。拾踊，更踊也。《喪大記》

大夫、士既殯而君往焉，使人戒之。主人具殷奠之禮，俟于門外，見馬首，先入門右。巫止于門外，祝代之先。君釋菜于門内。祝先升自阼階，負墉南面。君即位于阼，小臣二人執戈立于前，二人立于後。擯者進，主人拜稽顙。君稱言，視祝而踊，主人踊。 大夫、士之喪，君或以他故不及斂者，則殯後亦往，先使告戒主人，使知之。主人具盛饌之奠，身自出候於門外，見君車前之馬首入，立于門東，北面。巫本在君之前，今巫止不入，祝乃代巫先君而入。君釋菜以禮門神之時，祝先由東階以升，負牆南面者，在房戶之東，背壁而向南也。主人拜稽顙者，以君之臨喪，故於庭中北面拜而稽顙也。君稱言者，君舉其所來之言，謂吊辭也。祝相君之禮，稱言畢而祝踊，故君視祝而踊，君踊畢，主人乃踊也。同上。

大夫則奠可也。士則出俟于門外，命之反奠，乃反奠。卒奠，主人先俟于門外。君退，主人送于門外，拜稽顙。若君所臨是大夫喪，則踊畢即釋此殷奠于殯可也。若是士喪，則主人卑，不敢留君待奠，故先出俟于門，謂君將去也。君使人命其反而奠，乃反奠。奠畢，主人又先俟于門外，君去，即拜以送也。奠畢出俟，大夫與士皆然。同上。

君吊，見尸柩而后踊。前章既殯而君[往]，是不見尸柩也，乃視祝而踊。此言見尸柩而后踊，似與前文異。舊説殯而未塗則踊，塗後乃不踊，未知是否。同上。

大夫、士，若君不戒而往，不具殷奠。君退，必奠。以君之來告於死者，且以爲榮也。同上。

君於大夫在殯三往焉，士在殯一往焉。君吊，則復殯服。殯後主人已成服，而君始來吊，主人則還著殯時未成服之服，蓋苴絰免布深衣也，不散帶。故《小記》云：「君吊，雖不當免時也，主人必免，不散麻。」一則不敢謂君之吊後時，又且以君來，故新其禮也。同上。

衛有大史曰柳莊，寢疾。公曰：「君疾革，雖當祭必告。」公再拜稽首，請於尸曰：「有臣柳莊也者，非寡人之臣也，聞之死，請往。」不釋服而往，遂以襚之。與之邑裘氏與縣潘氏，書而納諸棺，曰：「世世萬子孫無變也。」 以衣服贈死者曰襚。裘、縣潘，二邑名。萬子孫，謂莊之後世也。莊之疾，公嘗命其家：「若當疾亟之時，我雖在祭事，亦必入告。」及其死也，果當公行事之際，遂不釋祭服而往，因釋以襚之，又賜之二邑。此雖見國君尊賢之意，然棄祭事而不終，以諸侯之命服而襚大夫，書封邑之券而納諸棺，皆非禮矣。《檀弓下》

諸侯使人吊，其次含、襚、賵、臨，皆同日而畢事者，其次如此也。 諸侯薨，鄰國遣使來，先吊，次含，次襚，次賵，次臨，四者之禮一日畢行，詳見上篇。《雜記下》

君吊，雖不當免時也，主人必免，不散麻。雖異國之君，免也，親者皆免。 君吊，本國之君來吊也。不散麻，謂糾其要絰，不散垂也。親者皆免，謂大功以上之親皆從主人而免，所以敬異國之君也。《喪服小記》

諸侯吊，必皮弁錫衰。所吊雖已葬，主人必免。主人未喪服，則君亦不錫衰。 錫者，緆其布使之滑易也。國君自吊其臣，則素弁環絰錫衰，吊異國臣，則皮弁錫衰也。凡免之節，大功以上爲重服，自始死至葬，卒哭後乃不復免。小功以下爲輕服，自始死至殯，殯後不復免，至葬啓殯之後而免，以至卒哭，如始死。今人君來吊，雖非服免之時，必爲之免，以尊重人君故也。禮既殯而成服，此言未喪服，謂未成服也。同上。

諸侯吊於異國之臣，則其君爲主。 君無吊外臣之禮，若來在此國，而適遇其卿大夫之喪，則吊之，以主君之故耳，故主君代其臣之子爲主。同上。

上客臨，曰：「寡君有宗廟之事，不得承事，使一介老某相執紼。」相者反命曰：「孤某須矣。」臨者入門右，介者皆從之，立于其左，東上。宗人納賓，升，受命于君。降曰：「孤敢辭吾子之辱，請吾子之復位。」客對曰：「寡君命，某毋敢視賓客，敢辭。」宗人反命曰：「孤敢固辭吾子之辱，請吾子之復位。」客對曰：「寡君命，某毋敢視賓客，敢固辭。」宗人反命曰：「孤敢固辭吾子之辱，請吾子之復位。」客對曰：「寡君命，使臣某毋敢視賓客，是以敢固辭。固辭不復命，敢不敬從。」客立于門西，介立于門左，東上。孤降自阼階，拜之。升，哭，與客拾踊三。客出，送于門外，拜稽顙。 上客，即吊者，蓋鄰國來吊之正使也。吊、含、襚、賵皆畢，自行臨哭之禮，若聘禮之有私覿然，蓋私禮爾。主人入門而右，客入門而左，禮也。今此客入門之右，是不敢以賓禮自居也。宗人，掌禮之官。欲納此吊賓，先受納賓之命於主國嗣君，然後降而請於客，使之復門左之賓位也。宗人以客答之辭入告於君，而反命于客，如是者三，客乃自稱使臣而從其命，於是立于門西之賓位。主君自阼階降而拜之。主客俱升堂，哭而更踊者三，所謂成踊也。客出，送

而拜之，謝其勞辱也。《雜記上》

凡將命，鄉殯，將命，子拜稽顙，西面而坐委之。宰舉璧與圭，宰夫舉襚，升自西階，西面坐取之，降自西階。 凡將命者，總言吊、含、襚、瑁將命之禮也。鄉殯者，立于殯之西南，而面東北以向殯也。將命之時，子拜稽顙畢，客即西向跪，而委其所執之物，其含璧與圭則宰舉之，襚衣則宰夫舉之。而其舉也，皆自西階升，而西面跪而取之，乃自西階以降也。同上。

曾子襲裘而吊，子游裼裘而吊。曾子指子游而示人曰：「夫夫也，爲習於禮者，如之何其裼裘而吊也？」主人既小斂，袒，括髮。子游趨而出，襲裘帶絰而入。曾子曰：「我過矣，我過矣，夫夫是也。」 《疏》曰：「凡吊喪之禮，主人未變服之前，吊者吉服。吉服者，羔裘、玄冠、緇衣、素裳。又袒去上服，以露裼衣，此裼裘而吊是也。主人既變服之後，吊者雖著朝服，而加武以絰。武，吉冠之卷也。又掩其上服。若是朋友，又加帶。此襲裘帶絰而入是也。」〇方氏曰：「曾子徒知喪事爲凶，而不知始死之時尚從吉，此所以始非子游而終善之也。」《檀弓（下）（上）》

司寇惠子之喪，子游爲之麻衰，牡麻絰。文子辭曰：「子辱與彌牟之弟游，又辱爲之服，敢辭。」子游曰：「禮也。」 惠子，衛將軍文子彌牟之弟。惠子廢適子虎而立庶子，故子游特爲非禮之服以譏之，亦《檀弓》免公儀仲子之意也。麻衰，以吉服之布爲衰也。牡麻絰，以雄麻爲絰也。麻衰乃吉服十五升之布，輕於吊服。吊服之絰，一股而環之。今用牡麻絞絰，與齊衰絰同矣。鄭《注》云：「重服，指絰而言也。」文子初言辱爲之服敢辭者，辭其服也。同上。

文子退，反哭。子游趨而就諸臣之位。文子又辭曰：「子辱與彌牟之弟游，又辱爲之服，又辱臨其喪，敢辭。」子游曰：「固以請。」文子退，扶適子南面而立，曰：「子辱與彌牟之弟游，又辱爲之服，又辱臨其喪，虎也敢不復位。」子游趨而就客位。 次言敢辭者，辭其立於臣位也。此時尚不喻子游之意，及子游言固以請，則文子覺其譏矣，於是扶適子正喪主之位焉，而子游之志達矣，趨而就客位，禮之正也。○《疏》曰：「大夫之賓位在門東近北，家臣位在門東而南近門，並皆北向。」同上。

曾子與客立於門側，其徒趨而出。曾子曰：「爾將何之？」曰：「吾父死，將出哭於巷。」曰：「反哭於爾次。」曾子北面而吊焉。 其徒，門弟子也。次，其人所寓之館舍也。《士喪禮》主人西面，賓在門東，北面。曾子所以北面而吊之也。同上。

伯高死於衛，赴於孔子。孔子曰：「吾惡乎哭諸？夫由賜也見我，吾哭諸賜氏。」遂命子貢爲之主，曰：「爲爾哭也來者，拜之；知伯高而來者，勿拜也。」 告死曰赴，與訃同。孔子哭伯高，以子貢爲主。君子行禮，審詳於哭泣之位，是其所以表微者歟？○方氏曰：「伯高之於孔子，由子貢而見，故哭於子貢之家，且使之爲主，以明恩之有所由也。爲子貢而來，則吊生之禮在子貢，知伯高而來，則傷死之禮在伯高，或拜或不拜，凡以稱其情耳，故夫子誨之如此。」○石梁王氏曰：「『爲爾哭也來者』一句。」同上。

天子之哭諸侯也，爵弁經紂衣。 紂音緇。○諸侯薨而赴於天子，天子哭之。爵弁紂衣，本士之祭服。爵弁，弁之色如爵也。紂衣，絲衣也。○鄭氏曰：「『經』，衍字也。《周禮》：『王吊諸侯，弁經緇衣。』」○《疏》曰：「『天子至尊，不見尸柩，不吊服』，此遥哭之，故不服緇衰，而服爵弁紂衣也。」《檀弓上》

或曰：「使有司哭之。」 鄭氏曰：「非也，哀戚之事不可虚。」同上。

爲之不以樂食。 《疏》曰：「此是記者之言，非或人之説也。」同上。

夫人於世婦，大斂焉，爲之賜，小斂焉。於諸妻，爲之賜，大斂焉。於大夫、外命婦，既殯而往。 《疏》曰：「諸妻，姪婦及同姓女也。同士禮，故賜大斂焉。夫人姪娣尊同世婦，當賜小斂。已上言君夫人視之皆有常禮，而爲之賜則加禮也。」《喪大記》

夫人吊於大夫、士，主人出迎于門外，見馬首，先入門右。夫人入，升堂即位。主婦降自西階，拜稽顙于下。夫人視世子而踊，奠如君至之禮。夫人退，主婦送于門内，拜稽顙。主人送于大門之外，不拜。 夫人吊則主婦爲喪主，故主婦之拜夫人，猶主人之待君也。世子，夫人之世子也。夫人來吊，則世子在前道引，其禮如祝之道君，故夫人視世子而踊也。主人送而不拜者，喪無二主，主婦已拜，主人不當拜也。同上。

大夫君，不迎于門外，入即位于堂下。主人北面，衆主人南面，婦人即位于房中。若有君命、命夫命婦之命、四鄰賓客，其君後主人而拜。大夫之臣亦以大夫爲君，故曰「大夫君」也。言此大夫君之吊其臣喪也，主人不迎于門外，此君入而即堂下之位，位在阼階下，西向，主人在其位之南而北面也。此大夫君來吊之時，若有本國之君命，或有國中之大夫及命婦之命，或鄰國卿大夫遣使來吊者，此大夫君必代主人拜命及拜賓，以喪則尊者主其禮故也。然此君終不敢如國君專代爲主，必以主人在己後，待此君拜竟，主人復拜也。○石梁王氏曰：「後主人者，己在前拜，使主人陪後。」同上。

大夫吊，當事而至，則辭焉。大夫吊，吊於士也。大夫雖尊，然當主人有小歛大歛或殯之事而至，則擯者以其事告之。辭，猶告也。若非當事之時，則孝子下堂迎之。《檀弓下》

婦人不越疆而吊人。婦人無外事，故不越疆而吊。同上。

吊於人，是日不樂。行吊之日，不飲酒食肉。是日不樂，不飲酒食肉，皆爲餘哀未忘也。同上。

婦人迎客送客不下堂，下堂不哭。男子出寢門外見人，不哭。堂以内至房，婦人之事，堂以外至門，男子之事，非其所而哭，非禮也。此言小歛後男主女主迎送吊賓之禮。婦人於敵者固不下堂，若君夫人來吊，則主婦下堂至庭，稽顙而不哭也。男子於敵者之吊亦不出門，若有君

命而出迎，亦不哭也。《喪大記》

其無女主，則男主拜女賓于寢門内。其無男主，則女主拜男賓于阼階下。子幼，則以衰抱之，人爲之拜。爲後者不在，則有爵者辭，無爵者人爲之拜。在竟内則俟之，在竟外則殯葬可也。喪有無後，無無主。　爲後者不在，謂以事故在外也。此時若有喪事而吊賓及門，其爲後者是有爵之人則辭，以攝主無爵，不敢拜賓。若此爲後者是無爵之人，則攝主代之拜賓可也。若在境外，則當殯即殯，殯後又不得歸，而及葬期則葬之可出而在國境之内，則俟其還乃殯葬。若在境外，則當殯即殯，殯後又不得歸，而及葬期則葬之可也。無後不過己自絶嗣而已，無主則闕於賓禮，故可無後，不可無主也。同上。

子云：「升自客階，受吊於賓位，教民追孝也。」　方氏曰：「升自客階而不敢由於主人之階，受吊於賓位而不敢居於主人之位，所以避父之尊，盡爲子之孝而已。父既往而猶未忍升其階，居其位焉，故曰『教民追孝也』。」《坊記》

當袒，大夫至，雖當踊，絶踊而拜之，反，改成踊，乃襲。於士，既事成踊，襲而后拜之，不改成踊。《疏》曰：「此士有喪，大夫及士來吊之禮。士有喪，當袒之時，而大夫來吊，蓋斂竟時也。雖當主人踊時，必絶止其踊而出拜此大夫。反，還也。改，更也。拜竟而反還先位，更爲踊而始成踊，尊大夫之來，新其事也。乃襲者，踊畢乃襲初袒之衣也。『於士，既事成踊，襲』者，既猶畢也，若當主人有大小斂諸事而士來吊，則主人畢事而成踊，踊畢而襲，襲畢而乃拜之，拜之

而止，不更爲之成踊也。」《雜記下》

朝服十五升，去其半而緦，加灰，錫也。 朝服精細，全用十五升布爲之，去其半則七升半布也，用爲緦服。緦云者，以其縷之細如絲也。若以此布而加灰以澡治之，則謂之錫，所謂吊服之錫衰也。錫者，滑易之貌。緦服不加灰治也。朝服一千二百縷終幅，緇之縷細與朝服同，但其布終幅，止六百縷而疏。故《儀禮》云：「有事其縷，無事其布，曰緦。」《雜記上》

子夏喪其子而喪其明。曾子吊之，曰：「吾聞之也，朋友喪明則哭之。」曾子哭，子夏亦哭，曰：「天乎，予之無罪也！」曾子怒曰：「商，女何無罪也？吾與女事夫子於洙、泗之間，退而老於西河之上，使西河之民疑女於夫子，爾罪一也；喪爾親，使民未有聞焉，爾罪二也；喪爾子，喪爾明，爾罪三也。而曰爾何無罪與！」子夏投其杖而拜曰：「吾過矣！吾過矣！吾離群而索居亦已久矣。」 以哭甚，故喪明也。洙、泗，魯二水名。西河，子夏所居。索，散也。久不親友，故有罪而不自知。○張子曰：「子夏喪明，必是親喪之時尚彊壯，其子之喪，氣漸衰，故喪明。然而曾子之責安得辭也？疑汝於夫子者，子夏不推尊夫子，使人疑夫子無以異於子夏，非如曾子推尊夫子，使人知尊聖人也。」○方氏曰：「子夏不尊於師而尊於己，不隆於親而隆於子，猶以爲無罪，此曾子所以怒之也。然君子以友輔仁，子夏之至於三罪者，亦以離朋友之群而散居之久耳。以離群，故散居也。」《檀弓上》

拜稽顙，哀戚之至隱也。稽顙，隱之甚也。　隱，痛也。稽顙者，以頭觸地，無復禮容。就拜與稽顙言之，皆爲至痛，而稽顙則尤其痛之甚者也。《檀弓下》

母在，不稽顙。稽顙者，其贈也拜。　贈，謂人以物來贈己，輔喪事也。母在雖不稽顙，惟拜謝此贈物之人，則可以稽顙，故云「稽顙者，其贈也拜」。一説，贈謂以物送別死者，即《既夕禮》所云「贈用制幣」也。《雜記上》

三年之喪，以喪拜。非三年之喪，以吉拜。　拜問、拜賜、拜賓，皆拜也。喪拜，稽顙而后拜也。吉拜，拜而復稽顙也。今按：《檀弓》鄭《注》以拜而后稽顙爲殷之喪拜，稽顙而后拜爲周之喪拜。《疏》云：「鄭知此者，以孔子所論，每以二代對言，故云『三年之喪，吾從其至者』。但殷之喪拜，自斬衰至緦麻，皆拜而后稽顙，以其質故也。周制則杖期以上，皆先稽顙而后拜，不杖期以下，乃作殷之喪拜。」此章《疏》義與《檀弓疏》互看，乃得其詳。《雜記下》

爲父、母、長子稽顙。大夫吊之，雖緦必稽顙。　服重者先稽顙而後拜賓，服輕者先拜賓而後稽顙。父母尊也，長子正體也，故從重。大夫吊於士，是以尊臨卑，雖是緦服之喪，亦必稽顙而後拜。蓋尊大夫，不敢以輕待之也。《喪服小記》

婦人爲夫與長子稽顙，其餘則否。　婦人受重於他族，故夫與長子之喪則稽顙。其餘謂父母也，降服移天，其禮殺矣。同上。

泄柳之母死，相者由左。泄柳死，其徒由右相。由右相，泄柳之徒爲之也。 悼公吊有若之喪，而子游擯由左，則由右相者非禮也，此記失禮所由始。《雜記下》

君臨臣喪，以巫祝桃茢執戈，惡之也，所以異於生也。喪有死之道焉，先王之所難言也。 桃性辟惡，鬼神畏之。王莽惡高廟神靈，以桃湯灑其壁。茢，苕帚也，所以除穢。巫執桃，祝執茢，小臣執戈，蓋爲其有凶邪之氣可惡，故以此三物辟拔之也。臨生者則惟執戈而已，今加以桃、茢，故曰「異於生也」。君使臣以禮，死而惡之，豈禮也哉？然人死斯惡之矣，故喪禮實有惡死之道焉，先王之所不忍言也。《檀弓下》

哀公使人吊蕢尚，遇諸道，辟於路，畫宮而受吊焉。 哀公，魯君。辟於路，「辟」讀爲「闢」，謂除闢道路，以畫宮室之位而受吊也。《檀弓下》

曾子曰：「不如杞梁之妻之知禮也。齊莊公襲莒于奪，杞梁死焉。其妻迎其柩於路，而哭之哀。」 魯襄公二十三年，齊侯襲莒。襲者，以輕兵掩其不備而攻之也。《左傳》言：「杞殖、華還載甲夜入且于之隧。」且于，莒邑名。隧，狹路也。鄭云：「或爲兑。」故讀「奪」爲「兑」。梁，即殖，以戰死，故妻迎其柩。同上。

「莊公使人吊之。對曰：『君之臣不免於罪，則將肆諸市朝，而妻妾執。君之臣免於罪，則有先人之敝廬在，君無所辱命。』」 肆，陳尸也。妻妾執，拘執其妻妾也。《左傳》言：「齊侯吊諸其室」。同上。

適有喪者曰「比」，童子曰「聽事」。 適，往也。其辭云「某願比於將命者」。喪不主相見，來欲比方於執事之人也。童子未成人，其辭云「某願聽事於將命者」，謂來聽主人，以事見使令也。《少儀》

適公卿之喪，則曰「聽役於司徒」。 孟獻子之喪，司徒旅歸四布，則公卿之喪，司徒掌其事也，故云「某願聽役於司徒」。同上。

凡非吊喪，無不答拜者。 吊喪而不答主人之拜者，以爲助執喪事之凡役而來，非行賓主之禮也。故《士喪禮》「有賓則拜之，賓不答拜」是也。《曲禮下》

大夫之喪，庶子不受吊。 大夫之喪，適子爲主拜賓。或以他故不在，則庶子不敢受吊，不敢以卑賤爲有爵者之喪主也。《檀弓下》

孔子之衛，遇舊館人之喪，入而哭之哀。出，使子貢説驂而賻之。子貢曰：「於門人之喪，未有所説驂，説驂於舊館，無乃已重乎？」夫子曰：「予鄉者入而哭之，遇於一哀而出涕，予惡夫涕之無從也。小子行之。」 舊館人，舊時舍館之主人也。駕車者中兩馬爲服馬，兩旁各一馬爲驂馬。遇一哀而出涕，情亦厚矣，情厚者禮不可薄，故解脱驂馬以爲之賻，凡以稱情而已，客行無他財貨故也。惡夫涕之無從者，從，自也，今若不賻，則是於死者無故舊之情，而此涕爲無自而出矣，惡其如此，所以必當行賻禮也。舊説孔子遇主人一哀而出涕，謂主人見孔子來而哀甚，是以厚恩待孔子，故孔子爲之賻。然上文既曰「入而哭之哀」，則又何必迂其説而以爲遇主人之哀乎？《檀弓上》

哭日不歌。《曲禮上》

君天下曰天子。**崩，曰天王崩**。天子者，君臨天下之總稱，臣民通得稱之。自上墜下曰崩，亦壞敗之稱。王者卒，則史書於策曰「天王崩」。《曲禮下》

天子死曰崩，諸侯曰薨，大夫曰卒，士曰不禄，庶人曰死。《疏》曰：「卒，終竟也。士禄以代耕。不禄，不終其禄也。死者，澌也，消盡無餘之謂。」《曲禮下》

奔喪之禮，始聞親喪，以哭答使者，盡哀。**問故，又哭盡哀**。**遂行，日行百里，不以夜行**。**唯父母之喪，見星而行，見星舍**。**過國至竟，哭，盡哀而止**。**哭辟市朝**。**望其國竟哭**。始聞親喪，總言五服之親也。不以夜行，避患害也。辟市朝，爲驚衆也。《奔喪》

奔父之喪，括髮於堂上，袒，降踊，襲絰于東方。**奔母之喪，不括髮，袒於堂上，降踊，襲免于東方**。**絰即位，成踊，出門，哭止**。**三日而五哭三袒**。不言笄纚者，異於始死時也。至即以麻括髮于殯宮之堂上，袒去上衣，降阼階之東而踊，踊而升堂，襲掩所袒之衣，而著要絰于東方。東方者，東序之東也。此奔父喪之禮如此。若奔母喪，初時括髮，至又哭以後至於成服，皆不括髮。其祖於堂上降踊者，與父同。父則括髮而加絰，母則不括髮而加免，此所異也。著免加要絰，而即位於阼階之東，而更踊，故云「絰即位，成踊」也。其即位成踊，父母皆然。出門，出殯宮之門而就廬次也，故哭者止。初至一哭，明日朝夕哭，又明日朝夕哭，所謂三日而五哭也。三袒者，初至袒，明日朝袒，又明日朝袒也。《喪服小記》

奔母之喪，西面哭盡哀，括髮，袒，降，堂東即位，西鄉哭，成踊，襲，免，絰于序東，拜賓，送賓皆如奔父之禮。於又哭，不括髮。 父喪襲絰於序東，此言襲免絰於序東，即加免，輕於父也。○《疏》曰：「此謂適子，故云『拜賓、送賓皆如奔父之禮』也。」《奔喪》

婦人奔喪，升自東階，殯東西面坐，哭盡哀，東髽，即位，與主人拾踊。 婦人，謂姑姊妹女子子。東階，東面階，非阼階也。婦人入者由闈門，闈門是東邊之門，東階即《雜記》側階也。《雜記注》云：「非正階，東房之房階也。」髽說見《小記》。《小記注》云：「髽有二：斬衰則麻髽，齊衰則布髽，皆名露紒。」東髽，髽於東序，不髽於房，變於在室者也。拾，更也，主人與之更踊，賓客之也。同上。

至於家，入門左，升自西階，殯東西面坐，哭盡哀，括髮，袒，降，堂東即位，西鄉哭，成踊，襲，絰于序東，絞帶，反位，拜賓，成踊，送賓，反位。 此言奔父喪之禮。爲人子者升降不由阼階，今父新死，未忍異於生，故入自門左，升自西階也。在家而親死則笄纚，小斂畢乃括髮。此自外而至，故即括髮而袒衣也。鄭云：「已殯者位在下。」此奔喪在殯後，故自西階降，而即其堂下東之位也。襲絰者，掩其袒而加要絰也。序東者，在堂下而當堂上序牆之東也。不散麻者，亦異於在家之節也。此絰帶即襲絰之絰，非象革帶之絰帶也。絰重，象革帶之絞帶輕。反位，復先所即之位也。凡拜賓，皆就賓之位而拜之，拜竟則反己之位而哭踊也。成踊，見前。《奔喪》

若未得行，則成服而后行。 未得行，若奉君命而使事未竟也。同上。

爲母所以異於父者，壹括髮，其餘免以終事。他如奔父之禮。 《疏》曰：「壹括髮，謂歸入門哭時也。及殯，壹括髮，不及殯，亦壹括髮。」同上。

聞兄弟之喪，大功以上，見喪者之鄉而哭。 《奔喪禮》云：「齊衰望鄉而哭，大功望門而哭。」此言大功以上，謂降服大功者也。見喪服降服重於正服。《雜記上》

聞喪不得奔喪，哭盡哀；問故，又哭盡哀。乃爲位，括髮、袒，成踊，襲、絰、絞帶，即位，拜賓，反位，成踊。賓出，主人拜送于門外，反位。若有賓後至者，拜之、成踊，送賓如初。於又哭，括髮、袒，成踊。於三哭，猶括髮、袒，成踊。三日成服，於五哭，拜賓、送賓如初。 篇首言「若未得行，則成服而后行」，此乃詳言其節次。《奔喪》

有賓後至者，則拜之、成踊、送賓皆如初。衆主人、兄弟皆出門，出門哭止，闔門，相者告就次。於又哭，括髮、袒，成踊。於三哭，猶括髮、袒，成踊。三日成服，拜賓、送賓皆如初。 皆如初者，如先次之拜賓、成踊與送賓反位也。次，倚廬也，在中門外。又哭，明日之朝也。三哭，又其明日之朝也。皆升堂而括髮且袒，如始至時。三日，二哭之明日也。同上。

哭尸于堂上，主人在東方，由外來者在西方，諸婦南鄉。婦人哭位本在西而東面，今以奔喪者由外而來，合居尸之西，故退而近北以鄉南也。《喪大記》

奔喪者不及殯，先之墓，北面坐，哭盡哀。主人之待之也，即位於墓左，婦人墓右，成踊，盡哀，括髮，東即主人位，絰、絞帶，哭，成踊。拜賓，反位，成踊。相者告事畢。不及殯，葬後乃至也。尸柩既不在家，則當先哭墓。此奔喪者是適子，故其衆主人之待之者，與婦人皆往墓所，就墓所分左右之位，奔者括髮，而於東偏即其主人之位。禮畢，則相者以畢事告。《奔喪》

遂冠，歸入門左，北面，哭盡哀，括髮、袒，成踊，東即位，拜賓，成踊。賓出，主人拜送。有賓後至者，則拜之、成踊、送賓如初。衆主人、兄弟皆出門，出門哭止，相者告就次。於又哭，括髮，成踊。於三哭，猶括髮、成踊。三日成服，於五哭，相者告事畢。遂冠而歸者，不可以括髮行於道路也。冠，謂素委貌。入門出門，皆謂殯宮門也。五哭者，初至象始死爲一哭，明日象小歛爲二哭，又明日象大歛爲三哭，又明日成服之日爲四哭，又明日爲五哭，皆數朝哭，不數夕哭。鄭云：「既期而至者則然，故相者告事畢。若未期則猶朝夕哭，不五哭而畢也。」哭雖五，而括髮成踊則止於三，下文免成踊亦同。同上。

若除喪而后歸，則之墓，哭，成踊，東括髮、袒，絰，拜賓，成踊，送賓，反位，又哭盡哀，遂除。

於家不哭。主人之待之，無變於服，與之哭，不踊。「遂除」句。○袒絰者，袒而襲，襲而加絰也。遂除，即於墓除之也。主人無變於服，謂有家者但著平常吉服也，雖與之哭於墓而不爲踊，以服降哀殺也，故云「與之哭，不踊」。同上。

婦人非三年之喪，不踰封而吊。如三年之喪，則君夫人歸。夫人其歸也，以諸侯之吊禮。其待之也，若待諸侯然。夫人至，入自闈門，升自側階，君在阼。其他如奔喪禮然。三年之喪，父母之喪也。女嫁者爲父母期。此以本親言也。踰封，越疆也。言國君夫人奔父母之喪，用諸侯吊禮，主國待之，亦用待諸侯之禮。闈門非正門，宮中往來之門也。側階非正階，東房之房階也。此皆異於女賓。主國君在阼階，上不降迎也。奔喪禮，謂哭、踊、髽、麻之類。《雜記下》

凡異居，始聞兄弟之喪，唯以哭對可也。其始麻，散帶絰。兄弟異居而訃至，唯以哭對其來訃之人，以哀傷之情重，不暇他言也。其帶絰之麻始皆散垂，謂大功以上之兄弟，至三日而後絞之也，小功以下不散垂。《雜記上》

適兄弟之送葬者，弗及，遇主人於道，則遂之於墓。適，往也。往送兄弟之葬而不及當送之時，乃遇主人葬畢而反，則此送者不可隨主人反哭，必自至墓所而後反也。同上。

奔兄弟之喪，先之墓而後之家，爲位而哭。所知之喪，則哭於宮而後之墓。兄弟，天倫也。所知，人倫也。係於天者情急於禮，由於人者禮勝於情。宮，故殯宮也。《喪服小記》

自齊衰以下，所以異者免麻。 齊衰、大功、小功、緦之服。其奔喪在除服之後者，惟首免要麻絰，於墓所哭罷即除，無括髮等禮也，故云「所異者免麻」。《奔喪》

凡爲位，非親喪，齊衰以下皆即位。哭盡哀，而東免、絰，即位，袒，成踊。襲，拜賓，反位，哭，成踊，送賓，反位。相者告就次。三日五哭，卒，主人出送賓，衆主人、兄弟皆出門，哭止，相者告事畢。成服，拜賓。若所爲位家遠，則成服而往。 人臣奉君命以出，而聞父母之喪，則固爲位而哭，其餘不得爲位也。此言非親喪而自齊衰以下亦得爲位者，必非奉君命以出，而爲私事未奔者也。此以上言五哭者四，前三節言五哭皆止計朝哭，故五日乃畢。獨此所言「三日五哭，卒」者，謂初聞喪一哭，明日朝夕二哭，又明日朝夕二哭，并計夕哭者，以私事可以早卒而亟謀奔喪故也。曰主人出送賓者，謂既奔喪至家，則喪家之主人爲之出送賓也，所謂「奔喪者非主人，則主人爲之出送賓」是也。衆主人兄弟，亦謂在喪家者。「成服，拜賓」者，謂三日五哭卒之明日爲成服，其後有賓，亦與之哭而拜之也。前兩節五哭後不言拜賓者，省文耳。若所爲位者之家道遠，則成服而后往亦可。蓋外喪緩，可容辦集而行也。《奔喪》

齊衰望鄉而哭，大功望門而哭，小功至門而哭，緦麻即位而哭。 《雜記》云大功望鄉而哭者，謂本是齊衰，降而服大功也，故與此不同。同上。

未成服而奔喪，及主人之未成服也，疏者與主人皆成之，親者終其麻帶絰之日數。 若聞訃未及服麻而即奔喪者，以道路既近，聞死即來，此時主人未行小斂，故未成絰。小功以下謂之疏。疏者值主人成服之節，則與主人皆成之。大功以上謂之親。親者奔喪，而至之時雖值主人成服已，必自終竟其散麻帶絰之日數而後成服也。《雜記上》

齊衰以下，不及殯，先之墓。西面哭，盡哀，免麻於東方，即位，與主人哭，成踊，襲。有賓，則主人拜賓、送賓。賓有後至者，拜之如初，相者告事畢。遂冠，歸入門左，北面，哭盡哀，免袒，成踊，東即位，拜賓，成踊。賓出，主人拜送。於又哭，免袒，成踊。於三哭，猶免袒、成踊。三日成服，於五哭，相者告事畢。 「袒」二，衍文。○《疏》曰：「齊衰以下，有大功、小功、緦麻，月日多少不同。若奔在葬後，而三月之外，大功以上，則有免麻，東方三日成服。若小功緦麻，則不得有三日成服。小功以下不稅，無追服之理。若葬後通葬前未滿五月，小功則亦三日成服。其緦麻者止臨喪節而來，亦得三日成服也。『東即位，拜賓，成踊』者，東即位謂奔喪者於東方就哭位，拜賓則是主人代之拜。此奔喪者當主人代拜賓時，已則成踊也。」又曰：「《經》直言『免麻于東方，即位』，不稱『袒』，而下云『成踊，襲』，襲則有袒理。《經》若言『袒』，恐齊衰以下皆袒，故不得總言『袒』。而稱『襲』者，容齊衰重，得爲之襲也。又按上文爲父『不及殯，於又哭括髮成踊』，不言『袒』。今齊衰以下之喪，《經》文於又哭、三哭乃更言『袒』，故知二『袒』字衍文也。」《奔喪》

凡奔喪，有大夫至，袒拜之，成踊而后襲。於士，襲而后拜之。 此言大夫、士來吊此奔喪之人也，尊卑禮異。同上。

奔喪者非主人，則主人爲之拜賓送賓。 奔喪者自齊衰以下，入門左，中庭北面，哭盡哀，免麻于序東，即位袒，與主人哭，成踊。**於又哭、三哭皆免袒。有賓，則主人拜賓送賓。丈夫、婦人之待之也，皆如朝夕哭位，無變也。** 非主人，其餘或親或疏之屬也，故云，齊衰以下，亦入自門之左而不升階，但於中庭，北面而哭也。免麻，謂加免于首，加絰于要也。上文言襲絰于序東，此言免麻于序東，輕重雖殊，皆是堂下序牆之東。凡袒與襲不同位也。待之，謂待此奔喪者，以其非賓客，故不變所哭之位也。同上。

凡異居，始聞兄弟之喪，唯以哭對可也。其始麻，散帶絰。 兄弟異居而訃至，唯以哭對其來訃之人，以哀傷之情重，不暇他言也。其帶絰之麻，始皆散垂，謂大功以上之兄弟，至三日而後絞之也，小功以下不散垂。《雜記上》

陳莊子死，赴於魯，魯人欲勿哭，繆公召縣子而問焉。縣子曰：「古之大夫，束脩之問不出竟，雖欲哭之，安得哭之？」 大夫訃於他國之君，曰「君之外臣寡大夫某死」。莊子，齊大夫，名伯。齊强魯弱，不容略其赴。縣子名知禮，故召問之。脩，脯也。十脡爲束。問，遺也。爲人臣者無外交，不敢貳君也，故雖束脩微禮，外不以出竟。《檀弓上》

「今之大夫，交政於中國，雖欲勿哭，焉得而弗哭？且臣聞之，哭有二道：有愛而哭之，有畏而哭之。」公曰：「然。然則如之何而可？」縣子曰：「請哭諸異姓之廟。」於是與哭諸縣氏。交政於中國，言當時君弱臣强，大夫專盟會之事，以與國君相交接也。此變禮之由也。愛之哭出於不能已，畏之哭出於不得已。哭伯高於賜氏，義之所在也。哭莊子於縣氏，勢之所迫也。同上。

妻之昆弟爲父後者死，哭之適室，子爲主，袒、免、哭、踊。夫入門右，使人立於門外，告來者，狎則入哭。父在，哭於妻之室。非爲父後者，哭諸異室。此聞妻兄弟之喪而未往吊時禮也。父在，己之父也。爲父後，妻之父也。門外之人以來吊者告，若是交游習狎之人，則徑入哭之，情義然也。○《疏》曰：「女子子適人者，爲昆弟之爲父後者不降，以其正故也。故姊妹之夫爲之哭於適室之中庭。子爲主者，甥服舅緦，故命己子爲主，受吊拜賓也。袒免哭踊者，冠尊，不居肉袒之上，必先去冠而加免，故凡哭哀則踊，踊必先袒，袒必先免，故袒免哭踊也。夫入門右者，謂此子之父，即哭妻兄弟者。」《檀弓下》

既殯旬，而布材與明器。材爲椁之木也。布者，分列而暴乾之也。殯後旬日，即治此事，禮獻材于殯門外。《注》云「明器之材」，此云「材與明器」者，蓋二者之材皆乾之也。《檀弓上》

墓地不請。墓地有族葬之序，人不得而請求，己亦不得以擅與，故争墓地者，墓大夫聽其

訟焉。《王制》

天子七月而葬，諸侯五月而葬，大夫、士、庶人三月而葬。 諸侯降於天子而五月，大夫降於諸侯而三月，士、庶人又降於大夫，故踰月也。今總云大夫、士、庶人，然皆三月而葬，則非也。其以上文降殺俱兩月，在下可知，故略言之歟？孔氏引《左傳》「大夫三月，士踰月」者，謂大夫除死月爲三月，士數死月爲三月，是踰越一月，故言踰月耳。誠如此，則是大夫四月，士三月。謂大夫踰越一月猶可，豈得謂士踰越一月乎？此不可通，當從左氏説爲正。《王制》

天子崩七月而葬，諸侯五月而葬，大夫三月而葬，此以多爲貴也。《禮器》

子游問喪具。夫子曰：「稱家之有亡。」子游曰：「有無惡乎齊？」夫子曰：「有，毋過禮。苟亡矣，斂首足形，還葬，懸棺而封。人豈有非之者哉？」 喪具，送終之儀物也。惡乎齊，言何以爲厚薄之劑量也。毋過禮，不可以富而踰禮厚葬也。還葬，謂斂畢即葬，不殯而待日月之期也。懸棺而封，謂以手懸繩而下之，不設碑繂也。人不非之者，以無財則不可備禮也。《檀弓上》

子路曰：「傷哉貧也！死無以爲禮也。」孔子曰：「斂首足形，還葬而無椁，稱其財，斯之謂禮。」 世有厚葬以爲觀美，而不知陷於僭禮之罪者，知此則孝與禮可得而盡矣，又何必傷其貧乎？還葬，説見上篇。《檀弓下》

曾子問曰：「女未廟見而死，則如之何？」孔子曰：「歸葬于女氏之黨，示未成婦也。」《曾

子問》

大夫卜宅與葬日，有司麻衣、布衰、布帶，因喪屨，緇布冠不蕤。占者皮弁。卜宅，卜葬地也。有司，治卜事之人也。麻衣，白布深衣也。布衰者，以三升半布爲衰，長六寸，廣四寸，就綴於深衣前，當胸之上。布帶，以布爲帶也。因喪屨，因喪服之繩屨也。蕤與緌同。古者緇布冠無緌，後代加緌，故此明言之。有司爲卜，故用半吉半凶之服。占者，卜龜之人也。尊於有司，故皮弁，其服彌吉也。皮弁者，於天子則爲視朝之服，諸侯、大夫、士則爲視朔之服也。《雜記上》

如筮，則史練冠、長衣以筮。占者朝服。筮史，筮人也。練冠，縞冠也。長衣，深衣制同，而以素爲純緣。占者，審卦爻吉凶之人也。朝服卑於皮弁服，以筮輕於卜也。同上。

祝稱卜葬虞，子孫曰「哀」，夫曰「乃」，兄弟曰「某」。卜葬其兄，弟曰「伯子某」。初虞，即葬之日，故并言葬虞。子卜葬父，則祝辭云「哀子某卜葬其父某甫」，孫則云「哀孫某卜葬其祖某甫」，夫則云「乃某卜葬其妻某氏」。乃者，助語之辭，妻卑故爾。若弟爲兄，則云「某卜葬兄伯子某」；兄爲弟，則云「某卜葬其弟某」。《雜記下》

凡卜筮日，旬之外曰「遠某日」，旬之內曰「近某日」。喪事先遠日，吉事先近日。《疏》曰：「今月下旬筮來月上旬，是旬之外日也。主人告筮者云，欲用遠某日，此大夫禮。士賤職褻，時至事暇，可以祭則於旬初即筮。旬內之日，主人告筮者云，用近某日。天子諸侯有雜祭，或用旬内，或用旬外，其辭皆與此同。喪事謂葬與二祥，是奪哀之義。非孝子所欲，但不獲已，故先從遠日而起，示不宜急，微伸孝心也。吉事，謂祭祀、冠昏之屬。《少牢》云『若不吉，則及遠日』，是『先近日』也。」《曲禮上》

祔葬者不筮宅。宅，謂塋壙也。前人之葬已筮而吉，故祔葬則不必再筮也。《喪服小記》

成子高寢疾，慶遺入請曰：「子之病革矣。如至乎大病，則如之何？」成子高，齊大夫國伯高父，謚成也。遺，慶封之族。革與亟同，急也。大病，死也，諱之之辭。《檀弓上》**子高曰：「吾聞之也，生有益於人，死不害於人。吾縱生無益於人，吾可以死害於人乎哉？我死，則擇不食之地而葬我焉。」**不食之地，謂不耕墾之土。同上。

太公封於營丘，比及五世，皆反葬於周。君子曰：「樂，樂其所自生。禮，不忘其本。古之人有言曰：『狐死正丘首。』仁也。」太公雖封於齊，而留周爲大師，故死而遂葬於周。子孫不敢忘其本，故亦自齊而反葬於周，以從先人之兆，五世親盡而後止也。樂生而敦本，禮樂之道也。生而樂於此，豈可死而倍於此哉？狐雖微獸，丘其所窟藏之地，是亦生而樂於此矣，故及死而猶正其首以向丘，不忘其本也。倍本忘初，非仁者之用心，故以仁目之。○《疏》曰：「周公封魯，其子孫不反葬於周者，以有次子在周，世守其采地，《春秋》周公是也。」《檀弓上》

延陵季子適齊，於其反也，其長子死，葬於嬴、博之間，其坎深不至於泉。吳公子札，讓國

而居延陵，故曰延陵季子。嬴、博，齊二邑名。不至於泉，謂得淺深之宜也。《檀弓下》

天子柏椁，以端長六尺。 天子以柏木爲椁。端猶頭也，用柏木之頭爲之，其長六尺。《檀弓上》

禮有以多爲貴者。天子五重，諸侯三重，大夫再重，此以多爲貴也。 五重者，謂杭木與茵也。茵以藉棺，用淺色緇布夾爲之，以茅秀及香草著其中，如今褥子中用絮然。縮者二横者三爲一重。杭木所以杭載於土，下棺之後，置杭木於椁之上，亦横者三縮者二，上加杭席三，此爲一重。如是者五，則爲五重也。《禮器》

孔子曰：「之死而致死之，不仁而不可爲也；之死而致生之，不知而不可爲也。是故竹不成用，瓦不成味，木不成斲，琴瑟張而不平，竽笙備而不和，有鐘磬而無簨虡。其曰明器，神明之也。」 劉氏曰：「之，往也。之死，謂以禮往送於死者也。往於死者而極以死者之禮待之，是無愛親之心，爲不仁，故不可行也。往於死者而極以生者之禮待之，是無燭理之明，爲不知，故亦不可行也。此所以先王爲明器以送死者。竹器，則無縢緣而不成其用。瓦器，則麤質而不成其黑光之沐。木器，則樸而不成其雕斲之文。琴瑟，則雖張絃而不平，不可彈也。竽笙，雖備具而不和，不可吹也。雖有鐘磬而無懸挂之簨簴，不可擊也。凡此皆不致死，亦不致生，而以有知無知之間待死者，故備物而不可用也。備物則不致死，不可用則亦不致生。其謂之明器者，蓋以

神明之道待之也。」《檀弓上》

孔子謂爲明器者，知喪道矣，備物而不可用也。 此孔子善夏之用明器從葬。《檀弓下》

哀哉！死者而用生者之器也，不殆於用殉乎哉！ 此孔子非殷人用祭器從葬也。以人從死曰殉。殆，幾也。用其器則近於用人。同上。

其曰明器，神明之也。塗車、芻靈，自古有之，明器之道也。孔子謂爲芻靈者善，謂爲俑者不仁，不殆於用人乎哉！ 謂之明器者，是以神明之道待之也。塗車，以泥爲車也。束草爲人形，以爲死者之從衛，謂之芻靈，略似人形而已，亦明器之類也。中古爲木偶人謂之俑，則有面目機發而太似人矣，故孔子惡其不仁，知末流必有以人殉葬者。○趙氏曰：「以木人送葬，設機而能踊跳，故名之曰俑。」同上。

醴者，稻醴也。甕、甒、筲、衡，實見間，而后折入。 此言葬時所藏之物。稻醴，以稻禾爲醴也。甕、甒，皆瓦器，甕盛醯醢，甒盛醴酒。筲，竹器，以盛黍稷。「衡」讀爲「桁」，以木爲之，所以皮舉甕甒之屬也。見，棺衣也。言此甕、甒、筲、衡實於見之外槨之内。而后折入者，折形如床而無足木爲之，直者三横者五，窆事畢而後加之壙上，以承抗席也。《雜記上》

仲憲言於曾子曰：「夏后氏用明器，示民無知也。殷人用祭器，示民有知也。周人兼用之，示民疑也。」曾子曰：「其不然乎！其不然乎！夫明器，鬼器也。祭器，人器也。夫古之人胡爲

而死其親乎？」 仲憲，孔子弟子原憲也。示民無知者，使民知死者之無知也。爲其無知，故以不堪用之器送之；爲其有知，故以祭器之可用者送之。疑者，不以爲有知，亦不以爲無知也。然周禮惟大夫以上得兼用二器，士惟用鬼器也。曾子以其言非，乃曰「其不然乎」，再言之者，甚不然之也。蓋明器、祭器固是人鬼之不同，夏、殷所用不同者，各是時王之制，文質之變耳，非謂有知無知也。若如憲言，則夏后氏何爲而忍以無知待其親乎？〇石梁王氏曰：「三代送葬之具質文相異，故所用不同，其意不在於無知有知，及示民疑也。仲憲之言皆非，曾子非之，未獨譏其說夏后明器，蓋舉其失之甚也。」《檀弓上》

諸侯行而死於館，其輤有裧，緇布裳帷，素錦以爲屋而行。 館，謂主國有司所授館舍也。輤，載柩之車，上覆飾也。輤象宮室，舊説輤用染赤色，以蒨而名。裧者，輤之四旁所垂下者。緇布裳帷者，輤下棺外用緇色之布爲裳帷以圍繞棺也。素錦以爲屋者，用素錦爲小帳如屋以覆棺之上，設此飾乃行也。《雜記上》

大夫士死於道，則以布爲輤而行。 布輤，以白布爲輤也。同上。

士輤，葦席以爲屋，蒲席以爲裳帷。 士卑，故質略如此。同上。

遣車視牢具。疏布輤，四面有章，置于四隅。 載此車以遣送死者，故名遣車。視牢具者，天子大牢，包九個，則遣車九乘；諸侯大牢，包七個，則七乘；大夫亦大牢，包五個，則五乘；天子之上士三命，少牢，包三個，則三乘也，諸侯之士無遣車。遣車之上，以麤布爲輤。輤，蓋也。四面有物以鄣蔽之。章與鄣同。四隅，椁之四角也。《雜記上》

池視重霤。《疏》曰：「池者，柳車之池也。重霤者，屋之承霤也。以木爲之，承於屋檐，水霤入此木中，又從木中而霤於地，故云『重霤』也。天子之屋四注，四面皆有重霤；諸侯四注，而重霤去後；大夫惟前後二；士惟一在前。生時屋有重霤，故死時柳車亦象宮室，而設池於車覆鼈甲之下，牆帷之上。蓋織竹爲之，形如鼈，衣以青布，以承鼈甲，名之曰池，以象重霤也。方面之數，各視生時重霤。」《檀弓上》

大夫不揄絞，屬於池下。此言大夫喪車之飾。揄，翟雉也。絞，青黃之繒也。池，織竹爲之，形如籠，衣以青布。若諸侯以上，則畫揄翟於絞，而屬於池之下。大夫降於人君，故不揄絞，屬於池下也。《雜記上》

飾棺：君龍帷，三池。《疏》曰：「君，諸侯也。帷，柳車邊障也，以白布爲之。王侯皆畫爲龍，故云『君龍帷』也。池者，織竹爲籠，衣以青布，挂於柳上荒邊爪端，象宮室承霤。天子四注屋，四面承霤，柳亦四池。諸侯屋亦四注，而柳降一池，闕後，故三池也。」《喪大記》

振容。振容者，振動容飾也。以青黃之繒長丈餘，如幡。畫爲雉，懸於池下爲容飾。車行則幡動，故曰「振容」也。同上。

黼荒，火三列，黻三列。荒，蒙也，柳車上覆，謂鼈甲也。緣荒邊爲白黑斧文，故云「黼荒」。荒之中央又畫爲火三行，故云「火三列」。又畫兩「己」相背，爲三行，故云「黻三列」。同上。

素錦褚，加僞荒。僞音帷。○素錦，白錦也。褚，屋也。荒下用白錦爲屋，象宮室也。加僞荒者，帷是邊牆，荒是上蓋，褚覆竟而加僞荒於褚外也。同上。

纁紐六。上蓋與邊牆相離，故又以纁帛爲紐連之，兩旁各三，凡六也。同上。

齊五采，五貝。齊者，臍之義，以當中而言。謂鼈甲上當中形圓如車之蓋，高三尺，徑二尺餘，以五采繒衣之，列行相次。五貝者，又連貝爲五行，交絡齊上也。同上。

黼翣二，黻翣二，畫翣二，皆戴圭。翣形似扇，木爲之，在路則障車，入椁則障柩。二畫黼，二畫黻，二畫雲氣，六翣之兩角皆戴圭玉也。同上。

魚躍拂池。以銅魚懸於池之下，車行則魚跳躍上拂於池，魚在振容間也。同上。

君纁戴六。戴，猶值也，用纁帛繫棺，紐著柳骨。棺之横束有三，每一束兩邊各屈皮爲紐，三束則六紐，令穿纁戴於紐以繫柳骨，故有六戴也。同上。

纁披六。亦用絳帛爲之，以一頭繫所連柳纁戴之中，而出一頭於帷外，人牽之，每戴繫之，故亦有六也。謂之披者，若牽車登高，則引前以防軒車；適下則引後以防飜車，欹左則引右，欹右則引左，使不覆也。以上並孔説。同上。

大夫畫帷，二池，不振容。畫荒，火三列，黻三列，素錦褚。纁紐二，玄紐二，齊三采，三貝。黻翣二，畫翣二，皆戴綏。魚躍拂池。大夫戴前纁後玄，披亦如之。畫帷，畫爲雲氣也。二池，一云兩邊各一，一云前後各一。畫荒，亦畫爲雲氣也。齊三采，絳黄黑也。皆戴綏者，用五采羽作蕤，綴翣之兩角也。披亦如之，謂色及數悉與戴同也。同上。

士布帷，布荒，一池，揄絞。纁紐二，緇紐二，齊三采，一貝，畫翣二，皆戴綏。前纁後緇，二披用纁。布帷、布荒，皆白布不畫也。一池，在前。揄，摇翟也。雉類，音質五色。絞，青黄之繒也。畫翟於絞繒在池上。戴當棺束，每束各在兩邊，前頭二戴用纁，後二用緇。二披用纁者，據一邊，前後各一披，故云二披。若通兩邊言之，亦四披也。同上。

孔子之喪，公西赤爲志焉。飾棺牆，置翣，設披，周也；設崇，殷也；綢練設旐，夏也。公西，氏；赤，名。字子華，孔子弟子也。○《疏》曰：「孔子之喪，公西赤以飾棺榮夫子，故爲盛禮，備三王之制，以章明志識焉。於是以素爲褚，褚外加牆，車邊置翣，恐柩車傾虧，而以繩左右維持之，此皆周之制也。其送葬乘車所建旌旗，刻繒爲崇牙之飾，此則殷制。又綢盛旌旗之竿以素錦，於杠首設長尋之旐，此則夏禮也。」○《詩》「虡業維樅」，《疏》云：「懸鐘磬之處，以采色爲大牙，其狀隆然，謂之崇牙。練，素錦也。緇布廣終幅，長八尺，旐之制也。」《檀弓上》

子張之喪，公明儀爲志焉。褚幕丹質，蟻結于四隅，殷士也。《疏》云：「褚者，覆棺之物。若大夫以上，其形似幄，士則無褚。公明儀尊其師，故特爲褚，不得爲幄，但似幕形，故云『褚幕』，以丹質之布而爲之也。又於褚之四角畫蚍蜉之形，交結往來，故云『蟻結于四隅』。此殷禮士葬飾也。」同上。

人死，斯惡之矣。無能也，斯倍之矣。是故設蔞翣，爲使人勿惡也。以其死而惡之，以其無能而倍之，恐太古無禮之時，人多如此。於是推原聖人所以制禮之初意，止爲使人勿惡勿倍而已。蔞翣，所以飾其棺，則不見死者之可惡矣。《檀弓下》

禮有以多爲貴者。天子八翣，諸侯六翣，大夫四翣，此以多爲貴也。翣，見《檀弓》。《禮器》

家禮新圖

〔日本〕中村習齋　撰

《家禮新圖》解題

［日］吾妻重二　撰　董伊莎　譯

中村習齋《家禮新圖》一卷，寫本，收録於名古屋市蓬左文庫的《道學資講》卷七十中，是刊載《家禮》相關諸圖并加以考證的著作。

中村習齋（一七一九—一七九九）是承繼山崎闇齋學統的朱子學者，這點已在《家禮通考》的解説中有所介紹。本書所載《家禮新圖》一卷是以當時傳世的文獻爲基礎，圍繞《家禮》中的圖闡述新觀點之作。内容從通禮部分的親族圖、祠堂制圖等開始，整理了冠禮、婚禮、喪禮、祭禮這四禮中各個場面的諸多圖示。

此書的一個獨特之處在於，書中圖旁標注記有對應論據的出處，如「儀節三十三板左」「三禮圖四　五板左」「追遠儀節十一板左」「筆録一　廿三板」等，這些分别爲明丘濬的《文公家禮儀節》、北宋聶崇義的《新定三禮圖》、中村惕齋的《追遠儀節》、山崎闇齋的《文會筆録》。經調查，標注中的數字均爲和刻本葉數，其中丘濬的《文公家禮儀節》（和刻本）被吾妻重二編纂的《家禮文獻集成·日本篇》六（關西大學出版部，二〇一六年）影印收載，中村惕齋的《追遠儀節》亦見録於《家禮文獻集成・日本篇》一（二〇一〇年），山崎闇齋的《文會筆録》亦可參見《家禮文獻集成・日本篇》九（二〇二一年）。另外，標注中也有不舉出書名只標葉數的情況，如「十三版右」「二板右」，這些葉數均爲淺見絅齋點校的和刻本《家禮》，可參見《家禮文獻集成・日本篇》六。

除上述典籍，標注中還可見中村惕齋的《慎終儀節》《律吕新書説》、淺見絅齋的《喪祭小記》等書。

本來，儀禮在實際執行時就必須考慮具體的組織和各種狀況，也須顧及場所、位置、用品、服飾等，歷代學者對如何應對這些現實問題一直感到困擾。對此，爲更好地理解禮儀實行過程，衆多圖示便應運而生。其中具代表性的有北宋聶崇義的《新定三禮圖》、南宋楊復的《儀禮圖》十七卷、清張惠言的《儀禮圖》六卷等，在朱熹的《家禮》及丘濬的《文公家禮儀節》中也載有圖示。日本也有村松之安的《新定儀禮圖》二卷，是考證《儀禮》中禮圖的著作。習齋的《家禮新圖》是考證《家禮》圖示的一種嘗試，具有一定的意義。

目録

親族圖

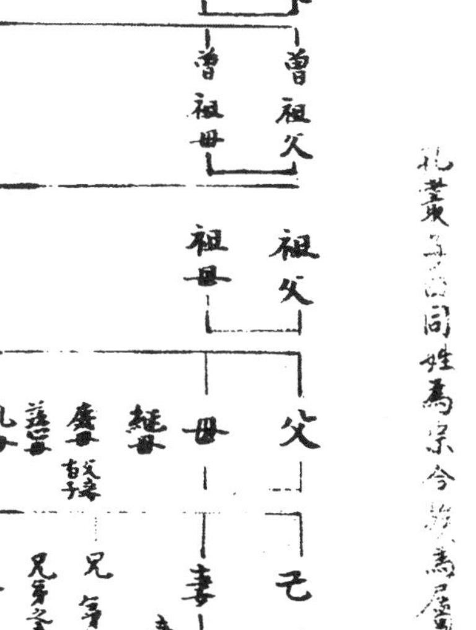

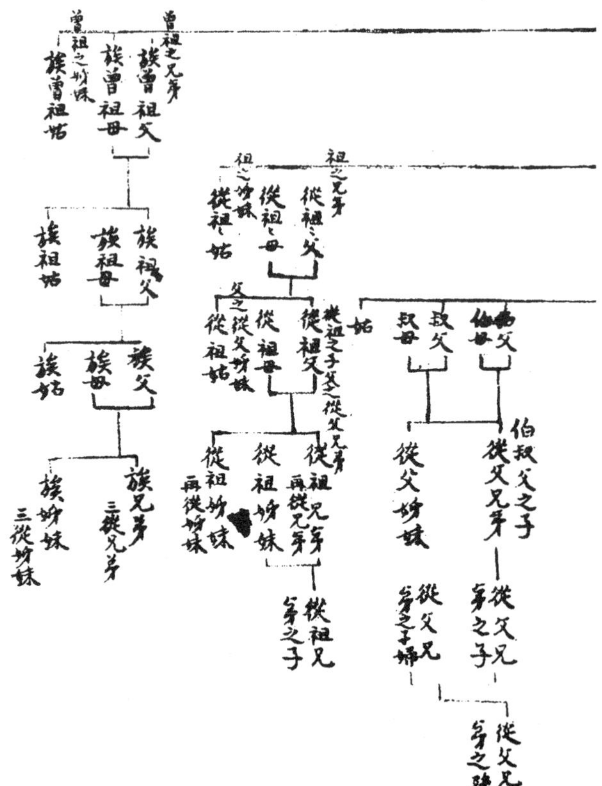

曾祖之兄弟
族曾祖父
族曾祖母
曾祖之姊妹
族曾祖姑
族祖父
族祖母
族祖姑
族父
族母
族姑
族兄弟
三從兄弟
族姊妹
三從姊妹
祖之兄弟
從祖祖父
從祖祖母
祖之姊妹
從祖祖姑
父之從父兄弟
從祖父
從祖母
父之從父姊妹
從祖姑
從祖兄弟
再從兄弟
從祖姊妹
再從姊妹
從祖兄弟之子
姑
伯叔父
伯母
叔母
伯叔父之子
從父兄弟
從父姊妹
從父兄弟之子
從父兄弟之子婦
從父兄弟之孫

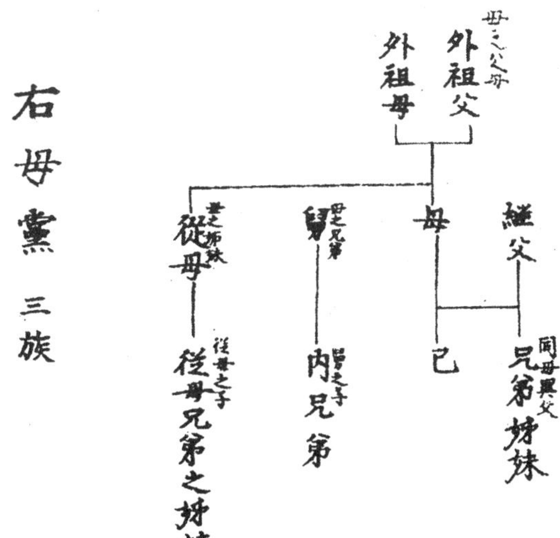

右母黨 三族

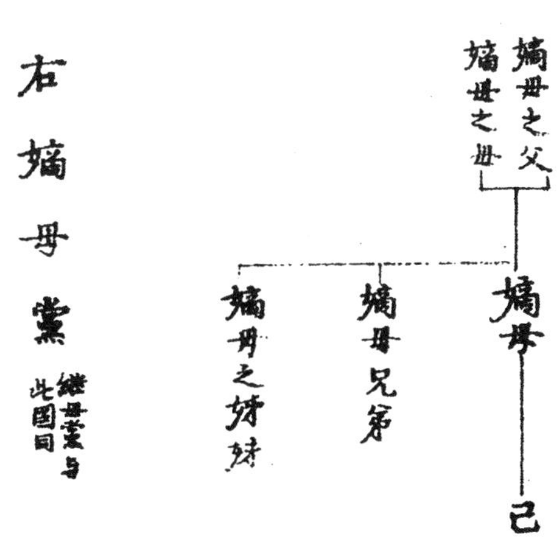

右嫡母黨 繼母黨與此圖同

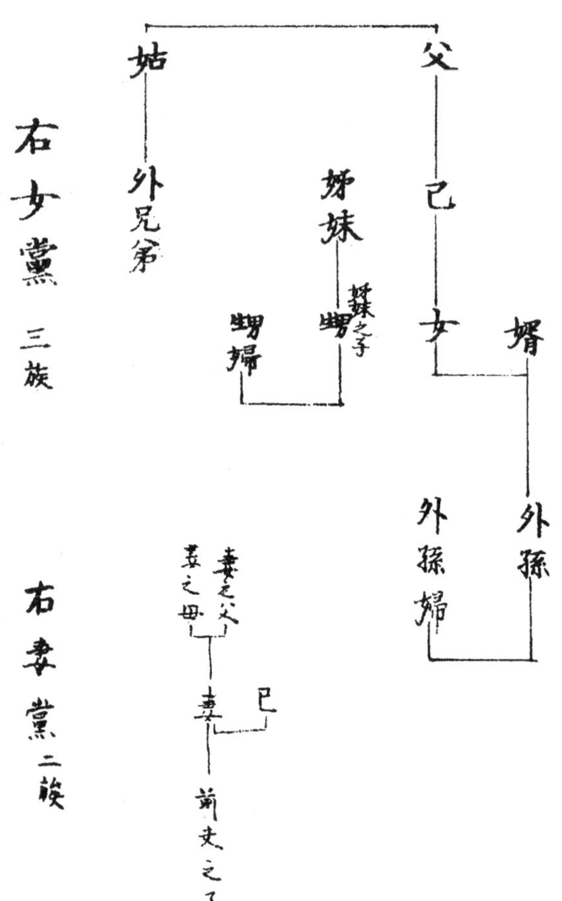
父
姑
己
姊妹
外兄弟
女
壻
甥 姊妹之子
甥婦
外孫
外孫婦
右女黨 三族
妻之父
妻之母
妻
己
前夫之子
右妻黨 二族

夫高祖父
夫高祖母
夫曾祖父
夫曾祖母
夫祖父
夫祖母
夫從祖父
夫從祖母
從祖父
從祖母
舅
姑
本生舅姑
夫之伯父
夫之伯母
夫之叔父
夫之叔母
夫之姑
夫
己
夫之兄弟
娣姒婦
夫之姊妹
夫之從父兄弟
夫從父兄弟妻
夫從父姊妹
夫之兄弟之子
夫兄弟之子婦
夫從父兄弟之子
夫從兄弟之子婦
夫兄弟之孫
夫兄弟之孫婦
夫從兄弟之孫
夫兄弟之曾孫
夫從祖兄弟之子

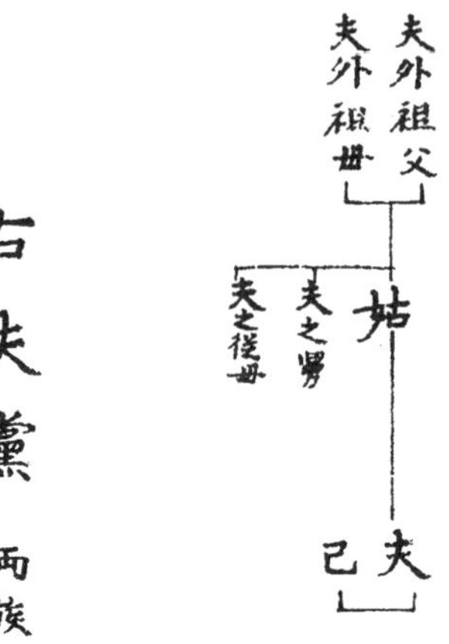

右夫黨　兩族

祠堂制圖

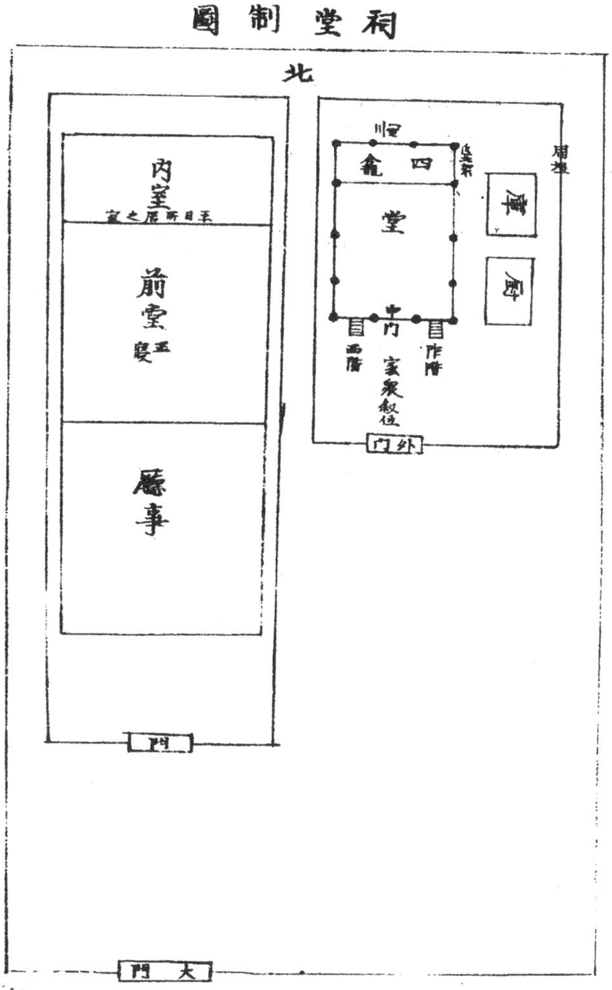

祠堂制圖

北

内室

平日所居之室

前堂

正寢

廳事

門

四龕

堂

中門

西階

阼階

家衆敘位

外門

庫

廚

周垣

大門

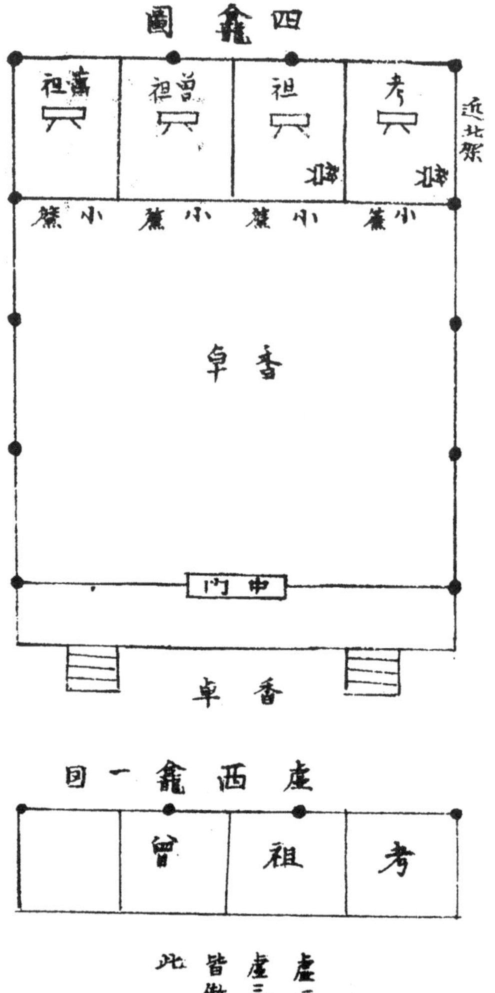
四龕圖
高祖
曾祖
祖
考
近北架
小簾
小簾
小簾
小簾
香卓
中門
香卓
虛西龕一回
曾
祖
考
虛二虛三皆倣此

儀節三十三板左三十四板有異說不以爲據

大宗及四小宗圖

三礼圖四五板左六板右

始祖—先祖—高—曾—祖—考—己

第二世以下至高祖之父不問幾世皆謂之先祖

始祖以來皆嫡承者謂之大宗子

先祖第一世宗家庶子—高—曾—祖—考—己

第二世以下至高祖之父不問幾世皆謂之先祖

如此二圖皆謂之繼高祖之小宗

宗家庶子

高—曾—祖—考—己

謂之繼曾祖之小宗

宗家庶子

曾—祖—考—己

謂之繼祖之小宗

宗家庶子

祖—考—己

謂之繼禰之小宗

宗家庶子

考—己

正至朔日陳設拜位圖

考妣　祖妣　曾妣　高妣

茶酒　果　茶酒

合炉

茅沙

合炉

巾盆　巾盆

執事

諸父　諸兄　諸弟

主人　子　孫　外執事

諸母　諸姑　諸嫂　諸姊妹　主婦　諸婦　諸女　孫婦　內執事

儀節一　三十四板左　三十五板右　不全畫

追遠疏節　十一板左十二板右

按尚齋先生筆記文例恐未當今推例定如此

祝文舉例大抵如左

維淳熙七年歲次庚子三月癸丑朔

越十八日庚午孝子（玄孫）玶敢昭告于

故高祖考承事郎贈太子太保府君

故高祖妣彭城郡夫人黄氏

故曾祖考銀青光祿大夫忠顯公贈太

師府君

故曾祖妣秦國夫人李氏

繼曾祖妣韓國夫人呂氏

故祖考右朝議大夫累贈少傅府君

故祖妣福國夫人熊氏

故考觀文殿學士大中大夫贈光祿大

夫府君

故妣贈孺人程氏

（拜）以今月十五日蒙恩授（貶）朝奉（一）大夫

奉（荒）承（墜）先訓獲（惶）霑（恐）祿（無）位（地）餘慶所及不勝

感慕謹以酒果用伸虔告謹告

儀節貶降省蒙恩二字

今按或用蒙譴責字蓋可

指尺　三礼圖十二一板左

裳交解圖

曲裾交映圖

深衣全圖

圖卷所載、性理大全所論古說、不與家禮合、圖得本注意者、末之見、畢竟非圖之可畫也、別有小本子大畧可見、

幅巾中屈丁垂圖、

左邊反屈圖、

右邊横帳、

居家雜儀 右十三版

經再宿以上

五宿以上四拜

冬至正旦六拜

朔望四拜

再拜

再拜問安再拜

相見拜賀

問安

再拜々賀再拜

冠禮

冠禮陳設

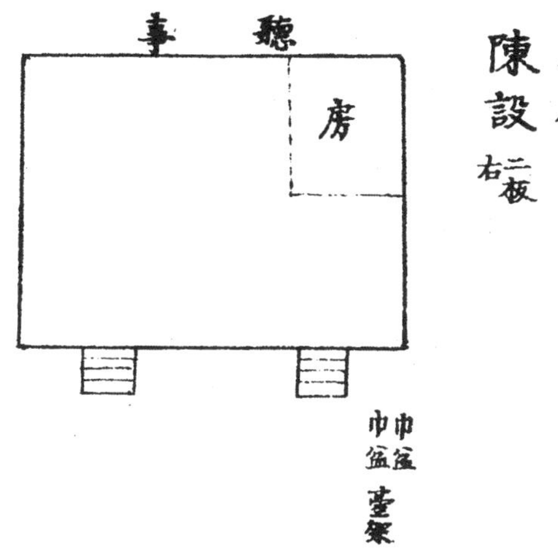

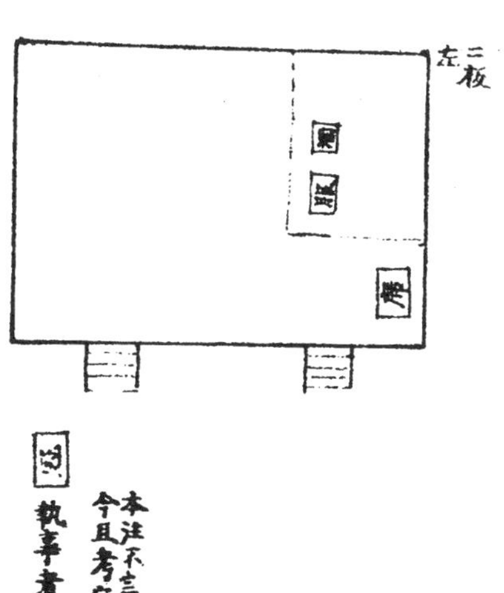

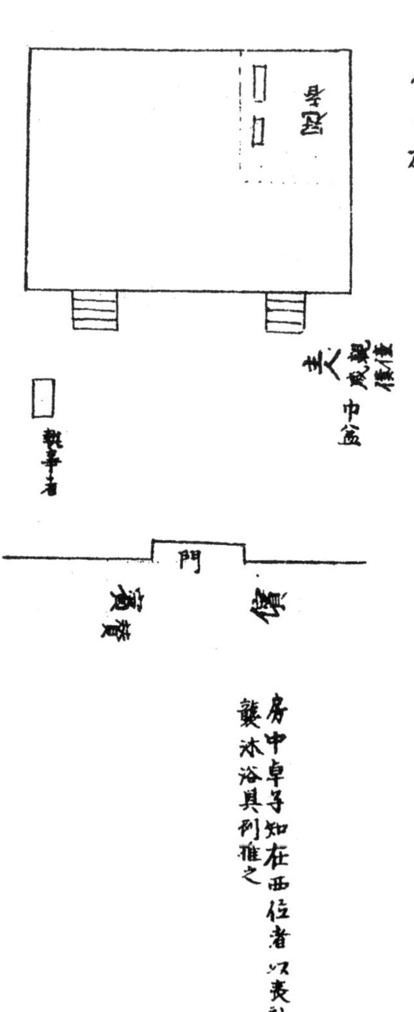
序立
左
二版
冠者
主人
親戚
巾盆
執事者
門
儐
賓
贊
房中卓子知在西位者以表礼
襲沐浴具列推之

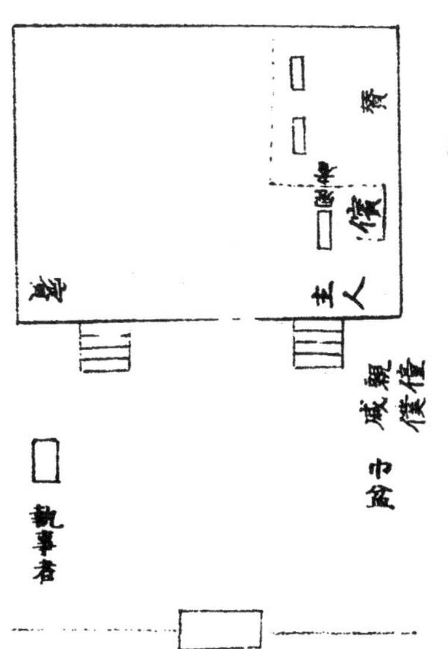
賓至
右三版
主人
執事者

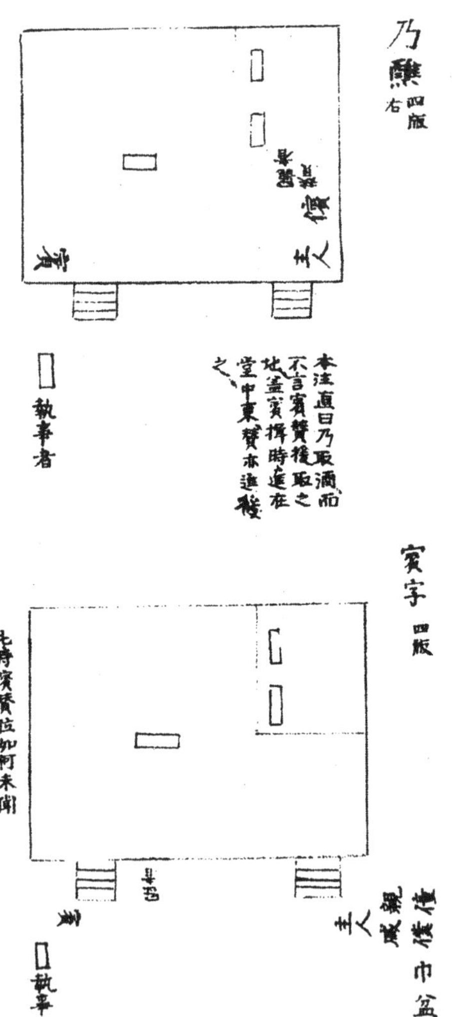
乃醮
四版
右
主人
賓
執事者
本注直曰乃取酒而不言賓贊復取之此蓋賓揖時進在堂中東贊亦進設之
賓字
四版
此時賓贊位如何未聞
僮僕
巾
盆
親戚
主人
賓
執事者

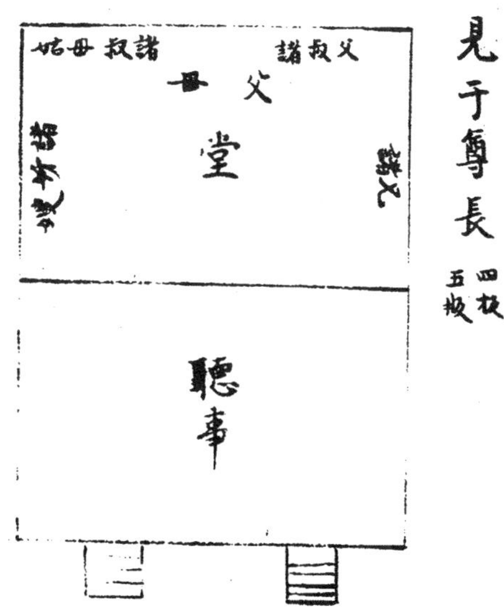
見于尊長
四拜
五拜
諸叔父
諸叔母姑
父
母
堂
諸兄
聽事

昏禮

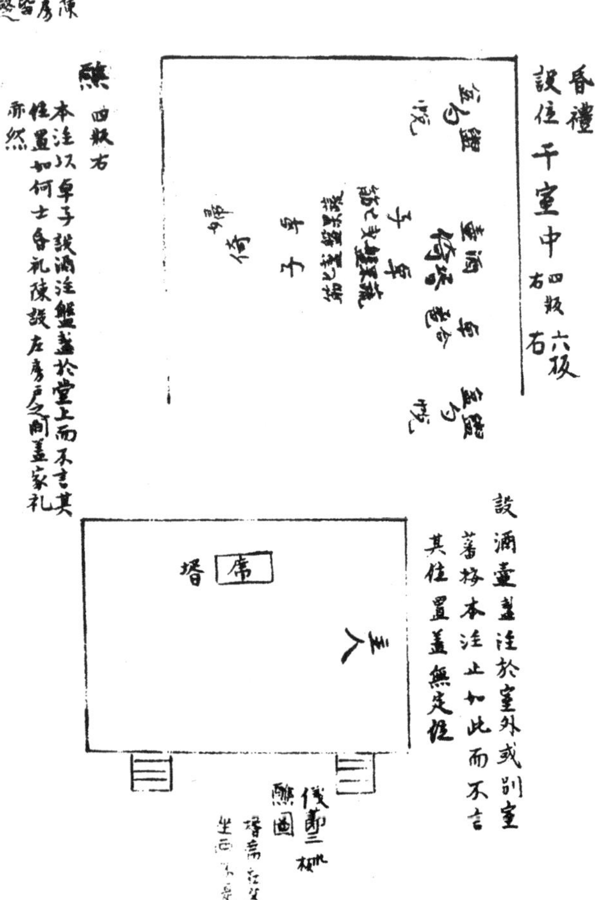

昏禮
設位于室中
設酒壺盞注於室外或别室
其位置蓋無定位
醮
本注以卓子設酒注盤盞於堂上而不言其
位置如何士昏礼陳設左房戶之間蓋家礼
亦然
席
婿
主人

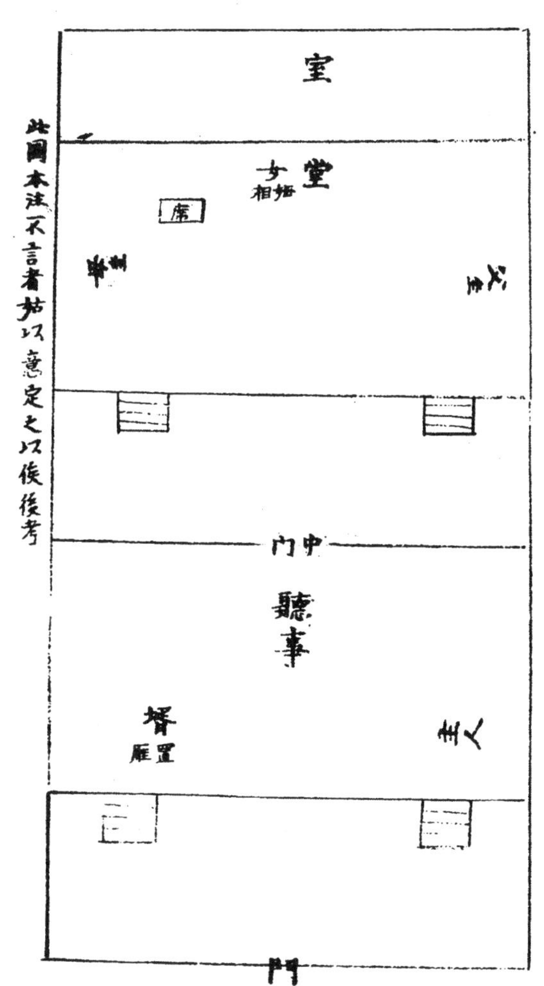
醮女
五
版
右
室
堂
女
相
席
父
此圖本注不言者姑以意定之以俟後考
中门
五
版
左
聽
事
壻
置
雁
主人
門

壻婦交拜　六版右

本注云布席、而不言其地位者當時通俗不言而可知故也、蓋當在倚卓左右也、

就坐飲食　六版右

此蓋四版右所設倚卓也故今不作圖

婦見于舅姑　六版左

師有新圖婦拜位不與本注合今按本注明白故不別作圖

続通十六 三九ウ

喪礼

易服 一版左至三十二版右

初服 妻子婦妾皆去冠及上服 餘有服者皆去華飾

被髮男子扱上衽徒跣

為人後者為本生父母及

女子已嫁者皆不被髮徒

跣

続通十六 四十ウ 四二ヲ

小斂

男子斬衰者袒括髮 斉衰以下同五世祖者

婦人髽 袒免

四日成服

詳于本圖　續通十六ヲ四五ヲ四八ヲ五十ヲ五六ヲ五七

小祥練服

男子以練服為冠去首絰負版辟領衰婦人截長裙不令曳地
應服期者改吉服然猶尽其月不服金珠錦繡紅紫唯為妻者猶服
禫服尽、十五月而除

大祥禫服

丈夫垂脚黪紗幞頭黪布衫布裹角帶
婦人冠梳假髻以鵞黄青碧皂白為衣服

禫祭

禫服以行禫祭家礼之意也
吉服以行禫祭補注之意也

飲食

一服左至
三十二板

初終　諸子三日不食

期九月三不食　五月三月再不食

成服　諸子食粥

妻妾及期九月疏食水飲不食菜果　五月三月飲酒食肉不與宴樂

反哭

期九月飲酒食肉不與宴樂

卒哭　主人兄弟疏食水飲不食菜果

小祥　始食菜果

大祥　始飲酒食肉

哭擗 一版至三十一版

初終　既絶乃哭　復畢哭擗無数

沐浴爲位而哭

小斂　憑尸哭擗　乃代哭不絶聲

大斂　止代哭

朝夕哭

遷柩至

發引　代哭

卒哭 朝夕之間哀至不哭 猶朝夕哭

小祥 止朝夕哭

治棺 一版左

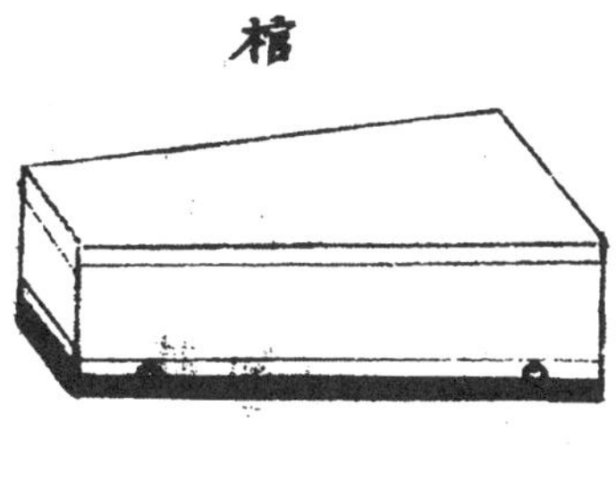

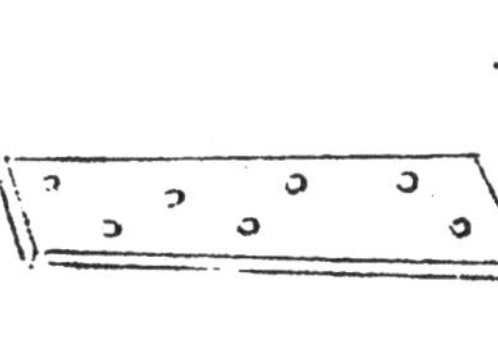

喪服小記云厚寸三四分許

儀節曰用版一片其長廣棺中可容

筆錄

蕃謂此二圖取慎終疏節

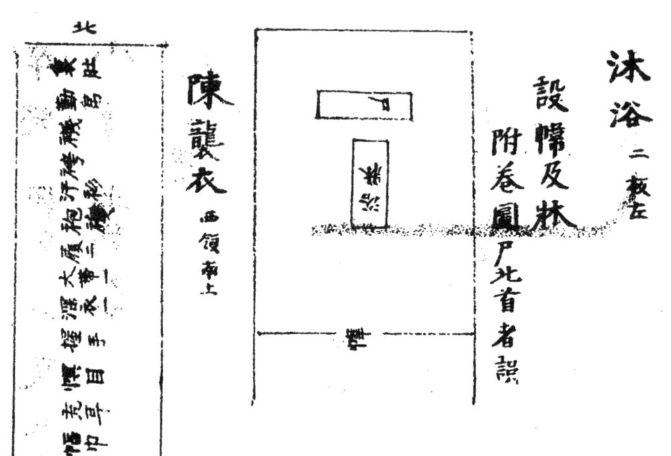

沐浴飯含之具　南上

北

浴巾二　沐巾一　櫛一　米二升　盛于箋　錢三　貯于箋

設奠 三板右

為位

北

男之姓異

異姓之女

以服為行 服無

來弔者當幃 異姓男女向者以義今補

宗尊行亦蓋以服為行或輕服就下位

居處 三板左至三十二板

初終三年之喪夜則寢於尸旁藉藁枕塊羸病者藉以草薦

期功以下寢於側近男女異室外親歸家

大斂　主人以下各歸喪次中門之外擇朴陋之室丈夫次

斬衰寢苫枕塊不脫絰帶不与人坐斉衰寢席大功以下

異居者歸居宿於外三月而復寢婦人次于中門之内

別室或居殯側去華麗

成服　主人兄弟無故不出若以喪事及不得已而出入則乘

樸馬布鞍素轎布簾

發引　若墓遠夜則主人兄弟皆宿柩旁親戚共守衛之

反哭　小功以下大功異居者可以歸○蕃按大斂下有大

功異居者歸之文此亦言之者蓋言發引時再来預葬喪者

卒哭　主人兄弟寢席枕木

大祥 復寢

靈坐 四版

三礼圖十七 六版

[illegible] 椅

置魂帛

卓

香炉合盞注酒果

銘旌

香炉合盞注酒果其位置如何本注不言之又朝夕設櫛頮奉養之具亦不言其処盖当時平生通法不言而可知之故也

銘旌 以絳帛為之廣終幅三品以上九尺五品以上八尺六品以下七尺

三礼圖十七 左六版

相國司馬温公之柩

無官隨其生時所稱

尹君彥明甫之柩

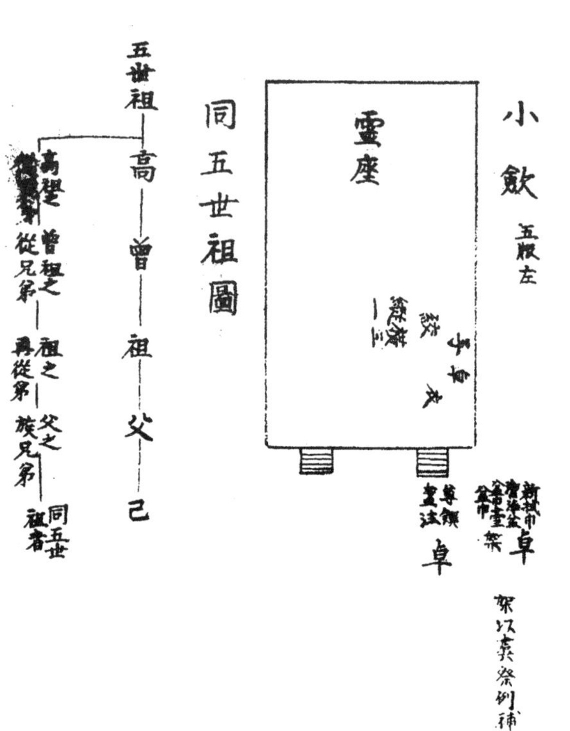
小歛
靈座
卓
卓
架以喪祭例補
同五世祖圖
五世祖
高
曾
祖
父
己
同五世祖者

大斂 七板左至八板右

靈床
銘旌 柎設
靈座
奠

揸承以兩凳覆以衣
靈牀牀帳薦席枕衣之屬
如平生時

成服 八板左 三禮圖十五一板以下 十六一板以下 集成圖一ヲ

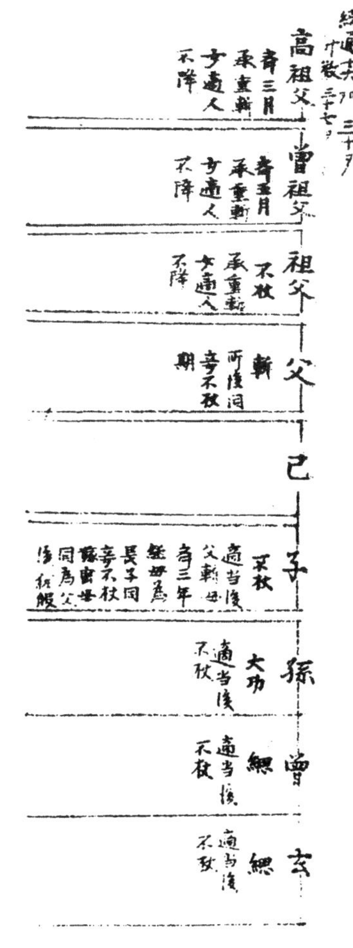

高祖母　齊三月　承重齊三年　女適人不降

曾祖母　齊五月　承重齊三年　女適人不降

祖母　一不杖　承重齊三年　父卒祖在期　女適人不降　庶子之子為杖　而為祖後不服

母　齊三年　庶子為其母同　為後緦　辛不杖　八母圖記

妻　期

女　不杖　適人無夫子同

婦　大功　適婦不杖姑同服

孫女　大功

孫婦　緦　適婦小功姑在否

曾孫婦　適婦小功姑在否

玄孫婦　適婦小功姑在否

兄弟　一不杖　婦人適人無夫子同　女適人為父後同

兄弟之子　不杖　婦人適人無婦子同

兄弟之孫　小功

兄弟之曾孫　緦

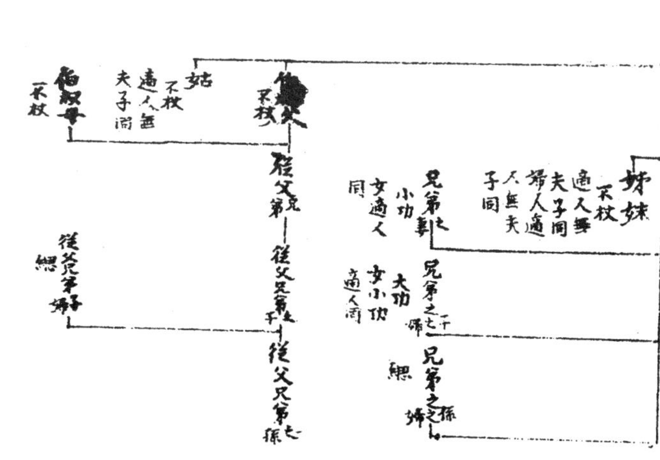

從祖祖父 小功　從祖祖姑 小功　從祖祖母 小功

族曾祖父 緦　族曾祖姑 緦　族曾祖母 緦

族祖父 緦　族祖姑 緦　族祖母 緦

從祖父 小功　從祖姑 小功　從祖母 小功

族父 緦　族姑 緦　族母 緦

從祖兄弟 小功——從兄弟之子　從祖姊妹 小功

族兄弟 緦　族姊妹 緦

八母 本注不出者除

嫡母 父妾有子者　緦 慈己者小功

慈母　齊三年

乳母　緦

出母　杖 己爲父後不服

嫁母　杖 己爲父後無服

繼母　齊三年 出則無服

集成圖卷ノ二

右本宗五服　八母附

筆録一 廿三服 左七

外祖父母

小功 庶子爲父後無服

適母之父母同

適母死則無服

母出則繼母之父母同

[illegible]

集成圖卷之三

母

舅

小功 庶子爲父後無服

嫡母之兄弟

同嫡母死則不服

母出則繼母兄弟同

從母

作母姨 [illegible]

小功 庶子爲父後無服

嫡母姊妹同嫡母死則不服

母出則繼母姊妹同

己

內兄弟

緦

異父兄弟姊妹

小功

從母兄弟姊妹

緦

繼父

同居父子無大功之親不杖

不同居齊三月

元不同居無服

集成圖卷之二

右母黨

適母繼母之黨及異父繼父從母之黨附

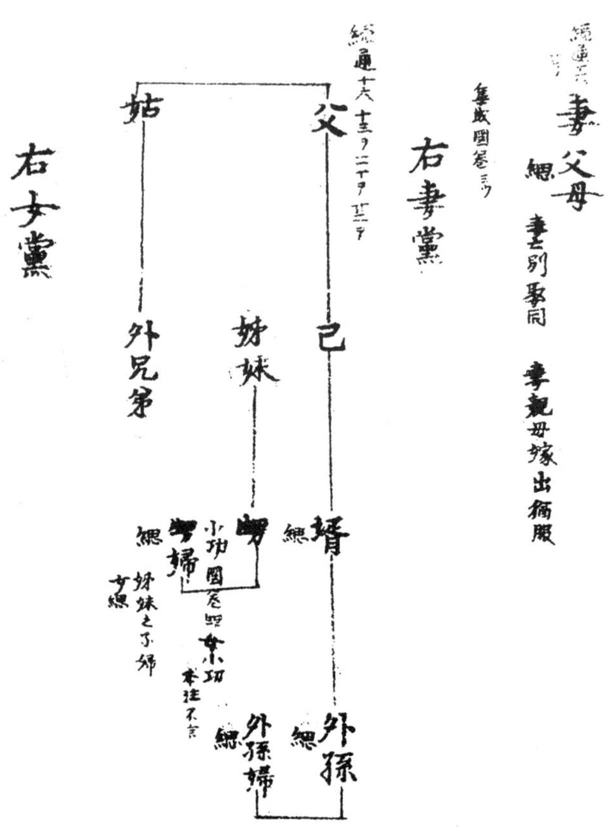
妻父母
緦
妻亡別娶同
妻親母嫁出猶服
右妻黨
父
姑
己
姊妹
外兄弟
壻
緦
甥
甥婦
緦
外孫
緦
外孫婦
緦
右女黨

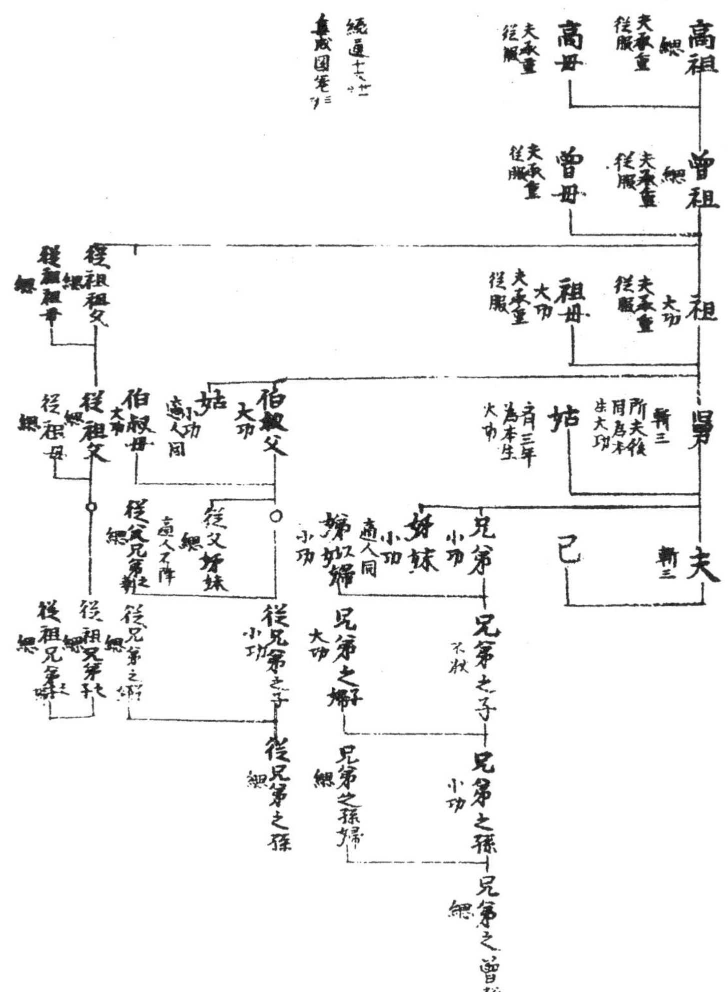

高祖 緦 夫承重從服
高母 夫承重從服
曾祖 緦 夫承重從服
曾母 夫承重從服
祖 大功 夫承重從服
祖母 大功 夫承重從服
舅 斬三
姑
夫 斬三
己
從祖祖父 緦
從祖祖母 緦
從祖父 緦
從祖母 緦
伯叔父 大功
姑 小功 適人同
伯叔母 大功
從父姊妹 緦
兄弟 小功
姊妹 小功 適人同
娣姒婦 小功
兄弟之子 不杖
從兄弟之子 小功
兄弟之孫 小功
從兄弟之孫 緦
兄弟之孫婦 緦
兄弟之曾孫 緦

右夫黨

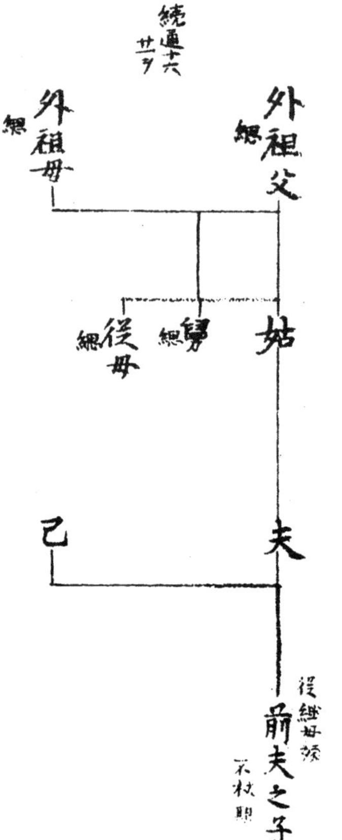

右夫黨　外族

繼母嫁前夫之子
從者附

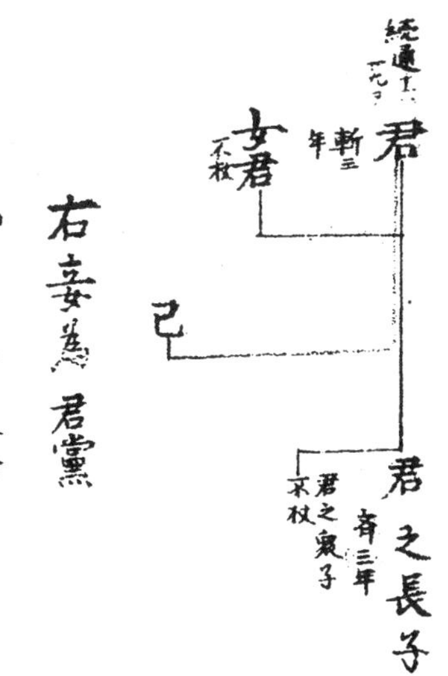

右妾為君黨

凡為殤服以次降一等

朞長大功中七月下小功

未三月不哭

無服哭以日易月

凡男為人後女適人為私親降一等私親為之亦然

女適人者降服未滿被出則服其本服已除則不復服

凡婦服夫黨當喪而出除之

凡妾為私親如衆人

續通十六 十二ノ

聞喪奔喪 十四版左至十六版右

聞喪	齊衰	大功	小功以下
親 謂父母	齊衰	大功	小功以下
始聞哭	為位而哭 尊長於正堂卑幼於別室	同上	同上
易服 四脚白布衫繩帶麻屨	釋去華盛之服裝辦	同上	同上

奔喪

遂行 日行百里不以夜行

道中哀至則哭 避市邑喧繁之處

望其川境哭

望其縣境哭

望其城哭

望其家哭

入門詣柩前哭

即行

望鄉而哭

同上

同上

望門而哭

同上

同上

至門而哭

同上

再拜

再變服就位哭初變服如初喪柩東西向坐哭

又變服如大小斂亦如之蕃按變服與小斂時同

後四日成服

未行

未得行則為位不奠設椅子一枚以代尸柩左右前後設位哭○蕃按位與第三板同

不奔三日中朝夕為位會哭

初聞為位會哭

同上

若喪側無子孫則設奠如儀

變服 亦以聞後之第四日

在道至家皆如上儀 蓋按上旨未得行 謂聞喪未能即行者非不奔喪

若喪側無子孫則在道朝夕為位設奠 蓋按聞喪遂行者不為位設奠者在塗未為位設位設道中亦不為此既在所為位設奠設在道亦如之

四日之朝成服會哭	同上	同上
每月朔為位會哭	同上	同上
此間哀至則哭	同上	同上
月數既滿次月朔為位會哭除之		

既葬之墓　若既葬則先之

墓

望墓哭

至墓哭拜　如在家之義

未成服　未成服者變服

於墓　蓋按此云變服蓋上文所謂初變服如初喪又變服者也

歸家詣靈座

前哭拜

後四日成服

已成服　已成服者亦然

但不變服

開塋域祠后土

十七版 左

堀穴外壤立標圖。○

兩標即二十四板 左所謂墓門

壙 壙
標 標 栫 標
壙
標
標 標
壙 壙

丙申十二月十日改定 右兩標當在朱口処兩標與塋域間當容設靈幄以下之地

祠后土圖

壙 壙
標 標
壙
位南向
盥 悅
盥臺 悅架
壙 壙

祠后土祝辭

維明和九年歲次壬辰三月丙申朔

二十五日朝奉大夫李光敢昭告于

蕃捺此蓋告者官姓名

后土氏之神今為銀青光禄大夫刘寕営
建宅兆神其保佑俾無後艱謹以清酌
脯醢祇薦于神尚饗

儀節一廿七版有圖說　筆录二三十四版

作主　廿版　右

日本工匠曲尺寸法

淺見先生喪祭小記用周尺　周尺ハ日本曲尺六寸四分弱ト云　貝原篤信モ六寸四分弱ト云和漢名數ニ見ヘタリ

趺　二寸五分六厘弱　厚　七分六厘八毛弱

身高七寸六分四厘弱　博　一寸九分二厘弱　厚　七分六厘八毛弱

剡上　三分四厘弱　頷上　六分四厘弱

前 二分五釐六毛弱　後 五分一釐二毛弱

陷中 三寸八分四釐弱（或六寸四分弱）　廣 六分四釐弱　深 二分五釐六毛弱

圓徑 二分五釐六毛弱（在二寸三分〇四毛之下 距趺面四寸六分〇毫）

師說周用古周尺（中村惕齋說工匠尺七寸七分八釐强見律呂新書說下卷 周尺法齋藤信齋樂律要覧亦コレニ從フ三器巧略古尺 當曲尺七寸七分八釐二毫强ト云義不異。）

趺 三寸一分一毛[illegible]釐强　厚 九分三釐三毛六絲强

身高 九寸三分三釐六毛强　博 二寸三分三釐四毛强　厚 九分三釐三毛六絲强

剡上 三分八釐九毛强　頷上 七分七釐八毛强

前 三分二釐一毛二絲强　後 五分六釐二毛四絲强

陷中 四寸六分六釐八毛强（或六寸七分八釐强）　廣 七分七釐八毛强　深 三分一釐一毛二絲强

圓徑 三分一釐一毛二絲强（在二寸九分一釐〇八絲强之下 距趺面五寸六分〇一毛六絲强）

師説又云尚齋先生用武王尺 中村惕齋説武王尺当曲尺六寸二分半强ト云三器攷畧ニ見

趺 二寸四分九厘强 厚 七分四厘七毛强

身高 七寸四分七厘强 博 一寸八分六厘七毛五强 厚 七分四厘七毛强

剡上 三分一厘一毛二五强 頷上 六分二厘三毛五絲强

前 二分四厘九毛强 後 四分九厘八毛强

陷中 三寸七分三厘五强 或六寸二分二厘五强 廣 六分二厘二毛五强 深 二分四厘九毛强

圓徑 二分四厘九毛强 在二寸二分四厘一毛强七下 距趺面四寸四分八厘二毛强

櫝 廿七板左

小家適用畧櫝寸法 恭齋吉田氏所定

用曲尺

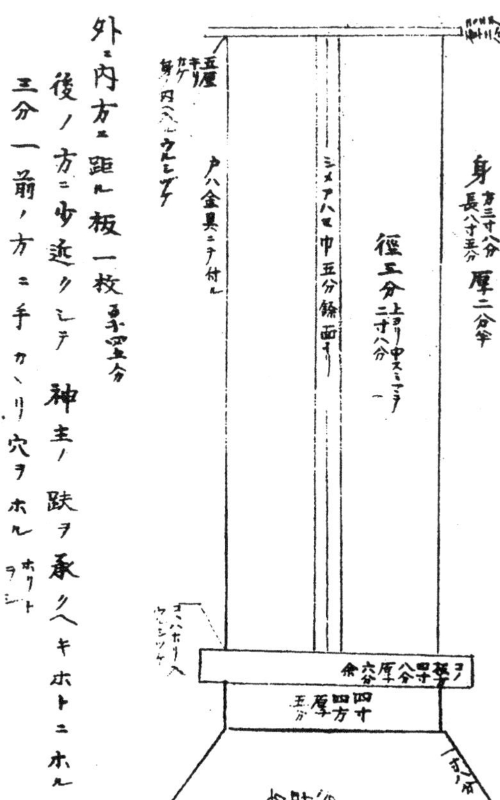

外ニ内方ニ距ル板一枚厚サ四五分後ノ方ニ少近クシテ神主ノ趺ヲ承クヘキホトニホル深サ原サノ三分一前ノ方ニ手カヽリ穴ヲホルホリトヲシ

右一主ノ櫝ナリ 二主ノ櫝ハ右ノ身ヲ二ツニメ 板ノ厚サヲ減ス身ノ外
ニ出ル所ハ同シ但中ニ一枚ノ隔ル板ヲ入レテ大半ノ上ハケツリ記（コレハ作者ノ意ニマカス）
ニ主相視ルガ如クニシテ下ハケツラスシテ両扉ヲウク

奉柩朝于祖（廿版左）

魂帛（祝以ス箱奉） 奠 椅 卓（各執吏奉） 銘旌 柩（役者挙）

主人斬斉 大小 總男子 侍者
無服男子
主婦斬斉 大小 總女子 侍者
無服女子
婦人皆 蓋頭

コノ間ニ朝祖ノ圖廳吏ノ圖ヲ作ルヘシ 筆記三九版ニ圖アリ

陳器 廿一板左至廿二板右

方相 三禮圖十九

役夫爲之冠服如道士執戈揚盾四品以上四目爲方相以下兩目爲魌頭

明器 下帳 苞 筲 甖 以牀舁之

銘旌 去跗執之

靈車 魂帛香火 別以箱盛置帛後

大轝 旁有翣 柩

柩行 廿二板

柩行 如陳器之敘

主人以下 如朝祖之步從敘

尊長無服之親 皆乘車馬

賓客

及墓　廿二枚左至廿三枚右

按ニ后土ヲ祀ル位ハ墓左トアレハ主人諸大夫ノ位ト同シカルヘシ然レハ主人贈シ皆哭尽ク哀ノ後各退テ後コノ祀ヲ行ルヘシ

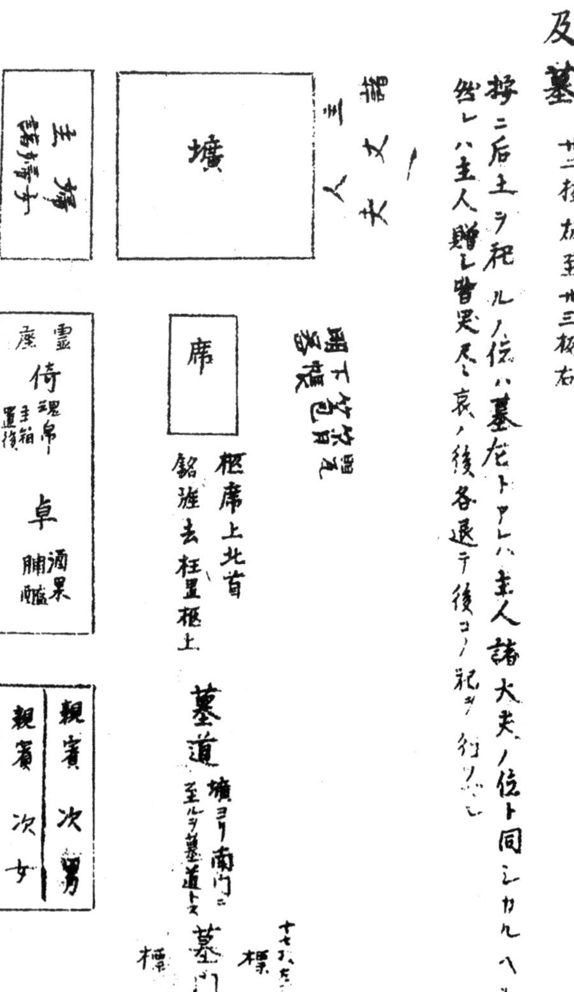

題主 廿四版

硯筆墨 善書者

巾盆

靈幄

倚 靈座 主箱 魂帛

卓 奠 酒果 脯醢

祝

主人

蕃按二十二板左靈車以奉魂帛香火則此亦當香火隨魂帛在卓

題名

本注曰某公而粉面曰封謚則此某字蓋兼封謚言

陷中 又

故銀青光祿大夫中圖忠顯公諱維字振綱第六神主

粉面

考銀青光禄大夫申國忠顯公府君神主

孝子滿奉祀

陷中

故孺人饒氏諱昭字明之第六十神主

女

粉面

妣孺人饒氏神主

孝子滿奉祀

虞祭

右廿六版

葬　反哭　虞

日中而虞或墓遠則不出是日

若去家經宿以上則初虞於所

館行

蕃按虞祭於所館行之則反哭當在虞祭後

陳器具饌奠位

校廿六

奠位依本注作圖如左然尊長於主人者在前当如通礼朔望位

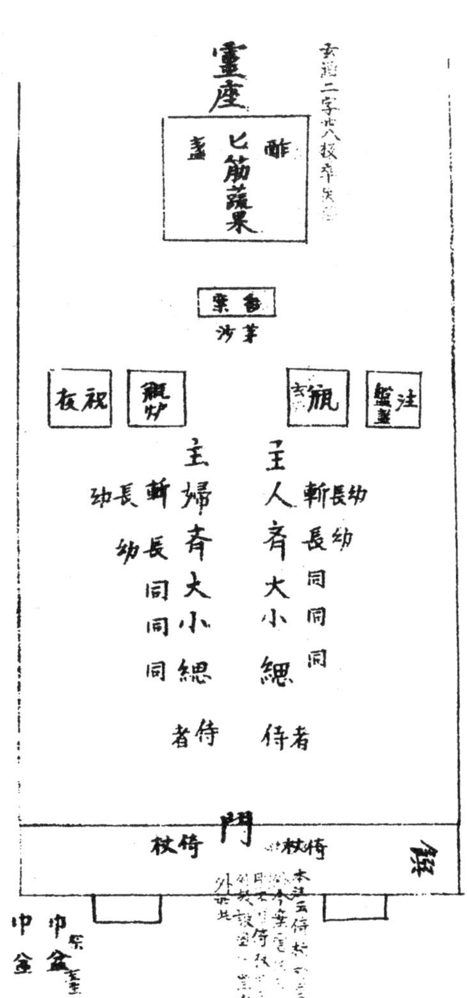

降神 廿六板左

靈座

香案

茅沙

執事注

執事盞

主人

蕃按此云執事者蓋在即前圖侍者中然本注但曰盥帨不言升降畢者故畧之耳

初獻 廿六板 廿七板

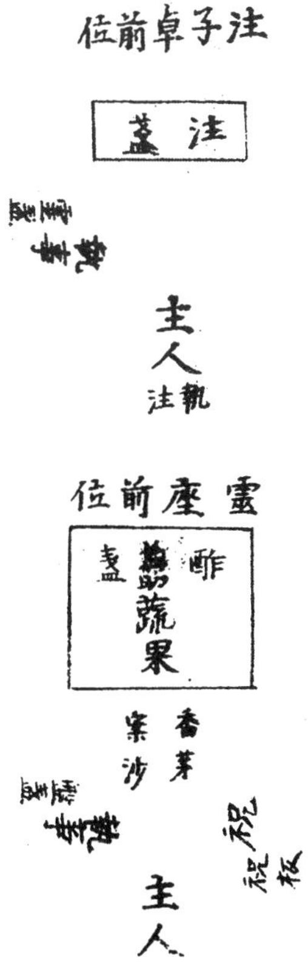

注子卓前位

注 盞

執事

主人 執注

靈座前位

酢 [illegible] 蔬果 盞

香案 茅沙

執事

祝 祝板

主人

蕃按陳設本[illegible]不曰束茅聚沙於靈座前則初獻三祭亦於香案前也又欲陳設注內補及靈[illegible]前四字以為將行三祭於此則下不言主人還告位之叓直曰出於主人之右是主人三祭特在香

案南可見故設圖如此但降神酹與初獻代神三祭煮用東茅者可疑已

主人以下皆出 廿七板

靈座以下如陳墨置

門

主人

主婦

葬至卒哭祔日辰圖

甲 葬初 乙 丙 丁 再 戊 三 己 庚 卒 辛 祔

卒哭 廿八板

陳器具饌

虞祭圖朱書者即此章更設圖也

祔 廿九板右

陳器具饌

本注云器如卒哭今虞祭圖具在焉但此章有異者左方圖

祠堂

堂狹即於廳事

祖妣位

祖妣二人以上則親者

祖考位

母喪不設祖考位

亡者位

祝　湯　玄酒　盞

蕃按盥盞祝板當在階上本注不言之故朱書以分之

巾架　盆臺

巾　盆

饌

蕃按本注不言具饌位今依時祭例定作圖

禫 三十二板左

卜日

蕃按本注但云祠堂门外不言大门中门之别蓋祭禮不當行之大门外且祭礼時祭卜日直云中门外故作圖如左

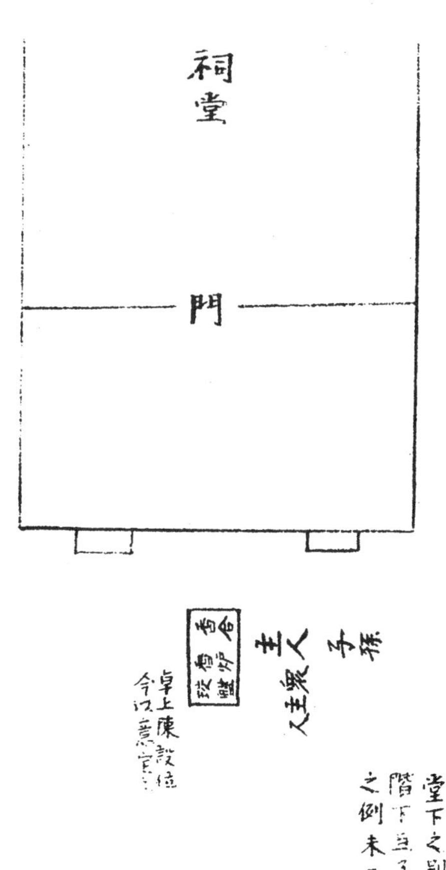

按此位本注不曰堂上堂下之別祭礼明在階下且子孫在階上之例未之有故[illegible]

狀式 三十四板左

廣州刺史陶侃

蠟燭千挺

右謹專送上

李守敬靈筵聊備

賻儀伏惟　歆納謹狀

壬辰八月廿一日廣州刺史陶侃狀

祭禮

祭禮

卜日一板右

圖與喪禮三十二板左同

主人以下如朔望之位一板左

圖已出通禮者不更出

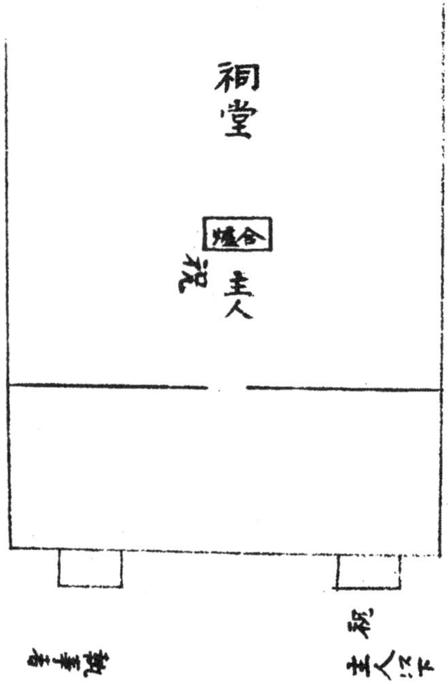

祠堂

合爐

祝

主人

執事者

祝

主人以下

讀祝位本注不曰向背　喪礼虞祭　讀祝位西向則

祭礼　讀祝位當東向

設位陳器 右二板

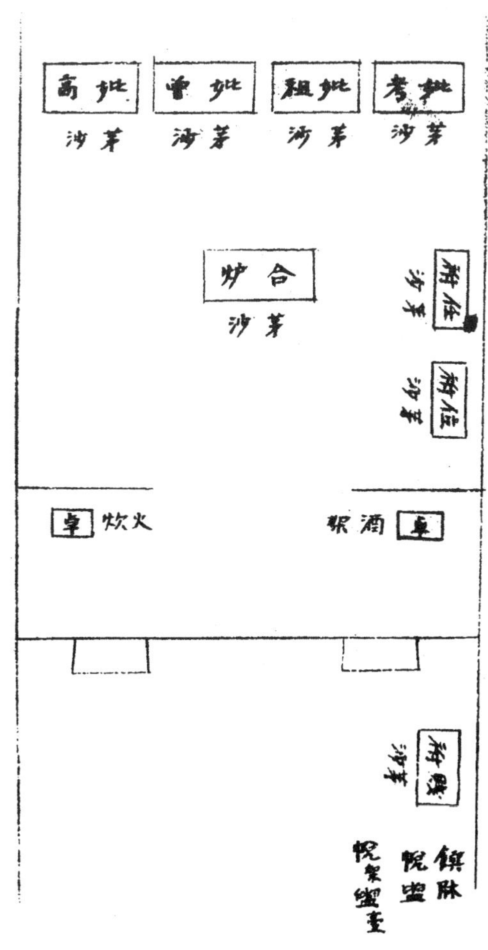

東階卓上陳設品　酒注一　酹酒盞一盤一
受胙盤一　匕一　茶盒　茶筅　茶盞托
鹽楪　醋瓶

右茶盞托以下一不言數，蓋隨神位之數；又階下之東盥帨，本注不言南北，姑用卷首圖。

西階卓上陳設　祝板　笥（笥上置神主櫝）

設蔬果酒饌（二板左）　進饌（三板左）　初獻（四板右）

羹　米食　蔬菜　果楪
神　醋楪　魚　脯醢　果楪
匙筯　炙肝　蔬菜　果楪
位　盞盤　肉　脯醢　果楪
蔬菜　果楪

飯　麪食　脯醢　果楪

奉主就位左二板

就位圖與通礼正至朔望同

降神左三板

圖與喪礼左廿六板同

初獻右四板

神位

卓

同与二板左同

束茅

執事

主人

奉盞　同上

執事　主人

祭茅　同上

執事　執事

主人

受胙　四板右

香案

茅

奉盞執事　祝　執板

主人

同左

受盞執事　執事受板

主人

餕 五板左

北

行 尊 行尊行

六板右

尊者

獻者

衆 男

世 一 行

以衆爲上

初祖 六板左

初祖圖載之先祖圖

設位 七板右

陳器 同上

設蔬果酒饌 七板左

進饌 八板右

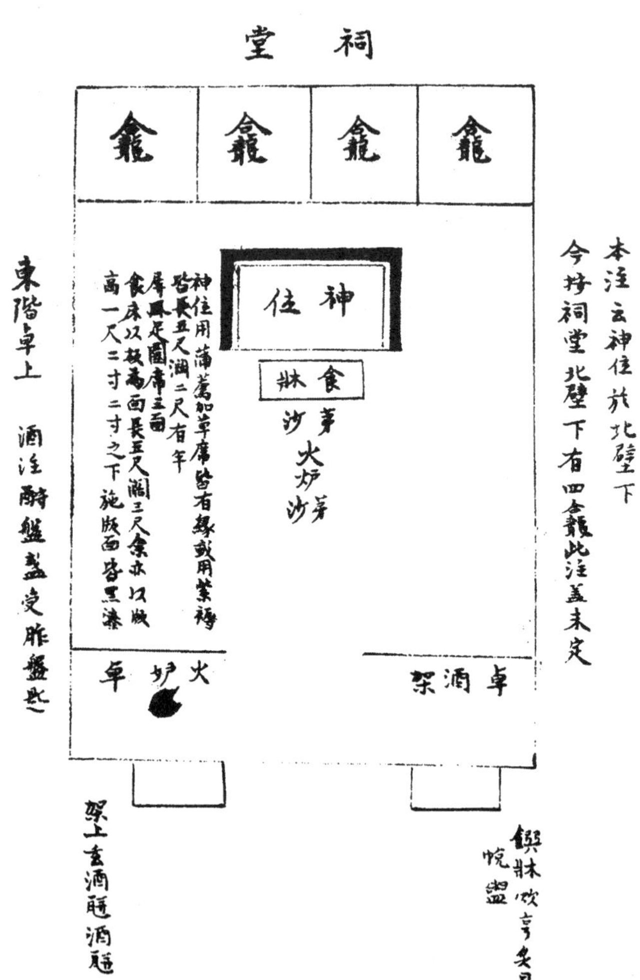
祠堂
龕
龕
龕
龕
本注云神位於北壁下
今按祠堂北壁下有四龕此注蓋未定
神位
食牀
茅沙
火炉
茅沙
神位用蒲薦加草席皆有緣或用紫褥
皆長五尺闊二尺有半
屏風足圍席三面
食床以板爲面長五尺闊三尺餘亦以版
高一尺二寸二寸之下施版面皆黑漆
東階卓上
酒注酹盤盞受胙盤匙
火炉卓
卓酒架
架上壺酒甁酒甁
饌牀炊亨炙具
悅盥

西階卓上　祝版　脂盤

食床上　別圖左方

饌床上　毛血腥盤　切肝肉盤一杵六

炊具禾

烹具十二體

食床上陳圖

刌羹　大羹　匙筯　盤盞　飯

刌羹　大羹　匙筯　盤盞　飯

熟肉　腥肉　毛血

蔬果　蔬果　蔬果　蔬果　蔬果　蔬果

尚斎先生八板左董記所載圖

先祖

始祖受姓之祖

二世至四世謂先祖

二世　三世　四世庶子　高祖五世　曾祖六世　祖七世　考八世

高　曾　祖　考　已

如此者無先祖

大宗子

繼始祖之宗

庶子　二世　高　曾　祖考　已

如此者先祖有二世

庶子　二世　三世　高　曾　祖考　已

如此者先祖有三世此繼高祖之宗始祖則不得祭

墓祭

十一板

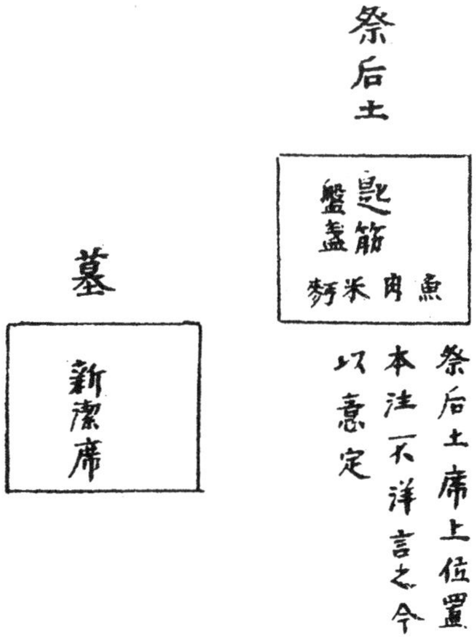

祭后土

匙筯

盤盞

魚 肉 米 麪

祭后土席上位置本注不詳言之今以意定

墓

新潔席

深衣圖解

［日本］中井履軒　撰
陳曉傑　整理

《深衣圖解》解題

[日] 吾妻重二　撰　董伊莎　譯

《深衣圖解》，寫本一册，全十五葉。大阪大學綜合圖書館懷德堂文庫所藏，圖書編號爲1－05－03（藏書票是遺4－231）。

中井履軒（一七三二—一八一七）對儒服也有研究。中國古代儒生的服裝究竟什麽樣子，這是個難解之謎。對此，朱熹等人特别關注的是「深衣」。深衣是記載於《禮記·深衣》和《玉藻》等篇的服裝，是在祭祀和其他場合穿著的簡易禮服。由上下分别製好的衣和裳縫合而成，因其深深包裹身體而得名。

關於深衣，《家禮》通禮部分的《深衣制度》中有説明，朱熹也復原深衣、穿深衣。日本儒者中試圖復原深衣的人也有不少[一]。

[一] 關於深衣的原義及其後的展開，見吾妻重二：《深衣考——關於近世中國、朝鮮及日本的儒服問題》，《朱熹〈家禮〉實證研究》所收，華東師範大學出版社，二〇一二年。

履軒的《深衣圖解》一卷正是這類嘗試之一，這裏收載的是懷德堂文庫所藏的手稿本，作於明和二年（一七六五），解説《禮記·深衣》篇、《玉藻》篇中有關深衣的記述并附圖〔二〕。

此《圖解》的特色有：對《深衣》篇的「續衽鉤邊」提出獨自的解釋，還指出深衣不是禮服而是燕居之服，即放鬆時候穿的服裝。此書的跋文中有如下説明：

> 後世鉅儒，往往爲其眩曜，私製而被服，用之家廟，用之學宫。雖出於慕古之至情也，而有不合于禮者，君子病焉。夫家廟、學宫，其燕服之地乎哉。乃服古之燕服，而廢時王之正服，烏可也。况於吾邦，尤非其所宜。……蓋吾之圖深衣，特明其度，以通訓詁云爾，豈曰服之云乎。

對履軒而言，深衣不是儒服的代表，而且如「况於吾邦，尤非其所宜」，他進一步指出了在日本穿深衣是不合適的。履軒對一部分推崇深衣的風潮提出異議，試圖展示正確的經學解釋而寫了此書。也可以説，這是與日本的世俗和人情用心調和的懷德堂學者應有的見解。

〔二〕懷德堂文庫藏有《深衣圖解》别本三件，編號爲：1105—06（藏書票是懷77）並河寒泉題簽新田82
728·8—CHI 竹里先生手抄本（加藤景範抄）

履軒另有手工製的紙質深衣，也藏於懷德堂文庫。如背面「明和二年秋，履軒幽人制」所記，是與《深衣圖解》同時的作品，用廢紙拼接而成。大小長一二五釐米，寬一五〇・六釐米，是探究深衣原義的一個成果，十分珍貴，其照片見於《懷德堂の至寶》（大阪大學出版會，二〇一六年）。

深衣圖解

余有訓詁之癖，而不喜制度之末文。然全舍制度弗講焉，訓詁有不可孤通焉者，故間亦有所論著。又有訓詁適通，而制度自通者，若《深衣》是也。先儒之最厄於《深衣》者，續衽鉤邊耳。而余之最自得者，亦續衽鉤邊也。嗟，深衣，一物之微耳，講解肇於漢儒，而制造興於涑水。自兹厥後，論辨取舍者，胡啻數十家。經紫陽之縝密，瓊山之博求，而猶未合于古也。然則古文訓詁之不明于今之世者，尚多矣，是可慨已。今先解《深衣》之篇，及《玉藻》之文，隨以圖四章。至於司馬公、朱夫子、丘氏之書，則有不遑辨焉者。

《深衣》曰：古者深衣蓋有制度，以應規矩繩權衡。短毋見膚，長毋被土。

據是文，可見衣本無一定之尺寸矣。《玉藻》雖載尺寸，亦酌中之制耳。要之，以夫中制爲準。度以夫人長短肥瘦，而加損焉，斯可也。夫人有長而瘦者，有短而肥者，有身長而指短者，有身短而指長者，若同身寸，不中用，徒益擾而已。

續衽鉤邊。

衽，襟也。綴身旁，而上接袷末，故曰續衽也。續者，謂綴而足之也。衽，下廣上狹，狹頭亦稍斜緊接袷末，其外邊斜割，更留廣二寸，鈎屈之如袷，故曰鈎邊也。夫身單而袷表裏者，蓋欲其硬起不撓廢也。鈎邊之義，正與此同。成衣之後，袷與衽邊，一直如一物，觀圖可知矣。按《家禮儀節》載白雲朱氏曰：「衽」，《説文》曰「衿」。注，交衽爲襟。《爾雅》衣皆爲襟，通作衿。《正義》云「深衣外衿之邊有緣」，則深衣有衽明矣。宜用布一幅交解裁之，上尖下闊，内連衣爲六幅，下屬於裳。《玉藻》曰「深衣，衽當旁」，王氏謂袷下施衿，趙氏謂上六幅，皆是也。是説正與余意合。然其解鈎邊，則曰：「别裁直布而鈎之，續之衽下，若今之貼邊。」其謬如此，故并前説不爲人所取，豈不可惜哉。

按，喪服之衽，舊解，裰衣下相掩如燕尾，亦謬。宜因深衣之例而推焉，《儀禮》文義自明。又《喪大記》「徒跣扱衽」注曰：「扱深衣前襟於帶也。」可併考。

要縫半下。

下齊丈有四尺四寸，則要縫七尺二寸矣。

袼之高下，可以運肘。

袼當腋下袖與身相接處之下角也。然非格上爲縫，身幅之餘，剩出袼外，爲袖者六寸矣。不然，身太寬而袖太短，不成衣矣。運肘，回轉臂肘也。蓋袼太下則帶厭髀，袼太高則礙肘，不得前却回轉，故袼以不礙肘爲度。

袂之長短，反詘之及肘。

是亦以人身爲度。以中制論之，身幅二尺，袖幅二尺。取袂端，反置之背縫，則其中屈處，當穿者之臂節。

帶，下毋厭髀，上毋厭脅，當無骨者。

側十有二幅，以應十有二月。袂圜，以應規。

以其圓形似規，取象焉已，不必正圓，全合於規也。

曲袷如矩，以應方。

亦以其屈曲，及相會處似矩，取象焉已，不必正方，全合於矩也。

負繩及踝，以應直。下齊如權衡，以應平。

背縫繩直，故云然。繩是矩繩之繩。凡裳之縫十有一，皆襞積掩藏。唯露出背中一縫，上與衣背之縫直相承。餘縫又無與衣縫相連者，故特舉背縫爲言耳。

故規者，行舉手以爲容。負繩抱方者，以直其政，方其義也。《易》曰：「坤，六二之動，直以方也。」下齊如權、衡者，以安志而平心也。五法已施，故聖人服之故規、矩取其無私，繩取其直，權、衡取其平，故先王貴之。故可以爲文，可以爲武，可以擯、相，可以治軍旅。完且弗費，善衣之次也。

是一節，附會之蕪說尤甚者，且於制度無相涉，故此不復辨焉。

具父母、大父母，衣純以繢。具父母，衣純以青。如孤子，衣純以素。

孤子純素，表哀素之心也。非通人之事，又不具父母，則不宜青繢。而傳不言通人之純，則今不可考。蓋唯其所用，無定色也。鄭康成云：「深衣，純之以采。」得之。後儒斷用黑繒，未必合于古。

純袂緣、純邊，廣各寸半。

袂緣猶言袂邊也，此緣字不當訓純。即訓純，是純緣同物，而二字錯出，不可讀矣。袂言緣，旁齊言邊，二字各有當也，非純緣無別之比。

袪當旁。

穿時，袪在左右腋下。腋下，身旁也。

《玉藻》曰：深衣三袪，縫齊倍要。

袖口圍二尺四寸，則要圍七尺二寸矣，倍要則丈有四尺四寸矣。

袂可以回肘。

回肘，與《深衣》篇「運肘」同。

長、中繼揜尺。

長衣、中衣，皆與深衣同制。但以廣尺者續袖口，謂之揜。

袷二寸。

袷，領也。廣四寸者，重摺綴於衣上，博二寸，表裏，故字從合。

袪尺二寸。

袪，袖口也。圍則二尺四寸矣。

緣廣寸半。

緣皆在本幅上，無别出者。

凡傳文唯載衣之度，而不言其材與色，蓋有以也。後儒斷爲白布衣、黑繒緣，不知何所據也。夫布衣韋帶，古者所以稱乎貧賤之人也已，豈君子而皆然哉。且白布之衣，不殆於凶乎哉，恐非君子所宜也。傳稱二十而冠，可以衣裘帛。深衣，燕服，夫人從便可也。而衣帛非禮之所禁，則富貴之人，何苦而不用帛焉，又何嘉而必布焉。然帛亦非定制，則貧士得以布製焉。然而上下貧富，各得其宜也，是材之不必布也明矣。《論語》曰：「紅紫不以爲褻服。」則紅紫之外可知矣，是色之不必白也明矣。又曰：「君子不以紺緅飾。」則紺緅之外可知矣，是緣之不必黑也明矣。是故材不論布帛，色不論五色，唯其所用。《論語》所稱，弗專謂深衣，而足以徵深衣矣。且夫衣不紅紫，飾不紺緅，獨孔子爲然已，亦非禮之所禁。傳文所以不言材與色者，蓋以此矣。若王文中「非黄白不御」，頗偏，亦不考于古之過耳。

周尺

隋書律曆志所謂荀勗晉前尺是也

周尺一尺當今鐵尺（即曲尺唐大尺明營造尺並同）七寸二分弱（弱者不滿四毫不數爲可也）

魚須尺五寸七分強

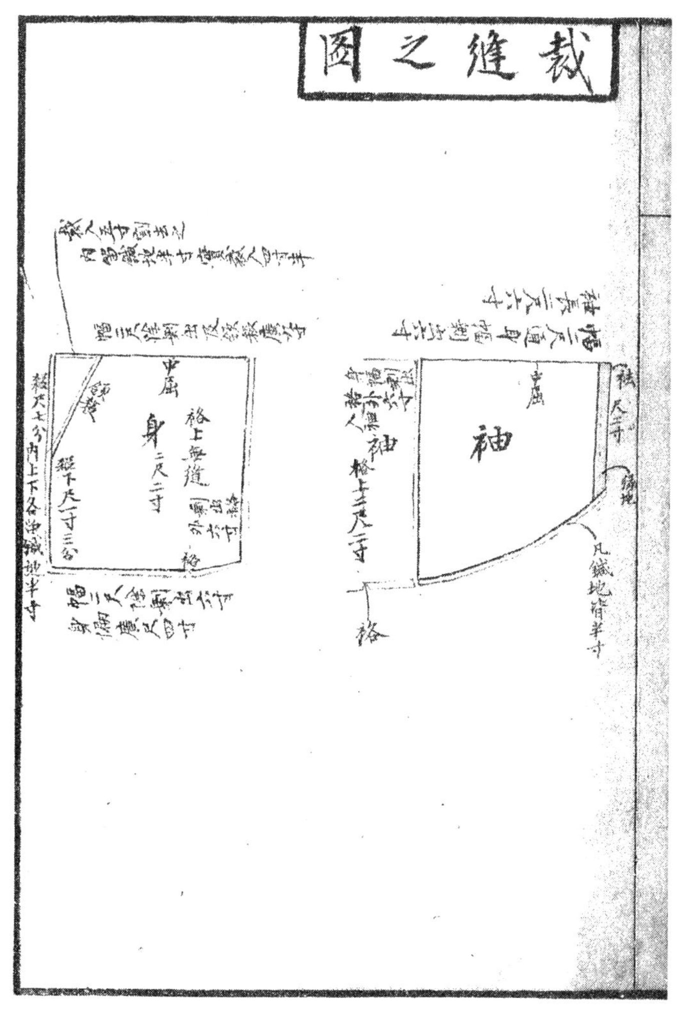
裁縫之圖
中屈
身
中屈
袖
格
凡緣地皆半寸

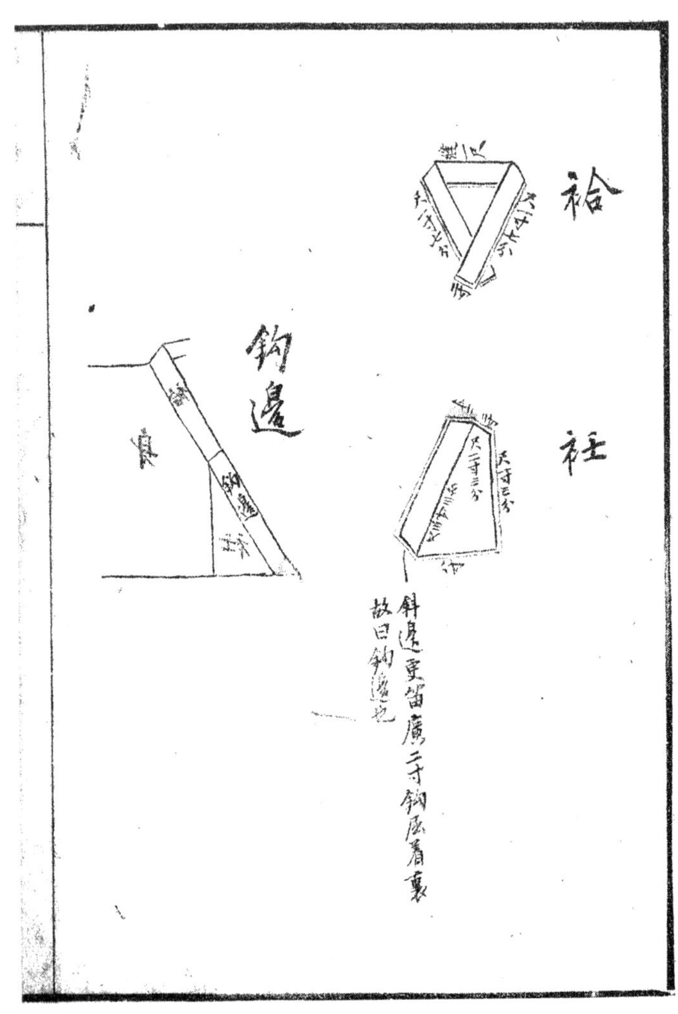
袷
衽
鉤邊
斜邊更留廣二寸鉤屈着裏
故曰鉤邊也

裳一幅交割爲兩幅

四尺五寸

幅二尺一寸長四尺六寸半交解裁爲兩幅幅廣頭斜割去半寸許以承兩邊斜形爲之平狹頭亦準此上與左右皆去縫地各半寸除縫地狹頭七寸廣頭尺二寸而長四尺五寸

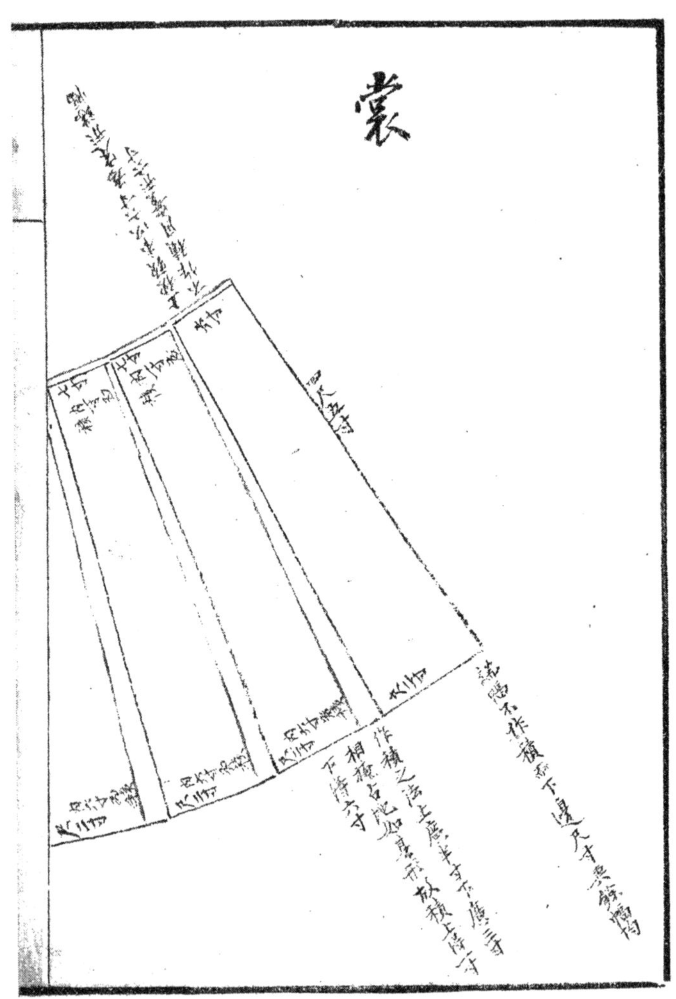
裳
作積之法上廣半寸下廣三寸

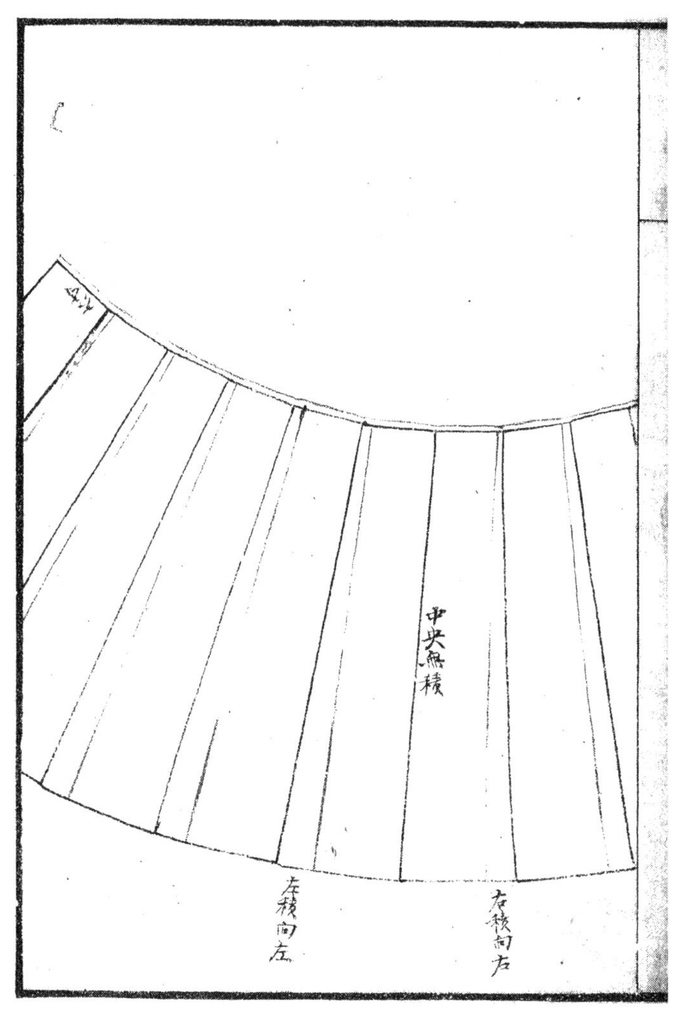
右積向右
中央無積
左積向左

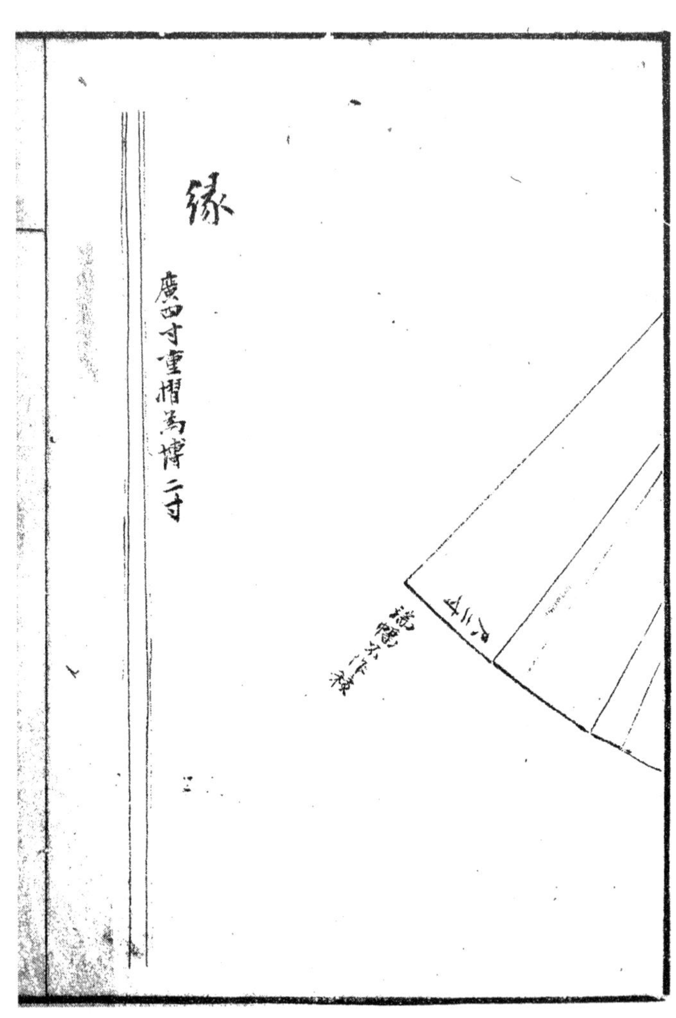
縁
廣四寸重摺為博二寸

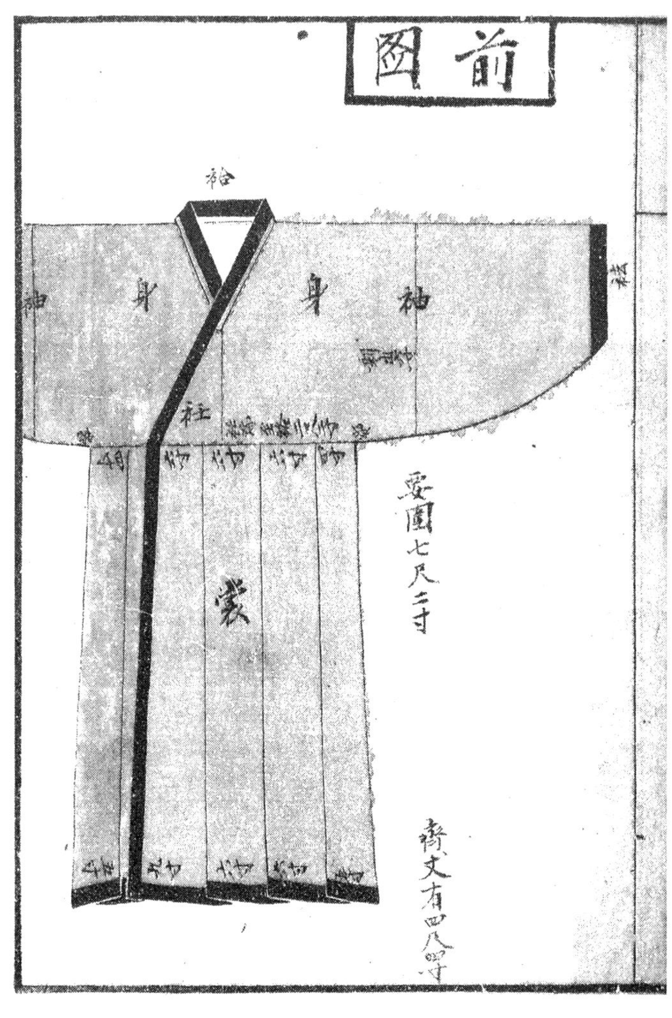

前圖
袷
袂
袖
身
身
袖
衽
裳
要圍七尺二寸
齊丈有四尺四寸

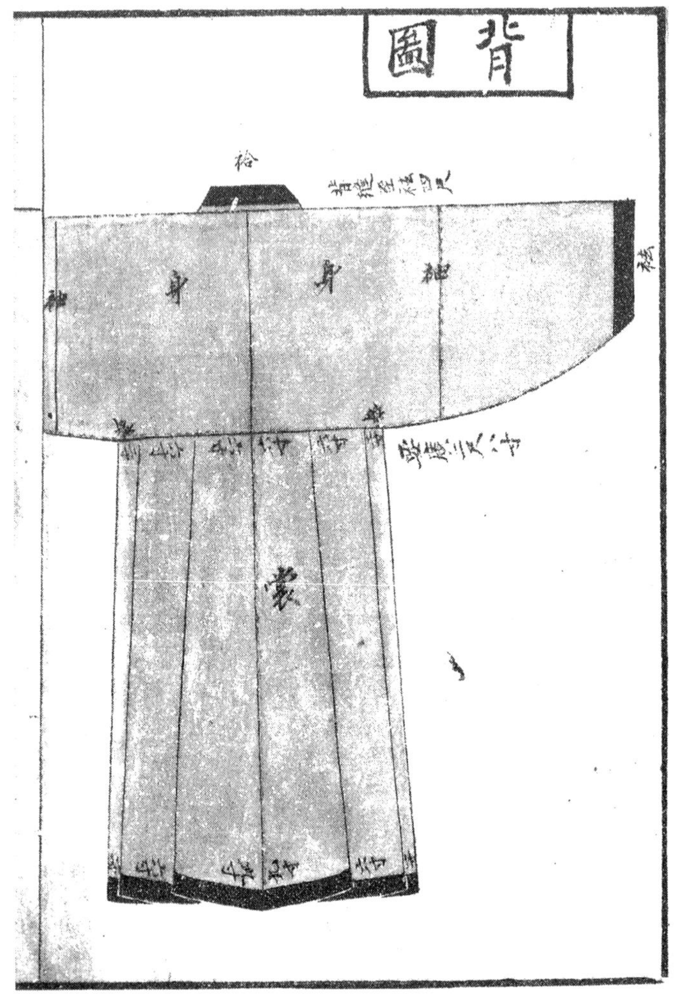
背圖
袖
身
身
袖
裳

穿圖
衽當旁

凡衣材，幅二尺者，長四丈八尺。

衣二丈九寸四分。身二幅四葉，葉二尺二寸，通八尺八寸，袖左右二幅四葉，通八尺八寸，袷三尺三寸四分。衽二條皆於袷之餘幅取之不入數。裳二丈七尺。六幅十二葉，各四尺五寸。

凡緣材，廣三寸者，長三丈四尺二寸。左右袪，通四尺八寸，袷及衣裳旁，通丈有五尺，齊丈有四尺四寸。

魚須尺度之，廣尺有寸半者，長二丈七尺四寸計，廣寸有七分者，長丈有九尺五寸計。

右並不計鍼地。裳端斜割奇零亦不入數。

深衣，燕服也。其製度，唯取於適便已，非有義象。記禮者，不記冕服，而記深衣，可謂舍梧檟而養樲棘者。豈記禮之時，冕服朝服之製業已泯滅弗可知，而深衣獨以儒者之服而廑存耶。其所稱五法文武，皋屬附會，無足辨。且燕服而五法，冕服寧有百法乎。然自製度泯滅，古聖賢之服容弗可復覩。而深衣偶有遺文可考，所謂空谷跫音。好古者，豈可以其燕服而遺棄焉哉。但記者之言過主張，後世鉅儒往往爲其眩曜，私製而被服，用之家廟，用之學宮，雖出於慕古之至情也，而有不合于禮者，君子病焉。夫家廟、學宮，其燕服之地乎哉。乃服古之燕服，而廢時王之正服，烏可也。況於吾邦，尤非其所宜。且古者有異服異言之譏，學者於衣服言語弗可不慎。今也好事者，或重於慕古而輕於自檢，奇服于禮者亦往往而聞。蓋吾之圖深衣，特明其度，以通訓詁云爾，豈曰服之云乎。懼於爲異服異言之導，故謹書以告觀者。

明和二年乙酉孟冬，履軒幽人。

袖
身
衽
裳

祠堂考

［日本］津阪東陽　撰
［日本］猪飼敬所　評
陳曉傑　整理

《祠堂考》解題

[日]吾妻重二　撰　董伊莎　譯

《祠堂考》，寫本一册，全三十三葉。京都大學附屬圖書館所藏，圖書編號爲86－シ－2。

著者津阪東陽(一七五七—一八二五)，名孝綽，字君裕，通稱常之進。東陽是其號。津阪有時寫成津坂。伊勢津藩(現三重縣)人。江户後期的考證學者。本學醫，無成，赴京都獨自探究古學，同時開塾教授衆多門徒。後來返回津藩當儒臣，并擔任藩主侍講。文政二年(一八一九)協助創設藩校有造館，被任命爲督學。晚年专注於著述。爲人真摯率直，憎恨不義。

其出版的著作有：《孝經發揮》一卷等經學方面的書，《杜詩詳解》三卷、《夜航詩話》六卷、《夜航餘話》二卷、《古詩大觀》二卷、《絶句類選評本》十卷等漢詩方面的書，藩祖藤堂高虎的傳記《聿修録》二卷等史書，還有《道のしをり》三卷等和歌解説。詩文集有《東陽先生詩文集》二十卷。

這裏收載的《祠堂考》一册爲漢文所寫，附有訓點。内容首先有《祠堂制度祭禮儀節私考》，然後以「附録舊文七篇」收録《祭祀説》《忌日説》《祠堂説》《周尺當今七寸一分弱考》四篇論説，又附有《與林子明》《與久保希卿書》《答大谷伯固書》三篇書簡。這是專門討論祠堂中祖先祭祀的著作。此外，上部欄外還寫有猪飼敬所自己的評語。

關於此書的撰述意圖，文化九年（一八一二）的自序有云：

爰不揣僭踰，竊斟酌古禮，詳祠堂之制，明祭祀之儀，務從時俗之宜，要其易得而行。冀使士大夫由是得盡追孝之誠，則必思報本之道而不怠守成之義，脩身治家自厚，能保其禄位，無忝爾所生矣。

東陽認爲，在斟酌「古禮」的同時，還儘量遵循日本的「時俗」，提出容易實行的祖先祭祀方法。這樣一來，人們才能盡「追孝之誠」，最終能夠保持各個家的地位。

其子津阪達（號拙修）的跋又有云：

若夫前輩所著《祭禮節解》《慎終疏節》之類，其致志良亦厚矣。但恨不達時宜，直舉異邦之制，强立一家之義，頗多駭世拂時者，殊失聖人從俗制禮之意，方枘圓鑿，不可行也。今所考裁，雖古禮可尚，苟涉異者，一切弗取焉。其錯諸天下，無所不行矣。

在此提及的《祭禮節解》是三宅鞏革齋的著作，《慎終疏節》是中村惕齋的著作，都是有名的江户時代初期儒式祭禮書。但這裏指出，兩書對「異邦之制」即中國的制度照本宣科，不能適用於日本社會，導致了「頗多駭世拂時」的結果，而相對地，此書經常留心顧及「時宜」的通用性。遵循日本國情的立場本身雖不稀奇，但筆者認爲，這一方針在此書中尤爲突出。

同樣的立場在「時祭」的部分也有所體現：

禮順人情可以義起，故時祭之外，各因鄉俗之舊，以其所尚之時所用之物，奉以祀之，庶亦可以伸孝思矣，不可必拘于古制而廢時俗之儀也。

以《禮記·禮運篇》「禮……可以義起也」（禮是可以根據需要重新制定的）的方針爲基礎，提倡應當考慮「人情」「鄉俗」和「時俗」來舉行祭祀。

此書内容上的特色有：把《家禮》的士庶人也可祭祀四代祖先之方針評作「千古明斷」；按昭穆制排列神主（這點與《家禮》相異）；把祧主安置在背後（《家禮》中是埋於墓中）等。另外，除了以《家禮》爲基礎的士庶人用家廟（祠堂）外，對於「大夫」以上身份的家廟，還構想出超越《家禮》層次的貴人用大型家廟，也頗有意思。

此《祠堂考》可説是幕末時期試圖讓《家禮》式的儒教祭禮紮根日本的優秀著作。其中收録津藩的藩儒兼考證學者猪飼敬所所寫的評語也是很珍貴的。

本書天頭原有猪飼敬所評語，此次整理全部移作脚注。

目録

序

夫祭者，禮之大本，而致孝之至也。凡爲士大夫者，幸生於禄位之家，坐享富貴，是誰之力。忝〔一〕藉祖宗〔二〕之德，父祖之蔭，得食租衣税，以居民之上。倩〔三〕念其所自，非如民自食其力者，乃慎報本之道，而務守成之義，豈可不盡心耶。於是乎建設祠堂，崇奉遺〔四〕靈，春秋祭祀，仰答餘慶〔五〕。其事實出於至情，孝子順孫之所以不容已也。爰不揣僭踰，竊斟酌古禮，詳祠堂之制，明祭祀之儀，務從時俗之宜，要其易得而行。冀使士大夫由是得盡追孝之誠，則必思報本之道而不怠守成之義，脩身治家自厚，能保其禄位，無忝爾〔六〕所生矣。《詩》曰：「無念爾祖，聿脩厥德。」夫如是，世家之祚綿延弗艾，燕翼繼志，子孫永昌，豈非禮之大本，而致孝之至也哉。《記》

〔一〕忝，當作「賴」。

〔二〕祖宗，當作「先世」。漢土所謂祖宗，皆指帝王，諸侯以下，未見稱之。篇中「祖宗」，皆宜改之。

〔三〕倩，當作「熟」。

〔四〕遺，當作「先」。

〔五〕餘慶，當作「遺德」。

〔六〕爾，當作「其」。

曰：「喪祭之禮廢，則臣子之恩薄。」余竊爲士林慨焉。斯編之所由作也，若俗士視爲閑事，或以好事譏之，所謂非孝無其親，豈士云乎哉。

津藩侍講學士津阪孝綽識

文化九年，壬申季秋望日。

祠堂制度祭禮儀節私考

《禮・王制》曰：「天子七廟，三昭三穆，與太祖之廟而七。周制，太祖后稷及文王、武王之廟，與高曾祖考親廟，凡七。文武特爲功德而留，謂之世室。諸侯五廟，二昭二穆，與太祖之廟而五。太祖，首封之君與親廟四，凡五。大夫三廟，一昭一穆，與太祖之廟而三。太祖始受爵立家者。士一廟。自上以下，降殺以兩，故士正一。庶人祭於寢。卑賤有分，不得立廟。」此謂設廟之數也。至其所祭，則高祖以下親未盡者，不敢不祭。蓋自天子至于庶人，一也。若曰士唯祭禰而已，則高曾祖三代皆廢而不祭，誠人情之所不忍。聖人制禮，豈彊如是不仁也哉。喪制，自天子達於庶人，五服皆至高祖，服既如此，則祭亦宜如此。故廟雖有多寡，而祭皆及四親則一也。若大夫士之祭，止及其立廟之親，則大夫不得祭其高曾，士不得祭其祖矣。夫五服之制則同，而祭拘於廟制，不及自服之親，揆之人情，推之事理，決非聖人之政也。況不祭太祖，忘本莫甚焉。夫敬念先德，事之尤人情之所重。是可忽也，孰不可忽也。先儒泥古者，謂祭四世爲僭。殊不知但在一堂中共之，非各設之廟，何嫌之有也。且祠堂者，本爲太祖所設，高曾祖考四主，因配以祭也。乃謂事太祖尤爲犯分，何其繆之甚也〔一〕。若夫祭法□□□者，天子諸侯宜然。大夫士廟名，疑漢儒傅會□□□制矣。若拘於祭法廟，名則上士、中士祭祖考，下士祭父母而已。蓋大夫之□□□舉太祖左右二廟高曾祖考之所，士於一廟中併奉五世也。夫周人敬祖宗〔二〕尤重，猶我國俗之情也。秦漢已降，士大夫皆崛起草野，無復世禄之家，《曲禮》所謂「已孤暴貴」者。故其於祖先，以功德薄念之不厚，遂併親未盡而不祭，恬然安其薄俗，豈不太繆哉。朱子論士祭禰，而不及祖，曰位卑而澤淺，其理自當如此，惡是何等語耶。程子則言，今人不祭高祖，玄孫於高祖自有服，不祭甚非。某家却祭高祖，此誠千古之明斷也。明制初許庶人祭三代，以未盡人情，尋許祭四代，蓋從程子之言也〔三〕。古之廟制，不見於經，今依朱子家廟圖，斟酌其制度，俾創建祠堂者有所考焉。雖耑爲士庶人，然大夫以上，亦須准此制，隨宜增損焉，庶乎其可矣。

〔一〕按屈大均《廣東新語》，南之著姓右族，其大小宗禰皆有祠。代爲堂構，壯麗相高。每千人之族，祠十所。小姓單家，族人不百者，亦有祠數所。共曰宗祠者，始祖之廟也。庶人有始祖之廟，追遠也，收也。追遠，孝也。收族，仁也。匪僭也，匪諂也。歲冬至，舉行禮，主鬯者必推宗子或(以下缺文)。

〔二〕祖宗，當作「祖先」，下倣此。《禮記》尊祖敬宗，謂宗子之家，恐讀者以此誤證。

〔三〕往年巖垣先生患士庶人祭始祖非古禮。余曰，古者田禄出於上，非襲祖業，故無祭始祖。今承祖業者，雖士庶人，不可不報本也。古今異宜，古禮可拘乎？此書祭始祖與愚見合。

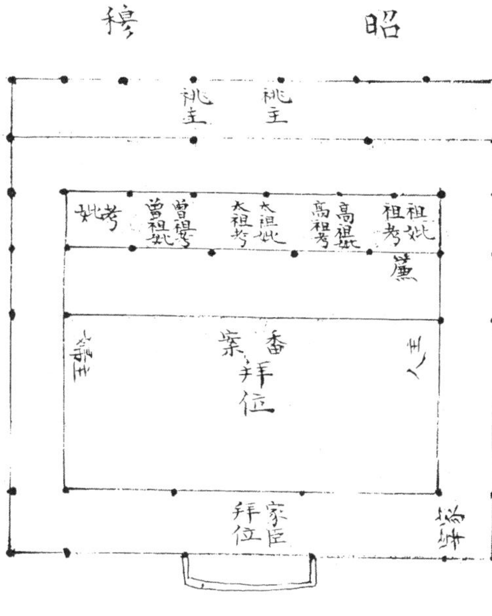

堂方二丈四尺圖。面用分摺尺。○神龕架柏，若欅滑，板高可三尺。太祖〔二〕位於中央，高曾祖考以昭禮分班其左右。内設帳凡五張，外垂簾稱是。○前床陳薦奠之所，低龕五寸，左右柱掛插花箭。祭日及諸令節朔望，採花卉獻焉。○拜位置香案，闊容筵九鋪，左右並施裱隔各三扇，背後裱隔六扇。○四方環設緣頰者筵凡十三鋪。○後龕藏祧主之所，以昭穆爲次，席合藏于此内各設帳，外施小紙格凡十六扇。此竊倣唐宋夾室之意，明制亦即太廟正殿之後，建藏遷主之所。見《續文獻通考》。○外户前面六扇，左右各三，龕前左右各一，凡十四扇紙障稱是。

〔二〕 大祖，當作「始祖」。漢魏以後，士大夫避天子廟號，稱始祖，猶避皇考曰顯考。

五世考妣凡十位，以中央爲尊位，則左右斯下矣。故考妣班位，昭尚右，穆尚左，不得拘神道尚右之義也。神道尚右，自西遞列而東，古之禮也。然今龕中位次，以中央爲上，則穆主考妣，不得不自東而列，亦事死如事生也。若有繼室者，與元配一櫝中。藏主祭饌，亦共一卓龕中，窄隘不能容也。婢妾以子貴者，升祔嫡母，但不設櫝，亦不能容也。或龕中至狹，列櫝不得容十座者，五世考妣各同櫝藏之。蓋夫婦一體，同几共卓，於禮未爲失也。

宗廟之制，以昭穆次之，左爲昭。右爲穆。左右就太廟而言，非我之左右。凡太廟在北，昭穆四廟，分班其前。昭廟在西，穆廟在東，亦皆南面各一大宮殿也。皆具門堂寢室，各周以繚，垣外爲都宮，設大門。但大廟祫祭座次，太祖坐西，群廟之主在前，陳于左右，群昭坐北向南。昭，明也，謂其向陽也。群穆坐南面北。穆，幽也，謂其向陰也。是昭穆之號，因祫祭所稱也。或謂左爲陽位，故稱昭。右爲陰位，故稱穆。此誤，就廟次而言耳。太祖百世不遷，四廟之主，親盡遞祧，謂遷藏於太祖廟中也。祧之言超也，言其超然上去也。其所以必祧者，説見附録書牘中。今龕中次序，謹從其禮，以世次互左右爲班。而親過高祖，則遷藏於後龕。因升祖爲曾祖，而納考於其所。於是故考爲祖，故曾祖爲高祖矣。然此二主，其座不遷，而號晉耳。昭穆之班，昭常爲昭，穆常爲穆。故新主之入，祔昭則二昭皆移，而穆不動。祔穆則二穆皆移，而昭不動。蓋一世昭，一世穆。父爲昭，則子爲穆。父爲穆，則子爲昭。故龕中位次，一則昭爲首，一則穆爲首也。若不審斯義，或錯亂昭穆，左右移易，大失其序，不可不詳也。昭與昭爲列，穆與穆爲列。截然不可紊，是廟儀第一典故也。

或第二世若三世功業之盛，不讓太祖。子孫永仰遺德，可以爲太宗者，雖親盡不可祧也。或有中興之宗，亦宜配祀焉。〔二〕說見劉歆武帝廟議引證殷太宗、中宗、高宗。蓋雖祭七世，只在一堂中而已，何嫌於七廟之制。若別立祠，則僭矣。

凡神主伉儷配享。《傳》曰：「婦人之義，從夫者也。」故夫存則神主未可升正位，姑就旁邊權設別位以享焉，俟夫之主入而始合祔也。明人車清臣《脚氣集》云：「本朝后先崩，未即歸太廟，而神主享于別廟。暨帝崩，然後以神主合歸于太廟。」蓋亦自古之制，非始于明也。雖子既爲祭主，然父尚在，則母不得獨升，必從夫乃尊也。龕中狹隘，不得設別位，姑祔其祖祭之，亦不得已之權宜也。雖子既爲祭主，然父尚在，龕中未有所祧也。

神主之制，不見於經，古禮靡得而考焉。自宋以後，世皆從程子所創之式，義起之制得其宜也。但題主敬慎之至，心手畏縮，易致差謬，况於葬所書尤難保無失。故必在家預書，奉以臨葬，乃致敬之至也。其題外面，不用粉直書，只以謚稱曰某君神主。不問尊卑，男女皆然，並不

〔二〕 古者有德者爲宗，謂帝王廟制也，未聞齊、晉以桓、文爲大宗。禮所謂大宗，謂宗子之家。漢後大宗，爲帝王廟號，此亦宜避也。既從程子祭四親，又以時宜祭始祖。則祭中興之祖及有功德者，亦以義起，無不可矣，但稱宗似僭耳。

題主祀之名，蓋粉面以書，易世則改題，褻主瀆神，所不忍也。此先儒三宅萬年所考，真所謂先獲我心矣。嘗見《朱子文集》，或問奉祀者題其名，曰：「此亦未安，且不須題奉祀之名，亦得。」是朱子亦固嫌題名，蓋憚其褻也。旁親祔主，雖卑等亦書曰「君」，似是過稱，然既以不改題爲要，乃今日己之卑等，是異日子孫之尊行。且旁不題主祀之名，則姑加過稱，亦無害焉耳。

喪中奉新主，蠲潔一室，設靈座焉，俗稱「中陰之間」。奠從俗禮，宜用素膳。若居喪買魚肉，詭世駭俗，或致蒸豘之議，不得不避嫌疑也。《朱子家禮》新主至大祥始入于祠堂，俟三年喪畢也。邦典父母之喪，五旬忌闋，乃皆即吉行事，仕者可以就職。於是若靈座之設未徹，恐不能無觸事，有瀆矣。是故雖與夫禮違，不如速納主之。愈宜因忌闋之祭，遂納于祠堂也。蓋量時與地之宜，不得不以義起禮耳。奉遷親盡之主，須俟百日忌之後，〔一〕其間新主神位，姑祔于祖父。《檀弓》曰：「卒哭曰成事。是日也，以吉祭易喪祭。明日，祔于祖父。」〔二〕本諸此也。

《王制》曰：「喪三年不祭。」蓋古人居喪，凶服在身。故宗廟之祭，不得不廢也。今百日忌之後，乃行吉祭，可也。夫忌既闋，公私皆即吉行事。而家廟之祭，獨可待大祥之後乎。或拘于

〔一〕百日祭死者，漢土諸史只稱百日，非忌日，又非今制之忌，此「忌」字宜刪。若依世俗，則宜言百日齋。

〔二〕「父」字衍，疑當作「今」。

古，弗思甚也。

凡祭，自前一日齋戒。古者七日戒，三日齋，謹之至也。今之人恐未能行，是以從節略云。每事祭主親行。《祭統》：「祭，必夫婦親之。」子弟從佐之。皆著社衸。主人奉考主，主婦奉妣主，不敢不盡敬潔也。祭不必於晨，日牌若近午可也。但日間有官務者，不得不侵曉已。忌日以净饌祭。俗間前夜先祭，甚無謂也。本日祭畢，輒詣墓展拜，隨俗供香花。時祭則用魚。古者歲四祭，故曰「時祭」。皆用仲月，卜以擇日。或用二至、二分。今如吾儕數斯瀆矣，春秋而已，可也。務設盛饌，依其家饗嚴客之儀。器物之制，皆依常用，事死如事生也。殺菜之數，謹守時制之儉，不敢加貳膳焉。別進炙，尋進下酒羹，獻酒各一盞。先供盞於各位，而用長柄酒注注焉。初獻主人，亞獻主婦，世俗所謂加酌。既徹，供茶果乃止。薦奠儀節并圖，詳見卷末。夫祭不貪品數，唯欲潔清。蓋物多則煩，煩則恐黷，不如簡而盡敬。《易》曰「東鄰殺牛，不如西鄰之禴祭」是也。祔位不別供，亦不能容也，唯忌日一奠而。若當祭而或有疾病，及不得已之事，則使子弟攝行其事。凡歲首諸令節，輒進其節物，亦皆宜從俗制也。元旦、人日、上元、上巳、端午、七夕、中元、八朔、重陽、猪日、冬至、立春、除夕。朔望獻國禮神酒而已，蓋在官者，是日有朝謁之禮，不得不從略儀也。或退朝而後行禮，亦可也。蓋有失朝之懼，恐致忽忙不敬。皆前一日灑掃，亦必夫婦親之，所以盡誠敬也。若夫迎祭諸正寢，恐或有媟瀆之失。且駭時俗，以爲戲弄耳。祭畢所徹諸品，家衆拜食，或頒送親戚之家，若經宿味敗，宜付之水流也。《禮》曰：「君子行禮，不求變俗。」祭祀之儀，居喪之服，皆如其國之故，謹脩其法而審行之。」是故凡事無害於義者，皆宜從時俗，勿輕違國禮也。豈可居今之世，强復於古，生於是邦，妄效異邦也哉。或輕薄好事者，不審時勢，不達事情，祭祀之儀、器物之制，本國所無者，欲强舉行之。或規其好異，輒斥以不學，徒詭世駭俗，安在其爲孝也。罪以亂民，其可辭乎。夫三代聖人之禮，亦互有所損益，各因時之宜也。况世之相後也數千百歲，地之相去也數十百里，宜其不可彊也。

禮順人情可以義起，故時祭之外，各因鄉俗之舊，以其所尚之時、所用之物，奉以祀之，庶亦可以伸孝思矣，不可必拘於古制而廢時俗之儀也。張南軒欲廢節祀，謂黷而不敬。朱子《答南軒書》云：「今之俗節，古所無有，故古人雖不祭，而情亦自安。今人既以此爲重，至於是日，必具殽羞相宴樂，而其節物亦各有宜，故世俗之情至於是日不能不思其祖考，而復以其物享之。雖非禮之正，然亦人情之不能已者。但不當專用此而廢四時之祭耳。夫三王制禮，因革不同，皆合乎風氣之宜，而不違乎義理之正。正使聖人復起。其於今日之義，亦必有處矣。」此言誠盡情理，其可不從厚乎。

香案，高可一尺，髹洒金爲佳。鑪用銅，形宜古雅。香盒置鑪前。香必沈檀，無用末香，且不許盛焚，忌烟氣熏污龕中。

祭祀用燭，定非古禮。《朱子家禮》陳燭臭者，蓋備昧爽之用。大陽已升，固當徹也。夫侵夜行祭者，本出於不得已。苟得已者，不侵夜可也。既詳于前。釋道白日用燭，以夸耀人目。徒逞花費，暴殄天物，可歎耳。但元日侵夜行禮，不得不設燭。一歲之中，唯是而已矣。用長檠二架，置之拜位前，恐烟氣薰污，不敢向龕逼焉。

親盡之主將祧，百日忌之明日。特具饌祭之，一如時祭之儀爾。乃奉而遷焉，蓋送别設餞，神人一理也。既迎新主，以入祠中，各獻國禮，神酒亦義起之禮也。既爲遷主，忌日無復祭，但焚香拜謁，及歲首奉年糕而已。若夫祫祭遷主，皆合食，然天子諸侯之禮，非士大夫所敢也。〇子孫十數世之後，至遷主無所容。以次奉送瘞藏，墓次行祭始回。《朱子家禮》埋主祝文，所謂心雖無窮，分則有限，萬不容已也。但《家禮》祠堂不設遷主之所，親盡則送諸墓，尤所不忍也。昔漢元帝時，親盡之廟主瘞於園，韋元成以爲毁主雖親盡，但萬國尊饗，有所從來。一旦瘞藏，事不允愜。晉博士范宜，意欲别立廟宇，奉諸毁主安置其中。方之瘞埋，頗叶情理，然事無典，故亦未合儀。故宜循古禮，皆藏之祧廟。韓文公所謂漸而之遠，於情差安者，乃至不得已，然後瘞于墓，庶其可也。

于役不在家，則春秋之祭，不得不廢已。但忌日之祭，主婦代而行之，可也。已於旅舍，設几筵，奉紙位以奠，謹致其志而已矣。紙牌書曰：「某君神位。」還國埋於墓側。〇幸家有長弟，若子已足幹蠱，則春秋之祭，宜令其攝行也。

忌日，謂先人見背之日，禮稱君子終身之喪。故至是日，必齋必戒，其禮一如居喪也。今我國俗過厚，每月值其日則祭之，謂之月忌，不知其始于何時，蓋亦後世浮屠氏爲貪布施所設。但俗士之家，不行春秋之祭，朔望之奠者，尚賴有是耳。然月非其月，則日非其日，一歲之内，豈有十二忌日哉。〔二〕《禮・喪大記》云：「父母之喪，既練而歸，朔日、忌日則歸哭于宗室。」此謂自小祥至大祥之間。古者以甲子紀日，則一歲之内，值六忌日。蓋每一週甲子，輒惜去者日遠，故哀而哭之也。過此以往，則一年一忌而已。意浮屠氏由此衍爲十二忌日耳，夫每月忌祭，於禮爲煩，不已瀆乎。故遂習以爲常，值真忌日，未必愼重，只持素而已。歡笑行樂，陽陽快暢，無異常。夫忌日，終身喪，奈何舍之出遊，服美食旨，不知其何以爲心哉。是過厚之弊，反致此浮薄。故正禮者，斷以一歲一忌爲是。傳曰：「亟則黷，黷則不敬。君子行祭也，敬而不黷。」宜乎其誡之也。俗儒論禮，不能以義裁制，弟曰：「不若從厚。」而不知煩數之爲黷也。夫過厚而淫禮，其弊非但褻瀆，不陷爲輕薄者，幾希。故聖人之所戒，可不監也哉。

凡忌日，自前朝齋戒本日尤嚴，入夜仍不可不愼也。愚民信浮屠者，前夕設道場，作佛事，俗謂之逮夜，以爲逮夜重於本日，乃本日不必重焉。或有過午則喫魚肉者，雖氓之蚩蚩哉，何其

〔二〕古者以甲子紀日，故一歲有六忌日。有閏月，則或有七忌日。大祥之後亦然。後世以日數紀日，故一年一忌而已。《魏志・文帝紀》注：「鄄城侯植爲誄曰：『惟黄初七年五月七日，大行皇帝崩。嗚呼哀哉！』」杜氏《通典》，晉穆帝時，博士荀訥議云：「禮所謂忌日，當是子卯。今代所忌，更以周年日數，與古不同。」以周年日數爲忌日，蓋自魏晉始。巖垣龍溪先生曰：「余始從俗每月愼忌日，今雖知其非，寧失於厚，不忍從薄。」予亦從之。既而母老，爲祖父母、舅、姑、叔父兄弟子孫，每月持齋十四日，予憂之。固請，母乃改以爲一年只一忌日。自後予亦考諸親戚愼忌日，以至今，以日不多也。

恝焉。不情一至于斯耶?若士而效尤,其爲罪謂何?不可不重戒也。

世俗大祥之後,俟五七年始一祭之。過此以往,每十年一祭,謂之年忌。〔一〕請僧設齋,親朋畢集,張御逞奢,酣暢罄驩,宛如土地祠之會,不復知忌日必哀。尤屬狂悖,不知何物。猾釋所創佛典,本無其説,妄假儒家時祭,爲此無町畦事耳。櫻町相公成範,其弟爲高野明遍上人,公爲先考信西十三年忌祭,遣人詢齋會之儀。上人答書曰:「佛者薦冥福四十九日而止。」所謂年忌法事,一切經論都無所見,愚俗誣佛,決不行可也,但須依儒法設祭,以伸追慕之情耳。見于《東見記》。先是,未聞有年忌者,蓋自保平禍亂,異端乘釁大興,遂生斯弊習也。嗟夫!明遍識斷,誠信西之子哉。方今舉世行之,殆如國家之制。雖惡浮屠若浼者,不得不曲從其俗,豈不嘆哉。但彼得利則已,要須齎送布施,就寺齋僧誦經耳,何必行之於家,以攪擾忌日乎。諸侯作佛事,皆委之寺僧,胡爲士大夫乃獨不爾耶。嗚呼!名教不振,彝倫攸斁,邪説譸張,熒惑斯民,風俗之壞習以爲常。試觀今日之域中,殆爲浮屠之世界,寔可爲長大息也。《舊唐書》,文宗時,户部侍郎崔蠡上疏論國忌日設僧齋,百官行香,事無經據。詔曰:「朕以郊廟之禮,嚴奉祖宗,備物盡誠,庶幾昭格。恭惟忌日之感,所謂終身之憂。而近代以來,皈依釋、老,徵二教而設食,會百辟

〔一〕京師之俗,一周再周。七年,十三年,十七年,二十五年,三十三年,五十年。齋僧祭之,曰年忌。自是之後,至五十年則祭之。

以行香。將以有助聖靈，冥資福祚。有異皇王之術，頗乖教義之宗。昨得崔蠡奏論，遂遣討尋本末，禮文令（武）〔式〕，曾不該載，習俗因循，雅當整革。其兩京、天下州府，以國忌日於寺觀設齋焚香，自今以後，並宜停罷。」夫諸侯之邦，有祠廟之祭者，此事似宜援引，而奉行于今日者也。

酒爲合歡之物，唐人以春名，以撩人快悦也。物以春稱者，酒與女色而已。故忌日之祭，雖其所奠，不敢染指也。世俗唯知是日（茄）〔茹〕素，而杯杓無所忌憚，酩酊乘興，當哀而樂，誠何心哉。禮曰：「居喪，不飲酒，不食肉。」又曰：「行吊之日，不飲酒食肉焉。」首舉酒者，其戒之重於肉也。且夫吊人猶且慎之，況忌日猶居喪，其可近歡伯乎。《明律》：居喪飲酒者，杖八十。

春秋之祭，俗所謂祝日，親屬聚會，助祭拜胙，團欒盡歡。或及吹彈歌舞，亦可。但慎守儉制，不敢作奢靡耳。若有先世乳媪，及遺愛奴客，亦宜邀飲食也。孝子之用心也，父母之所愛亦愛之，父母之所敬亦敬之，至於犬馬盡然。雖父母歿，終身不衰。

禮，父子異昭穆，其兄弟相繼，則昭穆同班，是以兄終弟及者，無以兄爲禰之禮，故姑從祖以祭焉。後至弟歿，子嗣升祖爲曾祖，而兄終弟及之二主始俱爲禰也。不然，非唯亂昭穆之倫，設令兄弟四人相繼立，則祖、父之主即已從祧矣。禮，父子相代曰世，兄弟相及曰「及」，亦以是也。故史家書法，若五世之内，有兄弟繼及者，其計世數曰「五世六主」，即兄弟四人相繼，都爲一世耳。世或失其義，有行悖禮者，故詳焉。昭穆，經也。輩行，緯也。其不可亂，尤所嚴也。

凡旁親之無後者，各以其班祔。班，謂昭穆輩行之次。祔，附也。旁親不得專享其祭，但附之正統之主，以受食而已。伯叔高祖父母，祔于高祖。伯叔曾祖父母，祔于曾祖。伯叔祖父母，祔于祖。伯叔父母祔于考。祔主不設櫝，龕中不能容也。及正統之主入祧廟，亦長相從而不離也。若夫孫從祖祔食者，《喪服小記》：「殤與無後者從祖祔食。」《穀梁傳》祫祭注：「孫從王父坐。」以其無所祔，姑寄託焉耳。孫者，就祖而言也。蓋我妻若兄弟，若兄弟之妻，昭穆之次，當從祖父之下，故因寄祔焉。凡祔，昭祔昭，穆祔穆。孫與祖昭穆同，故寄祔焉爾。及祖外爲曾祖，而諸孫祔位，仍留不遷。從新主以祭，於是輩行等位，始得其正焉。我子姪姑祔于考，亦如是也。吾考於子姪爲祖，故姑寄祔焉。俟其兄弟入爲禰，而後祔位始正矣。○《朱子家禮》注：伯叔祖父母祔于高祖。伯叔父母祔于曾祖。」此以孫姑祔于祖，遂爲長。如是，則不但亂輩行犯等位，至致親未盡而祧，豈可乎哉。○或問：「若兄弟及妻死，而祖父母在，則祔何處？」曰：「祖父母在，則龕中未有所祧，高祖猶爲祖考，當祔于此也。我子女死，而父母在，亦准此例。若祖父母在，而父母先卒，亦姑祔其祖，未可遽爲祧也。」

祔主忌日之薦，不可無隆殺也。凡殤祭終姪之身，成人而無後者，終姪孫之身，庶幾其可乎。《朱子家禮》注載程子之説，亦以義起者，然恐失乎薄矣。

凡事祠堂，每日夙興盥漱，着袴參拜。不必啓龕。朔望則盛服啓櫝有獻。見前。他行經宿以上，出入必告。焚香。君有賜，先呈。四時新物，必先獻而後食，未薦不敢嘗。不必割烹，可也。家有吉事，輒告。焚香。就中襲禄、任官、于役、拜賞、加秩，及生子、元服、嫁娶等，特獻神酒以謁，所以仰餘慶也。新婦見於舅姑畢，即令入謁，生子，七日而抱謁。

春秋忌日之祭，俗節朔望之謁。主人主婦，拜畢，仍留，分坐左右。自伯叔父母以下，至子孫，若子婦孫婦，宜以次更番入拜。不必向各位逐一拜，只詣香案前跪拜而退，可也。主人主婦，亦只就位合拜而已，猶世俗饗賓之禮，不必向衆逐一拜也。○家隸拜位，見于圖說。主人家眷拜畢，然後許家臣當謁者入拜室老。既拜，仍留，須俟衆皆畢乃退也。但春秋及忌日之祭，而其餘不許至于此。若因事過其庭，鞠躬如也。

微禄家貧宅狹，不能別構祠堂者，視屋宇之制，就便設廂，以爲祠堂。其制，闊容四席，廣六尺，長二丈二尺。口施户二扇，左若右設窗取明。其奥一席，架板爲神龕。高三尺。前施小褾隔四扇。龕下設橱，以藏祭器。餘三席，爲家衆拜位，不許置他物。祭祀之儀，亦宜稱是。殺節也，是略之又略，傷哉貧也。然啜菽飲水，以盡其歡，斯之謂孝，亦唯隨分致志而已。

神主避災，尤當深慮，具長櫃奉之，最爲上策。然非大夫以上，方事之殷，恐反狼狽。但用兩懸挾箱者，殊爲輕便，宜豫備也。平日不許納他物，且常必具擔，不然，臨急尋擔，恐致失機。若眉急不得已，則去櫝，以袱包小帶括之負而遁，雖婦女子亦可能矣。此亦須令家人預虞也。

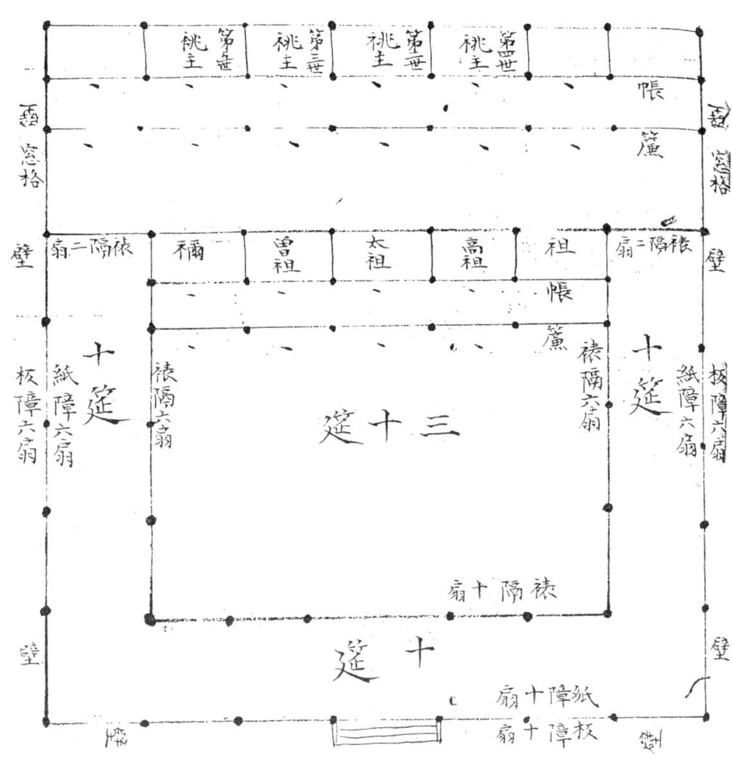

大夫家廟之圖，闊方七間，嘗爲一巨室。所考詳量便宜，頗悉制度，工費約三百金可以逞也。宅有餘地，得如是作，其於大夫之分，庶亦能事畢矣。蓋遵漢唐故事，擬同堂異室之制，以方一間爲一室，兩旁隔版，奉安五世神位焉。後堂別設七室，藏遷主于此，若十二世之後，即其左右增展新室，以容主爲限。至不可容，乃以次奉送瘞藏墓次，雖王侯所不得已也。

祭饌陳設之圖

饌每位各一盤飯羹菜膾及鍾凡五品逐位供遍
乃啓蓋而退別用小托盤盛炙於碟以進継進下
酒羹獻酒各一盞

祭主夫婦將進饌先就位拜
進畢又就位拜仍奉炙獻酒
然後分侍左右家衆乃以次
入拜謁皆畢於是祭主夫婦
又就位拜而復諸椀蓋而徹

香案安讀拜位之前凡將啓櫝先就位拜就爐焚香既
啓更就位拜祭畢將閉又就位拜既閉卸香盒收拾
爐中残火而退

既撤饌乃供茶料進茶
各用黒漆小托盤茶料
如花糕豆炒糕之屬須
極鮮潔盛酒金浅盆附
朱髹小筯茶盞加盞以
呈取蓋以退家臣當謁
者宜以此間入拜也

炙居大盤之前
羹居右酒居左

每月朔望各位獻國礼神
酒終朝而徹

黒漆臺盤盛小磁罇一雙
挿摺紙為飾

歲首及諸佳節各位獻節物
黒漆臺盤盛之

年糕三日而徹諸餘節物
終朝若半日而徹

祭器品目

凡祭器特造，尤要精良，其制皆如事生之儀。別藏諸櫃，敬封鎖之。

食盤。黑漆光髹，高八寸，俗稱苦鼇加多亞，嗣者爲佳。品椀。朱漆光髹，飯、羹、菜三具，俗所謂弭通倭牟。膾碟。俗稱沙羅。鍾。俗稱稚餘苦。箸。朱漆，用棉紙包以世俗所謂密豆比企爲帶。炙碟并托盤。盤黑漆，俗稱八寸者。下酒羹碗并托盤。碗朱漆光髹，盤同上。酒杯并托盤。杯朱髹描金，盤同上三十枚。菓盆。灑金，俗稱稚耶通。茶盞。白瓷。○茶菓之托盤，即取載炙碟羹椀者，拭净用之。酒注。提銚。

右各具十位分，時祭、忌祭通用之，酒注一雙而已。祔主忌祭，別具二位分，諸祔位，交互通用。其制差小，可也。

磁罈。十雙，世所謂弭幾獨苦鼇。槖盤。黑漆，俗稱佐牟乏宇，盛神酒，盛節物。凡二十枚。

附録舊文七篇

祭祀説

祭祀之禮，出於人子至情，思慕之切，聿追來孝，欲罷不能，自盡吾情是而已矣。如論其有無享否，則情之未至者也。夫孝子慕親，欲報之德，事類兒嬉，不容自已，况情理至者乎。爰惟立主，其來遠矣。主者，神象也。孝子既葬，心無所依，故立以事之。《禮》曰：「祭者所以追養繼孝也。」蓋人子事親，盡奉養之歡，孝思之無疆，不勝愛日之情。一旦父母見背，養不可復，徒追慕之加，每觸物感事，輒思先人若在，宜慰以奉歡焉。欲寄其罔極之痛，少申無已之情，音容既隔，無奈之何，於是立主以事之。歲時祭祀，供甘進旨，庶或饗之慇慇懃懃，猶如事生，以致追孝之志，而展其所不容已。是生前孝養之餘，而至情盡思焉爾。其不來格，歆享乎否，則無容心於其間也。《大戴禮》曰：「祭祀致饋，且養之道也。」死思慕饋養，况生而存乎。《論衡》曰：「推生事死，推人事鬼。陰陽精氣，倘如生人能飲食乎，故供馨香，奉進旨嘉，區區惓惓，冀見答享。」此皆至情盡思之謂也。即知其盡思無益，不能已止於衷。假使其神者果無乎，亦安忍廢而不祭耶。況夫君蒿悽愴，洋洋如在其上，如在其左右，亦唯至情之所致，僾然愾然乃爾。故曰惟老子爲能饗親。是祭祀之禮所以由起也。講學家說，鬼神以氣之聚散言來格之理，殆與釋氏中有之說相類，究空言耳，清人紀曉嵐論之詳矣。若生儉奉養，不能順志盡歡，死乃裝盛禮行喪祭，何足以言孝？故曰：「椎牛而祭墓，不若雞豚逮親存。」言祭之厚，不及養之薄也。是以君子思其不可復者而先施焉。嗚呼！風樹之憾，噬臍可及乎？此實祭祀之本。未能事人，焉能事鬼？故生事盡力，養致其樂，豈可不務耶？

明楊二山性至孝，爲吏部侍郎，每朝參畢，輒使服侍母側，盥漱巵盂，搔摩扶掖，無不親之。春日爲村裝，負太夫人迤邐行花叢中，婆娑香蔭，歡娛竟日。清袁倉山致仕居隨園。每至春日，百花齊發。家中內子，及諸姬人，輪流置酒，爲太夫人壽，太夫人亦設席作答，歲以爲例。余欽二公事，負未之恨摧胸臆矣。昔年濃州竹鼻邑，有永田佐吉者，事母至孝。邑屬尾藩治下，安永中，賜穀賞焉。母既老，佐吉乃謂，老命風燭，事之幾何。存則一味甘鮮可以致樂，歿則百種珍異徒爲虛設。願於生前盡志焉。於是極力厚設飲饌，一如饗嚴客之儀，歲率再三，以盡其歡云。匹夫而爲斯行，豈不尤韙乎？此皆以生祠奉親者，併附識于此，以勸世人。庶幾惕然猛省，生事盡力，免乎後日之悔矣。○紀曉嵐《槐西雜志》云：「講學家說祭祀之理，祖宗之靈，子孫一氣相感，復聚而受祭。受祭既畢，仍散入虛無。不識此氣散還以後，與元氣渾合爲一歟，抑參雜於元氣之內歟。如混合爲一，則如衆水歸海，共爲一水，不能使江、淮、河、漢復各聚一處也。如五味和羹，共爲一味，不能使薑鹽醯醬復各聚一處也。又安能於中犁出某某之氣，使各與子孫相通耶？如參雜於元氣之内，則如飛塵四散，不知析爲幾萬億處。如遊絲亂飛，不知相去幾萬億里。遇子孫享薦，乃星星點點，條條縷縷，復合爲一，於事理毋乃不近耶。即以能聚而論，此氣如無知，又安能感格？安能歆享？此氣如有知，知於何起？當必有心，心於何附？當必有身，既已有身，則仍一鬼矣。不過釋氏之鬼，地下潛藏，儒者之鬼，空中旋轉耳，又何以相勝耶？此誠非末學所知也。」善哉！其言之也，可以破陋儒之惑矣。蓋其所以惑者，至情盡思之不切，而致空言自誣也，信與釋氏一間耳。

忌日説

《禮》曰：「君子有終身之喪。」忌日之謂也。親之死日，爲忌日。君子輒哀，一如居喪然，故曰「終身之喪」。漢中屠子龍，九歲喪父，哀毁過禮。後雖經年，每忌日，輒三日不能食。魏王叔治，七歲喪母，以社日亡，來歲鄰里社，感念亡母，哀甚初喪，鄰里爲之罷社。宋鮮于文宗，亦七歲喪父，以種芋時亡，明年芋時，對之嗚咽，如此終身。是皆孝子不容已之情，雖童蒙亦然爾，況乃君子思親之厚。每值其死之日，輒感慕切至，不勝惻愴。雖經幾十年之久，戚戚如在初歿，終身不能忘哀。所以不接賓客，預飲宴，聞聲樂，即涉園看花，倚軒望月，亦未嘗有意焉耳。今人值忌日，但不喫魚肉而已。杯杓言笑，略無異常。雖士大夫，習以爲常，食旨服美，恬不知怪，何其情之薄一至于斯哉。余嘗伴一士子玩春行樂，見其食具無肉，因割炙予之，辭曰：「多謝，今日乃先人忌辰也。」余噴飯溢掌，遂興盡而反。嗚呼！風俗之敗，可歎也夫。

祠堂説

《記》曰：「君子將營宫室，宗廟爲先，居室爲後。」余每舉此諭人曰：至哉古之禮也。人家先有祠堂，然後有居室焉。是以子孫繼家者，以爲祖宗守祭祀爲職，謂之祭主，所以得居其遺宅，享其餘慶也。若無念家祚之所自，而不省其所以爲職，遂忽報本之道，而怠守成之義，以至墜祖宗之業，惡在其爲子孫哉。夫爲人之祖宗者，必積勞累、切辛苦以立家。良非聊爾事，則孰不願世有賢子孫，而能守其祭祀耶？是故爲之子孫者，須以祖宗之心爲心，以保祖宗之家。唯忝其爲祭主是懼，豈可傲惰驕逸，而不務其職哉？古者無子爲大不孝，以家絶不祀也。即有子，不職於奉祀保家，則與無子同矣。其爲不孝，不尤大乎。蓋夫祠堂之設，不但爲祖宗父母報罔極之德，抑亦所以使後昆全其孝道也。故《記》又曰：「脩宗廟，敬祀事，教民追孝也。」曾子曰：「慎終追遠，民德歸厚矣。」程伊川亦言：「人家能存此等事，雖幼者可使漸知禮儀也。」古禮之不可已，其義至矣哉。家姪營祠堂，鄉俗有異議，因就余而質焉。昔唐侍中王珪不立家廟，爲法司所糾，今則反以好事譏之。甚矣時俗之薄也！豈可勝嘆哉？余爲舉素論書以贊成之，庶幾爾子孫亦善繼爾志，能脩報本之道，以務守成之義，俾祖宗之祚永世無替矣。

周尺當今七寸一分弱考

周尺之度，衆説紛挐，迭相牴牾，莫適折衷，學者患焉。凡考古者，求諸言與物合，證以質之。徒其言存，而物不傳，則載籍亦屬長物矣。此孔子能言夏殷之禮，而所以嘆文獻無徵也。《隋書·經籍志》曰：「後周玉尺，實比晉前尺一尺一寸五分八釐。」杜氏《通典》曰：「玉尺以今常用度挍之，當六之五。」言之明白如是，而無物以徵之。諸家聚訟，所以不决也。蓋唐常用度，當時號大尺。我南都法隆寺寶庫豐聰王所遺留永興雷琴共存，實千年古物也。以今鐵尺挍之，當九寸八分四釐二毫五絲有奇。鐵尺本即唐大尺，今乃一分六釐，訛長矣。玉尺者，宇文周所制，隋唐相承，以爲法尺。我京師泉涌寺所藏，開祖俊芿自西土齎歸，至今製袈裟用之。比之法隆寺唐尺，當八寸三分三釐三毫三絲三忽有奇，正恰六之五也。然則古周尺，實當今鐵尺之七寸八釐二毫九絲八忽有奇，灼然可見已。徂來物氏所考獨鐵中錚錚者，然知我尺即唐尺，而不省其訛長，故謂七寸二分弱，繆矣。其餘衆說，皆漆桶掃箒，固勿論耳。夫異邦革命之弊，必改立一代之制，以新天下之耳目。概革舊章，以定民志，於是古尺掃地，不可復見矣。賴兩尺獨存于我邦，寶以傳焉，亦可以見其厚也。因據《隋志》《通典》相比挍以徵之，言與物符，明證的確，其孰復間然？諸家聚訟，於是乎一決矣。冀傳諸西土，可以定千古疑案也。先友長良士軌，名承芳，博識好古，精於名物，嘗有所考，未卒業而故。予惜其泯没，更發揮著說，以廣其傳云。士軌所論辨及開元古錢真僞，近歲築人所獲委奴國主印等事，予詳諸《薈瓚録》中，學者參觀可也。

是篇不豫祀事，世製神主，多用謬尺，故特附于此，以正其誤爾。然先世之主業從彼尺者，則新立不得不倣其制耳。

與林子明

秋暑酷烈，措身無所，未審寢餗勝常否。日外所問神主之制，不見於經，古禮靡得而考焉。杜氏《通典》舉衆家說，然其制不詳，尺法亦不同。及宋程伊川作主式，始爲詳悉，蓋亦以義起者。用古尺定度，取法於時月日辰。趺方四寸，象歲之四時。主高尺有二寸，象十二月。博三十分，象月之日。厚十二分，象日之辰云。《朱子家禮》從之，於是後人皆用其制。然陳祥道《禮書》引何休説，天子長尺二寸，諸侯一尺。許慎《五經異義》謂唯天子諸侯有主，尊卑之差也。觀此，則尺二寸，天子之制，而卿大夫以下不得設主也。唐制，天子尺二寸。三品以上，一尺，用古諸侯禮。四品以下，無主，亦守是説也。朱子《答曾光祖》書曰：「主式乃伊川先生所制，初非朝廷立法，固無官品之限。萬一繼世無官，亦難遽易，但繼此不當作耳。牌子亦無定制，竊意亦須似主之大小高下，但不爲判合陷中可也。凡此皆後賢義起之制，今復以意斟酌如此，若古禮，則未有考也。」又答《郭子從》書曰：「伊川主式，雖云殺諸侯之制，然今亦未見諸侯之制本是如何。若以爲疑，則只用牌子可也。」是雖宋之時，庶人率不敢作主，只用牌子而已。蓋嘗竊疑之，古者大夫士皆得立廟于家。夫既儼然立廟矣，而主獨不得設乎？即庶人祭于寢，亦無主，何祭乎？且夫設廟之數有降殺之等者，家之有亡貴賤有等，故節之而已。若夫設主非難辨之事，何乃獨限天子諸侯乎？後魏清河王懌議謂主以依神，大夫無主，情理未安，宜通作主。此寔千古之明斷。若使人不得設，不仁之甚，决非聖人之政也。要之，主之制，經典既無明文，所謂天子尺二寸，諸侯一尺，及卿大夫以下無主，恐皆懸空之論，不足必拘矣。蓋秦漢以降，仕者不世禄，故不能立廟設主，所以致胡説也。自宋已來，世皆從程子之式義起之制，得其宜也。但今人學不窮本，或以程子所創爲古聖人之制，故備逑而詳之。愚管如此，不知是否。若有未允，更致再問。喘汗荷荷，草勒不莊。

與久保希卿書

冰雪積日，寒氣凝冽，十倍尋常年，未審高堂僉位，安健勝常否。賤家眷集皆無恙，幸勿紆高念。聖人制禮，服至五世而窮，而不言高祖玄孫。頃者，愚有爲人所辨者，竊聞老兄亦嘗懷此疑，因録以質之。禮所謂「六世親盡」者，聖人何以知其然，而定是限焉。蓋斯制也，本爲喪服而言。親者，謂相見而親也。盡者，謂止于此也。夫人之壽，以百年爲極，乃有曾孫逮事曾祖者，是以爲其喪立之服制也。過此以往，不得相見，不見則無親，故曰「六世親盡」。謂人之祖孫，無有六世得相逮者也。故《禮·大傳》曰：「四世而緦，服之窮也。五世袒免，殺同姓也。六世，親屬竭矣。」《喪服小記》曰：「親親以三爲五，以五爲九。上殺，下殺，旁殺，而親畢矣。」謂九族亦至高祖而止，其文不已明乎。抑如血脈相承，則千百世一貫。其親愛之情，子子孫孫，豈有盡哉，非謂五世而外無所親愛也。夫宗廟之祭，孝子慈孫，追遠之情，孰不欲悉奉列祖而百世皆不遷哉。蓋物有無窮，而禮有有限，以有限制無窮，此禮之所以起而不得不援義抑情焉。今欲悉奉列祖，以盡追遠之情，則固有無窮之祖，而群廟之夥，殊無所容矣。是以由喪服之制，亦爲之限，止祭四世，以配太祖，而自高祖之外，不得已而必祧。是聖人節情之政，猶欲報罔極之恩。

而喪不得過三年，皆以禮爲之界，所謂品節，斯也。近時講學家傳一奇説，家雞生鶤雞之子，試遞育其雛，以觀其變化。至再至三，漸近常雞，及既過五，則無復鶤雞態度矣。此即所以六世親盡，乃知聖人靈智，能知鬼神之情，通造化之原也。夫聖人之道，明若觀火，豈作如是鑿空硜硜泥理窟耶。且如其説，則五世以上，氣脈全絶，無復關係，漠如他人耳，豈可乎哉。讀禮不詳斯義，殊昧乎廟制之本，不可不講明也。此或愚者一得，倘充君子之擇，惟高明裁焉。歲晚多故，不能覼縷楮上，統俟新禧面悉。海參腸一瓶，聊充餽歲，叱置爲幸。賤累囑筆，萬萬爲道自重。不備。

答大谷伯固書

去月念日所托茶商貴槭，至本月朔，自永樂氏轉致，就審近況，大慰遐想。舶來撒扇二枚，敬謝佳貺。僕比來偶罹小恙，在蓐逾旬，然不至妨眠食，幸不庸罣慮。承問中元墓祀，本浮屠所設，遂以成俗，天下相率而效之。古不墓祭，且異端之習，殊爲非禮。然時勢之不可已，若敢違衆廢之，人不謂我以禮自持，而謂我薄於其親也，是以不能獨背而不從，未得所以處置之方，爲之何如。僕亦嘗惑之，如足下所慮，竊自揆之心，亦不可缺耳。蓋神主有堂，而墓所藏形骸爾，故有不墓祭之説。然孝子於親，故衾遺履，尚當起敬，顧體魄所藏，棄而不祭，毋乃不知類乎。《禮記·曾子問》：「宗子去在他國，庶子無爵而居者，向墓而爲壇，以時祭。若宗子死，告於墓，而後祭於家。」《周禮》有冢人之官，凡祭墓以爲尸。曾子亦有「椎牛祭墓」之語。又墦間祭，見于《孟子》。則此禮古固有之。程伊川謂，墓祭非經禮者，未之考也。且夫寒食上墓，禮經無文，後世浸以成俗，至唐尤盛，遂詔許天下，編入五禮，永爲恒式。詳于杜氏《通典》。丘瓊山注《朱子家禮》云：「寒食墓祭，自唐以來，舉世行之。是吾祖宗父母，其生時固已行之於其祖宗父母，而爲祖宗之後、父母之嗣者，乃舍其邱隴而歲不一展省，棄其骸骨而時不一奠薦，乃誘之曰墓祭非古也，豈可乎哉？文公附墓祭於時祭、忌日之後，可謂順人之情，得禮之意矣。」此言尤盡情理。今中元墓祀，以類推之，果如所揆也。明氏諸帝陵墓，清明、中元、冬至俱祭祀，遣勳戚大臣行香，蓋亦從時俗，以伸時思之敬也。夫盆祭雖不典，然禮俗所尚，卑隸庸丐皆得上父母冢墓，團戶屠門之鬼無不受子孫供養者，而獨我家之墳塋乃寂闃無人訪問，其心烏能自安乎？凡世間之事，衆皆所尚，而無害於義者，何必我獨違之。爲雖非禮之正，豈可固執迂説，而陷於薄哉。孝子爲親，而作事似兒戲，亦可舉行，矧墓祭之禮，情理俱至，周公之禮、孔子之教固已有之乎？孟子稱魯人獵較，孔子亦獵較。説者謂較奪禽獸，時俗所尚，孔子從之者，爲祭祀也。司馬温公至不信佛，闢之尤嚴，而《家法》則有「十月就寺齋僧誦經、追薦祖先」之訓，亦從時俗也。蓋孝子順孫，追慕誠切，號泣旻天，無所籲哀，雖俗禮異教，猶屈意焉，不容已之至也。抑亦佛事之不可遽廢。明人真逸論之曰：「浮屠之教得行，由禮之先廢，使今之居喪者，始死有奠，朔而有殷奠，虞祔祥禫而有祭，既足以盡人子追慕之情，則於世俗之禮，且將不暇爲之矣。不復祭禮，而徒曰『勿用浮屠』，使居喪者悵悵然，無以報其親，未見其可也。」是時勢之使然，彼此同慨，無奈之何，然猶優於葛伯之暴矣。但吾濟儒士爲之，則其儀不同乎流俗。宜用義起之禮，慎其不瀆神也。僕去歲讀禮中撰《士林喪祭考》，謹修國制，以存古意，務從時宜，令便世俗，庶幾其易行于今，而不繆於古之禮矣。忌閿後，塵事膠擾，未能脱稿，若得閒繕寫，當奉送一本。今抄墓祭一條以往，聊亦備參考之一助爾。抑世俗盆祭，其送迎先靈，陳設閑物，翫弄褻瀆，直以爲戲耳。且以餓鬼待之，其爲繆戾尤甚。謝在杭《五雜組》曰：「中元盂蘭會，目蓮因母陷餓鬼獄中，故設此功德，令諸餓鬼一切得食之。」人之祖考，不望其登天堂，生極樂世界，而以餓鬼期之乎？弗思甚矣。是亦彼此同歎，可爲愚俗誦也。若夫長崎之俗，效西人惡習，是日借祭墓爲遊戲之具，播間張宴，酒肉狼藉，以君蒿悽愴之地，爲謔浪笑傲之場。甚矣，禮俗之壞也，豈可復道哉。此弊幸未被中原，然未雨綢繆，戒於衣袽，古之善訓也。又承《朱子家禮》，大半方枘圓鑿，誠如所論，蓋古今殊宜，彼此異俗，固其所也。俗儒不達時宜，欲直舉而行之，輕薄好事者，遂籍口於斯造簒豆，制冠服，酹酒讀祝，立行禮拜，節文度數，雅尚風流，殆以祭祀爲戲弄。誠敬之義，果安在哉。

夫禮以時爲天，故君子行禮，不求變俗。祭祀之儀，居喪之服，皆如其國之故。要斟酌其意，而不泥其跡，斯爲得之。司馬温公依《禮記》作深衣，謂邵康節曰：「先生可衣此乎？」康節曰：「吾爲今人，當服今人服耳。」温公嘆服。蓋孔子居宋章甫，在魯逢掖之義。明太祖詔造宗廟器曰：「古籩豆之屬，朕先人恐不識此。孔子曰：『事死如事生。』今制器只依常用。」於是祭器皆如事生之儀。此即聖人從俗制禮之意。苟取駭於俗，觀者皆不可用也。古之父子，爵既不同，禮即異數。由是推之，祭古人宜用古禮，祭今人宜用今器，使安其性也。若居今之世，而强復於古，不免其爲狂妄。況乃生於是邦，而好從異邦之制，不幾陷爲亂民乎。其當航海移家，而後可耳。凡是等頑習，平昔所憫咲，適因來諭，感而及焉。但在貴鄉，不知云何世間往往有之，皆講學家所致之弊也。力疾援毫，書不周謹，語頗冗雜，不違脩理。君子雅量，幸宥簡褻。旱魃爲虐，數年來無此奇熱，想貴境亦然。萬惟爲道珍重，餘布嗣音。不戬。

跋

今之祠堂者，竊擬古之廟也。《記》曰：「君子將營宫室，宗廟爲先，居室爲後。」夫古之禮，奉其先之篤，若是乎其急也。蓋斯身血脈之所由，承一家德澤之所自來，其報本反始之義，豈忽諸而可乎哉。今世士君子之家，自奉其身，浪湜花費，堂室輪奂以居，調度必極奇珍，又貲别莊，以恣遊豫。而至其祭祖宗父母，不能營一間棲神之宅，劣寓諸耳房，甚或藏于座隅壁橱，而任其不勝隘陋。堂堂巨室，習以爲常，恬然曾莫之慊。苟内自省，於心安乎？《南史》：宋何子平喪親，遭歲饑荒，不得營塚壙。所居屋敗不蔽風日，其姪欲爲葺理。子平不肯，曰：「我情事未伸，天地一罪人耳，屋何宜覆。」孝子之用心，不當如是耶？乃不能爲祖先設一祠堂，而身獨享輪奂之美，剩耽遊豫之樂，唯己之欲是徇，而孝祀之道置之度外，徒委浮屠，恝焉不念。何其儉于親一至于是哉。家君爲有斯編之撰，其於禮之道，尤爲急務也。凡所考制度，量時與地之宜，從俗以就簡便，并附祭祀儀節，亦循時俗之禮，務致誠敬之實，皆本諸古，以矯其弊。冀在今之世，俾易得而行，可跂而及焉。若夫前輩所著《祭禮節解》《慎終疏節》之類，其致志良亦厚矣。但恨不達時宜，直舉異邦之制，强立一家之儀，頗多駭世拂時者，殊失聖人從俗制禮之意，方枘圓鑿，不可行也。今所考裁，雖古禮可尚，苟涉異者，一切弗取焉。其錯諸天下，無所不行矣。夫士君子之家，由是能脩奉先之禮，以務報本之義，克儉于身，而致孝乎鬼神，則古之道其庶幾乎。若乃諸侯之禮，事體重大，孟子猶不能知其詳，况後世學者，莫得而考之已。然倘能推此以廣，庶亦有稱時之宜哉。不肖較訂裝寫，廣借人觀之。因書過庭所聞，敢繫之卷末云。

文化九年壬申歲立冬前一日男達謹跋

文公家禮儀節正誤

〔日本〕猪飼敬所　撰
邢萬里　整理

《文公家禮儀節正誤》解題

[日]吾妻重二　撰　董伊莎　譯

《文公家禮儀節正誤》，寫本一册，全三十二頁。底本爲花園大學禪文化研究所藏本，圖書編號爲Z4－725。

著者猪飼敬所（一七六一——一八四五），是江户時代後期的儒學者。名彦博，字文卿或希文，初通稱爲三郎右衛門，後通稱爲保次郎。敬所是其號。近江人（現滋賀縣）。受教於京都儒者岩垣龍溪，被諸藩召去講學，後來成爲津藩（現三重縣）的儒官。史稱其博聞强記，學風堅實精確，所覽之書必加正誤、評判，些許謬誤也不會放過。

敬所留下很多著述，主要有《論孟考文》二卷、《讀禮四考》四卷、《太史公律曆天官三書管窺》二卷等，還有收録於關儀一郎編《日本儒林叢書》第三卷（東洋圖書刊行會，一八二八年）的《猪飼敬所書柬集》八卷。其著作多以寫本傳世，現在京都大學附屬圖書館藏有《猪飼敬所遺書》十九卷十九册（寫本，多爲親筆書寫）。

其著作《文公家禮儀節正誤》一册，選取了明代丘濬《文公家禮儀節》本文及考證部分加以考察，分爲通禮、冠禮、昏禮、喪禮、祭禮，卷末附有大宗小宗圖、小斂絞圖、大斂絞圖。關於本書至今未見相關討論，這次筆者調查其版本情況如下（以下均爲寫本）：

1. 京都大學附屬圖書館本（一〇—〇一—イ—一貴）一卷一册

敬所的手稿本，收入《猪飼敬所遺書》（見後述）。

2. 花園大學禪文化研究所本（Z四—七二五）一卷一册

此本爲精寫本，反映了右京都大學附屬圖書館藏敬所手稿本的訂正。有硃筆句點，欄外用硃筆加以校訂（見後述）。

3. 静嘉堂文庫本（九十六函十七架）一卷一册

4. 無窮會本（平沼第二　八九三六）一卷一册

其中，静嘉堂文庫本與無窮會本的本文中均正確記載了花園大學本欄外校訂的内容，應屬同系統的寫本。但是，兩者均缺失「陳詳道禮書，正廟之主」條，也無敬所的卷末識語，因此應爲花園大學本之後的寫本。另外，静嘉堂文庫本從「古禮婦女亦有裳」條到「祖姐妹緦麻」條有錯頁和缺頁，不能稱爲善本。

關於《文公家禮儀節正誤》的成書，卷末有敬所親筆識語：

《家禮儀節正誤》一卷，寬政初年所草，藏在筐底三十餘年，近因一門人請，出而示之，今閲之，當時余未知古禮尚右，以明制尚左爲是，即朱抹刪之，其餘似無紕謬。文政戊子孟秋朔旦，猪飼彦博識。

據此，寬政初年（一七八九）敬所二十九歲時寫初稿，「文政戊子」即文政十一年（一八二八），敬所六十八歲時作了必要的訂正。京都大學附屬圖書館本是敬所的手稿本，其中可見這裏提到的敬所六十八歲時親筆訂正的内容，極爲珍貴。但其親筆所書字迹潦草不易閲讀，導致了花園大學本和静嘉堂文庫本、無窮會本的判讀互有一些出入。

不過，京都大學附屬圖書館本卷首有敬所之子猪飼箕山（名爲彦纉）的識語：「《文公家禮儀節正誤》一卷，家君年三十二歲之時所稿也。」如此看來，初稿應是敬所三十二歲時寫成，即寬政四年（一七九二）。無論是寫於二十九歲或三十二歲，該書毫無疑問是敬所年輕時的著作。

作爲底本的花園大學本卷末識語中有：

右係故敬所先生原稿，余以某年就其家借觀，乃使某生謄寫，生經年始卒業，余爲一校，然後謝還原本，而又遷延留之者經歲，終逢其家之促，忽忽校讀，僅能完趙，時癸亥五月十四子也。岱。

由此可知，此寫本是一個名爲岱的人借閲敬所家藏的敬所手稿本（即京都大學附屬圖書館本），在「癸亥」之年完成校讀。欄外的硃筆部分從筆迹看也是書寫於此時。「癸亥」應爲文久三年（一八六二），因爲此寫本反映了上述文政十一年（一八二八）敬所的訂正内容（詳細論述從略）。至於名爲岱的人物，詳細情況不明，有可能是指高見昭陽（名岱，一八二八—一八八〇）。高見昭陽是伊賀人（現三重縣），受教於齋藤拙堂，爲考證學者，與敬所的學風有共通之處。

敬所與狩谷棭齋、松崎慊堂等同爲江户時代後期的代表性考證學者，在儒教儀禮研究方面占有重要的地位。尤其是上述《讀禮四考》四卷，是仿效清朝武英殿袖珍版的木活字版，由津藩有造館出版，即是所謂的藩版。由《深衣考》《凶服考》《寢廟堂室考》《周量考》四部分組成，并有圖解，其精密的内容至今仍有參考價值。可以説《讀禮四考》是江户時代儒教儀禮研究的一個階段性成果，與這裏的《文公家禮儀節正誤》同樣很好地反映了敬所儀禮考證研究的水平。

最後，關於猪飼敬所的禮學研究，拙文《江戸時代における儒教儀禮研究——書誌を中心に》（《江户時代的儒教儀禮研究——以書志爲中心》）（《アジア文化交流研究》第二號，關西大學東亞文化交流研究中心，二〇〇七年）有提及，可供參考。

本次以花園大學本爲底本，進行標點整理，并酌出校記。底本上原有少量硃筆校訂，本次整理統一没有收入，但出校時對校訂有所參考。

目録

通禮

「列龕以西爲上。」《祠堂》。按：《家禮》從古制，以西爲上，故其設主之位如舊圖也。《大明會典》曰：「朱子祠堂神主位次以西爲上，自西遞列而東，至吾聖祖，大廟之制出自獨斷，不沿於舊。奉高祖廟東，居第一龕；曾祖而下，以次而列。」今觀丘氏新圖，其位之次，高左曾右、祖左禰右，而考皆在左。及其言祔位，則云「男左女右」。其論葬位，亦云「男左女右」，「當如祭位」。是從其時制，以東爲上，而不復用舊説可知也。此仍舊貫，而無一言以辨之。又于《考證》引温公「尚右」之説，將使後學無知所適從者。何也？蓋丘氏以時制爲非也。何以知之？祭四世之圖注云：「出主祭於寢，則依《家禮》以右爲上之制。庶幾禮俗兩得。」是其以《家禮》説爲禮，時制爲俗可見已。此當作「男右女左」。

「子姪祔于父，皆西向。」仝上。按：正位若改東上，則祔位亦當設東向。

「降神。」仝上。按：《朱子語類》曰：「温公《書儀》降神一節，亦似僭禮。大夫無灌獻，又無爇蕭，乃天子諸侯禮。爇蕭欲以通陽氣，今太廟亦用之。或以爲焚香可當爇蕭，然焚香乃道家以此物氣味香而供養神明，非爇蕭之比也。」又云：「酹酒有兩説，一用鬱鬯灌地以降神，則惟天子諸侯有之，一是祭酒，蓋古者飲食必祭，今以鬼神自不能祭，故代之祭也。」博謂：古禮既已如此，則降神一節，士大夫不用之。然焚香雖事類爇蕭，而世俗宜所用，義有可諉者，故從俗用之，以爲參神之具亦可，即謂之降神，則决不可必矣。

深衣制度。按：深衣之制，續衽鉤邊，曲袷如矩，注疏及先儒所説紛紛，未有定説。且鄭氏所謂「深衣連裳，裳交解六幅」者，大失古制矣。余別著《深衣考》辯之詳矣，故此總略之。

「再繚以爲兩耳。」大帶。按：《玉藻》云：「士緇辟，二寸，再繚四寸。」注：「士練帶，惟廣二寸，而再繞要一匝，則亦是四寸矣。」此以「再繚」爲「再結」之意，非也。

《伊川神主式説》。圖。按：《朱子語類》云：「伊川制，士庶不用主，只用牌子，看來牌子當如主制，只不消做二片相合，及竅其旁以通中。」博謂：伊川自注云「某官其公」，則不爲士庶設，亦已明矣。《儀節》專爲士庶作，而無一言以及之，何也？或曰：伊川主式僭也。或曰：古禮士大夫不用主。《物徂徠集》論之已詳，今記于左。

答松子錦問「神主制度」書

物徂徠

茂卿謹按：神主與神版，意謂自別。主者，廟之主也。有廟有主，無廟無主，毁廟藏焉、瘞焉，所以寓神也。故六孔相通，神集於虛。初喪無主，則設魂帛。師行載毁廟主。無毁廟主，則以幣及圭祭之，奉而出以代之，是豈有題識乎？一廟二主，其配微短，其尊既專，可望而識之，可無題署。題其背者，有司之守也。版者，所以表識其位也，非以寓神。故無孔，其形挺長，題其面。蓋秦漢以後，巨不世禄，則無邑無廟，祀數世於一室，神位叢然不可望而識之，故以表其位。是主、版之所以殊也。許慎《五經異義》所以言「卿大夫士無主」者，戰國以來世多游宦，觀韓、魏，先秦郡縣其國，則臣亦多稟奉。夫無采邑則無廟，無廟則無主，是以其制弗傳耳。然《左傳》孔悝反祏，《公羊》攝主而往，《士喪禮》有重。重，主道也，則士大夫豈無主乎？唐制，天子尺有二寸；三品以上一尺，用古諸侯禮；四品以下無主，據許氏之義也。晉安昌公荀氏神版，尺有一寸。既非主，故不以近僭爲嫌。其祠在鄉，父爲三公，子爲庶人，猶尚得以奉之者，秦以後爲然。故無復貴賤之等，宜矣。唐四品以下，蓋用此制歟？至於伊川、考亭法，則長尺有二寸，謂之主，則僭矣。挺長其形，旁通二孔，題署其面，是混主與版而一之。曰：「趺方四寸，象歲之四時；高尺有二寸，象十二月；身博三十分，象月之日；厚十二分，象日之辰。」是其意謂自天子以至庶人，皆可以用之。尺寸之度所法象何倨也。夫禮者所以定分也。制禮無等，豈禮乎哉？當時司馬温公儀用牌子，非二子所能及也。降及明代，率皆神版，而《會典》不言尺寸。高祖謚曰「太祖開天行道肇紀立極大聖至神仁文義武俊德成功高皇帝」，后曰「孝慈貞化哲順仁徽成天育聖至德高皇后」。他帝與后，謚亦皆不下二十字，則版長當近三尺。臣下牌假如文淵閣大學士太子少保兼禮部尚書榮禄大夫襄敏公神位，上加顯祖考，豈尺有二寸所能容哉？又載：大社石主高五尺，神牌高一尺八寸，朱漆質金書。府州縣社石主長二尺五寸，神牌亦當短，而高二尺二寸，朱漆青字。乃爲太社止書帝社之神，府州縣社上加「某府」等字，故反高耳。《清會典》載：親王郡王牌位高二尺。明清相沿，意者明制亦爾，則知題署其面自當牌子。其長短亦隨字數多少，觀望所在金字填青亦其所也。今好學之士欲守古禮，其有采邑者建廟于邑，則當設主。依唐制，諸侯減一等，則大夫又減一等，則士尺寸自見。不然，束茅結菆，有文可據。其無采邑者，城中第宅，變遷不定，何況邸中舍偪促，豈得立家廟？則當依荀氏神版制，是既非古禮，其尺寸及圓首雲首，或趺或懸，或紙牌，祭畢焚之，皆從便可也。要之，主以寓神，有廟有主，則必有人守之。水火不虞，奉之以出。版以表神位，雖毁棄之凶〔二〕害。至於題署，愚不佞竊謂其有别號者書别號，無者以殁月日支干配以伯仲，庶或不失古意矣。禮，字殤則因其諱爲之字，亦不爲無據。主版制列于左。

杜氏《通典》卷四十八曰：「主之制，四方，穿中央，通四方。天子長尺二寸，諸侯一尺，皆刻

〔二〕「凶」，《徂徠集》（日本國立國會圖書館デジタルコレクション）卷二十八作「亾」。

謚於背。」

此周制。

又曰：「晉武帝太康中制，太廟神主尺二寸，后主一尺與尺二寸中間。」

此其配稍短之證。

又曰：「大唐之制，長尺二寸，上頂徑一寸八分，四廂各剡一寸二分，上下四方通孔，徑九分。玄漆匱，玄漆趺。其匱，底蓋俱方，底自下而上，蓋從上而與底齊。趺方一尺，厚三寸。皆用古尺。以光漆題謚號於背。」

卷一百三十九《三品以上虞祭》曰：「先造虞主，以烏漆匱匱之，盈於廂，烏漆趺，一皆置於別所。」注：「虞主用桑，皆長一尺，方四寸，上頂圓，徑一寸八分，四廂各剡一寸一分，又上下四方通孔，徑九分。其匱，底蓋俱方，底自下而上，蓋從〔二〕而下，與底齊。其趺方一尺，厚三寸。四品以下無。」

此天子主尺有二寸，三品以上主一尺爲異耳。其它皆同。則上文脱「方四寸」三字，「一寸二分」乃「一寸一分」之誤。蓋方四寸，除一寸一分者二，其餘適當圓徑一寸八分。

〔二〕「從」下，《通典》（中華書局一九八八年版）卷一百三十九有「上」字。

卷四十八曰：「安昌公荀氏祠制，神版皆正長尺一寸，博四寸五分，厚五寸八分，大書『某祖考某封之神座』『夫人某氏之神座』，以下皆然。書訖，蠟油炙，令入理，刮拭之。」「藏以帛囊，白縑裹盛，如婚禮囊板，與囊合於竹厢中，以帛緘之，檢封曰祭板。」

此神版制也。「厚五寸」，恐當五分，而「八分大書」連讀，必是八分字。後人不解，遂改「五分」爲「五寸」耳。不然，豈得謂之神板乎？

按：《公羊傳・昭公十五年》曰：「君有事于廟，聞大夫之喪，去樂，卒事。大夫聞君之喪，攝主而往。」何休注曰：「臣聞君之喪，義不可以不即行。故使兄弟若宗人攝行主事而往，不廢祭者，古禮也。」主，謂主其祭者，徂徠引之以證廟主，誤甚。《通典》「長尺二寸上頂」之下亦脱「圓」字。夫主之古制，經無明文。徂徠之説壹據《通典》，此亦似語焉而不詳，今考諸群書，摘抄于左。

《公羊傳》曰：「虞主用桑，練主用栗。用栗者，藏主也。」文公二年。《白虎通》曰：「所以有主者，神無依據，孝子以繼心也。主用木，木有始終，又與人相似也。蓋記之以爲題，欲令後可知也。方尺，或曰尺二寸。」

《論衡・亂龍篇》：「禮，宗廟之主，以木爲之，長尺二寸，以象先祖。」

何休《公羊傳》注曰：「主，狀正方，穿中央，達四方。天子長尺二寸，諸侯長一尺。」疏曰：

「皆《孝經説》文也。」

又曰：「《禮・士虞記》曰：『桑主不文，吉主皆刻而謚之，蓋爲禘祫時別昭穆也。』」

按：「皆」當作「背」，《士虞禮》無此文，蓋古本有而今本脱與？

許慎《五經異義》曰：「主之制，正方，穿中央，達四方。天子長尺二寸，諸侯一尺，皆刻謚於背。」

按：此與何休同，蓋亦據緯書云爾。

楊士勛《穀梁傳》疏曰：「麋信引衛次仲云：『宗廟主皆用栗，右主八寸，左主七寸，廣厚三寸。右主謂父也，左主謂母也。』」

按：此與《漢儀》所云略同，蓋據漢制言之也。

《漢舊制》曰：「皇帝崩三日小斂，作栗木主，長八寸，前方後圓，圍一尺，已葬藏廟。皇后主長七寸，圍九寸，在皇帝主右旁。高皇帝主長九寸。」

《後漢書・禮儀志》曰：「桑木主尺二寸，不書謚。虞禮畢，祔於廟，如禮。」

按：《舊儀》所云，是西漢之制也。《禮儀志》則言東漢之制也。由是推之，則尺二寸之説，昉乎讖緯，而東漢諸儒祖述之耳。不特經無明徵，西漢諸儒亦無其説可知矣。徂來壹據《通典》，以爲真周制，可謂粗率。

陳祥遺[一]《禮書》：「正廟之主，各藏其西壁之中；廟遷之主，藏於大室北壁之中，去地六尺一寸。」

張横渠曰：「重，主道也。大夫士有重，當有主。」

《儀禮義疏》清鄂爾泰等撰。曰：「《特牲》《少牢》，皆無言及廟主之文，漢儒因謂大夫士無主。然《左氏傳·哀十六年》衛孔悝出奔宋，『使貳車反祏於西圃』，杜注云：『祏，藏主石函。』則大夫有主矣。大夫有主，則士亦未必無之。若無主，則廟中以何者依神？而祖禰何以别乎？此經不言主者，亦以犆祭無迎主之事故也。」

按：疏家皆云「大夫士無木主，以幣主其神」，然經無明據，其説出自鄭康成，而成於崔靈恩也。《祭法》注云：「唯天子諸侯有主，禘祫。大夫不禘祫，無主爾。」是但言無主耳，未言以幣主其神也。《士虞禮》注云：「士之皇祖，於卒哭亦反其廟。無主，則反廟之禮未聞，以其幣告之乎？」賈疏云：「《曾子問》無遷主，將行以幣帛爲主命。此大夫士或用幣以依神，而告使聚之。無正文，故云乎以疑之。」是特云卒哭反廟之事耳，猶未平常以幣主其神也。崔靈恩推此義，遂曰：「大夫士無主，以幣帛祔，祔竟並還殯宫，至

[一]「遺」，據文意，疑當作「道」。

小祥而入廟。」是始言以幣帛代木主也。疏家用是説以爲義爾，學者或以是爲古制，未深考也。徂徠云：「主者，廟之主也。有廟有主。」可謂卓見已。横渠及《義疏》其説同，故附記之云。

冠禮

「贊賓自擇之，或主人自擇。」合用之人。按：士冠禮，贊者亦於衆賓中擇之。《家禮》云：「賓自擇其子弟、親戚習禮者爲贊冠者。」贊是賓黨，而非主人黨也，當删「贊賓」以下十字，而於「賓至」，「贊者在右少退」之下，補「賓自擇其子弟、親戚習禮者爲贊冠者」十五字。或云：「賓」當作「儐」，非也。

「請賓行，儐替〔一〕從之。」賓至儀節。按：「儐」當作「賓」。《家禮》云：「主人遂揖而行，賓贊從之。」是賓贊從主人而入也。

「延賓及儐替〔二〕者。」禮賓。按：上節出就次者，賓及贊者也。「儐」字當删之。

「主人先行，客從之。儐贊禮生。」仝上儀節。按：儐乃士冠所謂主人之贊者也，不合先贊者言之。此恐當作「主人先行，賓贊從之。儐禮生」云云。《儀節》連言「儐贊」，不一而足者，蓋賓

〔一〕「替」，據文意，疑當作「贊」。

〔二〕「替」，據文意，疑當作「贊」。

儐同音，因誤認「賓贊」爲「儐贊」，每以儐先替〔二〕耳，紕謬甚矣。

「請醴賓。」《考證》。按：《義疏》，敖氏繼公曰：「醴者，因用醴而名之。」李氏如圭曰：「士之醴子、醴賓、醴婦，經皆作『醴』，不必改爲『禮』。」傳鄭氏解經，改「醴」爲「禮」，非也。《家禮》從俗，用酒謂而不用醴，則謂之「禮賓」可也。故余不於「禮賓」辨之矣。

〔二〕「替」，據文意，疑當作「贊」。

昏禮

「爲誰氏出。」問名書式。按：《士昏禮》問名辭曰：「敢請女爲誰氏？」注：「誰氏，不必其主人之女。」賈疏：「問名者，問女之姓氏。」孔疏：「言母之姓何氏也。」此云「爲誰氏出」者，特用孔説也。於名帖又云「父某母某氏」者，兼用鄭説也。《義疏》，敖氏繼公曰：「氏謂女之伯仲也。戴嬀爲仲氏，亦其一耳。問名而曰『誰氏』，不敢褻之，敬也。」傳[一]謂敖説極是，若如注疏之義，則是未知其父而行納采，不問其名而曰問名也。恐闕於事情矣。

「按：《儀禮》用賓。」《納采》。按：《士昏禮》無「用賓爲[二]使者」之文，蓋丘氏誤。看「主人如賓服」「賓不答拜」之類，以爲此説耳。凡《禮經》所載，不問使者之尊卑，皆曰「賓」，是主人之辭也。講禮者而不知之，何也？且《書儀》所云子弟，即婿之諸父、諸弟也，何難與女父行禮乎？亦不思耳。

〔一〕「傳」，據文意，疑當作「博」。

〔二〕「爲」字處原爲空缺，由硃筆補入此「爲」字。

「姆導女趣席右，北向。」醮女。按：女席，於母座之東北，南向。席右，席西也。《士昏禮》「婦疑立于席西」，敖氏云：「婦東面立。」此似亦宜東向，禮婦節亦倣此。

「合巹。」就坐儀節。按：《士昏禮》：「篚在南，實四爵，合巹。」敖氏曰：「巹云合者，謂合而實之也。」丘氏云「和合以進」，誤也。

「捧至舅姑前。」禮婦儀節。按：醮女儀節云：「執詣女席前。」此蓋傳寫之誤，當作「捧至婦席前」。

「婦母闔門左扉，立于門內。」婿見儀節。按：《士昏禮》婦父見婿於內門外，故婦母闔內門左扉，立于其內，婿自門外見之也。《儀節》婦父既從時宜，見婿於堂上，而婦母猶用古禮，立于門內，恐似不可。

「使者玄端至。」《考證》。按：《義疏》云：「疏以使者爲中下士，此其尊卑也微，未可以相屬而相使也。敖氏云『使者，婿父之家臣』得之。」愚謂以事情度之，《義疏》極是。《家禮》用子弟猶失禮意，況於《儀節》之云乎？其誤不待辨，明矣。

「辭，以昏姻之情，必厚善。」仝上。按：《禮記義疏》云：「凡交際，通贈遺，必言不腆束帛，以致其謙。此云『某有先人之禮，儷皮束帛』，無不腆之辭，告之直也。」丘氏上引《士昏禮》已用鄭說，而此又云云者，何也？蓋承《大全》之誤耳。

喪禮上

「持死者之上衣。」復。按：《家禮》「衣」作「服」，本注云：「上服，謂有官則公服，無官則襴衫、皂衫、深衣。婦人，大袖、背子。」此可見「上服」謂其服之尊者也。丘氏誤「服」作「衣」，而以爲上衣乃外衣，故云「上蓋衣也」，粗鹵亦甚。

「方相冠服面具。」送葬之具。辨見于下。

「用狂夫。」當用之人。按：《周官》司馬之屬，有方相氏，狂夫四人，是王官之士也。此云「用狂夫」，不知何謂也。

「直者一幅，裂開兩頭。」大斂絞。按：此承吴臨川之誤，辨見于下。

「西領南上，不綪。」《考證》。按：本經注：「綪，屈也。」下云「上陳而下不屈」。《義疏》云：「假如南上之物，第一行從南至北，第二行又從南至北，則不綪也。若第一行從南至北，第二行從北至南，則是綪也。」綪，是設列之法，非屈衣之謂也。丘氏不全讀鄭注，而妄增其義云「所陳之衣，皆直而不屈」，可謂郢書燕説矣。

「絞一幅爲三，不辟。」仝上。按：鄭注云：「大斂之絞，一幅三析用之。」孔疏云：「『大斂布絞，縮者三』者，謂取布一幅，分裂作三片，直用之。三片即共一幅，兩頭裂，中央不通。『橫者五』者，又取布二幅，分裂作六片，而用五片，橫之於縮下也。『絞一幅爲三，不辟』者，辟，擘也，言小斂絞全幅，析裂其末爲三，而大斂之絞既小，不復擘裂其末也。」此可見所謂「一幅爲三」者，謂縮橫之絞，皆裂布一幅爲三片，而不辟，則其小片之末，不復析之之謂也。《三禮圖》所載，及附注高氏說，亦復如此。但孔疏「兩頭裂，中央不通」之文，意義不明，此恐有誤脫。然亦云縮絞一幅，通身裁開，中央不連耳。吳氏蓋誤解此文，以爲中間不剪破，遂遷之以就不辟之義也。而丘氏從之，以駁世俗，粗鹵甚矣。

「婦爲舅。」服制斬衰三年。按：《喪服經》婦爲舅姑，齊衰不杖期。《家禮》云「斬衰三年」，是宋服制令也，本乎後唐劉岳《書儀》，事詳于黃勉齊《儀禮通解續·五服古今沿革》。

夫承重則從服，夫爲人後則從服。仝上。按：此二條，據《喪服經》，亦齊衰不杖期也。宋制，斬衰三年。

「今制，子爲母。」仝上。按：今制，明制也。古禮，父在，爲母齊衰期；父卒，則三年而猶服齊，不服斬，以家無二尊也。武曌始令父在爲母終三年之喪，是女主自尊之術，固無足怪。而歷代因之不革，何也？明氏又亂齊斬之別，終使母同尊于父，則「夫爲妻綱」之義，幾乎熄矣。宜其士大夫畏内者之衆也，亦可以觀世變矣。傳曰：「野人曰：父母何算焉？」明制有之。

「爲慈母。」齊衰三年。按：《喪服傳》曰：「爲人後者，爲所後之妻若子。」此條下當補「爲人後者，爲所後母」一條。

「子爲嫁母、出母。」齊衰杖期。按：《喪服經》：「出妻之子爲母期，爲父後者，則爲出母無服。」《義疏》云：「此謂出母之反在父室者也，義雖絶於夫，恩猶繫於子，故爲之期且杖。若出而再適者，則無服，并自絶於其子矣。」傳〔一〕謂經本無「爲嫁母服」之文，《義疏》極是。此云爲嫁母者，亦宋服制，其謬蓋自漢蕭望之始，此亦野人之見耳。然宋制，爲父後者則爲嫁母、出母無服，是猶不全失古禮也。明制則嫡子爲嫁母、出母服，則其謬滋甚。

「子爲父後，則爲嫁母、出母及繼母。出俱無服。」仝上。按：繼母出則無服，衆子亦爾，不特爲父後者也。《家禮》云：「子爲父後，則爲出母、嫁母無服，繼母出則無服。」是本自二條，丘氏誤看以爲一條耳。且此二條不合在此，當分移於「爲繼母」齊衰三年。與「爲嫁母、出母」之條下矣。

「姊妹既嫁，相爲服。」齊衰不杖期。按：此條出于楊氏附注，《禮經》無明文。然女子適人者，既爲其姊妹在室者降服大功，則及其適人，反如本服，恐無此理，不可從矣。《喪服》義疏云：「姊妹適人，皆降大功。唯兩人俱出，不累降耳。」是或然也。此條當移大功章。

〔一〕「傳」，據文意，疑當作「博」。

「嫁母、出母爲其子。」仝上。按：此亦宋制也。《禮經》無明文，《義疏》云：「出母與其子相爲報。」若然，出母爲其子期，或合古禮矣。若夫嫁母，其子固已無服，母豈可服乎？且爲前夫之子服，而廢後夫之家祭，豈人情耶？宋制，子爲嫁母服，故嫁母亦不得不然。噫，古禮之不明，其陋至此，悲夫！

「舅姑爲適婦。」仝上。按：《喪服經》：舅姑爲適婦大功，庶婦小功。宋制，爲適婦不杖期，爲衆子婦大功，本乎唐魏鄭公議也。宋制，婦爲舅姑三年，則舅姑亦宜如之。

「爲曾祖父母。」齊衰五月。按：《喪服經》：曾祖父母，齊衰三月。宋制，爲曾祖父母齊衰五月，女適人同，亦本乎魏鄭公也。朱子曰：「雖於古爲有加，然恐亦未爲不可也。」大功。「女適人者，爲伯叔父母、姑姊妹及兄弟之女在室者。」

按：《禮經》及《宗禮》云：女子適人者，爲其本宗服皆降一等。而不言其婦人之在室與適人之别。蓋兩人俱出，不累降也。此條及緦麻章「爲從祖祖姑及從祖姑在室者」，「爲從父姊妹之出嫁者」二條，及篇末出嫁女爲本室降服之圖，云在室與出嫁之别者，皆誤也。此條「在室者」三字當删。「爲兄弟之子婦。」大功〔一〕。按：《喪服經》：兄弟之子婦，小功。宋制

〔一〕「大功」，據本書體例，應爲小字夾注。

大功，亦本乎魏鄭公也。

「爲夫之兄弟之子婦。」仝上。按：此條《禮經》闕。宗制大功。《義疏》云：「昆弟之子婦爲夫之伯叔父母大功，則爲夫之昆弟之子婦亦應報。」

「爲舅，爲甥。」小功。按：此二條《喪服經》俱緦。宋制小功，亦本乎魏鄭公也。朱子曰：徵〔一〕議爲失。

「爲兄弟之妻。」仝上。按：《禮經》嫂叔無服。宋制，爲兄弟之妻，爲夫之兄弟，俱小功。亦本乎唐制也。朱子曰：「嫂叔之服，徵議未爲失也。」

「即妻之親母，雖嫁猶服。」緦麻〔二〕。按：《禮經》「子爲嫁母無服」，即妻之母改嫁他家，則妻猶爲不服，夫何以從服乎？宋制子爲嫁母服，故有此令，亦可謂陋矣。

「爲甥婦，爲外孫婦，女爲姊妹之子婦，爲夫之外祖父母，爲夫之從母及舅。」仝上。按：《禮經》此五者無服。宋制並緦。

「爲從兄弟之妻，爲夫之從父兄弟。」仝上。按：《禮經》此二者無服，其義與嫂叔同。宋制

〔一〕「徵」，據文意，疑當作「徵」。
〔二〕「緦麻」，據本書體例，應爲小字夾注。

嫂叔既小功，此亦宜如之。

「爲同爨，爲朋友。」仝上。按：《檀弓》曰：「從母之夫，舅之妻，二夫人相爲服，君子未之言也。或曰：同爨緦。」是言妻兄弟之妻，夫姊妹之夫，相爲服，禮家不言。或曰：此二人若同居，則加恩服緦也。蓋據《喪服》：「爲夫之從父昆弟之妻。傳云：相與同室，則出緦之親焉也。」非謂爲凡同爨者緦之。《喪服經》「朋友麻」疏云：麻，謂緦麻之經[一]帶。加麻於吊服之上，既葬除之。凡吊服不得稱服，亦非謂爲朋友緦之謂也。此二條出乎附注，紕謬殊甚。

「爲夫兄弟之曾孫，爲夫從兄弟之孫，爲夫從祖兄弟之子。」仝上。按：此三條《禮經》闕。宋制緦。《義疏》以爲《喪服》緦麻章載族曾祖母、族祖母、族母，則此三者並應緦報。

「爲夫之曾祖、高祖父母。」仝上。按：此條《禮經》闕。爲夫之曾祖父母緦，見于緦麻章注，先儒從之。《義疏》云：「玄孫爲高祖父母齊衰三月，與曾祖父母同。」則玄孫婦亦應從服緦。

「應服大功以下，以次降等。」殤服。按：《喪服傳》云：「大功之殤中從上，小功之殤中從下。」蓋應服大功者，長中殤小功，下殤緦麻；應服小功者，長殤緦麻，中下殤無服。此云以次降等，亦似粗略。

〔一〕「經」，據文意，疑當作「絰」。

「哭之以日易月。」仝上。　按：此亦過略，其意不明，當作「無服以日易月哭之。」而已。

「喪服制度。」按：凶服之制，辟領、衽、負、帶下、加領，及冠條屬右縫，裳前三後四之屬，注疏及先儒之說，皆不免紕繆。余別著《凶服考》以附卷末，故總略之。但舉其錯讀舊義，以爲之說者，而人辨之耳。

「不削，謂隨其布幅，不用剪裁修飾。」衣制。　按：不削，謂不殺其縫。削，即「外削幅」之「削」。丘氏以削爲剪裁，非也。

「衽用布二幅，各長三尺五寸，每幅上下。」仝上。　按：《喪服》疏云：「衽兩條，共用布一幅，長三尺五寸。」《家禮》云：「各用布三尺五寸。」「各」字，蓋後人所誤加也。丘氏因之云爾，亦疏鹵□已。當改「二」作「一」，刪去「各長」之「各」及「每幅」之三字。其制之非古，辨見于下。

「古禮，婦女亦有裳。」婦人服制。　按：《喪服》注云：「凡服，上曰衰，下曰裳。」婦人不殊裳，衰如男子衰，下如深衣。」疏云：「其裳如深衣裳，六幅破爲十二。」蓋婦女之裳與男子異，丘氏欲以準男子之制，反失古意，不若用長裙也。

「旁親不用衰、負版、辟領。」杖期衣制。　按：敖氏曰：「五服之屬及錫與疑，皆以衰爲名。則是凡凶服、吊服，無不有衰矣。辟領亦當同之。若負版，則惟孝子乃有之，故《喪服記》先言之。孔子式負版者，以其服最重故爾。」

「惟斬、齊二者謂之衰。」《考證》。按：五服皆謂之衰。大功衰、小功衰，見《喪服》。緦衰，見《周官》。緦衰，即緦麻也。其謂之大功、小功，緦者略也。丘氏懵乎《禮經》，而妄爲之説，亦可謂以五十步笑百步矣。敖氏云「五服皆有衰」，極是。

「首絰，用布兩條爲纓。」齊衰絰帶製。按：絰纓之制，《禮經》無明文，《喪服》注云：「自大功以上，經〔一〕有纓，以一條繩爲之。」疏云：「斬衰，冠繩纓，通屈一條繩爲武，垂下爲纓，故知此絰之纓，亦通屈一條，屬之絰，垂下爲纓。」《家禮》依齊衰冠布纓而推之耳。

「絞帶。」仝上。絞，當作「布」。《喪服》曰：「斬衰裳，苴絰，杖，絞帶。」「疏衰裳，牡麻絰，布帶。」斬衰以繩帶，故四〔二〕絞帶也。齊衰以下以布爲帶，故曰「布帶」。《儀節》於齊衰以下布帶，皆曰「絞帶」者，誤也。

服圖説仝上。按：《續儀禮通解》第十六《喪服圖式》「成服冠制」有此文，此蓋傳寫誤，當作喪服圖式。

「升音登。」仝上。按：《喪服》注云：「『升』字當爲『登』。登，成也。今之禮皆以登爲升，

〔一〕「經」，據文意，疑當作「絰」。
〔二〕「四」，據文意，疑當作「曰」。

俗誤已行久矣。」《釋文》云：「升，鄭音登，衆如字。」博謂：《論語》云：「新穀既升。」升亦訓爲成，不必改字。

「祖姊妹緦麻，嫁無。堂姊妹小功，嫁緦麻。」出嫁女爲本字〔二〕降服圖。按：「嫁無」及「嫁緦麻」之五字，當删。辨見于上。

妾爲家長族服之圖。親族同居者，謂其長者爲家長，非主人之謂也。「家長」當作「君」。

繼父若不從其嫁，是乃路人耳，何以名父乎？此圖以今昔不同居之路人，而列之三父之中，殊覺無謂。

〔二〕「字」，據文意，疑當作「宗」。

喪禮中

「畏，自經于溝瀆之類。」《考證》。按：鄭注云：「人或以非罪攻己，己不能有以説之而死之者。孔子畏於匡。」博謂：非國事而有兵革之難，謂之畏與？《呂覽》曰：「曾點使曾參，過期而不至，人皆見曾點曰：『無乃畏耶？』曾點曰：『彼雖畏，我存，夫安敢死。』」《論語》云「畏於匡」者，亦謂有兵難也。丘氏承陳澔之誤耳。

「無所謂后土氏者。」祠后土。按：《周官·冢人職》曰：「大喪既有日，請度甫竁，遂爲之尸。」鄭司農云：「始穿時，祭以告后土。」《開元禮》蓋據之也，然彼是天子之禮爾。丘氏之説極得禮意，可謂温公、朱子之忠臣矣。

「男子由右，婦人由左。」朝祖儀節。按：此《既夕》注説也。敖氏曰：「主人從，衆主人以下從，婦人從。葬而從柩之序亦然。」《義疏》云：「敖説得之。」

「方相至。」《及墓》。按：《士喪禮》無之，辨見于下。

「顯考某官封謚府君。」題主式。按：《語類》云：「無爵曰府君、夫人，漢人碑已有，只是尊神之辭。府君如官府之君，或謂之明府。」博謂：無爵者，謂男無封謚，女無封號也。宋制，一品國公，其主當題「某官某國某公神主」，三品以上有謚，其主當題「某官某公神主」，則不須更加府君之號。猶婦人既有封號者，不可復稱夫人也。婦人之爵，執政以上封夫人，尚書以上封淑人，侍郎以上封碩人，大中大夫以上封令人，中散大夫以上封恭人，朝散大夫以上封宜人，朝奉郎以上封安人，通直郎以上封孺人。通直郎，正八品下也。夫男子三品以下無封謚者，婦人從八品以下無封爵者，乃題曰「府君」「夫人」，蓋代爵以尊祖考也。《題木主章》云「考某官封謚府君」，則是有封謚者亦稱府君。丘氏又有「處士府君」之號，是何等稱，不可覺也。而吾邦近世學者，或昧於官爵之別，故不知就夫無爵之語而考之。至於庶人亦有府君、夫人其考妣者矣。其僭禮也，噫亦太甚。竊意無官者，當曰「家君」，不然稱「先生」「居士」之類亦可。又按：宋俗，士大夫家，奴婢稱其主婦曰「夫人」，亦猶稱主人曰「相公」。宋儒習而不察，故因漢碑云「無爵曰夫人」耳。然以當時之制正之，「夫人」即極品之號，下等之人豈得僭之乎？此亦不得無謬矣。

「小功以下，大功異居者，可以歸。」《反哭》。按：前篇「主人以下各歸喪次」下，既云「大功以下異居者，既殯而歸」，而此又云爾，則是疑於未葬已前，大功異居以下，未歸其家矣。「小功」以下十二字，删之可也。

「之死而致死之。」《考證》。按：「之死」猶云「在死」，「之」字屬死者。丘氏云「以禮往送死者」，非也。

「《周禮》方相氏。」仝上。按：方相氏是王官，而大喪則王喪也。諸侯之禮亦有之乎否，經無明文，是未可知已。《士喪禮》無之，則非士大夫之禮也必矣。後世用之者，僭也。且官服面具之制，亦與《周官》不合，蓋唐制也。

「文公預卜藏穴。」仝上。按：《朱子年譜》：「淳熙丙申十一月，令人劉氏卒。」次年二月，葬於建陽縣唐石里大林谷，且規壽藏其側。後二十三年慶元庚申，朱子卒，乃葬于其所初葬劉氏之處，即其祔穴也。朱子始居崇安五夫里，唐石近其居，因爲葬地。晚移建陽之考亭，而遠其葬所也。丘氏所云疑於朱子猶拘風水，而預擇藏穴于遠地，恐致後學之惑。故今略記其事，以明之云。

喪禮下

「亞獻禮。」虞祭儀節。按：《家禮》此下注云「主人爲之」，此蓋脱也。據《士虞禮》「主婦亞獻」，主婦當爲之。

「終獻禮。」仝上。按：《家禮》此下注云「親賓一人爲之，或男或女」，此蓋脱也。據《士虞禮》「賓長三獻」，男賓當爲之。

「父則祔于父之祖考。」《祔》。按：《語類》云：「古人所以祔于祖者，以有廟制昭穆相對，將來祧廟，則以新死者安於祖廟。所以設祔祭豫告，使死者知其將來安於此位；亦令其祖知，是將來移上去，其孫來居此位。今不異廟，只共一堂排作一列，以西爲上，則將來祧其高祖了，只趲得一位，死者當移在禰處。如此則只當祔禰。今祔于祖，全無義理。但古人本是祔于祖，今又難改他底，若卒改他底，將來後世或有重立廟制，則着改也。」愽謂：朱子憂後世也深矣。然《禮經》祔于祖之文，不一而足。固已較然矣。向使朱子更立祔禰之法，古制豈爲之亡滅乎？今擬用「祖右禰左」之制者，仍祔于祖；若用「一列西上」之制者，當祔于禰。庶幾各得其宜矣。

「以練服爲冠。」《小祥》。按：此「服」字當作「布」。《喪服記》：「公子爲其母練冠。」賈疏云：「練冠者，以練布爲冠。」上文既總稱功衰褐絰之屬曰「練服」，此不可特指「練布」曰「練服」也。恐《家禮》本作「布」，後人誤爲「服」，因使丘氏費分疏耳。

「不用負版、適、衰。」仝上。按：功衰之制，經無明文，然既謂之「功衰」，亦當有衰，如其負版，或去之與？

「未祥間，暇以出謁者。」《大祥》。按：「祥」當作「禫」，蓋字之誤也。「以出謁者」下恐有闕文，當言馬鞍之制也。蓋大祥之後，未禫之前，出謁人者，馬鞍如常與？今《家禮》本作「未大祥」，是誤之又誤者也。

「設卓子于祠堂門外。」《禫》。按：《家禮》此上有「下旬之首，擇來月三旬各一日，或丁或亥」十六字，此蓋脱，當補之。○又按：《少牢饋食禮》曰「日用丁己」，又曰「孝孫某，來日丁亥，用薦歲事于皇祖伯某」，注云：「不得丁亥，則己亥、辛亥亦用之，無則苟有亥焉可也。」《義疏》，楊氏復曰：「上文日用丁己，謂十干丁日、己日也。來日丁亥，亦舉一端以明之耳。如鄭説，則不論十干之丁己，專取十二支之亥以爲解，謬已。」《家禮》云「或丁或亥」，亦仍鄭誤耳。

「又不吉，卜下旬。」仝上。按：《家禮》云：「又不吉，則用下旬之日。」此云又更卜下旬，誤也。

「又不吉，用忌日。」仝上。按：上章既云大祥第二忌日矣，禫乃後大祥二月，又安得有忌日，豈謂世俗所謂單忌耶？然上既謂雙忌爲忌日，此又可以單忌混之乎？

「如虞祭偶同。」《考證》。按：下注云：「葬母之明日，即治父葬。」則虞亦不同日也明。亥〔二〕。此云「偶同」，非也。

〔二〕「亥」，據文意，疑當作「矣」。

祭禮

「或丁或亥。」時祭。辨見于上。

「反此不吉。」仝上儀節。按：《家禮》無「反此」二字。蓋以一俯一仰爲吉，則是兩俯若兩仰爲凶。夫兩俯兩仰，既非一俯一仰之反，此云「反此」者，誤矣，當删之。

「終獻。」仝上。按：《家禮》「終獻」注云：「兄弟之長，或長男，或親賓爲之。衆子弟奉炙肉及分獻。」此亦宜注之。

「冬至祭始祖。」《初祖》。按：《大雅·生民篇》云：「厥初生民，時維姜嫄。」鄭箋云：「言周之始祖，其生之者是姜嫄也。」伊川依此詩及箋以言之矣。然后稷是周之大祖，則箋所謂始祖即後世所云「始基之祖」也。伊川之意則否，指其始基之祖所由出之元祖而言，猶周家禘帝嚳也。故朱子云「始祖之祭似禘」，「今不敢祭」。朱説極爲明當，而《家禮補注》於此下引《儀節》大宗小宗圖下所云「以始遷及初有封爵者爲始祖」之言以混之，殊不知丘氏所云「始祖」即「始基之祖」，而與程子所謂「始祖」本自不同，其誤甚矣。今人亦或有此誤，故并及之云。

「不以祫爲非。」《先祖》。按：伊川先祖之祭，似天子諸侯大祫之祭，陳毀廟之主于太祖者，故朱子非之矣。若以祫小于禘，爲士大夫亦可得用之，則亦五十步耳，朱子豈不爲非之乎？如横渠「三年後祫祭於大廟」之説，即是杜預所謂「三年喪畢之吉禘」，「因是大祭，以審昭穆」者也，此亦謂天子諸侯之禮爾。朱子取此説且推之於士大夫，以爲大祥既畢，乃祔新主于祖父，待禫祭畢，亦當合祭見在祠堂四世之主以告遷，乃後祧故遷新也。楊氏附注説之詳矣。丘氏既於《喪禮·大祥章》引附注此説。然則所謂「合祭」者，是如時祭合祭高曾祖禰之謂，而非謂祭高祖以上親盡之祖也。亦已知之矣，而此又混合爲之説者，何也？且《小學》書所載前賢之嘉言善行，亦惟大概取之耳，若細蜜論之，則不免或有小疵矣。而執其片言，以爲成説，恐非朱子之本旨也。且以載程子斯言爲可用之，則獨始祖之祭何不作儀節乎？可謂無特操矣。若其合族同居過五世者，則《通禮》大宗小宗圖所云「始遷及初有封爵者爲始祖，長子繼之，子孫世世爲大宗，統族人，主始祖墓祭」之法，是據朱子説準古之宗法者，亦足以總攝衆志矣，又何須先祖之祭也哉？

「在高祖以前者一人爲先祖。」仝上。按：程子自注：「謂初祖以下，高祖以上之祖，總曰『先祖』。」此云「一人爲先祖」者，誤矣。

「始基之祖，存得墓祭，無明文。」《考證》。按：《特牲禮》義疏云：「廟制據《王制》《禮器》，士惟一廟而已。《祭法》則云『適士二』，『官師一』。康成乃以上士若中下士分屬之，恐未必然。

上下大夫同三廟，五等諸侯同五廟，不應上士遽異於中下也。且於適字之義，亦不相應。疑所謂『適士』者，乃世族之太宗，爵雖爲士，而世適相承。上繼繼別之宗爲百世不遷者，則自當有別子爲祖之廟，於以合食而收族焉。所謂『宗子祭則族人皆侍』者，此耳。」博謂：《喪服經》齊衰三月章：「丈夫、婦人爲宗子，宗子之母、妻。傳曰：何以服齊衰三月也？尊祖也。尊祖，故敬宗。敬宗者，尊祖之義也。」《大傳》曰：「尊祖，故敬宗。敬宗，故收族。收族，故宗廟嚴。」《白虎通義》曰：「宗者何謂也？宗，尊也，爲先祖主也。」張横渠曰：「宗子者，謂宗主祭祀。」由是觀之，大宗之爲族人所敬者，以主大祖之祭故也。夫既有大祖之祭，則是其有大祖廟亦可知矣。《義疏》適士□別子之廟之説，極爲明當，據此則士庶亦應祭始基之祖。其制，大宗依古禮，常奉其牌于祠堂，而可不必止墓祭。若小宗，則從朱説，臨時墓祭之亦可。且夫大祖之遺澤，流及子孫，國君大夫士，雖有大小之異，而其恩一也。雖士庶之微，亦無有祭始基之祖，於人心獨無憾乎？揆諸人情，亦復如此，先儒云「大祖之祭止大夫，士則不得祭之」者，恐非古禮之意也。

「不知其姓則卜之。」《昏禮雜儀》。按：此卜其同姓乎否。卜吉則非同姓，不但卜其吉凶也。

大宗小宗圖

按舊圖甚簡略恐後學之有惑也故今更詳焉

小宗	小宗	小宗	小宗	宗
庶子謂為父後者為繼禰小宗	庶孫謂為祖後者為繼祖小宗	庶曾孫謂為曾祖後者為繼曾祖小宗	庶玄孫謂為高祖後者為繼高祖小宗	為始祖後者族人謂之大宗、
祖之庶子、**禰** 事三小宗及大宗	曾祖之庶子、**祖** 事二小宗及大宗	高祖之庶子、**曾祖** 事大小二宗	始祖之庶子、**高祖** 事大宗、	始遷及初有封爵者為始祖、**始祖**
統親兄弟、**嫡子** 事三小宗及大宗	統親兄弟、**嫡子** 事二小宗及大宗	統親兄弟、**嫡子** 事大小二宗	統親兄弟、**嫡子** 事大宗、	統親兄弟、**嫡子** 主始祖祭、
統從兄弟、**嫡孫** 事小宗、	統從兄弟事**嫡孫** 祖二宗及大宗	統從兄弟、**嫡孫** 事大小二宗	統從兄弟、**嫡孫** 事大宗	統從兄弟、**嫡孫** 同上
統再從兄弟、**嫡曾孫** 事二小宗及大宗、	統再從兄弟、**嫡曾孫** 事小宗、	統再從兄弟、**嫡曾孫** 事大小二宗	統再從兄弟、**嫡曾孫** 事大宗	統再從兄弟、**嫡曾孫** 同上
統三從兄弟、**嫡玄孫**	統三從兄弟、**嫡玄孫** 事一小宗兩大宗、	統三從兄弟、**嫡玄孫** 事大小二宗、	統三從兄弟、**嫡玄孫** 事大宗、	統三從兄弟、**嫡玄孫** 同上
不統親尽者、**六世孫** 事大宗	不統親尽者、**六世孫** 事大宗、	不統親尽者、**六世孫** 事大宗、	不統親尽者 **六世孫** 事大宗、	統親盡之族 **六世孫** 同上 世世亦如之
			族人親盡則不復事、之故曰五世則遷、左右三小宗並同、	族人雖親盡、世世事之、故曰百世不遷

若有庶子、則至其子亦為繼禰小宗、至其孫又為繼祖小宗、至其曾孫、又為繼曾祖小宗、至其玄孫又為繼高祖小宗、

禰之庶子、**己** 事四小宗、至此與大宗親盡、然世々亦宗之
子 事繼其高曾祖三小宗及大宗、繼父之高祖小宗至此不復宗之
孫 事繼其高曾二小宗及大宗、繼祖之曾祖小宗至此不復宗之
曾孫 事其高祖小宗及大宗、繼曾祖之祖小宗至此不復宗之
玄孫 事大宗、繼高祖之禰小宗至此不復宗之

《禮記·大傳》注云：「若始來在此國者，後世亦以爲祖。」疏云：「此謂非君之親，或是異姓始來此國者，亦謂之別子，以其別於在本國不來者。」○按：此雖非諸侯之庶子，亦謂之「別子」，而爲後世爲始祖者，古已有之之證也。丘氏於《考證》引《大傳》而遺此注文，似亦闕略。

《白虎通義》曰：「宗其爲始祖後者爲大宗。宗其爲高祖後者，爲高祖宗。」按：高祖宗，即繼高祖小宗也。云「宗其爲高祖後者，爲高祖宗」者，此言爲己爲高祖者之世適，不問其與高祖爲何親，或爲曾孫，或爲玄孫。謂之繼高祖小宗。所謂繼高祖者，由庶玄孫言之也，非謂嫡玄孫之繼高祖也，以此觀之，丘氏云「高祖傳至玄孫爲繼高祖小宗」者，誤矣。宗其爲祖後者爲曾祖宗，宗其爲祖後者爲祖宗，宗其爲父後者爲父宗。此三宗其義與高祖宗同。爲父宗以上至高祖宗，皆爲小宗。小宗有四，大宗有一，凡有五宗。」自始祖而下至玄孫，世世有庶子，而後五宗備矣。五世並庶者宗，五宗也。

《大傳》曰：「繼禰者爲小宗。」疏云：「小宗雖四，初皆繼禰爲始。據初言之，故云繼禰也。」按：「小宗」之號，雖其別有四，皆自族人命之，非自定其號也，故有一宗而四易其號者，有一宗而兼稱四宗者。蓋據繼高祖之家言之，曾祖宗爲高祖後者，爲禰禰小宗。曾祖之適子、庶子皆又宗之，爲繼祖小宗。曾祖之孫適庶皆又宗之，爲繼曾祖小宗。曾祖之曾孫適庶皆又宗之，爲繼高祖小宗。曾祖之庶曾孫，即所謂禰之庶子也。是乃一宗而四易其號者也。高祖之家若四世並有庶子，則至嫡玄孫、嫡曾孫之庶子，乃宗之爲繼禰小宗。嫡孫之庶孫亦宗之爲繼祖小宗，嫡子之庶曾孫亦宗之爲繼曾祖小宗，高祖之庶玄孫亦宗之爲繼高祖小宗，高祖之庶玄孫，即亦禰之庶子也。此又一宗而兼稱四宗者也。丘氏之謬，亦坐不詳此義耳。後學以此說與前圖參觀，則庶乎無誤解之失矣。

右考證

小斂絞圖

丘氏所圖亦不免有誤今據聶崇義三禮圖而頗釐正之

布下脱絞縮者一横者三之七字

喪大記云小斂布士喪禮云廣終幅析其末孔疏云從者在横者之上每幅之末析爲三片以結束爲便也三禮圖引孔疏三作兩其圖亦然不知何所本敖氏繼公曰析其末者析其兩端爲二如掩之制然

按孔疏云析爲三片是據大斂之絞一幅三析云爾經惟云析其末不見必爲三析之意敖氏據掩之制云析爲二可謂的確矣

大斂絞圖 同前

喪大記云大斂布絞縮者三橫者五又云絞一幅爲三不辟孔疏云縮者三者謂取布一幅分裂之作三片直用之橫者五者又取布二幅分裂作六片而用五片橫之於縮下也辟擘也大斂之絞既小不復擘裂其末

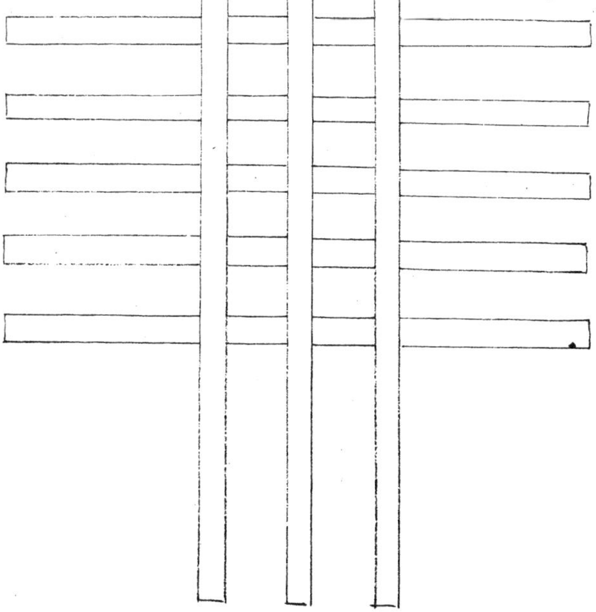

《家禮儀節正誤》一卷，寛政初年所草，藏在篋底三十餘年，近因一門人請，出而示之，今閲之，當時余未知古禮尚右，以明制尚左爲是，即朱抹删之，其餘似無紕繆。

文政戊子孟秋朔旦　　猪飼彦博識

右係故敬所先生原稿，余以某年就其家借觀，乃使某生謄寫，生經年始卒業，余欲一校，然後謝還原本，而又遷延留之者經歲，終逢其家之促，匆匆校讀，僅能完趙，時癸亥五月十四子也。

岱

神主制

［日本］松崎慊堂　撰
陳曉傑　整理

《神主制》解題

[日]吾妻重二　撰
董伊莎　譯

《神主制》是鉛印本《松崎慊堂全集》全七册(冬至書房,一九八八年)卷二十六所收的論文。

松崎慊堂(一七七一—一八四四),名復,字明復,通稱退藏。慊堂是其號。肥後益城郡來倉村(現熊本縣)人。出身農家,但立志於學問,十五歲時出走至江户(現東京)後到昌平阪學問所學習。其才識得到林述齋賞識,進入林家家塾學習,與佐藤一齋同門。享和二年(一八〇二)任挂川藩藩校教授并參與藩政,受到重用。文化十二年(一八一五)辭官,在江户目黑的羽澤村經營石經山房,并在此隱居,指導私塾學生。天保十年(一八三九)蠻社之獄時,他爲赦免門人渡邊華山而奔走各方。其他的門人有安井息軒、鹽谷宕陰等人。

松崎慊堂天資聰明,博聞强記,雖跟隨林述齋學習朱子學,但後與狩谷掖齋、山梨稻川等交往轉向折衷學、考證學。特別精通《説文》和漢唐訓詁學,用木版縮印唐開成石經十二經,以《縮刻唐開成石經》一百五十四卷出版（出版於慊堂死後的天保十五年），還校點出版《爾雅》《海録碎事》《陶淵明文集》《三謝詩》。他的著作還有《慊堂全集》十七册（《崇文叢書》第一輯，活字本）中收録的八種著書和詩文，另有日記《慊堂日曆》二十四卷。此外的著作現收録於《松崎慊堂全集》全七册（冬至書房，一九八八年）。

這裏收載的是上述《松崎慊堂全集》卷二十六所收雜著《敬作所偶得》（原是《崇文叢書》本《慊堂全集》的影印）中關於神主制的論文。文末有「丙辰八月念四記」，可知是寬政八年（一七九六）八月二十四日所作。據林家家塾《升堂記》記載，慊堂在寬政二年（一七九〇）入門，寬政八年七月五日離塾，所以這是慊堂在剛離開時，即二十六歲時的作品。

此論文論證的是儒教的神主，即祭祀中靈魂所憑的位元牌之樣式，與其説是實踐手册，不如説是純粹的考證論文。内容的主要根據有二：一是《春秋穀梁傳》文公二年「作僖公主」的楊士勛疏所引衛宏（衛次仲）之説，二是《春秋公羊傳》文公二年「作僖公主」的何休注所引「孝經説」之文。原本禮經中并没有關於中國古代神主樣式的明文，不明之處甚多，而慊堂將此二説中天子、諸侯的神主樣式作爲最根本的依據，推定士、大夫神主的高度，又根據「孝經説」復原其形狀，認爲士、大夫神主的古型應是寬度和厚度相等的長方體，形狀與《家禮》所説的圓頂平板型不同〔二〕。

由於是小論文，資料上會有不足之處，但論述内容明快，不失爲一部重要的論著。

〔二〕 關於中國古代神主的樣式，見吾妻重二：《木主形狀考——到朱子學爲止》，《愛敬與儀章》所收，上海古籍出版社，二〇二一年。其中也有關於衛宏之説與「孝經説」的詳細討論。

神主制

神主制，《禮經》無明文，《穀梁》疏麋信引衛次仲云：「宗廟主皆用栗，右主八寸，左主八寸，廣厚三寸。右主，謂父也。左主，謂母也。」右一說。《孝經説》云：「主狀正方，穿中央，達四方。天子長尺二寸，諸侯長一尺。」右一説。先儒傳聞之説，可以爲徵者，厪厪此二條而已。而何氏休注《公羊》，范氏甯注《穀梁》，皆從《孝經説》。《家禮》神主圖式，亦全用《孝經説》天子式。愚案：「孝子事親，生盡其孝，死盡其敬，不以存亡易其心。」則奉神主於廟，猶事父母於堂也，其可忽諸？」然《禮經》散亡，其詳不可得而知。其可徵者，亦唯漢儒傳聞之説而已。次仲云八寸，其説上下無等。先王之禮，貴嚴名分。上自天子，以下至士、庶人，其名物度數，不可以分毫而差也。次仲所云，果天子乎？抑諸侯乎？士大夫乎？吾不知其所用也。不知而作之，謂之妄，妄豈學者所從乎？何氏云：「天子一尺二寸，諸侯一尺。」而不言士、大夫制。其意蓋曰，舉此而彼可知已。夫禮之度數，自上而下，降殺以兩。故天子八佾，諸侯六佾，大夫四，士二。大夫五鼎，士三鼎。天子七廟，諸侯五廟，大夫三，士二。筮蓍，天子七尺，諸侯五尺，大夫三尺。以至夫封疆之廣狹，命數之多少，冠冕棺槨衣衾之制，皆無不然。則大夫八寸，士六寸，可知矣。諸儒捨衛取何，是也。特怪後世名公碩儒，不明此義。學識明徹，如程夫子、司馬公，亦僭用天子制。不但用之，又筆之書，以訓後學。胡氏有言：「人之欲孝其親，心(難)〔雖〕無窮，而分則有限。得爲而不爲，與不得爲而爲之，均之不孝。」夫諸侯僭天子禮，猶且譏之，魯之郊禘是也，况大夫而僭天子乎。季氏八佾舞，孔子有『可忍』之言，是也。蓋人之貴於萬物者，以有禮也。禮之爲禮，以有名分也。今夫天子之禮，諸侯可以僭，大夫士亦可以僭，是無君臣上下之分也。無君臣上下之分，則禽獸耳，所謂沐猴之冠耳。人之所愛敬，父母莫大焉。而陷之禽獸，可謂孝乎？躬自爲之，猶且不可。而率一世陷之禽獸，一世不啻，後世學者皆宗其説，則驅天下萬世，容之禽獸，可乎？嗚呼！學識明徹如二公，則公之朝夕所景行歆念而不措，何意其説之悖謬至此，是不可不辨也。故余從降殺以兩之説，作大夫士神主制，録圖於左。其僭妄得罪於二公，則有矣，然其於聖人制禮之意庶幾乎。

○原本此間空白五行無圖，今從原。

右所謂天子之制，而程子所用《家禮》所圖之式也。其長短廣厚之度，一從本邦諸儒周尺一尺，當曲尺六寸四分弱之説，未知是否。又案《孝經説》云，主狀正方，則《家禮》厚一寸二分，誤也。博三寸，厚亦三寸。衛次仲亦云，廣厚三寸。今録一寸二分者，則見《家禮》之舊。觀者察之。○諸侯一尺可類推。○又案《孝經説》唯云一尺二寸，不審其詳。粉面陷中之制，題主題名

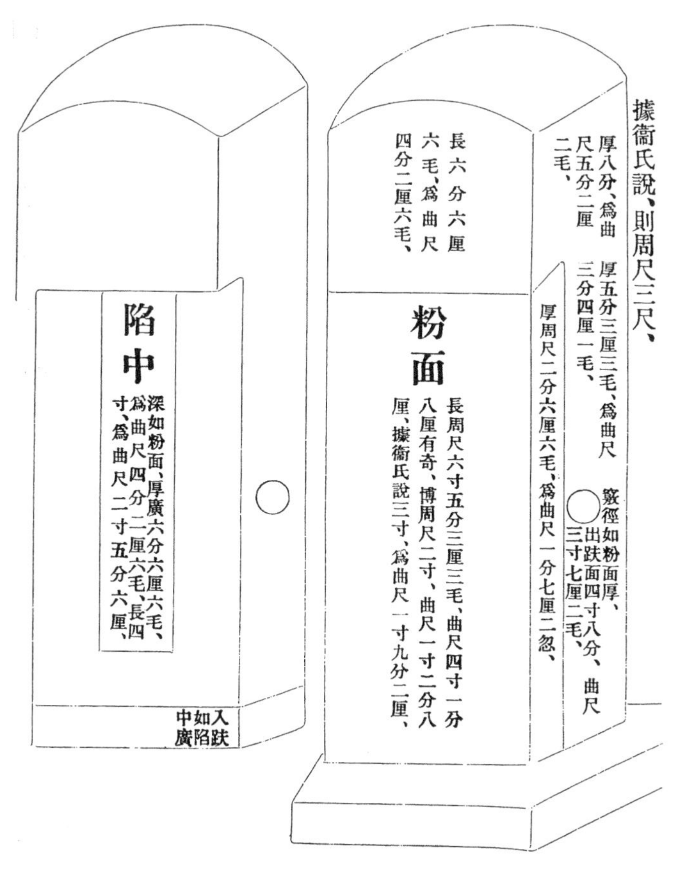
據衞氏說、則周尺三尺、
厚八分、爲曲尺五分二厘二毛、
厚五分三厘三毛、爲曲尺三分四厘一毛、
長六分六厘六毛、爲曲尺四分二厘六毛、
粉面
長周尺六寸五分三厘三毛、曲尺四寸一分八厘有奇、博周尺二寸、曲尺一寸二分八厘、據衞氏說三寸、爲曲尺一寸九分二厘、
厚周尺二分六厘六毛、爲曲尺一分七厘二忽、
竅徑如粉面厚、
出趺面四寸八分、曲尺三寸七厘二毛、
陷中
深如粉面、厚廣六分六厘六毛、爲曲尺四分二厘六毛、長四寸、爲曲尺二寸五分六厘、
入趺如陷中廣

之法，果如《家禮》所言不，此不可知，謹存疑。又公羊氏曰：「虞主用桑，練主用栗。」用栗者，藏主也。《家禮》唯有栗主，無桑主，非古禮。然公羊所云，周制也。《論語》宰我論社曰：「夏后氏以松，殷人以柏，周人用栗。」則以松，以柏，以栗，自不妨。但用其土所宜木而已，何常之有。周都宜栗，故用栗也。時王所尚，故天下從之耳。以周律萬世，恐又僻見。

右余所創大夫之制，降於天子二等。所謂降殺以兩者，士六寸，可類推。又據主狀正方之説，則厚當二寸。今以八分，則亦因《家禮》而縮之也，觀者察諸。○或云，古者天子諸侯有主，鄉大夫以下正禮無主。右《公羊疏》。或云，士大夫無木主。又云，大夫士無木主，以幣主其神。天子有木主，則以主祔祭。右《儀禮·士虞記疏》。又士喪士虞，有重無主。今按：「公、穀二《疏》引《士虞記》桑主練主之説，今本無。」據以上諸説，則余説不通。然《禮經》散亡，存十一於千百，其遺亡脱漏，安知古有而今無乎？楊氏、賈氏之説，後儒臆度，固亡論也。若以士喪士虞無主文，而謂鄉大夫以下無主，則《孝經説》所云，亦唯漢儒傳聞之説而已。天子諸侯之制，又果出何禮經？但經傳，天子諸侯言主，而鄉大夫士不言主，則諸儒紜紛，固亦宜也。然是不通於人情者，夫家之有主人，猶廟之有神主也。家無主人，則何用家？天子廟有主，而大夫士廟無主，則大夫士亦何用廟？是不通人情，又不善讀禮者也。若曰大夫士廟無主，以幣主其神，則幣主亦賈氏臆度，又出何禮經？且神主可以書其謚號，而序昭穆，可以祔祖祔禰祔王姑祔姑。若以幣主其神，則幣非可書謚號者，考妣無別，祖禰何擇？以子祔祖，以妾祔王姑，子禰妾姑何別？此决非聖人所制。故曰，《禮經》散亡，古有而今無也。雖今則無也，聖人之禮，未全墮地。則據一以推二，見彼而知此，自是學者日用喫緊事。故曰，古者聖人制禮，名物度數，皆降殺以兩。則大夫八寸，士六寸，可知也。是所謂通於人情，達於禮意，而不可易者。然耳食目學，不求諸理者，突然聞余說，則必視以爲驚世絶俗之論而捨之。是唯可與公易平心、明理達識者言之而已，當世誰應左袒於吾者？丙辰八月念四記。

新刻性理大全·家禮

［日本］小出永安　校點
李　潔　整理

《新刻性理大全·家禮》解題

[日]吾妻重二　撰　董伊莎　譯

此和刻本《新刻性理大全》的《家禮》部分爲四卷二册，是《新刻性理大全》全七十卷四十一册中的一部分。底本是日本國立公文書館内閣文庫藏本，圖書編號爲299－33。在原來的刻本當中，附有日語的讀音順序符和送假名等，即和刻本普遍使用的所謂「訓點」，此次標點整理則全部省略這些「訓點」。

明初永樂十二年（一四一四）十一月，重視朱子學的永樂帝詔令翰林院學士胡廣、侍講楊榮和金幼孜纂修《五經大全》《四書大全》和《性理大全》。相關工作隨即開始，次年十三年（一四一五）九月完成。十五年（一四一七）三月，冠以御序的這三部《大全》便頒發至中央官廳和北京、南京國子監以及天下的郡縣學，在全國得以普及（《明太宗實録》）。於是，《五經大全》《四書大全》和《性理大全》三部作爲永樂帝的敕撰書，成爲科舉考試的標準解釋，構成了明代以後國家教學的核心。其中《性理大全》七十卷（正式名稱爲《性理大全書》，現使用通稱）收集了宋代理學家周惇頤、張載、二程、朱熹、蔡元定等人的主要著作及其各種注釋。當然，《家禮》也被收録其中。現根據明内府刊本，將其内容結構揭示如下：

卷一　太極圖：周惇頤《太極圖・圖説》、朱熹《太極圖説解》及其注釋

卷二—三　通書：周惇頤《通書》、朱熹《通書解》及其注釋

卷四　西銘：張載《西銘》、朱熹《西銘解》及其注釋

卷五—六　正蒙：張載《正蒙》及其注釋

卷七—十三　皇極經世書：實際收録蔡元定《皇極經世指要》、邵雍《觀物内外篇》《漁樵問答》及《無名公傳》

卷十四—十七　易學啓蒙：朱熹《易學啓蒙》及其注釋

卷十八—二十一　家禮：朱熹《家禮》及其注釋

卷二十二—二十三　律吕新書：蔡元定《律吕新書》及其注釋

卷二十四—二十五　洪範皇極内篇：收録蔡沈《洪範皇極内篇》

卷二十六—七十　從理氣到詩文：收録理學家的言論以及詩文

這部《性理大全》卷十八至卷二十一所收的《家禮》，在《家禮》原文上增補了楊復、劉垓孫、劉璋等南宋及以後學者的注釋，此文本後來在中國乃至朝鮮王朝中都有着極大的權威。

這裏所收的和刻本是日本承應二年（一六五三）刊《新刻性理大全》全七十卷四十一册中的

《家禮》部分，卷一内題爲「新刻性理大全第十八卷」，稱「温陵九我李太史校正」。

本書的校點者是小出永安（又稱永庵），由京都的田中清左衛門、小嶋彌左衛門出版。據永安的跋文，慶安辛卯年（四年，一六五一）完成校點，兩年後的承應二年（一六五三）出版。不過，如後所述，書名《新刻性理大全》冠以「新刻」一詞，説明與永樂年間出版的《性理大全》有所不同。

小出永安（？—一六八四），尾張人（現愛知縣），名立庭，號永安或永庵，通稱内記。號其居爲「新蕉軒」。幼時聰慧，在京都師從熊谷活水，學成後任尾張藩儒。熊谷活水（？—一六五五）是藤原惺窩門下四天王之一的尾張藩儒堀杏庵（一五八五—一六五二）的門人。永安後來重到京都遊學，又到江户（今東京），侍從木下利康（肥後守）。其子爲小出蓬山，蓬山的養子爲小出侗齋，侗齋的養子爲慎齋，都是尾張藩儒。

永安的著作有《中庸章句倭語鈔》八卷四册、《孝經大義講草鈔》六卷六册、《孟子序説假名抄》一册、《江府紀行》一册（《詞林意行集》所收），均爲刊本。寫本有《論孟序説假名抄》一册傳世。

永安的重要業績是校點了幾部漢籍。《新刻性理大全》七十卷是其中分量最大的一部，除此之外，還有《老子翼》六卷、《莊子翼》十一卷合刻本、《直音傍訓周易句解》十卷、《五倫書》六十二卷，其中《老子翼》《莊子翼》尤其著名。這些都可以説是他作爲江户儒學初創時期的學者所做的啓蒙性工作。

永安的這部校點本後來雖被林鵝峰指出句讀有錯誤，但作爲《性理大全》全七十卷唯一的和刻本，在日本普及朱子學方面的重要作用是不可忽視的。

下面，就和刻本《性理大全》使用的底本略作探討。

和刻本卷末跋文前的牌記稱「萬曆癸卯年／仲春月梓行」；各條之後，附加了永樂本《性理大全》没有的「集覽」和「補注」。「集覽」似爲玉峰道人所撰，「補注」似爲周禮所撰。〔二〕

另外，如上所述，和刻本卷一内題下稱「温陵九我李太史校正」，表明該本由明代李廷機（一五四二—一六一六）校正。李廷機是福州泉州府晋江人，字爾張，號九我，謚文節。温陵爲泉州雅稱。萬曆十一年（一五八三），李廷機在殿試中獲得榜眼，即進士第二名，隨後累官翰林院編

〔二〕　據三浦秀一《明代中期の〈性理大全〉—東北大學図書館藏本の書志學的意義に寄せて—》（《明代中期〈性理大全〉——就東北大學圖書館藏本的書志學意義而談》），《集刊東洋學》第一〇九號，二〇一三年。該文介紹了明代後期刊行的各種《性理大全》增注本，對我們瞭解這方面的情況非常有益。另外，「集覽」原載於《性理大全》增注本之一的《性理群書大全》七十卷中，現收於《四庫全書存目叢書》子部第八、九册。該書卷一内題作「性理群書大全」，但在卷首「引用姓氏總目」和「目録」處却題作「性理群書集覽」。

修、國子監祭酒以及南京吏部、户部、工部等職，政績顯著，後歷北京禮部右侍郎、左侍郎等要職，於萬曆三十五年（一六〇七），以禮部尚書兼東閣大學士而進入内閣。不久後，因被卷入黨争而辭任，但因其長期活躍於政界以及人品清廉，又曾任科舉考官，在當時是一位名聲赫赫的人物。故在萬曆後期至明末，利用其極大的名聲，題署爲李廷機著的書籍，特別是科舉考試的舉業書，在民間書坊大量出版。因此，這部《性理大全》雖以李廷機爲校正者，然而姑且不論他是否真正參與了校正，但這至少反映了上述明末出版界的一些狀況。

不過，明代尤其是嘉靖年間以後的《性理大全》的刊刻情況極爲錯綜復雜，多有書名、題署、牌記完全一致，但内容却不同的情況，令人困惑。若要徹底厘清這些版本之間的關係，則另需詳細的考察，在拙文《朱熹〈家禮〉的和刻本》（彭衛民譯，《濟南大學學報（社會科學版）》二〇一九年第五期）中，對此進行了基本探討和梳理。下面僅介紹其結論部分，關於和刻本所據底本大致可作如下幾點分析：

1.《性理大全》是明代永樂十三年（一四一五）作爲敕撰書，由胡廣、楊榮、金幼孜等編纂，不久即刊行。

2. 明正德六年（一五一一）左右，名爲玉峰道人的人物附加了「集覽」。

3. 同一時期，名爲周禮的人物又附加了「補注」。

4. 明代中期以後，出現了各種《性理大全》增注本。據中國古籍總目編纂委員會所編《中國古籍總目》（上海古籍出版社，二〇一〇年），《性理大全書》七十卷的刊本有十三種，《新刊性理大全》七十卷的刊本有十二種，《新刻性理大全書》七十卷的刊本有四種，《新刊憲臺釐正性理大全》七十卷的刊本有三種，《新刻九我李太史校正性理大全》七十卷的刊本有兩種，更有《性理群書大全》七十卷和《性理大全會通》七十卷的刊本，正可謂達到了汗牛充棟的地步。

在上述爲數衆多的相關書籍中，《新刻九我李太史校正性理大全》兩種刊本之一的東京大學綜合圖書館藏本易被誤認爲是此和刻本的底本，其卷首内題「新刻九我李太史校正性理大全卷之一／温陵九我李太史校正」與和刻本相似，卷末牌記更是相同，但該書並無「集覽」和「補注」。而《新刻九我李太史校正性理大全》的另一刊本（日本國立公文館内閣文庫藏本），其《家禮》部分既無「集覽」和「補注」，且根據卷二后的扉頁題記，該書應爲「大方性理全書」，與和刻本更是不同。

實際上，和刻本的祖本應爲嘉靖三十九年（一五六〇）的進賢堂刊本《新刊性理大全》（現爲日本國立公文書館内閣文庫所藏），該本附有「集覽」和「補注」，在卷首的「先儒姓氏」处詳細記録每位學者的經歷，欄外綫框内的標題，皆與和刻本大致相同。

當然，此進賢堂刊本與和刻本並非完全一致，其中也有若干差异，故不能稱之爲「底本」，但與其他多種版本相比，此爲「祖本」則是毋庸置疑的。也就是説，和刻本的底本不是永樂年間的原本《性理大全》，而是附加了「集覽」和「補注」的明末坊刻增注本，這點需要特别留意。因此，收録在本《彙編》的明内府刊本《性理大全書·家禮》和這部和刻本《新刻性理大全·家禮》在内容上有很大差异。

不過，换個角度看，嘉靖三十九年的進賢堂本《新刊性理大全》在中國並未通行，只不過是衆多坊刻本中的一種版本而已。然而，此文本在日本通過翻刻，却産生了很大的影響。如果我們開拓視野，不限於中國而是從東亞的範圍來看，這部和刻本《性理大全》具有重要的文獻學價值和意義，將其收録於本《彙編》的理由也就在於此。

目録

新刻性理大全第二十一卷　家禮四

新刻性理大全第十八卷　家禮一

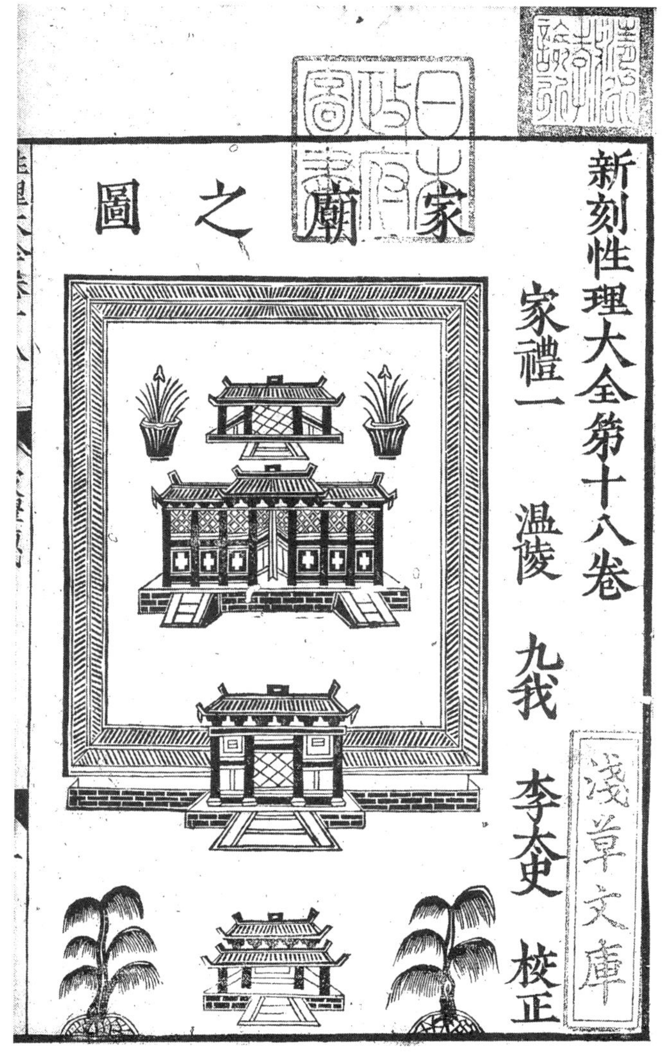

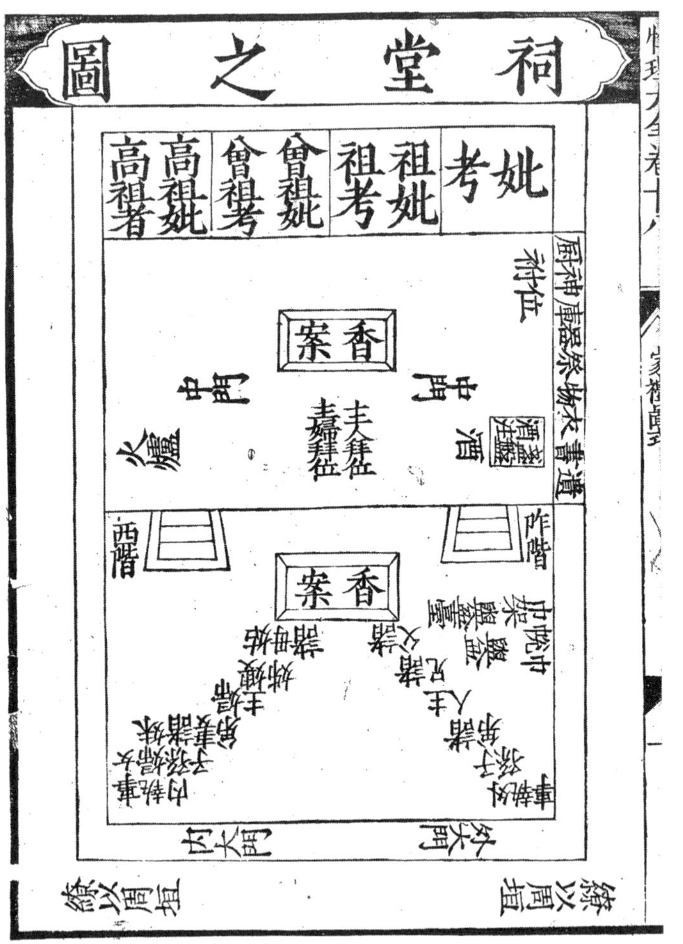
祠堂之圖
妣
考
祖妣
祖考
曾祖妣
曾祖考
高祖妣
高祖考
祔位
香案
香案
酒
中門
中門
阼階
西階
外大門
内大門

深衣前圖

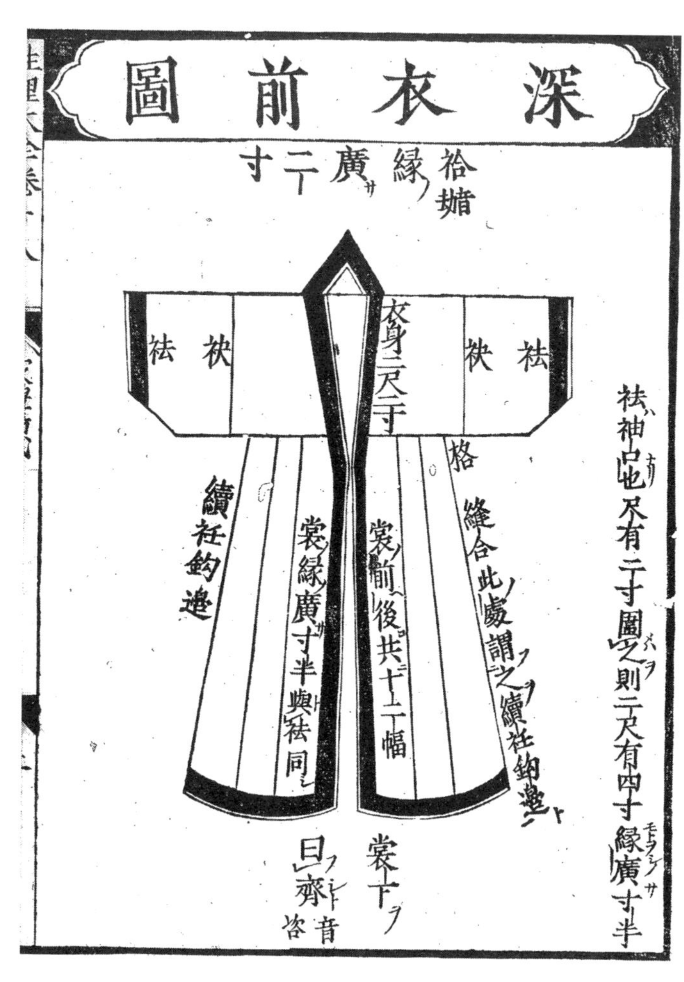
袷爀緣廣二寸
袪
袂
衣身二尺二寸
袂
袪
格
續衽鈎邊
裳緣廣寸半與袪同
裳前後共十二幅
縫合此處謂之續衽鈎邊
曰齊咨音
裳下
袪袖口也尺有二寸圍之則二尺有四寸緣廣寸半

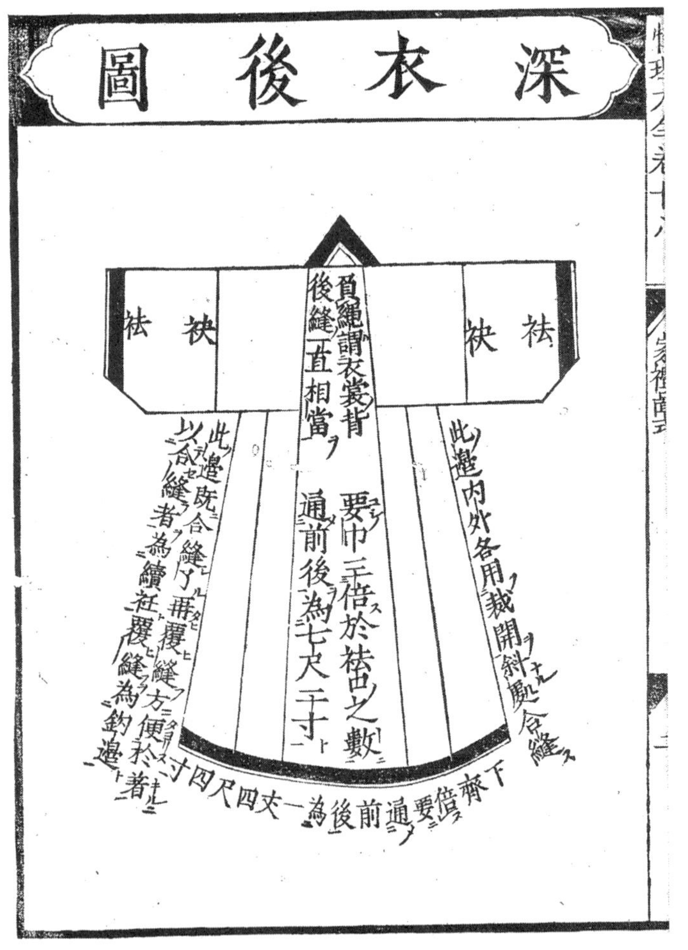
深衣後圖
袂
袪
袂
袪
負繩謂衣裳背後縫一直相當
要中三倍於袪之數
通前後為七尺二寸
此邊内外各用裁開斜殺合縫
此邊既合縫了再覆縫方便於著
以合縫者為續衽覆縫為鉤邊
下齊倍要通前後為一丈四尺四寸

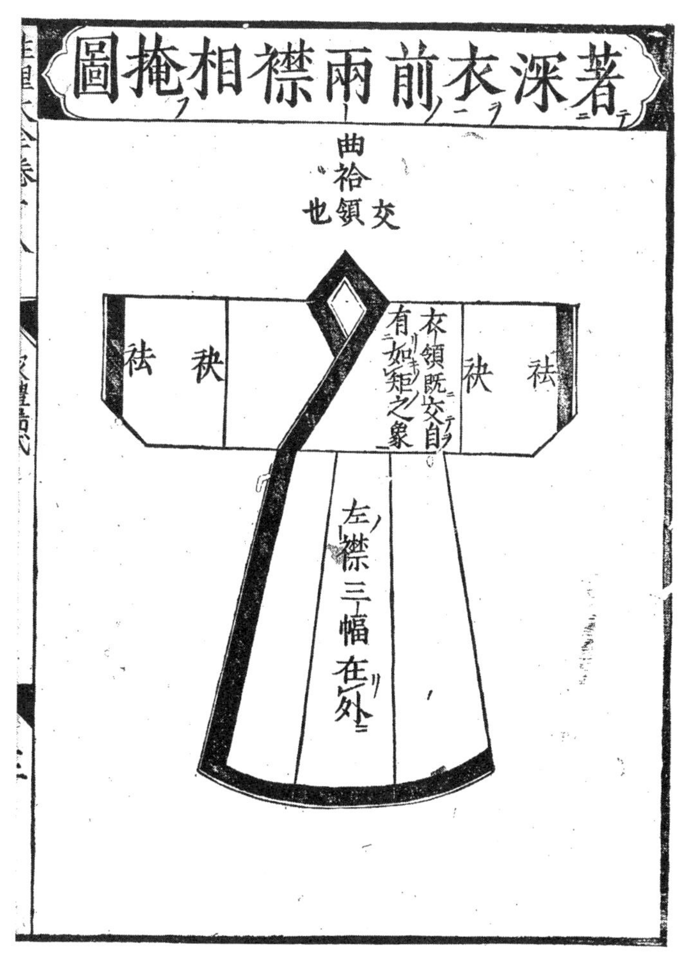
著深衣前兩襟相掩圖
交領曲袷也
袪
袂
衣領既交自有如矩之象
袂
袪
左襟三幅在外

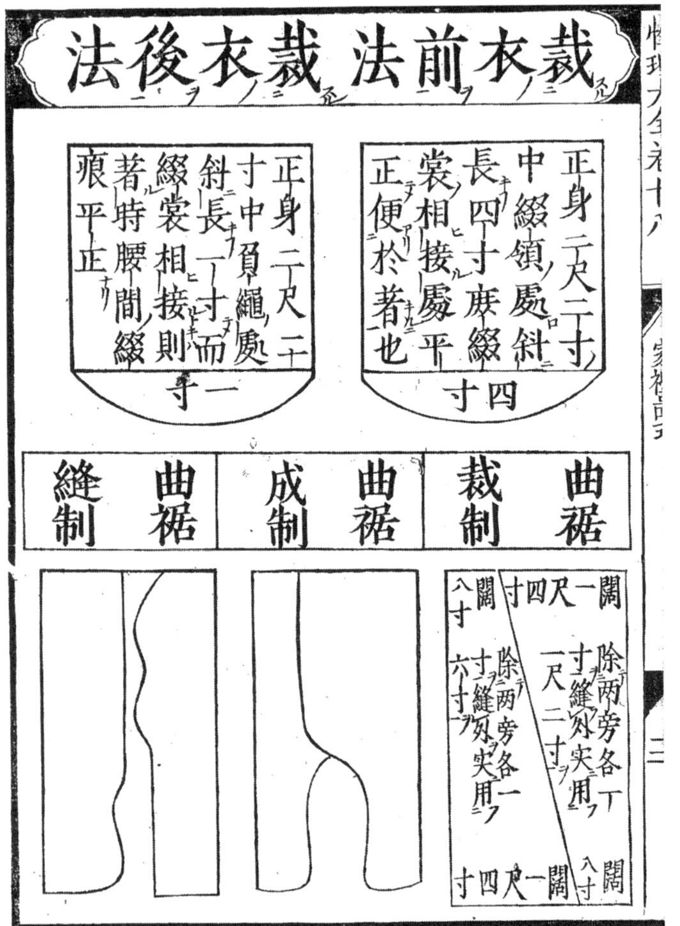
裁衣前法
正身二尺二寸中綴領處斜長四寸庡綴裳相接處平正便於著也
四寸
裁衣後法
正身二尺二寸中負繩處斜長一寸而綴裳相接則著時腰間綴痕平正
一寸
曲裾裁制
曲裾成制
曲裾縫制
闊一尺四寸
闊八寸
除兩旁各一寸縫外実用一尺二寸
除兩旁各一寸縫外実用六寸
闊八寸
闊一尺四寸

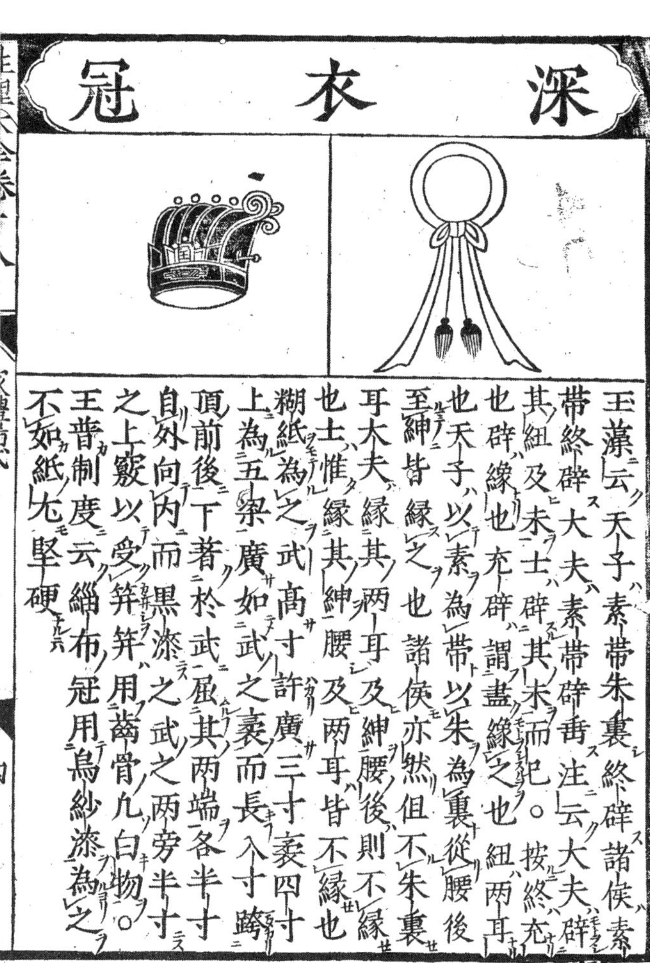

深衣冠

玉藻云天子素帶朱裏終辟諸侯素帶終辟大夫素帶辟垂注云大夫辟其紐及末士辟其末而已○按終充也辟緣也充辟謂盡緣之也紐两耳也天子以素為帶以朱為裏從腰後至紳皆緣之也諸侯亦然但不朱裏耳大夫緣其两耳及紳腰後則不緣也士惟緣其紳腰及两耳皆不緣也糊紙為之武高寸許廣三寸袤四寸上為五梁廣如武之袤而長八寸跨頂前後下著於武屈其两端各半寸自外向內而黑漆之武之两旁半寸之上竅以受笄笄用齒骨凡白物○王普制度云緇布冠用烏紗漆為之不如紙尤堅硬

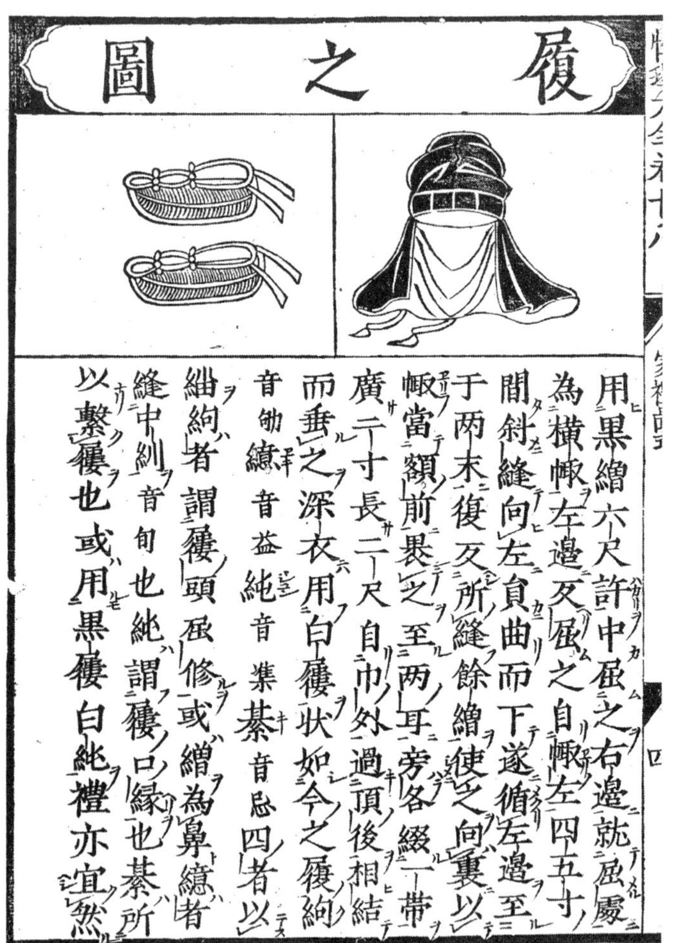

履之圖

用黑繒六尺許中屈之右邊就屈處為横㡇左邊反屈之自㡇左四五寸間斜縫向左負曲而下遂循左邊至于两末復反所縫餘繒使之向裏以㡇當額前裹之至两耳旁各綴一帶廣二寸長二尺自巾外過頂後相結而垂之深衣用白屨狀如今之履絇音劬繶音益純音準綦音忌四者以緇絇者謂屨頭屈修或繒為鼻繶者縫中紃音旬也純謂屨口緣也綦所以繫屨也或用黑屨白純禮亦宜然

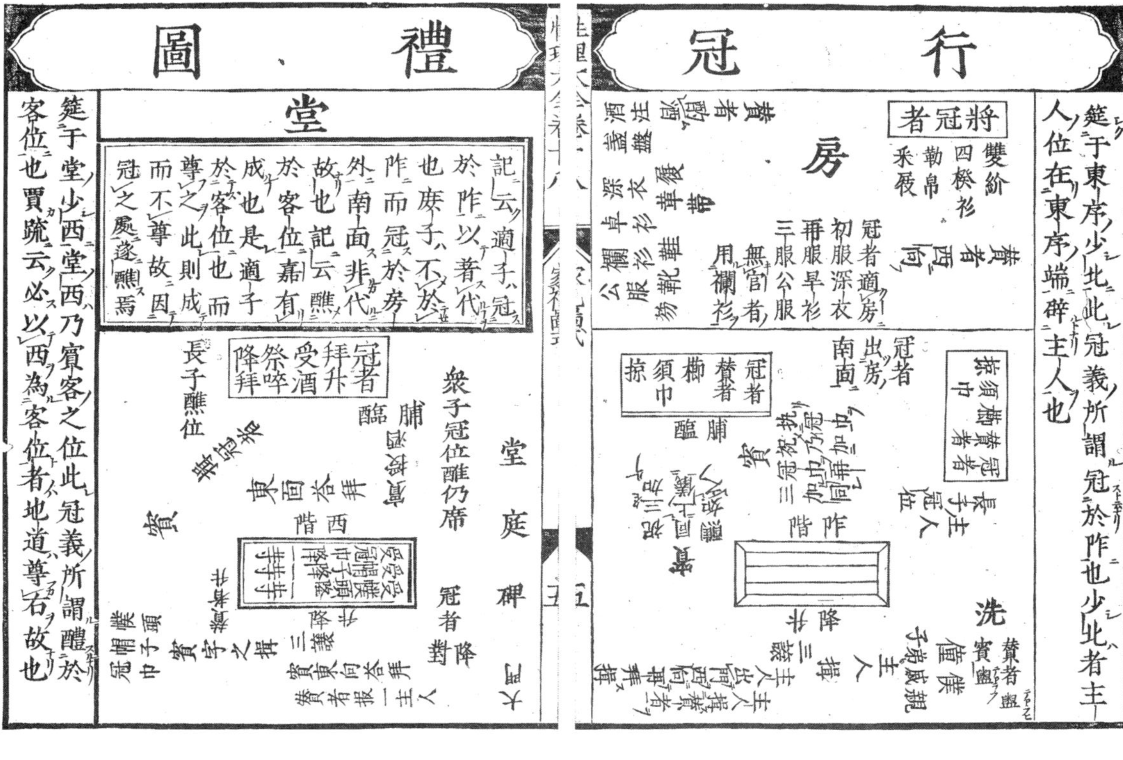
行冠禮圖
筵于東序少北此冠義所謂冠於阼也少北者主人位在東序端辟主人也
房
將冠者
雙紒 四䙆衫 勒帛 采屐
酒注 盞盤
履 深衣 大帶
卓衫 靴
襴衫 公服 笏
冠者適房 初服深衣 再服皁衫 三服公服
賓者西向
無官者用襴衫
冠者出房南面
冠者 贊者 櫛 須 巾 掠
冠者 贊者 櫛 須 巾 掠
脯 醢
賓
阼階
長子主人冠位
洗
堂
記云適子冠於阼以著代也庶子不於阼而冠於房外南面非代故也記云醮於客位嘉有成也是適子於客位也而尊之此則成而不尊故因冠之處遂醮焉
冠者拜升受酒祭啐降拜
長子醮位
衆子冠位醮仍席
脯 醢
東面答拜
西階
賓
堂 庭 碑
冠者降 對
三讓
賓東向答拜
贊者報一主人
幞頭 帽子 冠巾
賓字之揖
大門
筵于堂少西堂西乃賓客之位此冠義所謂醮於客位也賈疏云必以西為客位者地道尊右故也

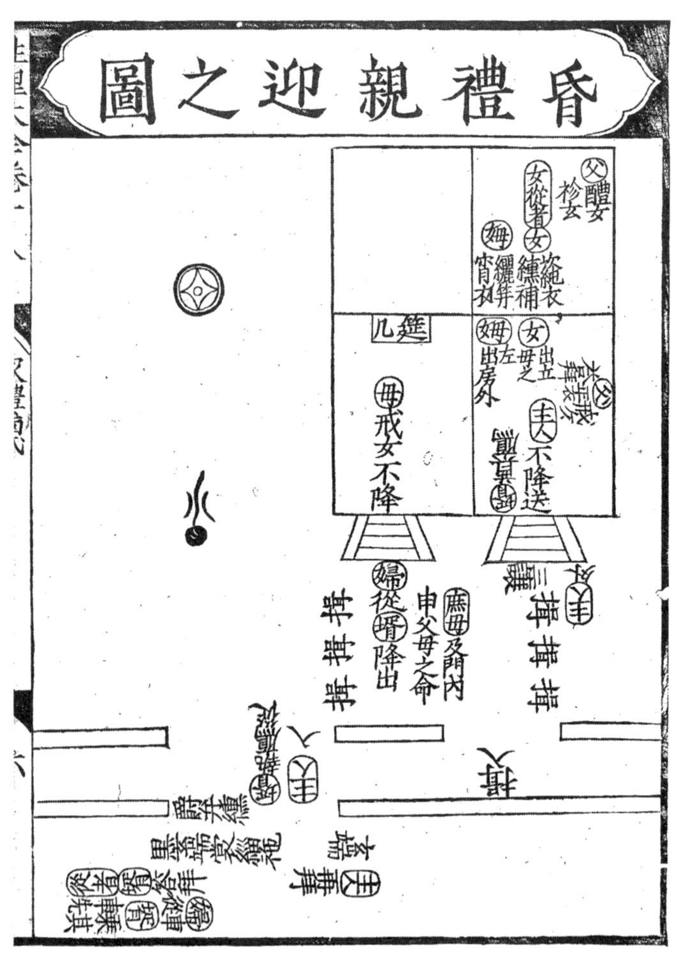
昏禮親迎之圖
父醴女
女從者
姆
女
筵几
母戒女不降
主人不降送
揖
揖
揖
庶母及門內申父母之命
婦從壻降出
揖
揖
揖
揖入
主人

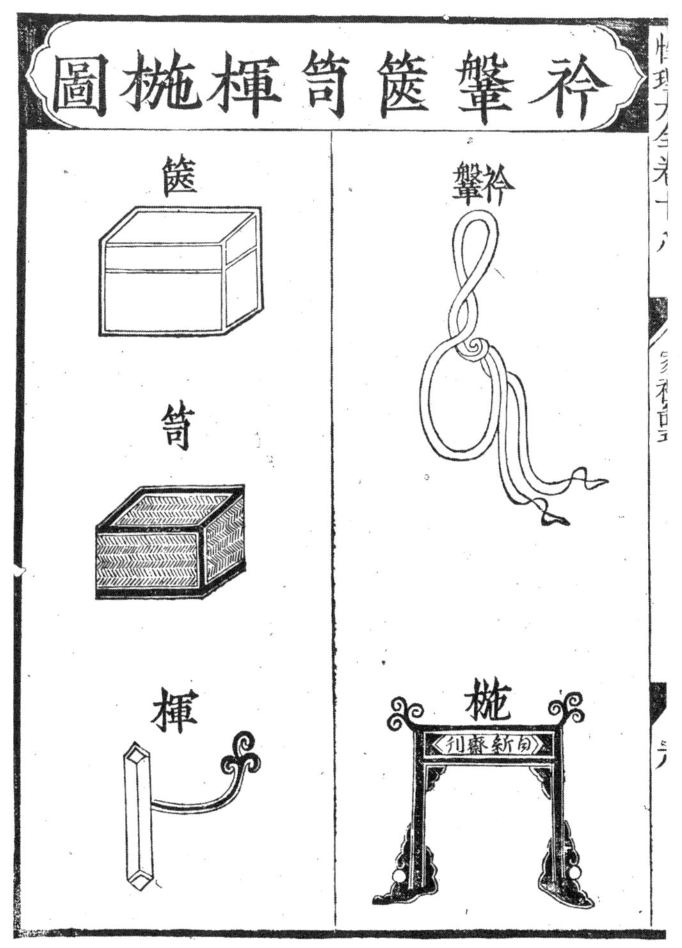
衿鞶篋笥楎椸圖
衿鞶
篋
笥
楎
椸
自新齋刊

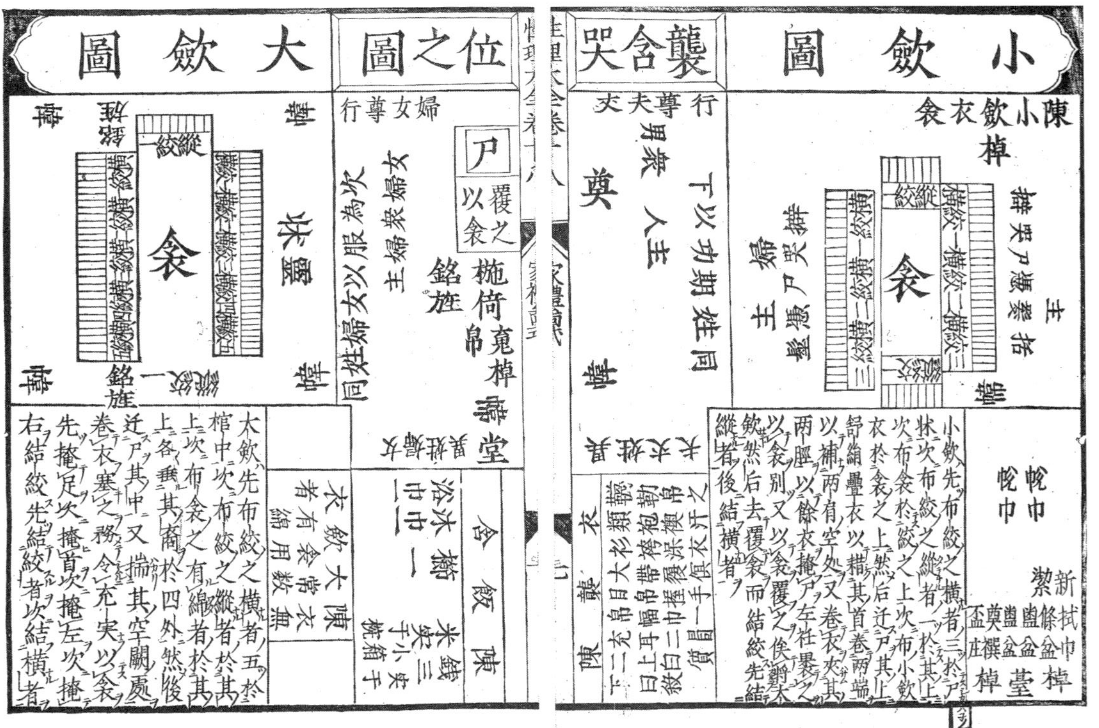
小斂圖
襲含哭位之圖
大斂圖
陳小斂衣衾
小斂先布絞之橫者三於牀次布絞之縱者一於其上次布衾於絞之上次布小斂衣於衾之上然后迁尸其上舒綿疊衣以糯其首卷兩端以補兩肩空處又卷衣夾其兩脛以餘衣掩尸左衽裹之以衾別又以衾覆之俟大斂然后去覆衾而結絞先結縱者後結橫者
帨巾
帨巾
大斂先布絞之橫者五於棺中次布絞之縱者於其上次布衾之有綿者於其上各垂其裔於四外然後迁尸其中又揣其空闕處卷衣塞之務令充実以衾先掩足次掩首次掩左次掩右結絞先結絞者次結橫者
衾
靈牀
銘旌
尸
覆以衾之
堂

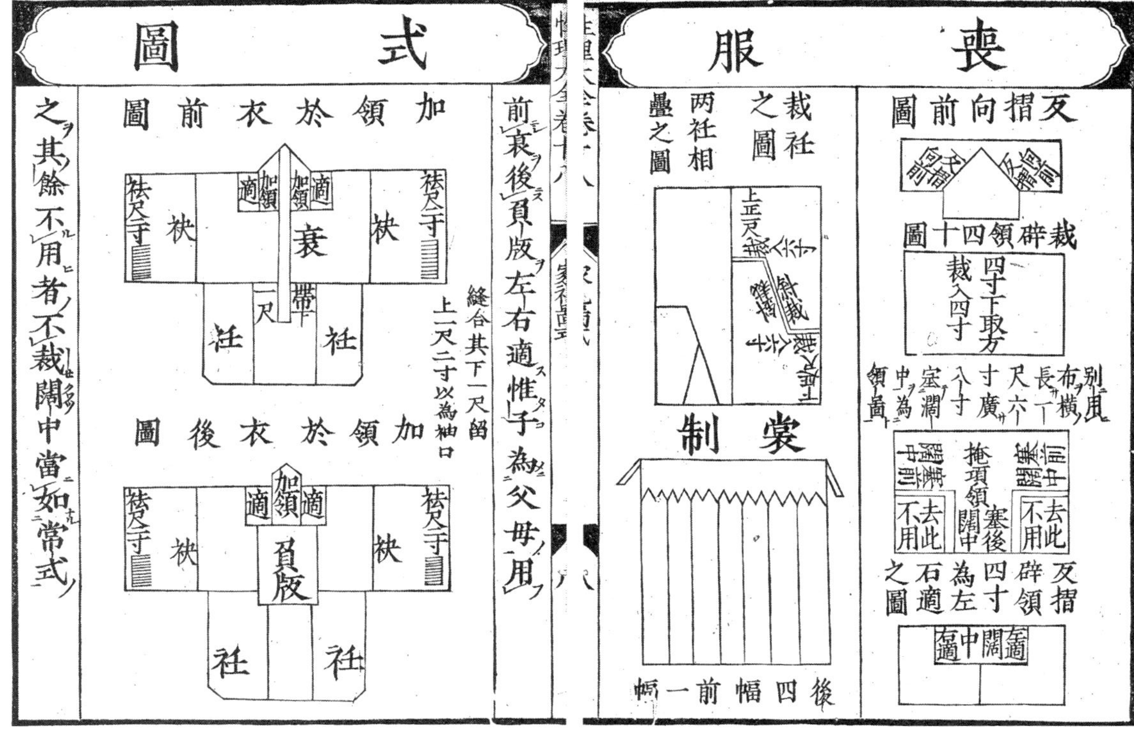

喪服圖式
反摺向前圖
裁辟領四寸圖
四寸下取方
裁入四寸
別用布長一尺六寸廣八寸謂之闊中為領
反摺辟領四寸為左右適之圖
去此不用
塞後闊中
掩項領
衰裳制
後四幅前一幅
裁衽之圖
兩衽相疊之圖
加領於衣前圖
加領於衣後圖
袂
袪一尺二寸
衰
負版
衽
帶
加領
適
縫合其下一尺留上一尺二寸以為袖口
前有衰後有負版左右有辟領孤子為父母用之其餘不用者不裁闊中當如常式
性理大全卷十八
家禮圖
八

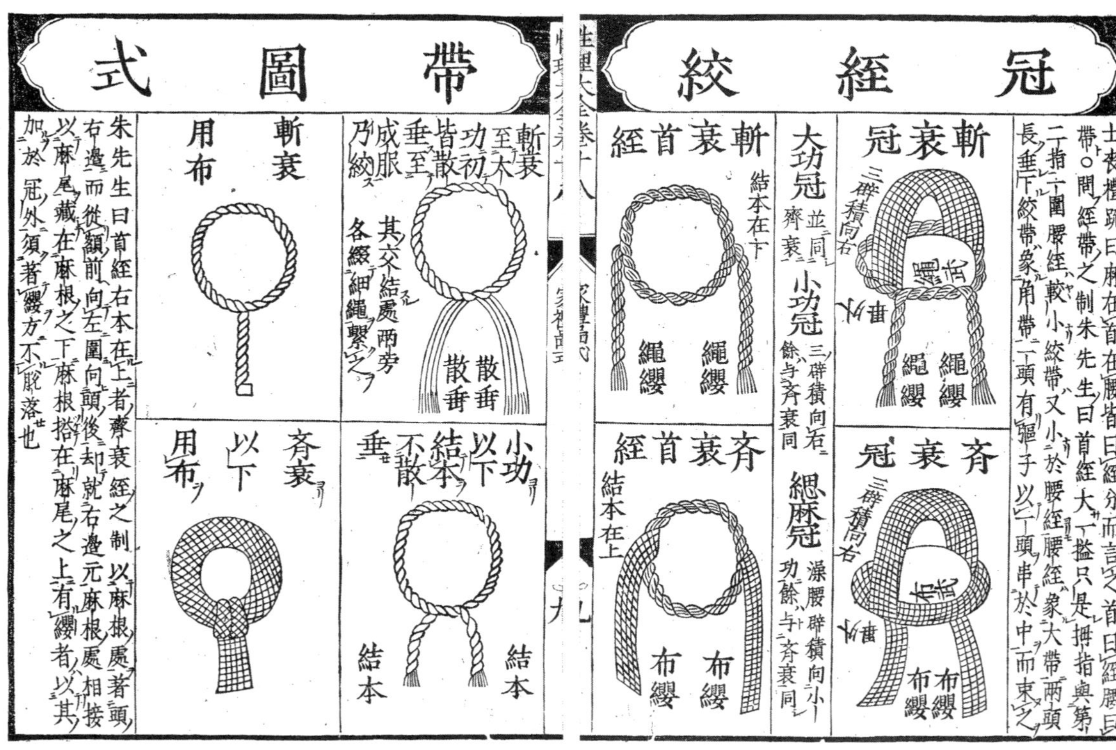

冠絰絞

士喪禮疏曰麻在首在腰皆曰絰分而言之首曰絰腰曰帶。問絰帶之制朱先生曰首絰大一搤只是拇指與第二指一圍腰絰較小絞帶又小於腰絰腰絰象大帶兩頭長垂下絞帶象革帶一頭有彄子以一頭串於中而束之

帶圖式

朱先生曰首絰右本在上者齊衰絰之制以麻根處著頭右邊而從額前向左圍向頭後却就右邊元麻根處相接以麻尾藏在麻根之下麻根搭在麻尾之上有纓者以其加於冠外須著纓方不脫落也

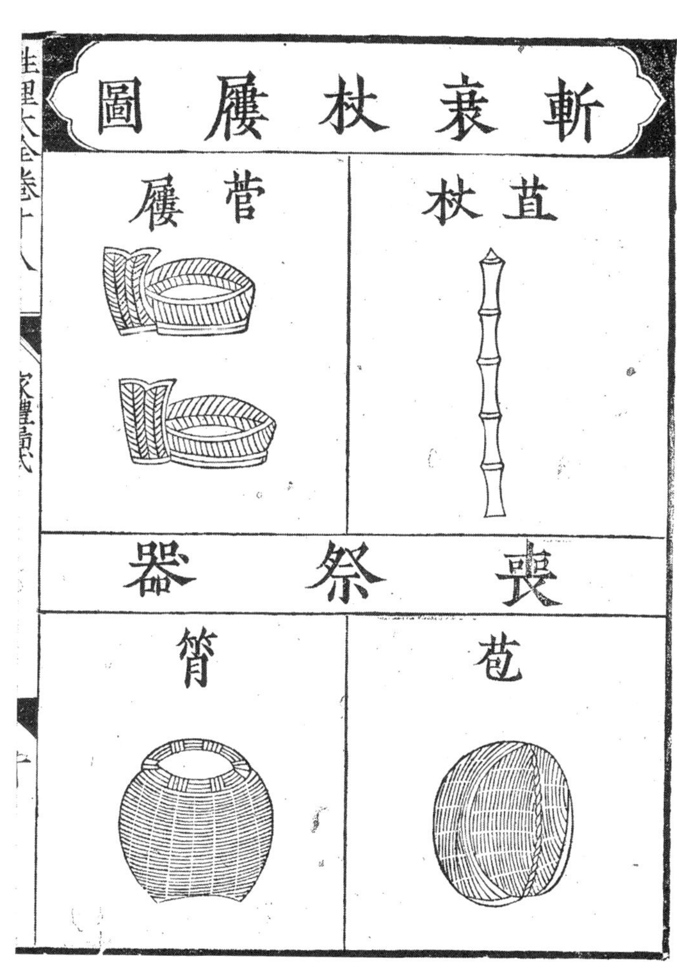

斬衰杖屨圖
苴杖
菅屨
喪祭器
苞
筲

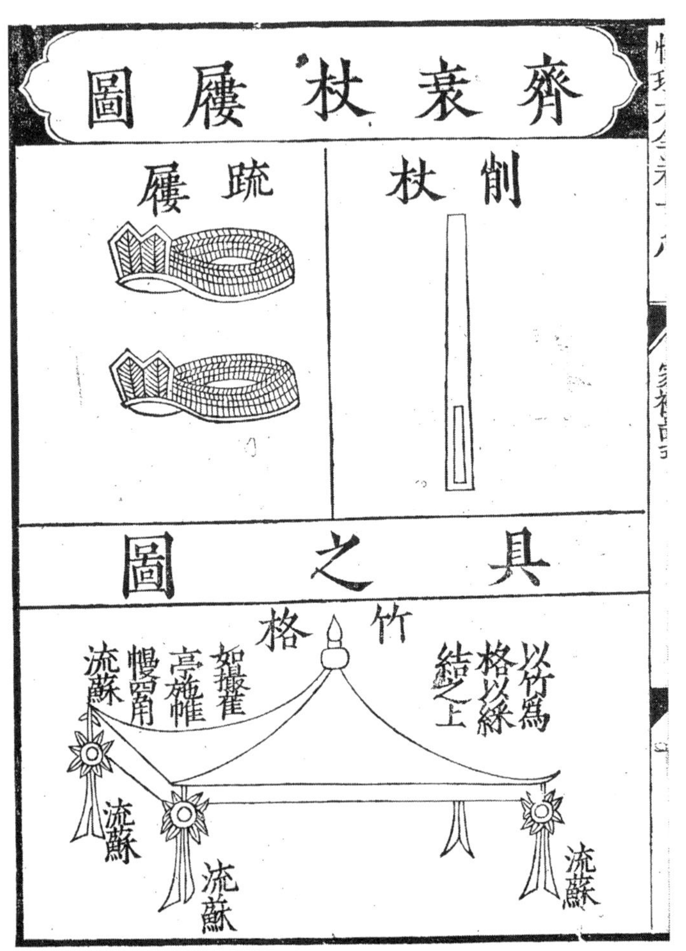
齊衰杖屨圖
削杖
疏屨
具之圖
竹格
以竹爲格以綵結之上如撮蕉亭施帷幔四角流蘇
流蘇
流蘇
流蘇

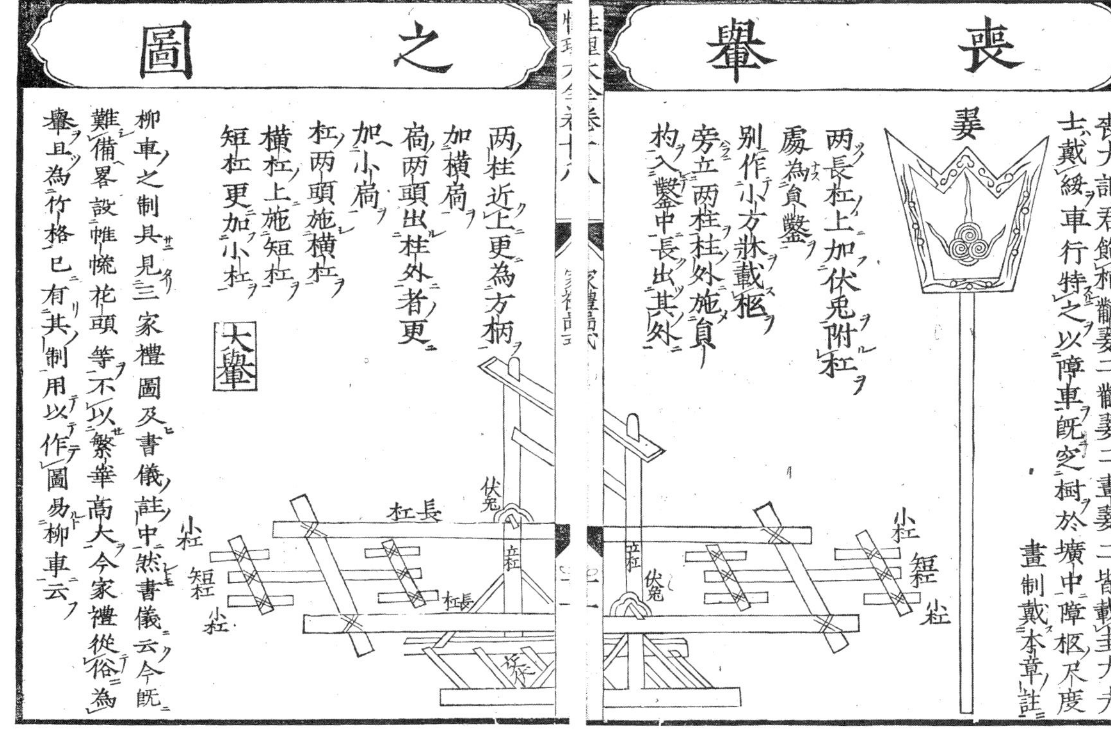

喪轝之圖
性理大全卷十八
喪大記君飾棺黼翣二黻翣二畫翣二皆戴圭大夫士戴綏車行持之以障車既窆樹於壙中障柩尺度畫制戴本章註
翣
兩長杠上加伏兎附杠處為負鑿
別作小方牀載柩
旁立兩柱柱外施負杓入鑿中長出其外
兩柱近上更為方柄
加橫扃
扃兩頭出柱外者更
加小扃
杠兩頭施橫杠
橫杠上施短杠
短杠更加小杠
大轝
柳車之制具見三家禮圖及書儀註中然書儀云今既難備畧設帷幌花頭等不以繁華高大今家禮從俗為轝且為竹格已有其制用以作圖易柳車云
伏兎
立杠
長杠
小杠
短杠
小杠

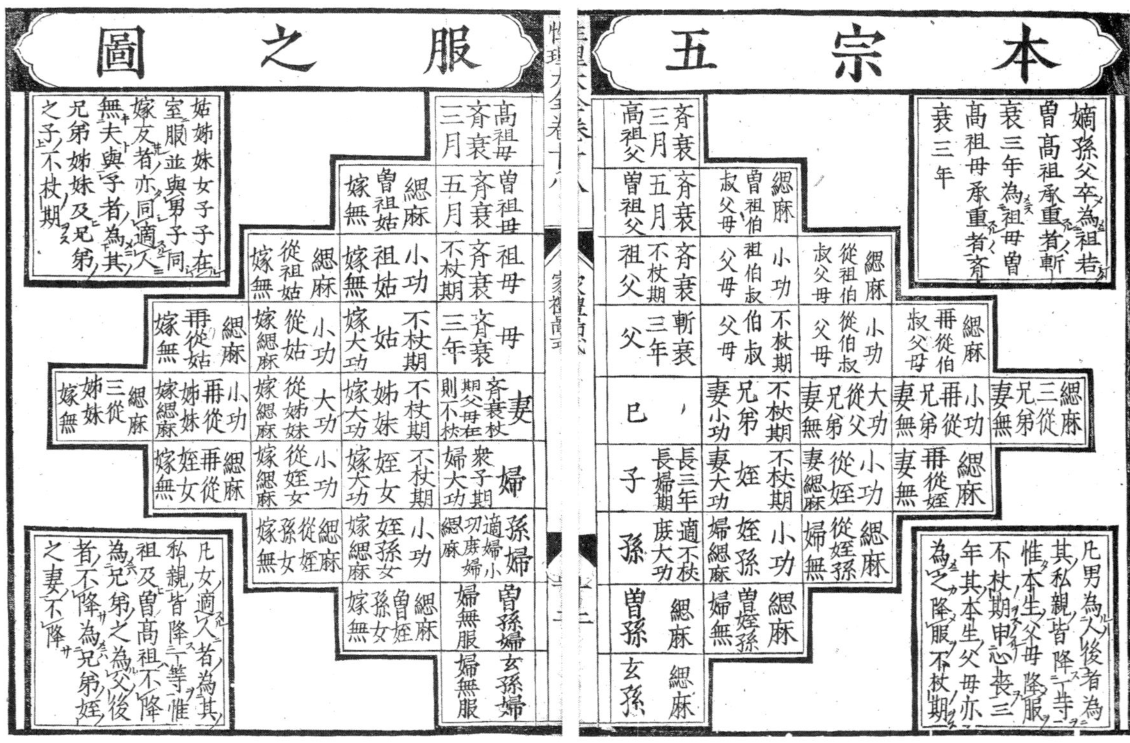
本宗五服之圖
嫡孫父卒爲祖若曾高祖承重者斬衰三年爲祖母曾高祖母承重者齊衰三年
凡男爲人後者爲其私親皆降一等惟本生父母降服不杖期其本生父母亦爲之降服不杖期
高祖父 齊衰三月
高祖母 齊衰三月
曾祖父 齊衰五月
曾祖母 齊衰五月
祖父 齊衰不杖期
祖母 齊衰不杖期
父 斬衰三年
母 齊衰三年
己
妻 齊衰杖期父母在則不杖
子 長子三年長婦期
婦 衆子期婦大功
孫 適不杖庶大功
孫婦 適婦小功庶婦緦麻
曾孫 緦麻
曾孫婦 無服
玄孫 緦麻
玄孫婦 無服
曾祖伯叔父母 緦麻
祖伯叔父母 小功
伯叔父母 不杖期
從祖伯叔父母 緦麻
從伯叔父母 小功
再從伯叔父母 緦麻
兄弟 不杖期 妻小功
從父兄弟 大功 妻無
再從兄弟 小功 妻無
三從兄弟 緦麻 妻無
姪 不杖期 妻大功
從姪 小功 妻緦麻
再從姪 緦麻 妻無
姪孫 小功 婦緦麻
從姪孫 緦麻 婦無
曾姪孫 緦麻 婦無
曾祖姑 緦麻 嫁無
祖姑 小功 嫁無
從祖姑 緦麻 嫁無
姑 不杖期 嫁大功
從姑 小功 嫁緦麻
再從姑 緦麻 嫁無
姊妹 不杖期 嫁大功
從姊妹 大功 嫁緦麻
再從姊妹 小功 嫁緦麻
三從姊妹 緦麻 嫁無
姪女 不杖期 嫁大功
從姪女 小功 嫁緦麻
再從姪女 緦麻 嫁無
姪孫女 小功 嫁緦麻
從姪孫女 緦麻 嫁無
曾姪孫女 緦麻 嫁無
姑姊妹女子子在室服並與男子同適人者爲其兄弟姊妹及兄弟之子不杖期嫁反者亦同無夫與子者爲其兄弟姊妹及兄弟之子不杖期
凡女適人者爲其私親皆降一等惟祖及曾高祖不降爲兄弟之爲父後者不降爲兄弟姪之妻不降

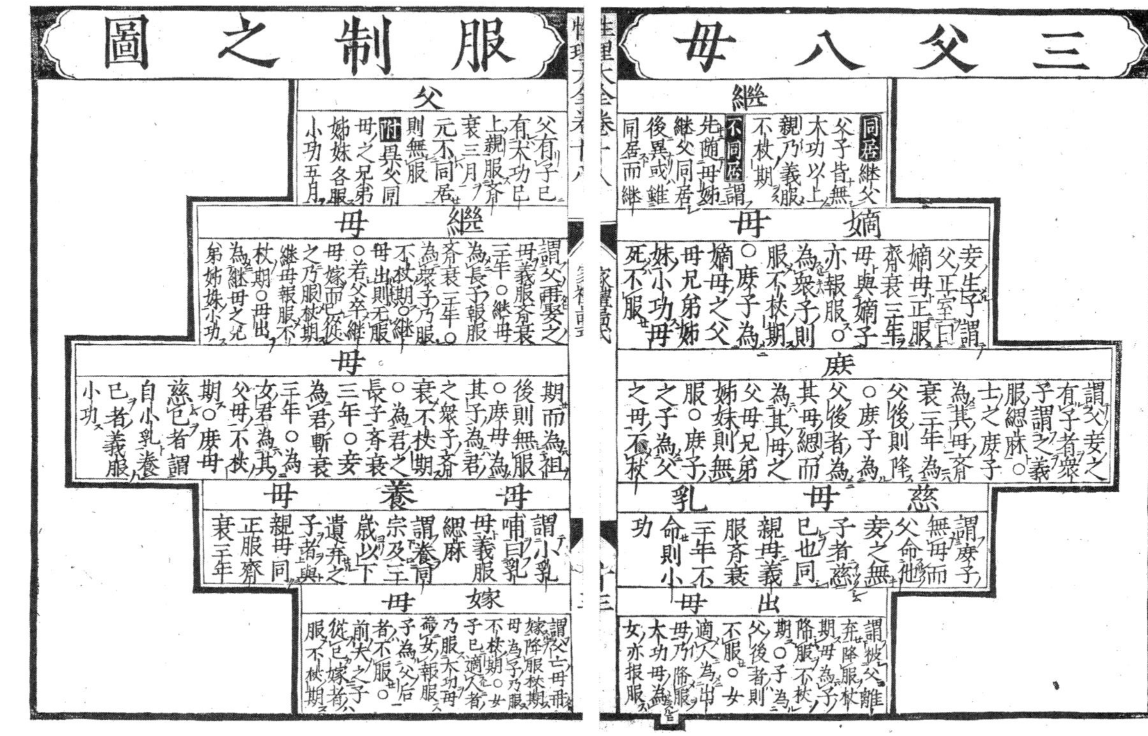
三父八母服制之圖
繼父
嫡母
庶母
慈母
乳母
出母
父
繼母
養母
嫁母

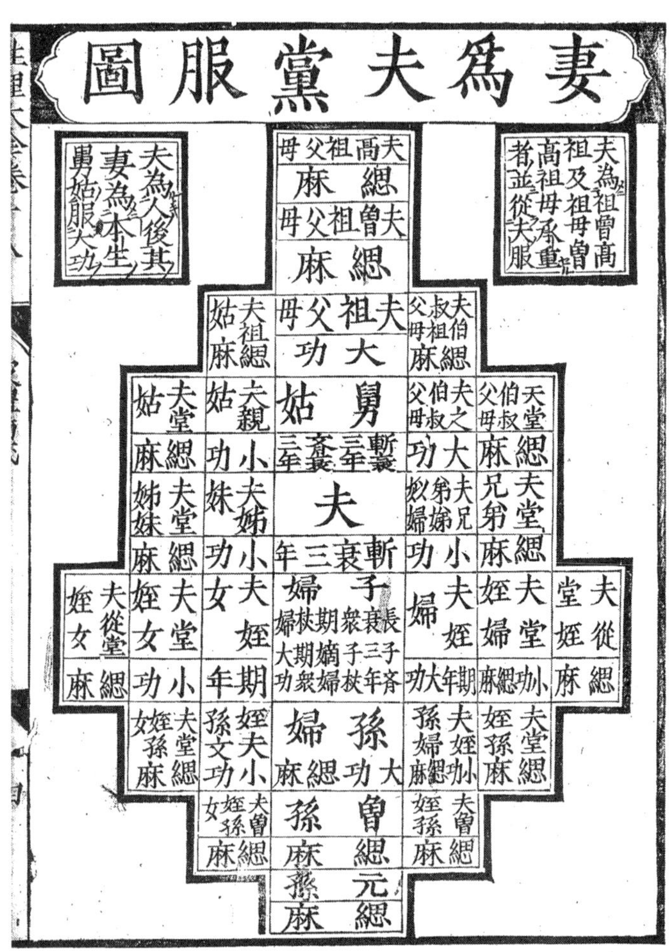
妻爲夫黨服圖
夫爲人後，其妻爲本生舅姑服大功
夫爲祖曾高祖及祖母曾高祖母承重者，並從夫服
夫高祖父母　緦麻
夫曾祖父母　緦麻
夫祖父母　大功
夫伯叔祖父母　緦麻
夫祖姑　緦麻
舅　斬衰三年
姑　齊衰三年
夫之伯叔父母　大功
夫親姑　小功
夫堂伯叔父母　緦麻
夫堂姑　緦麻
夫　斬衰三年
夫兄弟妯娌　小功
夫姊妹　小功
夫堂兄弟　緦麻
夫堂姊妹　緦麻
子　長子齊衰三年　衆子期　嫡婦期　衆婦大功
夫姪　期年
夫姪婦　大功
夫姪女　期年
夫堂姪　小功
夫堂姪婦　緦麻
夫堂姪女　小功
夫從堂姪　緦麻
夫從堂姪女　緦麻
孫　大功
孫婦　緦麻
夫姪孫　小功
夫姪孫婦　緦麻
夫姪孫女　小功
夫堂姪孫　緦麻
夫堂姪孫女　緦麻
曾孫　緦麻
夫曾姪孫　緦麻
夫曾姪孫女　緦麻
元孫　緦麻

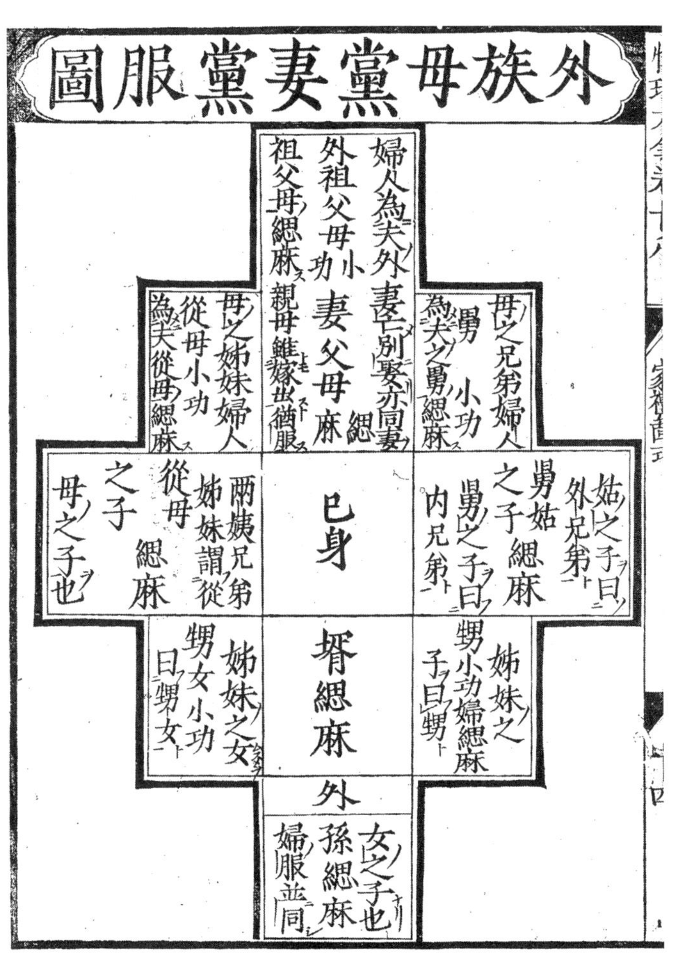

外族母黨妻黨服圖
婦人為夫外祖父母緦麻
外祖父母小功
妻父母緦麻
妻亡別娶亦同妻親母雖嫁出猶服
母之兄弟婦人為夫之舅緦麻
舅小功
母之姊妹婦人為夫從母緦麻
從母小功
姑之子曰外兄弟舅之子曰内兄弟
舅姑之子緦麻
己身
兩姨兄弟姊妹謂從母之子
從母之子緦麻
姊妹之子曰甥
甥小功婦緦麻
壻緦麻
姊妹之女曰甥女
甥女小功
外孫緦麻
女之子也
婦服並同

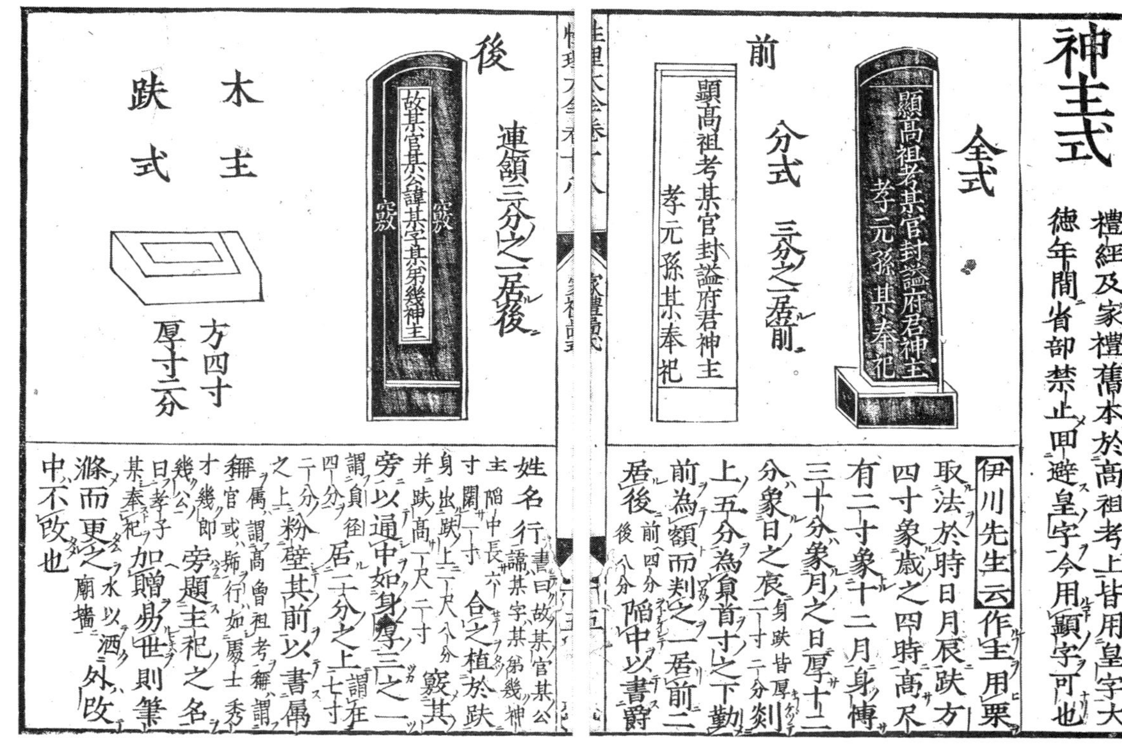

神主式

禮經及家禮舊本於高祖考上皆用皇字大德年間省部禁止回避皇字今用顯字可也

全式

顯高祖考某官封謚府君神主

孝元孫某奉祀

前

分式　三分之一居前

顯高祖考某官封謚府君神主

孝元孫某奉祀

伊川先生云作主用栗取法於時日月辰趺方四寸象歲之四時高尺有二寸象十二月身博三十分象月之日厚十二分象日之辰（身趺皆厚一寸二分）剡上五分為圓首寸之下勒前為頷而判之一居前二居後（前四分後八分）陷中以書爵姓名行（書曰故某官某公諱某字某第幾神主）陷中長六寸闊一寸合之植於趺（身出趺上一尺八分并趺高一尺二寸）竅其旁以通中如身厚三之一（謂圓徑四分）居二寸分之上（謂在七寸二分之上）粉塗其前以書屬稱（屬謂高曾祖考稱謂官或號行如處士秀才幾郎幾公）旁題主祀之名（曰孝子某奉祀）加贈易世則筆滌而更之（水以洒廟牆）外改中不改也

後

故某官某公諱某字某第幾神主

竅　竅

連頷三分之二居後

木主

趺式

方四寸

厚寸二分

性理大全卷十八　家禮圖

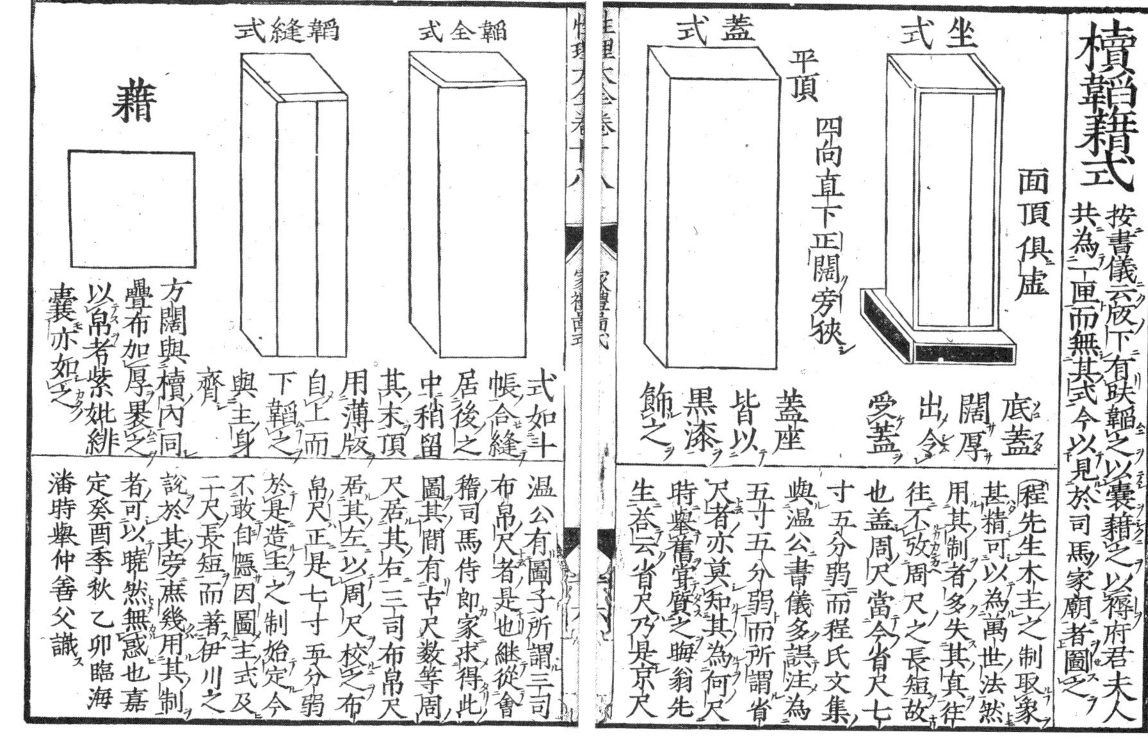
櫝韜藉式
按書儀云版下有趺韜之以囊藉之以褥府君夫人共為一匣而無其式今以見於司馬家廟者圖之
坐式
面頂俱虛
底蓋闊厚出令受蓋
蓋式
平頂
四向直下正闊旁狹
蓋座皆以黒漆飾之
程先生木主之制取象甚精可以為萬世法然用其制者多失其真往往不攷周尺之長短故也蓋周尺當今省尺七寸五分弱而程氏文集與溫公書儀多誤注為五寸五分弱而所謂省尺者亦莫知其為何尺時舉舊嘗質之晦翁先生荅云省尺乃是京尺
韜全式
韜縫式
式如斗帳合縫居後之中稍留其末頂用薄版自上而下韜之與主身齊
藉
方闊與櫝內同疊布加厚裹之以帛者紫緋囊亦如之
溫公有圖子所謂三司布帛尺者是也繼從會稽司馬侍郎家求得此圖其間有古尺數等周尺居其右三司布帛尺居其左以周尺校之布帛尺正是七寸五分弱於是造主之制始定今不敢自隱因圖主式及二尺長短而著伊川之說於其旁庶幾用其制者可以曉然無惑也嘉定癸酉季秋乙卯臨海潘時舉仲善父識

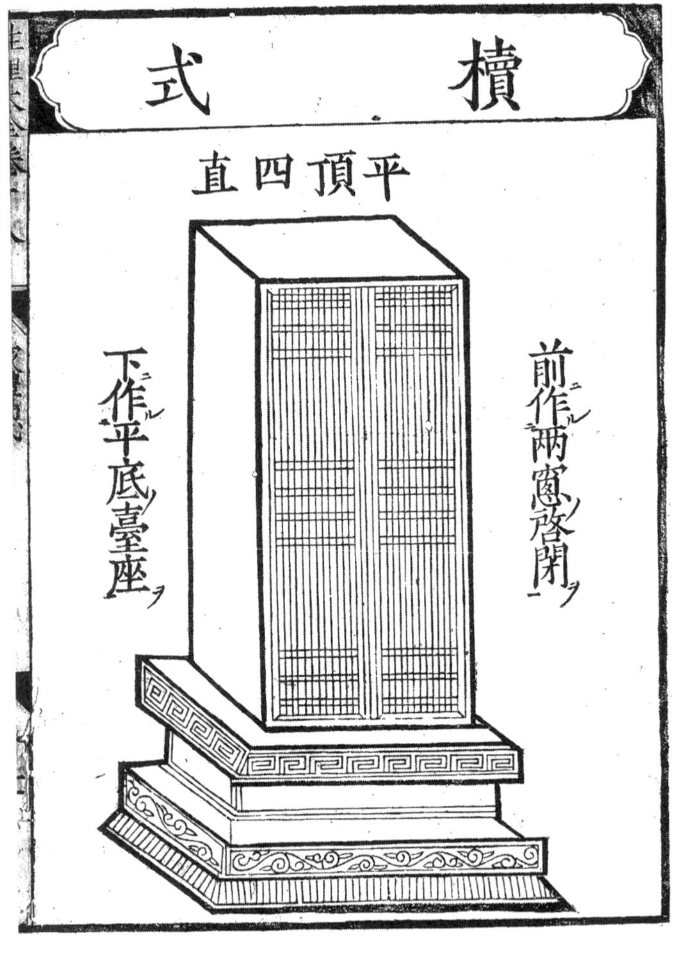
櫝式
平頂四直
前作兩窻啓閉
下作平底臺座

尺式

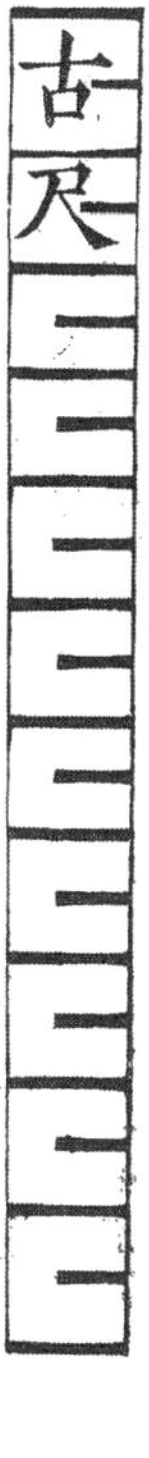

當今省尺五寸五分弱

古尺

當三司布帛尺七寸五分弱當浙尺八寸四分

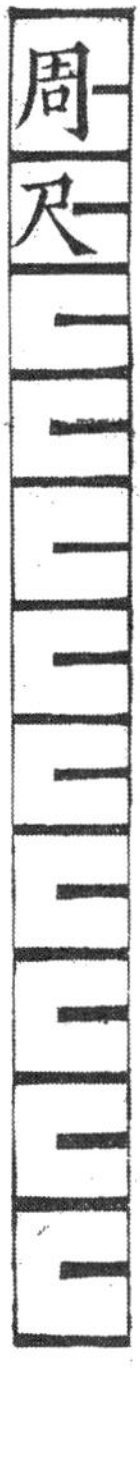

周尺

神主用周尺亦見南軒家所刻本

三司布帛尺　比上周尺更加三寸四分

即是省尺又名京尺當周尺一尺三寸四分當浙尺一尺一寸二分

右司馬公家石刻本

大宗小宗圖

諸侯

諸侯　世世為諸侯

別子　繼別大宗　百世不遷

高祖　繼高祖小宗

曾祖　繼曾祖小宗

祖　繼祖小宗

禰　繼禰小宗

身事五宗　無大宗則事四宗

劉氏垓孫曰：呂汲公《家祭儀》曰：「古者小宗有四：有繼禰之宗，繼祖之宗，繼曾祖之宗，繼高祖之宗，所以主祭祀而統族人。後世宗法既廢，散無所統，祭祀之禮家自行之。支子不能不祭，祭不必告於宗子。今宗法雖未易復，而宗子主祭之義略可舉行。宗子爲士，庶子爲大（大）〔夫〕以上，牲祭於宗子之家。故今議家廟雖因支子而立，亦宗子主其祭，而用其支子命數所得之禮可合禮意。」先生曰：「祭祀須是用宗子法方不亂，不然，前面必有不可處置者。父在主祭，子出仕宦不得祭。父没宗子主祭，庶子出仕宦祭時，其禮亦合減殺，不得同宗子。○宗子只得立適，雖庶長，立不得。若無適子，則亦立庶子，所謂世子之同母弟。世子是適，若世子死，則立世子之親弟，亦是次適也。是庶子不得立也。○大宗法既立不得，亦當立小宗法。祭自高祖以下，親盡則請出高祖就伯叔位，服未盡者祭之。嫂則别處，後其子私祭之。今世禮全亂了。」

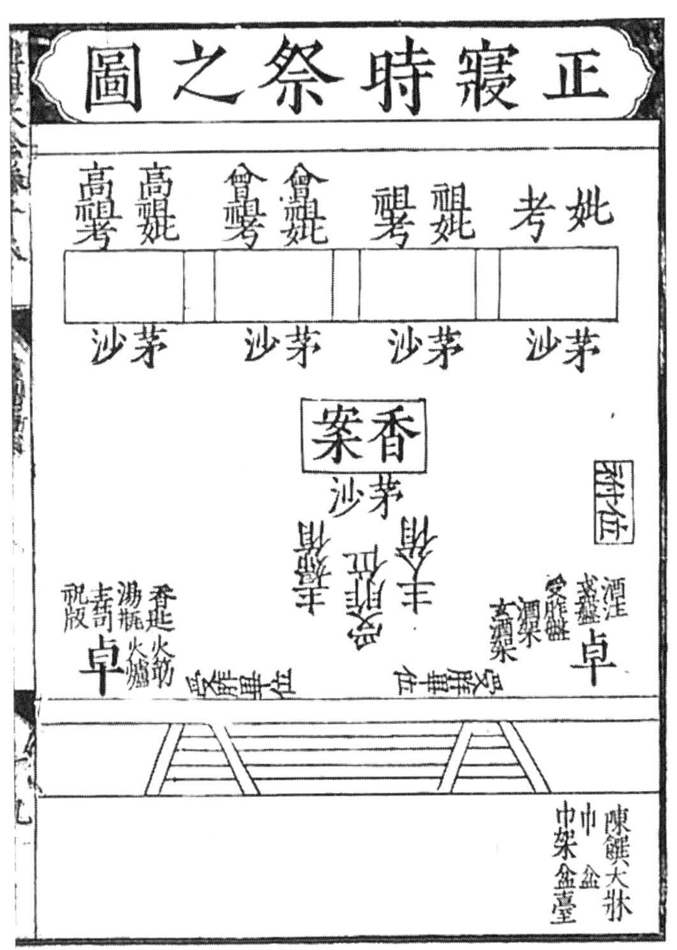
正寢時祭之圖
妣
考
祖妣
祖考
曾祖妣
曾祖考
高祖妣
高祖考
茅沙
茅沙
茅沙
茅沙
香案
茅沙
祔位
主人
主婦
卓
卓
陳盥盆帨巾
帨巾架
盆臺

每位設饌之圖

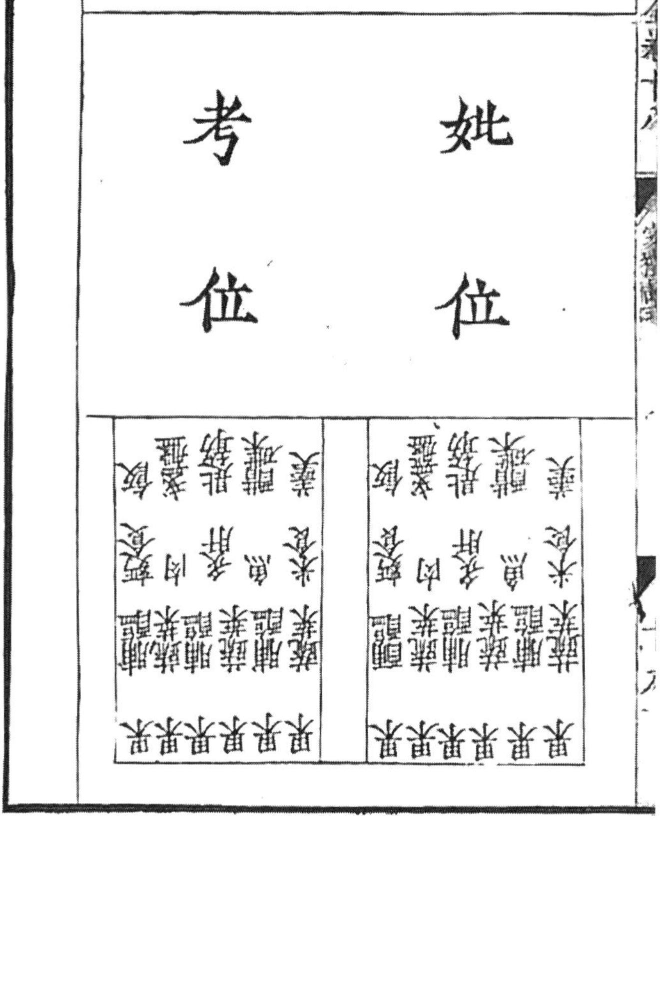

妣位　　考位

果	果	果	果	果	果
脯醢	蔬菜	脯醢	蔬菜	脯醢	蔬菜
麪食	肉	炙肝	魚	米食	
飯	盞盤	匙筯	醋碟	羹	

果	果	果	果	果	果
脯醢	蔬菜	脯醢	蔬菜	脯醢	蔬菜
麪食	肉	炙肝	魚	米食	
飯	盞盤	匙筯	醋碟	羹	

新刻性理大全第十九卷　家禮二

補注 瓊山丘氏濬曰："按文公《家禮》五卷而不聞有圖，今刻本載於卷首而不言(信)〔作〕者，夫書不盡言，故圖以明之。今卷首圖注多不合於本書，豈文公所作自相矛盾哉？今數其大者言之：《通禮》云：『立祠堂』，而圖以爲家廟，一也；深衣緇冠，冠梁包武而屈其末，圖則安梁於武之上，二也；本文黑屨而圖下注用白，三也；喪禮陳襲衣有深衣等物，而不用《儀禮》質殺二冒，而圖乃陳之，四也；本文大斂無布絞之數，而圖有之，五也；大斂無棺中結絞之文，而圖下注則結于棺中，六也。或曰，信如此言，圖固非朱子作矣，何以祠堂章下有『主式見喪禮及前圖』八字？愚按，南雍《家禮》舊本，於『立祠堂』下注圈外止云『主式見前喪禮治葬章』，並無『見前圖』三字，不知近本何據，改『治葬章』三字爲『見前圖』也。由是推之，則圖爲後人贅入，昭然矣。」

凡禮有本有文，自其施於家者言之，則名分之守、愛敬之實，其本也；冠昏喪祭、儀章度數者，其文也。其本者，有家日用之常體，固不可以一日而不脩；其文又皆所以紀綱人道之始終，雖其行之有時，施之有所，然非講之素明、習之素熟，則其臨事之際，亦無以合宜而應節，是亦不可一日而不講且習焉者也。三代之際，禮經備矣，然其存於今者，宮廬器服之制、出入起居之節，皆已不宜於世。世之君子，雖或酌以古今之變，更爲一時之法，然亦或詳或略，無所折衷，至或遺其本而務其末，緩於實而急於文。自有志好禮之士，猶或不能舉其要，而困於貧窶者，尤患其終不能有以及於禮也。熹之愚，蓋兩病焉，是以嘗獨究觀古今之籍，因其大體之不可變者而少加損益於其間，以爲一家之書。大抵謹名分、崇愛敬以爲之本，至其施行之際，則又略浮文、敷本實，以竊自附於孔子從先進之遺意。誠願得與同志之士熟講而勉行之，庶幾古人所以脩身齊家之道、謹終追遠之心，猶可以復見，而於國家所以崇化導民之意，亦或有小補云。

楊氏復曰：先生服母喪，參酌古今，咸盡其變，因成喪葬祭禮。又推之於冠昏，名曰《家禮》。既成，爲一童行竊之以逃。先生易簀，其書始出行於世。今按先生所定家鄉邦國王朝禮，專以《儀禮》爲經。及自述《家禮》，則又通之以古今之宜。故冠禮則多取司馬氏，昏禮則參諸司馬氏、程氏。喪禮本之司馬氏，後又以高氏爲最善。及論祔遷，則取横渠遺命，治喪則以《書儀》疏略而用《儀禮》。祭禮兼用司馬氏、程氏，而先後所見又有不同。節祠則以韓魏公所行者爲法。若夫明大宗、小宗之法，以寓愛禮存羊之意，此又《家禮》之大義所繫。蓋諸書所未暇及，而先生於此尤拳拳也。惜其書既亡，至先生没而後出，不及再脩以幸萬世，於是竊取先生平日去取折衷之言，有以發明《家禮》之意者，若昏禮親迎用温公，入門以後則從伊川之類是也。有後來議論始定，若祭禮祭始祖，初祖而後不祭之類是也。有不用疏家之説，若深衣續衽鈎邊是也。有用先儒舊義，與經傳不同，若喪服辟領、婦人不杖之類是也。凡此悉附於逐條之下云。

集覽 先生易簀《記·檀弓篇》：曾子寢疾，病。樂正子春坐於牀下，曾元、曾申坐於足，童子隅坐而執燭。童子曰：「華而睆，大夫之簀與？」子春曰：「止！」曾子聞之，瞿然而呼。曰：「華而睆，大夫之簀與？」曾子曰：「然。斯季孫之賜也，我未之能易簀也。元，起易簀。」注 簀，簞也。韓魏公 按《宋鑑》，韓琦，安陽人，風骨秀異。天聖中弱冠舉進士，時方唱名，太史奏日下五色雲見。初授將作監丞，歷開封推官，爲陝西帥，朝廷倚以爲重。嘉祐中拜相，其後擁英立神，不動聲色，措天下於泰山之安。封魏國公，卒謚忠獻，後追封魏王。

通禮 此篇所著，皆所謂有家日用之常體，不可一日而不脩者。

祠堂 此章本合在《祭禮篇》。今以報本反始之心，尊祖敬宗之意，實有家名分之守，所以開業傳世之本也，故特著此，冠于篇端，使覽者知所以先立乎其大者。而凡後篇所以周旋升降、出入向背之曲折，亦有所據以考焉。然古之廟制不見於經，且今士庶人之賤亦有所不得爲者。故特以「祠堂」名之，而其制度亦多用俗禮云。

司馬温公曰：宋仁宗時，嘗詔聽太子少傅以上皆立家廟，而有司終不爲之定制度。惟文潞公立廟於西京，他人皆莫之立，故今但以影堂言之。○朱子曰：「古命士得立家廟。家廟之制，內立寢廟，中立正廟，外立門，四面墻圍之。非命士止祭於堂上，只祭考妣。伊川謂『無貴賤皆祭自高祖而下，但祭有豐殺疏數不同』。廟向南，坐皆東嚮。伊川於此不審，乃云『廟皆東向，祖先位面東，自廳側直入其所，反轉面西入廟中』，其制非是。古人所以廟面東向坐者，蓋戶在東、牖在西，坐於一邊乃是奧處也。某嘗欲立一家廟，小五架屋。以後架作一長龕堂，以板隔截作四龕堂，堂置位牌，堂外用簾子。或小祭祀時亦可只就其處，大祭祀則請出，或堂或廳上皆可。○唐大臣皆立廟於京師。宋朝惟文潞公法唐杜佑制，立一廟在西京。雖如韓司馬家，亦不曾立廟。杜佑廟祖宗時尚在長安。」○劉氏垓孫曰：伊川先生云，古者庶人祭於寢，士大夫祭於廟，庶人無廟可立影堂。今文公先生乃曰祠堂者，蓋以伊川先生謂祭時不可用影，故改影堂曰祠堂云。集覽 文潞公。按《宋鑑》，文彥博，介休人，及進士第，歷事四朝，出將入相五十餘年。再相時與富弼並命，士大夫立賀於庭。彥博立朝端重，顧眄有威，契丹使望見，改容拱手曰：「天下異人也。」官至太師，封潞國公致仕，卒，謚忠烈。杜佑。按《唐書》，佑，萬年人，父希望，桓州刺史。佑以蔭補參軍，德憲兩朝，拜司空，進司徒，封岐國公。佑博學，撰《通典》二百篇。

君子將營宮室，先立祠堂於正寢之東。祠堂之制三間。外爲中門，中門外爲兩階，皆三級。東曰阼階，西曰西階，階下隨地廣狹以屋覆之，令可容家衆叙立。又爲遺書、衣物、祭器庫及神厨於其東。繚以周垣，別爲外門，常加扃閉。若家貧地狹，則止立一間，不立厨庫，而東西壁下置立兩櫃，西藏遺書、衣物，東藏祭器，亦可。正寢，謂前堂也。地狹，則於廳事之東亦可。凡祠堂所在之宅，宗子世守之，不得分析。○凡屋之制，不問何向背，但以前爲南、後爲北、左爲東、右爲西。後皆放此。補注按，上《祠堂篇》題下注謂之欲立一家廟，小五架屋，以後架作一長龕堂，以板隔截作四龕堂，堂置位牌，堂外用簾子。此四「堂」字恐皆當作「室」字。蓋古者堂屋五架，中脊之架曰「棟」，次棟之架曰「楣」，後楣之下，以南爲「堂」，以北爲「室」與「房」。今當以近北一架爲四龕室，以前四架爲堂。張子曰：「祭堂後作一室，都藏位板，如朔望薦新只設於室，惟分至之祭設於堂。」此之謂也。

爲四龕以奉先世神主。祠堂之内，以近出一架爲四龕，每龕内置一卓。大宗及繼高祖之小宗，則高祖居西，曾祖次之，祖次之，父次之。繼曾祖之小宗則不敢祭高祖，而虚其西龕一。繼祖之小宗則不敢祭曾祖，而虚其西龕二。繼禰之小宗則不敢祭祖，而虚其西龕三。若大宗世數未滿，則亦虚其西龕，如小宗之制。神主皆藏於櫝中，置於卓上，南向。龕外各垂小簾，簾外設香卓於堂中，置香爐、香盒於其上。兩階之間又設香卓，亦如之。非嫡長子則不敢祭其父。若與嫡長同居，則死而後其子孫爲立祠堂於私室，且隨所繼世數爲龕，俟其出而異居，乃備其制。若生而異居，則預於其地立齋以居，如祠堂之制，死則因以爲祠堂。○主式見《喪禮》及前圖。

程子曰：「管攝天下人心，收宗族、厚風俗，使人不忘本，須是明譜系、收世族、立宗子法。宗子法壞，則人不知來處，以至流轉四方，往往親未絶，不相識。」又曰：「今無宗子，故朝廷無世臣。若立宗子法，則人知尊祖重本。人既重本，則朝廷之勢自尊。古者子弟從父兄，今父兄從子弟，由不知本也。○宗子法廢，後世譜牒尚有遺風。譜牒又廢，人家不知來處，無百年之家，骨肉無統，雖至親，恩亦薄。」○張子曰：「宗法若立，則人各知來處，朝廷大有所益。」或問朝廷何所益。曰：「公卿各保其家，忠義豈有不立？忠義既立，朝廷豈有不固？」○司馬温公曰：「所以西上者，神道尚右故也。」○或問廟主自西而列。朱子曰：

「此也不是古禮。」○問：「諸侯廟制，太祖居北而南向，昭廟二在其東南，穆廟二在其西南，皆南北相重，不知當時每廟一室，或共一室各爲位也？」曰：「古廟制，自太祖而下各是一室，陸農師《禮象圖》可考。西漢時，高祖廟、文帝顧成廟各在一處，但無法度，不同一處。至東漢，明帝謙貶不敢自當立廟，祔於光武廟，其後遂以爲例。至唐太廟及群臣家廟，悉如今制，以西爲上也。至禰處謂之東廟，今太廟之制亦然。」○《大傳》云：「別子爲祖，繼別爲宗，繼禰者爲小宗。有百世不遷之宗，有五世則遷之宗。」何也？君適長爲世子，繼先君正統，自母弟以下皆不得宗。其次適爲別子，不得禰其父，又不可宗嗣君，又不可無統屬，故死後立爲大宗之祖，所謂「別子爲祖」也。其適子繼之則爲大宗，直下相傳百世不遷。別子若有庶子，又不敢禰，別子死後，立爲小宗之祖，其長子繼之，則爲小宗，五世則遷。別子者，謂諸侯之弟，別於正適，故稱別子也。爲祖者，自與後世爲始祖，謂此別子子孫爲卿大夫，立此別子爲始祖也。「繼別爲宗」，謂別子之世世長子，當繼別子，與族人爲不遷之宗也。「繼禰者爲小宗」，禰謂別子之庶子，以庶子所生長子，繼此庶子，與兄弟爲小宗也。「五世則遷」者，上從高祖，下至玄孫之子，高祖廟毁，不復相宗，又別立宗也。然別子之後，族人衆多。或繼高祖者，與三從兄弟爲宗，至子五世；或繼曾祖者，與再從兄弟爲宗，至孫五世；或繼祖者，與同堂兄弟爲宗，至曾孫五世；或繼禰者，與親兄弟爲宗，至玄孫五世。皆自小宗之祖以降而言也。魯季友乃桓公別子所自出，故爲一族之大宗。滕文之昭，武王爲天子，以次則周公爲長，故滕謂魯爲宗國。又有「有大宗而無小宗」者，皆適，則不立小宗也。有「有小宗而無大宗」者，無適，則不立大宗也。今法，長子死，則主父喪用次子，不用姪。若宗子法立，則用長子之子。○楊氏復曰：先生云：

「人家族衆，或主祭者不可以祭及叔伯父之類，則須令其嗣子別得祭之。今且説同居同出于曾祖，便有從兄弟及再從兄弟，祭時主于主祭者，其他或子不得祭其父母。若恁地衮做一處祭，不得。要好則主祭之嫡孫當一日祭其曾祖及祖及父，餘子孫與祭。次日，却令次位子孫自祭其祖及父。又次日，却令次位子孫自祭其父。此却有古宗法意。古今祭禮，這般處皆有之。今要如宗法祭祀之禮，須是在上之家先就宗室及世族家行之，做個樣子，方可傚以下士大夫行之。○排祖先時，以客位西邊爲上，高祖第一，高祖母次之。只是正排着正面，不曾對排，曾祖、祖父皆然。其中有伯叔、伯叔母、兄弟嫂婦無人主祭而我爲祭者，各以昭穆論。」○黄氏瑞節曰：神主位次放宗法也。今依本注，姑以小宗法明之。小宗有四：繼高祖之小宗者，身爲玄孫，及祀小宗之祖爲高祖，而曾祖、祖父次之。繼曾祖之小宗者，身爲曾孫，及祀小宗之祖爲曾祖，而以上吾不得祀矣。繼祖之小宗者，身爲孫，及祀小宗之祖爲祖，而以上不得祀矣。繼禰之小宗者，身爲子，小宗之祖爲禰，而以上不得祀矣。不得祀者，以上爲大宗之祖，吾不得而祀之也。大宗亦然。先君世子，大宗而下又不得而祀之也。朱子云，宗法須宗室及世族之家先行之，方使以下士大夫行之。然《家禮》以宗法爲主，所謂非嫡長子不敢祭其父，皆是意也。至于冠昏喪祭，莫不以宗法行其間云。

集覽

陸農師　按《宋鑑》，陸佃，字農師，山陰人。居貧苦學，映月光讀書，擢進士。嘗受經王安石，而不以新法爲是。累官鄆州教授，歷知數州。徽宗時，爲尚書右丞。所著有《埤雅》《春秋後傳》《禮象》等書二百餘卷。

漢高祖廟　按《一統志》，漢高帝廟在西安府城西北二十里，長安故城西門外。

漢文帝顧成廟　《通鑑》「漢文帝四年作顧成廟」注，應劭曰：「漢文自爲廟，制度卑狹，若顧望而成，猶文王靈臺，『不日成之』，故曰顧成。」按《一統志》，顧成廟在西安府城東三十五里霸陵縣。**魯季友乃桓公別子** 按《左傳》，季友，魯桓公庶子，莊公弟也。其後爲季孫氏，專魯政，事見莊公末年。**補注** 按，古者天子、諸侯、大夫、士，不拘廟之多寡，其廟主皆分左右爲昭穆。及朱子定《家禮》，廟主皆自西而列。蓋宗廟，有爵者之所宜立也。昭穆，因始祖之所由分也。古者天子、諸侯、大夫、士，凡有功德於民者，雖其爵有尊卑，皆得以立廟，祭祀爲始祖，使其子孫世守之，爲大宗家。故其廟主有始祖居中，而高宗、祖禰得分左右爲昭穆。至於庶人無廟，則無始祖。文公以祠堂代廟，不敢私祭始祖，故神主遂不能分昭穆，而但以西爲上也。愚謂，繼高小宗統三從兄弟，主高祖廟祭，及事大宗子以祭始祖。繼曾小宗統再從兄弟，主曾祖廟祭，及事前二宗以祭始祖、高祖。繼祖小宗統從兄弟，主祖廟祭，及事前三宗以祭始祖、高祖、曾祖。繼禰小宗統親兄弟，主禰廟祭，及事前四宗以祭始祖、高祖、曾祖及祖。此小宗子也。至大宗子，在家則統三從兄弟，以主高祖廟祭；在墓則統合族兄弟，以主始祖、先祖二祭。始祖有主，先祖無主亦設位祭於始祖之廟，略如天子大祫於太廟之儀。繼高小宗，其祭先祖，無始祖之廟，但設位墓側，望空一祭而已。本注「簾外設香卓」，是各設一卓。兩階之間又設，是共設一卓也。蓋同堂異室，其禮如此。

旁親之無後者，以其班祔。伯叔祖父母，祔于高祖。伯叔父母，祔于曾祖。妻若兄弟若兄弟之妻，祔于祖。子姪祔于父。皆西向。主櫝並如正位。姪之父自立祠堂，則遷而從之。**程子曰**：無服之殤，不祭。下殤之祭，終父母之身。中殤之祭，終兄（曾）〔弟〕之身。長殤之祭，終兄弟之子之身。成人而無後者，其祭終兄弟之孫之身。此皆以義起者也。

楊氏復曰：按，祔位謂旁親無後及卑幼先亡者，祭禮纔祭高祖畢，即使人酌獻祔于高祖者，曾祖、祖考皆然。故祝文説「以某人祔食，尚饗」。詳見後《祭禮篇》四時祭條。○劉氏垓孫曰：先生云：「如祔祭伯叔，則祔于曾祖之傍一邊，在位牌西邊安；伯叔母則祔曾祖母東邊安；兄弟嫂妻婦則祔于祖母之傍。伊川云『曾祖兄弟無主者亦不祭』，不知何所據而云，伊川云只是義起也。○遇大時節，請祖先祭于堂或廳上，坐次亦如在廟時排定。祔祭旁親者，右丈夫，左婦女。坐以就裏爲大。凡祔于此者，不從昭穆了，只以男女左右大小分排，在廟却各從昭穆祔。」補注按，祔位有一，祔祭有二。蓋四龕神主以西爲上，先高祖考妣，次曾祖考妣，次祖考妣，次考妣。其祔位，伯祖父母、叔祖父母祔于高祖，伯父母、叔父母祔于曾祖，妻若兄弟若兄弟之妻祔于祖，子姪祔于父，皆西向，以北爲上。此合男女而言也。至於祔祭，小小祭祀只就其處，四龕神主不動，但祔祭神主則以東西分男女。祭伯叔祖考，祔于高祖考，西邊，東向；祭伯叔祖母，祔于高祖妣，東邊，西向。祭伯叔父，祔于曾祖考，西邊，東向；祭伯叔母，祔于曾祖妣，東邊，西向。祭兄弟，祔于祖考，西邊，東向；祭兄弟嫂妻婦，祔于祖妣，東邊，西向。若大祭祀，則出四龕神主于堂或正寢，惟高祖考在西邊，南向；高祖妣在東邊，南向；曾祖考、祖考與考皆西邊，東向；曾祖妣、祖妣與妣皆東邊，西向。祔祭神主，若伯祖則祔于祖考之上，叔祖則祔于祖考之下；伯祖母則祔于祖妣之上，叔祖母則祔于祖妣之下；伯父則祔于父之上，叔父則祔于父之下；伯母則祔于母之上，叔母則祔于母之下；正位神主與祔位神主，皆分男女而言也。

置祭田。初立祠堂，則計見田，每龕取其二十之一以爲祭田，親盡則以爲墓田，後凡正位、祔位皆放此。宗子主之，以給祭用。上世初未置田，則合墓下子孫之田，計數而割之，皆立約聞官，不得典賣。具祭器。牀、席、倚、卓、盥盆、火爐、酒食之器，隨其合用之數，皆具貯于庫中而封鎖之，不得他用。無庫，則貯于櫃中。不可貯者，列于外門之內。主人晨謁於大門之內。主人，謂宗子，主此堂之祭者。晨謁，深衣，焚香再拜。出入必告。主人、主婦近出，則入大門，瞻禮而行，婦亦如之。經宿而歸，則焚香再拜。遠出經旬以上，則再拜焚香，告云：「某將適某所，敢告。」又再拜而行，歸亦如之。但告云：「某今日歸自某所，敢見。」經月而歸，則開中門，立于階下，再拜，升自阼階，焚香，告畢，再拜。降，復位，再拜。餘人亦然，但不開中門。○凡主婦，謂主人之妻。○凡升降，惟主人由阼階，主婦及餘人，雖尊長，亦由西階。○凡拜，男子再拜，則婦人四拜，謂之俠拜。其男女相答拜亦然。

補注 按本注「瞻禮而行」，男子唱喏，婦人立拜。或問：「古者婦人以肅拜爲正，何謂肅拜？」朱子曰：兩膝齊跪，手至地，頭不下，爲肅拜。張子曰：婦人之拜，古者低首至地，肅拜也。用肅遂屈其膝，今但屈其膝，直其身，失其義也。

正、至、朔、望則參，正、至、朔、望前一日，灑掃齋宿。厥明，夙興，開門軸簾，每龕設新果一大盤于卓上。每位茶盞托、酒盞盤各一于神主櫝前。設束茅聚沙于香卓前。別設一卓于阼階上，置酒注盞盤一于其上，酒一瓶于其西。盥盆、帨巾各二于阼階下東南。有臺架者在西，爲主人親屬所盥；無者在東，爲執事者所盥。巾皆在北。主人以下盛服入門就位。主人北面，于阼階下，主婦北面，于西階下。主人有母，則特位于主婦之前。主人有諸父、諸兄，則特位于主人之右，少前，重行西上。有諸母、姑、嫂、姊，則特位主婦之左，少前，重行東上。諸弟在主人之右，少退。子孫、外執事者在主人之後，重行西上。主人弟之妻及諸妹在主婦之左，少退。子孫婦女、内執事者在主婦之後，重行東上。立定，主人盥，帨，升，搢笏，啓櫝，奉諸考神主置於櫝前。主婦盥，帨，升，奉諸妣神主置于考東。次出祔主，亦如之。命長子、長婦或長女盥，帨，升，分出諸祔主之卑者，亦如之。皆畢，主婦以下先降，復位。主人詣香卓前，降神，搢笏，焚香，再拜，少退立。執事者盥，帨，升，開瓶，實酒于注。一人奉注，詣主人之右；一人執盞盤，詣主人之左。主人跪，執事者皆跪，主人受注，斟酒，反注，取盞盤奉之。左執盤，右執盞，酹于茅上。以盞盤授執事者，出笏，俯伏，興，少退，再拜，降，復位。與在位者皆再拜，參神。主人升，搢笏，執注，斟酒。先正位，次祔位，次命長子斟諸祔位之卑者。主婦升，執茶筅，執事者執湯瓶隨之，點茶如前。命長婦或長女，亦如之。子、婦、執事者先降，復位。主人出笏，與主婦分立於香卓之前東西，再拜，降，復位。與在位者皆再拜，辭神而退。冬至則祭始祖畢，行禮如上儀。○望日不設酒，不出主。主人點茶，長子佐之，先降。主人立於香卓之南，再拜，乃降。餘如上儀。○準《禮》「舅没則姑老」，不預於祭。又曰「支子不祭」，故今專以世嫡宗子夫婦爲主人、主婦，其有母及諸父母兄嫂者，則設特位於前如此。○凡言盛服者，有官則幞頭、公服、帶、靴、笏；進士則幞頭、襴衫、帶；處士則幞頭、皂衫、帶；無官者通用帽子、衫、帶。又不能見，則或深衣或凉衫。有官者亦通服帽子以下，但不爲盛服。婦人則假髻、大衣、長裙。女在室者，冠子、背子。衆妾，假髻、背子。

楊氏復曰：先生云：「元旦，則在官者有朝謁之禮，恐不得專精於祭事。某鄉里却止於除夕前三四日行事，此亦更在斟酌也。」○劉氏璋曰：司馬温公注「影堂雜儀」：「凡月朔，則執事者於影堂裝香、具茶酒、常食數品，主人以下皆盛服，男女左右敘立，如常儀。主人、主婦親出祖考以下祝版，置於位。焚香，主人以下俱再拜。執事者斟祖考前茶酒以授主人。主人搢笏，跪，酹茶酒，執笏，俯伏，興，帥男女俱再拜。

次酹祖妣以下，皆遍納祠版出，徹。月望不設食，不出祠版，餘如朔儀。影堂門無事常閉，每旦子孫詣影堂前唱喏，出外歸亦然。若出外再宿以上，歸則入影堂再拜。將遠適及遷官，凡大事則盥手，焚香，以其事告，退，各再拜。有時新之物，則先薦于影堂。忌日則去華飾之服，薦酒食如月朔，不飲酒、不食肉，思慕如居喪。《禮》：『君子有終身之喪，忌日之謂也。』舊儀不見客受吊，於禮無之，今不取。遇水火盜賊則先救先公遺文，次祠版，次影，然後救家財。」【補注】正旦、冬至及每月朔望，則參祠堂。按本注重行西、重行東上，謂之重行者，若伯父與叔父、伯母與叔母、諸兄與諸弟、諸嫂與諸弟婦、子輩兄弟、孫輩兄弟是也。謂之西上者，以西爲上，若伯父在叔父之左，諸兄在諸弟之左是也。謂之東上者，以東爲上，若伯母在叔母之右，諸嫂在諸弟婦之右是也。至於大祭祀，則出主於堂、於正寢，并祔位。神主亦有重列者，若太伯叔祖祔于曾祖，伯叔祖祔于祖之類是也。祔正位者，考以東爲上，若太伯祖父在曾祖考之左，太叔祖父在曾祖考之右是也。妣以西爲上，若太伯祖母在曾祖妣之右，太叔祖母在曾祖妣之左是也。祔側位者，以北爲上，若伯祖父在祖考之上，叔祖父在祖考之下，伯祖母在祖妣之上，叔祖母在祖妣之下是也。但神主位次則男西女東，子孫位次則男東女西，此陰陽之別也。

俗節則獻以時食，節如清明、寒食、重午、中元、重陽之類，凡鄉俗所尚者。食如角黍，凡其節之所尚者，薦以大盤，間以蔬果。禮如正、至、朔日之儀。

問：「俗節之祭如何？」朱子曰：「韓魏公處得好，謂之節祠，殺於正祭。但七月十五日用浮屠設素饌祭，某不用。」○又答張南軒曰：「今日俗節古所無有，故古人雖不祭，而情亦自安。今人既以此爲重，至於是日必具殽羞相宴樂，而其節物亦各有宜。故世俗之情至於是日不能不思其祖考，而復以其物享之，雖非禮之正，然亦人情之不能已者。且古人不祭，則不敢以燕，況今於此俗節既已據經而廢祭，而生者則飲食宴樂隨俗自如，非事死如事生、事亡如事存之意也。」又曰：「朔日家廟用酒果，望日用茶。重午、中元、九日之類，皆名俗節。大祭時每位用四味，請出木主。俗節小祭，只就家廟，止二味。朔旦俗節，酒止一上，斟一盃。」○楊氏復曰：時祭之外各因鄉俗之舊，以其所尚之時，所用之物，奉以大盤，陳於廟中，而以告朔之禮奠焉。則庶幾合乎隆殺之節，而盡乎委曲之情，可行於久遠而無疑矣。

有事則告。如正、至、朔日之儀，但獻茶酒。再拜訖，主婦先降，復位；主人立於香卓之南。祝執版，立於主人之左，跪，讀之，畢，興。主人再拜，降，復位。餘並同。○告授官，祝版云：「維年歲月朔日，孝子某官某，敢昭告于故某親某官封謚府君、故某親某封某氏，某以某月某日蒙恩授某官，奉承先訓，獲霑禄位，餘慶所及，不勝感慕。謹以酒果，用伸虔告，謹告。」貶降則言「貶某官，荒墜先訓，惶恐無地」，「謹以」後同。若弟子則言「某之某」，其餘同。○告追贈則止告所贈之龕，別設香卓於龕前，又設一卓於其東，置净水、粉盞、刷子、硯筆墨於其上，餘並同。但祝版云「奉某月某日制書，贈故某親某官、故某親某封，某奉承先訓，竊位于朝，祗奉恩慶，有此褒贈，禄不及養，摧咽難勝」，「謹以」後同。若因事特贈，則別爲文以叙其意。告畢，再拜。主人進奉主，置卓上。執事者洗去舊字，別塗以粉，俟乾，命善書者改題所贈官封。陷中不改，洗水以灑祠堂之四壁。主人奉主置故處，乃降，復位。後同。○主人生嫡長子，則滿月而見，如上儀，但不用祝。主人立於香卓之前，告曰：「某之婦某氏，以某月某日生子，名某，敢見。」告畢，立於香卓東南，西向。主婦抱子進，立於兩階之間，再拜，主人乃降，復位。後同。○冠昏則見本篇。○凡言祝版者，用版長一尺，高五寸，以紙書文，黏於其上，畢則揭而焚之。其首尾皆如前，但於故高祖考、故高祖妣，自稱「孝元孫」；於故曾祖考、故曾祖妣，自稱「孝曾孫」；於故祖考、故祖妣，自稱「孝孫」；於故考、故妣，自稱「孝子」。有官封謚則皆稱之，無則以生時行第稱號加于府君之上，妣曰「某氏夫人」。凡自稱，非宗子不言孝。○告事之祝，四代共爲一版。自稱以其最尊者爲主，止告正位，不告祔位，茶酒則并設之。

朱子曰：焚黄，近世行之墓次，不知於禮何據。張魏公贈謚只告于廟，疑爲得體，但今世皆告墓，恐未免隨俗耳。○楊氏復曰：按先生《文集》有焚黄祝文，云告于家廟，亦不云告墓也。集覽張魏公按《宋鑑》，張浚，緜竹人，咸之子，登進士。高宗時，官右僕射，兼知樞密院事。嘗平苗劉之亂，擾却勍敵，招降劇盜，能使將帥用命始終。不主和議，爲秦檜所惡。所著有《五經解》及雜説、文集、奏議。孝宗封魏國公，卒謚忠獻。補注按本注「焚黄」，丘氏《儀節》云：執事者捧所録，制書黄紙，即香案前，并祝文焚之。

或有水火盜賊，則先救祠堂，遷神主、遺書，次及祭器，然後及家財。易世則改題主而遞遷之。改題遞遷禮見《喪禮》大祥章。大宗之家，始祖親盡則藏其主於墓所，而大宗猶主其墓田，以奉其墓祭，歲率宗人一祭之，百世不改。其第二世以下祖親盡，及小宗之家高祖親盡，則遷其主而埋之，其墓田則諸位迭掌，而歲率其子孫一祭之，亦百世不改也。

或問：「而今士庶亦有始基之祖，莫亦只祭得四代，但四代以上則可不祭否？」朱子曰：「而今祭四代已爲僭，古者官師亦只祭得二代。若是始基之祖，想亦只存得墓祭。」楊氏復曰：此章云，始祖親盡則藏其主於墓所。《喪禮》大祥章亦云，若有親盡之祖，而其別子也，則祝版云云，告畢，而遷于墓所，不埋。夫藏其主於墓所而不埋，則墓所必有祠堂以奉墓祭。補注 改禰爲祖而遷于祖之龕，改祖爲曾而遷於曾之龕，改曾爲高而遷于高之龕，虚東一龕，以俟新主。奉舊高主埋於墓側，則大宗之家墓有二祭，家有四宗：繼高小宗墓有一祭，家亦四祭；繼曾小宗家三祭，繼祖小宗家二祭，繼禰小宗家一祭，無墓祭也。

深衣制度

此章本在《冠禮》之後，今以前章已有其文，又平日之常服，故次前章。

朱子曰：去古益遠，其冠服制度僅存而可見者，獨有此耳。然遠方士子亦所罕見，往往人自爲制，詭異不經，近於服妖，甚可歎也。

裁用白細布，度用指尺。中指中節爲寸。

司馬温公曰：凡尺寸皆當用周尺度之，周尺一尺當今省尺五寸五分弱。楊氏復曰：《説文》云，周制寸、尺、咫、尋，皆以人之體爲法。補注 度，謂尺寸之數。「度用指尺」者，蓋大指與食指兩步爲尺，中指中節一距爲寸。古者布幅衣制皆有定數，然指與人身有長短不齊，終不若先度人身之長短，就其中起度，然後衣與身稱。

衣全四幅，其長過脇，下屬於裳。用布二幅，中屈下垂，前後共爲四幅。如今之直領衫，但不裁破腋下。其下過脇而屬於裳處，約圍七尺二寸，每幅屬裳三幅。補注「用布二幅，長四尺四寸，中屈之，爲二尺二寸，下除寸餘，爲腰縫及兩腋之餘縫，長二尺一寸，所以爲衣之長幅。廣二尺二寸，四幅廣八尺八寸，除負繩之縫與領旁之屈，積各寸及兩腋之餘，前後各三寸許，約圍七尺二寸，所以爲衣之廣也。又按，衣全四幅，如今之直領衫，但不裁破腋下，俗所謂對襟是也。《家禮》儀節從白雲朱氏之説，欲於身上加内外兩襟，左掩其右。今人又裁破腋下而縫合之，綴小帶於右邊，如世常服之衣，非古制也。

裳交解十二幅，上屬於衣，其長及踝。用布六幅，每幅裁爲二幅，一頭廣，一頭狹，狹頭當廣頭之半。以狹頭向上而連其縫，以屬於衣，其屬衣處約圍七尺二寸，每三幅屬衣一幅。其下邊及踝處，約圍丈四尺四寸。補注 古者布幅長四尺四寸，廣二尺二寸。深衣腰廣七尺二寸，若用布六幅，廣一丈三尺二寸，交解爲十二幅，則狹頭在上，每幅七寸三分有奇，十二幅共八尺八寸；廣頭在下，每服一尺四寸六分有奇，十二幅共十丈七尺六寸。又除裳十二幅合縫及裳前襟反屈各寸，則要得七尺五寸，下得一丈六尺三寸，則上多三寸，下多一尺九寸，即截去之。「上屬於衣」本舊注，當如此説，則「續衽鉤邊」一句終難解。蓋《禮記》制十有二幅，以應十有二月，指深衣一身所用之布，非謂裳十二幅也。蓋衣與袖共四幅，裳四幅，及續衽鉤邊四幅，所謂十二幅也。蓋裳用布四幅，長四尺四寸，除腰縫及下齊反屈，長四尺二寸，廣八尺八寸，除負繩及左右續衽合縫與前襟反屈各寸，又餘八寸，即截去之，爲七尺二寸。又用布二幅，長四尺四寸，廣二尺二寸，斜截爲四幅，下廣二尺二寸，四幅廣八尺八寸，内除各合縫八寸，又餘八寸亦截去之，爲七尺二寸，續於裳之兩旁。《禮記》所謂「續衽鉤邊」是也。

圓袂。用布二幅，各中屈之，如衣之長，屬於衣之左右，而縫合其下以爲袂。其本之廣，如衣之長，而漸圓殺之以至袂口，則其徑一尺二寸。

楊氏復曰：左右袂各用布一幅，屬於衣。又按，《深衣篇》云：「袂之長短，反屈之及肘。」夫袂之長短，以反屈及肘爲準，則不以一幅爲拘。補注袂，袖也。用布二幅，長四尺四寸，各中屈之，爲二尺二寸。屬於衣之左右兩腋之餘，自兩腋之餘及袂皆反屈寸餘而合縫之。其本之廣，如衣之長，二尺二寸，而漸圓殺之以至袂口，則其徑一尺二寸。兩腋之餘三寸，續以二尺二寸幅之袖，則二尺有五寸也。内除衣袂續處合縫及袂口反屈各寸許，則二尺二寸也。蓋袂之前後長四尺二寸，廣二尺二寸，如月之半圓，合左右袂如月之全圓也。

方領。兩襟相掩，衽在腋下，則兩領之會自方。補注衣之兩肩上各裁入三寸而反摺之，就綴於兩襟上，左右相會，其形自方，非别有所謂領也。蓋袂圓在外，領方在内，有錢圓含方之象。一説裁入反摺即剪去之，别用布一條，自項後摺轉向前，綴兩襟上，左右齊，反摺之，長表裏各二寸，除反屈，《禮記》所謂「袷二寸」是也。

曲裾。用布一幅，如裳之長，交解裁之，如裳之制。但以廣頭向上，布邊向外，左掩其右，交映垂之，如燕尾狀。又稍裁其内旁大半之下，令漸如魚腹，而末如鳥喙，内向綴於裳之右旁。《禮記·深衣》「續衽鉤邊」鄭注：「鉤邊，若今曲裾。」

蔡氏淵曰：司馬所載方領與續衽鉤邊之制，引證雖詳，而不得古意。先生病之，嘗以理玩經文與身服之宜，而得其説。謂方領者，只是衣領既交，自有如矩之象。謂續衽鉤邊者，只是連續裳旁，無前後幅之縫，左右交鉤，即爲鉤邊。非有別布一幅裁之如鉤而綴于裳旁也。方領之説，先生已修之《家禮》矣，而續衽鉤邊則未及修焉。〇楊氏復曰：深衣制度，惟續衽鉤邊一節難考。按，《禮記·玉藻》《深衣》疏，皇氏、熊氏、孔氏三説皆不同。皇氏以喪服之衽廣頭在上，深衣之衽廣頭在下，喪服與深衣二者相對爲衽。孔氏以衣下屬幅而下，裳上屬幅而上，衣裳二者相對爲衽。此其不同者一也；皇氏以衽爲裳之兩旁皆有，孔氏以衽爲裳之一邊所有，此其不同者二也；皇氏所謂廣頭在上爲喪服之衽者，熊氏又以此爲齋祭服之衽。一以爲吉服之衽，一以爲凶服之衽，此其不同者三也。《家禮》以深衣續衽之制兩廣頭向上，似與皇氏喪服之衽、熊氏齋祭服之衽相類，此爲可疑。是以先生晚歲所服深衣，去《家禮》舊説曲裾之制而不用，蓋有深意，恨未得聞其説之詳也。及得蔡淵所聞，始知先師所以去舊説曲裾之意。復又取《禮記·深衣篇》熟讀之，始知鄭康成注「續衽」二字，文義甚明，特疏家亂之耳。按，鄭注曰：「續，猶屬也；衽，在裳旁者也。屬連之，不殊裳前後也。」鄭注之意，蓋謂凡裳前三幅、後四幅，夫既分前後，則其旁兩幅分開而不相屬。惟深衣裳十二幅，交裂裁之，皆名爲衽，見《玉藻》「衽當旁」注。所謂續衽者，指在裳旁兩幅言之，謂屬連裳旁兩幅，不殊裳前後也。疏家不詳考其文義，但見衽在裳旁一句，意謂別用布一幅，裁之如鉤而垂於裳旁，妄生穿鑿，紛紛異同，愈多愈亂。自漢至今二千餘年，讀者皆求之於別用一幅布之中，而注之本義爲其掩蓋而不可見。夫疏所以釋注也，今推尋鄭注本文其義如此，而皇氏、熊氏等所釋其謬如彼，皆可以一掃而去之矣。先師晚歲知疏家之失，而未及修定，愚故著鄭注於《家禮》深衣曲裾之下，以破疏家之謬，且以見先師晚歲已定之説云。劉氏璋曰：深衣之制，用白細布鍛濯灰治，使之和熟，其人肥大則布幅隨而闊，瘦細則幅隨而狹，不必拘於尺寸。裳十二幅以應十有二月。袂圜應規。袂，袖口也。曲袷如矩應方。曲袷者，交領也。負繩及踝應直。負繩，謂背後縫上下相當而取直如繩之正，非謂用縫爲負繩也。踝，足跟也。及踝者，裳（此）〔止〕其足取長，無被上之義。下齊如權衡應平。裳下曰齊（音咨），齊，緝也。取（齊如字）平若衡而無低昂參差也。規、矩、繩、權、衡五法已施，故聖人服之，先王貴之，可以爲文，可以爲武，可以擯相，可以治軍旅。自士以上深衣爲之次，庶人吉服深衣而已。夫事尊者，蓋以多飾爲孝。具大父母衣，純（音準）以繢（胡對切）。純，緣也。繢，畫也。畫五采以爲文，相次而畫，後人有以織綿爲純，以代繢文者。具父母衣純以青，孤子純以素。今用黑繒，以從簡易也。補注按，《禮記》楊氏注引衣圖云，既合縫了，又再覆縫，方便於著，以合縫爲續袵，覆縫爲鈎邊。本注蔡氏淵謂，續袵鈎邊者，只是連續裳旁，無前後幅之縫，左右交鈎即爲鈎邊。愚按，二說俱未甚明白，若深衣果裳十二幅，則其要與十二幅各合縫爲續袵，裳前兩襟及下齊反屈爲鈎邊。邊即純邊之邊也。後細思之，則《禮記》十二幅指深衣一身所用之布。屈裾別用布二幅，斜裁爲四幅，廣頭在下，尖頭在上，續裳之兩旁，故謂之續袵，在裳之兩邊，故謂之鈎邊，《玉藻》所謂「袵當旁」是也。黄閏玉云，古者朝祭，衣短有裳，惟深衣長，遂無裳。不知《禮記》明言「要縫半下」，既有要縫，豈得無裳。

黑緣。緣用黑繒。領表裏各二寸，袂口、裳邊表裏各一寸半。袂口布外，別比緣之廣。補注丘氏曰：用皂綃爲之領及袂口，裳邊表裏，皆用寸半，領及裳邊内外則夾縫在本布上，袂口則綴連布之外，即所謂「袂口布外，別比緣之廣」也。按，《家禮》領緣用二寸，袂口裳邊用寸半，今不然者。考《禮記·玉藻》「袷二寸」「緣廣寸半」，不分領與裳，袂則皆寸半矣。今擬領亦用寸半，與裳袂同，俾少露領也，否則是袷爲虛設矣。

大帶。帶用白繒，廣四寸，夾縫之。其長圍腰而結於前，再繚之爲兩耳，乃垂其餘爲紳，下與裳齊，以黑繒飾其紳。復以五采絛，廣三分，約其相結之處，長與紳齊。補注 古者深衣不綴小帶，當要中惟束以大帶而已。按本注「帶用白繒，廣四寸」，而《禮記》又曰：「士緇辟二寸，再繚四寸。」蓋白繒四寸，而緶緝其兩邊各寸，即二寸也，而再繞要一匝，則亦是四寸矣。

緇冠。糊紙爲之，武高寸許，廣三寸，袤四寸。上爲五梁，廣如武之袤而長八寸，跨頂前後，下著於武。屈其兩端各半寸，自外向内而黑漆之。武之兩旁半寸之上，竅以受笄，笄用齒骨凡白物。補注 糊紙，或用烏紗加漆爲之，裁一長條，其長一尺四寸許，其高寸許，圍以爲武。其圍之兩旁，各廣三寸。前後各長四寸。又用一長條，廣八寸許，長八寸許，上襞積以爲五梁，則廣四寸，縫皆向左，彎其中，跨項前後，下着於武，屈其兩端各半寸，自外向内而黑漆之。又於武之兩旁半寸之上，爲竅以受笄，笄用白骨或象牙爲之。丘氏曰：按《家禮》緇冠下注，則是梁之兩頭各蓋武上，而反中其末於武内也。今卷首舊圖者，乃加梁于武之上，際武之前，而又鏤形，如俗所謂條環者，又於武兩旁各增一片以受笄，不知作圖者何所據也。

幅巾。用黑繒六尺許，中屈之，右邊就屈處爲橫㡇，左邊反屈之。自㡇左四五寸間斜縫向左，圓曲而下，遂循左邊，至于兩末，復反所縫餘繒，使之向裏，以㡇當額前裏之。至兩鬢旁，各綴一帶，廣二寸，長二尺，自巾外過頂後，相結而垂之。補注 用皁繒六尺許，當中屈摺爲兩葉。就右邊屈處，摺作一小橫㡇子，又翻轉，從輒子左邊四五寸間斜縫一路向左，圓曲而下，循左邊至于兩末，又將翻轉，使所縫餘剩絹藏在裏，却以㡇子當額前裏之。於對兩耳處，兩邊各綴一帶，闊二寸，長二尺，自巾外過項後，相結而垂之。其作幞子也，就右邊屈處，用指提起少許，摺向右，又提起少許，摺向左，兩相湊著，用線綴住，而空其中間以爲幞子。

黑履。白絇、繶、純、綦。

劉氏垓孫曰：履之有絇，謂履頭。以條爲鼻，或用繒一寸，屈之爲絇，所以受繫穿貫者也。繶，謂履縫中紃音旬。也，以白絲爲下緣，故謂之繶。純者，飾也。綦，屬於跟，所以繫履者也。補注黑履者，用皂布作履，如世俗所謂鞋者，而稍寬大。既成，加白絇、繶、純、綦。按《儀禮》吴氏注：「絇之言拘也，用繒一寸，屈爲之頭，著屨頭，以受穿貫也。取以爲行戒焉。繶，紃條也，又屨縫中紃。純，緣也。」愚謂履之有絇，用白絲條二條，爲雙鼻，或用繒一寸爲屨頭，然後綴雙鼻於屨頭，所以受綦穿貫也。繶，底面後跟皆有純，於履口周圍緣以白絹。綦，綴在後跟，前穿於絇，如世俗鞋帶也。

司馬氏居家雜儀

此章本在《昏禮》之後，今按此乃家居平日之事，所以正倫理、篤恩愛者，其本皆在於此。必能行此，然後其儀章度數有可觀焉，不然則節文雖具，而本實無取，君子所不貴也。故亦列於首篇，使覽者知所先焉。

凡爲家長，必謹守禮法，以御群子弟及家衆。分之以職，謂使之掌倉廩、廐庫、庖厨、舍業、田園之類。授之以事，謂朝夕所幹及非常之事。而責其成功。制財用之節，量入以爲出，稱家之有無以給上下之衣食及吉凶之費，皆有品節而莫不均壹。裁省冗費，禁止奢華，常須稍存贏餘，以備不虞。[補注]此節言家長御群子弟及家衆之事。

凡諸卑幼，事無大小，毋得專行，必咨禀於家長。《易》曰：「家人有嚴君焉，父母之謂也。」安有嚴君在上，而其下敢直行自恣不顧者乎？雖非父母，當時爲家長者，亦當咨禀而行之。則號令出於一人，家政始可得而治矣。[補注]此節言卑幼事家長之道。

凡爲子爲婦者，毋得蓄私財，俸禄及田宅所入，盡歸之父母、舅姑。當用，則請而用之，不敢私假，不敢私與。《内則》曰：「子婦無私貨，無私蓄，無私器，不敢私假，不敢私與。婦或賜之飲食、衣服、布帛、佩帨、茝蘭，則受而獻諸舅姑。舅姑受之，則喜，如新受賜；若反賜之，則辭；不得命，如更受賜，藏之以待乏。」鄭康成曰：「待舅姑之乏也。不得命者，不見許也。」又曰：「婦若有私親兄弟，將與之，則必復請其故，賜而後與之。」夫人子之身，父母之身也。身且不敢自有，況敢有財帛乎？若父子異財，互相假借，則是有子富而父母貧者，父母飢而子飽者。賈誼所謂「借父耰鉏，慮有德色。母取箕箒，立而誶語」。不孝不義，孰甚於此。茝，昌改切。耰，音憂。誶，音碎。[集覽]「借父耰鉏，慮有德色」。耰鉏，治田之器。慮，疑也，謂疑其容色自矜爲恩德也。「母取箕箒，立而誶語」。箕箒，掃地之具。誶，責讓也。[補注]此下九節，猶《小學》言父子之親。

凡子事父母，孫事祖父母同。婦事舅姑，孫婦亦同。天欲明，咸起盥，音管，洗手也。漱，櫛阻瑟切，梳頭也。總，所以束髮，今之頭髻。具冠帶。丈夫，帽子、衫、帶；婦人，冠子、背子。昧爽，謂天明暗相交之際。適父母、舅姑之所省問。丈夫唱喏，婦人道萬福。仍問侍者，夜來安否何如。侍者曰「安」，乃退，其或不安節，則侍者以告。此即禮之晨省也。父母、舅姑起，子供藥物，藥物乃關身之切務，人子當親自檢數、調煮、供進，不可但委婢僕，脱若有誤，即其禍不測。婦具晨羞。俗謂點心。《易》曰：「在中饋。」《詩》云：「惟酒食是議。」凡烹調飲膳，婦人之職也。近年婦女驕倨，皆不肯入庖厨。今縱不親執刀匕，亦當檢校監視，務令精潔。供具畢，乃退，各從其事。將食，婦請所欲於家長，謂父母、舅姑，或當時家長也。卑幼各不得恣所欲。退具而供之。尊長舉筯，子婦乃各退就食。丈夫婦人各設食於他所，依長幼而坐，其飲食必均壹。幼子又食於他所，亦依長幼席地而坐，男坐於左，女坐於右。及夕食亦如之。既夜，父母、舅姑將寢，則安置而退。丈夫唱喏，婦人道安置。此即禮之昏定也。居閑無事，則侍於父母、舅姑之所，容貌必恭，執事必謹。言語應對，必下氣怡聲；出入起居，必謹扶衛之。不敢涕唾、喧呼於父母、舅姑之側。父母、舅姑不命之坐，不敢坐；不命之退，不敢退。凡子受父母之命，必籍記而佩之，時省而速行之，事畢則返命焉。或所命有不可行者，則和色柔聲，具是非利害而白之，待父母之許，然後改之。若不許，苟於事無大害者，亦當曲從。若以父母之命爲非，而直行己志，雖所執皆是，猶爲不順之子。況未必是乎？

凡父母有過，下氣怡色，柔聲以諫。諫若不入，起敬起孝，悦則復諫；不悦，與其得罪於鄉黨州閭，寧熟諫。父母怒，不悦而撻之流血，不敢疾怨，起敬起孝。楊氏復曰：父母有過，下氣怡色，柔聲以諫，所謂幾諫也。父母怒而撻之，猶不敢怨，況下於此者乎？諫不入，起敬起孝，諫而怒，亦起敬起孝，敬孝之外，豈容有他念哉？是説也，聖人著之《論語》矣。

凡爲人子弟者，不敢以貴富加於父兄宗族。加，謂恃其富貴不率卑幼之禮。

凡爲人子者，出必告，反必面。有賓客，不敢坐於正廳。有賓客，坐於書院。無書院，則坐於廳之旁側。升降不敢由東階。上下馬不敢當廳。凡事不敢自擬於其父。楊氏復曰：告，工毒反。告與面同，反言面者，從外來，宜知親之顏色安否。爲人親者，無一念而忘其子，故有倚閭倚門之望；爲人子者，無一念而忘其親，故有出告反面之禮。生則出告反面，没則告行飲至，事亡如事存也。集覽「倚閭倚門之望」。按《戰國策》，王孫賈事齊湣王，王出走，賈失王之處，其母曰：「女朝去而晚歸，則吾倚門而望；女暮出而不還，則吾倚閭而望。女今事王，王出走而不知其處，女尚安歸？」

凡父母、舅姑有疾，子婦無故不離側，親調嘗藥餌而供之。父母有疾，子色不滿容，不戲笑，不宴遊，捨置餘事，專以迎醫、檢方、合藥爲務。疾已，復初。《顏氏家訓》曰：「父母有疾，子拜醫以求藥。」蓋以醫者親之存亡所繫，豈可傲忽也。

凡子事父母，父母所愛，亦當愛之；所敬，亦當敬之。至於犬馬盡然，而況於人乎？

楊氏復曰：孝子愛敬之心無所不至，故父母之所愛敬者，雖犬馬之賤亦愛敬之，况人乎哉？故舉其尤者言之。若兄若弟，吾父母之所愛也，吾其可以不愛乎？若薄之，是薄吾父母也。若親若賢，吾父母之所敬也，吾其可不敬之乎？若嫚之，是嫚吾父母也。推類而長，莫不皆然。若晉武惑馮紞之讒，不思太后之言而疏齊王攸；唐高宗溺武氏之寵，不念太宗顧託之命而殺長孫無忌，皆禮經之罪人也。集覽「晉武惑馮紞之讒，不思太后之言而疏齊王攸」。按《晉書》，泰始中，太后王氏疾篤，帝及弟齊王攸侍。太后謂帝曰：「汝與攸至親，吾没後，善遇之，吾無恨也。」言訖，崩。初，帝友愛攸甚篤，爲荀勗、馮紞所搆，欲爲身後之慮，乃出攸爲大司馬，都督青州軍事。群臣諫，不聽。攸憤怨發病，猶催上道，乃嘔血而卒。「唐高宗溺武氏之寵，不念太宗顧託之命而殺長孫無忌」。按《唐書》，貞觀末，帝疾篤，詔長孫無忌等入卧内，謂太子曰：「無忌盡忠於我，我有天下，多其力也。我死勿令讒人間之。」有頃，上崩，太子立，是爲高宗。既而欲立武昭儀爲后，無忌切諫不可，上怒命引出。及武后得立，許敬宗誣奏無忌反，詔安置黔州，尋殺之。

凡子事父母，樂其心，不違其志，樂其耳目，安其寢處，以其飲食忠養之。幼事長，賤事貴，皆倣此。

劉氏璋曰：樂其心者，謂左右侍養也，晨昏定省也，出入從遊也，起居奉侍也。必當賾討其心之所好者、所惡者何在，苟非悖乎大義，則蔑不可從。所以安固老者之行，以適其氣也。樂其耳目者，非聲色之末也，善言常入於親耳，善行常悦於親目，皆所以樂之也。安其寢處者，謂堂室庭除必完潔，簟席、氈褥、衾枕、帳幄必修治之類。

凡子婦未敬未孝，不可遽有憎疾，姑教之；若不可教，然後怒之；若不可怒，然後笞之；屢笞而終不改，子放婦出，然亦不明言其犯禮也。子甚宜其妻，父母不悦，出；子不宜其妻，父母曰「是善事我」，子行夫婦之禮焉，没身不衰。補注 此下一節，猶《小學》言夫婦之别。

凡爲宫室，必辨内外。深宫固門，内外不共井，不共浴堂，不共廁。男治外事，女治内事。男子晝無故不處私室，婦人無故不窺中門。男子夜行以燭，婦人有故出中門，必擁蔽其面。如蓋頭、面帽之類。男僕非有繕修及有大故，謂水火盗賊之類。不入中門，入中門，婦人必避之，不可避，亦謂如水火盗賊之類。亦必以袖遮其面。女僕無故不出中門，有故出中門，亦必擁蔽其面。雖小婢亦然。鈴下蒼頭，但主通内外之言，傳致内外之物，毋得輒升堂室入庖厨。

凡卑幼於尊長，晨亦省問，夜亦安置。丈夫唱喏，婦人道萬福、安置。坐而尊長過之則起；出遇尊長於塗則下馬。不見尊長，經再宿以上，則再拜；五宿以上，則四拜。賀冬至、正旦，六拜；朔望，四拜。凡拜數，或尊長臨時減而止之，則從尊長之命。吾家同居，宗族衆多，冬至、朔望，聚於堂上。此假設南面之堂，若宅舍異制，臨時從宜。丈夫處左，西上；婦人處右，東上。左右，謂家長之左右。皆北向，共爲一列，各以長幼爲序。婦以夫之長幼爲序，不以身之長幼爲序。共拜家長畢，長兄立於門之左，長姊立於門之右，皆南向。諸弟妹以次拜訖，各就列。丈夫西上，婦人東上，共受卑幼拜。以宗族多，若人人致拜，則不勝煩勞，故同列共受之。受拜，訖，先退。後輩立受拜於門東西，如前輩之儀。若卑幼自遠方至，見尊長，遇尊長三人以上同處者，先共再拜，叙寒暄，問起居，訖，又三再拜而止。晨夜唱喏、萬福、安置。若尊長三人以上同處，亦三而止，所以避煩也。補注 此節猶《小學》言長幼之序。

凡受女婿及外甥拜，立而扶之。扶，謂搊策。外孫，則立而受之可也。補注 此節言接女婿、外甥、外孫之類。

凡節序及非時家宴，上壽於家長，卑幼盛服序立，如朔望之儀。先再拜，子弟之最長者一人，進立於家長之前。幼者一人搢笏，執酒盞，立於其左；一人搢笏，執酒注，立於其右。長者搢笏，跪，斟酒，祝曰：「伏願某官備膺五福，保族宜家。」尊長飲畢，授幼者盞注，反其故處。長者出笏，俯伏，興，退，與卑幼皆再拜。家長命諸卑幼坐，皆再拜而坐。家長命侍者遍酢諸卑幼，諸卑幼皆起，叙立如前，俱再拜，就坐。飲訖，家長命易服，皆退易便服，還復就坐。補注 此節言家宴上壽之儀。

凡子始生，若爲之求乳母，必擇良家婦人稍温謹者。乳母不良，非惟敗亂家法，兼令所飼之子性行亦類之。子能食，飼（音似）教以右手。子能言，教之自名及唱喏、萬福、安置。稍有知，則教之以恭敬尊長；有不識尊卑長幼者，則嚴訶禁之。古有胎教，况於已生？子始生未有知，固舉以禮，况於已有知？孔子曰：「幼成若天性，習慣如自然。」《顔氏家訓》曰：「教婦初來，教子嬰孩。」故於其始有知，不可不使之知尊卑長幼之禮。若侮詈父母，毆擊兄姊，父母不加訶禁，反笑而獎之，彼既未辨好惡，謂禮當然，及其既長，習以成性，乃怒而禁之，不可復制。於是父疾其子，子怨其父，殘忍悖逆，無所不至。蓋父母無深識遠慮，不能防微杜漸，溺於小慈，養成其惡故也。

六歲，教之數謂一、十、百、千、萬。與方名。謂東西南北。男子始習書字，女子始習女工之小者。七歲，男女不同席，不共食。始誦《孝經》《論語》，雖女子亦宜誦之。自七歲以下，謂之孺子，早寢晏起，食無時。八歲，出入門户及即席飲食，必後長者。始教之以謙讓。男子誦《尚書》，女子不出中門。九歲，男子誦《春秋》及諸史，始爲之講解，使曉義理；女子亦爲之講解《論語》《孝經》及《列女傳》《女戒》之類，略曉大意。古之賢女，無不觀圖史以自鑒，如曹大家之徒，皆精通經術，議論明正。今人或教女子以作歌詩，執俗樂，殊非所宜也。十歲，男子出就外傅，居宿於外。讀《詩》《禮》傳爲之講解，使知仁義禮知信。自是以往，可以讀《孟》《荀》《揚子》，博觀群書。凡所讀書，必擇其精要者而讀之。如《禮記·學記》《大學》《中庸》《樂記》之類。他書倣此。其異端非聖賢之書，傅宜禁之，勿使妄觀以惑亂其志。觀書皆通，始可學文辭。女子則教以婉娩婉娩，音晚。婉娩，柔順貌。聽從，及女工之大者。女工，謂蠶桑、織績、裁縫及爲飲膳。不惟正是婦人之職，兼欲使之知衣食所來之艱難，不敢恣爲奢麗。至於纂組華巧之物，亦不必習也。未冠笄者，雞鳴而起，總角、靧靧，音悔，洗面也。面，以見尊長，佐長者供養。祭祀則佐執酒食。若既冠笄，則皆責以成人之禮，不得復言童幼矣。補注 此節言教男女之道。

凡内外僕妾，雞初鳴咸起，櫛總、盥漱、衣服。男僕灑掃堂室及庭，鈴下蒼頭灑掃中庭，女僕灑掃堂室，設倚卓，陳盥漱、櫛、靧之具。主婦主母既起，則拂牀襞衾，襞，音壁，疊衣也。侍立左右，以備使令。退而具飲食，得間則浣濯、紉縫，先公後私。及夜，則復拂牀展衾。當晝，内外僕妾，惟主人之命，各從其事，以供百役。補注 此節言僕妾事主父母之道。

凡女僕，同輩謂兄弟所使。謂長者爲姊，後輩謂諸子舍所使。謂前輩爲姨，《内則》云：「雖婢妾，衣服飲食，必後長者。」鄭康成曰：「人，貴賤不可以無禮。」故使之序長幼。務相雍睦。其有鬥争者，主父主母聞之，即訶禁之。不止，即杖之，理曲者杖多。一止一不止，獨杖不止者。補注 此下三節，言主父母御僕妾之道。

凡男僕有忠信可任者，重其禄；能幹家事，次之。其專務欺詐，皆公徇私，屢爲盜竊，弄權犯上者，逐之。

凡女僕年滿，不願留者，縱之。勤舊少過者，資而嫁之。其兩面二舌，飾虚造讒，離間骨肉者，逐之。屢爲盜竊者，逐之。放蕩不謹者，逐之。有離叛之志者，逐之。

冠禮

冠

楊氏復曰：有言《書儀》中冠禮簡易可行者，先生曰：「不獨《書儀》，古冠禮亦曰簡易。」補注《禮記·冠儀》疏曰：「冠禮起早晚，書傳無正丈。世本云『黄帝造旃冕』，是冕起于黄帝也。黄帝以前，以羽皮爲冠，以後乃用布帛。其冠之年，天子諸侯皆十二。」

男子年十五至二十，皆可冠。司馬温公曰：古者二十而冠，皆所以責成人之禮，蓋將責爲人子，爲人弟，爲人臣，爲人少者之行於其人，故其禮不可以不重也。近世以來，人情輕薄，過十歲而總角者，少矣。彼責以四者之行，豈知之哉？往往自幼至長，愚騃若一，由不知成人之道故也。今雖未能遽革，且自十五以上，俟其能通《孝經》《論語》，粗知禮義，然後冠之，其亦可也。必父母無期以上喪，始可行之。大功未葬，亦不可行。前期三日，主人告于祠堂。古禮筮日，今不能然，但正月内擇一日可也。主人，謂冠者之祖父，自爲繼高祖之宗子者。若非宗子，則必繼高祖之宗子主之。有故則命其次宗子。若其父自主之，告禮見《祠堂》章，祝版前同，但云「某之子某，若某之某親之子某，年漸長成，將以某月某日加冠於其首」，「謹以」後同。若族人以宗子之命自冠其子，其祝版亦以宗子爲主，曰：「使介子某。」○若宗子已孤而自冠，則亦自爲主人，祝版前同，但云「某將以某月某日加冠於首」，「謹以」後同。**戒賓。**古禮筮賓，今不能然，但擇朋友賢而有禮者一人可也。是日主人深衣詣其門，所戒者出見，如常儀。啜茶畢，戒者起，言曰：「某有子某，若某子某親有子某，將加冠於其首，願吾子之教之也。」對曰：「某不敏，恐不能供事，以病吾子，敢辭。」戒者曰：「願吾子之終教之也。」對曰：「吾子重有命，某敢不從。」地遠，則書初請之辭爲書，遣子弟致之。所戒者辭，使者固請，乃許而復書曰：「吾子有命，某敢不從。」○若宗子自冠，則戒辭但曰「某將加冠於首」，後同。**前一日，宿賓。**遣子弟以書致辭曰：「來日，某將加冠於子某，若某親某子某之首，吾子將莅之，敢宿。某上某人。」答書曰：「某敢不夙興。某上某人。」若宗子自冠，則辭之所改如其戒賓。補注「宿賓」，子是隔宿戒之。上「戒賓」是親往，此「宿賓」是遣子弟，俗言爲覆請也。

陳設。設盥帨於廳事，如祠堂之儀。以帟幕爲房於廳事之東北，或廳事無兩階，則以堊畫而分之，後倣此。

司馬温公曰：古禮，謹嚴之事皆行之於廟。今人既少家廟，其影堂亦褊隘，難以行禮。但冠於外廳，笄在中堂，可也。《士冠禮》：「設洗直於東榮，南北以堂深，水在洗東。」今私家無罍洗，故但用盥盆、帨巾而已。盥，灌手也；帨，手巾也。廳事無兩階，則分其中央以東者爲阼階，西者爲賓階；無室無房，則暫以帟幕截其北爲室，其東北爲房。此皆據廳堂南向者言之。劉氏璋曰：《冠義》曰：「冠禮筮日、筮賓，所以敬冠事。冠者，禮之始也，嘉事之重者也，是故古者重冠。重冠故行之於廟者，所以尊重事，尊重事而不敢擅重事，所以自卑而尊先祖也。」

厥明，夙興，陳冠服。 有官者公服、帶、靴、笏，無官者襴衫、帶、靴，通用皂衫、深衣、大帶、履、櫛、纚、掠，皆卓子陳于房中，東領北上。酒注、盞盤，亦以卓子陳于服北。幞頭、帽子、冠笄、巾，各以一盤盛之，蒙以帕，以卓子陳于西階下。執事者一人守之。長子則布席于阼階上之東，少北，西向。衆子則少西，南向。○宗子自冠，則如長子之席，少南。

程子曰：今行冠禮，若制古服而冠，冠了又不常著，却是僞也。必須用時之服。

主人以下序立。 主人以下盛服就位。主人阼階下少東，西向。子弟、親戚、僮僕在其後，重行西向，北上。擇子弟、親戚習禮者一人爲儐，立於門外，西向。將冠者雙紒、四䙆衫、勒帛、采履，在房中，南面。若非宗子之子，則其父立於主人之右，尊則少進，卑則少退。宗子自冠，則服如將冠者，而就主人之位。

賓至，主人迎入，升堂。 賓自擇其子弟、親戚習禮者爲贊。冠者俱盛服至門外，東面立，贊者在右，少退。儐者入告主人，主人出門左，西向，再拜，賓答拜。主人揖贊者，贊者報揖。主人遂揖而行，賓、贊從之。入門，分庭而行，揖讓而至階，又揖讓而升。主人由阼階先升，少東，西向，賓由西階繼升，少西，東向。贊者盥帨，由西階升，立於房中，西向。儐者筵于東序，少北，西面。將冠者出房，南面。若非宗子之子，則其父從出迎賓，入從主人後賓而升，立於主人之右，如前。

賓揖將冠者就席，爲加冠巾。冠者適房，服深衣，納履，出。 賓揖將冠者出房，立于席右，向席。贊者取櫛、纚、掠，置于席左，興，立於將冠者之左。賓揖將冠者即席，西向跪，贊者即席，如其向跪，爲之櫛，合紒，施掠，賓乃降。主人亦降。賓盥畢，主人揖，升，復位。執事者以冠巾盤進，賓降一等，受冠笄，執之，正容徐詣將冠者前，向之祝曰：「吉月令日，始加元服。棄爾幼志，順爾成德。壽考維祺，以介景福。」乃跪加之。贊者以巾跪進，賓受加之，興，復位，揖冠者適房，釋四䙆衫，服深衣，加大帶，納履。出房，正容南向，立良久。○若宗子自冠，則賓揖之就席，賓降盥畢，主人不降，餘並同。

楊氏復曰：《書儀》始加以巾，《家禮》又先以冠笄，乃加巾者，蓋冠笄正是古禮。補注按，冠位有二，適子在東階，西面；庶子在房前，南面。蓋適冠於阼以著代也，庶子不於阼而冠於房外，南面，非代故也。冠謂緇冠，巾謂幅巾，履謂黑履。

再加帽子，服皂衫，革帶，繫鞋。賓揖冠者即席跪。執事者以帽子盤進，賓降二等受之，執以詣冠者前，祝之曰：「吉月令辰，乃申爾服。謹爾威儀，淑慎爾德。眉壽永年，享受遐福。」乃跪加之，興，復位，揖冠者適房，釋深衣，服皂衫，革帶，繫鞋，出房立。

楊氏復曰：《儀禮》《書儀》再加，賓盥如初。

三加幞頭，公服，革帶，納靴，執笏。若襴衫，納靴。禮如再加，惟執事者以幞頭盤進，賓降没階受之，祝辭曰：「以歲之正，以月之令，咸加爾服。兄弟具在，以成厥德。黄耇無疆，受天之慶。」贊者徹帽，賓乃加幞頭，執事者受帽，徹櫛，入于房。餘並同。

楊氏復曰：《儀禮》《書儀》三加，賓盥如初。

乃醮。長子，則儐者改席于堂中間，少西，南向。衆子，則仍故席。贊者酌酒于房中，出房，立于冠者之左。賓揖冠者就席右，南向。乃取酒，就席前，北向，祝之曰：「旨酒既清，嘉薦令芳。拜受祭之，以定爾祥。承天之休，壽考不忘。」冠者再拜，升席，南向，受盞。賓復位，東向，答拜。冠者進席前，跪，祭酒，興，就席末，跪，啐酒，興，降席，授贊者盞，南向再拜。賓東向答拜。冠者遂拜贊者。贊者賓左，東向，少退答拜也。

司馬温公曰：古者冠用醴，或用酒。醴則一獻，酒則三醮。今私家無醴，以酒代之，但改醴辭「甘醴惟厚」爲「旨酒既清」耳，所以從簡。劉氏垓孫曰：其曰醮者，即《禮記》所謂「醮於客位，加有成也」。補注 酌而無酹酢曰醮，蓋適子「醮於客位，加有成也」，庶子則因冠之處遂醮焉。

賓字冠者，賓降階，東向。主人降階，西向。冠者降自西階，少東，南向。賓字之曰：「禮儀既備，令月吉日，昭告爾字。爰字孔嘉，髦士攸宜。宜之于假，永受保之，曰伯某父，仲叔季，唯所當。」冠者對曰：「某雖不敏，敢不夙夜祗奉。」賓或別作辭命以字之之意亦可。補注 古者，子生三日，父名之；既冠，則賓字之也。

出就次。賓請退，主人請禮賓，賓出就次。補注 吴氏澄曰：次門外更衣處。

主人以冠者見于祠堂。如《祠堂》章内生子而見之儀。但改告辭曰：「某之子某，若某親某之子某，今日冠畢，敢見。」冠者進，立於兩階間，再拜，餘並同。○若宗子自冠，則改辭曰：「某今日冠畢，敢見。」遂再拜，降復位，餘並同。○若冠者私室有曾祖、祖以下祠堂，則各因其宗子而見。自爲繼曾祖以下之宗則自見。冠者見于尊長。父母，堂中南面坐。諸叔父兄在東序，諸叔父南向，諸兄西向。諸父女在西序，諸叔母姑南向，諸姊嫂東向。冠者北向拜父母，父母爲之起。同居有尊長，則父母以冠者詣其室拜之，尊長爲之起。還就東西序，每列再拜，應答拜者答。若非宗子之子，則先見宗子及諸尊於父者於堂，乃就私室見於父母之餘親。○若宗子自冠，有母則見于母，如儀。族人宗之者，皆來見於堂上。宗子西向拜其尊長，每列再拜，受卑幼者拜。

司馬温公曰：《冠義》曰：「見於母，母拜之；見於兄弟，兄弟拜之。成人而與爲禮也。」今則難行，但於拜時母爲之起立可也。下見諸公及兄倣此。

乃禮賓。主人以酒饌延賓及儐贊者，酧之以幣而拜謝之。幣多少隨宜，賓贊有差。

司馬温公曰：《士冠禮》「乃禮賓以一獻之禮」注：「一獻者，獻酢酧賓，主人各兩爵而禮成。」又曰：「主人酧賓束帛、儷皮。」注：「束帛，十端也；儷皮，兩鹿皮也。」又曰：「贊者皆與，贊冠者爲介。」注：「介，賓之輔，以贊爲之，尊之也。鄉飲酒禮，賢者爲賓，其次爲介。」又曰：「賓出，主人送于門外，再拜，歸賓俎。」注：「使人歸諸賓家也。」今慮貧家不能辦，故務從簡易。

冠者遂出，見于鄉先生及父之執友。冠者拜，先生、執友皆答拜。若有誨之，則對如對賓之辭，且拜之，先生、執友不答拜。補注今按，《儀禮》所存者，惟士冠禮。自士以上有大夫、諸侯、天子冠禮，見于《家語・冠頌》《大戴・公冠》與《禮記・特牲》《玉藻》者，雖遺文斷缺不全，而大槩亦可考。如趙文子冠，則大夫禮也；魯襄公、邾隱公冠，則諸侯禮也；周成王冠，則天子禮也。大夫無冠禮，古者五十而後爵，何大夫冠禮之有？其冠也，則服士服、行士禮而已。始冠緇布冠，自諸侯下達諸士始加緇布冠績緌，其服玄端，再加皮弁，三加玄冕。天子始冠加玄冠，朱組纓，再加皮弁，三加衮冕。又君冠必以祼享之禮行之，以金石之樂節之，以先君之後處之。又諸侯禮賓以三獻之禮，其酧賓則束帛乘馬。其詳見于《儀禮經傳通解》。

笄

女子許嫁，笄。年十五，雖未許嫁，亦笄。【補注】笄，簪也。婦不冠，以簪固髻而已。

母爲主。宗子主婦，則於中堂。非宗子，而與宗子同居，則於私室；與宗子不同居，則如上儀。前期三日戒賓，一日宿賓，賓亦擇親姻婦女之賢而有禮者爲之。以牋紙書其辭，使人致之。辭如《冠禮》，但「子」作「女」，「冠」作「笄」，「吾子」作「某親」或「某封」。○凡婦人自稱於己之尊長則曰「兒」，卑幼則以屬。於夫黨尊長則曰「新婦」，卑幼則曰「老婦」，非親戚而往來者各以其黨爲稱。後皆放此。陳設。如《冠禮》，但於中堂布席，如衆子之位。厥明，陳服，如《冠禮》，但用背子、冠笄。序立。主婦如主人之位。將笄者雙紒，衫子，房中南面。賓至，主婦迎入，升堂。如《冠禮》，但不用贊者。主婦升自阼階。賓爲將笄者加冠笄。適房，服背子。略如《冠禮》，但祝用始加之辭，不能則省。乃醮。如《冠禮》，辭亦同。乃字。如《冠禮》，但改祝辭「髦士」爲「女士」。乃禮賓，皆如冠儀。

【程子曰】：冠禮廢，天下無成人。或欲如魯襄公十二而冠，此不可。冠，所以責成人事，十二，年非可責之時。既冠矣，且不責以成人事，則終其身不以成人望之也。徒行此節文何益？雖天子、諸侯亦必二十而冠。【劉氏璋曰】：笄，今簪也。婦人之首飾也。女子笄，則當許嫁之時。然嫁止於二十，以其二十而不以季武子爲相。嫁則爲非禮。集覽 魯襄公 按《左傳》，襄公名午，成公之子。成公卒，午立，是爲襄公。事見《春秋》。

昏禮

議昏

男子年十六至三十，女子年十四至二十，司馬溫公曰：古者男三十而娶，女二十而嫁。今世人男年十五，女年十三以上，並聽昏嫁。今爲此説，所以參古今之道，酌禮令之中，順天地之理，合人情之宜也。補注 按《家語》，魯哀公曰：「禮，男子三十而有室，女子二十而有夫也。豈不晚哉？」孔子曰：「夫禮言其極，不是過也。男子二十而冠，有爲人父之端；女子十五許嫁，有適人之道。」

身及主昏者無期以上喪，乃可成昏。大功未葬，亦不可主昏。凡主昏，如《冠禮》主人之法。但宗子自昏，則以族人之長爲主。必先使媒氏往來通言，俟女氏許之，然後納采。司馬溫公曰：凡議昏姻，當先察其婿與婦之性行，及家法何如，勿苟慕其富貴。婿苟賢矣，今雖貧賤，安知異時不富貴乎？苟爲不肖，今雖富盛，安知異時不貧賤乎？婦者，家之所由盛衰也，苟慕其一時之富貴而娶之，彼挾其富貴，鮮有不輕其夫而傲其舅姑，養成驕妬之性，異日爲患，庸有極乎？借使因父財以致富，依婦勢以取貴，苟有丈夫之志氣者，能無媿乎？又世俗好於襁褓童幼之時輕許爲昏，亦有指腹爲昏者，及其既長，或不肖無賴，或身有惡疾，或家貧凍餒，或喪服相仍，或從宦遠方，遂至棄信負約，速獄致訟者多矣。是以先祖太尉嘗曰：「吾家男女，必俟既長，然後議昏。既通書，不數月必成昏。」故終身無此悔，乃子孫所當法也。

納采

納其采擇之禮，即今世俗所謂言定也。

主人具書，主人即主昏者。書用牋紙，如世俗之禮。若族人之子，則其父具書，告于宗子。〔夙〕興，奉以告祠堂，如告冠儀。其祝版前同，但云「某之子某，若某之某親之子某，年已長成，未有伉儷，已議娶某官某郡姓名之女，今日納采，不勝感愴」，「謹以」後同。〇若宗子自昏，則自告。乃使子弟爲使者如女氏。女氏主人出見使者，使者盛服如女氏。女氏亦宗子爲主，主人盛服，出見使者。非宗子之女，則其父位於主人之右，尊則少進，卑則少退。啜茶畢，使者起，致辭曰：「吾子有惠，貺室某也，某之某親某官有先人之禮，使某請納采。」從者以書進，使者以書授主人。主人對曰：「某之子若妹、姪、孫惷愚，又弗能教，吾子命之，某不敢辭。」北向再拜，使者避，不答拜。使者請退俟命，出就次。若許嫁者於主人爲姑姊，則不云「惷愚又弗能教」，餘辭並同。遂奉書以告于祠堂。如婿家之儀。祝版前同，但云「某之第幾女，若某親某之第幾女，年漸長成，已許嫁某官某郡姓名之子，若某親某，今日納采，不勝感愴」，「謹以」後同。出以復書授使者，遂禮之。主人出，延使者升堂，授以復書。使者受之，請退。主人請禮賓，乃以酒饌禮使者。使者至是始與主人交拜揖，如常日賓客之禮，其從者亦禮之別室，皆酧以幣。使者復命婿氏，主人復以告于祠堂。不用祝。

納幣

古禮有問名、納吉，今不能盡用，止用納采、納幣，以從簡便。

納幣幣用色繒，貧富隨宜，少不過兩，多不踰十。今人更用釵釧、羊酒、果實之屬，亦可。【補注】按《禮·雜記》曰：「納幣一束，束五兩，兩五尋。」注云：「此謂昏禮納徵也。一束，一卷也。八尺曰尋，每五尋爲匹，兩端卷之。（中）〔束〕則五匹，爲五個兩卷矣，故曰束五兩。」鄭氏曰「四十尺謂之匹，猶匹偶之匹」，言古人每匹作兩個卷子。

具書，遣使如女氏。女氏受書，復書，禮賓，使者復命，並同納采之儀。禮如納采，但不告廟。使者致辭，改「采」爲「幣」。從者以書、幣進，使者以書授主人，主人對曰：「吾子順先典，貺某重禮，某不敢辭，敢不承命。」乃受書，執事者受幣。主人再拜，使者避之，復進請命，主人授以復書。餘並同。

【楊氏復曰】：昏禮有納采、問名、納吉、納徵、請期、親迎六禮，《家禮》略去問名、納吉，止用納采、納幣，以從簡便。但親迎以前，更有請期一節，有不可得而略者。今以例推之，請期具書，遣使如女氏，女氏受書、復書、禮賓，使者復命，並同納采之儀。使者致辭曰：「吾子有賜命，某既申受命矣。使某也請吉日。」

主人曰：「某既前受命矣，惟命是聽。」賓曰：「某命某聽命於吾子。」主人曰：「某固惟命是聽。」賓曰：「某受命，吾子不許，某敢不告期，曰某日。」主人曰：「某敢不謹領。」餘並同。補注按昏禮有納采、問名、納吉、納徵、請期、親迎六禮。納采者，納采擇之禮於女氏也。問名，問女氏之名，將歸而卜其吉凶也。納吉者，歸卜於廟，得吉兆，復使使者往告，婚姻之事於是乎定也。納徵者，徵，成也，使使者納幣以成昏禮也。請期者，請成婚之期也。親迎者，親往迎歸至家成禮也。本注楊氏復曰：「《家禮》略去問名、納吉，止用納采、納幣，以從簡便。但親迎以前，更有請期節，有不可得而略者。」

親迎

朱子曰：親迎之禮，恐從伊川之説爲是。近則迎於其國，遠則迎於其館。今妻家遠，要行禮，一則令妻家就近處設一處，却就彼往迎，歸館行禮；一則妻家出至一處，婿即就彼迎歸，至家成禮。有問：「昏禮今有士人對俗人結姻，士人欲行昏禮，而彼家不從，如何？」曰：「這也只得宛轉使人去與他商量。但古禮也省徑，人何苦不行。」

前期一日，女氏使人張陳其婿之室。世俗謂之鋪房。然所張陳者，但氈褥、帳幔、帷幙應用之物，其衣服鎖之篋笥，不必陳也。司馬温公曰：文中子曰：「昏娶而論財，夷虜之道也。」夫昏姻者，所以合二姓之好，上以事宗廟，下以繼後世也。今世俗之貪鄙者，將娶婦，先問資裝之厚薄；將嫁女，先問聘財之多少。至於立契約，云某物若干，某物若干，以求售其女者。亦有既嫁而復欺紿負約者，是乃駔會賣婢鬻奴之法，豈得謂之士大夫昏姻哉？其舅姑既被欺紿，則殘虐其婦，以攄其忿。由是愛其女者，務厚起資裝以悦其舅姑者，殊不知彼貪鄙之人，不可盈厭，資裝既竭，則安用汝女哉？於是質其女以責貨於女氏，貨有盡而責無窮，故昏姻之家往往終爲仇讎矣。是以世俗生男則喜，生女則戚，至有不舉其女者，用此故也。然則議昏姻有及於財者，皆勿與爲昏姻可也。

厥明，婿家設位于室中，設倚、卓子兩位，東西相向，蔬果、盤盞、匕筯如賓客之禮，酒壺在東位之後。又以卓子置合巹一於其南，又南北設二盥盆勺於室東隅。又設酒壺盞注於室外或別室以飲從者。○巹，音謹，以小匏一判而兩之。女家設次于外。○初昏，婿盛服。世俗新婿帶花勝擁蔽其面，殊失丈夫之容體，勿用可也。

朱子曰：昏禮用命服，乃是古禮。如士乘墨車而執雁，皆大夫之禮也。冠帶只是燕服，非所以重正昏禮，不若從古之爲正。黃氏瑞節曰：《士昏禮》謂之「攝盛」，蓋以士而服大夫之服，乘大夫之車，則當執大夫之贄也。補注謂之昏者，娶妻之禮以昏爲期，因名焉。必以昏者，取陽往陰來之義。今世俗不知昏之爲義，往往拘忌陰陽家書選擇時辰，雖昕旦晝夜亦皆成禮，殊爲紕繆。《士昏禮》曰：「記，凡行事必用昏昕，受諸禰廟。」疏曰：「『用昕使者』，謂男氏使向女家納采、問名、納吉、納徵、請期，五者皆用昕，即《詩》所謂『旭日始旦』也。昏，親迎時也。」

主人告于祠堂，如納采儀。祝版前同，但云「某之子某，若某親之子某，將以今日親迎于某官某郡某氏，不勝感愴」，「謹以」後同。若宗子自昏，則自告。

朱子曰：《儀禮》雖無娶妻告廟之文，而《左傳》曰：「圍布几筵，告於莊共之廟。」是古人亦有告廟之禮。問：「今婦人入門即廟見，蓋舉世行之。近見鄉里諸賢，頗信《左氏》先配後祖之説，豈後世紛紛之言不足據，莫若從古爲正否？」曰：「《左氏》固難盡信，然其後説親迎處亦有布几筵、告廟而來之説，恐所謂後祖者譏其失此禮耳。」

遂醮其子，而命之迎。先以卓子設酒注盤盞於堂上。主人盛服，坐於堂之東序，西向。設婿席於其西北，南向。婿升自西階，立於席西，南向。贊者取盞，斟酒，執之詣婿席前。婿再拜，升席，南向受盞，跪，祭酒，興，就席末，跪，啐酒，興，降席西，授贊者盞。又再拜，進詣父坐前，東向跪。父命之曰：「往迎爾相，承我宗事，勉率以敬，若則有常。」婿曰：「諾，惟恐不堪，不敢忘命。」俯伏，興，出。非宗子之子，則宗子告于祠堂，而其父醮于私室如儀，但改「宗事」爲「家事」。○若宗子已孤而自昏，則不用此禮。

司馬温公曰：贊者，兩家各擇親戚婦人習於禮者爲之。凡婿及婦人行禮皆贊者相導之。

婿出，乘馬以二燭前導。至女家，俟于次。婿下馬于大門外，入俟于次。女家主人告于祠堂，如納采儀，祝版前同，但云「某之第幾女，若某親某之第幾女，將以今日歸于某官某郡姓名，不勝感愴」，「謹以」後同。

遂醮其女而命之。女盛飾，姆相之，立於室外，南向。父坐東序，西向；母坐西序，東向。設女席於母之東北，南向。贊者醮以酒，如婿禮。姆導女出於母左，父起命之曰：「敬之戒之，夙夜無違舅姑之命。」母送至西階上，爲之整冠斂帔，命之曰：「勉之敬之，夙夜無違爾閨門之禮。」諸母姑嫂姊送至于中門之内，爲之整裙衫，申以父母之命曰：「謹聽爾父母之言，夙夜無愆。」非宗子之女，則宗子告于祠堂，而其父醮於私室如儀。補注《穀梁傳》曰：

「禮，送女，父不下堂，母不出祭門，諸母、兄弟不出闕門。」主人出迎，婿入奠雁。主人迎婿于門外，揖讓以入，婿執雁以從，至于廳事。主人升自阼階，立，西向。婿升自西階，北向跪，置雁於地，主人侍者受之。婿俯伏，興，再拜，主人不答拜。若族人之女，則其父從主人出迎，立於其右，尊則少進，卑則少退。○凡贄用生雁，左首以生色繒交絡之，無則刻木爲之，取其順陰陽往來之義。程子曰：「取其不再偶也。」

問：「主人揖婿入，婿北面而拜，主人不答拜，何也？」朱子曰：「乃爲奠雁而拜，主人自不應答拜。」

[補注]按，本條下注：「凡贄用生雁，左首以生色繒交絡之，無則刻木爲之。」「首」宜作「手」，「生」亦恐「五」字之誤。刻木爲雁近於死。無則以鵝代之，鵝亦雁之屬也。

姆奉女出登車，姆奉女出中門，婿揖之，降自西階。主人不降。婿遂出，女從之。婿舉轎簾以俟，姆辭曰：「未教，不足與爲禮也。」女乃登車。[補注]本注「婿揖之」，請女行也。

婿乘馬，先婦車。婦車亦以二燭前導。

[司馬温公曰]：男率女，女從男，夫婦剛柔之義自此始也。

至其家，導婦以入。婿至家，立于廳事，俟婦下車，揖之，導以入。婿婦交拜，婦從者布婿席於東方；婿從者布婦席於西方。婿盥于南，婦從者沃之，進帨；婦盥于北，婿從者沃之，進帨。婿揖婦就席。婦拜，婿答拜。

[司馬温公曰]：從者皆以其家女僕爲之。女從者沃婿，盥於南，婿從者沃女，盥於北。夫婦始接，情有廉耻，從者交導其志。女子與丈夫爲禮則俠音夾。拜。男子以再拜爲禮，女子以四拜爲禮。古無婿婦交拜之儀，今從俗。

就坐飲食，畢，壻出。壻揖婦就坐，壻東婦西。從者斟酒設饌，壻婦祭酒舉殽。又斟酒，壻揖婦，舉飲，不祭，無殽。又取巹，分置壻婦之前，斟酒，壻揖婦，舉飲，不祭，無殽。壻出，就他室；姆與婦留室中。徹饌，置室外，設席。壻從者餕婦之餘，婦從者餕壻之餘。

司馬温公曰：古者同牢之禮，壻在西，東面；婦在東，西面。蓋古人尚右，故壻在西，尊之也。今人既尚左，且從俗。○劉氏璋曰：《儀禮疏》云：「巹，謂半瓢，以一瓠分爲兩瓢謂之巹。壻之與婦各執一片以酳，故云合巹而酳。」《昏義》曰：「婦至，壻揖婦以入，共牢而食，合巹而酳，所以合體同尊卑，以親之也。」補注本注「祭酒舉殽」，壻婦各傾酒少許于地，各以殽少許置于卓上空處。

復入，脱服，燭出。壻脱服，婦從者受之；婦脱服，壻從者受之。司馬温公曰：古詩云「結髮爲夫婦」，言自小年束髮即爲夫婦，猶李廣言「結髮與匈奴戰」也。今世俗昏姻，乃有結髮之禮，謬誤可笑，勿用可也。補注成夫婦。《儀禮注》曰：「昏禮畢，將卧息。」

主人禮賓。男賓於外廳，女賓於中堂。古禮明日饗從者，今從俗。集覽李廣。按《漢書》，李廣，成紀人，其先李信，秦代爲將軍。廣世受射。文帝時，擊匈奴，以功爲散騎常侍，數從獵，格殺猛獸。文帝曰：「惜廣不逢時，當高祖時，萬户侯何足道哉？」歷上谷隴西北地雁門雲中太守。武帝時，爲北平太守，匈奴畏之，號「飛將軍」。結髮之禮按《韵府續編》，今世昏禮有結髮一事，取夫與婦髮合而結之，古無有也。伊川程氏曰：「昏禮結髮，甚無意義，欲去久矣。不知言結髮爲夫婦，只是少年也。如結髮事，李廣『結髮與匈奴戰』，豈謂合髮？」然伊川既言非義，欲訂正之，而至今未能革，豈非習俗之久，未易遽革之與？

司馬温公曰：「不用樂」注云：「《曾子問》曰：『娶婦之家，三日不舉樂，思嗣親也。』」今俗昏禮用樂，殊爲非禮。補注賓，即從者。

婦見舅姑

明日夙興，婦見于舅姑，婦夙興，盛服，俟見。舅姑坐於堂上，東西相向，各置卓子於前。家人男女少於舅姑者，立於兩序，如冠禮之敘。婦進，立於阼階下，北面拜舅，升，奠贄幣于卓子上。舅撫之，侍者以入。婦降，又拜，畢，詣西階下，北面拜姑，升，奠贄幣。姑舉以授侍者，婦降，又拜。○若非宗子之子而與宗子同居，則先行此禮於舅姑之私室；與宗子不同居，則如上儀。

司馬温公曰：古者拜于堂上，今拜于下，恭也。可從衆。補注按丘氏《儀節》，婿婦俱拜，拜畢，婿先退。《家禮》無婿拜之文。今從俗補之。

舅姑禮之。如父母醮女之儀。補注《禮記·昏義》曰：「舅姑先降自西階，婦降自阼階，以著代也。」方氏曰：「階者，主人之階。子之代父，將以爲主於外；婦之代姑，將以爲主於内。故此與冠禮並言著代也。」

婦見于諸尊長。婦既受禮，降自西階。同居有尊於舅姑者，則舅姑以婦見於其室，如見舅姑之禮。還拜諸尊長于兩序，如冠禮，無贄。小郎、小姑皆相拜。非宗子之子而與宗子同居，則既受禮，詣其堂上拜之，如舅姑禮，而還見于兩序。其宗子及尊長不同居，則廟見而後往。[補注]按，今世俗人家娶婦，親屬畢聚，宜留至次日。行見舅姑禮畢，先見本族尊長及卑幼，次見諸親屬。又按，《禮·雜記》：「婦見舅姑，兄弟、姑、姊妹皆立于堂下，西面，北上，是見已。見諸父，各就其寢。」注云：「立于堂下，則婦之入也已過其前，此即是見之矣，不復各特見之也。諸父旁尊，故明日各詣其寢而見之。」無還拜諸尊長于兩序。小郎、小姑皆相拜之禮，而《家禮》本注亦從俗用之也。

若冢婦，則饋于舅姑，是日食時，婦家具盛饌、酒壺，婦從者設蔬果卓子于堂上舅姑之前，設盥盆于阼階東南，帨架在東。舅姑就坐，婦盥，升自西階，洗盞斟酒，置舅卓子上，降，俟舅飲畢，又拜。遂獻姑，進酒，姑受，飲畢，婦降，拜。遂執饌，升，薦于舅姑之前，侍立姑後，以俟卒食，徹飯。侍者徹饌，分置別室，婦就餕姑之餘，婦從者餕舅之餘，婿從者又餕婦之餘。非宗子之子，則於私室，如儀。

[司馬溫公曰]：《士昏禮》「婦盥饋，特豚合升側載」注：「側載者，右胖載之舅俎，左胖載之姑俎。」今恐貧者不辦殺特，故但具盛饌而已也。[補注]饋者，婦道既成，成以孝養也。

舅姑饗之。如禮婦之儀。禮畢，舅姑先降自西階，婦降自阼階。

廟見

三日，主人以婦見于祠堂。古者三月而廟見，今以其太遠，改用三日。如子冠而見之儀，但告辭曰：「子某之婦某氏，敢見。」餘並同。【補注】婿婦同往，亦從俗也。

婿見婦之父母

明日，婿往見婦之父母，婦父迎送揖讓，如客禮，拜即跪而扶之。入見婦母，婦母闔門左扉，立于門內，婿拜于門外。皆有幣。婦父非宗子，即先見宗子夫婦，不用幣，如上儀，然後見婦之父母。【補注】按鄭氏、《家禮》，婿婦同往婦家行謁見之禮，雖非古禮，頗合人情，宜從之。

次見婦黨諸親。不用幣，婦女相見如上儀。【補注】蓋既見婦之父母，婦先歸，婿獨留見婦黨諸親。

婦家禮婿如常儀。親迎之夕，不當見婦母及諸親及設酒饌，以婦未見舅姑故也。

【程子曰】：「昏禮不用樂，幽陰之義。」此說非是。昏禮豈是幽陰？但古人重此大禮，嚴肅其事，不用樂也。「昏禮不賀，人之序也。」此說却是。婦質明而見舅姑，成婦也。三日而後宴樂，禮畢也。宴不以夜，禮也。【朱子曰】：人著書，只是自入些己意便做病。司馬與伊川定昏禮，都依《儀禮》，只略改一處，便不是古人意。司馬云，親迎奠雁，見主昏者即出。伊川却教拜了，又入堂拜大男小女。伊川非是。伊川云，婦至次日見舅姑，三月廟見。司馬即說，婦入門即拜影堂。司馬非。是蓋親迎不見妻父母者，婦未見舅姑也。入門不見舅姑者，未成婦也。今親迎用温公，入門以後用伊川，三月廟見改爲三日云。【補注】愚謂婿往婦家後，若富家，當有會親一節。壻家主人先一日致書于婦父，至家以禮款之，男屬親皆至。主婦先一日致書于婦母，至家以禮款之，女屬親皆至，如俗，稱爲坐筵。斯時昏禮已畢，用樂可也。婦家不必行。今按，《儀禮》所存者，惟士昏禮，大夫以上無文。按《儀禮》，士昏親迎，主人爵弁、乘墨車。注云：「爵弁，玄冕之次。士而乘墨車，攝盛也。」疏云：「大夫以上自祭用朝服，助祭用玄冕；士家自祭用玄端，助祭用爵弁。今士親迎用爵弁，是用助祭之服以爲攝盛，則卿大夫親迎，當用玄冕攝盛也。天子諸侯尊，不須攝盛，宜用家祭之服以迎。則天子當服衮冕，而五等諸侯皆玄冕。是以《記》云：『玄冕齋戒，鬼神陰陽也。將以爲社稷主。』以社稷言之，據諸侯而說也。」《周禮・巾車》，王之車有玉輅、金輅、象輅、革輅、木輅，諸侯自金輅以下。孤乘夏篆，卿乘夏縵，大夫乘墨車，士乘棧車，庶人乘役車。今士乘大夫墨車爲攝盛，則庶人當乘棧車，大夫當乘夏縵，卿當乘夏篆。天子、諸侯亦不假攝盛，當乘金輅矣。又《白虎通》《王度記》有天子、諸侯一娶九女之制，《曾子問》有變禮，記傳有事證，詳見《儀禮經傳通解》云。

新刻性理大全第二十卷　家禮三

喪禮

初終

疾病，遷居正寢。凡疾病，遷居正寢，內外安靜，以俟氣絕。男子不絕於婦人之手，婦人不絕於男子之手。

補注 古之堂屋三間五架，中架以南三間，通長爲堂；以北三間，用板隔斷，以東西二間爲房，中間爲室，即正寢也。室之南北有牖，病居北牖下，君視之則遷於南牖下。然所謂遷居正寢者，惟家主爲然。餘人則各遷於其所居之室中。

既絕乃哭。

司馬温公曰：疾病，謂疾甚時也。近世孫宣公臨薨遷于外寢，蓋君子謹終，不得不爾也。○高氏曰：「廢牀寢於地」注：「人始生在地，故廢牀寢於地，庶其生氣之復也。」本出《儀禮》及《禮記·喪大記》。○劉氏璋曰：凡人病危篤，氣微難節，乃屬纊以俟氣絕。纊乃今之新綿，易爲摇動，置口鼻之上，以爲候也。

集覽孫宣公。按《宋鑑》，孫奭，博平人，幼師里中王徹，徹死，門人數百皆從奭問經。以九經及第，爲莒縣主簿。真宗朝，累官龍圖待制。奭守道自處，有所言，未嘗阿附。時以兩得天書召問，奭對曰：「臣聞天何言哉，豈有書也？」乃上疏極諫。尋出知密兗州。仁宗時召爲翰林侍講學士，以太子少傅致仕，卒，謚曰「宣」。

復。侍者一人，以死者之上服嘗經衣者，左執領，右執要，自前榮升屋中霤，北面招以衣，三呼曰：「某人復。」畢，卷衣，降，覆尸上。男女哭擗無數。○上服，謂有官則公服，無官則襴衫、皂衫、深衣；婦人大袖、背子。呼某人者，從生時之號。

司馬温公曰：《士喪禮》：「復者一人，升自前東榮中屋，北面招以衣，曰：皋某復，三。」注：「皋，長聲也。」今升屋而號，慮其驚衆，但就寢庭之南，男子稱名，婦人稱字，或稱官封，或依常時所稱。高氏曰：今淮南風俗，民有暴死，則使數人升其居屋，及於路傍，遍呼之。亦有蘇活者，豈「復」之餘意歟？劉氏璋曰：《喪大記》曰：「凡復，男子稱名，女人稱字。」復，聲必三者，禮成於三也。

立喪主，凡主人謂長子；無則長孫承重，以奉饋奠。其與賓客爲禮，則同居之親且尊者主之。

司馬温公曰：《奔喪》曰：「凡喪，父在父爲主。」注：「與賓客爲禮，宜使尊者。」○「父没，兄弟同居，各主其喪」注：「各爲妻子之喪爲主也。」○「親同，長者主之」注：「昆弟之喪，宗子主之。」○「不同，親者主之」注：「從父、昆弟之喪也。」《雜記》曰：「姑姊妹其夫死而夫黨無兄弟，使夫之族人主喪。妻之黨雖親，弗主。夫若無族矣，則前後家東西家。無有，則里尹主之。」《喪大記》曰：「喪有無後，無無主。」若子孫有喪而祖父主之，子孫執喪，祖父拜賓。

主婦，謂亡者之妻；無，則主喪者之妻。護喪，以子弟知禮能幹者爲之，凡喪事皆禀之。司書、司貨，以子弟或使僕爲之。乃易服，不食。妻子婦妾皆去冠及上服，被髮；男子扱上衽，徒跣。餘有服者皆去華飾。爲人後者爲本生父母，及女子已嫁者，皆不被髮徒跣。諸子三日不食。期九月之喪三不食；五月三月之喪再不食。親戚鄰里爲糜粥以食之。尊長强之，少食可也。○扱上衽，謂插衣前襟之帶。華飾，謂錦繡、紅紫、金玉、珠翠之類。補注禮，始死，將斬衰者笄纚，將齊衰素冠。小歛畢而徹帷，主人括髮，袒于房，婦人髽於室。

治棺。護喪命匠擇木爲棺，油杉爲上，柏次之，土杉爲下。其制方直，頭大足小，僅取容身，勿令高大及爲虚檐高足。内外皆用灰漆，内仍用瀝青溶瀉，厚半寸以上。以煉熟秫米灰鋪其底，厚四寸許。加七星板底。四間各釘大鐵環，動則以大索貫而舉之。○司馬温公曰：棺欲厚，然太厚則重而難以致遠，又不必高大占地，使壙中寬，易致摧毁，宜深戒之。椁雖聖人所制，自古用之，然板木歲久，終歸腐爛，徒使壙中寬大，不能牢固，不若不用之爲愈也。孔子葬鯉，有棺而無椁，又許貧者還葬而無椁。今不欲用，非爲貧也，乃欲保安亡者爾。程子曰：雜書有松脂入地，千年爲茯苓，萬年爲琥珀之説。蓋物莫久於此，故以塗棺。古人已有用之者。高氏曰：伊川先生謂，棺之合縫以松脂塗之，則縫固而木堅。注云松脂與木性相入而又利水，蓋今人所謂瀝青者是也。須以少蚌粉、黄蠟、清油合煎之，乃可用，不然則裂矣。其棺椁之間亦宜以此灌之。胡氏泳曰：松脂塗縫之説未然。先生葬時，蔡氏兄弟主用松脂，嘗問用黄蠟、麻油否，答云用油蠟則松脂不得全其性矣。此言有理。但彭止堂作《訓蒙》云：「灌以松脂宜於北方，江南用之，適爲蟻房。」彭必有考，更詳之。○劉氏璋曰：凡送死之道，唯棺與椁爲親身之物，孝子所宜盡之。初喪之日，擇木爲棺，恐倉卒未得其木，灰漆亦未能堅完。或值暑月，恐難久留。古者國君即位而爲椑（蒲力切），歲一漆之。今人亦有生時自爲壽器者。此乃猶行其道，非豫凶事也。其木，油杉及柏爲上。毋事高大以圖美觀，惟棺周於身，椁周於棺足矣。棺内外皆用布裹漆，務令堅實。余嘗見前人葬墓，掩壙之後，即以松脂溶化灌於棺外，其厚尺餘。後爲人侵掘，松脂歲久，凝結愈堅，斧斤不能加，得免大患。今有葬者用之，可謂宜矣。補注按本注「七星板」，用板一片，其長廣棺中可容者，鑿爲七孔。

訃告于親戚僚友。護喪、司書爲之發書，若無，則主人自訃親戚，不訃僚友。自餘書問悉停，以書來吊者並須卒哭後答之。

沐浴　襲　奠　爲位　飯含

執事者設幃及牀，遷尸，掘坎。執事者以幃障卧内，侍者設牀於尸牀前，縱置之，施簀去薦，設席枕，遷尸其上，南首，覆以衾。掘坎于屏處絜地。補注幃，聯白布爲之，今幃幕是也。嚴陵方氏曰：「人死斯惡之矣。以未設飾，故幃堂蓋以防人之所惡也。小斂則既設飾矣，故徹幃焉。」牀謂襲牀。禮，始死，廢牀而置尸於地。及復而不生，則尸復登牀。

陳襲衣，以卓子陳于堂前東壁下，西領，南上。幅巾一。充耳二，用白纊如棗核大，所以塞耳者也。幎目帛，方尺二寸，所以覆面者也。握手用帛，長尺二寸，廣五寸，所以裹手者也。深衣一。大帶一。履二。袍、襖、汗衫、袴、襪、勒帛、裹肚之類，隨所用之多少。

楊氏復曰：《儀禮·士喪》「襲三稱」，衣單複具曰稱。三稱者，爵弁服、皮弁服、褖衣。「設冒櫜之」，注云：「冒，韜尸者，制如直囊。上曰質，下曰殺。其用之先，以殺韜足而上，後以質韜首而下，齊手。『君錦冒黼殺，綴旁七；大夫玄冒黼殺，綴旁五；士緇冒赬殺，綴旁三。凡冒，質長與手齊，殺三尺。』」

劉氏璋曰：古者人死不冠，但以帛裹其首，謂之掩。《士喪禮》：「掩，練帛，廣終幅，五尺，析其末。」注：「掩，裹首也。析其末，爲將結於頤下，又還結於項中。」蓋以襲斂主於保庇肌體，貴於柔軟緊實，冠則磊嵬難安。况今幞頭以鐵爲脚，長三四尺，帽用漆紗爲之，上有虚檐，置於棺中，何由安帖？莫若襲以常服，上加幅巾、深衣、大帶及履，既合於古，又便於事。幅巾，所以當掩也，其制如今之暖帽。深衣、帶、履，自有制度。若無深衣、帶、履，止用衫、勒帛、鞋亦可。其幞頭、腰帶、靴、笏，俟葬時安於棺上可也。〇幎目用緇，方尺二寸，充之以絮，四角有繫，於後結之。握手用玄纁，長尺二寸，廣五寸，令裹親膚，據從手内置之，長尺二寸，中掩之，手纔相對也。兩端各有繫，先以一端，繞掔一匝，還從上自貫，又以一端向上，鈎中指，反與繞掔者，結於掌後節也。補注按《儀禮注》，「襲，複衣也」，鄉袒，今襲是復著衣也。《雜記注》，襲，沐浴後以衣衣尸也。則形者，言尸雖已著衣，若不設冒，則尸象形見，爲人所惡，是以襲而設冒者也。

沐浴、飯含之具。以卓子陳于堂前西壁下，南上。錢三，實于小箱。米二升，以新水淅令精，實于盤。櫛

一、沐巾一。浴巾二，上下體各用其一也。乃沐浴，侍者以湯入。主人以下皆出帷外，北面。侍者沐髮，櫛之，韜以巾，撮爲髻，抗衾而浴，拭以巾，剪爪。其沐浴餘水并巾櫛棄于坎而埋之。襲。侍者別設襲牀於幃外，施薦席、褥、枕，先置大帶、深衣、袍、襖、汗衫、袴、襪、勒帛、裹肚之類於其上，遂舉以入，置浴牀之西，遷尸於其上，悉去病時衣及復衣，易以新衣，但未著幅巾、深衣、履。徙尸牀，置堂中間。卑幼則各於室中間，餘言在堂者放此。補注當堂正中，南首。

乃設奠。執事者以卓子置脯醢，升自阼階。祝盥手，洗盞，斟酒，奠于尸東，當肩，巾之。○祝以親戚爲之。

劉氏璋曰：《士喪禮》：復者降，楔齒、綴足，即奠脯醢與酒于尸東。鄭注：「鬼神無象，設奠以憑依之。」《開元禮》五品以上，如《士喪禮》，六品以下襲而後奠。今不以官品高下，沐浴正尸然後設奠，於事爲宜。奠，謂斟酒奉至卓上而不酹，主人虞祭然後親奠酹。巾者，以辟塵蠅也。集覽《開元禮》。按《通鑑》，唐玄宗開元十九年，開元禮成。初，命張説與諸學士刊定五禮。説薨，蕭嵩繼之，請依上元敕，父在，爲母齊衰三年。從之。至是書成，上之，號曰「開元禮」。補注本注「巾之」，謂用巾罩之，所以辟塵蠅也。

主人以下爲位而哭。主人坐於牀東奠北。衆男應服三年者，坐其下，皆藉以藁。同姓期功以下，各以服次坐于其後，皆西向南上。尊行以長幼坐于牀東北壁下，南向西上，籍以席薦。主婦、衆婦女坐于牀西，藉以藁。同姓婦女，以服爲次，坐于其後，皆東向南上。尊行以長幼坐于牀西北壁下，南向東上，藉以席薦。妾婢立於婦女之後。別設幃以障內外。異姓之親，丈夫坐於幃外之東，北向西上；婦人坐于幃外之西，北向東上。皆藉以席，以服爲行，無服在後。○若内喪，則同姓丈夫尊卑坐于幃外之東，北向西上；異姓丈夫坐于幃外之西，北向東上。○三年之喪，夜則寢於尸旁，藉藁枕塊。羸病者，藉以草薦可也。期以下，寢於側近，男女異室，外親歸家可也。乃飯含。主人哭盡哀，左袒，自前扱於腰之右，盥手，執箱以入。侍者一人，插匙于米盌，執以從，置于尸西，徹枕，以幎巾入，覆面。主人就尸東，由足而西牀上坐，東面舉巾，以匙抄米，實于尸口之右，并實一錢，又於左、於中亦如之。主人襲所袒衣，復位。補注 或問飯含之義。曰：《檀弓》云：「不忍其口之虛，故用此美潔之物而實之。」

今俗以珠銀之屑置其口，其餘意與？按《禮・雜記》「鑿巾以飯」。蓋大夫以上貴，使賓爲其親含，恐尸爲賓所憎穢，故以巾覆尸面，而當口處鑿穿之，令含全得以入口。士賤不得使賓，子自含無憎穢之心，故不以巾覆面。本注又言「以幎巾入，覆面」，未知是否。

侍者卒襲，覆以衾。加幅巾，充耳，設幎目，納履，乃襲深衣，結大帶，設握手，乃覆以衾。

司馬温公曰：古者死之明日小斂，又明日大斂。顛倒衣裳，使之正方，束以絞紟，韜以衾冒，皆所以保其肌體也。今世俗有襲而無大小斂，所闕多矣。然古者士襲衣三稱，大夫五稱，諸侯七稱，公九稱。小斂尊卑通用十九稱。大斂士三十稱，大夫五十稱，君百稱，此非貧者所辦也。今從簡易，襲用衣一稱，小大斂則據死者所有之衣，及親友所襚之衣，隨宜用之。若衣多不必盡用也。高氏曰：《禮》，士襲衣三稱。而子羔之襲也衣三稱。孔子之喪，公西赤掌殯葬焉，襲衣十一稱，加朝服一。《雜記》曰士襲九稱。蓋襲數之不同如此，大抵衣衾惟欲其厚耳。衣衾之所以厚者，豈徒以設飾哉？蓋人死斯惡之矣，聖人不忍言也。但制爲典禮，使厚其衣衾而已。今世之襲者不知此意，或止用單袷一稱，雖富貴之家衣衾畢備，皆不以襲斂。

又不能謹藏。古人遺衣裳必置於靈座，既而藏於廟中。乃或相與分之，甚至輒計直貿易，以充喪費，徒加功于無用，擯財于無謂，而所以附其身者，曾不之慮。嗚呼！又孰若用以襲斂，而使亡者獲厚庇於九泉之下哉！楊氏復曰：按，高氏一用禮經，而襲斂用衣之多，故襲有冒，小斂有布絞，大斂有布絞、布紟，所以保其肌體者固矣。司馬公欲從簡易，而襲斂用衣之少，故小斂雖有布絞，而襲則無冒，大斂則無絞紟，此爲疏略。先生初述《家禮》，皆取司馬公《書儀》，後與學者論禮，以高氏喪禮爲最善，遺命治喪俾用《儀禮》，此可以見其去取折衷之意矣。況夫古者襲斂用衣之多，故古有襚禮，衣服曰襚。《士喪禮》「親者襚」「庶兄弟襚」「朋友襚」，又「君使人襚」。今世俗有襲而無大小斂，故襚禮亦從而廢。惜哉！然欲悉從高氏之說，則誠非貧者所能辦；有如司馬公之所慮者，但當量其力之所及可也。愚故於襲、小斂、大斂之下悉述《儀禮》并高氏之說，以備參考。

靈座　魂帛　銘旌

置靈座，設魂帛，設椸於尸南，覆以帊，置椅卓其前。結白絹爲魂帛，置椅上。設香爐合、盞注、酒果於卓子上。侍者朝夕設櫛頮奉養之具，皆如平生。司馬温公曰：古者鑿木爲重，以主其神，今令式亦有之。然士民之家，未嘗識也。故用束帛依神，謂之魂帛，亦古禮之遺意也。世俗皆畫影，置於魂帛之後，男子生時有畫像，用之猶無所用，至於婦人，生時深居閨門，出則乘輜軿，擁蔽其面，既死，豈可使畫工直入深室，揭掩面之帛，執筆訾相，畫其容貌？此殊爲非禮。又世俗或用冠帽衣履裝飾如人狀，此尤鄙俚，不可從也。

問「重」。朱子曰：《三禮圖》有畫像可考，然且如司馬公之説，亦自合時之宜，不必過泥於古也。

楊氏復曰：禮，大夫無主者，束帛依神。司馬公用魂帛，蓋取束帛依神之意。高氏曰：「古人遺衣裳必置於靈座，既而藏於廟中。」恐當從此説。以遺衣裳置於座，而加魂帛於其上可也。補注尸前設衣架，架上覆以帕，架前置椅，椅上置衣服，衣服上置魂帛，椅前設卓子，卓子上設香爐合、盞注、酒果。侍者朝夕設櫛與奉養之具，皆如生時。此靈座魂帛皆設於帷外，卷首圖設於帷内恐非。按本注「古者鑿木爲重，以主其神」，或曰重，或曰主，何也？始死而未葬則有柩矣，有柩而又設重，所以爲重也。既有廟矣，有廟而必立主，是爲主也。

立銘旌，以絳帛爲銘旌，廣中幅。三品以上，九尺；五品以下，八尺；六品以下，七尺。書曰「某官某公之柩」。無官，即隨其生時所稱，以竹爲杠，加其長，荷於靈座之右。

司馬温公曰：「銘旌設跗，立於殯東」注：「跗，杠足也，其制如傘架。」補注《禮·檀弓》云：「銘，明旌也，以死者爲不可别也，故以其旌識也。」

不作佛事。司馬温公曰：世俗信浮屠誑誘，於始死及七七日、百日、期年、再期、除喪，飯僧，設道場，或作水陸大會，寫經造像，修建塔廟，云爲死者滅彌天罪惡，必生天堂，受種種快樂，不爲者必入地獄，剉燒舂磨，受無邊波吒之苦。殊不知人生含氣血，知痛癢，或剪爪剃髮從而燒斫之，已不知苦。況於死者，形神相離，形則入於黃壤，朽腐消滅，與木石等，神則飄若風火，不知何之，借使銼燒舂磨，豈復知之？且浮屠所謂天堂地獄者，計亦以勸善而懲惡也，苟不以至公行之，雖鬼可得而治乎？是以唐廬州刺史李舟與妹書曰：「天堂無則已，有則君子登。地獄無則已，有則小人入。」世人親死而禱浮屠，是不以其親爲君子，而爲積惡有罪之小人也。何待其親之不厚哉？就使其親實積惡有罪，豈賂浮屠所能免乎？此則中智所共知，而舉世滔滔信奉之，何其易惑而難曉也。甚者至有傾家破産然後已，與其如此，曷若早賣田營墓而葬之乎？彼天堂地獄，若果有之，當與天地俱生。自佛法未入中國之前，人死而復生者亦有之矣，何故無一人誤入地獄，見閻羅等十王者耶？不學者固不足與言，讀書知古者亦可以少悟矣。集覽「閻羅等十王」。張美和曰：「釋氏所謂十王者，一曰秦廣，二曰初江，三曰宋帝，四曰五官，五曰閻羅，六曰變成，七曰泰山，八曰平等，九曰都市，十曰轉輪之類是已。」執友親厚之人，至是入哭可也。主人未成服而來哭者，當服深衣，臨尸哭盡哀，出拜靈座，焚香再拜，遂吊主人，相向哭盡哀。主人以哭對，無辭。補注本注「臨尸哭盡哀，出拜靈座」，是出惟拜靈座也。

小斂袒　括髮　免　髽　奠　代哭

厥明，謂死之明日。執事者陳小斂衣衾，以卓子陳于堂東壁下，據死者所有之衣，隨宜用之，若多，則不必盡用也。衾用複者。絞橫者三，縱者一，皆以細布或彩一幅而析其兩端爲三，橫者取足以周身相結，縱者取足以掩首至足而結於身中。

高氏曰：「襲衣所以衣尸，斂衣則包之而已。此襲、斂之辨也。○小斂衣尚少，但用全幅細布，析其末而用之。凡斂欲方，半在尸下，半在尸上，故散衣有倒者，惟祭服不倒。凡鋪斂衣，皆以絞、紟爲先。小斂美者在内，故次布散衣，後布祭服。大斂美者在外，故次布祭服，後布散衣也。○斂以衣爲主，小斂之衣必以十九稱，大斂之衣多至五十稱，夫既襲之後，而斂衣若此之多，故非絞以束之，則不能以堅實矣。凡物束斂緊急，則細小而堅實。夫然，故衣衾足以掩肉，而形體深秘，可以使人之勿惡也。今之喪者衣斂既薄，絞冒不施，懼夫形體之露也，遽納之於棺。乃以入棺爲小斂，蓋棺爲大斂，入棺既在始襲之時，蓋棺又在成服之日，則是小斂、大斂之禮皆廢矣。」○楊氏復曰：按《儀禮·士喪》，小斂衣十九稱，「絞橫三縮一，廣終幅，析其末」注云：「絞，所以收束衣服爲堅急也，以布爲之。縮，縱也。横者三幅，縱者一幅。析其末，令可結也。」補注 本注「衾用複者」，複謂裌也。

設奠，設卓子于阼階東南，置奠饌及盞注于其上，巾之。設盥盆、帨巾各二于饌東，其東有臺者，祝所盥也，其西無臺者，執事者所盥也。別以卓子設潔滌盆、新拭巾於其東，所以洗盞拭盞也。此一節至遣並同。具插髮麻、免布、髽麻，括髮，謂麻繩撮髻，又以布爲頭𦆠也。免，謂裂布或縫絹廣寸，自項向前交於額上，郤繞髻，如著掠頭也。髽，亦用麻繩撮髻，竹木爲簪也。設之皆于別室。設小斂牀、布絞、衾衣，設小斂牀，施薦席褥于西階之西，鋪絞衾衣，舉之升自西階，置于尸南。先布絞之横者三於下，以備周身相結，乃布縱者一於上，以備掩首及足也。衣或顛或倒，但取正方，唯上衣不倒。乃遷襲奠，執事者遷置靈座西南，俟設新奠，乃去之。後凡奠皆放此。

遂小斂。侍者盥手舉尸，男女共扶助之，遷于小斂牀上。先去枕而舒絹疊衣以藉其首，仍卷兩端以補兩肩空處。又卷衣，夾其兩脛，取其正方，然後以餘衣掩尸，左衽不紐，裹之以衾，而未結以絞，未掩其面，蓋孝子猶俟其復生，欲時見其面故也。斂畢，別覆以衾。補注 按《檀弓》注：斂者，包裹斂藏之也。

主人主婦憑尸哭擗，主人西向憑尸哭擗，主婦東向亦如之。○凡子於父母，憑之；父母於子、夫於妻，執之。婦於舅姑，奉之。舅於婦，撫之。於昆弟，執之。凡憑尸，父母先，妻子從。補注 擗，拊心也。袒、括髮、免、髽于別室。男子斬衰者，袒、括髮；齊衰以下至同五世祖者，皆袒、免于別室。婦人髽于別室。

司馬溫公曰：古禮，袒者皆當肉袒，免者皆當露髮。今袒者止袒上衣，免者惟主人不冠，齊衰以下去帽，著頭巾，加免於其上亦可也。婦人髽也，當去冠梳。○楊氏復曰：小斂變服，斬衰者袒、括髮。今人無袒、括髮一節，何也？緣世俗以襲爲小斂，故失此變服一節。在禮，聞喪，奔喪，入門詣柩前，再拜，哭盡哀，乃就東方去冠及上服，被髮、徒跣，如始喪之儀。詣殯，東面坐，哭盡哀，乃就東方袒、括髮，又哭盡哀，如小斂之儀。明日、後日，朝夕哭，猶袒、括髮，至家四日乃成服。夫奔喪，禮之變也，猶謹其序，而況處禮之常，可欠小斂一節，又無袒、括髮乎？此則孝子知禮者所當謹而不可忽也。補注 按本注「男子斬衰者，袒、括髮，齊衰以下至同五世祖者，皆袒、免。婦人髽」。劉氏《問喪》注曰：「已冠者，爲喪變而去冠，則必著免。蓋雖去冠，猶嫌於不冠，故加免也。童子初未冠，則雖爲喪亦不免，以其未冠，故不嫌於不冠也。若爲童子而當室，則雖童子亦免，以其爲喪主而當成人之禮也。」蓋問喪亦指齊衰以下者言也。

還，遷尸牀于堂中，執事者徹襲牀，遷尸其處。哭者復位。尊長坐，卑幼立。補注　連牀遷尸于堂中，安于向所置襲牀處。乃奠。祝帥執事者，盥手舉饌，升自阼階，至靈座前。祝焚香，洗盞，斟酒奠之。卑幼者皆再拜。侍者巾之。補注　上襲奠，奠于尸側，此斂奠，奠于靈座前也。

主人以下哭盡哀，乃代哭不絶聲。

大斂

厥明，小斂之明日，死之第三日也。○司馬温公曰：禮曰「三日而斂」者，俟其復生也，三日而不生，則亦不生矣，故以三日爲之禮也。今貧者喪具或未辦，或漆棺未乾，雖過三日，亦無傷也。世俗以陰陽拘忌，擇日而斂，盛暑之際，至有汙出蟲流，豈不悖哉！

執事者陳大斂衣衾，以卓子陳于堂東壁下，衣無常數，衾用有綿者。高氏曰：大斂之絞縮者三，蓋取一幅巾，裂爲三片也。横者五，蓋取布二幅，裂爲六片而用五也。以大斂衣多，故每幅三析用之，以爲堅之急也。衾凡二，一覆之，一藉之。楊氏復曰：《儀禮·士喪》大斂衣「三十稱，紟不在算，不必盡用」，注云：「紟，單被也。小斂衣數自天子達，大斂則異矣。大斂布絞，縮者三，横者五。」補注　《喪大記》云，爲其不食疲倦，大夫以上使官屬相代，士則親疏之屬與家人自相代也。

設奠具，如小斂之儀。舉棺入置于堂中少西，執事者先遷靈座及小斂奠於旁側，役者舉棺以入，置于牀西，承以兩凳。若卑幼則於別室。役者出。侍者先置衾于棺中，垂其裔於四外。【司馬温公曰】：周人殯于西階之上，今堂室異制，或狹小，故但於堂中少西而已。今世俗多殯於僧舍，無人守視，往往以年月未利，踰數十年不葬，或爲盜賊所發，或爲僧所棄，不孝之罪，孰大於此！【補注】《禮・檀弓》曰：「飯於牖下，小斂於户内，大斂於阼，殯於客位，祖於庭，葬於墓，所以即遠也。」注：「飯於牖下者，尸沐浴之後，以米及貝實尸之口中也。時尸在西室牖下，南首也。小斂在户之内，大斂出在東階，未忽離其爲主之位也。主人奉尸斂于棺，則在西階矣。掘肆於西階之上。肆，陳也，謂陳尸於次也。置棺於肆中而塗之，謂之殯。及啓而將葬，則設祖奠於祖廟之中庭，而後行自牖下、而户内、而阼、而客位、而庭、而墓，皆一節遠於一節。」荀子曰：「喪禮之凡，變而飾，動而遠，久而平。故死之爲道也，不飾則惡，惡則不哀。邇則玩，玩則厭，厭則忘，忘則不敬。」

乃大斂。侍者與子孫、婦女俱盥手，掩首，結絞，共舉尸納于棺中，實生時所落齒髮及所剪爪于棺角，又揣其空缺處，卷衣塞之，務令充實，不可摇動，謹勿以金玉珍玩置棺中，啓盜賊心。收衾，先掩足，次掩首，次掩左，次掩右，令棺中平滿。主人、主婦憑哭盡哀。婦人退入幕中。乃召匠加蓋、下釘。徹牀，覆柩以衣。祝取銘旌，設附于柩東，復設靈座於故處，留婦人兩人守之。○【司馬温公曰】：凡動尸舉棺，哭擗無算。然殯斂之際，亦當輟哭臨視，務令安固，不可但哭而已。○按古者大斂而殯，既大斂則累敷土塗之。今或漆棺未乾，又南方土多螻蟻，不可塗殯，故從其便。【補注】按丘氏《儀節》，侍者與子孫、婦女俱盥手，掩首，結小斂絞，舉尸安於大斂牀，徹小斂牀。又盥手，掩首，結大斂絞，舉尸納于棺中。實齒、髮，塞空缺，收衾，憑哭盡哀。蓋棺，徹大斂牀。又斂于阼者，未忍即離主人位也。主人奉尸斂于棺，則於西階上賓之，此所謂殯也。

設靈牀于柩東，牀帳、薦席、屏枕、衣被之屬，皆如平生時。乃設奠。如小斂之儀。主人以下各歸喪次，中門之外，擇樸陋之室，爲丈夫喪次。斬衰，寢苫枕塊，不脱絰帶，不與人坐焉，非時見乎母也，不及中門。齊衰，寢席。大功以下異居者，既殯而歸，居宿於外，三月而復寢。婦人次于中門之内别室，或居殯側，去帷帳衾褥之華麗者，不得輒至男子喪次。止代哭者。

成服

厥明，大斂之明日，死之第四日也。五服之人，各服其服，入就位，然後朝哭相吊如儀。

楊氏復曰：三日大斂，可以成服矣。必四日而後成服，何也？大斂雖畢，人子不忍死其親，故不忍遽成服，必四日而後成服也。《禮》：「生與來日，死與往日。」取此義也。補注按丘氏《儀節》，是日夙興，具服，各就位，男位于板東，西向；女位于板西，東向。各以服爲次序，舉哀相吊。諸子孫就祖父前及諸父前跪哭，皆盡哀，又就祖母及諸母前哭，亦如之。女子就祖母及諸母前哭，遂就祖父、諸父前，如男子之儀。主婦以下就伯叔母哭，亦如之。訖，復位。按，哭吊儀出《大明集禮》，今采補入。

其服之制，一曰斬衰三年。斬，不緝也。衣裳皆用極麤生布，旁及下際皆不緝也，衣縫向外。裳前三幅，後四幅，縫内向，前後不連，每幅作三輒。輒，謂屈其兩邊，相著而空其中也。衣長過腰，足以掩裳上際，縫外向。背有負版，用布方尺八寸，綴於領下垂之。前當心有衰，用布長六寸，廣四寸，綴於左衿之前。左右有辟領，各用布方八寸，屈其兩頭，相著爲廣四寸，綴於領下，在負版兩旁，各攙負版一寸。兩腋之下有衽，各用布三尺五寸，上下各留一尺正方，一尺之外，上於左旁，裁入六寸，下於右旁，裁入六寸，便於盡處相望斜裁，却以兩方左右相沓，綴於衣兩旁，垂之向下，狀如燕尾，以掩裳旁際也。冠比衣裳用布稍細，紙糊爲材，廣三寸，長足跨頂，前後裹以布，爲三輒，皆向右縱縫之。用麻繩一條，從額上約之，至項後交過前，各至耳，結之以爲武。屈冠兩頭，入武内，向外反屈之，縫於武。武之餘繩垂下爲纓，結於頤下。首絰以有子麻爲之，其圍九寸，麻本在左，從額前向右圍之，從頂過後，以其末加於本上，又以繩爲纓以固之，如冠之制。腰絰大七寸有餘，兩股相交，兩頭結之，各存麻本，散垂三尺，其交結處，兩旁各綴細繩繫之。絞帶用有子麻繩一條，大半腰絰，中屈之，爲兩股，各一尺餘，乃合之，其大如絰，圍腰，從左過後至前，乃以其右端穿兩股間，而反插於右，在絰之下。苴杖用竹，高齊心，本在下。屨亦粗麻爲之。婦人則用極粗生布爲大袖、長裙、蓋頭，皆不緝，布頭繻、竹釵、麻屨。衆妾則以背子代大袖。凡婦人皆不杖。其正服，則子爲父也。其加服，則嫡孫父卒，爲祖若曾、高祖承重者也。父爲嫡子，當爲後者也。其義服，則婦爲舅也，夫承重則從服也。爲人後者，爲所後父也，爲所後祖承重也。夫爲人後，則妻從服也，妻爲夫也，妾爲君也。

問：「周制有大宗之禮，立嫡以爲後，故父爲長子三年。今大宗之禮廢，無立嫡之法，而子各得以爲後，則長子少子不異。庶子不得爲長子三年，不必然也。父爲長子三年，亦不可以嫡庶論也。」朱子曰：「宗法雖未能立，然服制自當從古，是亦愛禮存主之意，不可妄有改易也。如漢時宗子法已廢，然其詔令猶云『賜民當爲父後者爵一級』，是此禮猶在也。豈可謂宗法廢而庶子皆得爲父後者乎？」楊氏復曰：喪服制度，惟辟領一節沿襲差誤，自《通典》始。按，《喪服記》云「衣二尺有二寸」，蓋指衣身自領至腰之長而言之也。用布八尺八寸，中斷以分左右，爲四尺四寸者二，又取四尺四寸者二，中摺以分前後，爲二尺二寸者四，此即尋常度衣身之常法也。合二尺二寸者四疊爲四重，從一角當領處四寸下，取方裁入四寸，乃《記》所謂「適博四寸」，注疏所謂「辟領四寸」是也。按，鄭注云「適，辟領也」，則兩物即一物也。今《記》曰「適」，注疏又曰「辟領」，何爲而異其名也？辟，猶開也，從一角當領處取方裁開入四寸，故曰「辟領」。以此辟領四寸，反摺向外，加兩肩上，以爲左右適，故曰「適」，乃疏所謂「兩相向外，各四寸」是也。辟領四寸，既反摺向外，加兩肩上，以爲左右適，故後之左右各有四寸，虛處當脊而相並，謂之闊中。前之左右各有四寸，虛處當肩而相對，亦謂之闊中。乃疏所謂「闊中八寸」是也。此則衣身所用布之處與裁之之法也。注又云「加辟領八寸而又倍之」者，謂别用布一尺六寸，以塞前後之闊中也。布一條縱長一尺六寸，横闊八寸，又縱摺而中分之，其下一半，裁斷左右兩端各四寸除去不用，只留中間八寸，以加後之闊中元裁辟領各四寸處，而塞其缺當脊之相並處。此所謂「加辟領八寸」是也。其上一半，全一尺六寸不裁，以布之中間，從項上分左右對摺向前垂下，以加於前之闊中，與元裁斷處當肩相對處相接，以爲左右領也。夫下一半加於後之闊中者，用布八寸，而上一半從項而下以加前之闊中也，又倍之而爲一尺六寸焉，此所謂「而又倍之」者是也。此則衣領所用之布與裁之之法也。古者衣服吉凶異制，故衰服領與吉服領不同，而其制如此也。注又云「凡用布一丈四寸」者，衣身八尺八寸，衣領一尺六寸，合爲一丈四寸也。此是用布正數，又當少寬其布，以爲針縫之用，然此即衣身與衣領之數。若負、衰、帶下及兩衽，又在此數之外矣。但領必有袷，此布何從出乎？曰：衣領用布闊八寸，而長一尺六寸。古者布幅闊二尺二寸，除衣領用布闊八寸之外，更餘闊一尺四寸。而長一尺六寸，可以分作三條，施於袷而適足無餘欠也。《通典》以辟領爲適，本用注疏，又自謂《喪服記》文難曉，而用臆説以參之。既別用布以爲辟領，又不言制領所用何布，又不計衣身、衣領用布之數，失之矣。但知衣身八尺八寸之外，又別用布一尺六寸以爲領，凡用布共一丈四寸，則文義不待辨而自明矣。又按《喪服記》及注云「袂二尺二寸」，緣衣身二尺二寸，故左右兩袂亦二尺二寸，欲使縱横皆正方也。《喪服記》又云「袪尺二寸」。袪者，袖口也。袂二尺二寸，縫合其下一尺，留上一尺二寸以爲袖口也。又按《喪服記》云「衣帶下尺」，緣古者上衣下裳，分別上下，不相侵越。衣身二尺二寸僅至腰而止，無以掩裳上際，故於衣帶之下用縱布一尺，上屬於衣，横繞於腰，則以腰之闊狹爲準，所以掩裳上際，而後綴兩衽於其旁也。○度用指尺，中指中節爲寸，首絰、腰絰圍九寸七寸之類亦同。○菅屨。《儀禮》注：「菅屨，菲屨也。」《家禮》云「屨以粗麻爲之」，恐當從《儀禮》爲正。○《儀禮》：妻爲夫、妾爲君、女子子在室爲父，布總、箭笄、髽衰三年。以《家禮》參考之。《儀禮》小斂，婦人髽于室，以麻爲髽；《家禮》小斂，婦人用麻繩撮髻爲髽，其制同。《儀禮》婦人成服，布總六寸，謂出紒後所垂者六寸，箭笄長尺；《家禮》婦人成服，布頭繻、竹釵。所謂布頭繻，即《儀禮》之布總也；所謂竹釵，即《儀禮》之箭笄也。凡喪服，上曰衰，下曰裳。《儀禮》婦人但言衰不言裳者，婦人不殊裳，衰如男子衰，下如深衣，無帶下尺，無衽。夫衰如男子衰，未知備負版、辟領之制與否。下如深衣，未知裳用十二幅與否。此雖無文可明，但衣身必二尺二寸，袂必屬幅，裳必上屬於衣，裳旁兩幅必相連屬，此所以衣不用帶下尺，裳旁不用衽也。今考《家禮》則不用此制，婦人用大袖、長裙、蓋頭。男子衰服，純用古制，而婦人不用古制，此則未詳。《儀禮》婦人有絰、帶。絰，首絰也。帶，腰帶也。圍之大小無明文，大約與男子同。卒哭，丈夫去麻帶，服葛帶，而首絰不變；婦人以葛爲首絰，而麻帶不變。既練，男子除絰，婦人除帶。其謹於絰、帶變除之節若此。《家禮》婦人並無絰帶之文，當以禮經爲正。《喪服・斬衰傳》曰：「童子何以不杖？不能病也；婦人何以不杖？不能病也。」疏曰：「童子不杖，此庶童子也。《問喪》云：『童子當室，則免而杖矣。』謂適子也。婦人不杖，亦謂童子婦人。若成人婦人正杖。《喪大記》云：『三日子、夫人杖，五日大夫、世婦杖。』諸經皆有『婦人杖』。又如姑在爲夫杖，毋爲長子杖。按《喪服小記》云：『女子子在室爲父母，其主喪者不杖，則子一人杖。』鄭云：『女子子在室，亦童子也。無男昆弟，使同姓爲攝主不杖，則子一人杖，謂長女也。許嫁及二十而笄，笄爲成人，成人正杖也。』是其童女爲喪主，則亦杖矣。」愚按，《家禮》用《書儀》服制，婦人皆不杖，與《問喪》《喪大記》《喪服小記》不同，恨未得質正。〇劉氏璋曰：衰服之制，前言已載。惟裳制，則未之詳。按，司馬温公曰：「古者五服皆用布，以升數爲別。」其以八十縷爲一升。又《衰裳記》曰：「凡衰外削幅，裳内削幅，幅三袧。」疏曰：「衰外削幅者，謂縫之邊幅向外。裳内削幅者，謂縫之邊幅向内。有幅三袧者，據裳而言，用布七幅，幅二尺二寸，兩畔各去一寸，爲削幅，則二七十四，丈四尺。若不辟積其腰中，則束身不得就，故一幅布凡三處屬之。」又禮惟斬衰不緝，餘衰皆組之。緝必外向，所以別其吉服也。〇又杖屨一節，按《三家禮》云：「斬衰苴杖，竹也。爲父，所以杖用竹者，父是子之天，竹圓亦象天；内外有節，象子爲父亦有内外之痛；又貫四時而不變，子之爲父亦經寒温而不改，故用之也。」菅屨，謂以菅草爲屨。《毛傳》云「野菅也，已漚爲菅」。又云「菅菲，外納」。則周公時謂之屨，子夏時謂菲。外納者，外其飾，向外編之也。【黄氏瑞節曰】：先生長子塾卒，以繼體服斬衰。禮謂之加服，俗謂之報服也。【集覽】「長子塾卒」。按《宋鑑》，朱塾，文公之子，建陽人。早卒。贈中散大夫。【補注】斬衰，衣用布二幅，中屈之爲前後四葉，每葉長二尺二寸，將後兩葉縫合爲脊縫，留上四寸，不合。將前兩葉爲左右衿袂，用布二幅，亦中屈爲四葉，如衣身長，縫連衣之兩旁，又縫合其下際以爲袖袪。從下量上一尺縫合之，留其上一尺二寸不縫，爲袖口。適即後兩葉脊縫，原留不合處，及在前兩葉之上各横裁入四寸，遂分摺所裁者，當衣身兩肩上爲左右適，其間空缺處，前後俱名爲闊中。領別用布一幅，長一尺六寸，闊八寸。下四寸，兩頭各裁出一塊，方四寸，留其中間八寸，連上條。裁訖，將中間八寸級在衣後闊中，將上條一尺六寸摺兩頭，向前綴在衣前闊中。帶下用布一尺，綴於裳之上際，横繞於腰。衽用布一幅，長三尺五寸，斜裁爲兩片，綴於衣之兩旁，皆廣頭在上，狹頭在下。衰綴在左衿上，負版綴於衣後兩領下垂之。裳前三幅，後四幅。每幅作三輒，與幅中横輒少異。幅巾横輒，是屈其兩邊相凑在裏。衰裳三輒，是屈其兩邊相凑在上也。婦人大袖長裙。大袖用極粗生麻布爲之，其長至膝，袖長一尺二寸。其邊皆縫向外，不緶邊，準男子衰衣之制。長裙用極粗生麻布六幅爲之，六幅共裁爲十二破，聯以爲裙。其長拖地，其邊幅俱縫向内，不緶邊，準男子衰裳之制。至于齊衰三年、杖期、不杖、五月、三月，其衰、負版、辟領，俱與斬衰同，但緝邊與布不同耳。大功、小功、緦麻服制同上，但用布不同，無衰、負版、辟領耳。斬衰冠，彎後抵爲梁，廣三寸，長足以跨項前後。用稍細布裹之，就幗其布爲三，細摺子二條，直過梁上。其幗俱向右，其梁之兩頭盡處卷屈向外以承武，是謂外畢。武，用麻繩一條，彎其中，從額上約之至項後，相絞過前，各至耳邊結住以爲武。又以武之餘繩兩頭垂下爲纓，結於頤下。首絰用有子麻帶黑色者，爲單股繩，約長一尺七八寸，圓圍九寸，麻本在左，末加本上，又以繩爲纓以固之，所以加于斬衰冠上也。齊衰冠用布一條，重疊之，彎其中，從額上至項後，亦相絞過前，至兩耳用線綴之爲武，垂其末爲纓。首絰以無子麻爲之，本在右，末繫其下，以布爲纓，所以加於齊衰冠上也。婦人蓋頭用稍細麻布爲之，凡三幅，長與身齊，不緝邊。布頭帤用略細布一條爲之，長八寸，用以束髮根，而垂其餘於後，《儀禮》「女子在室，爲父布總」是也。竹釵，削竹爲之，長五寸。冠自小功以下，三辟積向左，餘與齊衰同。首絰斬九寸，齊七寸餘，大功五寸餘，小功四寸餘，緦麻三寸餘，皆五分去一也。斬衰腰絰用有子麻，兩股相絞爲粗繩，大七寸有餘，兩頭結之，各存散麻三尺未結，待成服日方結之。其兩頭結處，各繩細繩繫之，束在絞帶之上。絞帶用有子麻繩一條，大半於腰絰中屈之爲兩股，各一尺餘，乃合之爲一彄子。兩末稍爲腰，從左過後至前，穿彄子中，反插於右，在絰之下。齊衰腰絰大五寸餘，制與斬衰同。絞帶以布爲之，而屈其右端尺餘，連下稍，通長七八尺，繫時圍腰，從左過後至前，乃以其末稍穿右端，屈中而反插於右邊，束在腰絰之下。大功腰絰大四寸餘，制與斬衰同。絞帶與齊衰同。小功三尺餘，緦麻二寸。絞本不散垂，絞帶並與齊衰同。婦人不用。若夫杖屨，按，《儀禮》云：「斬衰苴杖，齊衰削杖。」《傳》：「苴，竹杖也。削，桐杖也。杖各齊其心，皆下本。」《小記》「絰殺五分而去一，杖大如絰」，又云「斬衰菅屨，齊衰疏屨」。按，經云：齊衰不杖，麻屨。《小記》：齊衰、三月與大功同，繩屨。小功以下，吉屨無絇。注云婦人屨，經傳無明文，唯《周禮・屨人》命婦有散屨，注云「散屨去帶」，又云「祭祀而有散屨者，惟大祥時」。

二曰齊衰三年、齊，緝也。其衣裳冠制並如斬衰，但用次等麤生布，緝其旁及下際。冠以布爲武及纓。首絰以無子麻爲之，大七寸餘，本在右，末繫本下，布纓。腰絰大五寸餘。絞帶以布爲之，而屈其右端尺餘。杖以桐爲之，上圓下方。婦人服同斬衰，但布用次等爲異。後皆倣此。其正服，則子爲母也，士之庶子爲其母同，而爲父後則降也。其加服，則嫡孫父卒，爲祖母若曾高祖母承重者也。母爲嫡子，當爲後者也。其義服，則婦爲姑也。夫承重，則從服也。爲繼母也。爲慈母，謂庶子無母而父命他妾之無子者慈己也。繼母爲長子也。妾爲君之長子也。

楊氏復曰：按《儀禮》補服條，當增「祖父卒，而後爲祖母後者也。爲所後者之妻若子也」。○劉氏璋曰：齊衰削杖，桐也，爲母。按《三家禮》云：「桐者，言同也。取内心悲痛，同于父也。以外無節，象家無二尊，外屈於天；削之使下方者，取母象于地也。」疏屨者，粗屨也。疏讀如不熟之疏，草也。斬衰重而言菅，以見草體，舉其惡貌。齊衰輕而言疏，舉草之總稱也。不杖章言麻屨；齊衰三月與大功同，繩屨；小功、緦麻輕，又没其屨號。「麻屨」，注云不用草。○凡言杖者，皆下本，順其性也。高下各齊其心，其大小如腰絰。補注程子曰：古之父在，爲母服期。今則皆爲三年之喪。皆爲三年之喪，則家有二尊矣，可無嫌乎？處今之宜，服齊衰一年外，以墨衰終月算，可以合古之禮、全今之制也。

杖期、服制同上。但又用次等生布。其正服，則嫡孫父卒祖在爲祖母也。其降服，則爲嫁母、出母也。其義服，則爲父卒繼母嫁而己從之者也。夫爲妻也。子爲父後，則爲出母、嫁母無服。繼母出則無服也。

楊氏復曰：按，齊衰杖期恐當添「爲所後者之妻若子也。祖父在，嫡孫爲祖母也」，據先生《儀禮經傳》補服條修。首一條已具齊衰三年下。

不杖期、服制同上。但不杖，又用次等生布。其正服，則爲祖父母。女雖適人，不降也。庶子之子爲父之母，而爲祖後則不服也。爲伯叔父也，爲兄弟也，爲衆子男女也，爲兄弟之子也，爲姑姊妹女在室及適人而無夫與子者也。婦人無夫與子者爲其兄弟姊妹及兄弟之子也。妾爲其子也。其加服，則爲嫡孫若曾玄孫當爲後者也。女適人者爲兄弟之爲父後者也。其降服，則嫁母、出母爲其子，子雖爲父後，猶服也。妾爲其父母也。其義服，則繼母、嫁母爲前夫之子從己者也。爲伯叔母也。爲夫兄弟之子也。繼父同居，父子又皆無大功之親者也。妾爲女君也。妾爲君之衆子也。舅姑爲嫡婦也。

楊氏復曰：按，不杖期注正服當添一條「姊妹既嫁相爲服也」。○其義服當添一條「父母在，則爲妻不杖也」。○按，爲人後者爲其父母報，女子子適人者爲其父母，此是不杖期大節目，何以不書也？蓋此條在後「凡男爲人後者，與女適人者，爲其私親，皆降一等」中，故不見于此。

五月、服制同上。其正服，則爲曾祖父母，女適人者，不降也。三月。服制同上。其正服，則爲高祖父母，女適人者不降也。其義服，則繼父不同居者，謂先同今異，或雖同居而繼父有子，己有大功以上親者也。其元不同居者則不服。

楊氏復曰：按《儀禮》補服條當增「爲所後者之祖父母若子也」。

三曰大功九月。服制同上。但用稍粗熟布，無負版、衰、辟領。首絰五寸餘，腰絰四寸餘。其正服，則爲從父兄弟姊妹，謂伯叔父之子也。爲衆孫男女也。其義服，則爲衆子婦也，爲兄弟子之婦也，爲夫之祖父母、伯叔父母、兄弟子之婦也。夫爲人後者，其妻爲本生舅姑也。

楊氏復曰：《儀禮》注云：「前有衰，後有負版，左右有辟領，孝子哀戚之心無所不在。」疏云：「衰者，孝子有哀摧之志，負者，負其悲哀。適者，指適緣于父母，不念餘事。」○又按，注、疏釋衰、負版、辟領三者之義，惟子爲父母用之，旁親則不用也。《家禮》至大功，乃無衰、負版、辟領者，蓋《家禮》乃初年本也。後先生之家所行之禮，旁親皆無衰、負版、辟領。若此之類，皆從後來議論之定者爲正。○大功九月，恐當添「爲同母異父之昆弟也」。或曰爲外祖母也。據先生《儀禮經傳》補服條修，同母異父之昆弟，本子游答公叔木之問，以同父同母則服期，今但同母，而是親者血屬，故降一等。蓋恩繼于母，不繼于父。若子夏答狄儀以爲齊衰則過矣，故注疏家以大功爲是。外祖母，只據魯莊公爲齊王姬服大功，《檀弓》或曰外祖母也。今《家禮》以外祖父母爲小功正服，則當以《家禮》爲正。○劉氏垓孫曰：沈存中說，喪服中曾祖齊衰服，曾祖以上皆謂之曾祖。恐是如此，如此則皆合有齊衰三月服。看來高祖死，豈有不爲服之禮！須合行齊衰三月也。伊川頃言祖父母喪，須是不赴舉，後來不曾行。今法令雖無明文，看來爲士者爲祖父母期服內不當赴舉。今人齊衰用布太細，又大功小功皆用苧布，恐皆非禮。大功須用市中所賣火麻布稍細者，或熟麻布亦可。小功須用虔布之屬。古者布(自)〔帛〕精粗皆用升數，所以說「布帛精粗不中數，不鬻于市」。今更無此制，聽民之所爲，所以倉卒難得中度者，只得買來，自以意擇製之耳。集覽「子游答公叔木之問」。按，《一統志》言：「偃，字子游，吴人。北學於中國，受業孔子。在文學科，爲武城宰，以禮樂爲教，知滅明之賢而取之，爲聖門高弟。後世追封丹陽公。公叔木，衛公叔文子之子也。」補注 此言布之用功粗大也，服制同齊衰，但用齊衰稍熟耳。楊氏曰：「按注釋衰、負版、辟領三者之義，惟子爲父母用之，旁親則不用也。」丘氏曰：「服有五，斬衰、齊衰、大功、小功、緦麻是也。惟斬衰二者謂之衰，既同謂之衰，則其制度必皆同矣，但緝不緝異耳。」

四曰小功五月。服制同上。但用稍熟細布，冠左縫，首絰四寸餘，腰絰三十餘。其正服，則爲從祖祖父、從祖祖姑，謂祖之兄弟姊妹也。爲兄弟之孫。爲從祖父、從祖姑，謂從祖祖父之子、父之從父兄弟姊妹也。爲從父兄弟之子也。爲從祖兄弟姊妹，謂從祖父之（祖）〔子〕，所謂再從兄弟姊妹者也。爲外祖父母，謂母之父母也。爲舅，謂母之兄弟也。爲甥也，謂姊妹之子也。爲從母，謂母之姊妹也。爲同母異父之兄弟姊妹也。其義服，則爲從祖祖母也，爲夫兄弟之孫也，爲從祖母也，爲夫從兄弟之子也。爲夫之姑姊妹，適人者不降也。女爲兄弟姪之妻，已適人亦不降也。爲娣姒婦，謂兄弟之妻相名，長婦謂次婦曰娣婦，娣婦謂長婦曰姒婦也。庶子爲嫡母之父母、兄弟姊妹，嫡母死則不服也。母出則爲繼母之父母、兄弟姊妹也。爲庶母慈己者，謂庶母之乳養己者也。爲嫡孫若曾玄孫之當爲後者之婦，其姑在則否也。爲兄弟之妻也，爲夫之兄弟也。

楊氏復曰：按《儀禮》補服條，當增「爲所後者妻之父母若子也。姑爲適婦不爲舅後者也。諸侯爲嫡孫之婦也」。補注 小功者，言布之用功細小也，服制同小功。但用布比大功稍熟細耳。

五曰緦麻三月。服制同上。但用極細熟布，首絰二寸，腰絰二寸，並用熟麻，纓亦如之。其正服，則爲族曾祖父、族曾祖姑，謂曾祖之兄弟姊妹也。爲兄弟之曾孫也。爲族祖父、族祖姑，謂族曾祖父之子也。爲從父兄弟之孫也。爲族父、族姑，謂族祖父之子也。爲從祖兄弟之子也。爲族兄弟姊妹，謂族父之子，所謂三從兄弟姊妹也。爲曾孫、玄孫也。爲外孫也。爲從母兄弟姊妹，謂從母之子也。爲外兄弟，謂姑之子也。爲内兄弟，謂舅之子也。其降服，則庶子爲父後者爲其母，而爲其母之父母、兄弟、姊妹則無服也。其義服，則爲族曾祖母也，爲夫兄弟之曾孫也，爲族祖母也，爲夫從兄弟之孫也，爲族母也，爲夫從祖兄弟之子也，爲庶孫之婦也。士爲庶母，謂父妾之有子者也。爲乳母也，爲婿也。爲妻之父母，妻亡而別娶亦同，即妻之親母雖嫁、出猶服也。爲夫之曾祖、高祖也。爲夫之從祖、祖父母也。爲兄弟孫之婦也，爲夫兄弟孫之婦也，爲夫之從祖父母也，爲從父兄弟子之婦也，爲夫從兄弟子之婦也，爲夫從父兄弟之妻也。爲夫之從父姊妹，適人者不降也。爲夫之外祖父母也，爲夫之從母及舅也，爲外孫婦也。女爲姊妹之子婦也。爲甥婦也。

楊氏復曰：當增「爲同爨也，爲朋友也，爲改葬也，大夫爲貴妾也，士爲妾有子也」。按《通典》：「漢戴德云：『以朋友有同道之恩，故加麻三月。』晉曹述初問：『有仁人義士，矜幼携養積年，爲之制服，當無疑耶？』徐邈答曰：『禮緣情耳，同爨緦，朋友麻。』」又按《儀禮》補服條，同爨，謂以同居生，於禮可許。既同爨而食，合有緦麻之親。改葬，謂墳墓以他故崩壞，將亡失尸柩也。言改葬者，明棺物毀敗，改設之如葬時也。此臣爲君也，子爲父也，妻爲夫也，餘無服。必服緦者，親見尸柩，不可以無服。緦三月而除之，謂葬時服之。又按《通典》：「戴德云：『制緦麻具而葬，葬而除，謂子爲父、妻妾爲夫、臣爲君、孫爲祖後者也，其餘親皆吊服。』魏王肅云：『非父母無服，無服則吊服加麻。』」士妾有子而爲之緦，無子則已。謂士卑，妾無男女則不服，不别貴賤也。大夫貴，妾雖無子猶服之，故大夫爲妾緦是别貴賤也。○

劉氏垓孫曰：司馬公《書儀》斬衰古制，而功、緦又不古制，此却可疑。蓋古者五服皆用麻，但布有差等，皆用冠絰，但功、緦之絰小耳。今人吉服不古，而凶服古，亦無意思。今俗喪服之制，下用横布作襴，惟斬衰用不得。集覽戴德。按西漢《儒林傳》，戴德，字延君，與姪聖同受禮於后蒼，乃删《禮記》爲八十五篇，號「大戴禮」。宣帝時，爲信都太傅。徐邈。按《晉書》，徐邈，姑幕人，下帷讀書，不遊城邑。東晉初，徙居京口，謝安舉爲中書舍人。撰正五經音訓，學者宗之。遷散騎常侍，處西省，前後十年，多有匡益。遷中書侍郎，專掌綸綍。仕終驍騎將軍。補注緦，絲也，治其縷細如絲也。又以藻治莩垢之麻爲絰帶，故曰緦麻。服制同小功，但用極細熟布爲之。

凡爲殤服，以次降一等，凡年十九至十六爲長殤，十五至十二爲中殤，十一至八歲爲下殤。應服期者，長殤降服大功九月，中殤七月，下殤小功五月。應服大功以下，以次降等。不滿八歲，爲無服之殤，哭之以日易月。生未三月則不哭也。男子已娶，女子許嫁，皆不爲殤。凡男爲人後，女適人者，爲其私親，皆降一等，私親之爲之也亦然。女適人者，降服未滿被出，則服其本服，已除則不復服也。○凡婦服夫黨，當喪而出，則除之。

○凡妾爲其私親，則如衆人。

司馬温公曰：《喪服小記》云：「爲父母喪，未練而出，則三年。既練而出，則已。未練而返，則期。既練而返，則遂之。」補注按《喪服小記》注，若當父母之喪未期而爲夫所出，則終父母三年之制，爲已與夫族絶，故其情復隆於父母也。若在父母小祥後被出，則是己之期服已除，不可更同兄弟爲三年服矣，故已也。若被出後，遇父母之喪未及期而夫命之返，則但終期服反。在期後則遂終三年，蓋緣已隨兄弟小祥服三年之喪，不可終廢也。

成服之日，主人及兄弟始食粥。諸子食粥。妻妾及期九月，疏食水飲，不食菜果；五月三月者，飲酒食肉，不與宴樂。自是無故不出，若以喪事及不得已而出入，則乘樸馬布鞍、素轎布簾。補注 本注「樸馬布鞍」謂男子，「素轎布簾」謂婦人。

凡重喪未除而遭輕喪，則制其服而哭之，月朔設位，服其服而哭之，既畢返重服，其除之也，亦服輕服。若除重喪，而輕服未除，則服輕服以終其餘日。

問：「從母之夫，舅之妻，皆無服，何也？」朱子曰：「先王制禮，父族四，故由父而上爲從曾祖服緦麻，姑之子、姊妹之子、女子之子，皆有服，皆由父而推之故也。母族三：母之父、母之母、母之兄弟。恩止於舅，故從母之夫、舅之妻，皆不爲服，推不去故也。妻族二：妻之父、妻之母。乍看時似乎雜亂無紀，子細看則皆有義存焉。又言《呂與叔集》中一婦人墓誌，凡遇功緦之喪皆蔬食終其月，此可爲法。」問：「喪禮衣服之類，逐時換去，如葬後換葛衫，小祥後換練布之類。今之墨縗可便於出入，而不合於禮經。如何？」曰：「若能不出，則不服之亦好，但要出外治事，則只得服之。」○問：「居喪爲尊長强之以酒，當如何？」曰：「若不得辭，則勉徇其意，亦無害，但不可至於醉。食已復初可也。」問：「坐客有歌唱者，如之何？」曰：「當起避。」楊氏復曰：心喪三年。按《儀禮》「父在爲母期」注：「子於母雖爲父屈而期，心喪猶三年。」唐前上元元年，武后上表請父在爲母終三年之喪。《禮記》：「師心喪三年。」○今服制令庶子爲後者爲其母緦，亦解官，申心喪三年。（父）母出及嫁，爲父後者雖不服，申心喪三年。○爲人後者，爲其父母不杖期，亦解官，申心喪三年。嫡孫祖在，爲祖母齊衰杖期，雖期除，仍心喪三年。先生曰：「喪禮須從《儀禮》爲正，如父在，爲母期，非是薄於母，只爲尊在其父，不可復尊在母。然亦須心喪三年。這般處皆是大項事，不是小節目，後來都失了。而今國家法，爲所生父母皆心喪三年，此意甚好。」○又按，先生此書雖自《儀禮》中出，其於國家之法未嘗遺也。前章所論，爲所生父母心喪槩可見矣。五服年月之制既已備載，則式假一條，恐亦當補入。今喪葬「假寧格」，非在職遭喪，期三十日，大功二十日，小功十五日，緦麻七日，降而絶服三日。無服之殤，期五日，大功三日，小功二日，緦麻一日。葬，期五日，大功三日，小功二日，緦麻一日。除服，期三日，大功二日，小功、緦麻一日。在職遭喪，期七日，大功五日，小功、緦麻三日，降而絶服之殤一日，本宗及同居無服之親之喪一日。改葬，期以下親一日。私忌，在職、非在職祖父母、父母並一日，逮事高曾同。[集覽]「唐前上元元年武后上表」。按《通鑑》，唐高宗之上元初，武后上表，請自今父在爲母服齊衰三年，詔行之。

朝夕哭奠　上食

朝奠，每日晨起，主人以下皆服其服，入就位。尊長坐哭，卑者立哭。侍者設盥櫛之具于靈牀側，奉魂帛出就靈座，然後朝奠。執事者設蔬果脯醢。祝盥手焚香斟酒。主人以下再拜，哭盡哀。

劉氏璋曰：凡奠用脯醢者，蓋古人家常有之。如無別具，饌數器亦可。夫朝夕奠者，謂陰陽交接之時，思其親也。朝奠將至，然後徹夕奠。夕奠將至，然後徹朝奠。各用罩子，若暑月恐臭敗，則設饌如食頃去之，止留茶酒果屬，仍罩之。補注 本注「奉魂帛出就靈座」，入靈牀，捧出也。

食時上食，如朝奠儀。夕奠，如朝奠儀。畢，主人以下奉魂帛入就靈座，哭盡哀。補注 本注「靈座」當作「靈牀」也。

哭無時。朝夕之間，哀至則哭於喪次。朔日則於朝奠設饌，饌用肉魚麵米食羹飯各一器，禮如朝奠之儀。

問：「母喪朔祭，子爲主？」朱子曰：「『凡喪，父在父爲主』，則父在子無主喪之禮也。又曰『父沒，兄弟同居各主其喪』，注云『各爲妻子之喪爲主也』。則是凡妻之喪，夫自爲主也。今以子爲喪主，似未安。」高氏曰：若遇朔望節序，則具盛饌，其品物比朝夕奠差。衆禮疏曰，士則月望不盛奠，唯朔奠而已。楊氏復曰：按「初喪立喪主」條，凡主人謂長子，無則長孫承重以奉饋奠。今乃謂「父在父爲主，父在子無主喪之禮」。二説不同，何也？蓋長子主喪以奉饋奠，以子爲母喪恩重服重故也。朔奠則父爲主者，朔，殷奠，以尊者爲主也。《喪服小記》曰：「婦之喪，虞，卒哭，其夫若子主之。」虞，卒哭，皆是殷祭，故其夫主之，亦謂父在父爲主也。朔祭父爲主，義與虞、卒哭同。

有新物則薦之。如上食儀。

劉氏璋曰：孝子之心，事死如事生，斯須不忘其親也。如遇五穀、百果一應新熟之物，必以薦之，如上奠儀。凡靈座之間，除金銀酒器之外，盡用素器，不用金銀錢飾，以主人有哀素之心故也。

吊奠賻

凡吊皆素服，幞頭、衫、帶，皆以白生絹爲之。

問：「今吊人用横烏，此禮如何？」朱子曰：「此是玄冠以吊，正與孔子所謂『羔裘玄冠不以吊』者相反。」

奠用香茶燭酒果，有狀，或用食物即别爲文。賻用錢幣，有狀，惟親友分厚者有之。

司馬温公曰：東漢徐穉每爲諸公所辟雖不就，有死喪，負笈赴吊。嘗於家豫炙雞一隻，以一兩綿絮漬酒中，暴乾以裹雞，徑到所赴冢隧外，以水漬絮使有酒氣，汁米飯，白茅爲藉，以雞置前。醊酒畢，留謁則去，不見喪主。然則奠貴哀誠，酒食不必豐腆也。

具刺通名，賓主皆有官，則具門狀，否則名紙題其陰面，先使人通之，與禮物俱入。入哭奠訖，乃吊而退。既通名，喪家炷火燃燭布席，皆哭以俟。護喪出迎賓，賓入至廳事，進揖曰：「竊聞某人傾背，不勝驚怛，敢請入酹，并伸慰禮。」護喪引賓入，至靈座前，哭盡哀，再拜焚香，跪酹茶酒，俯伏，興。護喪止哭者。祝跪讀祭文奠賻狀於賓之右，畢，興。賓主皆哭盡哀。賓再拜。主人哭出，西向，稽顙再拜。賓亦哭，東向答拜，進曰：「不意凶變，某親某官，奄忽傾背，伏惟哀慕，何以堪處。」主人對曰：「某罪逆深重，禍延某親，伏蒙奠酹，并賜臨慰，不勝哀感。」又再拜，賓答拜，又相向哭盡哀。賓先止，賓慰主人曰：「脩短有數，痛毒奈何，願抑孝思，俯從禮制。」乃揖而出。主人哭而入，護喪送至廳事，茶湯而退。主人以下止哭。○若亡者官尊即云「薨逝」，稍尊即云「捐館」。生者官尊則云「奄棄榮養」，存亡俱無官即云「色養」。若尊長拜賓，禮亦同此。惟其辭各如啓狀之式，見卷末。

司馬温公曰：凡吊人者，必易去華盛之服，有哀戚之容。若賓與亡者爲執友，則入酹。婦人非親戚，與其子爲執友，嘗升堂拜母者，則不入酹。凡吊及送喪者，問其所乏，分遺營辦。貧者爲之執紼負土之類，毋擾及其飲食財貨可也。○高氏曰：既謂之奠，而乃燒香、酹酒，則非奠矣。世俗承習久矣，非禮也。○又曰：喪禮，賓不答拜。凡非吊喪，無不答拜者。胡先生《書儀》曰：「若吊人是平交，則落一膝，展手策之，以表半答。若孝子尊吊人卑，則側身避位，俟孝子伏次，卑者即跪，還須詳緩去就，無令跪伏，與孝子齊。」○楊氏復曰：按程子、張子與朱先生後來之説，奠謂安置也，奠酒則安置於神座前，既獻則徹去。奠而有酹者，初酌酒則傾少酒于茅，代神祭也。今人直以奠爲酹，而盡傾之於地，非也。高氏之説亦然。與此條所謂入酹、跪酹似相牴牾，蓋《家禮》乃初年本，當以後來已定之説爲正。詳見《祭禮》降神條。○又曰：按吊禮，主人拜賓，賓不答拜，此何義也？蓋吊，賓來有哭拜或奠禮，主人拜賓以謝之，此賓所以不答拜也。故高氏書有半答跪還之禮。凡禮，必有義，不可苟也。《書儀》《家禮》從俗，有賓答拜之文，亦是主人拜賓，賓不敢當，乃答拜。今世俗吊，賓來見几筵哭拜，主人亦拜，謂代亡者答拜，非禮也。既而賓吊主人，又相與交拜，亦非禮也。

聞喪　奔喪　治葬

始聞親喪，哭，親，謂父母也。以哭答使者，又哭盡哀，問故。易服，裂布爲四脚白布衫，繩帶麻屨。遂行。日行百里，不以夜行，雖哀戚，猶辟害也。道中哀至則哭，哭避市邑喧繁之處。○司馬温公曰：今人奔喪及從柩行者，進城邑則哭，過則止，是飾詐之道也。望其州境、其縣境、其城、其家，皆哭。家不在城，望其鄉哭。入門詣柩前，再拜，再變服，就位哭。初變服，如初喪，柩東西向坐，哭盡哀。又變服如大小斂，亦如之。後四日成服。與家人相吊。賓至，拜之如初。若未得行，則爲位不奠，設椅子一枚，以代尸柩。左右前後設位，哭如儀。但不設奠。若喪側無子孫，則此中設奠如儀。變服，亦以聞後之第四日。在道至家，皆如上儀。若喪側無子孫，則在道朝夕爲位設奠至家，但不變服，其相吊、拜賓如儀。若既葬，則先之墓哭拜，之墓者，望墓哭，至墓哭拜，如在家之儀。未成服者，變服於墓，歸家，詣靈座前哭拜，四日成服如儀。已成服者亦然，但不變服。齊衰以下聞喪，爲位而哭。尊長於正堂，卑幼於別室。○司馬温公曰：今人皆擇日舉哀。凡悲哀之至，在初聞喪即當哭之，何暇擇日？但法令有不得於州縣公廨舉哀之文，則在官者當哭於僧舍，其他皆哭於本家可也。若奔喪，則至家成服；奔喪者釋去華盛之服，裝辦即行。既至，齊衰望鄉而哭，大功望門而哭，小功以下至門而哭。入門詣柩前，哭再拜，成服，就位，哭吊如儀。補注至家四日後成服。

若不奔喪，則四日成服。不奔喪者，齊衰三日中朝夕爲位會哭，四日之朝成服亦如之；大功以下，始聞喪爲位會哭，四日成服亦如之。皆每月朔爲位會哭，月數既滿，次月之朔乃爲位會哭而除之，其間哀至則哭可也。

補注 愚謂今在官者，聞齊衰、大小功喪，不得奔喪，三日中可委政於同僚，朝夕爲位會哭於僧舍，四日成（功）〔服〕亦如之。以日易月，齊衰二十五日，大功九日，小功五日，畢仍吉服聽政。每月朔變服，爲位會哭，月數既滿，即除之。至於麻緦小服，則會哭、成服俱不必行，但哭之盡哀爲可也。

三月而葬，前期擇地之可葬者。司馬温公曰：古者天子七月，諸侯五月，大夫三月，士踰月而葬。今五服年月，敕王公以下，皆三月而葬。然世俗信葬師之説，既擇年月日時，又擇山水形勢，以爲子孫貧富貴賤賢愚壽夭盡繫於此。而其爲術又多不同，爭論紛紜，無時可決，至有終身不葬，或累世不葬，或子孫衰替，忘失處所，遂棄捐不葬者。正使殯葬實能致人禍福，爲子孫者，亦豈忍使其親臭腐暴露，而自求其利邪？悖禮傷義，無過於此。然孝子之心，慮患深遠，恐淺則爲人所抇（音骨），深則濕潤速朽，故必求土厚水深之地而葬之，所以不可不擇也。或問：「家貧鄉遠，不能歸葬，則如之何？」公曰：「子游問喪具，夫子曰：『稱家之有無。』子游曰：『有無惡（音烏）乎齊（子細切）？』夫子曰：『有毋過禮。苟無矣，斂手足形，還葬懸棺而窆（彼斂切），人豈有非之者哉。』昔廉范千里負喪，郭平自賣營墓，豈待豐富然後葬其親哉？在禮，未葬不變服，食粥，居廬，寢苫枕塊，蓋閔親之未有所歸，故寢食不安。奈何舍之出游，食稻衣錦，不知其何以爲心哉。世人又有遊宦没於遠方，子孫火焚其柩，收燼歸葬者。夫孝子愛親之肌體，故斂而藏之。殘毀他人之尸，在律猶嚴，況子孫乃悖謬如此。其始蓋出於羌胡之俗，浸染中華，行之既久，習以爲常，見者恬然，曾莫之怪，豈不哀哉！延陵季子適齊，其子死，葬於嬴博之間。孔子以爲合禮。必也不能歸葬，葬于其地可也，豈不猶愈於焚之哉！」○**程子曰**：卜其宅兆，卜其地之美惡也，非陰陽家所謂禍福者也。地之美，則其神靈安，其子孫盛。若培壅其根而枝葉茂，理固然矣，地之惡者則反是。然則曷謂地之美者？土色之光潤，草木之茂盛，乃其驗也。父祖子孫同氣，彼安則此安，彼危則此危，亦其理也。而拘忌者惑以擇地之方位，決日之吉凶，不亦泥乎？甚者不以奉先爲計，而專以利後爲慮，尤非孝子安厝之用心也。惟五患者不得不謹，須使他日不爲道路，不爲城郭，不爲溝池，不爲貴勢所奪，不爲耕犁所及也。一本云：所謂五患者，溝、渠、道路、避村落、遠井窑。○按：古者葬地葬日皆決於卜筮，今人不曉古法，且從俗擇之可也。**集覽**「廉范千里負喪」。按《漢書》，廉范，杜陵人。父遭亂客死於蜀，范時年十五，往迎父柩，船沉俱溺，以救得免。明帝時，范舉茂才，遷雲中太守，匈奴不敢犯。後徙蜀郡，民歌其政。初范與慶鴻爲刎頸交，時人稱曰「前有管鮑，後有慶廉」。**郭平自賣營墓**。按《漢書・孝義傳》，郭平家貧力學，親死不能送葬，遂賣身於富家爲傭，覓錢營墓，鄉邦稱之。既而舉孝廉，累官至朝散大夫。**補注**此以下皆治葬禮。按禮，大夫士三日而殯，故三月而葬。既殯之後，即謀葬事，其有祖塋，則祔葬其次，若窄狹及有所妨碍，則別擇地可也。愚謂人之死也，其魂氣雖散，而體魄猶存。故及其未甚腐敗，而葬之于地，則可以復其魂氣而有靈。擇地之法惟任識乎？丘隴之骨，岡阜之支，高地曰丘，高山曰隴，大丘曰阜，大壠曰岡，丘即阜之所分，壠即岡之所出。支即來自大阜，降自大岡者也。金華胡氏潮曰：「察乎陰陽之理，審乎流峙之形，辨順逆、究分合、别明暗、定淺深，崇不傷乎急，卑不失乎緩，折而歸之中，若璞之所謂乘生氣者，宜於是得之。」

擇日開塋域，祠后土，主人既朝哭，帥執事者，於所得地掘穴，四隅外其壤，掘中南其壤，各立一標，當南門立兩標，擇遠親或賓客一人，告后土氏。祝帥執事者，設位於中標之左，南向，設盞注、酒果、脯醢於其前。又設盥盆、帨巾二於其東南，其東有臺架，告者所盥，其西無者，執事者所盥也。告者吉服，入立於神位之前，北向，執事者在其後，東上，皆再拜。告者與執事者皆盥帨。執事者一人取酒（左）〔注〕西向跪，一人取盞東向跪。告者斟酒反注取盞，酹于神位前，俯伏，興，少退，立。祝執版立於告者之左，東向跪，讀之曰：「維某年歲月朔日子，某官姓名，敢告于后土氏之神，今爲某官姓名，營建宅兆，神其保佑，俾無後艱，謹以清酌脯醢，祗薦于神，尚饗！」訖，復位。告者再拜。祝及執事者皆再拜，徹出。主人若歸，則靈座前哭，再拜。後倣此。

司馬温公曰：莅卜或命筮者，擇遠親或賓客爲之，及祝、執事者，皆吉冠素服。注云：非純吉，亦非純凶，素服者但徹去華采珠金之飾而已。補注本注「四隅外其壤」，出其土壤於外也。「掘中南其壤」，出其土壤於南也。丘氏《儀節》云：「后土之稱對皇天也，士庶之家有似乎僭。考之文公大全集有祀土地祭文，今擬改『后土氏』爲『土地之神』。」

遂穿壙，司馬温公曰：今人葬有二法：有穿地直下爲壙，而懸棺以窆者；有鑿隧道，旁穿土室而竄柩於其中者。按古者唯天子得爲隧道，其地皆直下爲壙而懸棺以窆。今當以此爲法，其穿地宜狹而深，狹則不崩損，深則盜難近也。

問合葬夫妻之位。朱子曰：「某初葬亡室時，只存東畔一位，亦不曾考禮是如何。」陳安卿云：「地道以右爲尊，恐男當居右。」曰：「祭時以西爲上，則葬時亦當如此方是。」○人家墓壙棺槨切不可太大，當使壙僅能容槨，槨僅能容棺，乃善。去年此間陳家墳墓遭發掘者，皆緣壙中太闊。其不能發者，皆是壙中狹小，無著脚手處，此不可不知也。此間墳墓山脚低卸，故盜易入。」問：「墳與墓何別？」曰：「墓想是塋域，墳即封土隆起者。《光武紀》云，爲墳但取其稍高，四邊能走水足矣。古人墳極高大，壙中容得人行，也没意思。今法令一品以上墳得高一丈二尺，亦自儘高矣。」李守約云：「墳墓所以遭發掘者，亦陰陽家之説有以啓之。蓋凡發掘者，皆以葬淺之故，若深一二丈，自無此患。古禮葬亦許深。」曰：「不然，深葬有水。嘗見興化、漳泉間墳墓甚高，問之則曰，棺只浮在土上，深者僅有一半入地，半在地上，所以不得不高其封。後來見福州人舉移舊墓，稍深者無不有水，方知興化、漳泉淺葬者，蓋防水爾。北方地土深厚，深葬不妨，豈可同也。」

作灰隔，穿壙既畢，先布炭末於壙底，築實，厚二三寸，然後布石灰、細沙、黄土拌匀者於其上，灰三分，二者各一可也，築實，厚二三尺。别用薄板爲灰隔，如椁之狀，内以瀝青塗之，厚三寸許，中取容棺。墻高於棺四寸許，置於灰上。乃於四旁旋下四物，亦以薄板隔之，炭末居外，三物居内，如底之厚。築之既實，則旋抽其板近上，復下炭灰等而築之，及墻之平而止。蓋既不用椁，則無以容瀝青，故爲此制。又炭禦木根，辟水蟻，石灰得沙而實，得土而黏，歲久結而爲全石，螻蟻盜賊皆不得進也。〇程子曰：古人之葬，欲比化者不使土親膚。今奇玩之物，尚保藏固密，以防損汙，兄親之遺骨，當何如哉？世俗淺識，惟欲不見而已，又有求速化之説者。是豈知必誠必信之義？且非欲求其不化也，未化之間，保藏當如是爾。

問：「椁外可用灰雜沙土否。」朱子曰：「只純用炭末置之椁外，椁内實以和沙石灰。」或曰：「可純用灰否？」曰：「純灰恐不實，須雜以篩過細沙，久之，灰沙相雜入，其堅如石。椁外四圍上下，一切實以炭末，約厚七八寸許，既辟濕氣，免水患，又截樹根不入。樹根遇炭皆生轉去，以此見炭灰之妙。蓋炭是死物無情，故樹根不入也。抱朴子曰，炭入地千年不變。」問：「范家用黄泥拌石灰，實槨之外，如何？」曰：「不可。黄泥久亦能引樹根。」又問：「古人用瀝青，恐地氣蒸熱，瀝青溶化，棺有偏陷，却不便。」曰：「不曾親見用瀝青利害，但書傳間多言用者，不知如何。○禮，壙中用生體之屬，久之必潰爛，却引蟲蟻，非所以爲亡者慮久遠也。古人壙中置物甚多，以某觀之，禮文之意大備，則防患之意反不足。要之只當防慮久遠，毋使土親膚而已。其他禮文皆可略也。又如古者棺不釘，不用漆粘，而今灰漆如此堅密，猶自蟻子入去，何况不使釘漆，此皆不可行。」楊氏復曰：先生答廖子晦曰：「所問葬法，後來講究，木槨瀝青，似亦無益。但於穴底先鋪炭屑築之，厚一寸許，其上即鋪沙灰，四傍即用炭屑，側厚一寸許，下與先所鋪者相接，築之既平，然後安石槨於其上，四傍又下三物如前。槨底及棺四傍上面復用沙灰實之，俟滿加蓋，復布沙灰，而加炭屑於其上，然後以土築之，盈坎而止。蓋沙灰以隔螻蟻，愈厚愈佳。頃嘗見籍溪先生説，嘗見用灰葬者，後因遷葬，則見灰已化爲石矣。炭屑則以隔木根之自外至者，亦里人改葬所親見，故須令常在沙灰之外，四面周密，都無縫罅，然後可以爲固。但法中不許用石槨，故此不敢用全石，只以數片合成，庶幾不戾法意耳。」集覽「抱朴子」。按《晉書》，葛洪，句容人，玄之從孫，家貧力學，窮覽典籍，尤好神仙導養之術。吴興太守顧秘檄爲將兵都督，以功遷伏波將軍。元帝辟爲丞相掾，以平賊功賜爵關内侯。既而求爲勾漏令，曰「非欲爲榮，以有丹耳」。咸和初，選爲散騎常侍，不就，乃入羅浮山煉丹。著《内外篇》百餘卷，號「抱朴子」。尸解而去。「籍溪先生」。按《宋鑑》，胡憲，崇安人，安國從子。紹興中，以鄉貢入太學，與劉勉之陰誦習伊洛之説，自是一意下學，歸故山力田奉親，從游者日衆。晚年召爲秘書正字，抗疏言金人勢必敗盟，疏入即求去，詔改秩與祠歸。朱熹師事最久，世號「籍溪先生」。補注 本注「旋抽其板近上」，乃築板也。

刻誌石，用石二片，其一爲蓋，刻云「某官某公之墓」，無官則書其字曰「某君某甫」。其一爲底，刻云：「某官某公諱某字某，某州某縣人，考諱某某官，母氏某封，某年月日生，叙歷官遷次，某年月日終，某年月日葬于某鄉某里某處，娶某氏某人之女，子男某某官，女適某官某人。」婦人，夫在則蓋云「某官姓名某封某氏之墓」，無封則云「妻」，夫無官則書夫之姓名；夫亡則云「某官某公某封某氏」，夫無官則云「某君某甫妻某氏」。其底叙年若干適某氏，因夫子致封號，無則否。葬之日，以二石字面相向，而以鐵束束之，埋之壙前近地面三四尺間。蓋慮異時陵谷變遷，或誤爲人所動，而此石先見，則人有知其姓名者，庶能爲掩之也。

造明器，刻木爲車馬、僕從、侍女，各執奉養之物，象平生而小。准令五品六品，三十事；七品八品，二十事；非陞朝官，十五事。補注《檀弓》曰：「之死而致死之，不仁而不可爲也。之死而致生之，不知而不可爲也。是故竹不成用，瓦不成味，木不成斲，琴瑟張而不平，竽笙備而不和，有鍾磬而無簨簴。其曰明器，神明之也。」

下帳，謂牀帳、茵席、椅卓之類，亦象平生而小。苞，竹掩一，以盛遣奠餘脯。

劉氏璋曰：《既夕禮》苞二，所以裹奠羊豕之肉。注云「用便易」者，謂茅長難用，裁取三尺，一道編之。補注 按《儀禮》注，苞，草也，古稱「苞苴」是也。《曲禮》注，苞者，苞裹魚肉之屬。苴者，以草藉器而貯物也。見卷首圖。

筲，竹器五，以盛五穀。

【司馬温公曰】：今但以小甕貯五穀各五升可也。【劉氏璋曰】：《既夕禮》筲三，容與簋同，盛黍稷麥，其實皆淪。注云：「皆湛之以湯。神之所享，不用食道，所以爲敬。」【補注】按《儀禮》注，筲、籍通，飯器，容與簋同。《論語》注，筲，竹器，容十二升。見卷首圖。

甖，甆器三，以盛酒醯醢。【司馬温公曰】：「自明器以下，俟實土及半，乃於其旁，穿便房以貯之。」按，此雖古人不忍死其親之意，然實非有用之物，且脯肉腐敗，生蟲聚蟻，尤爲非便，雖不用可也。大轝，古者柳車制度甚詳，今不能然，但從俗爲之，取其牢固平穩而已。其法用兩長杠，杠上加伏兔，附杠處爲圓鑿。别作小方床以載柩，足高二寸，旁立兩柱，柱外施圓枘，令入鑿中，長出其外。枘鑿之間須極圓滑，以膏塗之，使其上下之際柩常適平。兩柱近上更爲方鑿，加横扃，扃兩頭出柱外者更加小扃，杠兩頭施横杠，横杠上施短杠，短杠上或更加小杠，仍多作新麻大索以備扎縛，此皆切要實用，不可闕者。但如此制，而以衣覆棺，亦足以少華道路。或更欲加飾，則以竹爲之格，以彩結之，上如撮蕉亭，施帷幔，四角垂流蘇而已。然亦不可太高，恐多罣礙，不須大華，徒爲觀美。若道路遠，決不可爲此虚飾，但多用油單裹柩，以防雨水而已。【集覽】「四角垂流蘇」。按，考索《倦游録》：「盤線繪綉之毬，五彩錯爲之，同心而下垂者，曰流蘇。」摯虞曰：「流蘇，緝鳥尾而垂之若流然，以其槃下垂，故曰蘇。今俗謂條頭槃爲蘇。」《吴都賦》注：「流蘇者，五色羽飾帷四角而垂之也。」

【朱子曰】：某舊爲先人飾棺，考制度作帷幌，延平先生以爲不切。而今禮文覺繁多，使人難行，後聖有作，必是裁減了，方始行得耳。【補注】丘氏曰，按「治棺」下注云「棺制僅取容身，勿爲高大」，曰是推之大約不過二尺餘而已。若如卷首圖，於兩杠間施以短杠，四人於中並行，局促迫窄，實難轉動，况本注亦無明說。今擬施横杠出兩長杠之外，又於方牀四隅各加一鐵鐶，而兩長杠之上亦如之。繫繩於下鐶，而用貫之於上，隨其低昂而操縱之，如此則適平矣。

翣，以木爲筐，如扇而方，兩角高，廣二尺，高二尺四寸，衣以白布，柄長五尺。黼翣畫黼，黻翣畫黻，畫翣畫雲氣。其緣皆爲雲氣，皆畫以紫准格。補注按《喪大記》注：「翣形以扇，木爲之，在路則障車，入椁則障柩。」

作主。程子曰：作主用栗。趺方四寸，厚寸二分，鑿之洞底，以受主身。身高尺二寸，博三寸，厚寸二分，剡上五分爲圓首，寸之下勒前爲頷而判之，四分居前，八分居後，頷下陷中，長六寸，廣一寸，深四分。合之植於趺，下齊。竅其旁以通中，圓徑四分，居三寸六分之下，下距趺面七寸二分，以粉塗其前面。司馬温公曰：「府君、夫人共爲一櫝。」〇按，古者虞主用桑，將練而後易之以栗。今於此便作栗主，以從簡便。或無栗，止用木之堅者。櫝用黑漆，且容一主，夫婦俱入祠堂，乃如司馬氏之制。

程子曰：庶母亦當爲主，但不可入廟，子當祀於私室，主之制度則一。蓋有法象不可益損，益損則不成矣。朱子曰：伊川制，士庶不用主，只用牌子。看來牌子當如古制，只不消二片相合及竅其旁以通中。且如今人未仕，只用牌子，到任後不中换了。若是士人只用主，亦無大利害。主式乃伊川先生所制，初非朝廷立法，固無官品之限。萬一繼世無官，亦難遽易，但繼此不當作耳。牌子亦無定制，竊意亦須似主之大小高下，但不爲判合陷中可也。凡此皆是後賢義起之制，今復以意斟酌，於古禮未有考也。今詳伊川主式書屬稱本注，屬謂高曾祖考，稱謂官或號行，如處士秀才幾郎幾公之類，如此則士庶可通用。周尺當省尺七寸五分弱，《程集》與《書儀》誤注五寸五分弱，温公圖以謂三司布帛尺，即省尺。程沙隨尺即布帛尺。

今以周尺校之布帛尺，正是七寸五分弱。然非有聲律高下之差，亦不必屑屑然也。得一書爲據足矣。

遷柩　朝祖　奠　賻　陳器　祖奠

補注 丘氏曰：「祠堂」本章下正云「爲四龕，每龕置一卓子，其上置櫝，龕外各垂小簾」，無有韜藉之説。其説蓋出温公書儀。朱子既出，不取不用可也。今不復爲圖，而止圖櫝式，從簡省也。有力者如式爲之，亦無不可。

發引前一日，因朝奠以遷柩告。設饌如朝奠。祝斟酒訖，北面跪，告曰：「今以吉辰遷柩，敢告。」俯伏，興。主人以下哭盡哀，再拜。蓋古有啓殯之奠，今既不塗殯，則其禮無所施，又不可全無節文，故爲此禮也。

楊氏復曰：古禮自啓殯至卒哭，更有兩變服之節。啓殯，斬衰男子括髮，婦人髽。蓋小斂括髮、髽，今啓殯亦見尸柩，故變同小斂之節也。此是一節。今既不塗殯，則亦不啓，雖不變服，可也。古禮啓殯之後，斬衰男子免，至虞、卒哭皆免。此又是一節。《開元禮》，主人及諸子皆去冠絰，以斜布巾帕頭，亦放古意。《家禮》今皆不用，何也？司馬温公曰：「自啓殯至于卒哭，日數甚多，若使五服之親皆不冠而袒免，恐其驚俗。故但各服其服而已。」補注 引，所以引柩車，在軸輴曰紼。此遷柩，即古啓殯。

奉柩朝于祖，將遷柩，役者入，婦人退避。主人及衆主人輯杖立視。祝以箱奉魂帛前行，詣祠堂前，執事者奉奠及椅卓次之，銘旌次之，役者舉柩次之。主人以下從哭。男子由右，婦人由左，重服在前，輕服在後，服各爲叙。侍者在末。無服之親，男居男右，女居女左，皆次主人主婦之後。婦人皆蓋頭。至祠堂前，執事者先布席，役者致柩於其上，北首而出。婦人去蓋頭。祝帥執事者設靈座及奠于柩西，東向。主人以下就位立，哭盡哀止。此禮蓋象平生將出，必辭奠者也。

楊氏復曰：按《儀禮》，朝祖正柩之後，遂、匠始納載柩之車于階間。即《家禮》所謂大轝也。方其朝祖時，又別有輁軸。注云：「輁軸，狀如長牀。」夫輁狀如長牀，則僅可承棺。轉之以軸，輔之以人，故得以朝祖。既正柩，則用夷牀。蓋朝祖時，載柩則有輁軸，正柩則有夷牀，後世皆闕之。今但使役者舉柩，柩既重大，如何可舉？恐非謹之重之之意。若但魂帛朝于祖，亦失遷柩朝祖之本意。恐當從《儀禮》，別制輁軸以朝祖至祠堂前。正柩用夷牀，北首。祝帥執事者設靈坐，必奠于柩西，東向。主人以下就位立，哭盡哀止。輯，斂也，謂舉之不以拄地也。《既夕禮》：「遷于祖，正柩于兩楹間，席升，設于柩西，奠設如初。」注：「奠設如初，東面也。不統于柩，神不西面也。不設柩東，東非神位也。」

遂遷于廳事，執事者設帷於廳事。役者入，婦人退避。祝奉魂帛導柩右旋，主人以下男女哭從如前，詣廳事。執事者布席，役者置柩于席上，南首，而出。祝設靈座及奠于柩前，南向。主人以下就位坐哭，藉以薦席。

補注 大斂在堂中少西，所以放古賓于西階之意。遷柩在廳事下中，亦所以放古啓殯之意也。乃代哭。如未斂之前，以至發引。親賓致奠賻。如初喪儀。陳器。方相在前，役夫爲之，冠服如道士，執戈揚盾。四品以上，四目爲方相；以下，兩目爲魌頭。次明器、下帳、苞、筲、甖，以牀舁之；次銘旌，去跗執之；次靈車，以奉魂帛香火；

次大轝，轝旁有翣，使人執之。

劉氏璋曰：司馬温公《喪禮·陳器篇》內，於「下帳」之下，有曰「上服」二字者，注云：「有官則公服靴、笏、幞頭，無官則襴衫、鞋履之類。又大轝旁有翣，貴賤有數，庶人無之。」今書雖不曾載，姑附此，亦備引用。

日晡時，設祖奠。饌如朝奠。祝斟酒訖，北向跪，告曰：「永遷之禮，靈辰不留，今奉柩車，式遵祖道。」俯伏，興。餘如朝夕奠儀。司馬温公曰：若柩自他所歸葬，則行日但設朝奠，哭而行，至葬乃備此及下遣奠禮。

補注按《儀禮·既夕禮》「祖」注：爲將祖變也。設于靈座之前。

遣奠

厥明，遷柩就轝。轝夫納大轝於中庭，脱柱上横扃。執事者徹祖奠。祝北向跪，告曰：「今遷柩就轝，敢告。」遂遷靈座置旁側，婦人退避。召役夫遷柩就轝，乃載施扃加楔，以索維之，令極牢實。主人從柩哭降視載，婦人哭於帷中。載畢，祝帥執事者遷靈座于柩前，南向。

司馬温公曰：啓殯之日，備布三尺，以盥濯灰治之布爲之，祝御柩執此以指麾役者。劉氏璋曰：《儀禮》云：「商祝拂柩用功布，幠（火吴切）用夷衾。」注曰：「商祝，祝習商禮者，商人教之以敬於接神。功布拂去棺上塵土，幠覆之，爲其形露也。夷之言尸也，夷衾，覆尸之衾也。」

乃設奠，饌如朝奠。有脯。惟婦人不在。奠畢，執事者徹脯納苞中，置舁牀上，遂徹奠。

楊氏復曰：高氏禮，祝跪告曰：「靈輀既駕，往即幽宅，載陳遣禮，永訣終天。」載，謂升柩於轝也。以新組左右束柩於轝，乃以横木揳柩足兩旁，使不動摇。

祝奉魂帛升車，焚香。别以箱盛主，置帛後。至是，婦人乃蓋頭出帷，降階立哭。守舍者哭辭盡哀，再拜而歸。尊長則不拜。

發引

柩行，方相等前導，如陳器之敘。主人以下男女哭步從，如朝祖之敘。出門則以白幕夾障之。尊長次之，無服之親又次之，賓客又次之。皆乘車馬。親賓或先待於墓所，或出郭哭拜辭歸。親賓設幄於郭外道旁，駐柩而奠，如在家之儀。塗中遇哀則哭。若墓遠，則每舍設靈座於柩前，朝夕哭奠。食時上食，夜則主人兄弟皆宿柩旁，親戚共守衛之。

及墓　下棺　祠后土　題木主　成墳

未至，執事者先設靈幄，在墓道西，南向，有椅卓。親賓次，在靈幄前十數步，男東女西，次北與靈帷相直，皆南向。婦人幄。在靈幄後壙西。方相至，以戈擊壙四隅。補注 方相，出《周禮》：「大喪，先匶及墓入壙，以戈擊四隅。」

明器等至，陳於壙東南，北上。靈車至，祝奉魂帛就幄座，主箱亦置帛後。遂設奠而退。酒果脯醢。柩至，執事者先布席於壙南，柩至，脱載置席上，北首。執事者取銘旌，去杠，置柩上。補注 祝奉靈車、魂帛，就靈幄内，遂設奠也。

主人男女各就位哭，主人、諸丈夫立於壙東，西向；主婦、諸婦女立於壙西幄内，東向。皆北上。如在塗之儀。補注 襲斂哭位皆南上者，尸南首也。及墓，哭位皆北上者，尸北首也。

賓客拜辭而歸。主人拜之，賓答拜。乃窆。先用木杠横於灰隔之上，乃用索四條穿柩底鐶，不結而下之，至杠上，則抽索去之，别摺細布若生絹兜柩底而下之，更不抽出，但截其餘棄之。若柩無鐶，即用索兜柩底，兩頭放下，至杠上乃去索，用布如前。大凡下柩，最須詳審用力，不可誤有傾墜動摇，主人兄弟宜輟哭，親臨視之。已下，再整柩衣、銘旌，令平正。補注 窆，下棺也。按《檀弓》曰：「葬于北方，北首，三代之達禮也。北，幽之地也。」注：「北方，國之北也。」殯猶南首，不忍以鬼神待其親也。葬則終死事矣，故葬而北首，三代通用此禮也。南方昭明，北方幽暗之地，釋所以北首之義。《周禮》冢人掌公墓之地，先王之葬居中，以昭穆爲左右。王氏曰：「昭穆之序，非特施於宗廟而已，葬亦有焉。化上下尊卑之分，所以嚴而不可亂。」張子曰：「安穴之次，設如尊穴，南向，北首。陪葬者，前爲兩列，亦須北首。各於其穴安。」

主人贈。玄六，纁四，各長丈八尺，主人奉置柩旁，再拜稽顙。在位者皆哭盡哀。家貧或不能具此數，則玄、纁各一可也。其餘金玉寶玩，並不得入壙，以爲亡者之累。補注本注「玄六纁四」，玄，皂色；纁，淺紅色。改《書・禹貢》注：玄，赤黑色幣也。纁，謂絳色幣也。

加灰隔内外蓋，先度灰隔大小，制薄板一片，旁距四墻取令脗合，至是加於柩上，更以油灰彌之。然後旋旋少灌瀝青於其上，令其速凝，即不透板，約已厚三寸許，乃加外蓋。實以灰，三物拌匀者居下，炭末居上，各倍於底及四旁之厚，以酒灑而躡實之。恐震柩中，故未敢築，但多用之，以俟其實耳。乃實土而漸築之。下土每尺許，即輕手築之。勿令震動柩中。祠后土於墓左。如前儀。祝版同前，但云「今爲某官封謚，窆兹幽宅」，「神其」後同。

劉氏璋曰：爲父母形體在此，故化其神以安之。

藏明器等，實土及半，乃藏明器、下帳、苞、筲、甖於便房，以版塞其門。下誌石，墓在平地，則於壙内近南先布磚一重，置石其上。又以磚四圍之，而覆其上。若墓在山側峻處，則於壙南數尺開堀地深四五尺，依此法埋之。復實以土而堅築之。下土亦以尺許爲準，但須密杵堅築。題主，執事者設卓子于靈座東南，西向，置硯筆墨，對卓置盥盆、帨巾如前。主人立於其前，北向。祝盥手，出主卧置卓上。使善書者盥手，西向立，先題陷中，父則曰「故某官某公諱某字某第幾神主」，粉面曰「考某官封謚府君神主」，其下左旁曰「孝子某奉祀」；母則曰「故某封某氏諱某字某第幾神主」，粉面曰「妣某封某氏神主」，旁亦如之。無官封則以生時所稱爲號。題畢，祝奉置靈座，而藏魂帛於箱中，以置其後，炷香斟酒，執版出於主人之右跪讀之，祝文同前，但云：「孤子某，敢昭告于考某官封謚府君，形歸窀穸，神返室堂，神主既成。伏惟尊靈，舍舊從新，是憑是依。」畢，懷之，興，復位。主人再拜，哭盡哀止。母喪稱「哀子」，後放此。凡有封謚皆稱之，後皆放此耳。集覽「形歸窀穸」。《左傳》襄十三年，楚共王疾病，告諸大夫曰，「獲保首領以没地」。唯是春秋窀穸之事。注：窀，張綸反，厚也。穸音夕，夜也。蓋厚夜猶長夜，謂葬埋也。

問：「夫在，妻之神主宜書何人奉祀？」朱子曰：「旁注施於所尊，以下則不必書也。」○高氏曰：觀木主之制，旁題主祀之名，而知宗子之法不可廢也。宗子承家主祭，有君之道，諸子不得而抗焉。故《禮》：「支子不祭，祭必告於宗子。」宗子爲士，庶子爲大夫，則以上牲祭於宗子之家，其祝詞曰：「孝子某爲介子某執其常事。」若宗子居于他國，庶子無廟，則望墓爲壇以祭，其祝詞曰：「孝子某使介子某執其常事。」若宗子死，則稱名不稱孝。蓋古人重宗如此。自宗子之法壞，而人不知所自來，以至流轉四方，往往親未絕而有不相識者，是豈教人尊祖收族之道哉？補注式見卷首圖。未題主時，藏主於箱中，置魂帛之後。既題主，則藏魂帛於箱中，置主之後。又按，本注謂「旁注施於所尊」，蓋祖父則寫，妻子則不必書也。

祝奉神主升車，魂帛箱在其後。補注即靈車也。

執事者徹靈座，遂行。主人以下哭從，如來儀。出墓門，尊長乘車馬。去墓百步許，卑幼亦乘車馬，但留子弟一人，監視實土以至成墳。墳高四尺，立小石碑於其前，亦高四尺，趺高尺許。司馬温公曰：「按令式，墳碑石獸大小多寡，雖各有品數，然葬者當爲無窮之規。後世見此等物，安知其中不多藏金玉耶？是皆無益於亡者，而反有害，故令式又有貴得同賤，賤不得同貴之文，然則不若不用之爲愈也。」○今按，孔子防墓之封，其崇四尺，故取以爲法。用司馬公説，别立小碑，但石須闊尺以上，其厚居三之二，圭首而刻其面，如誌之蓋，乃略述其世系名字行實，而刻於其左，轉及後右而周焉。婦人則俟夫葬乃立面，如夫亡誌蓋之刻云。

司馬温公曰：古人有大勳德，勒銘鍾鼎，藏之宗廟，其葬則有豐碑，以下棺耳。秦漢以來，始命文士褒贊功德，刻之於石，亦謂之碑。降及南朝，復有銘誌埋之墓中。使其人果大賢邪，則名聞昭顯，衆所稱頌，流播千古不可掩蔽，豈待碑誌始爲人知？若其不賢也，雖以巧言麗詞强加采飾，功侔吕望，德比仲尼，徒取譏笑，其誰肯信？碑猶立於墓道，人得見之，誌乃藏於壙中，自非開發，莫之睹也。隋文帝子秦王俊薨，府僚請立碑，帝曰：「欲求名，一卷史書足矣，何用碑爲？徒與人作鎮石耳。」此實語也。今既不能免，依其誌文，但可直叙鄉里、世家、官簿、始終而已。季札墓前有石，世稱孔子所篆，云「嗚呼！有吴延陵季子之墓」，豈在多言？然後人知其賢也。今但刻姓名於墓前，人自知之耳。**集覽**「隋文帝子秦王俊薨」。按《隋書》，文帝名堅，父忠仕魏，後因封隋公。堅襲爵。女爲周宣帝后，宣帝崩，子静帝立，堅以元舅爲相，封隋王。遂篡而爲帝，都長安。有威望，能任人，平陳，混一天下，人物富庶，後爲太子廣所弑。又按，俊，隋文第三子。初封秦王，爲并州總管，以罪徵還免官。開皇二十年卒。季札墓。按《一統志》，季札墓在常州府江陰縣西三十里申浦，南距武進縣七十里。昔孔子爲題其碑曰：「嗚呼，有吴延陵季子之墓。」歲久湮没，宋守朱彦明取弟子所書十字，刻碑表識。**補注**荀子曰：「葬埋，敬葬其形也，祭祀，敬事其神也。其銘詩係世，敬傳其名也。」

反哭

主人以下奉靈車，在塗徐行哭。其反，如疑爲親在彼，哀至則哭。至家哭。望門即哭。祝奉神主入，置于靈座。執事者先設靈座於故處。祝奉神主入就位，櫝之，并出魂帛箱置主後。主人以下，哭于廳事，主人以下及門哭，入，升自西階，哭于廳事。婦人先入哭於堂。

朱子曰：反哭升堂，反諸其所作也。主婦入于室，反諸其所養也。須知得這意思，則所謂「踐其位、行其禮」等事，行之自安，方見得「繼志述事」之事。○楊氏復曰：「按先生此言，蓋謂古者反哭于廟。反諸其所作，謂親所行禮之處。反諸其所養，謂親所饋食之處。皆指反哭于廟而言也。先生《家禮》反哭于廳事，婦人先入哭于堂，又與古異者，後世廟制不立，祠堂狹隘。所謂廳事者，乃祭祀之地，主婦饋食，亦在此堂也。

遂詣靈座前哭。盡哀止。有吊者，拜之如初，謂賓客之親密者，既歸，待反哭而復吊。《檀弓》曰：「反哭之吊也，哀之至也。反而亡焉，失之矣！於是爲甚。」補注嚴陵方氏曰：「人之始死也，則哀其死；既葬也，則哀其亡。亡則哀爲甚矣，故反哭之時，有吊禮焉。《問喪》曰：『入門而弗見也，上堂又弗見也，入室又弗見也。亡矣，喪矣，不可復見矣。故哭泣擗踊，盡哀而止矣。』大宗伯以喪禮哀死亡，蓋死亡之別如此。」

期九月之喪者，飲酒食肉，不與宴樂。小功以下，大功異居者可以歸。

新刻性理大全第二十一卷　家禮四

喪禮

虞祭

葬之日，日中而虞。或墓遠，則但不出是日可也。若去家經宿以上，則初虞于所館行之。鄭氏曰：「骨肉歸于土，魂氣則無所不之，孝子爲其彷徨，三祭以安之。」

朱子曰：未葬時，奠而不祭，但酌酒陳饌，再拜。虞始用祭禮。卒哭謂之吉祭。

主人以下皆沐浴，或已晚不暇，即略自澡潔可也。執事者陳器，具饌。盥盆、帨巾各二，於西階西，南上，東盆有臺，巾有架，西者無之。凡喪禮皆放此。酒瓶并架一，於靈座東南，置卓子於其東，設注子及盤盞於其上。火爐、湯瓶於靈座西南，置卓子於其西，設祝版於其上。設蔬果盤盞於靈座前卓上，匕筯居內當中，酒盞在其西，醋楪居其東，果居外，蔬居果內，實酒于瓶。設香案居堂中，炷火於香爐，束茅聚沙於香案前。具饌如朝奠，陳於堂門外之東。祝出神主于座，主人以下皆入哭，主人及兄弟倚杖於室外，及與祭者皆入，哭于靈座前。其位皆北面，以服爲列，重者居前，輕者居後。尊長坐，卑幼立。丈夫處東，西上；婦人處西，東上。逐行各以長幼爲序，侍者在後。**降神**，祝止哭者。主人降自西階，盥手，帨手，詣靈座前，焚香再拜。執事者皆盥帨，一人開酒，實于注，西面跪，以注授主人，主人跪受；一人奉卓上盤盞，東面，跪于主人之左。主人斟酒於盞，以注授執事者，左手取盤，右手執盞，酹之茅上，以盤盞授執事者，俯伏，興，少退，再拜，復位。**祝進饌**，執事者佐之。其設之敘如朝奠。**初獻**，主人進，詣注子卓前，執注北向立。執事者一人取靈座前盤盞，立于主人之左。主人斟酒，反注於卓子上，與執事者俱詣靈座前，北向立。主人跪，執事者亦跪，進盤盞，主人受盞，三祭於茅束上，俯伏，興。執事者受盞，奉詣靈座前，奠於故處。祝執版出，於主人之右，西向跪讀之，前同，但云：「日月不居，奄及初虞，夙興夜處，哀慕不寧，謹以潔牲柔毛、粢盛醴齊，哀薦袷事，尚饗！」祝興。主人哭，再拜，復位哭止。牲用豕，則曰「剛鬣」；不用牲，則曰「清酌庶羞」。袷，合也，欲其合於先祖也。**亞獻**，主婦爲之，禮如初。但不讀祝，四拜。**終獻**，親賓一人，或男或女爲之，禮如亞獻。**侑食**。執事者執注，就添盞中酒。**主人以下皆出，祝闔門**。主人立於門東，西向，卑幼丈夫在其後，重行，北上。主婦立於門西，東向，卑幼婦女亦如之。尊長休於他所，如食間。

楊氏復曰：士虞禮無尸者，祝闔牖户，如食間。詳見後四時祭禮。

祝啓門，主人以下入哭辭神，祝進，當門北向噫歆，告啓門三，乃啓門。主人以下入就位。執事者點茶。祝立于主人之右，西向，告利成，斂主匣之，置故處。主人以下哭再拜，盡哀止，出就次。執事者徹。**祝埋魂帛**，祝取魂帛，帥執事者埋於屏處潔地。**罷朝夕奠**。朝夕哭。哀至，哭如初。**遇柔日再虞**，乙、丁、巳、辛、癸爲柔日，其禮如初虞。惟前期一日陳器具饌，厥明夙興，設蔬果酒饌，質明行事，祝出神主于座，祝詞改「初虞」爲「再虞」，「祫事」爲「虞事」爲異。若墓遠，途中遇柔日，則亦於所館行之。遇剛日三虞。甲、丙、戊、庚、壬爲剛日，其禮如再虞。惟改「再虞」爲「三虞」，「虞事」爲「成事」。若墓遠，亦途中遇剛日，且闕之，須至家乃可行此祭。

卒哭

《檀弓》曰：「卒哭曰『成事』。是日也，以吉祭易喪祭。」故此祭漸用吉禮。

三虞後，遇剛日卒哭。前期一日，陳器具饌。並同虞祭。惟更設玄酒瓶一於酒瓶之西。厥明夙興，設蔬果酒饌。並同虞祭。唯更取井花水充玄酒。質明，祝出主，同再虞。主人以下皆入哭，降神，並同虞祭。主人主婦進饌，主人奉魚肉，主婦盥帨奉麵米食，主人奉羹，主婦奉飯以進，如虞祭之設。初獻，並同虞祭。惟祝執版出於主人之左，東向跪讀爲異。詞並同虞祭，但改「三虞」爲「卒哭」，「哀薦成事」下云：「來日隮祔于祖考其官府君，尚饗！」按此云「祖考」，謂亡者之祖考也。

朱子曰：温公以虞祭讀祝於主人之右，卒哭讀祝於主人之左，蓋得禮意。楊氏復曰：高氏禮，祝進讀祝文曰：「日月不居，奄及卒哭，叩地號天，五情糜潰，謹以清酌庶羞，哀薦成事。尚饗！」

亞獻，終獻，侑食，闔門，啓門，辭神，並同虞祭。唯祝西階上東面，告利成。自是朝夕之間，哀至不哭，猶朝夕哭。主人兄弟，疏食水飲，不食菜果，寢席枕木。

楊氏復曰：按，古者既虞、卒哭，有受服。練、祥、禫，皆有受服。蓋服以表哀，哀漸殺則服漸輕。然受服數更，近於文繁。今世俗無受服，自始死至大祥，其哀無變，非古也。《書儀》《家禮》從俗而不泥古，所以從簡。

祔《檀弓》曰：「殷既練而祔，周卒哭而祔。孔子善殷。」注曰：「期而神之，人情。」然殷禮既亡，其本末不可考。今三虞卒哭皆用周禮次第，則此不得獨從殷禮。

卒哭明日而祔。卒哭之祭既徹，即陳器，具饌。器如卒哭，皆陳之於祠堂。堂狹，即於廳事，隨便。設亡者祖考妣位於中，南向西上，設亡者位於其東南，西向。母喪，則不設祖考位。酒瓶、玄酒瓶於阼階上，火爐、湯瓶於西階上。具饌如卒哭而三分，母喪則兩分。祖妣二人以上，則以親者。○《雜記》曰：「男子祔于王父則配，女子祔于王母則不配。」注：「有事於尊者，可以及卑；有事於卑者，不敢援尊也。」

高氏曰：若祔妣，則設祖妣及妣之位，更不設祖考位。若父在而祔妣，則不可遞遷祖妣，宜別立室以藏其主，待考同祔。若考妣同祔，則並設祖考及祖妣之位。○胡氏泳曰：高氏別室藏主之説恐未然。先生内子之喪主只祔在祖妣之旁，此當爲據。楊復曰：父在祔妣，則父爲主，乃是夫祔妻於祖妣。三年喪畢未遷，尚祔於祖妣，待父他日三年喪畢，遞遷祖考妣，始考妣同遷也。高氏父在不可遽遷祖妣之説亦是，但別室藏主之説則非也。補注祔之爲言附也。祔祭者，告其祖父以當遷他廟，而告新死者以當入此廟也。

父則祔于父之祖考，母則祔于祖妣。祔父則設祖考妣二位，祔母則設祖妣一位而已，卑不敢援尊也。按，藍田呂氏曰：「主人未除喪，主未遷於新廟，故以其主祔藏于祖廟。有祭即而祭之。」此説非也。主人未除喪，以主祔祭于祖廟，祭畢，復奉還靈座，猶存朝夕哭。既除喪，而後主遷于新廟。若母喪父在，既除喪，則祔藏于祖廟，有祭即而祭之，待父死日，三年喪畢，始考妣同遷者也。

厥明夙興，設蔬果酒饌。並同卒哭。質明，主人以下哭於靈座前，主人兄弟皆倚杖于階下，入哭盡哀止。按，此謂繼祖宗子之喪，其世嫡當爲後者主喪，乃用此禮。若喪主非宗子，則皆以亡者繼祖之宗主此祔祭。《禮》注云：「祔于祖廟，宜使尊者主之。」詣祠堂，奉神主出，置于座。祝軸簾，啓櫝，奉所祔祖考之主置于座内。執事者奉祖妣之主置于座，西上。若在他所，則置于西階上卓子上，然後啓櫝。○若喪主非宗子，而與繼祖之宗異居，則宗子爲告于祖，而設虛位以祭。祭訖，除之。還，奉新主入祠堂，置于座。主人以下還詣靈座所，哭。祝奉主櫝，詣祠堂西階上卓子上。主人以下哭從，如從柩之叙，至門止哭。祝啓櫝出主，如前儀。若喪主非宗子，則唯喪主主婦以下還迎。補注 奉櫝，先在西階卓子上，出主，則在東南西向之位上者也。叙立，若宗子自爲喪主，則叙立如虞祭之儀。若喪主非宗子，則宗子主婦分立兩階之下，喪主在宗子之右，喪主婦在宗子婦之左，長則居前，少則居後，餘亦如虞祭之儀。參神，在位者皆再拜參祖考妣。降神。若宗子自爲喪主，則喪主行之；若喪主非宗子，則宗子行之。並同卒哭。祝進饌，並同虞祭。初獻，若宗子自爲喪主，則喪主行之；若喪主非宗子，則宗子行之。並同卒哭。但酌獻先詣祖考妣前，日子前同卒哭，祝版但云：「孝子某，謹以潔牲柔毛、粢盛醴齊，適于某考某官府君，隮祔孫某官，尚饗！」皆不哭；内喪則云「某妣某封某氏，隮祔孫婦某封某氏」。次詣亡者前。若宗子自爲喪主，則祝版同前，但云：「薦祔事于先考某官府君，適于某考某官府君，尚饗！」若喪主非宗子，則隨宗子所稱。若亡者於宗子爲卑幼，則宗子不拜。亞獻，終獻，若宗子自爲喪主，則主婦爲亞獻，親賓爲終獻；若喪主非宗子，則喪主爲亞獻，主婦爲終獻。並同卒哭及初獻儀，惟不讀祝。侑食，闔門，啓門，辭神，並同卒哭，但不哭。祝奉主各還故處。祝先納祖考妣神主于龕中匣之，次納亡者神主西階卓子上匣之，奉之反于靈座，出門。主人以下哭從，如來儀，盡哀止。若喪主非宗子，則哭而先行，宗子亦哭送之，盡哀止。若祭於他所，則祖考妣之主亦如新主納之。

程子曰：喪須三年而祔，若卒哭而祔，則三年却都無事。禮，卒哭猶存朝夕哭。無主在寢，哭於何處？朱子曰：古者廟有昭穆之次，昭常爲昭，穆常爲穆。故祔新死者于其祖父之廟，則爲告其祖父以當遷他廟，而告新死者以當入此廟之漸也。今公私之廟，皆爲同堂異室以西爲上之制，而無復左昭右穆之次。一有遞遷，則群室皆遷，而新死者當入于其禰之故室矣。此乃禮之大節，與古不同，而爲禮者猶執祔于祖父之文，似無意義。故欲遂變而祔于禰廟，則又非愛禮存羊意。○楊氏復曰：司馬公禮、《家禮》並是既祔之後，主復于寢，所謂奉主各還故處也。

小祥

鄭氏云：祥，吉也。

期而小祥。自喪至此，不計閏，凡十三月。吉者卜日而祭，今止用初忌，以從簡易。大祥倣此。前期一日，主人以下沐浴，陳器，具饌，主人率衆丈夫灑掃滌濯，主婦率衆婦女滌釜鼎，具祭饌。他皆如卒哭之禮。設次，陳練服。丈夫、婦人各設次於別所，置練服於其中。男子以練服爲冠，去首絰、負版、辟領、衰；婦人截長裙，不令曳地。應服期者，改吉服，然猶盡其月，不服金珠、錦繡、紅紫。唯爲妻者猶服禫，盡十五月而除。

楊氏復曰：按《儀禮・喪服記》載衰、負版、辟領之制甚詳，但有闕文，不言衰、負版、辟領何時而除。司馬公《書儀》云，既練，男子去首絰、負版、辟領、衰。故《家禮》據《書儀》云，小祥去首絰、負版、辟領、衰。但《禮經》既練，男子除首絰，婦人除腰帶。《家禮》於婦人成服時，並無婦人絰帶之文，此爲疏略，故既練，亦不言婦人除帶。當以《禮經》爲正。補注 丘氏曰：「按《家禮》於『設次』『陳練服』下，既曰『男子以練服爲冠』，而不言冠之制，又曰『去首絰、負版、辟領、衰』，而不言別有所製。今考之韵書：練，漚熟絲也。意其以練熟之布爲冠服，故謂之練焉。今疑冠別爲練，其制繩武條屬右，終一如衰冠，但用稍麤熟麻布爲之。其服制則上衰下裳。亦如大功衰服，而布用稍麤熟麻布爲之，不用負版、適、衰。腰絰用葛爲之。麻屨用麻絰爲之。父杖用竹、母杖用桐如故。婦人服制，亦用稍麤熟麻布爲之，庶稱練之名云。」

厥明夙興，設蔬果酒饌。並同卒哭。質明，祝出主，主人以下入哭。皆如卒哭，但主人倚杖於門外，與期親各服其服而入。若已除服者來預祭，亦釋去華盛之服，皆哭盡哀止。補注 入哭於靈座前。乃出，就次易服，復入哭，祝止之。補注 復入哭於靈座前。降神，如卒哭。三獻，如卒哭之儀。祝版同前，但云：「日月不居，奄及小祥。夙興夜處，小心畏忌。不惰其身，哀慕不寧。敢用潔牲柔毛、粢盛醴齊，薦此常事，尚饗！」侑食，闔門，啓門，辭神，皆如卒哭之儀。補注 行禮皆在靈座之前。止朝夕哭，惟朔望，未除服者會哭。其遭喪以來，親戚之未嘗相見者相見，雖已除服，猶哭盡哀，然後叙拜。始食菜果。

問：「妻喪踰期主祭。」朱子曰：「此未有考，但司馬氏大小祥祭已除服者皆與祭，則主祭者雖已除服，亦何害于與祭乎？但不可純用吉服，須如吊服及忌日之服可也。」

大祥

再期而大祥。自喪至此，不計閏，凡二十五月，亦止用第二忌日祭。前期一日，沐浴，陳器，具饌，皆如小祥。設次，陳禫服，司馬温公曰：「丈夫垂脚黲紗幞頭，黲布衫，布裹角帶，未大祥間暇以出謁者。婦人冠梳假髻，以鵞黄青碧皂白爲衣履，其金珠紅繡，皆不可用。」

問：「子爲母大祥及禫，夫已無服，其祭當如何？」朱子曰：「今禮几筵必三年而除，則小祥、大祥之祭，皆夫主之。但小祥之後，夫即除服。大祥之祭，夫亦恐須素服，如巾服可也。但改其祝詞，不必言爲子而祭也。」補注 丘氏曰：按《説文》：「黲，淺青黑也。」今世無垂脚幞頭之制。

告遷于祠堂。以酒果告，如朔日之儀。若無親盡之祖，則祝版云云告畢，改題神主如加贈之儀，遞遷而西，虚東一龕以俟新主。若有親盡之祖，而其別子也，則祝版云云告畢，而遷于墓所，不埋。其支子也，而族人有親未盡者，則祝版云云告畢，遷于最長之房使主其祭，其餘改題遞遷如前。若親皆已盡，則祝版云云告畢，埋于兩階之間，其餘改題遞遷如前。補注 大宗之家始祖親盡，則遷其主于墓所，不埋。其第二世以下祖親盡，及小宗之家高祖親盡，請出就伯叔。親未盡者，祭之。親皆已盡，則遷其主埋于墓側，所謂「告畢，埋于兩階之間」者也。

厥明行事，皆如小祥之儀。惟祝版改「小祥」曰「大祥」，「常事」曰「祥事」。補注 上告祠堂、告祖考，當遷他廟也。此告靈座、告新主，當入此廟也。

畢，祝奉神主入于祠堂，主人以下哭從，如祔之叙。至祠堂前哭止。補注 居東一龕，以爲禰廟。

徹靈座，斷杖棄之屏處，奉遷主埋于墓側。始飲酒食肉而復寢。

問祧主。朱子曰：「天子諸侯有太廟夾室，則祧主藏于其中。今主人家無此，祧主無可置處。《禮記》説藏于兩階間。今不得已只埋于墓所。」○李繼善問曰：「納主之儀，禮經未見。《書儀》但言遷祠版匣于影堂，別無祭告之禮。周舜弼以爲昧然歸匣，恐未爲得。先生前云諸侯三年喪畢皆有祭，但其禮亡，而大夫以下又不可考。然則今當何所據耶？」曰：「横渠説三年後祫祭於太廟，因其告祭畢還主之時，則奉祧主歸於夾室，遷主、新主皆歸于其廟。此似爲得禮。鄭氏《周禮注》大宗伯享先王處，似亦有此意。而舜弦所疑，與熹所謂三年喪畢有祭者，似亦暗與之合。但既祥而徹几筵，其主且當祔于祖父之廟，俟祫畢然後遷耳。」○楊氏復曰：《家禮》祔與遷，皆祥祭一時之事。前期一日，以酒果告訖，改題遞遷而西，虛東一龕以俟新主。厥明祥祭畢，奉神主入于祠堂。又按，先生與學者書，則祔與遷是兩項事：「既祥而徹几筵，其主且當祔于祖父之廟，俟三年喪畢，祫祭而後遷。」蓋世次迭遷，昭穆繼序，其事至重，豈可無祭告禮？但以酒果告，遽行迭遷乎？在禮，喪三年不祭。故横渠説三年喪畢祫祭於太廟，因其祭畢還主之時，迭遷神主。用意婉轉，此爲得禮，而先生從之。或者又以大祥除喪而新主未得祔廟爲疑。竊嘗思之，新主所以未遷廟者，其爲體亡者尊敬祖考之意。祖考未有祭告，豈敢遽遷也？况禮辨昭穆，孫必祔祖，凡祫祭時，孫常祔祖。今以新主且祔於祖父之廟，有何所疑？當俟告祭前一夕，以薦告遷主畢乃題神主。厥明祫祭畢，奉神主埋於墓所，奉遷主、新主各歸于廟。故並述其説，以俟參考。○高氏告祔遷祝文曰：「年月日，孝曾孫某，罪積不滅，歲及免喪，世次迭遷，昭穆繼序，先王制禮，不敢不至。」補注按本條下李繼善、楊氏復（主）〔注〕，則上文告遷于祠堂猶未祧、未遷，但改題神主。厥明行事猶未入新廟，且祔藏于其祖廟，待禫祭畢，又卜日祫祭，然後祧後遷後入也。丘氏曰：「『始飲酒食肉而復寢』當在禫之後。按，禮，中月而禫，禫而飲醴酒。始飲酒者，先飲醴酒。始食肉者，先食乾肉。又大祥居復寢，禫而牀。由是觀之，則禫又未可以食肉飲酒，惟飲醴食脯而已，而况大祥乎？今疑禫後始飲淡酒食乾肉，大祥後雖復寢，至禫後乃卧牀，庶幾得禮之意。」

禫

鄭氏曰：澹澹然平安之意。

大祥之後，中月而禫。間一月也。自喪至此，不計閏，凡二十七月。

司馬温公曰：《士虞禮》：「中月而禫。」鄭注云：「中，猶間也。禫，祭名也。自喪至此，凡二十七月。」按魯人有朝祥而暮歌者，子路笑之。夫子曰：「踰月則其善也。」孔子既祥，五日彈琴而不成聲，十日而成笙歌。《檀弓》曰：「祥而縞。」注：「縞冠素紕也。」又曰：「禫徙月樂。」《三年問》曰：「三年之喪，二十五月而畢。」然則所謂「中月而禫」者，蓋禫祭在祥月之中也。歷代多從鄭説。今律勅三年之喪，皆二十七月而除，不可違也。朱子曰：二十五月祥後便禫，看來當主王肅之説，於「是月禫，徙月樂」之説爲順。而今從鄭氏之説，雖是禮宜從厚，然未爲當。補注石梁王氏曰：「二十四月再期其月，餘月不數，爲二十五月。『中月而禫』注謂『間一月』，則所間之月是空一月，爲二十六月。出月禫祭爲二十七月。徙月則樂矣。愚謂禫祭不言設次陳服者，蓋小祥祭即易練服，大祥祭即易禫服，禫祭宜易吉服，《禮記·間傳》所謂『禫而纖，無所不佩』是也。厥明，又卜日始祭遷主，於禮畢矣。」

前一月下旬卜日，下旬之首，擇來月三旬各一日，或丁或亥，設卓子于祠堂門外，置香爐、香盒、环珓、盤子于其上，西向。主人禫服，西向；衆主人次之，少退，北上；子孫在其後，重行，北上；執事者北向，東上。主人炷香熏珓，命以上旬之日，曰：「某將以來月某日，祇薦禫事于先考某官府君，尚饗！」即以珓擲于盤，以一俯一仰爲吉，不吉更命中旬之日，又不吉則用下旬之日。主人乃入祠堂本龕前再拜，在位者皆再拜。主人焚香。祝執辭立於主人之左，跪告曰：「孝子某，將以來月某日，祇薦禫事于先考某官府君，卜既得吉，敢告。」主人再拜，降，與在位者皆再拜。祝闔門，退。若不得吉，則不用「卜既得吉」一句。前期一日，沐浴設位，陳器，具饌。設神位於靈座故處，他如大祥之儀。厥明行事，皆如大祥之儀。但主人以下詣祠堂。祝奉主櫝置于西階卓子上，出主置于座。主人以下皆哭盡哀。三獻，不哭。改祝版「大祥」爲「禫祭」，「祥事」爲「禫事」。至辭神，乃哭盡哀。送神主至祠堂，不哭。

朱子曰：薦新告朔，吉凶相襲，似不可行，未葬可廢，既葬則使輕服或已除者入廟行禮可也。四時大祭，既葬亦不可行。如韓魏公所謂「節祠」者，則如薦新，行之可也。又曰：家間頃年居喪，於四時正祭則不敢舉，而俗節薦享，則以墨衰行之。蓋正祭三獻受胙非居喪所可行，而俗節則唯普同一獻，不讀祝、不受胙也。○又曰：喪三年不祭，但古人居喪，衰麻之衣不釋於身，哭泣之聲不絶於口，其出入、居處、言語、飲食皆與平日絶異。故宗廟之祭雖廢，而幽明之間，兩無憾焉。今人居喪與古人異，卒哭之後遂墨其衰，凡出入、居處、言語、飲食與平日之所爲皆不廢也，而獨廢此一事，恐亦有所未安。竊謂欲處此義者，但當自省所以居喪之禮，果能始卒一一合於曲禮，即廢祭無可疑。若他時不免墨衰出入，或其他有所未合者尚多，即卒哭之前，不得已準禮且廢。卒哭之後，可以略倣《左傳》杜注之説，遇四時祭日，以衰服特祀於几筵，用墨衰常祀於家廟可也。楊氏復曰：先生以子喪，不舉盛祭，就祠堂内致薦，用深衣幅巾，祭畢，反喪服，哭奠子則至慟。

居喪雜儀

《檀弓》曰：「始死，充充如有窮。既殯，瞿瞿如有求而弗得。既葬，皇皇如有望而弗至。練而慨然，祥而廓然。」「顏丁善居喪，始死，皇皇如有求而弗得；及殯，望望焉如有從而弗及；既葬，慨然如不及其反而息。」[補注] 疏曰：事盡理屈爲窮。親始死，孝子匍匐而哭之，心形充屈，如急行道極，無所復去，窮極之容也。瞿瞿，眼目速瞻之貌，如有所失，而求覓之不得然也。皇皇，猶棲棲也，親歸草土，孝心無所依託，如有彼來而彼不至也。至小祥，但想嘆日月若馳之速也；至大祥，則情意寥廓不樂而已。顏丁，魯人。望望，往而不顧之貌。始死形可見矣，既殯柩可見也，葬則無所見矣。如有從而弗及，似有可及之處也。葬後則不復有所從矣，故但言如不及。其反又息。又息者，息猶待也，不忍央忘其親，猶且行且止，以待其親之反也。

《雜記》：「孔子曰：少連、大連善居喪，三日不怠，三月不解，期悲哀，三年憂。」[補注] 注云：「三日，親始死時也。不怠，謂哀痛之切，雖不食而能自力以致其禮也。三月，親喪在殯時也。解，與懈同，倦也。憂，謂憂戚憔悴。」[集覽] 少連、大連。《雜記》注：「少連、大連，東夷之人，不學而知禮者也。」期，期同。

《喪服·四制》曰：「仁者可以觀其愛焉，知者可以觀其理焉，彊者可以觀其志焉。禮以治之，義以正之，孝子、弟弟、貞婦皆可得而察焉。」【補注】注云：非仁者，不足以盡愛親之道，故於仁者觀其愛。非知者，不足以究居喪之理，故於知者觀其理。非彊者，不足以守行禮之志，故於强者觀其志。

《曲禮》曰：「居喪未葬，讀喪禮。既葬，讀祭禮。喪復常，讀樂章。」【補注】注云：復常，除服之後。樂章，弦歌之詩也。

《檀弓》曰：「大功廢業。或曰：大功，誦可也。」今居喪，但勿讀樂章可也。【補注】注云：業者，身所習，如學舞、學射、學琴瑟之類。廢之者，恐其忘哀也。誦者，口所習，稍暫爲之亦可。然稱「或曰」，亦未定之辭也。

《雜記》：「三年之喪，言而不語，對而不問。」言，言己事也。爲人説爲語。《喪大記》：「父母之喪，非喪事不言。既葬，與人立，君言王事，不言國事；大夫、士言公事，不言家事。」《檀弓》：「高子皋執親之喪，未嘗見齒。」言笑之微。《雜記》：「疏衰之喪，既葬，人請見之則見，不請見人。小功，請見人可也。」【補注】疏衰，齊衰也。【集覽】「高子皋」。按《一統志》，高柴，字子高，衛人，孔子弟子。足不履影，啓蟄不殺，方長不折。執親之喪，泣血三年，未嘗見齒。避難而行，不徑不竇。孔子稱爲愚，蓋其爲人智不足而厚有餘。後世封共城侯。

又：「凡喪，小功以上，非虞、祔、練、祥，無沐浴。」《曲禮》：「頭有創則沐，身有瘍則浴。」《喪服·四制》：「百官備，百物具，不言而事行者，扶而起；言而後事行者，杖而起；身自執事而後行者，面垢而已。」凡此皆古禮。今之賢孝君子，必有能盡之者，自餘相時量力而行之可也。

補注 注云：「百官備，謂王侯也，委任百官，不假自言，而事得行。故許子病深，雖有病扶之杖，亦不能起，故又須人扶乃起也。大夫、士既無百官，百物須己言，而後喪事乃行。故不許極病，所以杖而起，不用扶也。庶人卑，無人可使，但身自執事，不可許病，故有杖不用，但使面有塵垢之容而已耳。」

致賻奠狀

具位姓某

某物若干

右謹專送上　某人靈筵。聊備　賻儀，香茶酒食云「奠儀」。伏惟　歆納。謹狀年月日具位姓某狀。

封皮：狀上某官靈筵。具位姓某謹封。

劉氏璋曰：司馬公《書儀》云：「亡者官尊，其儀乃如此。若平交及降等，即狀内無年，封皮上用面簽，題曰『某人靈筵』，下云『狀謹封』。」

謝狀三年之喪未卒哭，只令子姪發謝書。

具位姓某

某物若干

右伏蒙　尊慈，以某發書者名。某親違世，大官云「薨没」。特賜　賻儀，襚奠隨事。下誠平交不用此二字。不任哀感之至，謹具狀上謝。謹狀。餘並同前，但封皮不用「靈筵」二字。

劉氏璋曰：司馬公云：「此與所尊敬之儀。如平交則狀内改『尊慈』爲『仁私』，『賜』爲『貺』，去『下誠』字，後云『謹奉狀陳謝，謹狀』，無年。封皮上用面簽，題云『某人』，下云『狀謹封』。」

慰人父母亡疏慰嫡孫承重者同。

某頓首再拜言：降等止云「頓首」，平交但云「頓首言」。不意凶變，亡者官尊，即云「邦國不幸」。後皆放此。先某位無官即云「先府君」。有契即加「幾丈」於「某位」「府君」之上。○母云「先某封」，無封即云「先夫人」。承重則云「尊祖考某位」「尊祖妣某封」。餘並同。奄棄榮養。亡者官尊，即云「奄捐館舍」，或云「奄忽薨逝」。母封至夫人者，亦云「薨逝」。若生者無官，即云「奄違色養」。承訃驚怛，不能自已。伏惟平交云「恭惟」，降等云「緬惟」。孝心純至，思慕號絶，何可堪居！日月流邁，遽踰旬朔，經時即云「已忽經時」。已葬即云「遽經哀奉」。卒哭、小祥、大祥、禫、除，各隨其時。哀痛奈何，罔極奈何！不審自罹荼毒，父在母亡即云「憂苦」。氣力何如？平交云「何似」。伏乞平交云「伏願」，降等云「惟冀」。强加餐粥，已葬則云「疏食」。俯從禮制。某役事所縻，仕官即云「職業有守」。未由奔慰，其於憂戀，無任下誠。平交已下，但云「未由奉慰，悲係增深」。謹奉疏，平交云「狀」。伏惟鑒察。平交以下，去此四字。不備，謹疏。平交云

「不宣，謹狀」。月日，具位降等用「郡望」。姓某疏上平交云「狀」。某官大孝。苦前，母亡即云「至孝」。平交以下，云「苦次」。封皮：疏上某官大孝。苦前。具位姓某謹封。降等即用面簽，云「某官大孝苦次，郡望姓名狀謹封」。若慰人母亡，即云「至孝」。

劉氏璋曰：裴儀云，父母亡日月遠，云「哀前」，平交以下，云「哀次」。劉儀云，百日內云「苦次」，百日外「服次」，如尊則稱「苦前」「服前」。今從劉儀。

重封：疏上平交云「狀」。某官。具位姓某謹封。

父母亡答人慰疏 嫡孫承重者同。

某稽顙再拜言：降等云「叩首」，去「言」字。

劉氏璋曰：劉儀：「某叩頭泣血言。」按稽顙而後拜，以頭觸地曰稽顙，三年之禮也。雖於平交、降等者亦如此。但去言字，何則？古禮受吊，必拜之，不問幼賤故也。

某罪逆深重，不自死滅，禍延先考。母云「先妣」。承重則祖父云「先祖考」，祖母云「先祖妣」。攀號擗踊，五内分崩，叩地叫天，無所逮及。日月不居，奄踰旬朔，隨時。同前。酷罰罪苦，父在母亡，即云「偏罰罪深」。父先亡，則母與父同。無望生全。即日蒙恩，平交以下去此四字。祇奉几筵，苟存視息。

伏蒙尊慈，俯賜慰問，哀感之至，無任下誠。平交云「仰承仁恩，俯垂慰問，其爲哀感，但切下懷」。降等云「特承慰問，哀感良深」。司馬溫公曰：凡遭父母喪，知舊不以書來吊問，是無相恤之心，於禮不當先發書。不得已，須至先發，即删此四句。未由號訴，不勝隕絶。謹奉疏，降等云「狀」。荒迷不次。謹疏。降等云「狀」。月日，孤子母喪稱「哀子」。俱亡即稱「孤哀子」。承重者稱「孤孫」「哀孫」「孤哀孫」。姓名疏上某位。座前謹空。○平交以下去此二字。

朱子曰：父喪稱「孤子」，母喪稱「哀子」。温公所稱，蓋因今俗以別父母，不欲混并之也。且從之亦無害。

封皮、重封並同前。但改「具位」爲「孤子」。

慰人祖父母亡啓狀

謂非承重者。伯叔父母、姑、兄姊弟妹、妻、子、姪、孫同。

某啓：不意凶變，子、孫不用此句。尊祖考某位，奄忽違世。祖母曰「尊祖妣某封」。無官封，有契，已見上。伯叔父母、姑，即加「尊」字。兄姊弟妹，加「令」字。降等皆加「賢」字。若彼一等之親有數人，即加行第，云「幾某位」。無官云「幾府君」。有契，即加「幾丈」「幾兄」於「某位」「府君」之上。姑、姊、妹，則稱以夫姓，云「某宅尊姑令姊妹」。妻則云「賢閤某封」，無封則但云「賢閤」。子即云「休承令子幾某位」。姪、孫並同。降等則曰

「賢」。無官者稱「秀才」。承訃驚怛，不能已已。妻改「怛」爲「愕」。子、孫但云「不勝驚怛」。伏惟「恭惟」「緬惟」，見前。孝心純至，哀慟摧裂，何可勝任？伯叔父母、姑，云「親愛加隆，哀慟沉痛，何可堪勝」。兄姊弟妹，則云「友愛加隆」。妻則云「伉儷義重，悲悼沉痛」。子、姪、孫，則云「慈愛隆深，悲慟沉痛」。餘與伯叔父母、姑同。孟春猶寒，寒温隨時。不審尊體何似？稍尊云「動止何如」。降等云「所履何似」。伏乞平交以下，如前。深自寬抑，以慰慈念。其人無父母，即但云「遠誠」。連書，不上平。某事役所縻，在官如前。未由趨慰，其於憂想，無任下誠。平交以下如前。謹奉狀，伏惟鑒察。平交如前。不備。平交如前。謹狀。

月日，具位姓名狀上某位。服前，平交云「服次」。封皮、重封同前。

祖父母亡答人啓狀

謂非承重者。伯叔父母、姑、兄姊弟妹、妻、子、姪、孫同。

某啓：家門凶禍，伯叔父母、姑、兄姊弟妹，云「家門不幸」。○妻云「私家不幸」。子、姪、孫云「私門不幸」。先祖考祖母云「先祖妣」。伯叔父母云「幾伯叔父母」。姑云「幾家姑」。兄、姊云「幾家兄」「幾家姊」。弟、妹云「幾舍弟」「幾舍妹」。妻云「室人」。子云「小子某」。姪云「從子某」。孫曰「幼孫某」。奄忽棄背，兄弟以下云「喪逝」。子、姪、孫云「遽爾夭折」。痛苦摧裂，不自勝堪。伯叔父母、姑、兄姊弟妹，云「摧痛酸苦，不自堪忍」。妻改「摧痛」爲「悲悼」。子、姪、孫改「悲悼」爲「悲念」。伏蒙尊慈，特賜慰問，哀感之至，不任下誠。平交、降等如前。孟春猶寒，寒温隨時。伏惟「恭惟」「緬惟」如前。某位尊體起居萬福。平交不用「起居」；降等但云「動止萬福」。某即日侍奉，無父母即不用此句。幸免他苦，未由面訴，徒增哽塞。謹奉狀上平交云「陳」。謝。不備。平交如前。謹狀。月日，某郡姓名狀上某位。座前謹空。平交如前。

封皮、重封如前。

劉氏璋曰：司馬公云：「自伯叔父母、兄弟以下，今人多只用平時往來啓狀，止於小簡中言之。雖亦可行，但裴儀舊有此式，古人風義敦篤，當如此，不敢輒删。」

祭禮

四時祭

司馬温公曰：《王制》：「大夫、士有田則祭，無田則薦。」注：「祭以首時，薦以仲月。」高氏曰：何休云：「有牲曰祭，無牲曰薦。大夫牲用羔，士牲特豕。庶人無常牲：春薦韭，夏薦麥，秋薦黍，冬薦稻。韭以卵，麥以魚，黍以豚，稻以雁，取其新物相宜。凡庶羞不踰牲，若祭以羊，則不以牛爲羞也。」今人鮮用牲，惟設庶羞而已。集覽何休。按《漢書》，休，字邵公，天資穎悟，精研六經。靈帝時，陳蕃辟之爲議，即以春秋駁漢事六百餘條，妙得公羊本旨。作《公羊墨守》《左氏膏肓》《穀梁廢疾》等書。補注繼高祖宗子則祭高祖以下考妣，繼曾祖宗子則祭曾祖以下考妣，繼祖宗子則祭祖以下考妣，繼禰宗子則祭考妣二位而已。

時祭用仲月，前旬卜日。孟春下旬之首，擇仲月二旬各一日，或丁或亥。主人盛服，立於祠堂中門外，西向。兄弟立於主人之南，少退，北上。子孫立於主人之後，重行，西向，北上。置卓子於主人之前，設香爐、香盒、环珓及盤於其上。主人搢笏，焚香薰珓，而命以上旬之日，曰：「某將以來月某日，諏此歲事，適其祖考，尚饗！」即以珓擲于盤，以一俯一仰爲吉，不吉更卜中旬之日。又不吉，則不復卜，而直用下旬之日。既得日，祝開中門，主人以下北向立，如朔望之位，皆再拜。主人升，焚香，再拜。祝執詞，跪于主人之左，讀曰：「孝孫某，將以來月某日，祗薦歲事于祖考，卜既得吉，敢告。」用下旬日，則不言「卜既得吉」。主人再拜，降，復位，與在位者皆再拜。祝闔門。主人以下復西向位。執事者立于門西，皆東面，北上。祝立于主人之右，命執事者曰：「孝孫某，將以來月某日，祗薦歲事于祖考，有司具修。」執事者應曰：「諾。」乃退。

司馬溫公曰：孟詵家祭儀用二至二分。然今仕宦者職業既繁，但時至事暇可以祭則卜筮，亦不必亥日及分至也。若不暇卜日，則止依孟儀用分至，於事亦便也。○問：「舊嘗收得先生一本祭儀，時祭皆用卜日，今聞却用二至二分祭，是如何？」朱子曰：「卜日無定，慮有不虔。司馬公云只用分至亦可。」集覽孟詵。按《唐鑑》，詵，汝州梁人，登進士第，累官鳳閣舍人，擢春官侍郎，拜同州刺史。神龍初致仕，詔所在春秋給羊酒，以終其身。

前期三日齊戒。前期三日，主人帥衆丈夫致齊于外；主婦帥衆婦女致齊于內。沐浴更衣。飲酒不得至亂；食肉不得茹葷。不吊喪，不聽樂。凡凶穢之事，皆不得預。

司馬温公曰：主婦，主人之妻也。禮，舅没則姑老不與於祭，主人、主婦必使長男、長婦爲之。若或自欲與祭，則特位於主婦之前，參神畢，升，立於酒壺之北，監視禮儀。或老疾不能久立，則休於他所，俟受胙，復來受胙辭神而已。劉氏璋曰：《祭義》曰：「齊之日，思其居處，思其笑語，思其志意，思其所樂，思其所嗜。齊三日，乃見其所以爲齊者。」專致思於祭祀也。

前一日，設位陳器，主人帥衆丈夫深衣，及執事灑掃正寢，洗拭倚卓，務令蠲潔。設高祖考妣位於堂西北壁下，南向。考西妣東，各用一倚一卓而合之。曾祖考妣、祖考妣、考妣以次而東，皆如高祖之位。世各爲位，不屬。祔位皆於東序，西向北上，或兩序相向，其尊者居西。妻以下則於階下。設香案於堂中，置香爐、香合於其上，束茅聚沙於香案前及逐位前地上。設酒架於東階上，别置卓子於其東，設酒注一、酹酒盞一、盤一、受胙盤一、匕一、巾一、茶盒、茶筅、茶盞托、鹽楪、醋瓶於其上。火爐、湯瓶、香匙、火筯於西階上，别置卓子於其西，設祝版於其上。設盥盤、帨巾各二，於阼階下之東，其西者有臺架，又設陳饌大牀于其東。

問：「今人不祭高祖，如何？」程子曰：「高祖自有服，不祭甚非。某家却祭高祖。」又曰：「自天子至於庶人，五服未嘗有異，皆至高祖。服既如是，祭祀亦須如此。」朱子曰：「考諸程子之言，則以爲高祖有服，不可不祭。雖七廟五廟，亦止於高祖，雖三廟一廟以至祭寢，亦必及於高祖，但有疏數之不同耳。疑此最爲得祭祀之本意。今以《祭法》考之，雖未見祭必及高祖之文，然有月祭享嘗之别，則古者祭祀以遠近爲疏數，亦可見矣。禮家又言，大夫有事，省於其君，干祫，及其高祖。此則可爲立三廟而祭及高祖之驗。○

古人宗子承家主祭，仕不出鄉，故廟無虛主而祭必於廟。惟宗子越在他國則不得祭，而庶子居者代之。祝曰：『孝子某使介子某執其常事。』然猶不敢入廟，特望墓爲壇以祭。蓋其尊祖敬宗之嚴如此。今人主祭者遊宦四方，或貴仕於朝，又非古人越在他國之地，則以其田禄脩其薦享尤不可闕，不得以身去國而使支子代之也。泥古則闊於事情，徇俗則無所品節，必欲酌其中制，適古今之宜，則宗子所在，奉二主以從之，於事爲宜。蓋上不失萃聚祖考精神之義，二主常相從，則精神不分矣。下使宗子得以田禄薦享祖宗，處禮之變而不失其中，所謂『禮雖先王未之有，可以義起』者蓋如此。但支子所得自主之祭，則當留以奉祀，不得隨宗子而徙也。或謂留影於家，奉祠版而行，恐精神分散，非鬼神所安。而支子私祭上及高曾，又非所以嚴大宗之正也。○兄弟異居，廟初不異，只合兄祭，而弟與執事或以物助之爲宜。而相去遠者，則兄家設主，弟不立主，只於祭時旋設位，以紙榜標記，逐位祭畢焚之。如此似亦得禮之變也。」補注按，本注設位之次，愚未敢以爲然。蓋神主在四龕中，則以西爲上，先高祖考妣、次曾祖考妣、次祖考妣、次考妣，以東西分昭穆也。至於大祭祀，出主在堂，或於正寢，惟高祖考在西，高祖妣在東，南向。其餘曾祖考、祖考與考，皆西旁，東向。曾祖妣、祖妣與妣皆東旁，西向。而祔祭神主，高祖兄弟則祔于高祖左右，亦南向。曾祖考、祖考與考兄弟則祔于曾祖考、祖考與考上下，皆東向。其妣祔于高祖妣左右，亦南向。祔則曾祖妣、祖妣與妣上下，皆西向。卑幼男女祔位則在兩序，以上下分昭穆也。至於子孫叙立，惟宗子在東，宗婦在西，北向。其餘男在宗子之右，女在宗婦之左，皆北向。先大伯叔祖、次伯叔祖、次伯叔、次兄弟，在宗子宗婦之前。次子姪、次執事，在宗子宗婦之後。以前後分昭穆也。蓋繼高宗子則爲高廟，故高祖考妣得居正位。繼曾宗子則爲曾廟，故曾祖考妣得居正位。繼祖宗子則爲祖廟，故祖考妣得居正位。繼禰宗子則爲禰廟，故考妣得居正位，非正位者當在側，而祔祭者亦世爲一列。當祔正位者亦正位，當祔側位者亦側位。如天子、諸侯太廟祫祭，惟太祖東向自如，其餘在南北牖下，亦南北向，此自爲之理也。張子曰：「雖一人數娶，猶不妨東方虚其位以應廟方之數，其世次則復對西方之配也。」又按，本注「東茅聚沙在香案前地下」，所以降神酹酒。「及逐位前地上」，所以初獻祭酒也。

省牲，滌器，具饌。主人帥衆丈夫深衣省牲莅殺。主婦帥衆婦女背子滌濯祭器，潔釜鼎，具祭饌。每位果六品，蔬菜及脯醢各三品，肉、魚、饅頭、糕各一盤，羹、飯各一椀，肝各一串，肉各二串，務令精潔。未祭之前，勿令人先食，及爲猫犬蟲鼠所污也。

朱子嘗書戒子塾曰：「吾不孝，爲先公棄捐，不及供養。事先妣四十年。然愚無識知，所以承顔順色甚有乖戾，至今思之常以爲終天之痛，無以自贖。惟有歲時享祀，致其謹潔，猶是可著力處。汝輩及新婦等切宜謹戒。凡祭肉臠割之餘及皮毛之屬，皆當存之，勿令殘穢褻慢，以重吾不孝。」〇劉氏璋曰：往者士大夫家婦女皆親滌祭器，造祭饌，以供祭祀。近來婦女驕倨，不肯親入庖厨，雖家有使令之人效役，亦須身親監視，務令精潔。按，古禮有省牲、陳祭器等儀，今人祭其先祖未必皆殺牲。司馬公祭儀用時蔬、時果各五品，膾，生肉，炙，乾肉，羹，炒肉，骰，骨頭，軒（音獻），白肉，脯，乾脯、醢，肉醬，庶羞珍異之味，麵食餅饅頭之類，米食糍糕之類，共不過十五品。今先生品饌異同者，蓋恐一時不能辨集，或家貧則隨鄉土所有，惟蔬果肉麵米食數器亦可。祭器簠簋、籩豆、鼎俎、罍洗之類，豈私家所有，但用平日飲食之器，滌濯嚴潔，竭其孝敬之心亦足矣。

厥明夙興，設蔬果酒饌。主人以下深衣，及執事者俱詣祭所，盥手，設果楪於逐位卓子南端，蔬菜、脯醢相間次之。設盞盤、醋楪于北端，盞西楪東，匙筯居中。設玄酒及酒各一瓶於架上。玄酒，其日取井花水充，在酒之西。熾炭于爐，實水于瓶。主婦背子炊煖祭饌，皆令極熱，以盒盛出，置東階下大牀上。質明，奉主就位。主人以下各盛服，盥手帨手，詣祠堂前。衆丈夫敘立，如告日之儀。主婦西階下北向立。主人有母，則特位於主婦之前，諸伯叔母、諸姑繼之。嫂及弟婦、姊妹在主婦之左，其長於主母、主婦者皆少進，子孫婦女、内執事者，在主婦之後重行，皆北向東上，立定。主人升自阼階，搢笏焚香，出笏，告曰：「孝孫某，今以仲春之月，有事于高祖考某官府君、高祖妣某封某氏，曾祖考某官府君、曾祖妣某封某氏，祖考某官府君、祖妣某封某氏，考某官府君、妣某封某氏，以某親某官府君、某親某封某氏祔食，敢請神主出就正寢，恭神奠獻。」告辭仲夏秋冬各隨其時。祖考有無官爵封謚，皆如題主之文。祔食，謂旁親無後者及早逝先亡者，無即不言。告訖，搢笏斂櫝。正位祔位各置一笥，各以執事者一人捧之。主人出笏前導，主婦從後，卑幼在後，至正寢，置于西階卓子上。主人搢笏啓櫝，奉諸考神主出就位。主婦盥帨升，奉諸妣神主亦如之。其祔位則子弟一人奉之。既畢，主人以下皆降，復位。參神，主人以下敘立，如祠堂之儀。立定再拜。若尊長老疾者，休於他所。

司馬温公曰：古之祭者不知神之所在，故灌用鬱鬯，臭陰達于淵泉，蕭合黍稷，臭陽達于牆屋，所以廣求神也。今此禮既難行於士民之家，故但焚香酹酒以代之。北溪陳氏曰：廖子晦廣州所刊本，降神在參神之前。不若臨漳傳本，降神在參神之後爲得之。蓋既奉主於其位，則不可虚視其主，而必拜而肅之，故參神宜居於前。至灌則又所以爲將獻，而親饗其神之始也，故降神宜居於後。然始祖、先祖之祭只設虛位而無主，則又當先降而後參，亦不容以是爲拘。

降神，主人升，搢笏，焚香，出笏，少退立。執事者一人開酒，取巾拭瓶口，實酒于注；一人取東階卓子上盤盞，立于主人之左；一人執注立于主人之右。主人搢笏，跪。奉盤盞者亦跪，進盤盞，主人受之。執注者亦跪，斟酒于盞，主人左手執盤，右手執盞，灌于茅上。以盤盞授執事者，出笏，俯伏，興，再拜，降，復位。

問：「既奠之酒，何以置之？」程子曰：「古者灌以降神，故以茅縮酌，謂求神於陰陽有無之間，故酒必灌於地。若謂奠酒，則安置在此，今人以澆在地上，甚非也。既獻則徹去可也。」○張子曰：奠酒，奠，安置也。若言奠摯、奠枕是也。謂注之於地，非也。○朱子曰：「酹酒有兩説，一用鬱鬯灌地以降神，則惟天子諸侯有之；一是祭酒，蓋古者飲食必祭。今以鬼神自不能祭，故代之祭也。今人雖存其禮，而失其義，不可不知。」問：「酹酒是少傾是盡傾？」曰：「降神是盡傾。」○楊氏復曰：此四條降神酹酒是盡傾，三獻奠酒不當澆之於地。《家禮》初獻取高祖妣盞祭之茅上者，代神祭也。禮，祭酒少傾於地，祭食於豆間，皆代神祭也。

進饌，主人升，主婦從之。執事者一人以盤奉魚肉，一人以盤奉米麵食，一人以盤奉羹飯，從升。至高祖位前。主人搢笏，奉肉奠于盤盞之南，主婦奉麵食，奠于肉西。主人奉魚，奠于醋楪之南，主婦奉米食，奠于魚東。主人奉羹，奠于醋楪之東，主婦奉飯，奠于盤盞之西。主人出笏，以次設諸正位，使諸子弟婦女各設祔位。皆畢，主人以下皆降，復位。初獻，主人升，詣高祖位前。執事者一人，執酒注立于其右，冬日即先煖之。主人搢笏，奉高祖考盤盞，位前東向立。執事者西向，斟酒于盞，主人奉之，奠于故處。次奉高祖妣盤盞，亦如之。出笏，位前北向立。執事者二人，奉高祖考妣盤盞，立于主人之左右。主人搢笏，跪，執事者亦跪。主人受高祖考盤盞，右手取盞，祭之茅上，以盤盞授執事者，反之故處。受高祖妣盤盞，亦如之。出笏，俯伏，興，少退立。執事者炙肝于爐，以楪盛之，兄弟之長一人奉之，奠于高祖考妣前，匙筯之南。祝取版，立於主人之左，跪讀曰：「維年歲月朔日子，孝玄孫某官某，敢昭告于高祖考某官府君、高祖妣某封某氏。氣序流易，時維仲春，追感歲時，不勝永慕。敢以潔牲柔毛，牲用彘則曰「剛鬣」。粢盛醴齊，祗薦歲事，以某親某官府君、某親某封某氏祔食，尚饗！」畢，興。主人再拜，退詣諸位，獻祝如初。每逐位讀祝畢，即兄弟衆男之不爲亞終獻者，以次分詣本位所祔之位，酌獻如儀。但不讀祝。獻畢，皆降復位。執事者以他器徹酒及肝，置盞故處。○曾祖前稱「孝曾孫」。考前稱「孝子」，改「不勝永慕」爲「昊天罔極」。○凡祔者，伯叔祖父祔於高祖，伯叔父祔于曾祖，兄弟祔于祖，子孫祔于考，餘皆倣此。如本位無，即不言「以某親祔食」。○祖考無官及改夏秋冬字，皆已見上。

楊氏復曰：司馬公《書儀》：「主人升自阼階，詣酒注所，西向立。執事一人左手奉曾祖考酒盞，右手奉曾祖妣酒盞，一人奉祖考妣酒盞，一人奉考妣酒盞，皆如高祖考妣之次，就主人所。主人搢笏，執注，以次斟酒。執事者奉之，徐行反置故處。主人出笏，詣曾祖考妣神座前，北向。執事者一人奉曾祖考酒盞，立于主人之左，一人奉曾祖妣酒盞，立于主人之右。主人搢笏，跪，取曾祖考妣酒酹之，授執事者盞反故處，乃讀祝。」此其禮與虞禮同。《家禮》則主人升，詣神位前，主人奉祖考妣盤盞，一人執注立于其右斟酒，此則與虞禮異。竊詳虞禮神位惟一，時祭則神位多。《家禮》主人升，詣神位前，奉盤盞，位前東向立，執事者斟酒，主人奉之，奠于故處。次奉祖妣盤盞，亦如之。如此則禮嚴而意專。若《書儀》則時祭與虞祭同，主人詣酒注卓子前，執事者左右手奉兩盞，則其禮不嚴；主人執注，盡斟諸神位酒，則其意不專。此《家禮》所以不用《書儀》之禮，而又以義起之也。補注 丘氏曰：「按《家禮》四代各一祝文，今併一祝文，以從簡便。」

亞獻，主婦爲之。諸婦女奉炙肉及分獻，如初獻儀。但不讀祝。

朱子曰：祭禮，主人作初獻，未有主婦則弟得爲亞獻，弟婦爲終獻。楊氏復曰：「按亞獻如初儀，潮州所刊《家禮》云，惟不祭酒于茅。潮本所云不祭酒于茅，是乎？曰：所謂祭酒于茅者，爲神祭也。古者飲食必祭，及祭祖考，祭外神，亦爲神祭。《少牢饋食禮》：主人初獻尸，尸祭酒，而後啐酒，卒爵。主婦亞獻尸，尸祭酒，而後卒爵。賓長三獻尸，尸祭酒，而後卒爵。《士虞》《特牲禮》亦然。凡三獻尸，皆祭酒，爲神祭也。鄉射、大射獲者獻侯，先右個、次中、次左個，皆祭酒，爲侯祭也。以此觀之，三獻皆當祭酒于茅。潮本蓋或者以意改之，故與他本不同，失之矣。」

終獻，兄弟之長或長男或親賓爲之。衆子弟奉炙肉及分獻，如亞獻儀。侑食，主人升，搢笏，執注，就斟諸位之酒，皆滿，立於香案之東南。主婦升，扱匙飯中，西柄，正筯，立于香案之西南。皆北向，再拜，降，復位。闔門，主人以下皆出。祝闔門，無門處即降簾可也。主人立於門東，西向，衆丈夫在其後。主婦立於門西，東向，衆婦女在其後。如有尊長，則少休於他所，此所謂厭也。

楊氏復曰：《士虞禮》：「無尸者，祝闔牖戶如食間。」注：「如尸一食九飯之頃也。」又曰：「祝聲三，啓户。」注：「聲者，噫歆也。」今祭既無尸，故須設此儀。

啓門，祝聲三噫歆，乃啓門。主人以下皆入。其尊長先休于他所者，亦入就位。主人主婦奉茶，分進于考妣之前。祔位使諸子弟、婦女進之。受胙，執事者設席于香案前，主人就席，北面。祝詣高祖考前，舉酒盤盞，詣主人之右。主人跪，祝亦跪。主人搢笏，受盤盞，祭酒啐酒。祝取匙并盤，抄取諸位之飯各少許，奉以詣主人之左，嘏于主人曰：「祖考命工祝，承致多福于汝孝孫，來汝孝孫使汝受禄于天，宜稼于田，眉壽永年，勿替引之。」主人置酒于席前，出笏，俯伏，興，再拜，搢笏，跪受飯嘗之，實于左袂，掛袂于季指，取酒啐飲。執事者受盞，自右置注旁，受飯，自左亦如之。主人執笏，俯伏，興，立於東階上，西向。祝立於西階上，東向，告利成，降復位，與在位者皆再拜。主人不拜，降復位。

劉氏璋曰：《韓魏公家祭》云：「凡祭，飲福受胙之禮久已不行，今但以祭餘酒饌，命親屬長幼分飲食之可也。」補注本注「祝嘏于主人」，爲尸致福於主人之辭也。

辭神，主人以下皆再拜。納主，主人、主婦皆升，各奉主納于櫝。主人以笥斂櫝，奉歸祠堂，如來儀。徹，主婦還徹監，酒之在盞注他器中者，皆入于瓶，緘封之，所謂福酒；果蔬、肉食並傳于燕器，主婦監滌祭器而藏之。餕。是日，主人監分祭胙品，取少許置于盒，并酒皆封之，遣僕執書歸胙於親友，遂設席。男女異處，尊行自爲一列，南面，自堂中東西分首。若止一人，則當中而坐，其餘以次相對，分東西向。尊者一人先就坐，衆男叙立，世爲一行，以東爲上，皆再拜。子弟之長者一人少進立，執事者一人執注立于其右，一人執盤盞立于其左。獻者搢笏，跪。弟獻則尊者起立，子姪則坐。受注斟酒，反注受盞。祝曰：「祀事既成，祖考嘉饗，伏願某親，備膺五福，保族宜家。」授執盞者，置于尊者之前。長者出笏，尊者舉酒，畢，長者俯伏，興，退復位，與衆男皆再拜。尊者命取注及長者之盞置于前，自斟之。祝曰：「祀事既成，五福之慶，與汝曹共之。」命執事者以次就位，斟酒皆遍。長者進，跪受飲畢，俯伏，興，退立。衆男進，揖，退立，飲。長者與衆男皆再拜。諸婦女獻女尊長於內，如衆男之儀，但不跪。既畢，乃就坐，薦肉食。諸婦女詣堂前，獻男尊長壽，男尊長酢之如儀。衆男詣中堂，獻女尊長壽，女尊長酢之如儀。乃就坐，薦麵食。內外執事者，各獻內外尊長壽如儀，而不酢，遂就斟在坐者遍，俟皆舉，乃再拜退。遂薦米食，然後泛行酒，間以祭饌酒饌，不足則以他酒他饌益之。將罷，主人頒胙于外僕，主婦頒胙于內執事者，遍及微賤。其日皆盡，受者皆再拜，乃徹席。

楊氏復曰：司馬温公《書儀》曰：「禮，祭事既畢，兄弟及賓迭相獻酬，有無算爵，所以因其接會使之交恩定好，優勸之。今亦取此儀。」

凡祭，主於盡愛敬之誠而已，貧則稱家之有無，疾則量筋力而行之。財力可及者，自當如儀。

初祖惟繼始祖之宗得祭。

問始祖之祭。朱子曰：「古無此，伊川先生以義起。某當初也祭，後來覺得似僭，今不敢祭。○始祖之祭似禘，先祖之祭似祫。今皆不敢祭。」

冬至祭始祖。【程子曰】：此厥初生民之祖也。冬至，一陽之始，故象其類而祭之。【補注】丘氏曰：「《禮經》別子法，乃三代封建諸侯之制，於今人家不相合。以始遷及初有封爵者爲始祖，準古之別子；又以始祖之長子，準古繼別之宗。雖非古制，其實則古人之意也。」

前期三日齊戒。如時祭之儀。前期一日設位，主人衆丈夫深衣，帥執事者灑掃祠堂，滌濯器具，設神位於堂中間北壁下。設屏風於其後，食牀於其前。【補注】設於墓所，以義推之，只恐當設初祖考一位而已。而妣不在其内，世遠在所略也。祭先祖亦然。

陳器，設火爐於堂中，設炊烹之具于東階下盥東，炙具在其南。東茅以下並同時祭。主婦、衆婦女背子，帥執事者滌濯祭器，潔釜鼎，具果楪六、盤三、杅六、小盤三、盞盤匙筯各二、脂盤一、酒注酹酒盤盞一、受胙盤匙一。○按，此本合用古祭器，今恐私家或不能辦，且用今器以從簡便。神位用蒲薦，加草席，皆有緣，或用紫褥，皆長五尺，闊二尺有半。屏風如枕屏之制，足以圍席三面。食牀以版爲面，長五尺，闊三尺餘，四圍亦以版，高一尺二寸，二寸之下乃施版，面皆墨漆。具饌。晡時殺牲，主人親割毛血爲一盤，首、心、肝、肺爲一盤，脂雜以蒿爲一盤，皆腥之。左胖不用，右胖前足爲三段，脊爲三段，脅爲三條，後足爲三段，去近竅一節不用，凡十二體。飯米一杅，置于一盤，蔬果各六品，切肝一小盤，切肉一小盤。【補注】本注「主人親割毛血爲一盤」。《國語》曰：「毛以示物，血以告殺，接誠拔取以獻具，爲齊敬也。」韋氏注云：「接誠於神也。拔毛取血，獻其備物也。齊，潔也。」

厥明夙興，設蔬果酒饌。主人深衣，帥執事者設玄酒瓶及酒瓶于架上，酒注、酹酒盤盞、受胙盤匙各一於東階卓子上，祝版及脂盤于西階卓子上，匙、筯各一於食牀北端之東西，相去二尺五寸，盤盞各一於筯西。果在食牀南端，蔬在其北，毛血腥盤切肝肉皆陳於階下饌牀上，米實階下炊具中。十二體實烹具中，以火爨而熟之。盤一、杅六置饌牀上。〔補注〕按，家衆叙立之儀，在小宗家之祭四親廟，則男在主人之右，女在主婦之左，世爲一列，前爲昭而後爲穆也。在大宗家之祭始祖先祖，則世居左，二世居右，三世居左，四世居右，左爲昭而右爲穆也。而女不在内者，蓋祭四親廟則四親之子孫皆在，世近屬親，男女會於一堂，自不爲嫌。若祭始祖、先祖，則自始祖、先祖以下子孫皆在，世遠屬疏，又人數衆多，故女不得在内列者，莫非自然之理也。

質明，盛服就位，如時祭儀。降神，參神，主人盥，升，奉脂盤詣堂中爐前，跪，告曰：「孝孫某，今以冬至有事于始祖考、始祖妣，敢請尊靈降居神位，恭神奠獻。」遂燎脂于爐炭上，俯伏，興，少退立，再拜。執事者開酒，主人跪，酹酒于茅上，如時祭之儀。

〔劉氏璋曰〕：茅盤用甆徧盂，廣一尺餘，或黑漆小盤。截茅八十餘作束，束以紅，立于盤内。

進饌，主人升，詣神位前，執事者奉毛血、腥肉以進，主人受，設之于蔬北，西上。執事皆出熟肉，置于盤，奉以進，主人受，設之腥盤之東。執事者以杅二盛飯，盂二盛肉湆不和者，又以盂二盛肉湆以菜者，奉以進，主人受，設之，飯在盞西，大羹在盞東，鉶羹在大羹東。皆降，復位。〔補注〕本注「肉湆不和者」，即大羹。「肉湆以菜者」，即鉶羹也。

初獻，如時祭之儀。但主人既俯伏，興，祝爲炙肝加鹽實于小盤以從。祝詞曰：「維年歲月朔日子，孝孫姓名，敢昭告于初祖考、初祖妣，今以中冬陽至之始，追惟報本，禮不敢忘，謹以潔牲柔毛，粢盛醴齊，祗薦歲事。尚饗！」亞獻，如時祭之儀。但衆婦炙肉加鹽以從。終獻，如時祭及上儀。侑食，闔門，啓門，受胙，辭神，徹，餕。並如時祭之儀。補注 祭畢而餕，設大席于堂東西二向。東向爲昭，西向爲穆。世爲一席，各以齒而坐，所以會宗族而篤恩義也。

先祖

繼始祖、高祖之宗得祭。繼始祖之宗，則自初祖而下；繼高祖之宗，則自先祖而下。

立春祭先祖。程子曰：初祖以下、高祖以上之祖也。立春生物之始，故象其類而祭之。補注 大宗之家，其第一世以下祖親盡。及小宗之家，高祖親盡，所謂先祖也。

前三日齊戒。如祭始祖之儀。前一日設位陳器。如祭初祖之儀。但設祖考神位于堂中之西，祖妣神位于堂中之東。蔬果楪各十二，大盤六、小盤六。餘並同。

問：「祭禮立春云祭高祖而上，只設二位。若古人祫祭，須是逐位祭。」朱子曰：「本是一氣，若祠堂中各有牌子則不可。○諸侯有四時之祫，畢竟是祭有不及處，方如此。如《春秋》『有事于太廟』，太廟便是群祧之主皆在其中。」補注 設于墓所，初祖祠堂中，東西向設，東向爲昭，西向爲穆。略如天子太祫之義也。

具饌。如祭初祖之儀。但毛血爲一盤，首心爲一盤，肝肺爲一盤，脂膋爲一盤，切肝兩小盤，切肉四小盤。餘並同。厥明夙興，設蔬果酒饌。如祭初祖之儀。但每位匙筯各一，盤盞各二，置階下饌牀上。餘並同。質明，盛服就位，降神，參神，如祭始祖之儀，但告詞改「始」爲「先」，餘並同。進饌。如祭初祖之儀。但先詣祖考位，瘞毛血，奉首心、前足上二節、脊二節、後足上一節；次詣祖妣位，奉肝、肺、前足一節、脅三節、後足下一節。餘並同。初獻，如祭初祖之儀。但獻兩位，各俯伏興，當中少立，兄弟炙肝兩小盤以從。祝詞改「初」爲「先」，「仲冬陽至」爲「立春生物」。餘並同。亞獻，終獻，如祭初祖之儀。但從炙肉各二小盤。侑食，闔門，啓門，受胙，辭神，徹，餕。並如祭初祖儀。

禰繼禰之宗以上皆得祭，惟支子不祭。

季秋祭禰。程子曰：季秋，成物之始，亦象其類而祭之。前一月下旬卜日。如時祭之儀。惟告辭改「孝孫」爲「孝子」，又改「祖考妣」爲「考妣」。若母在，則止云「考」，而告於本龕之前。餘並同。前三日齋戒。前一日設位陳器。如時祭之儀。但止於正寢，合設兩位於堂中，西上。香案以下並同。具饌。如時祭之儀，二分。厥明夙興，設蔬果酒饌。如時祭之儀。質明，盛服，詣祠堂，奉神主出就正寢，如時祭于正寢之儀。但告詞云：「孝子某，今以季秋成物之始，有事于考某官府君、妣某封某氏。」參神，降神，進饌，初獻，如時祭之儀。但祝辭云：「孝子某官某，敢昭告于考某官府君、妣某封某氏，今以季秋成物之始，感時追慕，昊天罔極。」餘並同。亞獻，終獻，侑食，闔門，啓門，受胙，辭神，納主，徹，餕。並如時祭之儀。

朱子曰：某家舊時，時祭外有冬至、立春、季秋三祭，後以冬至、立春二祭似僭，覺得不安，遂已之。季秋依舊祭禰，而用某生日祭之，適值某生日在季秋。補注 丘氏《儀節》云：「徹餕，止會食而不行慶禮。」

忌日

前一日齊戒，如祭禰之儀。設位，如祭禰之儀。但止設一位。陳器，如祭禰之儀。具饌。如祭禰之饌，一分。補注 如父之忌日，止設父一位，母之忌日，止設母一位。祖以上及旁親忌日皆然。

厥明夙興，設蔬果酒饌。如祭禰之儀。質明，主人以下變服，禰則主人兄弟黲紗幞頭、黲布衫、布裹角帶。祖以上則黲紗衫。旁親則皂紗衫。主婦特髻，去飾，白大衣，淡黃帔。餘人皆去華盛之服。

問忌日何服。朱子曰：「某只著白絹、涼衫、黲巾。」問黲巾以何爲之。曰：「紗絹皆可，某以紗。」又問黲巾之制。曰：「如帕腹相似，有四隻帶，若當幞頭然。」楊氏復曰：先生母、夫人忌日，著黲墨布衫，其巾亦然。問今日服色何謂，曰豈不聞君子有終身之喪。

詣祠堂，奉神主出就正寢。如祭禰之儀。但告辭云：「今以某親某官府君遠諱之辰，敢請神主出就正寢，恭伸追慕。」餘並同。參神，降神，進饌，初獻，如祭禰之儀。但祝辭云：「歲序遷易，諱日復臨，追遠感時，不勝永慕。」考妣改「不勝永慕」爲「昊天罔極」，旁親云「諱日復臨，不勝感愴」。若考妣，則祝興，主人以下哭盡哀。餘並同。亞獻，終獻，侑食，闔門，啓門，並如祭禰之儀。但不受胙。辭神，納主，徹。並如祭禰之儀。但不哭。是日不飲酒，不食肉，不聽樂，黲巾、素服、素帶以居，夕寢于外。補注 此所以不餕也。

墓祭

補注 伊川曰：「嘉禮不野合，故生不野合，則死不墓祭。蓋燕享祭祀乃宫室中事。後世習俗廢禮，故墓亦有祭。如禮，望墓爲壇，并家人爲墓祭之，尸亦有時爲之。非經禮也。」南軒曰：「墓祭非古也。然考之《周禮》，則有家人之官，凡祭於墓爲尸，是則成周盛時，固亦有祭於其墓者。雖非制禮之本經，而出於人情之所不忍，而其義理不至於甚害，則先王亦從而許之。其必立之尸者，乃亦所以致其精神，而示享之者，非體魄之謂，其爲義亦精矣。」

三月上旬擇日。前一日齊戒，如家祭之儀。具饌。墓上每分如時祭之品，更設魚肉、米麵食各一大盤，以祭后土。厥明灑掃，主人深衣，帥執事者詣墓所，再拜。奉行塋域内外，環繞哀省三周，其有草棘，即用刀斧鉏斬芟夷。灑掃訖，復位，再拜。又除地於墓左，以祭后土。布席，陳饌，用新潔席陳於墓前，設饌，如家祭之儀。參神，降神，初獻，如家祭之儀。但祝辭云：「某親某官府君之墓，氣序流易，雨露既濡，瞻掃封塋，不勝感墓。」餘並同。亞獻，終獻，並以子弟親朋薦之。辭神，乃徹，遂祭后土，布席，陳饌，四盤于席南端，設盤盞匙筯于其北。餘並同上。降神，參神，三獻，同上。但祝辭云：「某官姓名，敢昭告于后土氏之神，某恭脩歲事于某親某官府君之墓，惟時保佑，實賴神休。敢以酒饌敬伸奠獻，尚饗！」辭神，乃徹而退。

朱子曰：「祭儀以墓祭、節祠爲不可，然先正皆言墓祭不害義理，又節物所尚，古人未有，故止於時祭。今人時節隨俗燕飲，各以其物，祖考生存之日蓋嘗用之。今子孫不廢此，而能恝然於祖宗乎？○改葬須告廟，而後告墓，方啓墓以葬。葬畢，奠而歸，又告廟，哭而後畢，事方穩當。行葬便不必出主，祭告時却出主於寢。○祭祀之禮，亦只得依本子做，誠敬之外別未有著力處也。○籩豆簠簋之器，乃古人所用，故當時祭享皆用之。今以燕器代祭器，常饌代俎肉，楮錢代幣帛，是亦以平生所用，是謂從宜也。○嘗書戒子云：比見墓祭土神之禮，全然滅裂，吾甚懼焉。既爲先公託體山林，而祀其主者豈可於此？今後可與墓前一樣，菜果、鮓脯、飯、茶湯各一器，以盡吾寧親事神之意，勿令其有隆殺。」劉氏璋曰：周元陽《祭録》曰：「唐開元勑許寒食上墓，同拜掃禮。若拜掃非寒食，則先期卜日。古者宗子去他國，庶子無廟，孔子許望墓爲壇，以時祭祀。即今之寒食上墓，義或有憑依，不卜日耳。今或羈宦寓於他邦，不及此時拜掃松檟，則寒食在家，亦可祠祭。」夫人死之後，葬形於原野之中，與世隔絶，孝子追慕之心何有限極？當寒暑變移之際，益用增感。是宜省謁墳墓，以寓時思之敬。今寒食之墓之祭，雖禮經無文，世代相傳，寖以成俗。上自萬乘有上陵之禮，下逮庶人有上墓之祭，田野道路，士友遍滿，皂隸庸丐之徒，皆得以登父母丘壠。馬醫夏畦之鬼，無有不受子孫追養者。凡祭祀品味，亦稱人家貧富，不貴豐腆，貴在脩潔，罄極誠慤而已。事亡如事存，祭祀之時，此心致敬常在乎祖宗，而祖宗洋洋如在。安得不格我之誠，而歆我之祀乎？

黄氏瑞節曰：南軒張氏次司馬公、張子、程子三家之書，爲冠昏喪祭禮五卷。《家禮》蓋參三家之説，酌古今之宜，而大意隱然以宗法爲主，不可以弗講也。然禮書之備，有《儀禮經傳集解》，亦朱子所輯次云。

家禮

［日本］淺見絅齋　校點

張亦辰　整理

《家禮》解題

[日]吾妻重二 撰 董伊莎 譯

和刻本《家禮》五卷、圖一卷，三册，淺見絅齋校點。底本是關西大學綜合圖書館藏本，圖書編號爲385 *S2 *1～3。在原刻本中，附有日語的讀音順序符、送假名等，即和刻本普遍使用的所謂「訓點」，此次標點整理則全部省略這些「訓點」。

校點者是淺見絅齋（一六五二—一七一二），江户時代中期的朱子學者，近江高島人（現滋賀縣），名安正，通稱重次郎。到京都從醫，二十八歲時入山崎闇齋（一六一九—一六八二）門下，積累鑽研，成爲闇齋門下的代表性人物，與佐藤直方、三宅尚齋並稱「崎門三傑」。性格剛毅，不信奉闇齋的垂加神道，又批判其「敬義内外説」，因而被逐出師門。但絅齋不改其方針，在京都開塾，熱心學問和講授，終身未曾出仕。

著作已刊者有《靖獻遺言》八卷、《靖獻遺言講義》二卷、《白鹿洞揭示考證》一卷、《拘幽操附録》一卷、《四箴附考》一卷、《批大學辨斷》一卷等，還有寫本《易學啓蒙講義》三册、《論語筆記》三卷和以《家禮》相關筆記爲首的許多講義録。文集有寫本《絅齋先生文集》十三卷。

絅齋著作中特别有名的是《靖獻遺言》。該書收録了屈原、諸葛亮、陶淵明、顔真卿、文天祥、謝枋得、劉因、方孝孺八名中國忠臣義士的評傳，宣揚大義名分論，以水户學爲首的幕末尊王攘夷派志士受該書影響很大。

絅齋也對《晦庵先生朱文公文集》「朱子文集，正德元年（一七一一）刊」和《大戴禮記》「元禄元年（一六九三）刊」進行了校訂並加訓點，均爲篤實的工作，評價很高。

關於《家禮》，絅齋於寶永二年（一七〇五）繼母死的時候開始《家禮》的講解，門人若林强齋將其記録成爲《家禮師説》一册，還有《家禮紀聞》《喪祭小記》《喪祭略記》各一册筆記。本來山崎闇齋學派，即「崎門派」就比其他學派更重視《家禮》，闇齋自己按照《家禮》舉辦過儒式葬祭儀禮，還在《文會筆録》一之二和一之三探討《家禮》的記述内容。三宅尚齋的《家禮》詳細注解書《朱子家禮筆記》九册（寫本）與若林强齋的力作《家禮訓蒙疏》四卷（刊本）也是崎門派的《家禮》學成果。

和刻本《家禮》五卷、圖一卷是由絅齋校點，附圖刊行，第一册收録從第一卷到第三卷，第二册收録第四卷和第五卷，第三册爲家禮圖。第二册末尾的識語有「元禄丁丑季冬日淺見安正謹識」，因此可知元禄十年（一六九七）十二月完成校點，初版的刊行也應該在這個時候。

此書匡郭上有帶邊框的「某當作某」的校記。此次整理則全部删去，有意者可參看《朱子家禮宋本彙校》（上海古籍出版社，二〇二〇年）的相關校記。上述《晦庵先生朱文公文集》和《大戴禮記》校點本匡郭上也同樣有校記，這充分顯示了綗齋工作的綿密。

本書的底本是京都秋田屋平左衛門、大坂河内屋喜兵衛、江户須原屋茂兵衛在寬政四年（一七九二）共同出版的再刊本，這些書肆是代表三都即京都、大坂、江户的大出版商，因此能推測印刷的數量相當多。除此之外，綗齋校點的《家禮》在寬政八年、天保二年、嘉永五年等也有後印本，可見該書流傳之廣。

另外，國立公文書館（内閣文庫）中藏有昌平坂學問所舊藏的綗齋校點本《家禮》（索書號爲274－101）。版式幾乎一樣，有綗齋的跋，無刊記，匡郭上的校記有些許差别，這也許是元禄十年綗齋校點本的初版本。

關於和刻本的成立，綗齋的識語有如下説明：

丘濬曰，《文公家禮》五卷，而不聞有圖。今刻本載於卷首，而不言作者，圖注多不合於本書，非文公作明矣。其説具於《儀節》，而今《性理大全》所載增説，不亦惟丘氏所議也。蓋朱子時既有數圖，學者别傳録之，而後人仍補湊以爲全篇，冠於此書耳。今不敢删，且因見本，别爲一卷附焉。

這裏所引丘濬的話見於《文公家禮儀節》序的雙行注中，指出了明代的《性理大全》所載家禮圖與《家禮》本文有所不合，因此不可能爲朱熹之作。綗齋承認這種説法，但同時認爲這些圖是後人以朱熹時已經完成的若干圖爲基礎進行了增補，最後成了現在的樣子，所以没有删除而當作附録一卷。《性理大全》本《家禮》原本是把圖置於卷首，絅齋則把圖附在後面。和刻本《家禮》根據版本的不同也有把圖置於卷首的情況（筆者家藏本便是如此），而卷末附圖的形式應該是絅齋校點的《家禮》原本的體製吧。這樣的體製也見於前述國立公文書館的昌平坂學問所舊藏本。

那麽絅齋校點《家禮》所用的中國底本是哪一種版本？關於此問題，情況稍微複雜，由於篇幅關係，在此無法詳細討論，但從結論來説，絅齋認爲《家禮》原本爲五卷本，於是獨自把《性理大全》所載《家禮》作爲底本，進行了復原工作。這是因爲本來中國的傳世《家禮》版本，周復本也好，《性理大全》本也好，都没有本文五卷、圖一卷的體製。當時傳到日本的朝鮮版《家禮》也只是四卷本和七卷本，都不是絅齋所説的體製。換言之，絅齋校點本《家禮》是中國、朝鮮的傳世版本都没有的獨特體製。詳細可參考拙文《〈家禮〉和刻本》（彭衛民譯，《愛敬與儀章》第八章，上海古籍出版社，二〇二一年）。

《絅齋先生文集》卷八中有《讀家禮》一文，篇幅略長，但很好地反映了絅齋對《家禮》的理解，故引全文如下：

讀《家禮》

朱子《家禮》一書，所以本名分、紀人倫，而固有家日用之不可得而闕者也。然世之學此書者，本不考乎所謂名分人倫之實，而徒區區於儀章度數之末，欲以施諸日用，是以拘泥煩雜，每苦以難行而無味也。蓋有天地，然後有人倫，然後有禮儀，則無古今，無遠近，不容於一日離禮而立。若夫因時而變，隨地而處，則自有當然之宜，而審察，而能體焉，則莫往不天地自然之理矣。世之不明於此者，或據禮書之本文，必欲事事而效之，句句而守之，則於本心人情已有不安者，而言語之便，衣服之制，器械之度，皆有不可彼此相强而通者。殊不知禮也者理而已矣。苟不得其理而惟禮文之拘，則先失我所以行禮之理，尚何得合名分人倫之本哉。是以予之譯諸和文以誘禮俗，其意非不切。而其所以書禮節之方，則因舊株守異國古制之迹，不明本邦天地一體、風俗時宜之理。必禮書之説，則爲失儒者之體，不知以吾日本之人變於世俗之所謂唐人，其可謂錯名分、失大義甚矣。頃因講禮書，竊有所感焉，因筆記如此云。元禄戊寅仲夏某日，謹書。

此文寫於完成《家禮》校點的第二年即元禄十一年（一六九八），其中指出，人不應一一受「儀章度數」和「禮文」即《家禮》的細節規定束縛，重要的是考慮日本國情，這樣才能保持人所需要的「禮」。朱子學的基本思想認爲禮是區分人和禽獸的標準，可以説絅齋是以《家禮》爲基礎，試圖在日常中尋求作爲人應該遵守的規範之理。如「禮也者理而已矣」所示，絅齋認爲禮正是理的具體表現，因此也是人的普遍價值。

目録

家禮卷之五

家禮圖

家禮序

凡禮有本有文。自其施於家者言之，則名分之守、愛敬之實，其本也；冠昏喪祭儀章度數者，其文也。其本者有家日用之常體，固不可以一日而不脩；其文又皆所以紀綱人道之始終，雖其行之有時，施之有所，然非講之素明，習之素熟，則其臨事之際，亦無以合宜而應節，是亦不可以一日而不講且習焉者也。三代之際，禮經備矣。然其存於今者，宮廬器服之制、出入起居之節皆已不宜於世。世之君子，雖或酌以古今之變，更爲一時之法，然亦或詳或略，無所折衷，至或遺其本而務其末，緩於實而急於文。自有志好禮之士，猶或不能舉其要，而困於貧窶者，尤患其終不能有以及於禮也。熹之愚蓋兩病焉，是以嘗獨究觀古今之籍，因其大體之不可變者而少加損益於其間，以爲一家之書。大抵謹名分、崇愛敬以爲之本，至其施行之際，則又略浮文、務本實，以竊自附於孔子從先進之遺意。誠願得與同志之士熟講而勉行之，庶幾古人所以脩身齊家之道、謹終追遠之心猶可以復見，而於國家所以崇化導民之意，亦或有小補云。

家禮卷之一

通禮

此篇所著，皆所謂有家日用之常體，不可一日而不脩者。

祠堂

此章本合在《祭禮》篇，今以報本反始之心，尊祖敬宗之意，實有家名分之守，所以開業傳世之本也，故特著此冠于篇端，使覽者知所以先立乎其大者，而凡後篇所以周旋升降、出入向背之曲折，亦有所據以考焉。然古之廟制不見於經，且今士庶人之賤亦有所不得爲者，故特以祠堂名之，而其制度亦多用俗禮云。

君子將營宮室，先立祠堂於正寢之東。祠堂之制，三間，外爲中門，中門外爲兩階，皆三級，東曰阼階，西曰西階。階下隨地廣狹以屋覆之，令可容家衆敘立。又爲遺書、衣物、祭器庫及神厨於其東。繚以周垣，别爲外門，常加扃閉。若家貧地狹，則止立一間，不立厨庫，而東西壁下置立兩櫃，西藏遺書、衣物，東藏祭器亦可。正寢謂前堂也，地狹，則於廳事之東亦可。凡祠堂所在之宅，宗子世守之，不得分析。○凡屋之制，不問何向背，但以前爲南、後爲北、左爲東、右爲西，後皆放此。爲四龕，以奉先世神主。祠堂之内，以近北一架爲四龕，每龕内置一卓。大宗及繼高祖之小宗，則高祖居西，曾祖次之，祖次之，父次之。繼曾祖之小宗，則不敢祭高祖而虛其西龕一。繼祖之小宗，則不敢祭曾祖而虛其西龕二。繼禰之小宗，則不敢祭祖而虛其西龕三。若大宗世數未滿，則亦虛其西龕，如小宗之制。神主皆藏於櫝中，置於卓上，南向。龕外各垂小簾，簾外設香卓於堂中，置香爐、香盒於其上。兩階之間，又設香卓，亦如之。非嫡長子，則不敢祭其父。若與嫡長同居，則死而後，其子孫爲立祠堂於私室，且隨所繼世數爲龕，俟其出而異居，乃備其制。若生而異居，則預於其地立齋以居，如祠堂之制，死則因以爲祠堂。○主式見《喪禮・治葬章》。旁親之無後者，以其班祔。伯叔祖父、母，祔于高祖。伯叔父、母，祔于曾祖。妻若兄弟，若兄弟之妻，祔于祖。子姪祔于父。皆西向。主櫝並如正位。姪之父自立祠堂，則遷而從之。○程子曰：「無服之殤不祭。下殤之祭，終父母之身。中殤之祭，終兄弟之身。長殤之祭，終兄弟之子之身。成人而無後者，其祭終兄弟之孫之身。此皆以義起者也。」置祭田。初立祠堂，則計見田，每龕取其二十之一以爲祭田，親盡則以爲墓田，後凡正位祔位，皆放此，宗子主之，以給祭用。上世初未置田，則合墓下子孫之田，計數而割之，皆立約聞官，不得典賣。具祭器。牀、席、倚、卓、盥盆、火爐、酒食之器，隨其合用之數，皆具貯于庫中而封鎖之，不得他用。無庫，則貯于櫃中。不可貯者，列于外門之内。主人晨謁於大門之内，主人，謂宗子，主此堂之祭者。晨謁，深衣，焚香再拜。出入必告。主人、主婦近出，則入大門瞻禮而行，歸亦如之。經宿而歸，則焚香再拜。遠出經旬以上，則再拜焚香，告云：「某將適某所，敢告。」又再拜而行，歸亦如之，但告云：「某今日歸自某所，敢見。」經月而歸，則開中門，立于階下，再拜，升自阼階，焚香告畢，再拜，降，復位再拜。餘人亦然，但不開中門。○凡主婦，謂主人之妻。○凡升降，惟主人由阼階，主婦及餘人雖尊長亦由西階。○凡拜，男子再拜，則婦人四拜，謂之夾拜，其男女相答拜亦然。正、至、朔、望則參，正、至、朔、望前一日，灑掃齋宿。厥明夙興，開門，軸簾。每龕設新果一大盤于卓上，每位茶盞托、酒盞盤各一，于神主櫝前。設束茅、聚沙于香卓前。别設一卓于阼階上，置酒注盞盤一于其上，酒一瓶于其西。盥盆、帨巾各二于阼階下東南。有臺架者在西，爲主人親屬所盥；無者在東，爲執事者所盥。巾皆在北。主人以下，盛服入門就位。主人北面于阼階下，主婦北面于西階下。主人有母，則特位于主婦之前。主人有諸父、諸兄，則特位于主人之右少前，重行西上。有諸母、姑、嫂、姊，則特位于主婦之左少前，重行東上。諸弟在主人之右少退。子孫、外執事者在主人之後，重行西上。主人弟之妻及諸妹在主婦之左少退。子孫婦女、内執事者在主婦之後，重行東上。立定，主人盥，帨，升，搢笏，啓櫝，奉諸考神主置於櫝前。主婦盥，帨，升，奉諸妣神主置于考東。次出祔主，亦如之。命長子、長婦或長女盥，帨，升，分出諸祔主之卑者，亦如之。皆畢，主婦以下先降，復位。主人詣香卓前降神，搢笏，焚香再拜，少退立。執事者盥，帨，升，開瓶實酒于注。一人奉注，詣主人之右；一人執盞盤，詣主人之左。主人跪，執事者皆跪。主人受注，斟酒，反注，取盞盤奉之。左取盤，右取盞，酹于茅上，以盞盤授執事者。出笏，俯伏，興，少退，再拜，降，復位。與在位者皆再拜，參神。主人升，搢笏，執注斟酒。先正位，次祔位，次命長子斟諸祔位之卑者。主婦升，執茶筅，執事者執湯瓶隨之，點茶如前。命長婦或長女，亦如之。子婦、執事者先降，復位。主人出笏，與主婦分立於香卓之前，東西再拜，降，復位。與在位者皆再拜，辭神而退。〇冬至則祭始祖畢，行禮如上儀。〇望日不設酒，不出主。主人點茶，長子佐之，先降。主人立於香卓之南，再拜，乃降，餘如上儀。〇準禮，舅没則姑老不預於祭。又曰，支子不祭。故今專以世嫡宗子夫婦爲主人、主婦，其有母及諸父母兄嫂者，則設特位於前如此。〇凡言盛服者，有官則幞頭、公服、帶、靴、笏。進士則幞頭、襴衫、帶。處士則幞頭、皂衫、帶。無官者通用帽子、衫、帶，又不能具，則或深衣或涼衫。有官者亦通服帽子以下，但不爲盛服。婦人則假髻、大衣、長裙。女在室者冠子、背子。衆妾假髻、背子。俗節則獻以時食，節，如清明、寒食、重午、中元、重陽之類，凡鄉俗所尚者。食如角黍，凡其節之所尚者，薦以大盤，間以蔬果。禮如正、至、朔日之儀。有事則告。如正、至、朔日之儀。但獻茶酒，再拜，訖。主婦先降，復位。主人立於香卓之南，祝執版立於主人之左，跪讀之，畢，興。主人再拜，降，復位。餘並同。〇告授官祝版云：「維年歲月朔日，孝子某官某敢昭告于故某親某官封謚府君，故某親某封某氏某，以某月某日，蒙恩授某官，奉承先訓，獲霑禄位，餘慶所及，不勝感慕，謹以酒果，用伸虔告，謹告。」貶降則言「貶某官，荒墜先訓，惶恐無地，謹以」，後同。若弟子則言「某之某某」，餘同。〇告追贈則止告所贈之龕，别設香卓於龕前，又設一卓於其東，置浄水、粉盞、刷子、硯、筆、墨於其上，餘並同。但祝版云「奉某月某日制書，贈故某親某官，故某親某封某，奉承先訓，竊位于朝，祗奉恩慶，有此封贈，禄不及養，摧咽難勝，謹以」，後同。若因事特贈，則别爲文以叙其意。告畢，再拜，主人進，奉主置卓上。執事者洗去舊字，别塗以粉，俟乾，命善書者改題所贈官封，陷中不改。洗水以灑祠堂之四壁。主人奉主置故處，乃降，復位。後同。〇主人生嫡長子，則滿月而見，如上儀，但不用祝。主人立於香卓之前，告曰：「某之婦某氏，以某月某日，生子，名某，敢見。」告畢，立於香卓東南，西向。主婦抱子進，立於兩階之間，再拜，主人乃降，復位。後同。〇冠昏則見本篇。〇凡言祝版者，用版長一尺，高五寸，以紙書文，黏於其上，畢，則揭而焚之。其首尾皆如前。但於故高祖考、故高祖妣，自稱「孝元孫」；於故曾祖考、故曾祖妣，自稱「孝曾孫」；於故祖考、故祖妣，自稱「孝孫」；於故考、故妣，自稱「孝子」。有官封謚則皆稱之，無則以生時行第稱號，加于府君之上。妣曰「某氏夫人」。凡自稱，非宗子不言「孝」。○告事之祝，四代共爲一版。自稱以其最尊者爲主，止告正位，不告祔位，茶酒則并設之。或有水火盜賊，則先救祠堂，遷神主、遺書，次及祭器，然後及家財。易世則改題主而遞遷之。改題遞遷禮見《喪禮·大祥章》。大宗之家，始祖親盡則藏其主於墓所，而大宗猶主其墓田，以奉其墓祭，歲率宗人一祭之，百世不改。其第二世以下祖親盡及小宗之家高祖親盡，則遷其主而埋之，其墓田則諸位迭掌，而歲率其子孫而一祭之，亦百世不改也。

深衣制度

此章本在《冠禮》之後，今以前章已有其文，又平日之常服，故次前章。

裁用白細布，度用指尺。中指中節爲寸。衣全四幅，其長過脇，下屬於裳。用布二幅，中屈下垂，前後共爲四幅，如今之直領衫，但不裁破腋下。其下過脇而屬於裳處，約圍七尺二寸，每幅屬裳三幅。裳交解十二幅，上屬於衣，其長及踝。用布六幅，每幅裁爲二幅，一頭廣，一頭狹，狹頭當廣頭之半。以狹頭向上而連其縫，以屬於衣，其屬衣處約圍七尺二寸，每三幅屬衣一幅。其下邊及踝處約圍丈四尺四寸。圓袂。用布二幅，各中屈之，如衣之長，屬於衣之左右，而合縫其下，以爲袂。其本之廣，如衣之長，而漸圓殺之，以至袂口，則其徑一尺二寸。方領。兩襟相掩，衽在腋下，則兩領之會自方。曲裾。用布一幅，如裳之長，交解裁之，如裳之制。但以廣頭向上，布邊向外，左掩其右，交映垂之，如燕尾狀。又稍裁其內旁大半之下，令漸如魚腹，而末如鳥喙，內向綴於裳之右旁。《禮記·深衣》「續衽鉤邊」，鄭注「鉤邊如今曲裾」。黑緣。緣用黑繒，領表裏各二寸，袂口、裳邊表裏各一寸半，袂口布外，別此緣之廣。大帶。帶用白繒，廣四寸，夾縫之。其長圍腰而結於前，再繚之爲兩耳，乃垂其餘爲紳，下與裳齊，以黑繒飾其紳。復以五采條廣三分，約其相結之處，長與紳齊。緇冠。糊紙爲之。武高寸許，廣三寸，袤四寸。上爲五梁，廣如武之袤，而長八寸，跨頂前後，下著於武。屈其兩端各半寸，自外向內，而黑漆之。武之兩旁半寸之上，竅以受笄，笄用齒、骨，凡白物。幅巾。用黑繒六尺許，中屈之。右邊就屈處爲橫輒，左邊反屈之。自輒左四五寸間斜縫向左，圓曲而下，遂循左邊至于兩末，復反所縫餘繒，使之向裏。以輒當額前裹之，至兩鬢旁，各綴一帶，廣二寸，長二尺，自巾外過項後，相結而垂之。黑履。白絇繶純綦。

司馬氏居家雜儀

此章本在《昏禮》之後，今按此乃家居平日之事，所以正倫理、篤恩愛者，其本皆在於此，必能行之，然後其儀章度數有可觀焉。不然則節文雖具，而本實無取，君子所不貴也。故亦列於首篇，使覽者知所先焉。

凡爲家長，必謹守禮法，以御群子弟及家衆。分之以職，謂使之掌倉廩、廄庫、庖厨、舍業、田園之類。授之以事，謂朝夕所幹及非常之事。而責其成功。制財用之節，量入以爲出，稱家之有無，以給上下之衣食及吉凶之費，皆有品節，而莫不均壹。裁省冗費，禁止奢華，常須稍存贏餘，以備不虞。

凡諸卑幼，事無大小，毋得專行，必咨禀於家長。《易》曰：「家人有嚴君焉，父母之謂也。」安有嚴君在上，而其下敢直行自恣不顧者乎？雖非父母，當時爲家長者，亦當咨禀而行之。則號令出於一人，家政始可得而治矣。

凡爲子爲婦者，毋得蓄私財，俸禄及田宅所入，盡歸之父母、舅姑，當用則請而用之，不敢私假，不敢私與。《内則》曰：「子婦無私貨，無私蓄，無私器，不敢私假，不敢私與。婦或賜之飲食、衣服、布帛、佩帨、茝蘭，則受而獻諸舅姑，舅姑受之則喜，如新受賜；若反賜之，則辭，不得命，如更受賜，藏之以待乏。」鄭康成曰：「待舅姑之乏也。不得命者，不見許也。」又曰：「婦若有私親兄弟將與之，則必復請其故賜，而後與之。」夫人子之身，父母之身也。身且不敢自有，况敢有財帛乎？若父子異財，互相假借，則是有子富而父母貧者，父母飢而子飽者。賈誼所謂「借父耰鉏，慮有德色。母取箕箒，立而誶語」。不孝不義，孰甚於此。茝，昌改切。耰，音憂。誶，音碎。

凡子事父母，孫事祖父母同。婦事舅姑，孫婦亦同。天欲明，咸起，盥音管，洗手也。漱，櫛阻瑟切，梳頭也。總，所以束髮，今之頭𦢊。具冠帶。丈夫，帽子、衫、帶；婦人，冠子、背子。昧爽，謂天明暗交際之時。適父母、舅姑之所省問。丈夫唱喏，婦人道萬福。仍問侍者夜來安否何如，侍者曰安乃退，其或不安節，則侍者以告。此即禮之晨省也。父母、舅姑起，子供藥物，藥物乃關身之切務，人子當親自檢數、調煮、供進，不可但委婢僕，脱若有誤，即其禍不測。婦具晨羞。俗謂點心。《易》曰：「在中饋。」《詩》云：「惟酒食是議。」凡烹調飲膳，婦人之職也。近年婦女驕倨，皆不肯入庖厨，今縱不親執刀匕，亦當檢校監視，務令精潔。供具畢乃退，各從其事。將食，婦請所欲於家長，謂父母、舅姑，或當時家長也。卑幼各不得恣所欲。退具而供之。尊長舉筯，子婦乃各退就食。丈夫婦人各設食於他所，依長幼而坐，其飲食必均壹。幼子又食於他所，亦依長幼席地而坐。男坐於左，女坐於右。及夕食亦如之。既夜，父母、舅姑將寢，則安置而退。丈夫唱喏，婦人道安置。此即禮之昏定也。居閑無事，則侍於父母、舅姑之所。容貌必恭，執事必謹，言語應對必下氣怡聲，出入起居必謹扶衛之。不敢涕唾、喧呼於父母、舅姑之側。父母舅姑不命之坐，不敢坐，不命之退，不敢退。

凡子受父母之命，必籍記而佩之，時省而速行之，事畢則返命焉。或所命有不可行者，則和色柔聲，具是非利害而白之，待父母之許，然後改之。若不許，苟於事無大害者，亦當曲從。若以父母之命爲非，而直行己志，雖所執皆是，猶爲不順之子，况未必是乎？

凡父母有過，下氣怡色，柔聲以諫。諫若不入，起敬起孝，悦則復諫；不悦，與其得罪於鄉黨州閭，寧熟諫。父母怒，不悦，而撻之流血，不敢疾怨，起敬起孝。

凡爲人子弟者，不敢以貴富加於父兄宗族。加，謂恃其富貴，不率卑幼之禮。

凡爲人子者，出必告，反必面。有賓客，不敢坐於正廳。有賓客，坐於書院。無書院，則坐於廳之旁側。升降，不敢由東階。上下馬，不敢當廳。凡事不敢自擬於其父。

凡父母、舅姑有疾，子婦無故不離側，親調嘗藥餌而供之。父母有疾，子色不滿容，不戲笑，不宴遊，舍置餘事，專以迎醫、檢方、合藥爲務。疾已，復初。《顔氏家訓》曰：「父母有疾，子拜醫以求藥。」蓋以醫者親之存亡所繫，豈可傲忽也。

凡子事父母，樂其心，不違其志，樂其耳目，安其寢處，以其飲食忠養之。幼事長，賤事貴，皆倣此。

凡子事父母，父母所愛，亦當愛之，所敬，亦當敬之。至於犬馬盡然，而况於人乎？

凡子婦未敬未孝，不可遽有憎疾，姑教之；若不可教，然後怒之；若不可怒，然後笞之；屢笞而終不改，子放婦出，然亦不明言其犯禮也。子甚宜其妻，父母不悦，出；子不宜其妻，父母曰是善事我，子行夫婦之禮焉，没身不衰。

凡爲宫室，必辨内外。深宫固門，内外不共井，不共浴堂，不共厠。男治外事，女治内事。男子晝無故不居私室，婦人無故不窺中門。男子夜行以燭，婦人有故出中門，必擁蔽其面。如蓋頭、面帽之類。男僕非有繕修及有大故，謂水火盜賊之類。不入中門，入中門，婦人必避之，不可避，亦謂如水火盜賊之類。亦必以袖遮其面。女僕無故不出中門，有故出中門，亦必擁蔽其面。雖小婢亦然。鈴下蒼頭，但主通内外之言，傳致内外之物，毋得輒升堂室，入庖厨。

凡卑幼於尊長，晨亦省問，夜亦安置。丈夫唱喏，婦人道萬福、安置。坐而尊長過之則起，出遇尊長於塗則下馬。不見尊長經再宿以上，則再拜；五宿以上，則四拜。賀冬至、正旦，六拜；朔、望，四拜。凡拜數，或尊長臨時減而止之，則從尊長之命。吾家同居宗族衆多，冬至、朔、望，聚於堂上。此假設南面之堂。若宅舍異制，臨時從宜。丈夫處左，西上；婦人處右，東上。左右謂家長之左右。皆北向，共爲一列，各以長幼爲序。婦以夫之長幼爲序，不以身之長幼爲序。共拜家長畢，長兄立於門之左，長姊立於門之右，皆南向。諸弟妹以次拜訖，各就列。丈夫西上，婦人東上，共受卑幼拜。以宗族多，若人人致拜，則不勝煩勞，故同列共受之。受拜訖，先退。後輩立受拜於門東西，如前輩之儀。若卑幼自遠方至，見尊長，遇尊長三人以上同處者，先共再拜，叙寒暄，問起居訖，又三再拜而止。晨夜唱喏、萬福、安置。若尊長三人以上同處，亦三而止，所以避煩也。

凡受女婿及外甥拜，立而扶之。扶，謂搊策。外孫，則立而受之可也。

凡節序及非時家宴，上壽於家長，卑幼盛服序立，如朔望之儀。先再拜，子弟之最長者一人進，立於家長之前。幼者一人搢笏，執酒盞，立於其左；一人搢笏，執酒注，立於其右。長者搢笏，跪斟酒，祝曰：「伏願某官備膺五福，保族宜家。」尊長飲畢，授幼者盞注，反其故處。長者出笏，俯伏，興，退，與卑幼皆再拜。家長命諸卑幼坐，皆再拜而坐。家長命侍者遍酢諸卑幼，諸卑幼皆起，叙立如前，俱再拜就坐。飲訖，家長命易服，皆退易便服，還，復就坐。

凡子始生，若爲之求乳母，必擇良家婦人稍温謹者。乳母不良，非惟敗亂家法，兼令所飼之子性行亦類之。子能食，飼之，教以右手。子能言，教之自名及唱喏、萬福、安置。稍有知，則教之以恭敬尊長；有不識尊卑長幼者，則嚴呵禁之。古有胎教，况於已生？子始生未有知，固舉以禮，况於已有知？孔子曰：「幼成若天性，習慣如自然。」《顔氏家訓》曰：「教婦初來，教子嬰孩。」故於其始有知，不可不使之知尊卑長幼之禮，若侮詈父母，毆擊兄姊，父母不知訶禁，反笑而奬之，彼既未辨好惡，謂禮當然，及其既長，習以成性，乃怒而禁之，不可復制，於是父疾其子，子怨其父，殘忍悖逆，無所不至。蓋父母無深識遠慮，不能防微杜漸，溺於小慈，養成其惡故也。六歲，教之數謂一、十、百、千、萬。與方名。謂東、西、南、北。男子始習書字，女子始習女工之小者。七歲，男女不同席，不共食。始讀《孝經》《論語》，雖女子亦宜誦之。自七歲以下，謂之孺子，早寢晏起，食無時。八歲，出入門户及即席飲食，必後長者。始教之以謙讓。男子誦《尚書》，女子不出中門。九歲，男子誦《春秋》及諸史，始爲之講説，使曉義理；女子亦爲之講解《論語》《孝經》及《列女傳》《女戒》之類，略曉大意。古之賢女，無不觀圖史以自鑒，如曹大家之徒，皆精通經術，議論明正。今人或教女子以作歌詩，執俗樂，殊非所宜也。十歲，男子出就外傅，居宿於外。讀《詩》《禮》，傅爲之講解，使知仁義禮智信。自是以往，可以讀《孟》《荀》《揚子》，博觀群書。凡所讀書，必擇其精要者而讀之；如《禮記》：《學記》《大學》《中庸》《樂記》之類。他書倣此。其異端非聖賢之書，傅宜禁之，勿使妄觀，以惑亂其志。觀書皆通，始可學文辭。女子則教以婉娩婉娩，音晚。

婉娩，柔順貌。聽從及女工之大者。女工，謂蠶桑、織績、裁縫及爲飲膳。不惟正是婦人之職，兼欲使之知衣食所來之艱難，不敢恣爲奢麗。至於纂組華巧之物，亦不必習焉。未冠笄者，質明而起，總角、靧靧，音悔，洗面也。面，以見尊長，佐長者供養，祭祀則佐執酒食。若既冠笄，則皆責以成人之禮，不得復言童幼矣。

凡内外僕妾，鷄初鳴，咸起，櫛、總、盥漱、衣服。男僕灑掃廳事及庭，鈴下蒼頭灑掃中庭。女僕灑掃堂室，設倚卓，陳盥漱、櫛、靧之具。主婦主母既起，則拂牀襞襞，音壁，疊衣也。衾，侍立左右，以備使令。退而具飲食。得間，則浣濯、紉縫，先公後私。及夜，則復拂牀展衾。當晝，内外僕妾惟主人之命各從其事，以供百役。

凡女僕，同輩謂兄弟所使。謂長者爲姊，後輩謂諸子舍所使。謂前輩爲姨，《内則》云：「雖婢妾，衣服飲食，必後長者。」鄭康成曰：「人貴賤不可以無禮。」故使之序長幼。務相雍睦。其有鬭争者，主父主母聞之，即呵禁之。不止，即杖之。理曲者杖多。一止一不止，獨杖不止者。

凡男僕有忠信可任者，重其禄；能幹家事，次之。其專務欺詐，背公徇私，屢爲盜竊，弄權犯上者，逐之。

凡女僕年滿不願留者，縱之；勤舊少過者，資而嫁之。其兩面二舌，飾虛造讒，離間骨肉者，逐之。屢爲盜竊者，逐之。放蕩不謹者，逐之。有離叛之志者，逐之。

家禮卷之二

冠禮

冠

男子年十五至二十皆可冠。司馬温公曰：「古者二十而冠，皆所以責成人之禮，蓋將責爲人子，爲人弟，爲人臣，爲人少者之行於其人，故其禮不可以不重也。近世以來，人情輕薄，過十歲而總角者，少矣。彼責以四者之行，豈知之哉？往往自幼至長，愚騃若一，由不知成人之道故也。今雖未能遽革，且自十五以上，俟其能通《孝經》《論語》，粗知禮義，然後冠之，其亦可也。」必父母無期以上喪，始可行之。大功未葬，亦不可行。前期三日，主人告于祠堂。古禮筮日，今不能然，但正月内擇一日可也。主人，謂冠者之祖父，自爲繼高祖之宗子者。若非宗子，則必繼高祖之宗子主之，有故則命其次宗子。若其父自主之，告禮見《祠堂章》。祝版前同，但云「某之子某，若某之某親之子某，年漸長成，將以某月某日加冠於其首，謹以」，後同。若族人以宗子之命自冠其子，其祝版亦以宗子爲主，曰：「使介子某。」○若宗子已孤而自冠，則亦自爲主人，祝版前同，但云「某將以某月某日加冠於首，謹以」，後同。**戒賓。**古禮筮賓，今不能然，但擇朋友賢而有禮者一人可也。是日，主人深衣，詣其門，所戒者出見，如常儀。啜茶畢，戒者起言曰：「某有子某，若某之某親有子某，將加冠於其首，願吾子之教之也。」對曰：「某不敏，恐不能供事，以病吾子，敢辭。」戒者曰：「願吾子之終教之也。」對曰：「吾子重有命，某敢不從。」地遠，則書初請之辭爲書，遣子弟致之。所戒者辭，使者固請，乃許，而復書曰：「吾子有命，某敢不從。」○若宗子自冠，則戒辭但曰「某將加冠於首」，後同。**前一日，宿賓。**遣子弟以書致辭曰：「來日，某將加冠於子某，若某親某子某之首，吾子將莅之，敢宿。某上某人。」答書曰：「某敢不夙興？某上某人。」○若宗子自冠，則辭之所改如其戒賓。**陳設。**設盥帨於廳事，如祠堂之儀。以帟幕爲房於廳事之東北，或廳事無兩階，則以堊畫而分之，後放此。**厥明，夙興，陳冠服。**有官者公服、帶、靴、笏；無官者襴衫、帶、靴，通用皂衫、深衣、大帶、履、櫛、掠，皆卓子陳于房中，東領北上。酒注盞盤亦以卓子陳于服北。幞頭、帽子、冠、笄巾，各以一盤盛之，蒙以帕，以卓子陳于西階下。執事者一人守之。長子則布席于阼階上之東，少北西向。衆子則少西南向。○宗子自冠，則如長子之席少南。**主人以下序立。**主人以下盛服就位。主人阼階下，少東西向。子弟、親戚、僮僕在其後，重行西向北上。擇子弟、親戚習禮者一人爲儐，立於門外，西向。將冠者雙紒，四䙆衫，勒帛，采屐，在房中南面。若非宗子之子，則其父立於主人之右，尊則少進，卑則少退。○宗子自冠，則服如將冠者，而就主人之位。**賓至，主人迎入，升堂。**賓自擇其子弟、親戚習禮者爲贊冠者，俱盛服至門外東面立，贊者在右少退。儐者入告主人，主人出門左，西向再拜，賓答拜。主人揖贊者，贊者報揖。主人遂揖而行，賓、贊從之。入門，分庭而行，揖讓而至階，又揖讓而升。主人由阼階先升，少東西向。賓由西階繼升，少西東向。贊者盥帨，由西階升，立於房中，西向。儐者筵于東序，少北西面。將冠者出房，南面。○若非宗子之子，則其父從出，迎賓，入從主人後賓而升，立於主人之右，如前。賓揖。將冠者就席，爲加冠巾。冠者適房，服深衣，納履，出。賓揖。將冠者出房，立于席右，向席。贊者取櫛、纚、掠，置于席左，興，立於將冠者之左。賓揖。將冠者即席西向跪。贊者即席，如其向跪，爲之櫛，合紒，施掠。賓乃降，主人亦降。賓盥畢，主人揖，升，復位。執事者以冠巾盤進，賓降一等，受冠笄，執之，正容徐詣將冠者前，向之祝曰：「吉月令日，始加元服。棄爾幼志，順爾成德。壽考惟祺，以介景福。」乃跪加之。贊者以巾跪進，賓受加之，興，復位，揖。冠者適房，釋四䙆衫，服深衣，加大帶，納履，出房，正容南向，立良久。○若宗子自冠，則賓揖之就席，賓降盥畢，主人不降，餘並同。再加帽子，服皂衫，革帶，繫鞋。賓揖。冠者即席跪。執事者以帽子盤進，賓降二等受之，執以詣冠者前，祝之曰：「吉月令辰，乃申爾服。謹爾威儀，淑慎爾德。眉壽永年，享受遐福。」乃跪加之，興，復位，揖。冠者適房，釋深衣，服皂衫，革帶，繫鞋，出房立。三加幞頭，公服，革帶，納靴，執笏。若襴衫，納靴。禮如再加，惟執事者以幞頭盤進，賓降，没階受之，祝辭曰：「以歲之正，以月之令，咸加爾服。兄弟具在，以成厥德。黄耇無疆，受天之慶。」贊者徹帽，賓乃加幞頭，執事者受帽，徹櫛，入于房，餘並同。乃醮。長子，則儐者改席于堂中間，少西南向。衆子，則仍故席。贊者酌酒于房中，出房立于冠者之左。賓揖。冠者就席右南向，乃取酒就席前，北向，祝之曰：「旨酒既清，嘉薦芬芳。拜受祭之，以定爾祥。承天之休，壽考不忘。」冠者再拜，升席南向，受盞，賓復位，東向答拜。冠者進席前跪，祭酒，興，就席末跪，啐酒，興，降席，授贊者盞，南向再拜，賓東向答拜。冠者遂拜贊者，贊者賓左東向，少退答拜。賓字冠者，賓降階，東向。主人降階，西向。冠者降自西階，少東南向。賓字之曰：「禮儀既備，令月吉日，昭告爾字。爰字孔嘉，髦士所宜。宜之于嘏，永受保之，曰伯某父。」仲、叔、季，唯所當。冠者對曰：「某雖不敏，敢不夙夜祗奉。」賓或別作辭命以字之之意，亦可。出就次。賓請退。主人請禮賓，賓出就次。主人以冠者見于祠堂。如《祠堂章》内生子而見之儀。但改告辭曰：「某之子某，若某親某之子某，今日冠畢，敢見。」冠者進，立於兩階間，再拜，餘並同。○若宗子自冠，則改辭曰：「某今日冠畢，敢見。」遂再拜，降，復位，餘並同。○若冠者私室有曾祖、祖以下祠堂，則各因其宗子而見，自爲繼曾祖以下之宗則自見。冠者見于尊長。父母堂中南面坐。諸叔父兄在東序，諸叔父南向，諸兄西向。諸婦女在西序，諸叔母姑南向，諸姊嫂東向。冠者北向拜父母，父母爲之起。同居有尊長，則父母以冠者詣其室拜之，尊長爲之起。還就東西序，每列再拜，應答拜者答。若非宗子之子，則先見宗子及諸尊於父者於堂，乃就私室見於父母及餘親。○若宗子自冠，有母則見于母如儀。族人宗之者，皆來見於堂上。宗子西向拜其尊長，每列再拜，受卑幼者拜。乃禮賓。主人以酒饌延賓及儐贊者，酧之以幣而拜謝之，幣多少隨宜，賓贊有差。冠者遂出，見于鄉先生及父之執友。冠者拜，先生、執友皆答拜。若有誨之，則對如對賓之辭，且拜之，先生、執友不答拜。

笄

女子許嫁，笄，年十五，雖未許嫁，亦笄。母爲主。宗子主婦，則於中堂。非宗子而與宗子同居，則於私室，與宗子不同居，則如上儀。前期三日戒賓，一日宿賓。賓，亦擇親姻婦女之賢而有禮者爲之。以牋紙書其辭，使人致之。辭如《冠禮》，但「子」作「女」，「冠」作「笄」，「吾子」作「某親」或「某封」。○凡婦人自稱，於己之尊長則曰「兒」，卑幼則以屬。於夫黨，尊長則曰「新婦」，卑幼則曰「老婦」。非親戚而往來者各以其黨爲稱。後放此。陳設。如《冠禮》，但於中堂布席，如衆子之位。厥明，陳服，如《冠禮》，但用背子、冠笄。序立。主婦如主人之位。將笄者雙紒，衫子，房中南面。賓至，主婦迎入，升堂。如《冠禮》，但不用贊者，主婦升自阼階。賓爲將笄者加冠笄。適房，服背子。略如《冠禮》，但祝用始加之辭，不能則省。乃醮，如《冠禮》，辭亦同。乃字，如《冠禮》，但改祝辭「髦士」爲「女士」。乃禮賓，皆如冠儀。

家禮卷之三

昏禮

議昏

男子年十六至三十，女子年十四至二十，司馬温公曰：「古者，男三十而娶，女二十而嫁。今令文，男年十五、女年十三以上並聽昏嫁。今爲此説，所以參古今之道，酌禮令之中，順天地之理，合人情之宜也。」身及主昏者，無期以上喪，乃可成昏。大功未葬，亦不可主昏。○凡主昏，如《冠禮》主人之法，但宗子自昏，則以族人之長爲主。必先使媒氏往來通言，俟女氏許之，然後納采。司馬温公曰：「凡議昏姻，當先察其婿與婦之性行，及家法何如，勿苟慕其富貴。婿苟賢矣，今雖貧賤，安知異時不富貴乎？苟爲不肖，今雖富貴，安知異時不貧賤乎？婦者家之所由盛衰也，苟慕其一時之富貴而娶之，彼挾其富貴，鮮有不輕其夫而傲其舅姑，養成驕妒之性，異日爲患，庸有極乎？借使因婦財以致富，依婦勢以取貴，苟有丈夫之志氣者，能無媿乎？又世俗好於襁褓童幼之時輕許爲昏，亦有指腹爲昏者，及其既長，或不肖無賴，或身有惡疾，或家貧凍餒，或喪服相仍，或從宦遠方，遂至棄信負約，速獄致訟者多矣。是以先祖太尉嘗曰：『吾家男女，必俟既長，然後議昏。既通書，不數月必成昏。』故終身無此悔，乃子孫所當法也。」

納采

納其采擇之禮，即今世俗所謂言定也。

主人具書，主人，即主昏者。書用牋紙，如世俗之禮。若族人之子，則其父具書告于宗子。夙興，奉以告祠堂。如告冠儀。其祝版前同，但云「某之子某，若某之某親之子某，年已長成，未有伉儷，已議娶某官某郡姓名之女，今日納采，不勝感愴，謹以」，後同。○若宗子自昏，則自告。乃使子弟爲使者如女氏，女氏主人出見使者，使者盛服如女氏。女氏亦宗子爲主，主人盛服出見使者。非宗子之女，則其父位於主人之右，尊則少進，卑則少退。啜茶畢，使者起，致辭，曰：「吾子有惠，貺室某也，某之某親某官有先人之禮，使某請納采。」從者以書進，使者以書授主人，主人對曰：「某之子若妹、姪、孫惷愚，又弗能教，吾子命之，某不敢辭。」北向再拜，使者避，不答拜。使者請退，俟命，出就次。若許嫁者於主人爲姑姊則不云「惷愚，又弗能教」，餘辭並同。遂奉書以告于祠堂。如婿家之儀。祝版前同，但云「某之第幾女，年漸長成，已許嫁某官某郡姓名之子，若某親某，今日納采，不勝感愴，謹以」，後同。出以復書授使者，遂禮之。主人出，延使者升堂，授以復書，使者受之，請退。主人請禮賓，乃以酒饌禮使者。使者至是始與主人交拜揖，如常日賓客之禮，其從者亦禮之別室，皆酧以幣。使者復命婿氏，主人復以告于祠堂。不用祝。

納幣

古禮有問名、納吉，今不能盡用，止用納采、納幣，以從簡便。

納幣幣用色繒，貧富隨宜，少不過兩，多不踰十，今人更用釵釧、羊酒、果實之類，亦可。具書，遣使如女氏，女氏受書，復書，禮賓，使者復命，並同納采之儀。禮如納采，但不告廟。使者致辭，改「采」爲「幣」。從者以書幣進，使者以書授主人，主人對曰：「吾子順先典，貺某重禮，某不敢辭，敢不承命？」乃受書，執事者受幣。主人再拜，使者避之，復進，請命，主人授以復書。餘並同。

親迎

前期一日，女氏使人張陳其婿之室。世俗謂之鋪房。然所張陳者，但氈褥、帳幔、帷幙應用之物，其衣服鎖之篋笥，不必陳也。○司馬温公曰：「文中子曰：『昏娶而論財，夷虜之道也。』夫昏姻者，所以合二姓之好，上以事宗廟，下以繼後世也。今世俗之貪鄙者，將娶婦，先問資裝之厚薄，將嫁女，先問聘財之多少，至於立契約，云『某物若干、某物若干』，以求售其女者，亦有既嫁而復欺紿負約者，是乃駔儈賣婢鬻奴之法，豈得謂之士大夫昏姻哉？其舅姑既被欺紿，則殘虐其婦，以攄其怒。由是愛其女者，務厚其資裝以悅其舅姑者，殊不知彼貪鄙之人，不可盈厭，資裝既竭，則安用汝女哉？於是質其女以責貨於女氏，貨有盡而責無窮，故昏姻之家往往終爲仇讎矣。是以世俗生男則喜，生女則戚，至有不舉其女者，用此故也。然則議昏姻有及於財者，皆勿與爲昏姻可也。」厥明，壻家設位于室中，設椅、卓子兩位，東西相向，蔬果、盤盞、匕筯如賓客之禮，酒壺在東位之後。又以卓子置合巹一於其南，又南北設二盥盆勺於室東隅，又設酒壺盞注於室外或別室以飲從者。○巹音謹，以小匏一判而兩之。女家設次于外。○初昏，壻盛服，世俗新壻帶花勝，擁蔽其面，殊失丈夫之容體，勿用可也。主人告于祠堂，如納采儀。祝版前同，但云「某之子某，若某親之子某，將以今日親迎于某官某郡某氏，不勝感愴，謹以」，後同。○若宗子自昏，則自告。遂醮其子，而命之迎。先以卓子設酒注盤盞於堂上。主人盛服坐於堂之東序，西向。設壻席於其西北，南向。壻升自西階，立於席，西南向。贊者取盞斟酒，執之，詣壻席前。壻再拜，升席，南向，受盞，跪，祭酒，興，就席末，跪，啐酒，興，降席，西授贊者盞，又再拜，進，詣父坐前，東向跪。父命之，曰：「往迎爾相，承我宗事，勉率以敬，若則有常。」壻曰：「諾，惟恐不堪，不敢忘命。」俯伏，興，出。非宗子之子，則宗子告于祠堂，而其父醮于私室如儀。但改「宗事」爲「家事」。○若宗子已孤而自昏，則不用此禮。壻出，乘馬以二燭前導。至女家，俟于次。壻下馬于大門外，入俟于次。女家主人告于祠堂，如納采儀。祝版前同，但云「某之第幾女，若某親某之第幾女，將以今日歸于某官某郡姓名，不勝感愴，謹以」，後同。遂醮其女而命之。女盛飾，姆相之，立於室外，南向。父坐東序，西向；母坐西序，東向。設女席於母之東北，南向。贊者醮以酒，如壻禮。姆導女出於母左，父起，命之曰：「敬之，戒之，夙夜無違舅姑之命。」母送至西階上，爲之整冠斂帔，命之曰：「勉之，敬之，夙夜無違爾閨門之禮。」諸母、姑、嫂、姊送至于中門之内，爲之整裙衫，申以父母之命，曰：「謹聽爾父母之言，夙夜無愆。」非宗子之女，則宗子告于祠堂，而其父醮於私室如儀。主人出迎，婿入奠雁。主人迎婿于門外，揖讓以入，婿執雁以從，至于廳事。主人升自阼階，立，西向。婿升自西階，北向跪，置雁於地，主人侍者受之。婿俯伏，興，再拜，主人不答拜。若族人之女，則其父從主人出迎，立於其右，尊則少進，卑則少退。○凡贄，用生雁，左首以生色繒交絡之，無則刻木爲之，取其順陰陽往來之義。程子曰：「取其不再偶也。」姆奉女出，登車。姆奉女出中門，婿揖之，降自西階，主人不降。婿遂出，女從之。婿舉轎簾以俟，姆辭曰：「未教，不足與爲禮也。」女乃登車。婿乘馬，先婦車。婦車亦以二燭前導。至其家，導婦以入。婿至家，立于廳事，俟婦下車，揖之，導以入。婿婦交拜，婦從者布婿席於東方，婿從者布婦席於西方。婿盥于南，婦從者沃之，進帨；婦盥于北，婿從者沃之，進帨。婿揖婦，就席，婦拜，婿答拜。就坐，飲食。畢，婿出。婿揖婦，就坐，婿東婦西。從者斟酒，設饌，婿婦祭酒，舉殽。又斟酒，婿揖，婦舉飲，不祭，無殽。又取巹分置婿婦之間，斟酒，婿揖婦，舉飲，不祭，無殽。婿出，就他室，姆與婦留室中。徹饌，置室外，設席。婿從者餕婦之餘，婦從者餕婿之餘。復入，脱服，燭出。婿脱服，婦從者受之；婦脱服，婿從者受之。○司馬温公曰：「古詩云『結髮爲夫婦』，言自少年束髮即爲夫婦，猶李廣言『結髮與匈奴戰』也。今世俗昏姻，乃有結髮之禮，謬誤可笑，勿用可也。」主人禮賓。男賓於外廳，女賓於中堂。古禮明日饗從者，今從俗。

婦見舅姑

明日夙興，婦見于舅姑，婦夙興，盛服，俟見。舅姑坐於堂上，東西相向，各置卓子於前。家人男女少於舅姑者立於兩序，如冠禮之叙。婦進，立於阼階上，北面，拜舅，升，奠贄幣于卓子上，舅撫之，侍者以入，婦降，又拜。畢，詣西階上，北面，拜姑，升，奠贄幣，姑舉以授侍者，婦降，又拜。○若非宗子之子而與宗子同居，則先行此禮於舅姑之私室，與宗子不同居，則如上儀。舅姑禮之。如父母醮女之儀。婦見于諸尊長。婦既受禮，降自西階，同居有尊於舅姑者，則舅姑以婦見於其室，如見舅姑之禮。還，拜諸尊長于兩序，如冠禮，無贄。小郎小姑皆相拜。非宗子之子而與宗子同居，則既受禮，詣其堂上拜之，如舅姑禮，而還見于兩序。其宗子及尊長不同居，則廟見而後往。若家婦，則饋于舅姑，是日食時，婦家具盛饌酒壺，婦從者設蔬果卓子于堂上舅姑之前，設盥盆于阼階東南，帨架在東。舅姑就坐。婦盥，升自西階，洗盞斟酒，置舅卓子上，降，俟舅飲畢，又拜。遂獻姑進酒，姑受，飲畢，婦降，拜。遂執饌，升，薦于舅姑之前，侍立姑後，以俟卒食，徹飯。侍者徹饌，分置別室，婦就餕姑之餘，婦從者餕舅之餘，婿從者又餕婦之餘。非宗子之子，則於私室如儀。舅姑饗之。如禮婦之儀。禮畢，舅姑先降自西階，婦降自阼階。

廟見

三日，主人以婦見于祠堂。古者三月而廟見，今以其太遠，改用三日。如子冠而見之儀，但告辭曰：「子某之婦某氏，敢見。」餘並同。

婿見婦之父母

明日，婿往見婦之父母，婦父迎送揖讓，如客禮。拜，即跪而扶之。入見婦母，婦母闔門左扉，立于門內，婿拜于門外，皆有幣。婦父非宗子，即先見宗子夫婦，不用幣，如上儀，然後見婦之父母。次見父黨諸親，不用幣，婦女相見如上儀。婦家禮婿如常儀。親迎之夕，不當見婦母及諸親，及設酒饌，以婦未見舅姑故也。

家禮卷之四

喪禮

初終

疾病，遷居正寢。凡疾病，遷居正寢，内外安静，以俟氣絶。男子不絶於婦人之手，婦人不絶於男子之手。既絶乃哭。復。侍者一人，以死者之上服嘗經衣者，左執領，右執要，自前榮升屋中霤，北面招以衣，三呼曰：「某人復。」畢，卷衣，降，覆尸上。男女哭擗無數。○上服，謂有官則公服，無官則襴衫、皂衫、深衣。婦人大袖、背子。呼某人者，從生時之號。立喪主，凡主人，謂長子；無，則長孫承重，以奉饋奠。其與賓客爲禮，則同居之親且尊者主之。主婦，謂亡者之妻；無，則主喪者之妻。護喪，以子弟知禮能幹者爲之，凡喪事皆禀之。司書，司貨，以子弟或使僕爲之。乃易服不食。妻子、婦妾皆去冠及上服，被髮；男子扱上衽，徒跣。餘有服者皆去華飾。爲人後者爲本生父母及女子已嫁者，皆不被髮、徒跣。諸子三日不食。期、九月之喪，三不食；五月、三月之喪，再不食。親戚隣里，爲糜粥以食之，尊長强之，少食可也。○扱上衽，謂插衣前襟之帶。華飾，謂錦繡、紅紫、金玉、珠翠之類。治棺。護喪命匠擇木爲棺，油杉爲上，柏次之，土杉爲下。其制方直，頭大足小，僅取容身，勿令高大及爲虛檐高足。內外皆用灰漆，內仍用瀝青溶瀉，厚半寸以上。以煉熟秫米灰鋪其底，厚四寸許。加七星板。底四隅各釘大鐵鐶，動則以大索貫而舉之。○司馬温公曰：「棺欲厚，然太厚則重而難以致遠，又不必高大，占地使壙中寬，易致摧毁，宜深戒之。椁雖聖人所制，自古用之，然板木歲久，終歸腐爛，徒使壙中寬大，不能牢固，不若不用之爲愈也。孔子葬鯉有棺而無椁，又許貧者還葬而無椁，今不欲用，非爲貧也，乃欲保安亡者耳。」○程子曰：「雜書有松脂入地千年爲茯苓，萬年爲琥珀之説。蓋物莫久於此，故以塗棺。古人已有用之者。」訃告于親戚僚友。護喪、司書爲之發書，若無，則主人自訃親戚，不訃僚友。自餘書問悉停。以書來吊者，並須卒哭後答之。

沐浴　襲　奠　爲位　飯含

執事者設幃及牀，遷尸，掘坎。執事者以幃障卧内，侍者設牀於尸牀前，縱置之，施簀去薦，設席枕，遷尸其上，南首，覆以衾，掘坎于屏處潔地。陳襲衣，以卓子陳于堂前東壁下，西領南上。幅巾一，充耳二，用白纊，如棗核大，所以塞耳者也。幎目，帛方尺二寸，所以覆面者也。握手，用帛長尺二寸，廣五寸，所以裹手者也。深衣一，大帶一，履二，袍襖、汗衫、袴襪、勒帛、裹肚之類，隨所用之多少。沐浴，飯含之具。以卓子陳于堂前西壁下，南上。錢三，實于小箱。米二升，以新水淅令精，實于盌。櫛一，沐巾一。浴巾二，上下體各用其一也。乃沐浴，侍者以湯入，主人以下皆出幃外，北面。侍者沐髮，櫛之，晞以巾，撮爲髻，抗衾而浴，拭以巾，剪爪，其沐浴餘水并巾櫛棄于坎而埋之。襲。侍者别設襲牀於幃外，施薦席褥枕，先置大帶、深衣、袍襖、汗衫、袴襪、勒帛、裹肚之類於其上，遂舉以入，置浴牀之西，遷尸於其上，悉去病時衣及復衣，易以新衣，但未著幅巾、深衣、履。徙尸牀，置堂中間。卑幼，則各於室中間，餘言在堂者放此。乃設奠。執事者以卓子置脯醢，升自阼階。祝盥手，洗盞，斟酒，奠于尸東，當肩，巾之。○祝以親戚爲之。主人以下爲位而哭。主人坐於牀東，奠北。衆男應服三年者坐其下，皆藉以藁。同姓期功以下，各以服次坐于其後，皆西向南上。尊行以長幼坐于牀東北壁下，南向西上，藉以席薦。主婦、衆婦女坐于牀西，藉以藁。同姓婦女以服爲次，坐于其後，皆東向南上。尊行以長幼坐于牀西北壁下，南向東上，藉以席薦。妾婢立於婦女之後。别設幃以障内外。異姓之親，丈夫坐於幃外之東，北向西上。婦人坐于幃外之西，北向東上。皆藉以席，以服爲行，無服在後。○若内喪，則同姓丈夫尊卑坐于幃外之東，北向西上；異姓丈夫坐于幃外之西，北向東上。○三年之喪，夜則寢於尸旁，藉藁枕塊，羸病者，藉以草薦可也。期以下，寢於側近，男女異室，外親歸家可也。乃飯含。主人哭盡哀，左袒，自前扱於腰之右，盥手，執箱以入。侍者一人，插匙于米盌，執以從，置于尸西，徹枕，以幎巾入，覆面。主人就尸東，由足而西，牀上坐，東面舉巾，以匙抄米，實于尸口之右，并實一錢，又於左、於中亦如之。主人襲所袒衣，復位。侍者卒襲，覆以衾。加幅巾，充耳，設幎目，納履，乃襲深衣，結大帶，設握手巾，乃覆以衾。

靈座　魂帛　銘旌

置靈座，設魂帛，設椸於尸南，覆以帕，置椅卓其前。結白絹爲魂帛，置椅上。設香爐、合盞、注、酒、果於卓子上。侍者朝夕設櫛頮奉養之具，皆如平生。○司馬温公曰：「古者鑿木爲重，以主其神，今令式亦有之，然士民之家未嘗識也，故用束帛依神，謂之魂帛，亦古禮之遺意也。世俗皆畫影，置於魂帛之後，男子生時有畫像，用之猶無所謂，至於婦人，生時深居閨門，出則乘輜軿，擁蔽其面，既死，豈可使畫工直入深屋，揭掩面之帛，執筆訾相，畫其容貌，此殊爲非禮。又世俗或用冠帽衣履裝飾如人狀，此尤鄙俚，不可從也。」立銘旌。以絳帛爲銘旌，廣終幅。三品以上，九尺；五品以下，八尺；六品以下，七尺。書曰：「某官某公之柩。」無官，即隨其生時所稱，以竹爲杠，如其長，倚於靈座之右。不作佛事。司馬温公曰：「世俗信浮屠誑誘，於始死及七七日、百日、期年、再期、除喪，飯僧設道場，或作水陸大會，寫經造像，修建塔廟，云爲死者滅彌天罪惡，必生天堂，受種種快樂，不爲者必入地獄，剉燒舂磨，受無邊波吒之苦。殊不知人生含氣血，知痛癢，或剪爪剃髮，從而燒斫之，已不知苦，況於死者，形神相離，形則入於黄壤，朽腐消滅，與木石等，神則飄若風火，不知何之，借使剉燒舂磨，豈復知之？且浮屠所謂天堂地獄者，計亦以勸善而懲惡也，苟不以至公行之，雖鬼可得而治乎？是以唐廬州刺史李舟《與妹書》曰：『天堂無則已，有則君子登。地獄無則已，有則小人入。』世人親死而禱浮屠，是不以其親爲君子，而爲積惡有罪之小人也。何待其親之不厚哉？就使其親實積惡有罪，豈賂浮屠所能免乎？此則中智所共知，而舉世滔滔信奉之，何其易惑而難曉也。甚者至有傾家破産然後已，與其如此，曷若早賣田營墓而葬之乎？彼天堂地獄，若果有之，當與天地俱生，自佛法未入中國之前，人死而復生者，亦有之矣，何故無一人誤入地獄，見閻羅等十王者耶？不學者固不足與言，讀書知古者亦可以少悟矣。」執友親厚之人，至是入哭可也。主人未成服而來哭者，當服深衣，臨尸哭盡哀，出，拜靈座，焚香，再拜，遂吊主人，相向哭盡哀。主人以哭對，無辭。

小斂　袒　括髮　免　髽　奠　代哭

厥明，謂死之明日。執事者陳小斂衣衾，以卓子陳于堂東壁下，據死者所有之衣，隨宜用之，若多，則不必盡用也。衾用複者，絞，横者三，縱者一，皆以細布或彩，一幅而析其兩端爲三，横者取足以周身相結，縱者取足以掩首至足，而結於身中。設奠，設卓子于阼階東南，置奠饌及盞注于其上，巾之。設盥盆、帨巾各二于饌東，其東有臺者，祝所盥也，其西無臺者，執事者所盥也。别以卓子設潔滌盆、新拭巾於其東，所以洗盞、拭盞也。此一節至遣並同。具括髮麻、免布、髽麻，括髮，謂麻繩撮髻，又以布爲頭𢄼也。免，謂裂布或縫絹廣寸，自項向前，交於額上，却繞髻如著掠頭也。髽亦用麻繩撮髻，竹木爲簪也。設之皆于别室。設小斂牀，布絞、衾衣，設小斂牀，施薦席褥于西階之西，鋪絞衾衣，舉之升自西階，置于尸南，先布絞之横者三於下，以備周身相結，乃布縱者一於上，以備掩首及足也。衣或顛或倒，但取正方，唯上衣不倒。乃遷襲奠，執事者遷置靈座西南，俟設新奠，乃去之。後凡奠皆放此。遂小斂。侍者盥手舉尸，男女共扶助之，遷于小斂牀上。先去枕而舒絹疊衣以藉其首，仍卷兩端以補兩肩空處。又卷衣夾其兩脛，取其正方，然後以餘衣掩尸，左衽不紐，裹之以衾，而未結以絞，未掩其面，蓋孝子猶俟其復生，欲時見其面故也。斂畢，别覆以衾。主人、主婦憑尸哭擗。主人西向憑尸哭擗，主婦東向亦如之。○凡子於父母，憑之；父母於子、夫於妻，執之。婦於舅姑，奉之；舅於婦，撫之；於昆弟，執之。凡憑尸，父母先，妻子從。袒、括髮、免、髽于别室。男子斬衰者，袒、括髮；齊衰以下至同五世祖者，皆袒、免于别室。婦人髽于别室。還，遷尸牀于堂中。執事者徹襲牀，遷尸其處。哭者復位，尊長坐，卑幼立。乃奠。祝帥執事者，盥手舉饌，升自阼階，至靈座前，祝焚香，洗盞斟酒奠之。卑幼者皆再拜。侍者巾之。主人以下哭盡哀，乃代哭不絶聲。

大斂

厥明，小斂之明日，死之第三日也。○司馬温公曰：「《禮》曰：『三日而斂者，俟其復生也，三日而不生，則亦不生矣。故以三日爲之禮也。』今貧者喪具或未辦，或漆棺未乾，雖過三日，亦無傷也。世俗以陰陽拘忌，擇日而斂，盛暑之際，至有汁出蟲流，豈不悖哉！」執事者陳大斂衣衾，以卓子陳于堂東壁上，衣無常數，衾用有綿者。設奠具，如小斂之儀。舉棺入置于堂中少西，執事者先遷靈座及小斂奠於旁側，役者舉棺以入，置于牀西，承以兩凳。若卑幼，則於别室。役者出。侍者先置衾于棺中，垂其裔於四外。○司馬温公曰：「周人殯于西階之上，今堂室異制，或狹小，故但於堂中少西而已。今世俗多殯於僧舍，無人守視，往往以年月未利，踰數十年不葬，或爲盜賊所發，或爲僧所棄，不孝之罪，孰大於此。」乃大斂。侍者與子孫、婦女俱盥手，掩首，結絞，共舉尸納于棺中，實生時所落齒髮及所剪爪于棺角，又揣其空缺處，卷衣塞之，務令充實，不可摇動。謹勿以金玉珍玩置棺中，啓盜賊心。收衾，先掩足，次掩首，次掩左，次掩右，令棺中平滿。主人、主婦憑哭盡哀。婦人退入幕中。乃召匠加蓋、下釘，徹牀，覆柩以衣。祝取銘旌，設跗于柩東，復設靈座於故處，留婦人兩人守之。○司馬温公曰：「凡動尸舉棺，哭擗無算，然殯斂之際，亦當輟哭臨視，務令安固，不可但哭而已。」○按，古者大斂而殯，既大斂，則累墼塗之。今或漆棺未乾，又南方土多螻蟻，不可塗殯，故從其便。設靈牀于柩東，牀、帳、薦、席、枕、衣、被之屬，皆如平生時。乃設奠。如小斂之儀。主人以下各歸喪次，中門之外，擇朴陋之室，爲丈夫喪次。斬衰，寢苫枕塊，不脱絰帶，不與人坐焉。非時見乎母也，不及中門。齊衰，寢席。大功以下異居者，既殯而歸，居宿於外，三月而復寢。婦人次于中門之内别室，或居殯側，去帷帳衾褥之華麗者，不得輒至男子喪次。止代哭者。

成服

厥明，大斂之明日，死之第四日也。五服之人，各服其服，入就位，然後朝哭相吊如儀。其服之制，一曰斬衰三年，斬，不緝也。衣裳皆用極麤生布，旁及下際皆不緝也。衣縫向外，裳前三幅，後四幅，縫内向，前後不連，每幅作三輒，輒謂屈其兩邊相著而空其中也。衣長過腰，足以掩裳上際，縫外向。背有負版，用布方尺八寸，綴於領下垂之前。當心有衰，用布長六寸，廣四寸，綴於左衿之前。左右有辟領，各用布方八寸，屈其兩頭相著爲廣四寸，綴於領下，在負版兩旁，各攙負版一寸。兩腋之下有衽，各用布三尺五寸，上下各留一尺正方，一尺之外，上於左旁裁入六寸，下於右旁裁入六寸，便於盡處相望斜裁，却以兩方左右相沓，綴於衣兩旁，垂之向下，狀如燕尾，以掩裳旁際也。冠比衣裳，用布稍細，紙糊爲材，廣三寸，長足跨頂，前後裹以布，爲三輒，皆向右縱縫之。用麻繩一條，從額上約之，至項後交過前，各至耳，結之以爲武，屈冠兩頭入武内，向外反屈之縫於武，武之餘繩垂下爲纓，結於頤下。首絰以有子麻爲之，其圍九寸，麻本在左，從額前向右圍之，從頂過後以其末加於本上，又以繩爲纓以固之，如冠之制。腰絰大七寸有餘，兩股相交，兩頭結之，各存麻本，散垂三尺，其交結處兩旁各綴細繩繫之。絞帶用有子麻繩一條大半，腰絰，中屈之爲兩股，各一尺餘，乃合之，其大如絰。圍腰從左過後至前，乃以其右端穿兩股間，而反插於右，在絰之下。○苴杖用竹，高齊心，本在下。屨亦粗麻爲之。婦人則用極粗生布爲大袖、長裙、蓋頭，皆不緝，布頭繻，竹釵，麻屨。衆妾則以背子代大袖。凡婦人皆不杖。其正服，則子爲父也。其加服，則嫡孫父卒，爲祖若曾、高祖承重者也，父爲嫡子當爲後者也。其義服，則婦爲舅也。夫承重則從服也，爲人後者爲所後父也，爲所後祖承重也，夫爲人後，則妻從服也，妻爲夫也，妾爲君也。二曰齊衰三年，齊，緝也。其衣裳冠制並如斬衰，但用次等麤生布，緝其旁及下際。冠以布爲武及纓。首絰以無子麻爲之，大七寸餘，本在右，末繫本下，布纓。腰絰大五寸餘，絞帶以布爲之，而屈其右端尺餘。杖以桐爲之，上圓下方。婦人服同斬衰，但布用次等爲異。後皆倣此。其正服，則子爲母也，士之庶子爲其母同，而爲父後，則降也。其加服，則嫡孫父卒，爲祖母若曾、高祖母承重者也，母爲嫡子當爲後者也。其義服，則婦爲姑也。夫承重，則從服也，爲繼母也，爲慈母，謂庶子無母而父命他妾之無子者慈己也，繼母爲長子也，妾爲君之長子也。杖期，服制同上，但又用次等生布。其正服，則嫡孫父卒，祖在爲祖母也。其降服，則爲嫁母、出母也。其義服，則爲父卒，繼母嫁而已從之者也，夫爲妻也，子爲父後則爲出母、嫁母無服，繼母出則無服也。不杖期，服制同上。但不杖，又用次等生布。其正服，則爲祖父母，女雖適人，不降也，庶子之子爲父之母，而爲祖後則不服也，爲伯叔父也，爲兄弟也，爲衆子男女也，爲兄弟之子也，爲姑姊妹女在室及適人而無夫與子者也，婦人無夫與子者爲其兄弟姊妹及兄弟之子也，妾爲其子也。其加服，則爲嫡孫，若曾、玄孫當爲後者也，女適人者爲兄弟之爲父後者也。其降服，則嫁母、出母爲其子，子雖爲父後猶服也，妾爲其父母也。其義服，則繼母、嫁母爲前夫之子從己者也，爲伯叔母也，爲夫兄弟之子也，繼父同居父子皆無大功之親者也，妾爲女君也，妾爲君之衆子也，舅姑爲嫡婦也。五月，服制同上。其正服，則爲曾祖父母，女適人者，不降也。三月，服制同上。其正服，則爲高祖父母，女適人者，不降也。其義服，則繼父不同居者，謂先同今異，或雖同居而繼父有子，已有大功以上親者也。其元不同居者則不服。三曰大功九月，服制同上。但用稍粗熟布，無負版、衰、辟領，首絰五寸餘，腰絰四寸餘。其正服，則爲從父兄弟姊妹，謂伯叔父之子也，爲衆孫男女也。其義服，則爲衆子婦也，爲兄弟子之婦也，爲夫之祖父母、伯叔父母、兄弟子之婦也，夫爲人後者，其妻爲本生舅、姑也。四曰小功五月，服制同上。但用稍熟細布，冠左縫，首絰四寸餘，腰絰三寸餘。其正服，則爲從祖祖父、從祖祖姑，謂祖之兄弟姊妹也，爲兄弟之孫，爲從祖父、從祖姑，謂從祖之子，父之從父兄弟姊妹也，爲從父兄弟之子也，爲從祖兄弟姊妹，謂從祖父之子，所謂再從兄弟姊妹者也，爲外祖父母，謂母之父母也，爲舅，謂母之兄弟也，爲甥也，謂姊妹之子也，爲從母，謂母之姊妹也，爲同母異父之兄弟姊妹也。其義服，則爲從祖祖母也，爲夫兄弟之孫也，爲從祖母也，爲夫從兄弟之子也，爲夫之姑姊妹，適人者不降也，女爲兄弟姪之妻，已適人亦不降也，爲娣、姒婦，謂兄弟之妻相名，長婦謂次婦曰娣婦，次婦謂長婦曰姒婦也，庶子爲嫡母之父母、兄弟姊妹，嫡母死，則不服也，母出，則爲繼母之父母、兄弟姊妹也，爲庶母慈己者，謂庶母之乳養己者也，爲嫡孫，若曾、玄孫之當爲後者之婦，其姑在則否也，爲兄弟之妻也，爲夫之兄弟也。五曰緦麻三月。服制同上。但用極細熟布，首絰三寸，腰絰二寸，並用熟麻，纓亦如之。其正服，則爲族曾祖父、族曾祖姑，謂曾祖之兄弟、姊妹也，爲兄弟之曾孫也，爲族祖父、族祖姑，謂族曾祖父之子也，爲從父兄弟之孫也，爲族父、族姑，謂族祖父之子也，爲從祖兄弟之子也，爲族兄弟姊妹，謂族父之子，所謂三從兄弟姊妹也，爲曾孫、玄孫也，爲外孫也，爲從母兄弟姊妹，謂從母之子也，爲外兄弟，謂姑之子也，爲内兄弟，謂舅之子也。其降服，則庶子爲父後者爲其母，而爲其母之父母、兄弟姊妹則無服也。其義服，則爲族曾祖母也，爲夫兄弟之曾孫也，爲族祖母也，爲夫從兄弟之孫也，爲族母也，爲夫從祖兄弟之子也，爲庶孫之婦也，士爲庶母，謂父妾之有子者也，爲乳母也，爲婿也，爲妻之父母，妻亡而别娶亦同，即妻之親母雖嫁出猶服也，爲夫之曾祖、高祖也，爲夫之從祖祖父母也，爲兄弟孫之婦也，爲夫兄弟孫之婦也，爲夫之從祖父母也，爲從父兄弟子之婦也，爲夫從兄弟子之婦也，爲夫從父兄弟之妻也，爲夫之從父姊妹，適人者不降也，爲夫之外祖父母也，爲夫之從母及舅也，爲外孫婦也，女爲姊妹之子婦也，爲甥婦也。

凡爲殤服以次降一等，凡年十九至十六爲長殤，十五至十二爲中殤，十一至八歲爲下殤。應服期者，長殤降服大功九月，中殤七月，下殤小功五月，應服大功以下以次降等。不滿八歲，爲無服之殤，哭之以日易月，生未三月則不哭也。男子已娶，女子許嫁，皆不爲殤。凡男爲人後，女適人者，爲其私親，皆降一等，私親之爲之也亦然。女適人者降服，未滿被出，則服其本服，已除則不復服也。○凡婦服夫黨，當喪而出，則除之。○凡妾爲其私親，則如衆人。成服之日，主人及兄弟始食粥。諸子食粥。妻妾及期、九月，疏食水飲，不食菜果；五月、三月者，飲酒食肉，不與宴樂。自是無故不出，若以喪事及不得已而出入，則乘樸馬布鞍，素轎布簾。凡重喪未除而遭輕喪，則制其服而哭之，月朔設位，服其服而哭之。既畢，返重服。其除之也，亦服輕服。若除重喪，而輕服未除，則服輕服，以終其餘日。

朝夕哭奠　上食

朝奠，每日晨起，主人以下皆服其服入就位。尊長坐哭，卑者立哭。侍者設盥櫛之具于靈牀側，奉魂帛出就靈座，然後朝奠。執事者設蔬果、脯醢。祝盥手，焚香，斟酒。主人以下再拜，哭盡哀。食時上食。如朝奠儀。夕奠。如朝奠儀。畢，主人以下奉魂帛入就靈牀，哭盡哀。哭無時。朝夕之間，哀至則哭於喪次。朔日則於朝奠設饌。饌用肉魚麪米，食羹飯各一器，禮如朝奠之儀。有新物則薦之。如上食儀。

吊奠賻

凡吊皆素服，幞頭衫帶，皆以白生絹爲之。奠用香茶燭酒果，有狀，或用食物，即别爲文。賻用錢帛，有狀，惟親友分厚者有之。具刺通名，賓主皆有官，則具門狀，否則名紙，題其陰面，先使人通之，與禮物俱入。入哭，奠訖，乃吊而退。既通名，喪家炷火燃燭，布席，皆哭以俟。護喪出迎賓，賓入，至廳事，進揖曰：「竊聞某人傾背，不勝驚怛，敢請入酹，并伸慰禮。」護喪引賓入，至靈座前哭盡哀，再拜，焚香，跪，酹茶酒，俯伏，興。護喪止哭者。祝跪讀祭文，奠賻狀於賓之右。畢，興，賓主皆哭盡哀。賓再拜，主人哭，出西向，稽顙再拜，賓亦哭，東向答拜，進曰：「不意凶變，某親某官，奄忽傾背，伏惟哀慕，何以堪處。」主人對曰：「某罪逆深重，禍延某親，伏蒙奠酹，并賜臨慰，不勝哀感。」又再拜，賓答拜，又相向哭盡哀。賓先止，賓慰主人曰：「脩短有數，痛毒奈何，願抑孝思，俯從禮制。」乃揖而出。主人哭而入，護喪送至廳事，茶湯而退。主人以下止哭。〇若亡者官尊，即云「薨逝」；稍尊，即云「捐館」；生者官尊，則云「奄棄榮養」；存亡俱無官，即云「色養」。若尊長拜賓，禮亦同此。惟其辭各如啓狀之式，見卷末。

聞喪 奔喪 治葬

始聞親喪，哭，親，謂父母也。以哭答使者，又哭盡哀，問故。易服，裂布爲四脚白布衫，繩帶麻屨。遂行。日行百里，不以夜行，雖哀戚，猶避害也。道中哀至則哭，哭避市邑喧繁之處。○司馬温公曰：「今人奔喪及從柩行者，遇城邑則哭，過則止，是飾詐之道也。」望其州境、其縣境、其城、其家，皆哭。家不在城，望其鄉哭。入門，詣柩前，再拜，再變服，就位哭。初變服，如初喪。柩東，西向坐，哭盡哀，又變服如大小斂亦如之。後四日成服，與家人相吊，賓至，拜之如初。若未得行，則爲位不奠。設椅子一枚，以代尸柩，左右前後設位，哭如儀，但不設奠。若喪側無子孫，則此中設奠如儀。變服。亦以聞後之第四日。在道至家，皆如上儀。若喪側無子孫，則在道朝夕爲位設奠，至家但不變服，其相吊拜賓如儀。若既葬，則先之墓哭拜。之墓者，望墓哭，至墓哭拜，如在家之儀。未成服者，變服於墓，歸家，詣靈座前哭拜，四日成服如儀。已成服者亦然，但不變服。齊衰以下聞喪，爲位而哭。尊長於正堂，卑幼於别室。○司馬温公曰：「今人皆擇日舉哀，凡悲哀之至，在初聞喪即當哭之，何暇擇日？但法令有不得於州縣公廨舉哀之文，則在官者當哭於僧舍，其他皆哭於本家可也。」若奔喪，則至家成服；奔喪者釋去華盛之服，裝辦即行。既至，齊衰望鄉而哭，大功望門而哭，小功以下至門而哭。入門詣柩前，哭，再拜，成服，就位，哭吊如儀。若不奔喪，則四日成服。不奔喪者，齊衰三日中朝夕爲位會哭，四日之朝成服亦如之；大功以下始聞喪爲位會哭，四日成服亦如之。皆每月朔爲位會哭，月數既滿，次月之朔乃爲位會哭而除之，其間哀至則哭可也。三月而葬，前期擇地之可葬者。司馬温公曰：「古者天子七月，諸侯五月，大夫三月，士踰月而葬。今五服年月，敕王公以下皆三月而葬。然世俗信葬師之説，既擇年月日時，又擇山水形勢，以爲子孫貧富貴賤，賢愚壽殀，盡繫於此，而其爲術又多不同，争論紛紜，無時可决，至有終身不葬，或累世不葬，或子孫衰替，忘失處所，遂棄捐不葬者。正使殯葬實能致人禍福，爲子孫者亦豈忍使其親臭腐暴露，而自求其利邪？悖禮傷義，無過於此。然孝子之心，慮患深遠，恐淺則爲人所抇[音骨]，深則濕潤速朽，故必求土厚水深之地而葬之，所以不可不擇也。」或問：「家貧鄉遠，不能歸葬，則如之何？」公曰：「子游問喪具，夫子曰：『稱家之有無。』子游曰：『有無惡[音烏]乎齊[子細切]？』夫子曰：『有，毋過禮。苟無矣，斂手足形，還葬，懸棺而窆[彼歛切]，人豈有非之者哉？』昔廉范千里負喪，郭平自賣營墓，豈待豐富然後葬其親哉？在禮，未葬不變服，食粥居廬，寢苫枕塊，蓋閔親之未有所歸，故寢食不安，奈何舍之出游，食稻衣錦，不知其何以爲心哉。世人又有遊宦没於遠方，子孫火焚其柩，收燼歸葬者。夫孝子愛親之肌體，故歛而藏之，殘毁他人之尸，在律猶嚴，况子孫乃悖謬如此。其始蓋出於羌胡之俗，浸染中華，行之既久，習以爲常，見者恬然，曾莫之怪，豈不哀哉！延陵季子適齊，其子死，葬於嬴博之間，孔子以爲合禮。必也不能歸葬，葬于其地可也，豈不猶愈於焚之哉！」○程子曰：「卜其宅兆，卜其地之美惡也，非陰陽家所謂禍福者也。地之美，則其神靈安，其子孫盛。若培壅其根而枝葉茂，理固然矣。地之惡者則反是。然則曷謂地之美者？土色之光潤，草木之茂盛，乃其驗也。父祖子孫同氣，彼安則此安，彼危則此危，亦其理也。而拘忌者惑以擇地之方位，决日之吉凶，不亦泥乎？甚者不以奉先爲計，而專以利後爲慮，尤非孝子安厝之用心也。惟五患者不得不謹，須使他日不爲道路，不爲城郭，不爲溝池，不爲貴勢所奪，不爲耕犂所及也。」一本云「所謂五患者，溝、渠、道路、避村落、遠井窑」。○按，古者葬地葬日皆決於卜筮，今人不曉古法，且從俗擇之可也。擇日開塋域，祠后土，主人既朝哭，帥執事者於所得地掘穴，四隅外其壤，掘中，南其壤，各立一標，當南門立兩標，擇遠親或賓客一人，告后土氏。祝帥執事者，設位於中標之左，南向，設盞注、酒果、脯醢於其前，又設盥盆、帨巾二於其東南，其東有臺架，告者所盥，其西無者，執事者所盥也。告者吉服入，立於神位之前，北向，執事者在其後，東上，皆再拜。告者與執事者皆盥帨。執事者一人取酒左西向跪，一人取盞東向跪。告者斟酒，反注，取盞，酹于神位前，俛伏，興，少退，立。祝執版立於告者之左，東向跪，讀之曰：「維某年歲月朔日，子某官姓名敢告于后土氏之神，今爲某官姓名營建宅兆，神其保佑，俾無後艱，謹以清酌脯醢，祗薦于神，尚饗！」訖，復位。告者再拜。祝及執事者皆再拜，徹，出。主人若歸，則靈座前哭，再拜。後倣此。遂穿壙，司馬温公曰：「今人葬有二法：有穿地直下爲壙，而懸棺以窆者；有鑿隧道，旁穿土室而攛柩於其中者。按古者唯天子得爲隧道，其他皆直下爲壙，而懸棺以窆，今當以此爲法。其穿地宜狹而深，狹則不崩損，深則盜難近也。」作灰隔，穿壙既畢，先布炭末於壙底，築實，厚二三寸，然後布石灰、細沙、黄土拌匀者於其上，灰三分，二者各一可也，築實，厚二三寸。别用薄版爲灰隔，如椁之狀，内以瀝青塗之，厚三寸許，中取容棺。墻高於棺四寸許，置於灰上。乃於四旁旋下四物，亦以薄版隔之，炭末居外，三物居内，如底之厚。築之既實，則旋抽其版近上，復下炭灰等而築之，及墻之平而止。蓋既不用椁，則無以容瀝青，故爲此制。又炭禦木根，辟水蟻，石灰得沙而實，得土而黏，歲久結而爲全石，螻蟻盜賊皆不得進也。○程子曰：「古人之葬，欲比化者不使土親膚。今奇玩之物，尚保藏固密，以防損汙，況親之遺骨，當何如哉？世俗淺識，惟欲不見而已。又有求速化之説者，是豈知必誠必信之義？且非欲求其不化也，未化之間，保藏當如是爾。」**刻誌石**，用石二片，其一爲蓋，刻云「某官某公之墓」，無官則書其字曰「某君某甫」。其一爲底，刻云「某官某公諱某字某，某州某縣人，考諱某某官，母某氏某封，某年月日生，叙歷官遷次，某年月日終，某年月日葬于某鄉某里某處，娶某氏某人之女，子男某某官，女適某官某人」。婦人，夫在則蓋云「某官姓名某封某氏之墓」，無封則云「妻」，夫無官則書夫之姓名，夫亡則云「某官某公某封某氏」，夫無官則云「某君某甫妻某氏」。其底叙年若干適某氏，因夫、子致封號，無則否。葬之日，以二石字面相向，而以鐵束束之，埋之壙前近地面三四尺間。蓋慮異時陵谷變遷，或誤爲人所動，而此石先見，則人有知其姓名者，庶能爲掩之也。**造明器**，刻木爲車馬、僕從、侍女，各執奉養之物，象平生而小。准令五品六品，三十事；七品八品，二十事；非陞朝官，十五事。**下帳**，謂牀帳、茵席、椅卓之類，亦象平生而小。**苞**，竹掩三，以盛遣奠餘脯。**筲**，竹器五，以盛五穀。**甖**，甆器三，以盛酒醯醢。○司馬温公曰：「自明器以下，俟實土及半，乃於其旁，穿便房以貯之。」○按，此雖古人不忍死其親之意，然實非有用之物，且脯肉腐敗，生蟲聚蟻，尤爲非便，雖不用可也。**大轝**，古者柳車制度甚詳，今不能然，但從俗爲之，取其牢固平穩而已。其法用兩長杠，杠上加伏兔，附杠處爲圓鑿。別作小方床以載柩，足高二寸。旁立兩柱，柱外施圓枘，令入鑿中，長出其外。枘鑿之間須極圓滑，以膏塗之，使其上下之際柩常適平。兩柱近上更爲方鑿，加横扃，扃兩頭出柱外者更加小扃。杠兩頭施横杠，横杠上施短杠，短杠上或更加小杠。仍多作新麻大索以備扎縛。此皆切要實用，不可闕者。但如此制，而以衣覆棺，亦足以少華道路。或更欲加飾，則以竹爲之格，以彩結之，上如撮蕉亭，施帷幔，四角垂流蘇而已。然亦不可太高，恐多罣礙，不須太華，徒爲觀美。若道路遠，決不可爲此虚飾，但多用油單裹柩，以防雨水而已。翣，以木爲筐，如扇而方，兩角高，廣二尺，高二尺四寸，衣以白布，柄長五尺。黼翣，畫黼；黻翣，畫黻；畫翣，畫雲氣。其緣皆爲雲氣，皆畫以紫准格。作主。程子曰：「作主用栗，趺方四寸，厚寸二分，鑿之洞底，以受主身，身高尺二寸，博三寸，厚寸二分，剡上五分爲圓首，寸之下勒前爲頷而判之，四分居前，八分居後，頷下陷中，長六寸，廣一寸，深四分，合之植於趺，下齊，竅其旁以通中，圓徑四分，居三寸六分之下，下距趺面七寸二分，以粉塗其前面。」○司馬温公曰：「府君夫人共爲一櫝。」○按，古者虞主用桑，將練而後易之以栗。今於此便作栗主，以從簡便。或無栗，止用木之堅者。櫝用黑漆，且容一主，夫婦俱入祠堂，乃用司馬氏之制。

遷柩　朝祖　奠　賻　陳器　祖奠

發引前一日，因朝奠以遷柩告。設饌如朝奠。祝斟酒訖，北面跪，告曰：「今以吉辰遷柩，敢告。」俯伏，興。主人以下哭盡哀，再拜。蓋古有啓殯之奠，今既不塗殯，則其禮無所施，又不可全無節文，故爲此禮也。奉柩朝于祖，將遷柩，役者入，婦人退避。主人及衆主人輯杖立視。祝以箱奉魂帛前行，詣祠堂前，執事者奉奠及倚卓次之，銘旌次之，役者舉柩次之。主人以下哭從。男子由右，婦人由左，重服在前，輕服在後，服各爲叙，侍者在末。無服之親，男居男右，女居女左，皆次主人主婦之後。婦人皆蓋頭。至祠堂前，執事者先布席，役者致柩於其上，北首而出。婦人去蓋頭。祝帥執事者設靈座及奠于柩西，東向。主人以下就位立，哭盡哀，止。此禮蓋象平生將出，必辭尊者也。遂遷于廳事，執事者設帷於廳事。役者入，婦人退避。祝奉魂帛導柩右旋，主人以下男女哭從如前，詣廳事，執事者布席，役者置柩于席上，南首而出。祝設靈座及奠于柩前，南向。主人以下就位坐哭，藉以薦席。乃代哭。如未斂之前，以至發引。親賓致奠賻。如初喪儀。陳器。方相在前，役夫爲之。冠服如道士，執戈揚盾。四品以上，四目爲方相；以下，兩目爲魌頭。次明器、下帳、苞、筲、甖，以牀舁之。次銘旌，去跗執之。次靈車，以奉魂帛香火。次大轝，轝旁有翣，使人執之。日晡時，設祖奠。饌如朝奠。祝斟酒訖，北向跪，告曰：「永遷之禮，靈辰不留，今奉柩車，式遵祖道。」俯伏，興。餘如朝夕奠儀。○司馬温公曰：「若柩自他所歸葬，則行日但設朝奠，哭而行，至葬乃備此及下遺奠禮。」

遣奠

厥明，遷柩就轝。轝夫納大轝於中庭，脱柱上横扃。執事者徹祖奠。祝北向跪，告曰：「今遷柩就轝，敢告。」遂遷靈座置旁側，婦人退避。召役夫遷柩就轝，乃載施扃加楔，以索維之，令極牢實。主人從柩哭降視載，婦人哭於帷中。載畢，祝帥執事者遷靈座于柩前，南向。乃設奠。饌如朝奠，有脯。惟婦人不在。奠畢，執事者徹脯納苞中，置舁牀上，遂徹奠。祝奉魂帛升車，焚香。別以箱盛主置帛後。至此，婦人乃蓋頭出帷，降階立哭。守舍者哭辭盡哀，再拜而歸。尊長則不拜。

發引

柩行，方相等前導，如陳器之叙。主人以下男女哭步從，如朝祖之叙。出門則以白幕夾障之。尊長次之，無服之親又次之，賓客又次之。皆乘車馬。親賓或先待於墓所，或出郭哭拜辭歸。親賓設幄於郭外道旁，駐柩而奠，如在家之儀。塗中遇哀則哭。若墓遠，則每舍設靈座於柩前，朝夕哭奠。食時上食。夜則主人兄弟皆宿柩旁，親戚共守衛之。

及墓　下棺　祠后土　題木主　成墳

未至，執事者先設靈幄，在墓道西，南向，有椅卓。親賓次，在靈幄前十數步，男東女西，次北，與靈幄相直，皆南向。婦人幄。在靈幄後壙西。方相至，以戈擊壙四隅。明器等至，陳於壙東南，北上。靈車至，祝奉魂帛就幄座，主箱亦置帛後。遂設奠而退。酒果脯醢。柩至，執事者先布席於壙南，柩至，脱載置席上，北首。執事者取銘旌，去杠，置柩上。主人男女各就位哭，主人、諸丈夫立於壙東，西向；主婦、諸婦女立於壙西幄内，東向。皆北上。如在塗之儀。賓客拜辭而歸。主人拜之，賓答拜。乃窆。先用木杠横於灰隔之上，乃用索四條穿柩底鐶，不結而下之，至杠上，則抽索去之。別摺細布若生絹兜柩底而下之，更不抽出，但截其餘棄之。若柩無鐶，即用索兜柩底，兩頭放下，至杠上乃去索，用布如前。大凡下柩最須詳審用力，不可誤有傾墜動摇，主人兄弟宜輟哭，親臨視之。已下，再整柩衣、銘旌，令平正。主人贈。玄六，纁四，各長丈八尺，主人奉置柩旁，再拜稽顙。在位者皆哭盡哀。家貧或不能具此數，則玄、纁各一可也。其餘金玉寶玩，並不得入壙，以爲亡者之累。加灰隔，内外蓋，先度灰隔大小，制薄板一片，旁距四墻，取令脗合，至此加於柩上，更以油灰彌之，然後旋旋少灌瀝青於其上，令其速凝，即不透板，約已厚三寸許，乃加外蓋。實以灰，三物拌匀者居下，炭末居上，各倍於底及四旁之厚，以酒灑而躡實之。恐震柩中，故未敢築，但多用之，以俟其實耳。乃實土而漸築之。下土每尺許，即輕手築之，勿令震動柩中。祠后土於墓左。如前儀，祝版同前，但云「今爲某官封謚，窆茲幽宅，神其」，後同。藏明器等，實土及半，乃藏明器、下帳、苞筲、甖於便房，以版塞其門。下誌石，墓在平地，則於壙内近南先布磚一重，置石其上，又以磚四圍之而覆其上。若墓在山側峻處，則於壙南數尺開掘地深四五尺，依此法埋之。復實以土而堅築之。下土亦以尺許爲準，但須密杵堅築。題主，執事者設卓子于靈座東南，西向，置硯、筆、墨，對卓置盥盆、帨巾如前。主人立於其前，北向。祝盥手，出主，卧置卓上。使善書者盥手，西向立，先題陷中，父則曰「故某官某公諱某字某第幾神主」，粉面曰「考某官封謚府君神主」，其下左旁曰「孝子某奉祀」；母則曰「故某封某氏諱某字某第幾神主」，粉面曰「妣某封某氏神主」，旁亦如之。無官封則以生時所稱爲號。題畢，祝奉置靈座，而藏魂帛於箱中，以置其後，炷香斟酒，執版出，於主人之右跪讀之，祝文同前，但云：「孤子某敢昭告于考某官封謚府君，形歸窀穸，神返室堂，神主既成，伏惟尊靈，舍舊從新，是憑是依。」畢，懷之，興，復位。主人再拜，哭盡哀，止。母喪稱「哀子」，後放此。凡有封謚皆稱之，後皆放此。祝奉神主升車，魂帛箱在其後。執事者徹靈座，遂行。主人以下哭從，如來儀。出墓門，尊長乘車馬，去墓百步許，卑幼亦乘車馬，但留子弟一人監視實土，以至成墳。墳高四尺，立小石碑於其前，亦高四尺，趺高尺許。司馬温公曰：「按令式，墳碑石獸大小多寡，雖各有品數，然葬者當爲無窮之規。後世見此等物，安知其中不多藏金玉邪？是皆無益於亡者而反有害，故令式又有貴得同賤，賤不得同貴之文，然則不若不用之爲愈也。」〇今按，孔子防墓之封，其崇四尺，故取以爲法。用司馬公説，别立小碑。但石須闊尺以上，其厚居三之二，圭首而刻其面，如誌之蓋。乃略述其世系名字行實，而刻於其左，轉及後右而周焉。婦人則俟夫葬乃立，面如夫亡誌蓋之刻云。

反哭

主人以下，奉靈車，在塗徐行哭。其反如疑，爲親在彼，哀至則哭。至家哭。望門即哭。祝奉神主入，置于靈座。執事者先設靈座於故處。祝奉神主入就位，櫝之，并出魂帛箱置主後。主人以下哭于廳事，主人以下及門哭，入，升自西階，哭于廳事，婦人先入，哭於堂。遂詣靈座前，哭盡哀，止。有吊者拜之如初。謂賓客之親密者既歸，待反哭而復吊。《檀弓》曰：「反哭之吊也，哀之至也。反而亡焉，失之矣！於是爲甚。」期、九月之喪者，飲酒食肉，不與宴樂。小功以下、大功異居者可以歸。

虞祭

葬之日，日中而虞。或墓遠，則但不出是日可也。若去家經宿以上，則初虞於所館行之。鄭氏曰：「骨肉歸于土，魂氣則無所不之，孝子爲其彷徨，三祭以安之。」

主人以下皆沐浴。或既晚不暇，即略自澡潔可也。執事者陳器，具饌。設盥盆、帨巾各二於西階西南上，東盆有臺巾，有架；西者無之。凡喪禮皆放此。酒瓶并架一於靈座東南。置卓子於其東，設注子及盤盞於其上。火爐、湯瓶於靈座西南。置卓子於其西，設祝版於其上。設蔬果盤盞於靈座前卓上，匕筯居内當中，酒盞在其西，醋楪居其東，果居外，蔬居果内，實酒于瓶。設香案居堂中，炷火於香爐，束茅聚沙於香案前。具饌如朝奠，陳於堂門外之東。祝出神主于座，主人以下皆入，哭，主人及兄弟倚杖於室外，及與祭者皆入，哭于靈座前。其位皆北面，以服爲列，重者居前，輕者居後，尊長座，卑幼立。丈夫處東，西上，婦人處西，東上。逐行各以長幼爲序，侍者在後。降神，祝止哭者，主人降自西階，盥手，帨手，詣靈座前，焚香，再拜。執事者皆盥帨，一人開酒，實于注，西面跪，以注授主人，主人跪受；一人奉卓上盤盞，東面，跪于主人之左。主人斟酒於盞，以注授執事者，左手取盤，右手執盞，酹之茅上，以盤盞授執事者，俯伏，興，少退，再拜，復位。祝進饌，執事者佐之。其設之叙如朝奠。初獻，主人進，詣注子卓前，執注北向立。執事者一人取靈座前盤盞，立于主人之左。主人斟酒，反注於卓子上，與執事者俱詣靈座前，北向立。主人跪，執事者亦跪，進盤盞。主人受盞，三祭於茅束上，俯伏，興。執事者受盞，奉詣靈座前，奠於故處。祝執版出於主人之右，西向跪，讀之，前同，但云：「日月不居，奄及初虞，夙興夜處，哀慕不寧，謹以潔牲、柔毛、粢盛、醴齊，哀薦祫事，尚饗！」祝興。主人哭，再拜，復位，哭，止。牲用豕，則曰「剛鬣」，不用牲，則曰「清酌庶羞」。祫，合也，欲其合於先祖也。亞獻，主婦爲之，禮如初。但不讀祝，四拜。終獻，親賓一人，或男或女爲之，禮如亞獻。侑食。執事者執注，就添盞中酒。主人以下皆出，祝闔門。主人立於門東，西向，卑幼丈夫在其後，重行，北上。主婦立於門西，東向，卑幼婦女亦如之。尊長休於他所，如食間。祝啓門，主人以下入哭，辭神。祝進，當門北向噫歆，告啓門三，乃啓門。主人以下入，就位。執事者點茶。祝立于主人之右，西向，告利成，斂主匣之，置故處。主人以下哭，再拜，盡哀止，出，就次。執事者徹。祝埋魂帛。祝取魂帛，帥執事者埋於屏處潔地。罷朝夕奠。朝夕哭，哀至，哭如初。遇柔日再虞，乙丁己辛癸爲柔日，其禮如初虞。惟前期一日陳器具饌，厥明夙興，設蔬果酒饌，質明行事，祝出神主于座，祝詞改「初虞」爲「再虞」，「祫事」爲「虞事」爲異。若墓遠，途中遇柔日，則亦於所館行之。遇剛日三虞。甲丙戊庚壬爲剛日，其禮如再虞。惟改「再虞」爲「三虞」，「虞事」爲「成事」。若墓遠，亦途中遇剛日，且闕之，須至家乃可行此祭。

卒哭

《檀弓》曰：「卒哭曰『成事』。是日也，以吉祭易喪祭。」故此祭漸用吉禮。

三虞後遇剛日，卒哭。前期一日，陳器，具饌。並同虞祭。唯更設玄酒瓶一於酒瓶之西。厥明夙興，設蔬果酒饌。並同虞祭。惟更取井花水充玄酒。質明，祝出主，同再虞。主人以下皆入哭，降神，並同虞祭。主人、主婦進饌，主人奉魚肉，主婦盥帨，奉麪米食，主人奉羹，主婦奉飯以進，如虞祭之設。初獻，並同虞祭。惟祝執版出於主人之左，東向，跪讀爲異。詞並同虞祭，但改「三虞」爲「卒哭」，「哀薦成事」下云：「來日隮祔于祖考某官府君，尚饗！」○按此云「祖考」，謂亡者之祖考也。亞獻，終獻，侑食，闔門，啓門，辭神，並同虞祭。惟祝西階上，東面，告利成。自是朝夕之間，哀至不哭，猶朝夕哭。主人兄弟，疏食水飲，不食菜果，寢席枕木。

祔

《檀弓》曰：「殷既練而祔，周卒哭而祔。孔子善殷。」注曰：「期而神之，人情。」然殷禮既亡，其本末不可考。今三虞卒哭皆用周禮次第，則此不得獨從殷禮。

卒哭明日而祔。卒哭之祭既徹，即陳器，具饌。哭如卒哭。皆陳之於祠堂。堂狹，即於廳事，隨便。設亡者祖考妣位於中，南向西上，設亡者位於其東南，西向。母喪，則不設祖考位。酒瓶、玄酒瓶於阼階上，火爐、湯瓶於西階上。具饌如卒哭而三分，母喪則兩分。祖妣二人以上，則以親者。○《雜記》曰：「男子祔于王父則配，女子祔于王母則不配。」注：「有事於尊者，可以及卑；有事於卑者，不敢援尊也。」厥明夙興，設蔬果酒饌。並同卒哭。質明，主人以下哭於靈座前，主人兄弟皆倚杖于階下，入哭，盡哀止。○按此謂繼祖宗子之喪，其世嫡當爲後者主喪，乃用此禮。若喪主非宗子，則皆以亡者繼祖之宗主此祔祭。○禮注云：「祔于祖廟，宜使尊者主之。」詣祠堂，奉神主出，置于座。祝軸簾，啓櫝，奉所祔祖考之主置于座內，執事者奉祖妣之主置于座，西上。若在他所，則置于西階上卓子上，然後啓櫝。○若喪主非宗子而與繼祖之宗異居，則宗子爲告于祖而設虛位以祭。祭訖，除之。還，奉新主入祠堂，置于座。主人以下還，詣靈座所哭。祝奉主櫝，詣祠堂西階上卓子上。主人以下哭從，如從柩之叙，至門止哭。祝啓櫝出主，如前儀。若喪主非宗子，則唯喪主、主婦以下還迎。叙立，若宗子自爲喪主，則叙立如虞祭之儀。若喪主非宗子，則宗子、主婦分立兩階之下，喪主在宗子之右，喪主婦在宗子婦之左，長則居前，少則居後，餘亦如虞祭之儀。參神，在位者皆再拜，參祖考妣。降神。若宗子自爲喪主，則喪主行之；若喪主非宗子，則宗子行之。並同卒哭。祝進饌，並同虞祭。初獻，若宗子自爲喪主，則喪主行之；若喪主非宗子，則宗子行之。並同卒哭，但酌奠先詣祖考妣前，甲子前同卒哭。祝版但云：「孝子某謹以潔牲、柔毛、粢盛、醴齊，適于某考某官府君，隮祔孫某官，尚饗！」皆不哭。內喪則云：「某妣某封某氏，隮祔孫婦某封某氏。」次詣亡者前。若宗子自爲喪主，則祝版同前，但云：「薦祔事于先考某官府君，適于某考某官府君，尚饗！」若喪主非宗子，則隨宗子所稱。若亡者於宗子爲卑幼，則宗子不拜。亞獻，終獻，若宗子自爲喪主，則主婦爲亞獻，親賓爲終獻；若喪主非宗子，則喪主爲亞獻，主婦爲終獻。並同卒哭及初獻儀，惟不讀祝。侑食，闔門，啓門，辭神，並同卒哭，但不哭。祝奉主，各還故處。祝先納祖考妣神主于龕中匣之，次納亡者神主西階卓子上匣之，奉之反于靈座。出門，主人以下哭從，如來儀，盡哀止。若喪主非宗子，則哭而先行，宗子亦哭送之，盡哀止。若祭於他所，則祖考妣之主亦如新主納之。

小祥

鄭氏云：「祥，吉也。」

期而小祥。自喪至此，不計閏，凡十三月。古者卜日而祭，今止用初忌，以從簡易。大祥倣此。前期一日，主人以下沐浴，陳器，具饌，主人率衆丈夫灑掃滌濯，主婦率衆婦女滌釜鼎，具祭饌。他皆如卒哭之禮。設次，陳練服。丈夫、婦人各設次於別所，置練服於其中。男子以練服爲冠，去首絰、負版、辟領、衰；婦人截長裙，不令曳地。應服期者改吉服，然猶盡其月不服金珠、錦繡、紅紫。唯爲妻者猶服禫，盡十五月而除。厥明夙興，設蔬果酒饌。並同卒哭。質明，祝出主，主人以下入哭。皆如卒哭，但主人倚杖於門外，與期親各服其服而入。若已除服者來預祭，亦釋去華盛之服，皆哭盡哀，止。乃出就次，易服，復入哭，祝止之。降神，如卒哭。三獻，如卒哭之儀。祝版同前，但云：「日月不居，奄及小祥。夙興夜處，小心畏忌。不惰其身，哀慕不寧。敢用潔牲、柔毛、粢盛、醴齊，薦此常事，尚饗！」侑食，闔門，啓門，辭神，皆如卒哭之儀。止朝夕哭，惟朔望，未除服者會哭，其遭喪以來，親戚之未嘗相見者相見。雖已除服，猶哭盡哀，然後叙拜。始食菜果。

大祥

再期而大祥。自喪至此，不計閏，凡二十五月，亦止用第二忌日祭。前期一日，沐浴，陳器，具饌，皆如小祥。設次，陳禫服，司馬温公曰：「丈夫垂脚、黲紗、幞頭、黲布衫、布裹角帶，未大祥間，假以出謁者。婦人冠梳假髻，以鵞黄、青碧、皂白爲衣履，其金珠、紅繡皆不可用。」告遷于祠堂。以酒果告，如朔日之儀。若無親盡之祖，則祝版云云，告畢改題神主，如加贈之儀，遞遷而西，虚東一龕，以俟新主。若有親盡之祖，而其别子也，則祝版云云，告畢，而遷于墓所，不埋。其支子也，而族人有親未盡者，則祝版云云，告畢，遷于最長之房，使主其祭，其餘改題、遞遷如前。若親者已盡，則祝版云云，告畢，埋于兩階之間，其餘改題、遞遷如前。厥明行事，皆如小祥之儀。惟祝版改「小祥」曰「大祥」，「常事」曰「祥事」。畢，祝奉神主入于祠堂，主人以下哭從，如祔之叙。至祠堂前哭止。徹靈座，斷杖棄之屏處，奉遷主埋于墓側。始飲酒食肉而復寢。

禫

鄭氏曰：「澹澹然，平安之意。」

大祥之後，中月而禫。間一月也。自喪至此，不計閏，凡二十七月。前一月下旬卜日。下旬之首，擇來月三旬各一日，或丁或亥，設卓子于祠堂門外，置香爐、香盒、珓珓、盤子于其上，西向。主人禫服，西向；衆主人次之，少退，北上；子孫在其後，重行，北上；執事者北向，東上。主人炷香熏珓，命以上旬之日，曰：「某將以來月某日，祗薦禫事于先考某官府君，尚饗！」即以珓擲于盤，以一俯一仰爲吉，不吉，更命中旬之日，又不吉，則用下旬之日。主人乃入祠堂本龕前，再拜。在位者皆再拜。主人焚香。祝執辭立於主人之左，跪告曰：「孝子某將以來月某日祗薦禫事于先考某官府君，卜既得吉，敢告。」主人再拜，降，與在位者皆再拜。祝闔門，退。若不得吉，則不用「卜既得吉」一句。前期一日，沐浴，設位，陳器，具饌。設神位於靈座故處，他如大祥之儀。厥明行事，皆如大祥。但主人以下詣祠堂。祝奉主櫝置于西階卓子上，出主置于座。主人以下皆哭盡哀。三獻不哭。改祝版「大祥」爲「禫祭」，「祥事」爲「禫事」。至辭神，乃哭盡哀。送神主，至祠堂不哭。

居喪雜儀

《檀弓》曰：「始死，充充如有窮。既殯，瞿瞿如有求而弗得。既葬，皇皇如有望而弗至。練而慨然，祥而廓然。」「顏丁善居喪，始死，皇皇如有求而弗得；及殯，望望焉如有從而弗及；既葬，慨然如不及，其反而息。」《雜記》：「孔子曰：少連、大連善居喪，三日不怠，三月不解，期悲哀，三年憂。」《喪服四制》曰：「仁者可以觀其愛焉，知者可以觀其理焉，彊者可以觀其志焉。禮以治之，義以正之，孝子、弟弟、貞婦皆可得而察焉。」《曲禮》曰：「居喪未葬，讀《喪禮》，既葬，讀《祭禮》，喪復常，讀《樂章》。」《檀弓》曰：「大功廢業。或曰：大功，誦可也。」今居喪但勿讀《樂章》可也。《雜記》：「三年之喪，言而不語，對而不問。」言，言己事也。爲人説爲語。《喪大記》：「父母之喪，非喪事不言」，「既葬，與人立，君言王事，不言國事；大夫、士言公事，不言家事。」《檀弓》：「高子皋執親之喪，未嘗見齒。」言笑之微。《雜記》：「疏衰之喪，既葬，人請見之則見，不請見人。小功，請見人可也。」又：「凡喪，小功以上，非虞、祔、練、祥，無沐浴。」《曲禮》：「頭有創則沐，身有瘍則浴。」《喪服四制》：「百官備，百物具，不言而事行者，扶而起。言而後事行者，杖而起。身自執事而後行者，面垢而已。」凡此皆古禮。今之賢孝君子，必有能盡之者，自餘相時量力而行之可也。

致賻奠狀

具位姓某

　某物若干

右謹專送上某人靈筵，聊備賻儀，香茶酒食，云「奠儀」。伏惟歆納。謹狀。年月日，具位姓某狀。

封皮狀上某官靈筵。具位姓某謹狀。

謝狀三年之喪，未卒哭，只令子姪發謝狀。

具位姓某

某物若干

右伏蒙尊慈，以某發書者名。某親違世，大官云「薨没」。特賜賻儀，禭奠隨事。下誠平交不用此二字。不任哀感之至，謹具狀上謝。謹狀。餘並同前，但封皮不用「靈筵」二字。

慰人父母亡疏慰嫡孫承重者同。

某頓首再拜言：降等止云「頓首」，平交但云「頓首言」。不意凶變，亡者官尊，即云「郡國不幸」。後皆放此。先某位無官，即云「先府君」。有契，即加「幾丈」於「某位府君」之上。○母，云「先某封」，無封，即云「先夫人」。○承重，則云「尊神考某位」、「尊祖妣某封」。餘並同。奄棄榮養。亡者官尊，即云「奄捐館舍」，或云

「奄忽薨逝」。母封至夫人者，亦云「薨逝」。若生者無官，即云「奄違色養」。承訃驚怛，不能自已。伏惟平交，云「恭惟」。降等，云「緬惟」。孝心純至，思慕號絶，何可堪居？日月流邁，遽踰旬朔，經時，即云「已忽經時」。已葬，即云「遽經襄事」。卒哭、小祥、大祥、禫除，各隨其時。哀痛奈何，罔極奈何。不審自罹荼毒，父在母亡，即云「憂苦」。氣力何如？平交，云「何似」。伏乞平交，云「伏願」。降等，云「惟冀」。强加餐粥，已葬，則云「疏食」。俯從禮制。某役事所縻，在官，即云「職業有守」。未由奔慰，其於憂戀，無任下誠。平交以下，但云「未由奉慰，悲係增深」。謹奉疏，平交，云「狀」。伏惟鑒察。平交以下，去此四字。不備，謹疏。平交，云「不宣，謹狀」。月日，具位降等，用「郡望」。姓某疏上平交，云「狀」。某官大孝。（苫）（苫）前母亡，即云「至孝」。平交以下，云「（苫）（苫）次」。封皮疏上某官大孝。苫前。具位姓某謹封。降等，即用面簽，云「某官大孝苫次。郡望姓名狀謹封」。若慰人母亡，即云「至孝」。重封疏上平交，云「狀」。某官。具位姓某謹封。

父母亡答人慰書嫡孫承重者同。

某稽顙再拜言：降等，云「叩首」，去「言」字。

某罪逆深重，不自死滅，禍延先考。母，云「先妣」。承重，則祖父云「先祖考」，祖母云「先祖妣」。攀號擗踊，五内分崩，叩地叫天，無所逮及。日月不居，奄踰旬朔，隨時。同前。酷罰罪苦，父在母亡，即云「偏罰罪深」。父先亡，則母與父同。無望生全。即日蒙恩，平交以下，去此四字。祇奉几筵，苟存視息。伏蒙尊慈，俯賜慰問，哀感之至，無任下誠。平交，云「仰承仁恩，俯垂慰問，其爲哀感，但切下懷」。降等，云「特承慰問，哀感良深」。○司馬温公曰：「凡遭父母喪，知舊不以書來吊問，是無相恤之心，於禮不當先發書。不得已，須至先發，即删此四句。未由號訴，不勝隕絶。謹奉疏，降等，云「狀」。荒迷不次。謹疏。降等，云「狀」。月日，孤子母喪，稱「哀子」；俱亡，即稱「孤哀子」。承重者，稱「孤孫」、「哀孫」、「孤哀孫」。姓名疏上某位。座前謹空。○平交以下，去此二字。

封皮、重封並同前。但改「具位」爲「孤子」。

慰人祖父母亡啓狀謂非承重者。伯叔父母、姑、兄姊弟妹、妻、子姪、孫同。

某啓：不意凶變，子、孫不用此句。尊祖考某位，奄忽違世。祖母，曰「尊祖妣某封」。無官封有契，已見上。○伯叔父母、姑，即加「尊」字。兄、姊、弟、妹加「令」字。降等，皆加「賢」字。若彼一等之親有數人，即加行第，云「幾某位」，無官云「幾府君」。有契，即加「幾丈」、「幾兄」於「某位府君」之上。姑、姊、妹，則稱以夫姓，云「某宅尊姑令姊妹」。○妻，則云「賢閤某封」，無封，則但云「賢閤」。○子，即云「伏承令子幾某位」，姪、孫並同。

降等，則曰「賢」。無官者，稱「秀才」。承訃驚怛，不能已已。妻，改「怛」爲「愕」。子、孫，但云「不勝驚怛」。伏惟，「恭惟」、「緬惟」，見前。孝心純至，哀慟摧裂，何可勝任？伯叔父母、姑，云「親愛加隆，哀慟沉痛，何可堪勝？」○兄、姊、弟、妹，則云「友愛加隆」。○妻，則云「伉儷義重，悲悼沉痛」。○子、姪、孫，則云「慈愛隆深，悲慟沉痛」。餘與伯叔父母、姑同。孟春猶寒，寒溫隨時。不審尊體何似？稍尊，云「動止何如」。降等，云「所履何似」。伏乞平交以下，如前。深自寬抑，以慰慈念。其人無父母，即但云「遠誠」，連書，不上平。某事役所縻，在官如前。未由趨慰，其於憂想，無任下誠。平交以下，如前。謹奉狀，伏惟鑒察。平交，如前。不備。平交，如前。謹狀。月日，具位姓名狀上某位。服前。平交，云「服次」。封皮、重封同前。

祖父母亡荅人啓狀

謂非承重者。伯叔父母、姑、兄、姊、弟、妹、妻、姪、子、孫同。

某啓：家門凶禍，伯叔父母、姑、兄、姊、弟、妹，云「家門不幸」。○妻，云「私家不幸」。○子、姪、孫，云「私門不幸」。先祖考祖母，云「先祖妣」。○伯叔父母，云「幾伯叔父母」。○姑，云「幾家姑」。○兄、姊，云「幾家兄」、「幾家姊」。○弟、妹，云「幾舍弟」、「幾舍妹」。○妻，云「室人」。○子，云「小子某」。○姪，云「從子某」。○孫，云「幼孫某」。奄忽棄背，兄、弟以下，云「喪逝」。○子、姪、孫，云「遽爾夭折」。痛苦摧裂，不自勝堪。伯叔父母、姑、兄、姊、弟、妹，云「摧痛酸苦，不自堪忍」。○妻，改「摧痛」爲「悲悼」。○子、姪、孫，改「悲悼」爲「悲伏惟「恭惟」、「緬惟」，如前。某位尊體起居萬福。平交，不用「起居」。降等，但云「動止萬福」。某即日侍奉，無父母，即不用此句。幸免他苦，未由面訴，徒增哽塞。謹奉狀上平交，云「陳」。謝。不備。平交，如前。

謹狀。月日，某郡姓名狀上某位。座前謹空。平交，如前。

封皮、重封如前。

家禮卷之五

祭禮

四時祭

時祭用仲月，前旬卜日。孟月下旬之首，擇仲月三旬各一日，或丁或亥，主人盛服立於祠堂中門外，西向。兄弟立於主人之南，少退，北上。子孫立於主人之後，重行，西向，北上。置卓子於主人之前，設香爐、香盒、(环)〔珓〕珓及盤於其上。主人搢笏，焚香薰珓，而命以上旬之日，曰：「某將以來月某日，諏此歲事，適其祖考，尚饗！」即以珓擲于盤，以一俯一仰爲吉。不吉，更卜中旬之日。又不吉，則不復卜而直用下旬之日。既得日，祝開中門，主人以下北向立，如朔望之位，皆再拜。主人升，焚香，再拜。祝執詞，跪于主人之左，讀曰：「孝孫某將以來月某日，祗薦歲事于祖考，卜既得吉，敢告。」用下旬日，則不言「卜既得吉」。主人再拜，降復位，與在位者皆再拜。祝闔門。主人以下復西向立。執事者立于門西，皆東面，北上。祝立于主人之右，命執事者曰：「孝孫某將以來月某日，祗薦歲事于祖考，有司具脩。」執事者應曰：「諾。」乃退。

前期三日齊戒。前期三日，主人帥衆丈夫致齊于外，主婦帥衆婦女致齊于内。沐浴，更衣。飲酒不得至亂，食肉不得茹葷。不吊喪，不聽樂。凡凶穢之事，皆不得預。**前一日，設位陳器，**主人帥衆丈夫深衣，及執事灑掃正寢，洗拭椅卓，務令蠲潔。設高祖考妣位於堂西北壁下，南向。考西妣東，各用一椅一卓而合之。曾祖考妣、祖考妣、考妣以次而東，皆如高祖之位。世各爲位，不屬祔位，皆於東序，西向北上，或兩序相向，其尊者居西。妻以下則於階下。設香案於堂中，置香爐、香合於其上，束茅聚沙於香案前，及逐位前地上。設酒架於東階上，別置卓子於其東，設酒注一、酹酒盞一、盤一、受胙盤一、匕一、巾一、茶盒、茶筅、茶盞托、鹽楪、醋瓶於其上。火爐、湯瓶、香匙、火筯於西階上，別置卓子於其西，設祝版於其上。設盥盤帨巾各二，於阼階下之東，其西者有臺架，又設陳饌大牀于其東。**省牲，滌器，具饌。**主人帥衆丈夫深衣省牲莅殺，主婦帥衆婦女背子滌濯祭器，潔釜鼎，具祭饌。每位果六品，蔬菜及脯醢各三品，肉、魚、饅頭、糕各一盤，羹、飯各一椀，肝各一串，肉各二串，務令精潔。**厥明夙興，設蔬果酒饌。**主人以下深衣，及執事者俱詣祭所，盥手。設果楪於逐位卓子南端，蔬菜、脯醢相間次之。設盞、盤、醋楪于北端，盞西楪東，匙筯居中。設玄酒及酒各一瓶於架上，玄酒，其日取井花水充。在酒之西，熾炭于爐，實水于瓶。主婦背子，炊煖祭饌，皆令極熱，以盒盛出置東階下大牀上。**質明，奉主就位，**主人以下各盛服，盥手，帨手，詣祠堂前。衆丈夫叙立，如告日之儀。主婦西階下，北向立。主人有母，則特位於主婦之前。諸伯叔母、諸姑繼之。嫂及弟婦姊妹在主婦之左，其長於主母、主婦者皆少進。子孫婦女内執事者在主婦之後重行，皆北向，東上，立定。主人升自阼階，搢笏焚香，出笏，告曰：「孝孫某今以仲春之月有事于高祖考某官府君，高祖妣某封某氏，曾祖考某官府君，曾祖妣某封某氏，祖考某官府君，祖妣某封某氏，考某官府君，妣某封某氏，以某親某官府君、某親某封某氏祔食，敢請神主出就正寢，恭伸奠獻。」告辭仲夏秋冬各隨其時。祖考有無官爵封謚，皆如題主之文。祔食，謂旁親無後者及早世先亡者，無即不言。告訖，搢笏斂櫝。正位、祔位，各置一笥，各以執事者一人捧之，主人出笏前導，主婦從後，卑幼在後，至正寢置于西階卓子上。主人搢笏啓櫝，奉諸考神主出就位。主婦盥帨升，奉諸妣神主亦如之。其祔位，則子弟一人奉之。既畢，主人以下皆降，復位。參神，主人以下叙立，如祠堂之儀。立定，再拜。若尊長老疾者，休於他所。降神，主人升，搢笏焚香，出笏，少退立。執事者一人開酒，取巾拭瓶口，實酒于注；一人取東階卓子上盤盞，立于主人之左；一人執注，立于主人之右。主人搢笏，跪。奉盤盞者亦跪進盤盞，主人受之。執注者亦跪，斟酒于盞。主人左手執盤，右手執盞，灌于茅上，以盤盞授執事者。出笏，俯伏，興，再拜，降，復位。進饌，主人升，主婦從之。執事者一人以盤奉魚肉，一人以盤奉米麵食，一人以盤奉羹飯從，升至高祖位前。主人搢笏，奉肉奠于盤盞之南；主婦奉麵食，奠于肉西。主人奉魚，奠于醋楪之南；主婦奉米食，奠于魚東。主人奉羹，奠于醋楪之東；主婦奉飯，奠于盤盞之西。主人出笏，以次設諸正位，使諸子弟婦女各設祔位。皆畢，主人以下皆降，復位。初獻，主人升，詣高祖位前。執事者一人執酒注立于其右，冬月即先煖之。主人搢笏，奉高祖考盤盞，位前東向立。執事者西向，斟酒于盞，主人奉之，奠于故處。次奉高祖妣盤盞，亦如之。出笏，位前北向立。執事者二人奉高祖考妣盤盞，立于主人之左右。主人搢笏，跪，執事者亦跪。主人受高祖考盤盞，右手取盞，祭之茅上，以盤盞授執事者，反之故處，受高祖妣盤盞亦如之。出笏，俯伏，興，少退，立。執事者炙肝于爐，以楪盛之，兄弟之長一人奉之，奠于高祖考妣前，匙筯之南。祝取版立於主人之左，跪讀曰：「維年歲月朔甲子，孝玄孫某官某，敢昭告于高祖考某官府君，高祖妣某封某氏，氣序流易，時維仲春，追感歲時，不勝永慕，敢以潔牲、柔毛、（牲用彘則曰剛鬣）粢盛、醴齊，祗薦歲事，以某親某官府君、某親某封某氏祔食，尚饗！」畢，興。主人再拜，退詣諸位，獻祝如初。每逐位讀祝，畢，即兄弟衆男之不爲亞、終獻者，以次分詣本位所祔之位，酌獻如儀，但不讀祝。獻畢，皆降，復位。執事者以他器徹酒及肝，置盞故處。○曾祖前稱「孝曾孫」，考前稱「孝子」，改「不勝永慕」爲「昊天罔極」。○凡祔者，伯叔祖父祔於高祖，伯叔父祔于曾祖，兄弟祔于祖，子姪祔于考，餘皆倣此。如本位無，即不言「以某親祔食」。○祖考無官及改夏秋冬字，皆已見上。**亞獻**，主婦爲之。諸婦女奉炙肉及分獻，如初獻儀，但不讀祝。**終獻**，兄弟之長或長男或親賓爲之。衆子弟奉炙肉及分獻，如亞獻儀。**侑食**，主人升，搢笏，執注，就斟諸位之酒，皆滿，立於香案之東南。主婦升，扱匙飯中西柄，正筯，立于香案之西南。皆北向，再拜，降，復位。**闔門**，主人以下皆出。祝闔門。無門處即降簾可也。主人立於門東，西向，衆丈夫在其後。主婦立於門西，東向，衆婦女在其後。如有尊長，則少休於他所，此所謂厭也。**啓門**，祝聲三噫歆，乃啓門。主人以下皆入。其尊長先休于他所者，亦入就位。主人、主婦奉茶，分進于考妣之前；祔位，使諸子弟、婦女進之。**受胙**，執事者設席于香案前，主人就席，北面。祝詣高祖考前，舉酒盤盞，詣主人之右。主人跪，祝亦跪。主人搢笏，受盤盞，祭酒啐酒。祝取匙并盤，抄取諸位之飯各少許，奉以詣主人之左，嘏于主人曰：「祖考命工祝，承致多福于汝孝孫，來汝孝孫，使汝受禄于天，宜稼于田，眉壽永年，勿替引之。」主人置酒于席前，出笏，俯伏，興，再拜，搢笏，跪受飯嘗之，實于左袂，掛袂于季指，取酒啐飲。執事者受盞，自右置注旁，受飯自左，亦如之。主人執笏，俯伏，興，立於東階上，西向。祝立於西階上，東向。告利成，降，復位，與在位者皆再拜。主人不拜，降，復位。**辭神**，主人以下皆再拜。納主，主人、主婦皆升，各奉主納于櫝。主人以笥斂櫝，奉歸祠堂，如來儀。徹，主婦還，監徹酒之在盞注他器中者，皆入于瓶，緘封之，所謂福酒。果蔬、肉食並傳于燕器。主婦監滌祭器而藏之。餕。是日，主人監分祭胙品，取少許置于盒，并酒皆封之，遣僕執書，歸胙於親友。遂設席，男女異處，尊行自爲一列，南面，自堂中東西分首。若止一人，則當中而坐，其餘以次相對，分東西向。尊者一人先就坐，衆男叙立，世爲一行，以東爲上，皆再拜。子弟之長者一人少進立。執事者一人執注立于其右，一人取盤盞立于其左。獻者搢笏，跪。弟獻則尊者起立，子姪則坐。受注斟酒，反注受盞。祝曰：「祀事既成，祖考嘉饗，伏願某親，備膺五福，保族宜家。」授執盞者，置于尊者之前。長者出笏，尊者舉酒。畢，長者俛伏，興，退，復位，與衆男皆再拜。尊者命取注及長者之盞置于前，自斟之。祝曰：「祀事既成，五福之慶，與汝曹共之。」命執事者以次就位，斟酒皆遍。長者進，跪受飲畢，俯伏，興，退立。衆男進揖，退立，飲。長者與衆男皆再拜。諸婦女獻女尊長於內，如衆男之儀，但不跪。既畢，乃就坐，薦肉食。諸婦女詣堂前，獻男尊長壽，男尊長酢之如儀。衆男詣中堂，獻女尊長壽，女尊長酢之如儀。乃就坐，薦麵食，內外執事者各獻內外尊長壽如儀，而不酢。遂就斟在坐者遍，俟皆舉，乃再拜退。遂薦米食，然後泛行酒，間以祭饌。酒饌不足，則以他酒他饌益之。將罷，主人頒胙于外僕，主婦頒胙于內執事者，遍及微賤。其日皆盡，受者皆再拜，乃徹席。凡祭，主於盡愛敬之誠而已，貧則稱家之有無，疾則量筋力而行之，財力可及者，自當如儀。

初祖惟繼始祖之宗得祭。

冬至祭始祖。程子曰：「此厥初生民之祖也。冬至一陽之始，故象其類而祭之。」前期三日齊戒。如時祭之儀。前期一日設位，主人、衆丈夫深衣，帥執事者灑掃祠堂，滌濯器具，設神位於堂中間北壁下，設屏風於其後，食牀於其前。陳器，設火爐於堂中，設炊烹之具于東階下盥東，炙具在其南，束茅以下，並同時祭。主婦、衆婦女背子，帥執事者滌濯祭器，潔釜鼎，具果楪六、盤三、杅六、小盤三、盞盤匙筯各二、脂盤一、酒注酹酒盤盞一、受胙盤匙一。○按此本合用古祭器，今恐私家或不能辦，且用今器，以從簡便。神位用蒲薦，加草席，皆有緣，或用紫褥，皆長五尺，闊二尺有半。屏風如枕屏之制，足以圍席三面。食牀以版爲面，長五尺，闊三尺餘，四圍亦以版，高一尺二寸，二寸之下乃施版，面皆黑漆。具饌。晡時殺牲，主人親割毛血爲一盤，首、心、肝、肺爲一盤，脂雜以蒿爲一盤，皆腥之。左胖不用，右胖前足爲三段，脊爲三段，脅爲三條，後足爲三段，去近竅一節不用，凡十二體。飯米一杅，置于一盤，蔬果各六品，切肝一小盤，切肉一小盤。厥明夙興，設蔬果酒饌。主人深衣，帥執事者設玄酒瓶及酒瓶于架上，酒注、酹酒盤盞、受胙盤匙各一，於東階卓子上，祝版及脂盤于西階卓子上，匙筯各一於食牀北端之東西，相去二尺五寸，盤盞各一於筯西。果在食牀南端，蔬在其北，毛血腥盤、切肝肉皆陳於階下饌牀上，米實階下炊具中，十二體實烹具中，以火爨而熟之。盤一、杅六置饌牀上。質明，盛服就位，如時祭儀。降神，參神，主人盥，升，奉脂盤詣堂中爐前，跪告曰：「孝孫某今以冬至有事于始祖考、始祖妣，敢請尊靈降居神位，恭伸奠獻。」遂燎脂于爐炭上，俯伏，興，少退，立，再拜。執事者開酒，主人跪，酹酒于茅上，如時祭之儀。進饌，主人升，詣神位前。執事者奉毛血腥肉以進，主人受，設之于蔬北，西上。執事者出熟肉，置于盤，奉以進，主人受，設之腥盤之東。執事者以杅二盛飯，盂一盛肉湇不和者，又以盂二盛肉湇以菜者，奉以進，主人受，設之飯在盞西，大羹在盞東，鉶羹在大羹東。皆降，復位。初獻，如時祭之儀，但主人既俯伏，興，兄弟炙肝，加鹽，實于小盤以從。祝詞曰：「維年歲月朔甲子，孝孫姓名，敢昭告于初祖考、初祖妣，今以仲冬陽至之始，追惟報本，禮不敢忘，謹以潔牲、柔毛、粢盛、醴齊，祇薦歲事，尚饗！」亞獻，如時祭之儀，但衆婦炙肉加鹽以從。終獻，如時祭及上儀。侑食，闔門，啓門，受胙，辭神，徹，餕。並如時祭之儀。

先祖 繼始祖、高祖之宗得祭。繼始祖之宗，則自初祖而下；繼高祖之宗，則自先祖而下。

立春祭先祖。程子曰：「初祖以下，高祖以上之祖也。立春生物之始，故象其類而祭之。」前三日，齊戒。如祭始祖之儀。前一日，設位陳器，如祭初祖之儀，但設祖考神位于堂中之西，祖妣神位于堂中之東。蔬果楪各十二，大盤六、小盤六，餘並同。具饌。如祭初祖之儀，但毛血爲一盤，首心爲一盤，肝肺爲一盤，脂膋爲一盤，切肝兩小盤，切肉四小盤，餘並同。厥明夙興，設蔬果酒饌。如祭初祖之儀，但每位匙筯各一，盤盞各二，置階下饌牀上，餘並同。質明，盛服就位，降神，參神，如祭始祖之儀，但告詞改「始」爲「先」，餘並同。進饌，如祭初祖之儀，但先詣祖考位，瘞毛血，奉首、心、前足上二節、脊二節、後足上一節；次詣祖妣位，奉肝、肺、前足一節、脅三節、後足下一節，餘並同。初獻，如祭初祖之儀，但獻兩位，各俯伏，興，當中少退，兄弟炙肝兩小盤以從。祝詞改「初」爲「先」，「仲冬陽至」爲「立春生物」，餘並同。亞獻，終獻，如祭初祖之儀，但從炙肉各二小盤。侑食，闔門，啓門，受胙，辭神，徹，餕。並如祭初祖儀。

禰 繼禰之宗以上皆得祭，惟支子不祭。

季秋祭禰。程子曰：「季秋，成物之始，亦象其類而祭之。」前一月下旬卜日。如時祭之儀，惟告辭改「孝孫」爲「孝子」，又改「祖考妣」爲「考妣」。若母在，則止云「考」，而告於本龕之前。餘並同。前三日齊戒。前一日，設位陳器，如時祭之儀，但止於正寢，各設兩位於堂中，西上。香案以下並同。具饌。如時祭之儀，二分。厥明夙興，設蔬果酒饌。如時祭之儀。質明，盛服，詣祠堂，奉神主出就正寢，如時祭于正寢之儀，但告詞云：「孝子某今以季秋成物之始，有事于考某官府君、妣某封某氏。」參神，降神，進饌，初獻，如時祭之儀，但祝辭云：「孝子某官某，敢昭告于考某官府君、妣某封某氏，今以季秋成物之始，感時追慕，昊天罔極。」餘並同。亞獻，終獻，侑食，闔門，啓門，受胙，辭神，納主，徹，餕。並如時祭之儀。

忌日

前一日齊戒，如祭禰之儀。設位，如祭禰之儀，但止設一位。陳器，如祭禰之儀。具饌。如祭禰之饌，一分。厥明夙興，設蔬果酒饌，如祭禰之儀。質明，主人以下變服，禰則主人兄弟黲紗幞頭，黲布衫，布裹，角帶。祖以上則黲紗衫。旁親則皂紗衫。主婦特髻，去飾，白大衣，淡黃帔。餘人皆去華盛之服。詣祠堂，奉神主出就正寢，如祭禰之儀，但告辭云：「今以某親某官府君遠諱之辰，敢請神主，出就正寢，恭伸追慕。」餘並同。參神，降神，進饌，初獻，如祭禰之儀，但祝辭云：「歲序遷易，諱日復臨，追遠感時，不勝永慕。」考妣改「不勝永慕」爲「昊天罔極」。旁親云：「諱日復臨，不勝感愴。」若考妣，則祝興，主人以下哭盡哀。餘並同。亞獻，終獻，侑食，闔門，啓門，並如祭禰之儀，但不受胙。辭神，納主，徹。並如祭禰之儀，但不哭。是日不飲酒，不食肉，不聽樂，黲巾、素服、素帶以居，夕寢于外。

墓祭

三月上旬擇日。前一日齊戒，如家祭之儀。具饌。墓上每分如時祭之品，更設魚肉米麵食各一大盤，以祭后土。厥明，灑掃，主人深衣，帥執事者詣墓所，再拜。奉行塋域，内外環繞，展省三周，其有草棘，即用刀斧鉏斬芟夷。灑掃訖，復位，再拜。又除地於墓左，以祭后土。布席，陳饌，用新潔席陳於墓前，設饌，如家祭之儀。參神，降神，初獻，如家祭之儀，但祝辭云：「某親某官府君之墓，氣序流易，雨露既濡，瞻掃封塋，不勝感慕。」餘並同。亞獻，終獻，並以子弟親朋薦之。辭神，乃徹。遂祭后土，布席，陳饌，設四盤于席南端，盤盞匙筯于其北，餘並同上。降神，參神，三獻，同上，但祝辭云：「某官姓名，敢昭告于后土氏之神，某恭脩歲事，于某親某官府君之墓，惟時保佑，實賴神休，敢以酒饌，敬伸奠獻，尚饗！」辭神，乃徹而退。

《年譜》曰：孝宗乾道五年九月，朱子丁母孺人祝氏憂，六年正月，葬孺人。朱子時四十一歲，居喪盡禮，參酌古今，咸盡其變，因成喪、祭禮，又推之於冠、昏，共爲一編，命曰《家禮》。既成，爲一童行竊去，至易簀後，其書始出。

黄榦曰：朱子所輯《家禮》，其後亦多損益，未暇更定。今按，其所損益者，特體制品節之異，而序文所謂「務本實，從先進」者，未嘗以早晚而少變也。其後因《家禮》而著者，如楊氏《附注》、丘氏《儀節》，固不爲無益，而頗傷煩屑，輒違本意者或有之，讀者宜據朱子本書、平生成説，折衷之可也。若夫酌古今之變，從時俗之宜，本國制而盡自分，則亦在其人審焉。

黄瑞節曰：《家禮》以宗法爲主，所謂非嫡長子不敢祭其父，皆是意也。至於冠、昏、喪、祭，莫不以宗法行其間云。

丘濬曰：文公《家禮》五卷，而不聞有圖。今刻本載於卷首，而不言作者，圖注多不合於本書，非文公作明矣。其說具于《儀節》，而今《性理大全》所載增說，不亦惟丘氏所議也。蓋朱子時既有數圖，學者別傳録之，而後人仍補湊以爲全篇，冠于此書耳。今不敢删，且因見本，别爲一卷附焉。

元禄丁丑季冬日　淺見安正謹識

延寶三年乙卯春三月　壽文堂舊板燒亡

寬政四壬子年秋九月再刻成

皇京　秋田屋平左衛門

浪華　河内屋喜兵衛

東都　須原屋茂兵衛

家禮圖

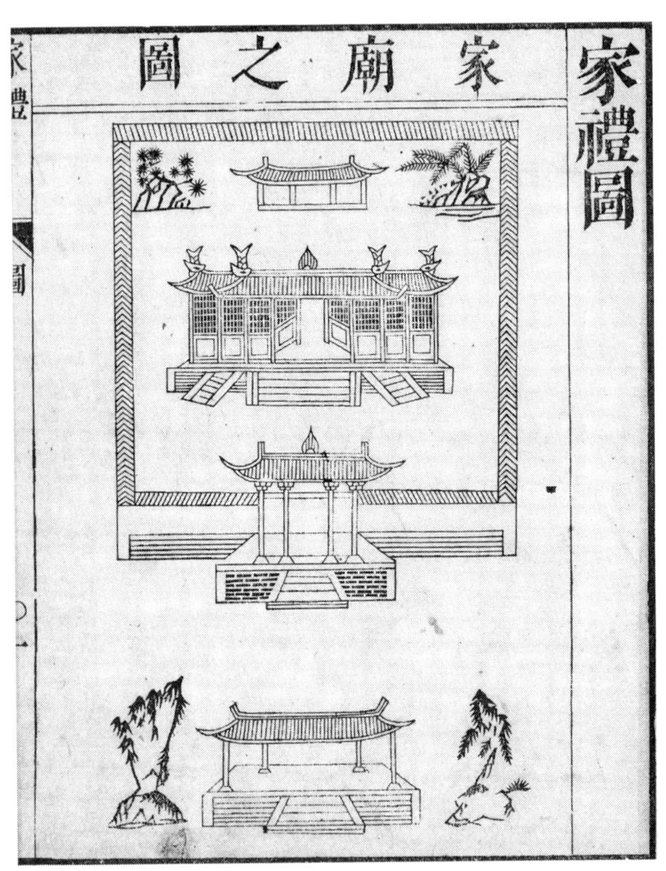

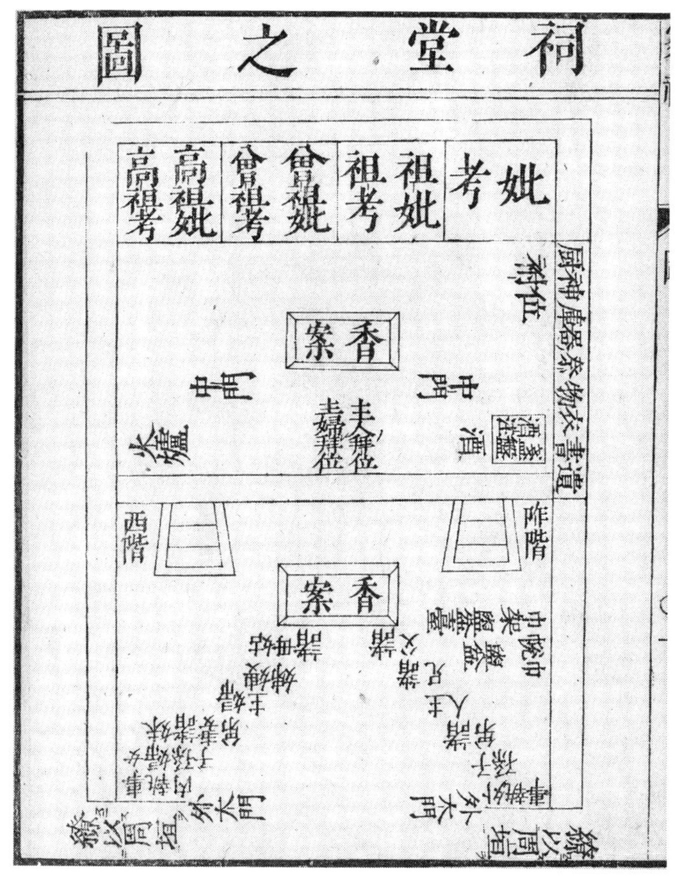

祠堂之圖
妣
考
祖妣
祖考
曾祖妣
曾祖考
高祖妣
高祖考
遺書衣物祭器庫及神廚
祔位
香案
中門
阼階
西階
香案

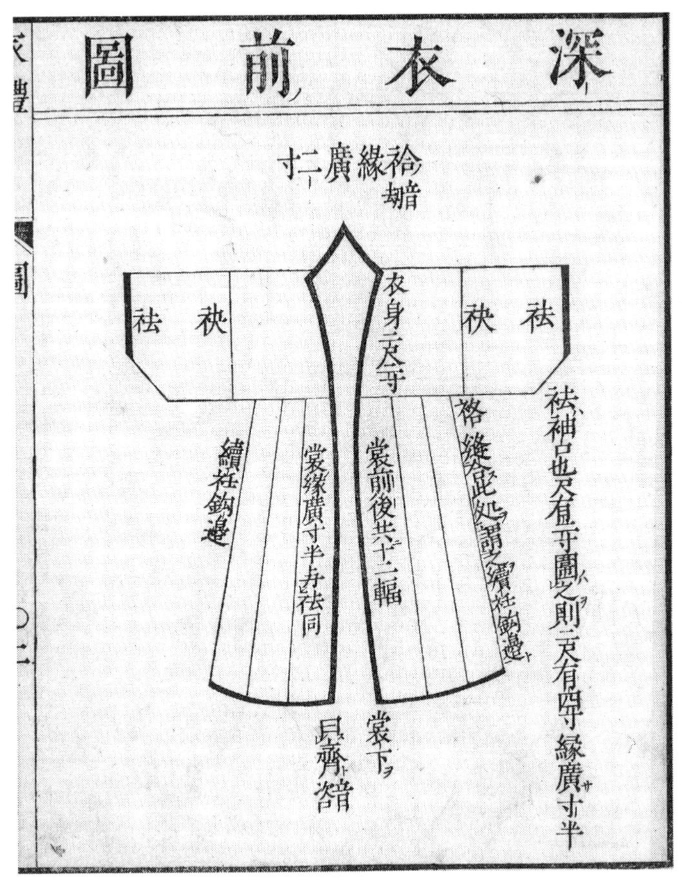
深衣前圖
袷緣廣二寸
袪
袂
衣身二尺二寸
袪袖口也尺二寸圜之則二尺有四寸緣廣寸半
袼
續衽鉤邊
裳緣廣寸半身袪同
裳前後共十二幅
裳下
及齊

深衣後圖

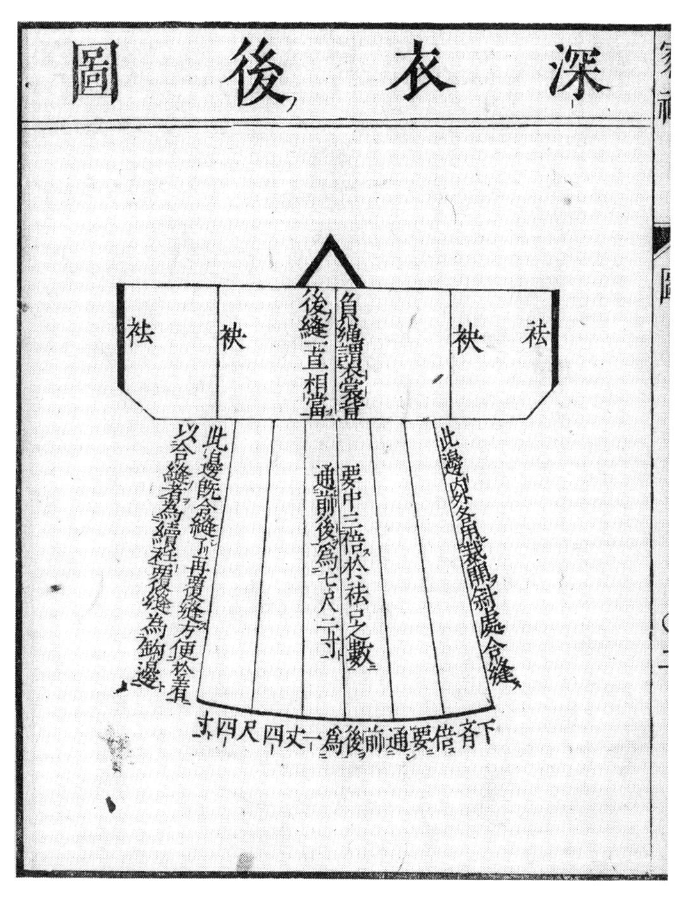
袪
袂
後縫直相當
負繩謂之裳背
袂
袪
此邊既合縫了再覆縫方便於著以合縫者爲續衽覆縫爲鉤邊
要中三倍於袪足之數通前後爲七尺二寸
此邊內外各用裁開斜處合縫
下齊倍要通前後爲一丈四尺四寸

著深衣前兩襟相掩圖
曲袷交領也
袪
袂
袂
袪
衣領既交自有如矩之象
左襟二幅在外
家禮
圖
三

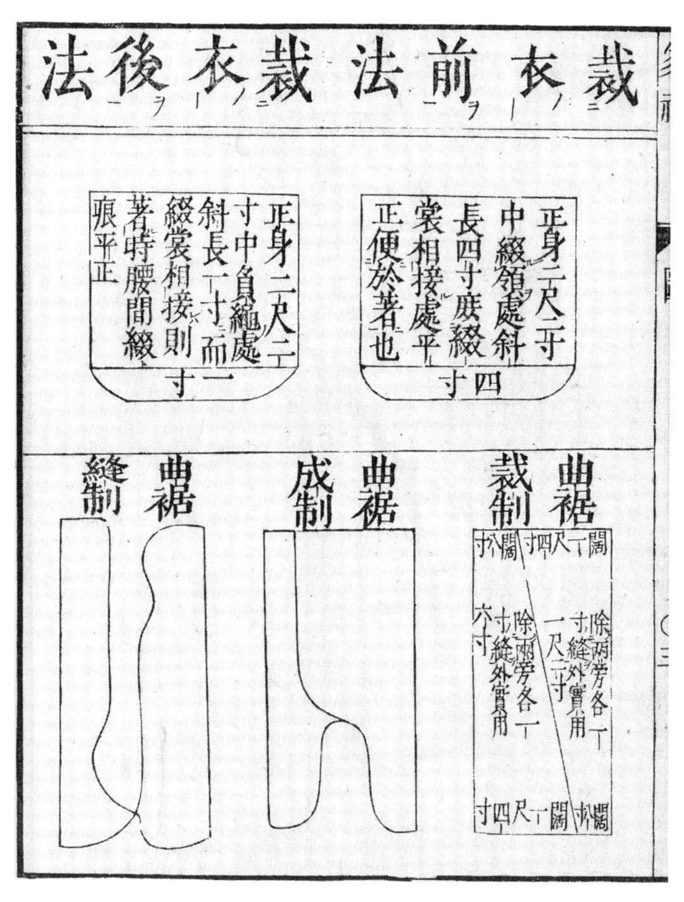
裁衣前法
正身二尺二寸中綴領處斜長四寸庶綴裳相接處平正便於著也
四寸
裁衣後法
正身二尺二寸中負繩處斜長一寸而綴裳相接則著時腰間綴痕平正
一寸
曲裾裁制
闊一尺四寸
闊八寸
除兩旁各一寸縫外實用一尺二寸
除兩旁各一寸縫外實用六寸
闊一尺四寸
闊八寸
曲裾成制
曲裾縫制

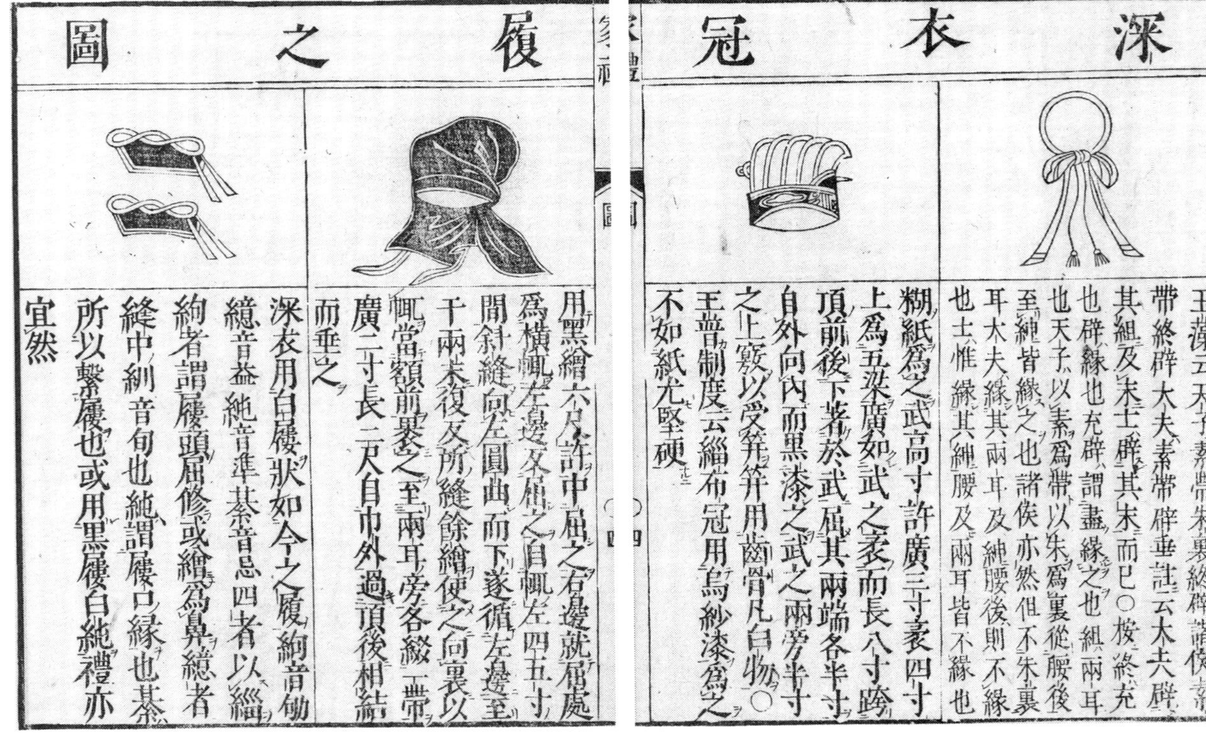

深衣冠履之圖

玉藻云天子素帶朱裏終辟諸侯素帶終辟大夫素帶辟垂註云大夫辟其紐及末士辟其末而已○按終充也辟緣也充辟謂盡緣之也紐兩耳也天子以素爲帶以朱爲裏從腰後至紳皆緣之也諸侯亦然但不朱裏耳大夫緣其兩耳及紳腰後則不緣也士惟緣其紳腰及兩耳皆不緣也

糊紙爲之武高寸許廣三寸袤四寸上爲五梁廣如武之袤而長八寸跨頂前後下著於武屈其兩端各半寸自外向內而黑漆之武之兩旁半寸之上竅以受笄笄用齒骨凡白物○王普制度云緇布冠用烏紗漆爲之不如紙尤堅硬

用黑繒六尺許中屈之右邊就屈處爲橫㡇左邊反屈之自㡇左四五寸間斜縫向左圓曲而下遂循左邊至于兩末復反所縫餘繒使之向裏以㡇當額前裹之至兩耳旁各綴一帶廣二寸長二尺自巾外過頂後相結而垂之

深衣用白屨狀如今之履絇音劬繶音益純音準綦音忌四者以緇絇者謂屨頭屈修或繶爲鼻繶者縫中紃音旬也純謂屨口緣也綦所以繫屨也或用黑屨白純禮亦宜然

行冠禮圖

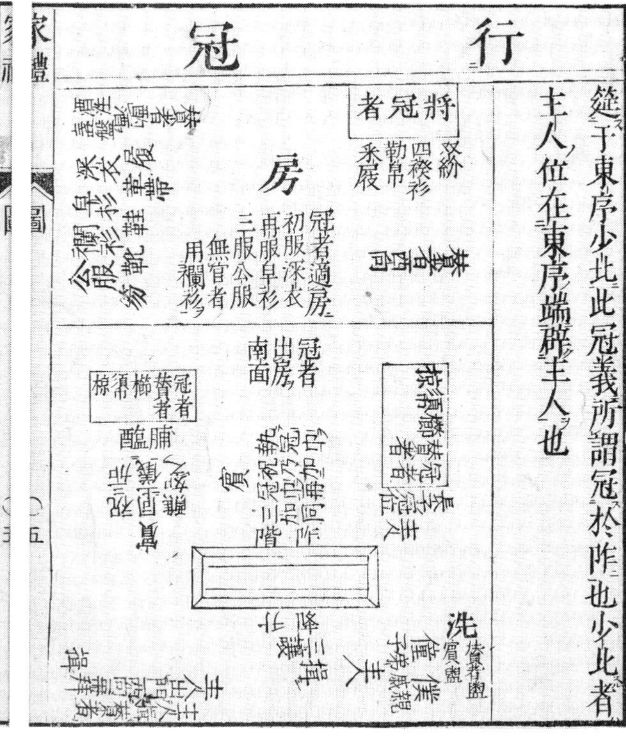
筵于東序少北此冠義所謂冠於阼也少北者
主人位在東序端避主人也
將冠者
房
冠者適房
初服深衣
再服皁衫
三服公服
無官者
用襴衫
冠者
出房
南面

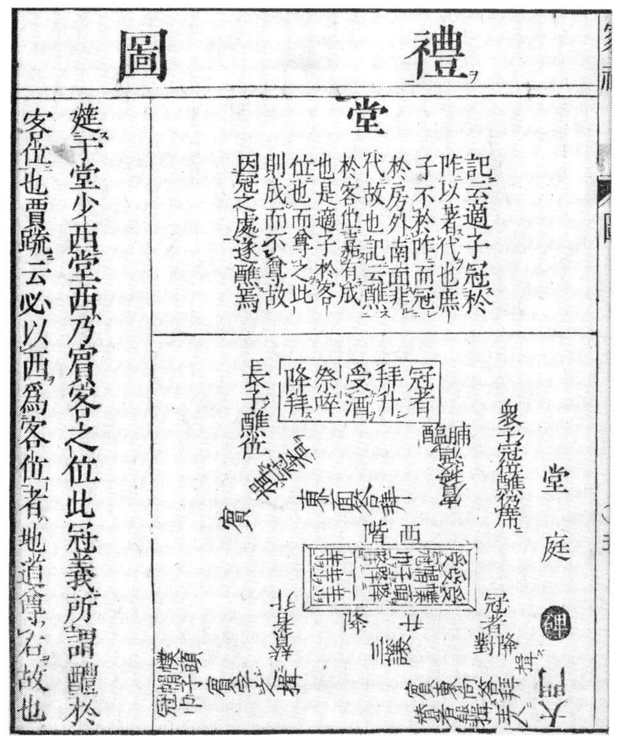
堂
記云適子冠於阼以著代也庶子不於阼而冠於房外南面非代故也記云醮於客位嘉有成也是適子於客位也而尊之此則成而不尊故因冠之處遂醮焉
冠者
拜升
受酒
祭啐
降拜
堂
庭
筵于堂少西堂西乃賓客之位此冠義所謂醮於客位也賈疏云必以西爲客位者地道尊右故也

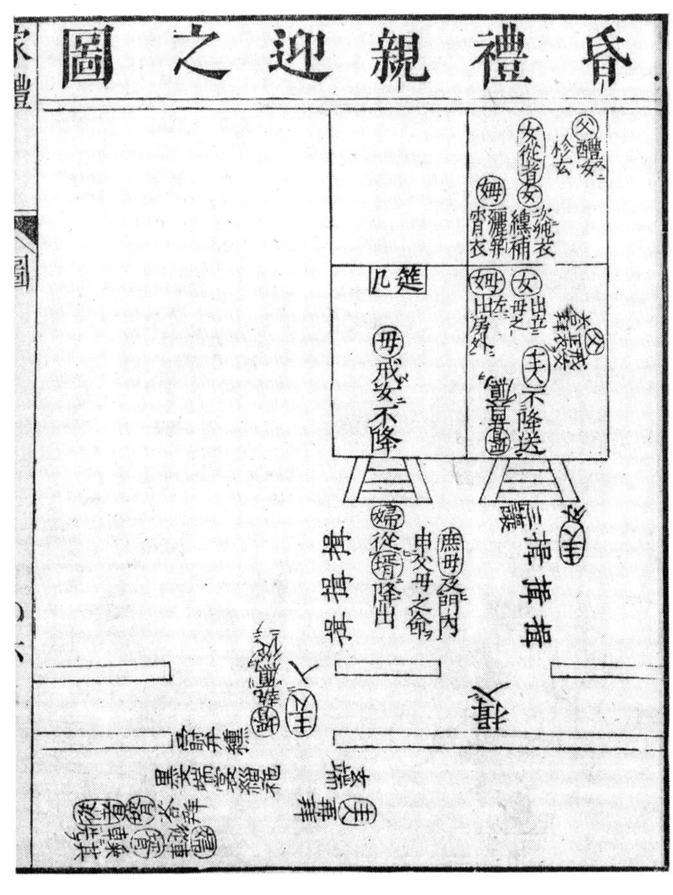
昏禮親迎之圖
家禮
圖

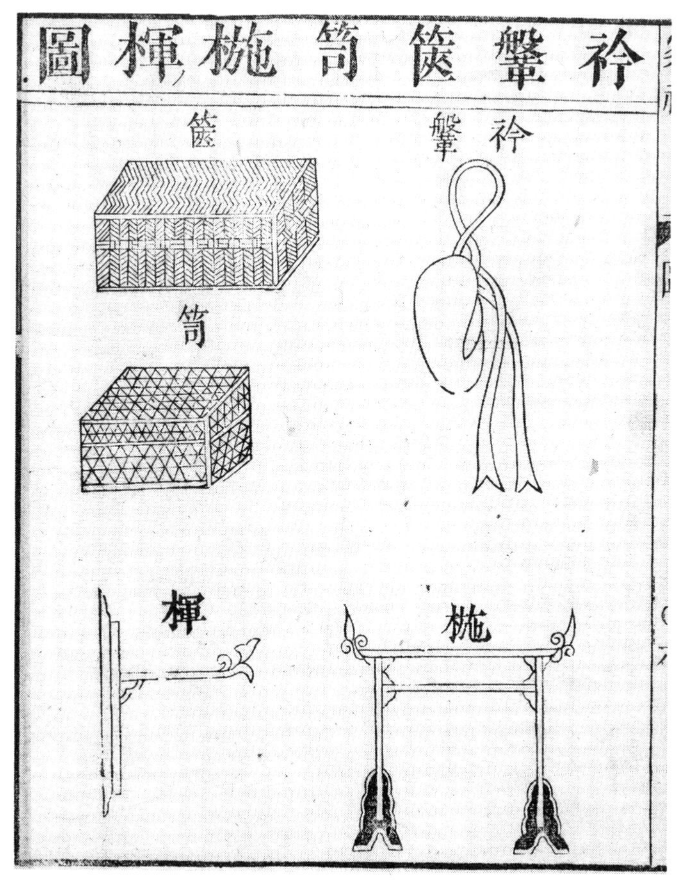
衿鞶筬笥椸楎圖
筬
衿鞶
笥
楎
椸

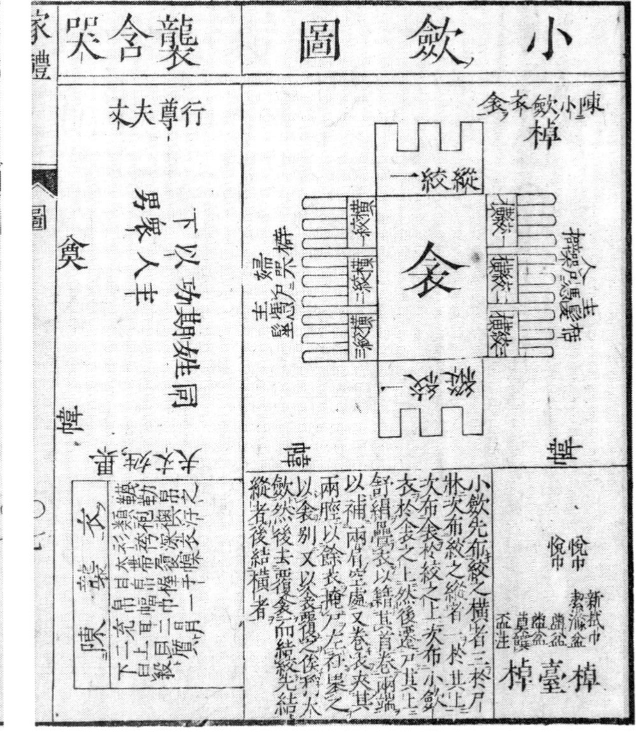
小斂圖
襲含哭位之圖
小斂先布絞之横者三於
牀次布絞之縱者一於其上
次布衾於絞之上次布小斂
衣於衾之上然後遷尸其上
舒絹疊衣以籍其首卷兩端
以補兩肩空處又卷衣夾其
兩脛以餘衣掩尸左右掩之
以衾別又以衾覆之俟將大
斂然後去覆衾而結絞先結
縱者後結横者
棹　臺　棹
帨巾
帨巾

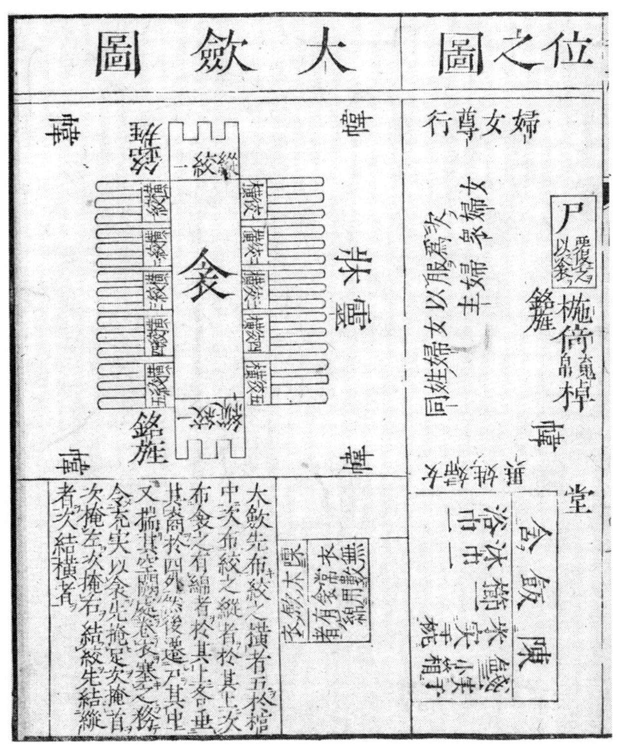
大斂圖
大斂先布絞之横者五於牀
中次布絞之縱者於其上次
布衾之有綿者於其上各垂
其裔於四外然後遷尸其上
又揣其空闕處卷衣塞之務
令充實以衾先掩足次掩首
次掩左次掩右結絞先結縱
者次結横者
銘旌

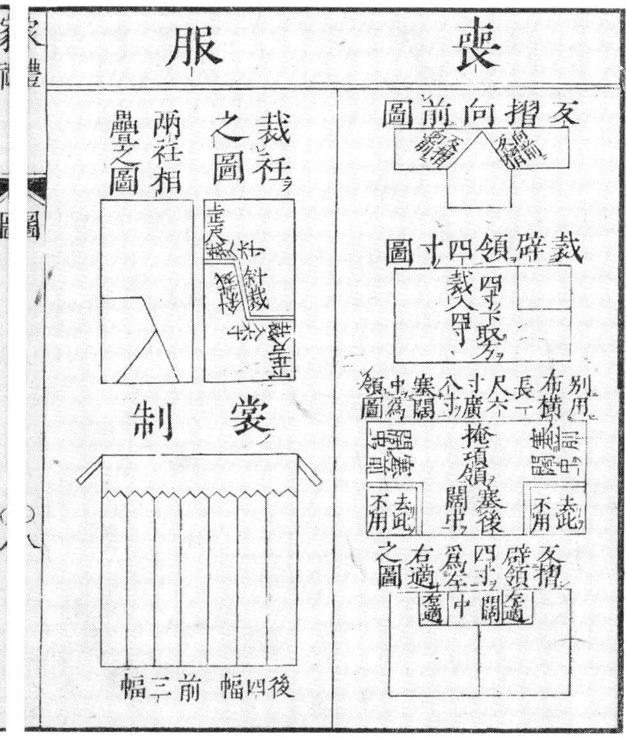
喪服
反摺向前圖
裁辟領四寸圖
裁之衽圖
兩衽相疊之圖
衰裳制
前三幅 後四幅

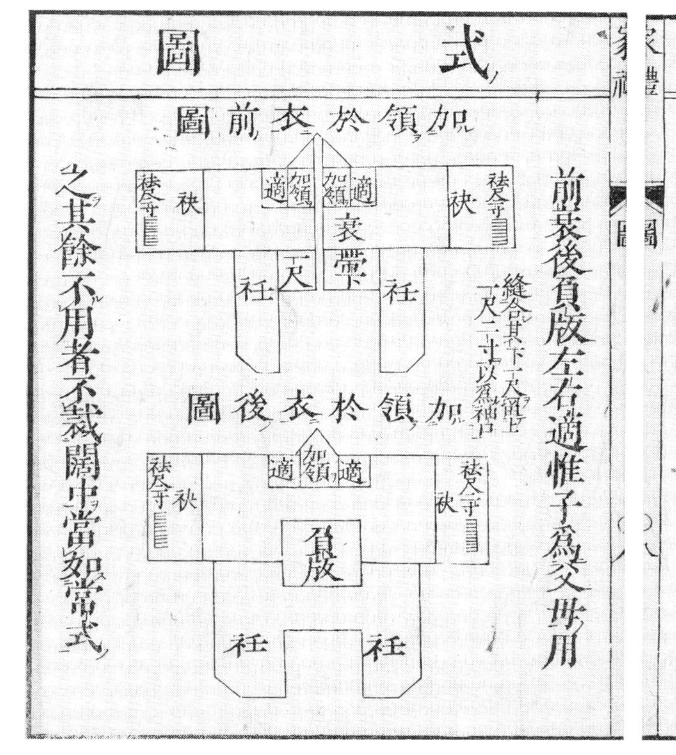
圖式
加領於衣前圖
加領於衣後圖
衰
負版
衽
前衰後負版左右適惟子爲父母用
其餘不用者不裁闊中當如常式之

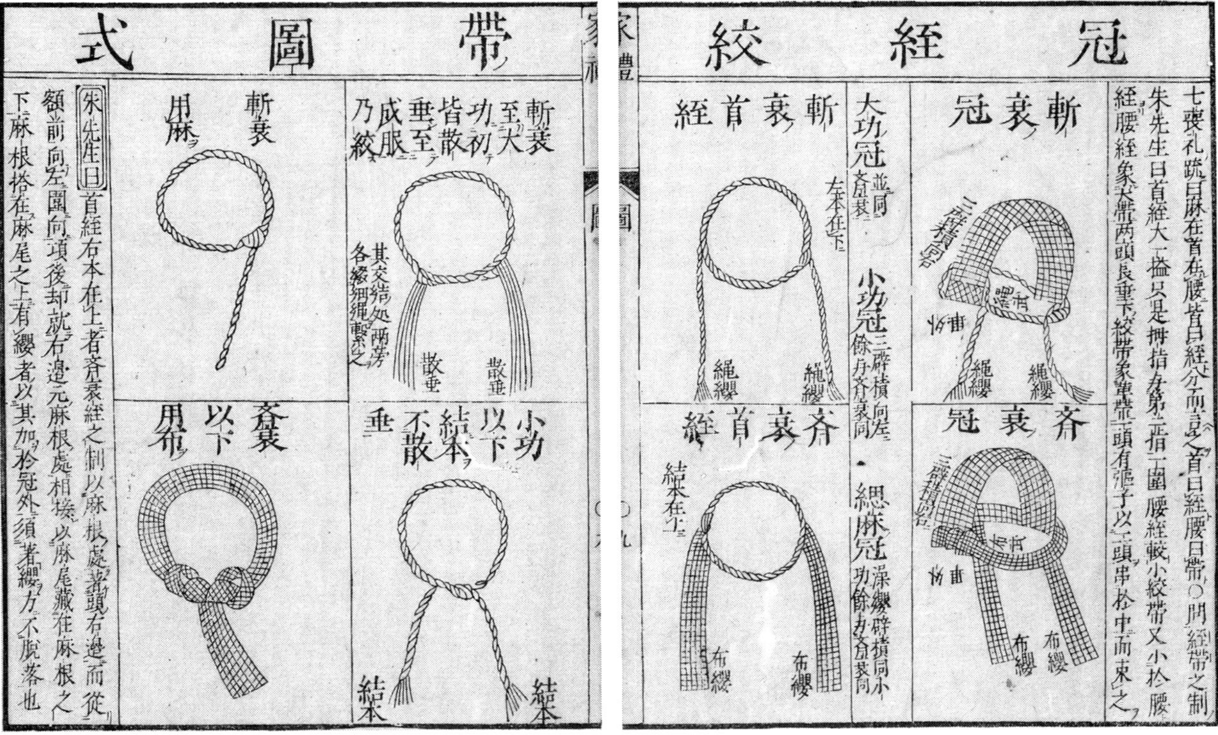
冠絰絞帶圖式
喪禮疏曰麻在首在腰皆曰絰分而言之首曰絰腰曰帶○問絰帶之制
朱先生曰首絰大一搤只是拇指與第二指一圍腰絰較小絞帶又小於腰
絰腰絰象大帶兩頭長垂下絞帶象革帶一頭有彄子以一頭串於中而束之
斬衰冠
三辟積向右
武
繩纓
繩纓
齊衰冠
三辟積向右
武
布纓
布纓
大功冠
並同齊衰
小功冠
三辟積向左
餘並同齊衰
緦麻冠
澡纓
辟積同小功
餘並同齊衰
斬衰首絰
左本在下
繩纓
繩纓
齊衰首絰
右本在上
布纓
布纓
斬衰至大功初皆散垂至成服乃絞
其交結處兩旁各綴細繩繫之
散垂
散垂
小功以下絰結本不散垂
結本
結本
斬衰用麻
齊衰以下用布
朱先生曰首絰右本在上者齊衰絰之制以麻根處著頭右邊而從額前向左圍向頂後却就右邊元麻根處相搭以麻尾藏在麻根之下麻根搭在麻尾之上有纓者以其加於冠外須著纓方不脫落也

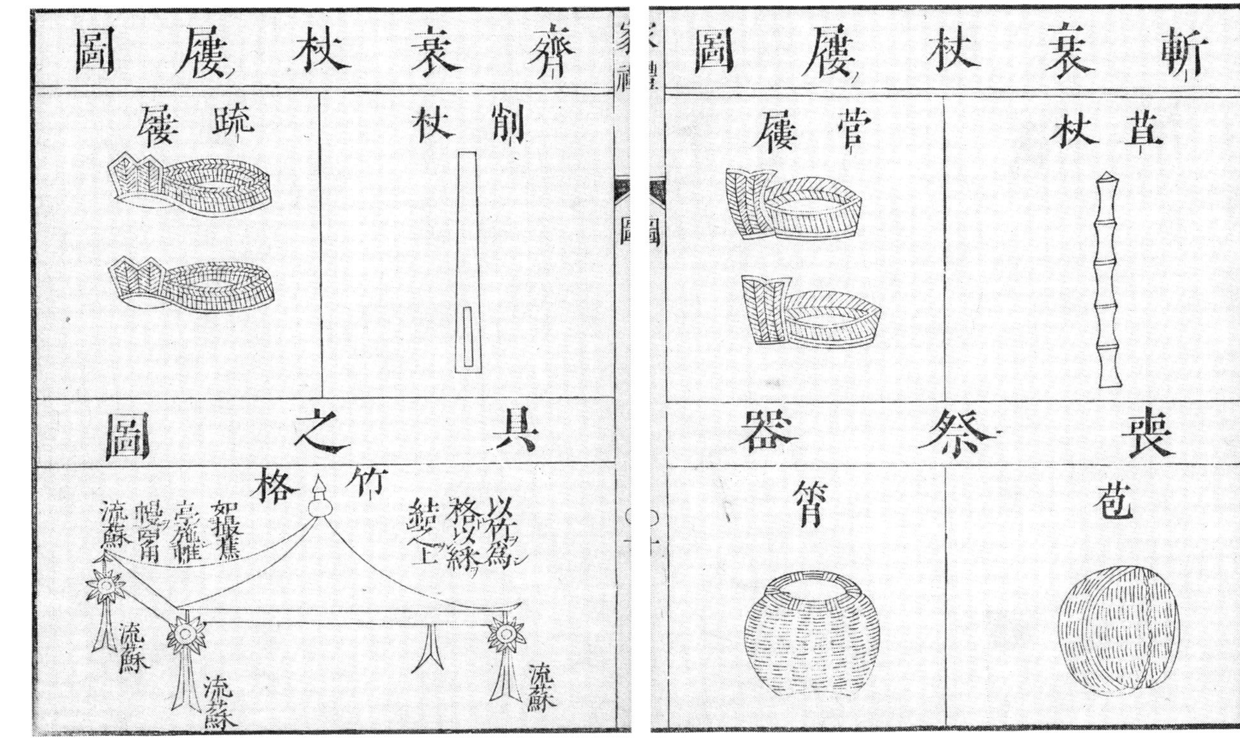
斬衰杖屨圖
苴杖
菅屨
喪祭器
苞
筲
齊衰杖屨圖
削杖
疏屨
具之圖
竹格
以竹爲格以綵結之上如撮蕉亭施帷幔四角垂流蘇
流蘇
流蘇
流蘇
流蘇

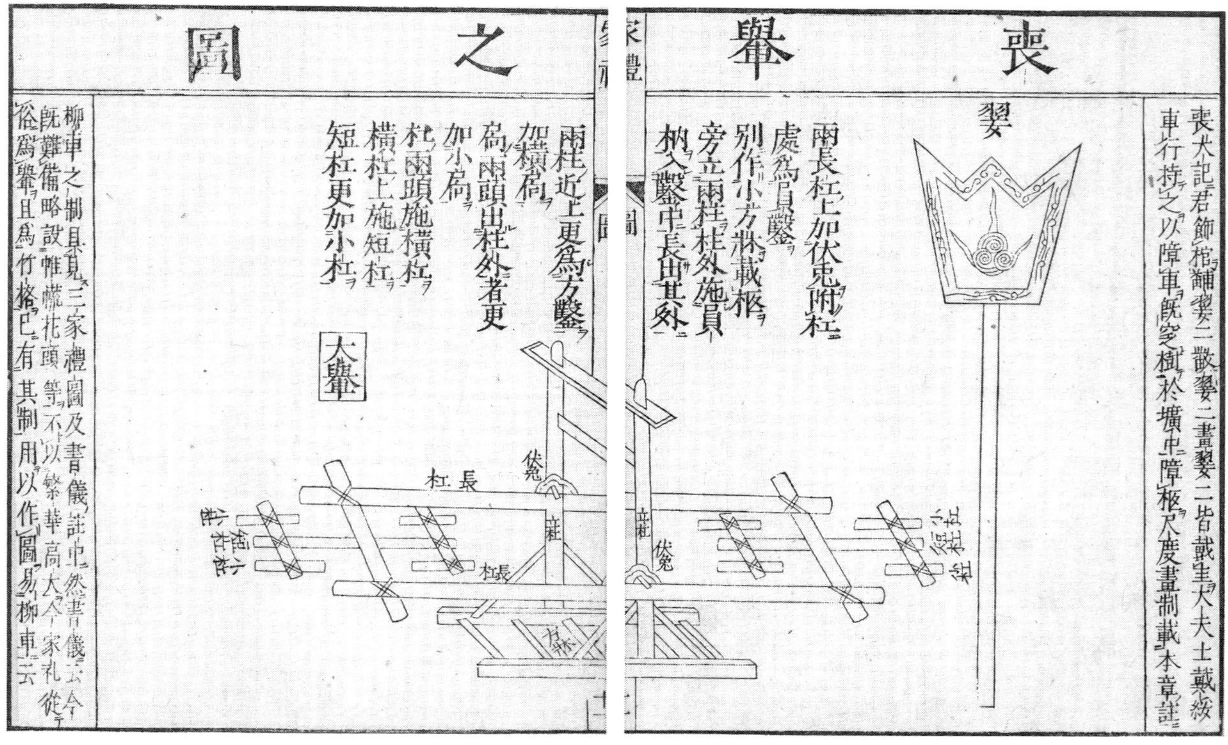

喪轝之圖

喪大記、君飾棺、黼翣二、黻翣二、畫翣二、皆戴圭。大夫士戴綏。車行持之以障車、既窆樹於壙中障柩。尺度畫制載本章註。

翣

兩長杠上加伏兎、附杠處為員鑿、別作小方牀載柩、旁立兩柱、柱外施員枘、入鑿中、長出其外。

兩柱近上更為方鑿、加横扃、扃兩頭出柱外者、更加小扃、杠兩頭施横杠、横杠上施短杠、短杠更加小杠。

大轝

柳車之制、具見三家禮圖及書儀註中。然書儀云、今既難備、略設帷幟花頭等、不以繁華高大。今家禮從之為轝、且為竹格、已有其制、用以作圖、易柳車云。

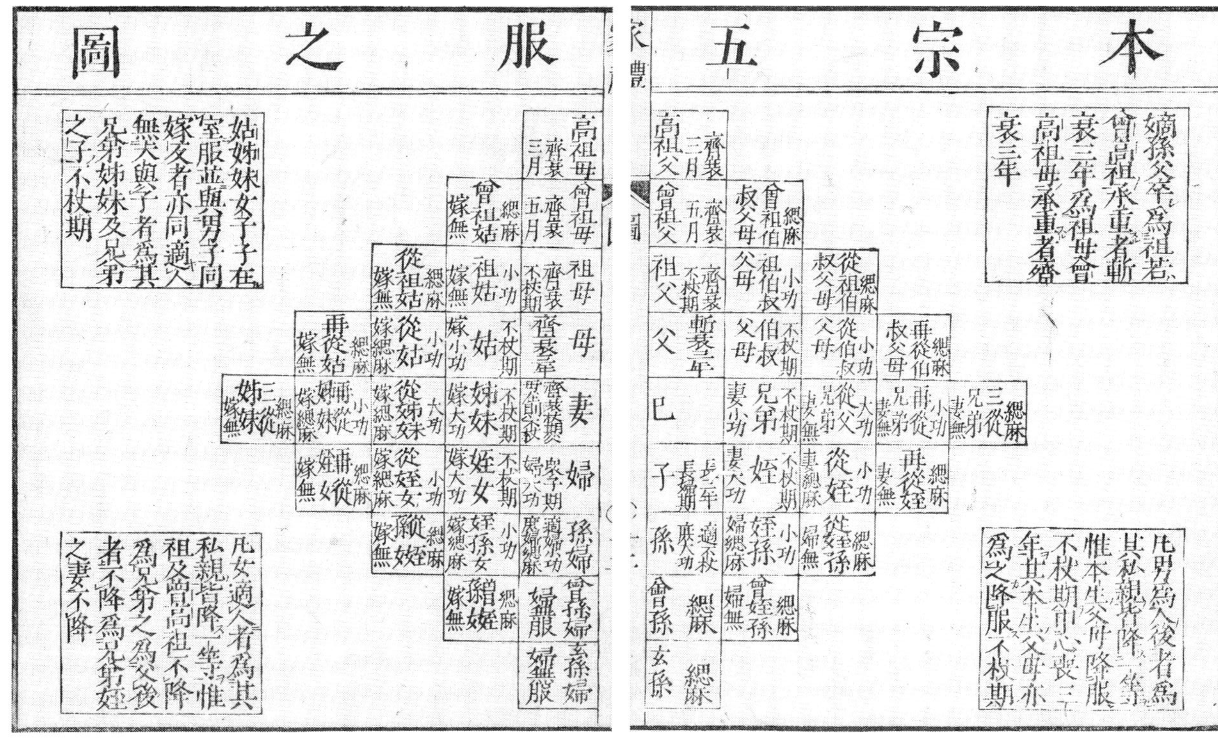
本宗五服之圖
嫡孫父卒爲祖若曾高祖承重者斬衰三年爲祖母曾高祖母承重者齊衰三年
凡男爲人後者爲其私親皆降一等惟本生父母降服不杖期申心喪三年其本生父母亦爲之降服不杖期
姑姊妹女子子在室服並與男子同嫁反者亦同適人無夫與子者爲其兄弟姊妹及兄弟之子不杖期
凡女適人者爲其私親皆降一等惟祖及曾高祖不降爲兄弟之爲父後者不降爲兄弟姪之妻不降

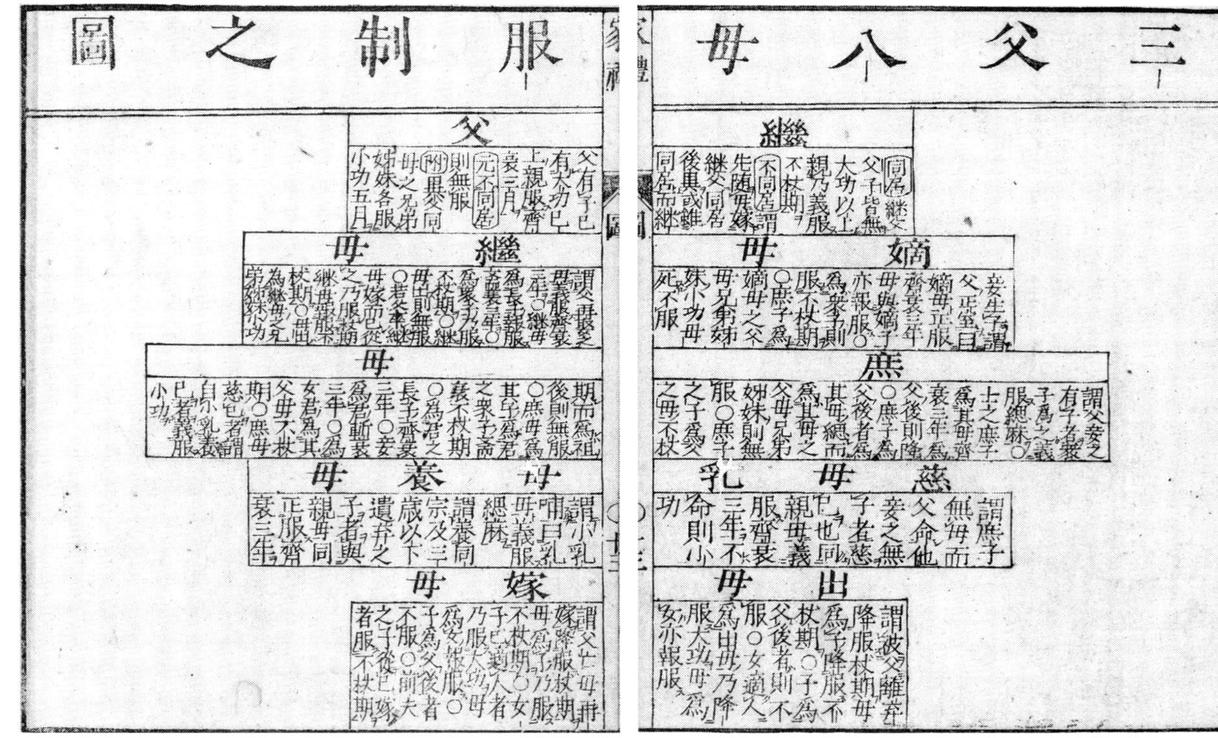

三父八母服制之圖

繼父

同居繼父父子皆無大功以上親乃義服不杖期　不同居謂先隨母嫁繼父同居後異或雖同居而繼

父

父有子已有大功已上親服齊衰三月　元不同居則無服　附異父同母之兄弟姊妹各服小功五月

嫡母

妾生子謂父正室曰嫡母正服齊衰三年母與嫡子亦報服○爲衆子則服不杖期○庶子爲嫡母之父母兄弟姊妹小功母死不服

繼母

謂父再娶之母義服齊衰三年○繼母爲長子報服齊衰三年○爲衆子亦服不杖期○繼母出則無服○若父卒繼母嫁而已從之乃服杖期繼母報服杖期○母出爲繼母之兄弟姊妹小功

庶母

謂父妾之有子者衆子爲之義服緦麻○士之庶子爲其母齊衰三年爲父後則降○庶子爲父後者爲其母緦而爲其母之父母兄弟姊妹則無服○庶子之子爲父之母不杖期而爲祖後則無服○庶母爲其子爲君之衆子齊衰不杖期○爲君之長子齊衰三年○妾爲君斬衰三年○爲女君爲其父母不杖期○庶母慈己者謂自小乳養己者義服小功

慈母

謂庶子無母而父命他妾之無子者慈己也同親母義服齊衰三年不命則小功

乳母　**養母**

謂小乳哺曰乳母義服緦麻　謂養同宗及三歲以下遺棄之子者與親母同正服齊衰三年

出母

謂彼父離棄降服杖期母爲子降服不杖期○子爲父後者則不服○女適人者爲出母乃降服大功母爲女亦報服

嫁母

謂父亡母再嫁降服杖期母爲子乃服不杖期○女子已適人者乃服大功母爲女報服○子爲父後者不服○前夫之子從己嫁者服不杖期

妻為夫黨服圖

夫為祖曾高祖及祖母曾高祖母承重者並從夫服

夫為人後其妻為本生舅姑服大功

- 夫高祖父母　緦麻
- 夫曾祖父母　緦麻
- 夫祖姑　緦麻｜夫祖父母　大功｜夫伯叔祖父母　緦麻
- 夫堂姑　緦麻｜夫親姑　小功｜舅　斬衰三年｜姑　齊衰三年｜夫伯叔父母　大功｜夫堂伯叔父母　緦麻
- 夫堂姊妹　緦麻｜夫姊妹　小功｜夫　斬衰三年｜夫兄弟娣姒婦　小功｜夫堂兄弟　緦麻
- 夫從堂姪女　緦麻｜夫堂姪女　小功｜夫姪女　期年｜子　長子齊衰三年　衆子期年｜婦　嫡婦杖期　衆婦大功｜夫姪　期年　婦　大功｜夫堂姪　小功　婦　緦麻｜夫從堂姪　緦麻
- 夫堂姪孫女　緦麻｜夫姪孫女　小功｜孫　大功｜婦　緦麻｜夫姪孫　小功　婦　緦麻｜夫堂姪孫　緦麻
- 夫曾姪孫女　緦麻｜曾孫　緦麻｜夫曾姪孫　緦麻
- 元孫　緦麻

外族母黨妻黨服圖

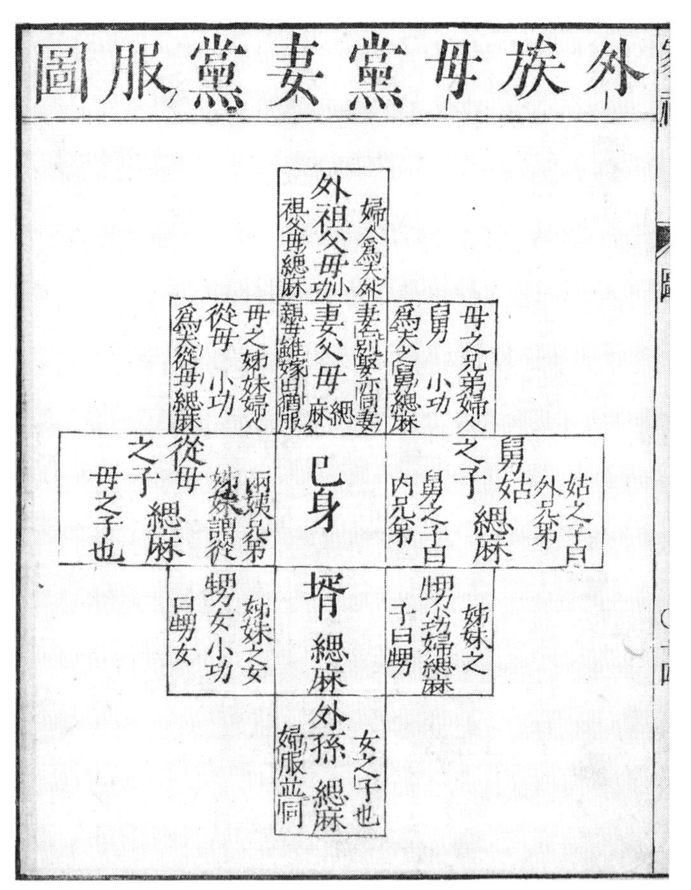

外祖父母小功
婦人爲夫外祖父母緦麻
妻父母緦麻
妻亡別娶亦同妻親母雖嫁出猶服
舅小功
母之兄弟婦人爲夫之舅緦麻
從母小功
母之姊妹婦人爲夫從母緦麻
舅之子
姑之子
從母之子
緦麻
姑之子曰外兄弟
舅之子曰內兄弟
兩姨兄弟
姊妹之子謂從母之子也
己身
甥小功
姊妹之子婦人爲夫姊妹之子曰甥
甥女小功
姊妹之女曰甥女
壻緦麻
外孫緦麻
女之子也婦服並同

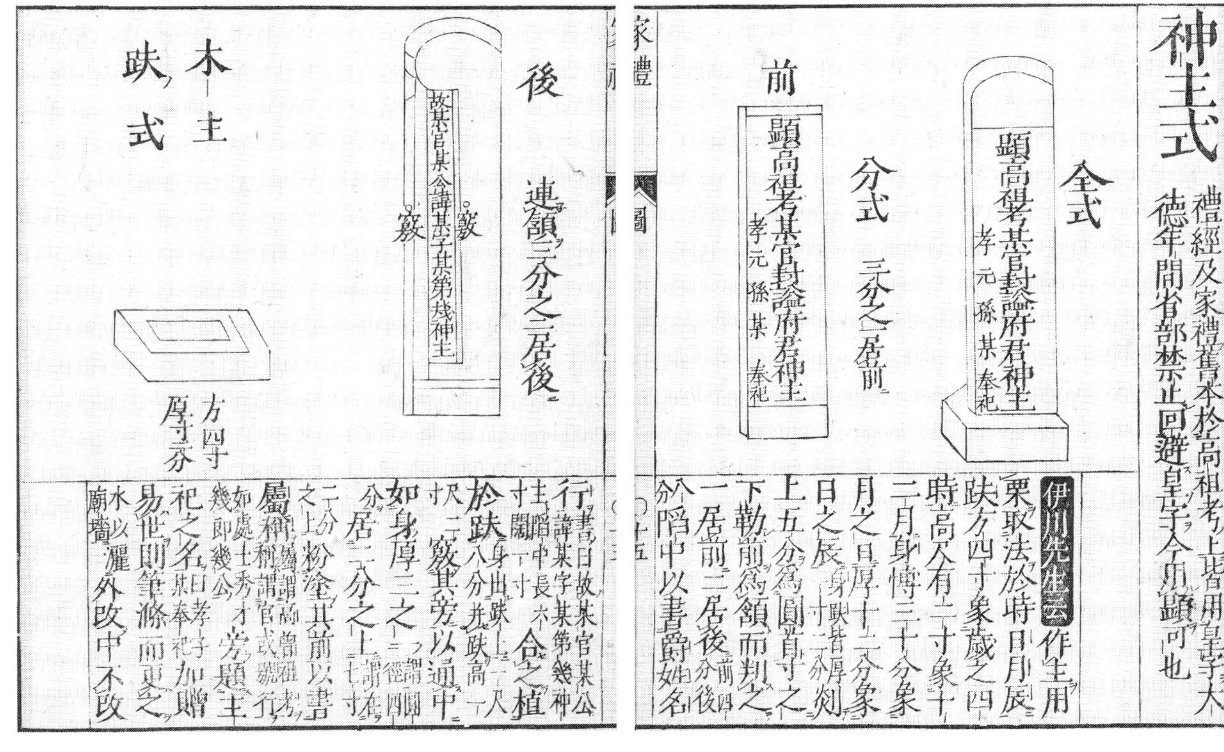
神主式

禮經及家禮舊本於高祖考上皆用皇字大德年間省部禁止回避皇字今用顯可也

全式

顯高祖考某官封謚府君神主

孝元孫某奉祀

分式

三分之一居前

前

顯高祖考某官封謚府君神主

孝元孫某奉祀

伊川先生云　作主用栗取法於時月日辰趺方四寸象歲之四時高尺有二寸象十二月身博三十分象月之日厚十二分象日之辰（身趺皆厚一寸二分）剡上五分為圓首寸之下勒前為頷而判之一居前二居後（前四分後八分）陷中以書爵姓名行（書曰故某官某公諱某字某第幾神主）陷中長六寸闊一寸合之植於趺（身出趺上一尺八寸幷趺高一尺二寸）竅其旁以通中如身厚三之一（謂圓徑四分）居二分之上（謂在七寸二分之上）粉塗其前以書屬稱（屬謂高曾祖考稱謂官或號行如處士秀才幾郎幾公）旁題主祀之名（曰孝子某奉祀）加贈易世則筆滌而更之水以灑廟牆外改中不改

家禮　圖　十五

後

連頷三分之二居後

故某官某公諱某字某第幾神主

竅　竅

木主趺式

方四寸

厚寸二分

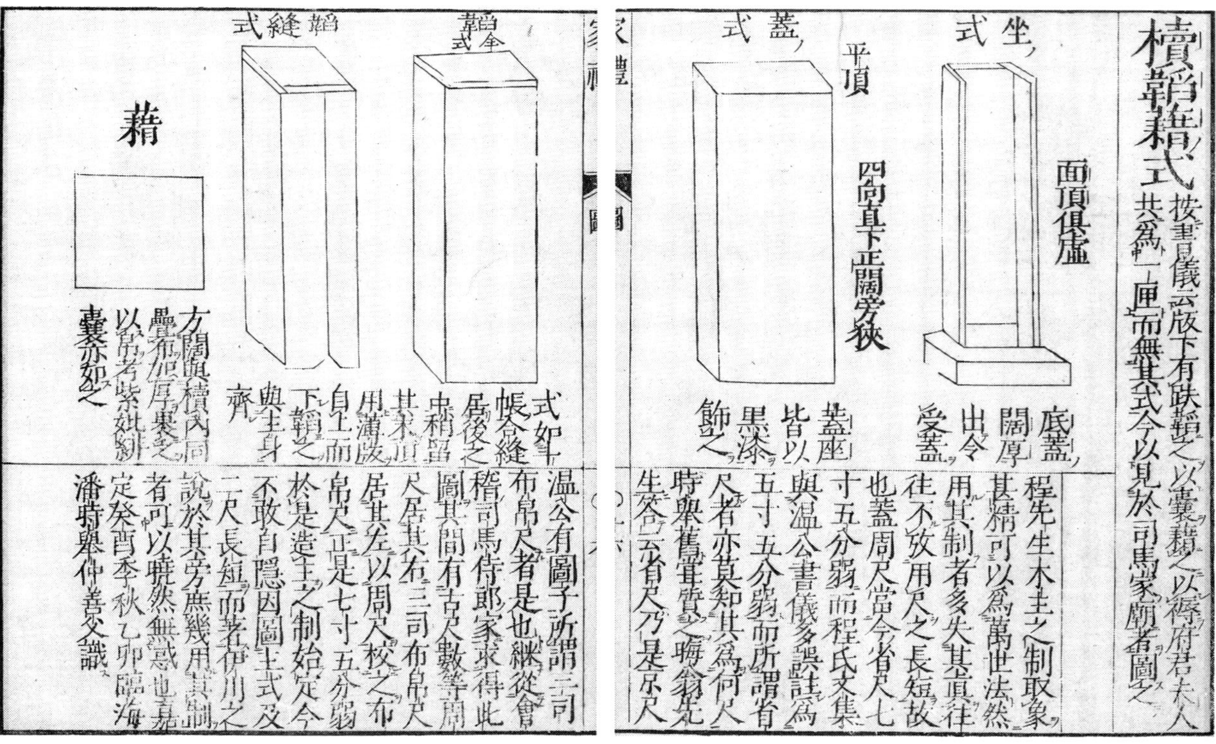

櫝韜藉式 按書儀云櫝下有趺韜之以囊藉之以褥府君夫人共爲一櫝而無其式今以見於司馬家廟者圖之

坐式

面頂俱虛

底蓋闊厚出令受蓋

蓋式

平頂

四向直下正闊旁狹

蓋座皆以黑漆飾之

程先生木主之制取象甚精可以爲萬世法然用其制者多失其眞往往不攷用尺之長短故也蓋周尺當今省尺七寸五分弱而程氏文集與温公書儀多誤註爲五寸五分弱而所謂省尺者亦莫知其爲何尺人時舉舊聞質之晦翁先生答云省尺乃是京尺

家禮　圖

韜縫式

韜全式

式如帳合縫居後之中稍留其末而用薄版自上而下韜之與主身齊

藉

方闊與櫝內同疊布加厚裹之以帛若紫紕緋囊亦如之

温公有圖子所謂三司布帛尺者是也繼從會稽司馬侍郎家求得此圖其間有古尺數等周尺居其右三司布帛尺居其左以周尺校之布帛尺正是七寸五分弱於是造主之制始定今不敢自隱因圖主式及二尺長短而著伊川之說於其旁庶幾用其制者可以曉然無惑也嘉定癸酉季秋乙卯臨海潘時舉仲善父識

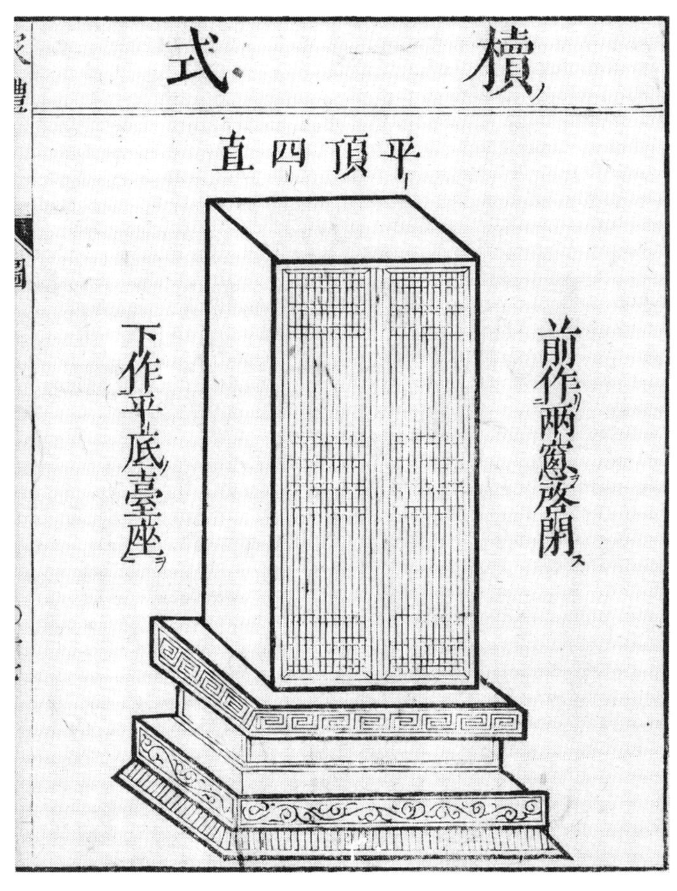
櫝式
平頂四直
前作兩窻啓閉
下作平底臺座

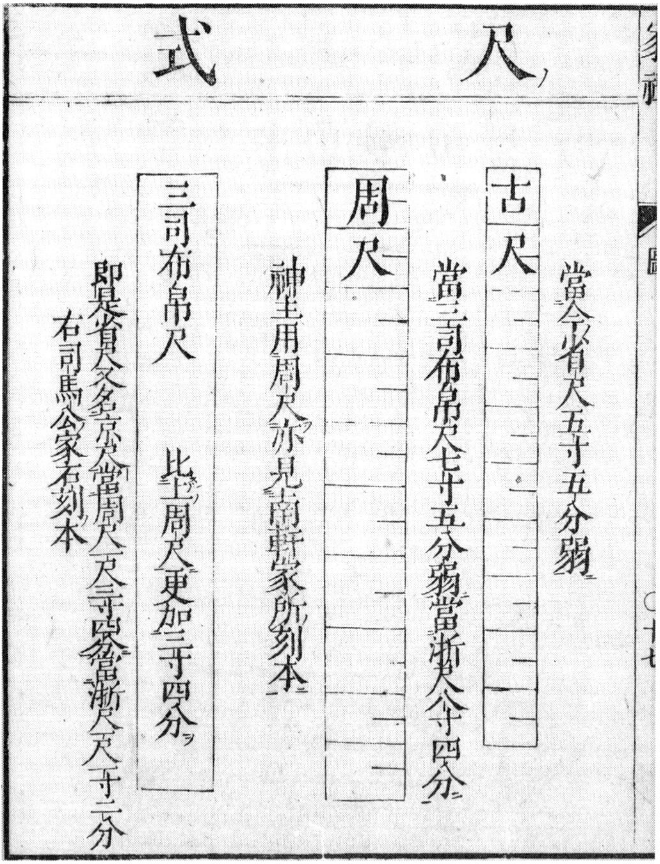

尺式

古尺

當今省尺五寸五分弱

當三司布帛尺七寸五分弱當浙尺八寸四分

周尺

神主用周尺亦見南軒家所刻本

三司布帛尺

比周尺更加三寸四分

即是省尺又名京尺當周尺一尺三寸四分當浙尺一尺一寸二分

右司馬公家石刻本

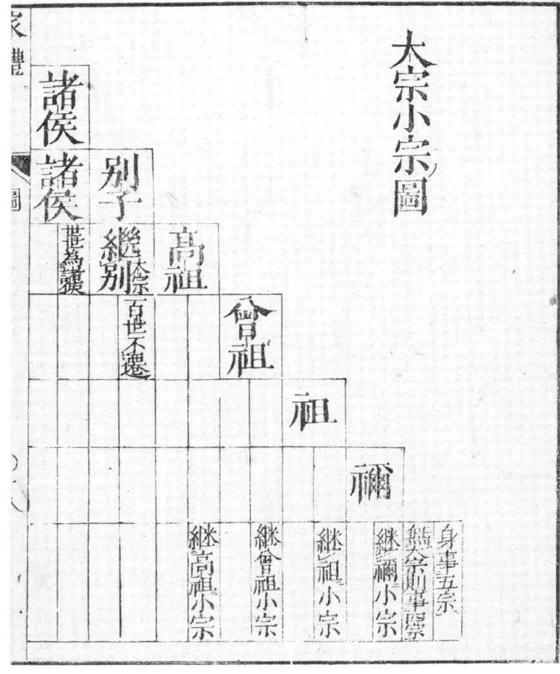

劉氏垓孫曰：呂伋公家祭儀曰：古者小宗有四，有繼禰之宗、繼祖之宗、繼曾祖之宗、繼高祖之宗，所以主祭祀而統族人。後世宗法旣廢，散無所統，祭祀之禮家自行之，支子不能不祭，祭不必告於宗子。今宗法雖未易復，而宗子主祭之義略可舉行。宗子爲士，庶子爲大夫，以上牲祭於宗子之家。故今議家廟雖因支子而立，亦宗子主其祭，而用其支子命數所得之禮，可合禮意。○先生曰：祭祀須是用宗子法，方不亂。不然，前面必有不可處置者。○父在主祭，子出仕宦，不得祭。父沒，宗子主祭，庶子出仕宦，祭時其禮亦合減殺，不得同宗子。○宗子只得立適，雖庶長，立不得。若無適子，則亦立庶子，所謂世子之同母弟。世子是適，若世子死，則立世子之親弟，亦是亦適也，是庶子不得立也。○大宗法旣立不得，亦當立小宗法。祭自高祖以下，親盡則請出高祖，就伯叔位，服未盡者祭之。旣則別處，後其子私祭之。今世禮全亂了。

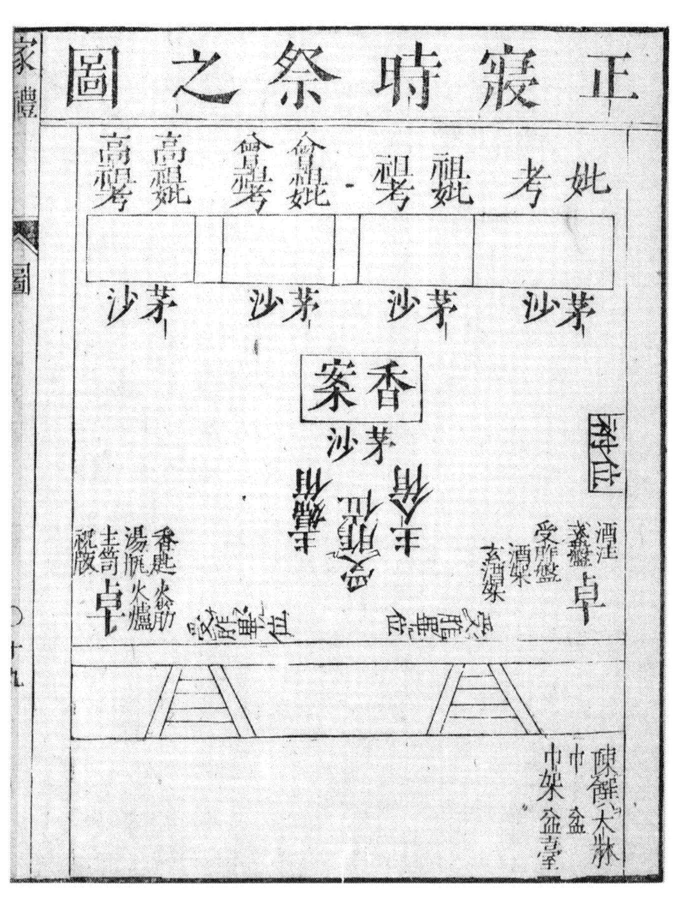
正寢時祭之圖
妣
考
祖妣
祖考
曾祖妣
曾祖考
高祖妣
高祖考
茅沙
茅沙
茅沙
茅沙
香案
茅沙
主人
主婦
香匙
火筋
火爐
湯瓶
卓
酒注
卓
酒架
陳饌大牀
巾
盆
巾架
盆臺

每位設饌之圖
妣位
考位